신약신학은 전통적으로 다음과 같은 것을 다루는 연구 분야다. 첫째, 조직신학적 주제로 신약 주요 문헌에 나타난 저자들의 신학을 주제별로 다룬다. 둘째, 신약 문헌을 비평적으로 접근해서 현재 본문의 근원적 신학을 찾아낸다. 예컨대, 현재의 공관복음서를 파헤쳐 역사적 예수의 본 모습을 뽑아낸다. 전자는 보수주의자가 주로 택하는 방식이고, 후자는 자유주의 진영에서 선호하는 방식이다. 문학비평적으로 성서를 읽는 학자들은 대개 신약신학에 대해서는 별 관심이 없는 것으로 알려져 있었다. 그런데 본서는 내러티브 방식으로 신약신학에 접근한다. 그 중에서도 유배와 회복이라는 메타내러티브로 신약 문헌 전체를 고찰한다. 새로운 방식으로 쓰인 새로운 신약신학 책인 본서는 학자들과 일반 독자들의 독서욕을 끌어당기는 책이다.

김동수 평택대학교 신약학 교수, 전 한국신약학회 회장

본문 해석을 위한 방법론은 언제나 중요한 이슈다. 본문 이전 단계와 본문의 배후를 따질 것인가? 아니면 본문 저자의 의도를 찾아야 할까? 아니면 본문 자체의 언어학적 특성을 연구해야 할까? 본서는 세 번째 입장에 서서 신약신학을 건축한다. 구체적으로는 본문의 기호론적 특성과 내러티브 구조를 통해 드러나는 신약신학 구성이다. 그렇다면 신약신학을 구성하는 내러티브는 어떤 내러티브인가? 저자는 "유배와 회복"이라는 구약신학의 핵심 모티프(예컨대 월터 브루그만)를 가져다가 신약신학의 얼개로 사용한다. 언약 백성으로서 구약 이스라엘의 역사는 바빌로니아 유배에서 정점을 찍었으나 귀환 후 제2성전기 유대 공동체는 온전한 회복을 이루지 못한 채로 신약에 이르게 된다. 예수의 오심은 새 이스라엘의 도래였고 옛 이스라엘의 신앙 정점인 성전 역시 예수의 오심으로 회복된다. 그리고 그 성전은 장차 도래할 하나님의 왕국으로 확대된다. 이처럼 저자는 신약을 구약의 전체 내러티브의 연속으로 읽는다. 왕이시며 대제사장으로 오신 예수 이야기는 궁극적(회복 종말론)으로 이스라엘의 유배와 회복 이야기라는 것이다(특히 톰 라이트의 영향이 물씬 풍긴다). 이런 안목으로 저자는 복음서부터 바울 서신과 공동 서신 및 요한계시록에 이르는 신약성서 전체를 일관되게 읽는다. 이스라엘과 새 이스라엘, 성전과 새 성전, 옛 제사장과 새 제사장, 다윗 왕국과 새 다윗 왕국, 옛 언약과 새 언약 등 미완결 상태로 남은 구약 내러티브가 예수 그리스도 사건으로 회복을 시작하였고 장차 온전히 회복될 것이라는 저자의 주장은 통전적 성경 읽기에 큰 도움을 준다. 제2성전기 유대 보좌(메르카바) 신비주의를 예수의 왕위로의 등극과 연결하는 해석에는 일말의 유감은 있을 수 있으나 전체적으로는 신약신학 구성에 새로운 방향과 도전을 준 역작이라 생각한다. 매우 흥미롭고

진지하고 통찰력과 설득력을 겸비한 수작이다. 성경을 통전적으로 읽어야 하는 목회자들과 신학도들에게 적극적으로 추천한다.

류호준 백석대학교 신학대학원 구약학 은퇴 교수

신약신학은 지금까지 성서학의 핵심 분야로 꼽혀왔다. 기출판된 대부분의 신약신학은 대체로 역사비평 방법론을 채택하는 경향을 보였다. 저자는 "내러티브 신약신학의 효시"로 불릴 만큼 방법론의 전환을 적극적으로 시도한다. 동시에 성서의 메타내러티브에 담긴 유배와 회복이라는 광대한 이야기를 주목할 때 신약신학의 새로운 미래를 선도할 수 있다고 설득력 있게 논증한다. 결과적으로 내러티브 관점에서 신약성서의 파편화된 읽기의 한계를 지적하며, 신약신학이 유대교 신학이 아니라 예수가 유대교를 성취한 주님이라는 일치된 고백에 다다른다는 것을 보여준다. 본서는 필독서의 영예로운 자리를 거머쥘 것이며, 21세기 신약신학 연구의 중요한 거점이 될 것이다.

윤철원 서울신학대학교 신학대학원 신약학 교수

본서는 메이어(Ben F. Meyer)를 거쳐 샌더스(E. P. Sanders)가 개척한 "회복" 종말론과 톰 라이트(Nicholas Thomas Wright)가 정초한 '유배와 회복'이란 패러다임을 활용하여 신약성서 전체를 메타내러티브의 방법으로 재구성한 방대한 신약신학 저작이다. 그러나 이 "재구성"은 안이한 짜깁기가 아니라 한 메타내러티브의 장구한 전승과 해석, 적용으로 이어지는 "의미화 과정" 가운데 기호학과 언어학을 포괄하는 내러티브 신학 방법론에 입각하여 치밀하게 신약성서의 여러 주제와 본문을 창의적으로 요리한 열정의 산물로 평가할 만하다. 저자는 제2성전기의 유대교란 해석적 틀 속에 신약성서를 재조명하되, 특히 예수와 바울, 초기 유대적 기독교 세력이 바빌로니아 포로기의 유배로부터 온전히 해방되지 못한 미완의 과업을 어떻게 다채롭고도 역동적으로 수행하며 새로운 전환기를 모색했는지 추적한다. 그 비평적 분석과 조명의 방향은 일관되고 그 가운데 재배치하여 의미화해 나가는 과정은 온전한 새 이스라엘의 회복이라는 하나의 공통된 목표를 향해 전진한다. 이 진지한 또 하나의 신약성서 신학의 연구물이 행여 모든 내용물을 하나의 틀 속에 가두려는 환원주의의 의혹에서 그 핵심 논지를 탄력적으로 방어하고 보완해나간다면 본서는 내러티브 신학으로 신약성서를 다시 읽고자 하는 계통 가운데 우리 시대의 시금석이 될 수 있을 것이다.

차정식 한일장신대학교 신학대학원 신약학 교수

패션이나 예술 같은 세상 문화만 유행을 따른다고 생각하면 큰 오산이다. 성서학과 신학이라는 학문도 변화무쌍한 시대 사조의 거친 파도를 타고 도전과 응전 속에 상호 발전을 거듭해 왔다. 티모 에스콜라의 작품은 "신약학" 현대주의 사상의 유행을 비판적으로 성찰하면서 내러티브 서사학과 기호학의 해석 방법을 활용하여 "신약신학"을 재구성하고 있다. 이른바 '유배와 회복'이란 키워드의 거시적 관점 아래 제2성전기 유대교 및 1세기 초기 기독교 사상을 "내러티브 신학"으로 형상화한 시도다. 신약성서의 정경적 문맥을 따라 공관복음-사도행전-바울 서신-일반 서신-요한 문서 흐름 가운데 나름의 정경적 문맥을 따라 예수 전승을 존중하는 하나님 나라 메시지로부터 계시록의 동산-성전 신학에 이르기까지 유배와 회복 모티프는 이 책을 시종여일 이끌어가는 종말론적 메타내러티브의 알파와 오메가다. 새 성전 예수의 이미지에 뿌리박힌 부활-승귀 기독론이 여타 전통적 주제들과 어떻게 긴밀히 맞물려 있는지 풀어내는 재해석 과정 역시 주요한 학문적 기여가 아닐 수 없다. 이로써 저자는 과거와 현재의 신약학적 유행에 민감하면서도 그 유행에 거스르고 있는 한 편의 성경신학적인 작품을 제안한 셈이다. 신약학과 신학이 이혼할 수 없다는 믿음을 가진 신학생과 목회자라면 그 믿음을 따라 신실하게 읽어나가야 할 책으로 손색이 없다.

허주 아세아연합신학대학교 신약학 교수, 한국복음주의신학회 회장

『신약성서의 내러티브 신학』은 성전 모티프와 유배와 회복의 종말론에 관해서뿐만 아니라 내러티브 방법론, 상호 본문성, 예수의 가르침과 메시지의 신학적 내용과 형성, 그것과 구약성경 및 제2 성전기 문헌들 사이의 관계, 그리고 초기 기독교 신학자들에 의한 그것의 전용에 관해서도 의미 있고 유용한 대화를 만들어 낼 수 있는 잠재력을 갖고 있다.

앱슨 조지프 인디애나 웨슬리언 대학교 교수

에스콜라는 신약신학 연구를 위한 가장 박식하고 유용한 내러티브 신학 책을 썼다.

크레이그 L. 블롬버그 덴버 신학교 교수

A Narrative Theology of the New Testament

Exploring the Metanarrative of Exile and Restoration

Timo Escola

A NARRATIVE THEOLOGY OF THE NEW TESTAMENT

Exploring the Metanarrative of Exile and Restoration

TIMO ESCOLA

유배와 회복의 메타내러티브 탐구

신약성서의 내러티브 신학

티모 에스콜라 지음

박찬웅 · 권영주 · 김학철 옮김

새물결플러스

이 도서는 2019년 대한민국 교육부와 한국연구재단의 지원을 받아 수행된 연구임(NRF-2019S1A5C2A04083293).

| 내 아내 티이나에게 헌정합니다 |

서문

신약신학 연구 분야가 활성화되고 있다. 최근 20년 동안 무려 30권 이상의 서적이 신약신학을 주제로 출판되었다. 신약신학 주제를 다루는 다양한 방법이 있다. 주제와 교리를 다루거나 신약 문서 각권을 다룬 연구 결과물들이 발표되었다. 일부 학자는 신약성서 저자들의 전체적인 사상을 형성하는 중요한 메타내러티브에 주목했다. 접근하는 방법들이 다양하다는 점은 새로운 해석 방법들에 관한 책을 집필하는 일이 가능하면서도 또 필요하다는 사실을 말해주는데, 그런 집필을 통해 현재의 학계에 공헌할 가능성도 있을 것이다.

　내가 제2성전기 신학에 관한 커다란 메타내러티브에 관심을 갖게 된 시점은 헬싱키 대학교에서 라르스 아에멜라에우스(Lars Aejmelaeus) 교수의 지도를 받으며 기독론에 관한 박사학위 논문을 준비하던 당시였고, 또 독일 튀빙엔(Tübingen) 대학교에 머물면서 저명한 학자들인 페터 슈툴마허(Peter Stuhlmacher)와 마르틴 헹엘(Martin Hengel) 교수를 만났을 때였다. 이후 나는 칭의론 신학에 대한 분석과 신정론(神正論) 주제, 그리고 예정론에 관한 이중적 관점을 연구하면서 예수와 사도들이 전한 복음이 몰락한 이스라엘 민족이 갖고 있었던 현안 문제에 대한 해결방안이었다는 확신을 강하게 갖게 되었다. 그리고 나는 부활 기독론에 대한 연구를 통해서 이스라엘의 희망과 회복의 종말론에 관한 지평으로 관심을 넓혀나갔다. 이 과정에서 나는 예수의 가르침에 대한 새 관점이 필요하다는 것을 깨닫게 되었다. 왜냐하면 오직 그런 새 관점을 통해서만 위에서 언급한 다양한 부분들을 서로 연결할 수 있으며, 이를 통해 제2성전기 유대교 신학과 기독교 신학 모두를 총체적으로 파악할 수 있는 가능성이 열리기 때문이다.

사실 나는 신약신학 해석의 새로운 기반을 개척한 인물은 나 자신일 것이라고 생각했었다. 그런데 이스라엘의 계속된 유배와 회복 종말론 사상에 대한 개념이 샌더스(E. P. Sanders)와 라이트(T. Wright)의 역사적 예수 연구를 통해 이미 오래전부터 중요한 주제로 다뤄져 왔다는 점을 알게 되었다(한편 바울 연구에서 중요하게 간주되는 샌더스의 언약적 율법주의 이론에는 이러한 개념이 없는데 이에 관해서는 내가 익히 알고 있었다). 새로운 내러티브 비평에 대해서 알게 된 이후 나는 훨씬 더 큰 그림을 파악할 수 있게 되었다. 이렇게 해서 나는 신약성서에 대한 전체적인 내러티브 신학을 다룬 본서를 완성하게 되었다. 이 과정에서 나는 역사적 예수 연구에 관한 새 관점을 적용하고 유배와 회복에 관한 메타내러티브가 어떻게 제2성전기의 신학 사상과 특히 기독교의 신학 사상을 통합하는 특징을 해석할 수 있는지를 분석했다. 이러한 접근을 위한 방법론은 대부분 비교 문학에 관한 나의 두 번째 박사학위 논문에서 빌려 왔다. 그렇게 해서 본서에서는 수사적 내러티브 비평과 기호학이 중요한 방법론으로 활용되었다.

본서의 분석에 귀중한 도움을 준 몇몇 학자와 연구서가 있다. 라이트의 저서들과 나와 몇 차례 서신을 교환했던 브랜트 피트리(Brant Pitre)의 저서들이 본서에 영감을 주었다. 내러티브 연구에 관해서는 한누 리코넨(Hannu K. Riikonen) 교수, 헤타 퓌르호넨(Heta Pyrhonen) 교수, 가이 미코넨(Kai Mikkonen) 교수가 인내심을 갖고 나의 연구에 공감하며 도움을 주었다. 본서는 내가 핀란드 신학연구소의 신약학자 겸 헬싱키 대학교 신학과의 외래 강사로 일하는 동안에 집필했다.

본서의 교정을 위해 도움을 준 시드니 팔머 시드 바카(Sydney Palmer C'de Baca) 박사에게도 깊은 감사를 드린다. 그는 본서를 위해 또 한 번 최고의 전문적 능력을 발휘해주었다. 핀란드 사람인 내가 영어로 책을 출판하기 위해서는 그의 도움이 꼭 필요했음을 밝혀둔다.

또 이 연구에 도움을 준 핀란드 신학연구소(Theological Institute of Finland)의 전 총무 헨릭 페렛(Henrik Perret) 은퇴 목사와 현 총무인 빌레 아우비넨(Ville Auvinen) 박사에게도 감사를 드린다. 내가 신약학자로서 20년 동안 이 연구소에서 일할 수 있었던 것은 특혜나 마찬가지였다. 키르시 셀(Kirsi Sell) 간사와 도서관의 직원들에게도 감사의 말씀을 드린다.

끝으로 내 연구가 특별한 시리즈의 책으로 출판될 수 있도록 호의를 갖고 허락해준 외르크 프라이(Jörg Frey) 교수에게, 그리고 초고를 다듬어서 출판을 할 수 있게 전문적인 도움을 준 헨닝 지에브리츠키(Henning Ziebritzki) 박사와 모어 지벡 출판사(Mohr Siebeck)의 직원 여러분에게도 깊은 감사의 인사를 드린다.

나는 본서를 내 아내 티이나(Tiina)에게 헌정한다. 내 아내는 내가 신약성서 연구에 노력을 기울인 오랜 세월 동안 헌신적인 도움을 주었다.

티모 에스콜라
핀란드 신학연구소 소속 신학박사(Dr. theol.) 및 철학박사(Dr. phil.)
교수 자격 학위(Dr. habil.) 취득

목차

1. 정기간행물, 시리즈, 참고서

AASF	Annales Academiae Scientiarum Fennicae
AGAJU	Arbeiten zur Geschichte des antiken Judentums und des Urchristentums
AncB	Anchor Bible
ABD	Anchor Bible Dictionary
AGSU	Arbeiten zur Geschichte des Spätjudentums und des Urchristentums
AnBib	Analecta Biblica
ANFa	Ante-Nicene Fathers
ANRW	Aufstieg und Niedergang der römischen Welt
ASOR	American Schools of Oriental Research
ATD	Altes Testament Deutsch
AThANT	Abhandlungen zur Theologie des Alten und Neuen Testaments
AThD	Acta Theologica Danica
BA	Biblical Archaeologist
BAR	Biblical Archaeology Review
BBB	Bonner Biblische Beiträge
BBR	Bulletin for Biblical Research
BDR	Blass/Debrunner/Rehkopf, Grammatik des neutestamentlichen Griechisch
BEThL	Bibliotheca Ephemeridum Theologicarum Lovaniensium
BEvTh	Beiträge zur Evangelischen Theologie

BHTh	Beiträge zur historischen Theologie
Bib	Biblica
BINS	Biblical Interpretation Series
BK	Biblischer Kommentar
BKAT	Biblischer Kommentar. Altes Testament
BNTC	Black's New Testament Commentaries
BZ	Biblische Zeitschrift
CB	Coniectanea Biblica
CB.NT	Coniectanea Biblica. New Testament Series
CB.OT	Coniectanea Biblica. Old Testament Series
CBQ	Catholic Biblical Quarterly
CCWJCW	Cambridge Commentaries on Writings of the Jewish and Christian World 200 BC to AD 200
CJAS	Christianity and Judaism in Antiquity Series
CNT	Coniectanea neotestamentica
DJD	Discoveries in the Judaean Desert (of Jordan)
EJ	Encyclopedia Judaica
EJTh	European Journal of Theology
EKK	Evangelisch-Katholischer Kommentar
EQ	Evangelical Quarterly
EvTh	Evangelische Theologie
EWNT	Exegetisches Wörterbuch zum Neuen Testament, ed. H. Baiz, G. Schneider
ExpT	Expository Times
FAT	Forschung zum Alten Testament
FzB	Forschung zur Bibel
FRLANT	Forschungen zur Religion und Literatur des Alten und Neuen Testaments
GCS	Die griechischen christlichen Schriftsteller der ersten drei Jahrhunderte
GNT	Grundrisse zum Neuen Testament
GTA	Göttinger Theologische Arbeiten
HAT	Handbuch zum Alten Testament
HNT	Handbuch zum Neuen Testament

HR	History of Religions
HThK	Herders Theologischer Kommentar
HThS	Harvard Theological Studies
HThR	Harvard Theological Review
ICC	International Critical Commentary
IntB	The Interpreter's Bible
IVP	InterVarsity Press
JBL	Journal of Biblical Literature
JJS	Journal of Jewish Studies
JR	Journal of Religion
JRS	Journal of Religious Studies
JSHJ	Journal for the Study of the Historical Jesus
JSJ	Journal for the Study of Judaism
JSJS	Supplements to the Journal for the Study of Judaism
JSNT	Journal for the Study of the New Testament
JSNTS	Journal for the Study of the New Testament, Supplement Series
JSOT	Journal for the Study of the Old Testament
JSOTS	Journal for the Study of the Old Testament, Supplement Series
JSS	Journal of Semitic Studies
JThS	Journal of Theological Studies
KAT	Kommentar zum Alten Testament
KEK	Kritisch-Exegetischer Kommentar
LCC	Library of Christian Classics
LCL	Loeb Classical Library
MESJ	Missiologian ja ekumeniikan seuran julkaisuja
MNTC	Moffatt New Testament Commentary
MS	Monograph Series
MSSNTS	Monograph Series. Society for New Testament Studies
NAC	New American Commentary
NCeB	The New Century Bible Commentary
NF	Neue Folge
NIBC	New International Biblical Commentary
NICNT	New International Commentary on the New Testament

NIGTC	New International Greek Testament Commentary
NSBT	New Studies in Biblical Theology
NT/NovT	Novum Testamentum
NTA	Neutestamentliche Abhandlungen
NTD	Neues Testament Deutsch
NTL	New Testament Library
NTOA	Novum testamentum et orbis antiquus
NTS	New Testament Studies
NT.S	Novum Testamentum. Supplements
NTTS	New Testament Tools and Studies
OTL	Old Testament Library
OTP	The Old Testament Pseudepigrapha
PNTC	The Pillar New Testament Commentary
PVTG	Pseudepigrapha veteris testamenti Graece
RB	Revue biblique
RGG	Religion in Geschichte und Gegenwart
RQ	Revue de Qumran
RTT	Reviews in Religion and Theology
SBL	Society of Biblical Literature
SBL.DS	SBL Dissertation Series
SBLMS	SBL Monograph Series
SBLSBS	SBL Sources for Biblical Study
SBL.SP	SBL Seminar Papers
SBM	Stuttgarter Biblische Monographien
SBS	Stuttgarter Bibelstudien
SBT	Studies in Biblical Theology
ScEs	Science et esprit
SESJ	Suomen eksegeettisen seuran julkaisuja
SEÅ	Svensk Exegetisk Årsbok
SJLA	Studies in Judaism in Late Antiquity
SJT	Scottish Journal of Theology
SNT	Schriften des Neuen Testaments
SNTS	Society for New Testament Studies
StANT	Studien zum Alten und Neuen Testament

STAT	Suomalaisen tiedeakatemian toimituksia
StB	Stuttgarter Bibelstudien
StBL	Studies in Biblical Literature
STKSJ	Suomalaisen teologisen kirjallisuusseuran julkaisuja
StNT	Studien zum Neuen Testament
StTDJ	Studies on the Texts of the Desert of Judah
StTh	Studia theologica (Lund)
StUNT	Studien zur Umwelt der Neuen Testaments
SVT	Supplements to Vetus Testamentum
SVTP	Studia in Veteris Testamenti Pseudepigrapha
TANZ	Texte und Arbeiten zum neutestamentlichen Zeitalter
TB	Theologische Bücherei
TBLNT	Theologisches Begriffslexikon zum Neuen Testament
TDNT	Theological Dictionary of the New Testament
TDOT	Theological Dictionary of the Old Testament
ThLZ	Theologische Literaturzeitung
ThR	Theologische Rundschau
ThSt	Theological Studies
ThW	Theologische Wissenschaft
ThWAT	Theologisches Wörterbuch zum Alten Testament
ThWNT	Theologisches Wörterbuch zum Neuen Testament
ThZ	Theologische Zeitschrift
TRE	Theologische Realenzyklopädie
TS	Theological studies
TSAJ	Texte und Studien zum Antiken Judentum
TToday	Theology Today
TVG	Theologische Verlagsgemeinschaft
TyndB	Tyndale Bulletin
USF	University of South Florida
UTB	Uni-Taschenbücher
VT	Vetus Testamentum
WBC	Word Biblical Commentary
WTJ	Westminster Theological Journal
WMANT	Wissenschaftliche Monographien zum Alten und Neuen

	Testament
WUNT	Wissenschaftliche Untersuchungen zum Neuen Testament
ZAW	Zeitschrift für die alttestamentliche Wissenschaft
ZNW	Zeitschrift für die neutestamentliche Wissenschaft
ZThK	Zeitschrift für Theologie und Kirche

2. 전문 용어와 기타 약어

AV	Authorized Version
cf.	confer
col.	columna
ed(s).	editor(s)
ET	English Translation
f	fragment
FS	Festschrift (Studies in Honour of, etc.)
H	Hebrew text of Sirach
KJV	King James Version
LXX	Septuagint
m	Mishnah tractate
MS(S)	manuscript(s)
MT	Masoretic text
n	footnote
n.d.	no date
NEB	New English Bible
NIV	New International Version
NRSV	New Revised Standard Version
NT	New Testament
o.c.	opus citatum
OT	Old Testament
RSV	Revised Standard Version
v(v)	verse(s)
vol.	volume

제1장

서론

21세기에 접어들어 신약신학 분야가 번창하고 있다. 제2차 세계대전 후 불트만 이후의 학자들은 방대한 분량의 책을 저술하는 시대가 완전히 끝났다고 생각했다. 그러나 최근에 30여 편의 방대한 분량의 단행본과 또 여러 권으로 구성된 책이 출간되었다. 신약신학 분야에서의 연구가 다시 활성화된 이후에 모든 것이 변했다. 다양한 학문적 조류와 배경을 가진 학자들이 신약성서의 메시지에 관한 자신들의 주장을 펼칠 수 있게 되었으며, 각 연구자가 선호하는 방법을 동원하여 정경으로 수집된 신약성서라는 문헌 안에 내재되어 있는 다양한 신학적 스펙트럼에 대한 견해를 제시할 수 있게 되었다. 이러한 과업을 수행하는 많은 방식이 존재하며 또 각각의 서로 다른 접근법은 신약성서라는 이 매력적인 문헌을 이해하는 데 공헌할 수 있을 것이다.

I. 내러티브 신학의 목적과 방법

왜 내러티브 신학인가? 학계의 관심이 언어학 쪽으로 이동하면서 역사의 본질과 과거를 어떻게 이해할 것인가에 관한 논의가 활발해졌다. 고대 기록의 해석에 관해서도 새롭게 문제가 제기되었다. 과거의 학계에서는 "실제의" 역사에 관한 이론적 문제 제기들이 형이상학적 논의에 의해서 규정되는 일이 많았다. 이후 독일의 역사주의는 모든 형이상학적 주제들을 평가절하하면서 역사의 재구성을 가능하게 만들 수 있는 색다른 대안들을 제시했다. 이러한 대안에서는 가급적 "신적인" 것에 대한 언급을 축소하고 대신 설명 가능한 인간적인 또는 자연적인 현상과 사회적 행동의 관점에서

의 해석을 선택했다. 그런데 이러한 방식은 미흡한 것으로 밝혀졌다. "형이
상학주의자 플라톤"이라는 말 배후에 "실제" 플라톤이 존재하지 않고 "이
상주의자 헤겔"이라는 말 배후에 실제 헤겔이 존재하지 않듯이, 신약성서
본문들에 대한 의미론적 해석의 배후에 "실제의" 신약신학이 존재하지 않
을 수도 있다는 말이다. 신학은 본문의 내용에 관련된 문제를 다루는 것이
며, 따라서 논의의 대상이 되는 본문의 기호론적 의미와 내러티브 구조를
다루어야 한다.

1. 역사와 내러티브

그러나 신약성서에는 신학과 역사가 함께 얽혀 있다. 역사는 곧 역사를 어
떻게 기록하는지에 관한 것이다. 성서 저자들 및 그 저자들의 선행자들이
경험했던 사건들에 관한 초기 기독교의 설명 방식을 탐구한다는 것은 의
미, 신념, 원인 및 그 결과들에 관심을 기울인다는 뜻이다. 역사적 연구는
철저하게 자료에 의존하며 신약성서의 경우에는 대부분의 자료가 기록 문
서다. 고고학은 이 주제에 관해서는 별다른 공헌을 할 수 없다. 이 문서들에
서 과거는 내러티브 형식으로 표현되며 대부분의 묘사는 그런 묘사의 논리
적 근거를 제공하는 메타내러티브의 지배를 받는다. 신학을 이해한다는 말
은 대부분의 경우 이런 메타내러티브에 대한 이해와 관련된다.

역사 "읽기"의 기본적 문제들은 단순한 것이다. 우리는 과거에 질서를
부여하는가 아니면 이미 존재하는 질서를 읽어내는가? 역사주의자들은 보
통 스스로 후자의 역할을 수행한다고 믿지만 그들을 비판하는 자들은 그
들이 전자의 오류를 범하고 있다고 주장한다. 이 문제에 관한 의견은 다양
하다. 헤이든 화이트(Hayden White)는 인위적인 재구성을 강조하는 다소 강
력한 구성주의 이론(constructivist theory)을 지지하지만 데이비드 카아(David

Carr)는 서사성(narrativity)을 인류 사건의 본질을 이해하는 수단으로 본다. "내러티브는 단순히 사건을 성공적으로 서술하게 하는 방법 가운데 하나가 아니다. 내러티브 구조는 사건 자체에 내재해 있다."[1] 중도적 입장을 지지하는 메이어 스턴버그(Meir Sternberg)는 역사서술에 관해서 탈-역사주의 및 구조주의적 해석을 주장한다. 그는 역사를 기록하는 것은 항상 특정한 역사의 사건들의 의미를 해석하는 것을 뜻한다고 말한다.[2]

카아의 입장이 화이트의 것보다는 더 설득력 있어 보인다. 물론 적어도 의미화 과정(signification process)에 관련된 스턴버그의 관점에서 보면 화이트의 생각이 종종 유용할 때도 있다. 그러나 이야기(story)로서의 역사는 결코 전설 같은 허구적 작품을 쓰는 것이 아니다. 우리는 역사 기술(記述)이 결코 "무엇이 실제로 일어났는가"에 대한 실증적 기록이 아님을 이해할 필요가 있다. 요세푸스, 타키투스, 에우세비오스 등이 기록한 고대 문헌은 단순히 역사적 사실에 관한 목록만을 제공하지 않는다. 진실은, 특별히 역사적 진실은 망치와 못을 갖고 작업하는 일이 아니다. 신학적 진실은 물론이고 역사적 진실은 입장, 관계, 태도, 인과성 등을 다루는 것이다. 진실은 가치와 신념과 신조에 관한 것이다. 세계관의 의미와 특히 세계관의 변화(역사주의가 지배하던 시대의 주요 원리를 생각해보라)는 진리를 다루는 방식에 따라 상대적 관점에서 파악되어야 한다. 계몽주의에서 모든 것이 바뀐 것은 아니다.[3]

다양한 고대 문헌 자료에서 발견되는 것처럼 기록된 역사는 여러 세부

---

1   Carr, *History and Theory*, 137; White, *History and Theory*, 16을 참조하라.

2   Sternberg, *Poetics*, 23-24.

3   나는 서구의 성서 해석학을 평가하면서, 특히 역사주의와 사회학적 해석(지식사회학)의 지지자들에 집중하여 신약신학에 관한 이론을 논의하였다. Eskola, *Beyond New Testament Theology*를 보라. 그 연구의 말미에 나는 신약신학 연구에 관련된 주요 경향을 논의했다 (235-317을 보라).

사건을 선별하고 그것에 의미를 부여하여 역사적 사건을 해석한다. 그러므로 서사성은 인식론적 원리로 이해되어야 한다. 역사 기술은 늘 간결하게 처리하려는 경향을 보여 왔다. 역사를 기록하는 저자는 독자들이 틈새를 메우고, 행간을 읽고, 그 이야기를 해석학적 맥락 안에서 파악하는 능력에 의존한다. 또 다수의 본문은 저자의 입장을 이해하는 이상적인 독자를 전제하면서 독자의 해석을 안내하고 유도한다. 특정 본문 또는 역사의 세부 사항을 다루면서 "개연성" 또는 "진정성"에 집중했던 19세기 역사주의는 역사 기록의 본질을 다소 오해했다. 고대의 저자들은 역사적 세부 내용에 기반을 두고 역사를 기술했지만 그럼에도 불구하고 그들의 기록은 중요한 인물들과 관련된 특정한 사건들과 행적들의 의미에 초점을 둔 것이었다고 볼 수 있다. 성전에 대한 예수의 입장은 무엇이었는가? 왜 예수는 그의 제자들을 파송하여 선포하게 하였는가? 왜 예수는 바리새인들에게 맞섰는가? 예수는 마지막 때의 환난이 어떻게 끝나리라고 기대했는가? 이와 같이 역사는 의미에 관한 것이라고 말할 수 있다.

2. 방법론의 변화

흥미롭게도 지난 20년 동안 신약성서 연구의 중요한 많은 분야가 근본적으로 달라졌다. 20년 전에 세 번째 탐구(Third Quest)라고 불리던 풍조는 역사주의 시대의 종결을, 특히 "역사적 예수" 연구의 종결을 가져왔다. 과거에는 예수의 삶을 비평적으로 충분히 재구성하려고 시도하거나 본래의 복음을 변질시킨 것으로 추정되는 것들, 즉 사도적인 요인 및 부활 이후의 열광주의적 요인을 모두 제거하여 예수 선포의 신학적 핵심을 판독함으로써 역사적 예수를 탐구하려고 했었다. 첫 번째 노력은 예수 자신에 관해 우리가 사실상 거의 아는 것이 없다는 최소주의(minimalism)로 전락하고 말았다. 케제만(Käsemann)과 로빈슨(Robinson)이 시도한 불트만 학파의 새로운 탐구(New Quest)는 실존주의의 도움을 기대하였으나 실존주의는 곧 인기를 잃고 말았다.[4] 역사적 예수에 대한 세 번째 탐구는 주로 예수의 사회적 환경에 집중했다. 그런데 현재의 역사적 예수 연구를 네 번째 탐구라고 표현하는 것은 부정확할 것이다. 오히려 현재의 변화를 새로운 신학적 전환이라고 부를 수는 있다. 오늘날의 학자들은 역사비평이 남긴 결함을 극복하기 위하여 내러티브 접근 또는 기호론적 접근법을 자주 사용한다. 새로운 방법론은 새로운 문호를 열어준다. 이 접근법은 복음서 이야기를 역사로부터 분리시켰던 "내러티브의 가려진 부분"(Frei)을 조명하려는 것이다. 이 접근법은 단순히 예수의 환경에 집중하는 것이 아니라 예수의 메시지에 집중하려는 시도다.[5]

방법론적 변화는 사람들이 처음에 예상했던 것보다 더 심대한 결과를 가져왔다. 새로운 내러티브 분석 또는 수사적(修辭的) 내러티브 비평은 20세기 말 조직신학에서 유행했던 기술적(記述的) 내러티브 해석과는 별로 관계가 없다. 오늘날 내러티브 담론의 해석은 기호론적 접근법을 취하는데 이는 표현된 것들의 역학적 관계에 집중하며 또 신학적 사상과 주장들이 출현한 과정을 밝히고 설명하려는 시도다.[6]

---

4   예전의 연구에서 나는 신약신학에 관한 중요한 이론들이 이신론(Deism) 및 볼프(Wolff) 학파의 이성주의에서부터 칸트, 헤겔, 그리고 하이데거에 이르기까지 다른 철학적 노선에 많이 의존해 왔다는 점을 언급했다. 이렇게 철학적 방법에 몰두한 결과 연구자들은 다음과 같은 옛 진리를 확인하게 되었다. "만일 당신이 가진 전부가 망치라면 세상은 못으로 만들어진 것처럼 보이기 시작한다." 신약신학 분야에서 토론이 계속되기를 원한다면 학자들은 반드시 각자의 철학적 전제를 드러내어 공개적으로 토론할 준비가 되어 있어야 한다. Eskola, *Beyond New Testament Theology*, 316-17을 보라.

5   복음서 자료와 이른바 역사적 예수 탐구에 관한 연구사에 관해서는 Reventlow, *History of Biblical Interpretation 4*; Witherington, *The Jesus-Quest*; Frei, *Eclipse of Narrative*를 보라.

6   새로운 방법론을 개관하기 위해서는 Bal, *Narratology*; Keen, *Narrative Form*; Rimmon-Kenan, *Narrative Fiction: Contemporary Poetics* 등의 사례를 보라. 수사적 내러티브 비평

전승의 과정에는 몇 가지 단계가 있다. 물론 많은 본문은 적어도 번역의 차원에 해당하는 예수의 "본래의" 말씀을 담고 있다.[7] 그러나 현존하는 본문을 보면 그러한 번역의 과정에서 번역자의 역할이 있었다는 것 또한 사실임을 알 수 있다. 내러티브 분석에서 가장 중요한 것은 원래의 저자/내레이터의 단계라고 볼 수 있다. 저자/내레이터는 주안점을 선택하고 역사적 배경을 구축하며 등장인물과 역할을 설정한다. 아마도 그의 가장 중요한 과제는 예수의 말씀을 적절한 곳에 배치하는 일이었을 것이다.[8] 적어도 이론적인 측면에서는 저자와 내레이터가 구분되어야 하지만 그렇게 구분을 한다고 해도 독자의 상황이 본질적으로 바뀌지는 않는다. 복음서의 이야기들은 짧고 명료하다. 그 이야기는 보통 몇 가지 세부 사항만을 담고 있어서, 흡사 그 사건의 좀 더 다채로운 광경을 묘사하기 전에 그려놓은 예비적 스케치처럼 보인다. 내레이터의 역할은 일반적으로 저자의 역할과 다를 바 없을 것이다. 그럼에도 불구하고 복음서의 이야기들은 아주 많은 정보를 제공해 준다. 그 이야기들은 이목을 끌며 인상적이고 또한 대개의 경우 특별한 의도를 내포하고 있다.

　　방법론을 재평가해야 한다는 말은 특별히 역사비평 전통에서 인기 있는 신학적 편집비평 방법에 대하여 비판적 태도를 취할 필요가 있다는 뜻

에 관해서는 특히 Chatman, *Story and Discourse*를 보라.

7　　이런 종류의 논의는 어느 정도 초보적인 것으로 들릴 수 있을 것이다. 그러나 내러티브 비평적 분석을 위해서는 이런 논의가 충분히 고려되어야 한다. 전통적인 양식비평의 수사와 접근법을 더 이상 무작정 채택할 수는 없다. 그 방법론이 사용했던 대다수 개념이 이미 바뀌었고 그중 상당수는 완전히 달라졌기 때문이다.

8　　복음서의 짤막한 단락들의 저자는 보통 그 이야기의 내레이터이기도 하다. 내러티브 안에서의 저자의 역할 및 내포 저자(implied author)의 역할에 관한 주제에 대해서는 Chatman, *Story and Discourse*, 151-57을 보라. 이 연구 분야는 빠르게 발전했다. Bauckham, *Jesus and the Eyewitnesses*(『예수와 그 목격자들』, 새물결플러스 역간); Watson, *Gospel Writing*을 보라.

이다. 이런 방법론 전통에서 복음서의 이야기들은 너무도 자주 단순하게 교회의 신학적 구성물로 취급되어왔다. 이런 과정을 통해서 예수 자신이 선포한 것뿐만이 아니라 또한 예수의 (부활 이전의) 제자들의 선포도 상실되어 버렸다.[9] 일찍이 샌더스는 표준적 기준에 근거하여 신뢰할 만한 재구성을 시도하는 것이 불가능하다고 지적하면서 다음과 같이 말했다. "그러한 기준은 너무 많은 것을 배제한다."[10] 그러므로 학자들은 예수 자신과 그 동시대인들이 모두 유대교 안에서 뚜렷한 상호 관계를 맺고 있었다고 가정해야 한다. 따라서 샌더스는 역사적 예수 연구에서 새로운 표준이 될 만한 용어를 사용한다. 역사적 예수 연구자에게는 예수의 삶과 가르침에 대한 "충분한 재구성"이 필요하며 오늘날의 내러티브 비평적 분석은 바로 그 점에서 도움을 줄 수 있다. 내러티브 비평적 분석은 학자들로 하여금 전체 과정에 주목하게 만든다. 예컨대 예수가 성전에 대한 비판적 선포를 할 때 또는 이스라엘에 대해 비유를 말할 때, 그의 말씀 자체에는 어떤 핵심이 있었다고 보아야 한다.

그런데 이야기들은 복음서마다 다른 강조점을 가질 수 있다. 그 이야기들은 다른 종류의 구약성서 구절들 또는 다른 해석 전통들과 연계되었을 수 있다. 원래의 이야기가 전승 과정 중에 신학적으로 다르게 해석되었을 수도 있다. 초기 기독론과 관련해서도 이와 비슷한 방식의 발전 과정이 분명히 존재했을 것이다. 신학이 형성되는 데에는 특정한 과정이 존재하며 제한적이기는 하지만 현존하는 본문에서 그러한 과정을 탐지하는 일은 가

---

9   이른바 비유사성의 기준(criterion of dissimilarity)이 갖고 있는 문제점은 분명하다. Haacker는 만일 "진정한" 예수 전승에서 모든 유대교적 특징 및 기독교적 특징을 제외한다면 역사적으로 근거 있는 예수 묘사를 얻지 못하고, 대신 "예수에 대한 비역사적인 상"(unhistorischen Bild von Jesus), 곧 추상적인 기독론 관념을 초래할 것이라고 지적한다. Haacker, *Neutestamentliche Wissenschaft*, 76.

10   Sanders, *Jesus*, 16.

능하다. 하지만 이런 과정들의 중요성(또는 그 과정들에 관한 이론들의 중요성)은 오늘날 신약신학을 다룰 때 특별히 의미 있는 것은 아니다.[11]

그러므로 신약신학은 예수의 가르침에 대한 새로운 재구성을 기반으로 구축되어야 한다. 예수의 메시지의 내용을 완벽하게 다루기 위해서는 복음서의 내러티브들에 관한 적절한 연구가 필수적이다. 이런 분석은 필연적으로 특정한 메타내러티브에 대한 재구성으로 이어질 수밖에 없는데, 이 메타내러티브는 예수의 추종자들의 사상에 영향을 준 신학의 기본적 특징을 파악할 수 있는 길을 열어 줄 것이다. 그리고 이는 초기 기독교의 기독론과 구원론이 형성된 구체적 과정을 탐구할 수 있는 길이 될 것이다. 또 이러한 과정에 주목을 하면 바울의 좀 더 정교한 신학적 사고를 이해하는 데도 도움이 될 것이다.

3. 기호론과 의미화 과정

기호학이 신학적 주제에 대한 연구를 위해서 중요하다. 또 신학적 주제를 다루려면 반드시 의미화 과정에 집중해야 한다.[12] 신약성서와 특히 예수의

---

11 Chester는 내러티브 비평이 역사적 과정들에 관한 주제들을 본문 뒤편 아주 먼 곳에 아무런 평가도 없이 방치하는 것이 아닌가 하고 묻는다. Chester, *Messiah*, 40-43. 이런 우려 같은 일이 발생하면 곤란하다. 내러티브를 본래의 역사 기록의 일부로 간주할 때 학자들은 새로운 관점으로 전승을 해석할 수 있게 된다. 그런데 역사적 연구에서의 이런 변화는 역사주의의 최소주의적 관점 및 과도하게 편집비평 방법에 집착했던 관점 모두가 포기되었던 것 같은 아주 의미심장한 방법론적 변화라고 말할 수 있다. 그러나 내러티브 비평과 역사적 과정에 관련된 주제들이 상충하는 것으로 간주되어서는 안 된다. 그리고 하나의 도구로서의 내러티브 비평이 오직 현존하는 본문에만 관심을 갖고 있다고 해서 그것을 협소한 차원에 불과한 것이라고 거부해서도 안 된다.

12 기호학을 짧게 정의하면 기호들의 (특히 언어학적) 의미가 연구되는 분야라고 말할 수 있다. 물론 기호들은 의미가 부여된 표시라고 말할 수 있다. 결국 기호작용(semiosis)은 의미화 과정 자체를 의미하며, 대체로 기호학자들은 그런 의미화 과정 중에서 세부 내용들을 식별하는 일에 집중한다. 그렇다면 기호작용은 이 점에서 내러티브 분석과 약간 겹

가르침은 구약성서 본문들에 대한 해석 및 재해석에 초점을 두고 있었으며 또 유대교 전승과 성전 신학과 제2성전기의 열정적인 구원론을 중요한 것으로 여겼다. 예수의 선포는 구약성서를 인용하여 능숙하게 전유(專有, appropriation)하며 유대교 전승을 인유(引喩, allusion)하고 수정(revision)한 사례가 된다. 예수의 선포는 혁신적인 상호텍스트성(intertextuality)을 보여주는 걸작으로서, 예수의 선포에 대한 적극적인 해석을 시도하는 모든 연구는 이 상호텍스트성에 대한 이해력을 갖추어야 한다.[13]

앞서 언급한 것처럼 의미화 과정들은 보통 내러티브 안에서 발생한다. 그러므로 내러티브 분석은 본서의 연구 방법론에서 중심적 역할을 한다. 실재(reality)에 대한 이야기들은 단순히 허구가 아니다. 역사는 해석에 관한 것이다. 서사성의 이 인식론적 측면은 의미화 과정에 대한 연구를 통해서 가장 명료하게 밝혀질 수 있다. 고대 자료에 나타난 의미를 설명하려면 어떻게 해서 기호들에 구체적인 의미가 부여되는지를 살펴보아야 한다. "과거 읽기" 과정에서 발생하는 가장 중요한 것은 내레이터와 저자들이 새로운 해석항(解釋項, interpretant)을 도입한다는 점이다. 찰스 퍼스(Charles S. Peirce)에 따르면 지식의 진보와 문화의 진보는 모두 개념, 말, 진술, 행위 같은 기호(sign)들에 대한 해석을 기반으로 한다. 어떤 사건이나 전승에 의미를 부여하는 일은 의미화의 과정 즉 **기호작용**(semiosis) 가운데 발생한다. 예수의 추종자들은 이야기를 만들어내고 신학적 진술을 고안해내는 동시에 어떤 해석항을 만들어낸다. 그 해석항은 하나의 개념이자 새로운 "기호"로서 그것은 이전의 기호나 문구나 사상이나 행위를 새롭게 해석한다.[14]

친다고 볼 수 있다. 기호학에 관한 일반적 개론에 대해서는 Deely, *Semiotics*를 보라.

13 기호학에 대한, 그리고 기독론 연구에 도움을 주는 언어학적 방법들의 역할에 대한 좀 더 상세한 논의를 위해서는 Eskola, *Messiah and the Throne*, 17-42를 보라.

14 Peirce라는 학자가 아주 논란이 많은 사람이라는 점은 분명한데, 이는 특히 그가 그리 많

예컨대 저자/내레이터는 주안점들을 선택하고 역사적 배경을 설정하며 등장인물들을 소개하면서 기호작용에 참여한다. 구약성서 구절들이 예수의 삶과 가르침의 다른 측면들과 연계될 때 새로운 해석항이 등장한다. 따라서 의미화 과정은 이전의 기호들과 그것들을 수용하는 과정에서 생성된 새로운 의미화 사이의 상호작용이다. 그러므로 예수의 메시지를 연구하는 것은 부분적으로 그 본문들 자체의 이런 기호론적 과정에 대한 탐구라고도 말할 수 있다. 예수의 메시지는 그의 의도와 새로운 기호들, 즉 위와 같은 수용의 과정에서 나타나는 독법들 사이의 상호 관계를 토대로 하여 식별되고 규명될 수 있다.[15]

신약신학과 신약신학의 핵심인 예수의 가르침을 탐구한다는 것은 일방적 방향의 연구를 말하지 않는다. 즉 그것은 부활 이후 초기 교회에서 시작하여 일부 연구자가 가정하는 것처럼 "역사적-비평적" 예수로 귀결되는 연역적 연구가 아니라는 것이다. 오히려 그것은 예수가 시작했던 메시아 운동에 관한 본문의 생성 배후에 있던 역동적인 과정, 즉 기호작용을 탐구하는 일이다. 오늘날 신약신학에 관련된 모든 논의는 역사적 예수에게서 시작되어야 한다. 불트만과 케제만 시대 이후 학계에서는 대대적인 변화가 일어났다.

의미화 과정들은 메타내러티브의 구성 및 사용과 관련된다. 개별적 메

은 저술을 남기지 않았기 때문이기도 하다. 기호학에 관한 그의 사상은 엄청나게 방대한 미간행 자료들에 대한 분석을 기반으로 하고 있는데, 이 자료들은 체계적으로 정리되지도 않은 것이다. Peirce의 기호학에 관한 개괄적인 설명을 하고 있는 Deledalle, *Charles S. Peirce's Philosophy of Signs;* Colapietro and Olschewsky (eds.), *Peirce's Doctrine of Signs: Theory, Applications, and Connections* 같은 자료만 참고해도 충분할 것으로 보인다. Peirce가 제시했던 본래의 정의에 대해서는 Peirce, *Essential Peirce* 2, 4-10, 272-79를 보라.

15 이전 연구들에서 나는 텍스트성(textuality)이 있는 곳에 상호텍스트성(intertextuality)이 있다고 언급했다. 이제 이런 주제들은 신약신학 연구에서 중요해졌다. Eskola, *Beyond New Testament Theology*, 310-17.

타포와 정형화된 주제와 모티프는 특정 문맥에 놓이면서 그것들에 의미가 부여된다. 본서가 유력한 하나의 메타내러티브, 즉 유배와 회복에 관한 메타내러티브를 확인하는 데 중점을 두는 것은 이런 이유 때문이다. 이 주제가 선정된 여러 이유가 있다. 첫째, 이 메타내러티브는 제2성전기의 유대교와 초기 기독교 모두에서 구원론이 구축되었던 동기를 설명할 수 있다. 둘째, 나중에 다루게 되겠지만 이는 오늘날의 신약신학에서 계속해서 비중이 커져가는 주제에 해당된다. 셋째, 이 메타내러티브는 정경신학에서 중심적인 역할을 하며 심오한 발견을 가능케 하는 원동력을 갖고 있다.[16]

내러티브 분석은 요즘 학계에서 상당히 유행하고 있기 때문에 본서에서 설정한 것과는 다른 메타내러티브가 채택될 수도 있었다. 유배와 회복에 관한 메타내러티브를 적용한 학자는 대표적으로 라이트지만, 예컨대 프랭크 마테라(Frank Matera)는 그의 신약신학에서 몰락과 구속에 관한 더 큰 메타내러티브에 집중했다.[17] 한편 제임스 해밀턴(James Hamilton)은 자신의 책 제목에서 밝힌 것처럼 『심판을 통한 구원에 나타난 하나님의 영광』(God's Glory in Salvation through Judgement)에 관한 메타내러티브를 다룬다. 벤 위더링턴(Ben Witherington)은 바울의 『내러티브 사상 세계』(Narrative Thought

---

16   비록 나는 Wright와는 다른 길을 가면서 이 방법론적 접근법에 도달한 것이 사실이지만, 그의 책 Wright, *New Testament and the People of God I*(『신약성서와 하나님의 백성』, CH 북스 역간)이 복음서 자료에 대한 내러티브 해석과 심지어 구조주의적 해석에 관한 빈틈없는 설명을 제공하고 있다는 사실은 인정하지 않을 수 없다. 앞으로도 이 책을 통해서 배워야 할 점이 많다. Wright, *People of God*, 113-15, 215-32를 보라. 나의 문학적 접근 방식은 최근의 예수에 관한 소설들에 대한 나의 연구인 Eskola, *Evil Gods and Reckless Saviours: Adaptation and Appropriation in Late Twentieth Century Jesus-novels*에 의존하고 있다.

17   Matera는 마스터 스토리(master story)에 대한 다섯 가지 정의를 제시한다. "나는 신약성서의 마스터 스토리를 요약하기 위하여 다음과 같은 다섯 개의 범주를 활용한다. (1) 구원을 필요로 하는 인간, (2) 구원의 전달자, (3) 거룩해진 자들의 공동체, (4) 거룩해진 자들의 삶, (5) 거룩해진 자들의 소망." Matera, *Theology*, xxx.

World)라는 책을 통하여 다양한 관점을 분석하면서도 신학적 통일성을 발견한다.[18] 끝으로 데스먼드 알렉산더(Desmond Alexander)는 독창적인 신약신학에 관한 책을 썼는데, 여기서 그는 신약 문서들에 나타난 에덴이라는 정원-성전의 회복에 대한 주제를 다루었다.[19]

그렇다면 왜 내러티브 신학인가? 위에서 언급한 것처럼 새로운 접근법을 채택하는 첫 번째 이유로는 언어적 요인이 있다. 방법론은 바뀌었으며 기록된 본문들에 대한 우리의 이해력도 향상되었다. 신약성서에 대한 자유주의 신학의 해석 이후의 해석이 부상하면서 "실제" 역사는 더 이상 이른바 초자연적 사상에 의해 완전히 훼손된 본문 뒤편에 숨겨져 있는 무언가로 간주되지 않게 되었다. 고대 자료에 나타난 형태 그대로의 역사는 내러티브의 형태로 우리에게 그 모습을 드러낸다. 신약성서의 신학을 정확하게 이해하기 위해서는 내러티브를 정확히 파악하는 것이 관건이다. 이러한 사실은 두 번째 이유로 이어진다. 역사를 고대의 사건들에 대한 해석이라는 의미로 정의하면 역사는 항상 이미 하나의 해석이라고 말할 수 있다. 내러티브 신학은 특히 메타내러티브를 중심으로 이러한 해석을 시도한다. 이런 전제들은 또한 본서가 취하는 접근 방식을 좌우한다. 즉 시간적 순서를 크게 중요하게 여길 필요가 없다. 또 교리적 방식도 고려될 이유가 없다. 이런 내러티브 신학을 다루는 본서는 예수의 선포의 근거가 되는 내러티브 구조를 보여주면서, 그리고 예수의 사역에서 드러난 회복 종말론의 의미를 설명하면서 시작할 것이다.

---

18   그의 생각의 한 단면을 소개하면 다음과 같다. "그것은 창조와 피조물에 관한 그리고 그 피조물이 예수 그리스도에 의해서, 예수 그리스도 안에서, 예수 그리스도를 통해서 구원되는 것에 관한 **이야기다.** 또 그것은 타락한 인류의 한가운데서 생겨난 신앙 공동체에 관한 이야기다." Witherington, *Narrative Thought World*, 2.

19   여기서 언급된 책들은 아래의 논의에서 자세하게 소개될 것이다.

II. 샌더스와 라이트의 도전적 가설 검증

역사적 예수 연구의 새로운 패러다임을 바탕으로 한 신약신학은 제2성전기 신학의 맥락에서 예수의 가르침을 설득력 있게끔 재구성하는 것에서부터 시작해야 한다. 역사적 예수 연구에 대한 최근의 탐구를 소개하는 여러 가지 방식이 있겠지만 여기서는 복음서 연구의 분수령이 된 샌더스의 『예수와 유대교』(Jesus and Judaism, CH북스 역간)라는 책으로 시작하는 것이 적절할 것이다.

1. 메이어에서부터 샌더스 그리고 라이트까지의 연구

최근 학계의 많은 주제와 논의는 샌더스의 책에서 비롯된다.[20] 샌더스는 유대교 연구의 새로운 전문지식을 신약 비평에 적용했던 선도적 학자 가운데 한 사람이다. 샌더스의 예수 연구의 토대가 된 것은 그의 저서 『바울과 팔레스타인 유대교』(Paul and Palestinian Judaism, 알맹e 역간)와 유대교 문헌을 다룬 다른 연구들이다. 이것이 아마도 샌더스가 예수의 가르침의 배경을 연구하면서 제2성전기 유대교 신학자들의 기록 가운데 유배의 개념이 계속해서 핵심에 놓여 있다고 강조한 이유일 것이다.[21]

사실 샌더스는 그의 캐나다인 동료 벤 메이어(Ben Meyer)가 1979년에

---

20 특히 Sanders, *Jesus and Judaism*, 77-81을 보라. 엄밀한 의미에서 유배와 회복의 주제를 다룬 대표적 저서는 Peter Ackroyd의 *Exile and Restoration*(1968)이라는 책이다. 그 뒤를 이어서 발표된 연구는 Raymond Foster, *The Restoration of Israel*(1970); Ralph Klein, *Israel in Exile*(1979)이다.

21 Sanders는 사실 예수의 메시지에 대한 Albert Schweitzer의 종말론적 해석을 되살리고자 했다. Schweitzer, *Quest*, 385-88에서 Schweitzer 자신이 언급한 내용을 보라. 이에 대한 Sanders의 평가에 관해서는 Sanders, *Jesus and Judaism*, 23-24를 보라.

출판한 매우 독창적인 내용의 책『예수의 목적』(Aims of Jesus)에 나타난 견해를 따르고 있다. 이 책에서 메이어는 예수와 성전의 관계에 대해 논하면서 예수의 태도는 유배가 아직 완전히 끝나지 않았다는 그의 신념과 관계가 있었다고 주장했다. 메이어가 제시한 상당수의 개념은 샌더스의 연구에서 발전되고 체계화되었다.

샌더스는 그의 책 도입부에서 조지 니켈스버그(George Nickelsburg)의 『성서와 미쉬나 사이에 있는 유대교 문헌』(Jewish Literature Between the Bible and the Mishnah, 1981)이라는 책을 언급함으로써 일부 고대 유대교 문헌 작가들이 이스라엘의 핵심적 기구들은 온전하게 회복된 적이 결코 없었음을 강조했다는 사실을 독자들에게 상기시키려고 했다.[22] 많은 디아스포라 유대인이 고향으로 돌아올 것이라는 기대는 지속되었다. 계속된 유배의 주제는 유대교 신학 내부에서 지속적인 논의의 대상이 되었다. 대부분의 이스라엘 지파는 결국 귀향하지 못했다. 유대교 내의 일부 그룹은 심지어 재건된 제2성전의 위상에 대해 문제를 제기해왔다. 예수 시대의 유대교의 정체성은 결코 통일된 모습이 아니었다. 제2성전기 유대교의 많은 설교자는 유배 상황이 아직 종결되지 않았다고 생각했다. 샌더스의 관점에서 보면 우리는 예수가 당시의 이스라엘을 비판하고 공격하는 데 이러한 주제를 활용할 수 있었던 배경에 관해서 쉽게 관찰할 수 있다.

라이트는『예수와 하나님의 승리』(Jesus and the Victory of God, 1996, CH북스 역간)라는 책에서 예수의 가르침에 대한 설명을 위해 이 계속된 유배라는 개념을 적용한다. 여기서 라이트는 그 개념을 새로운 종말론적 성전에 관한 예수의 선포와 연결했다. 라이트의 기본 관점은 그의 여러 다른 저작에

---

22   Sanders, *Jesus and Judaism*, 79-80; Nickelsburg, *Literature*, 18. Sanders의 동료인 Ben Meyer의 역할에 관해서는 아래에서 논의될 것이다.

서 요약적으로 드러나 있다. 예컨대 그는 이렇게 표현한다. "이스라엘 이야기에 대한 예수의 재해석을 보여주는 주요한 왕국 주제 가운데 하나는 유배로부터의 실제적인 귀환 및 야웨가 시온으로 실제로 돌아오는 것에 대한 믿음인데, 이는 그러한 귀환이 예수 자신의 사역 안에서, 그리고 그 사역을 통해서 이루어지고 있다는 것에 대한 믿음을 말한다."[23] 더 나아가 라이트는 메이어와 샌더스의 주장에 따라서 다음과 같이 말한다. "그의 사역 안에서 성전은 재건되고 있었다."[24] 본서에서는 우선적으로 라이트의 가설에 대해 검증할 것인데 이 과제에 관해서는 아래에서 더 자세하게 다루게 될 것이다.

최근 15년 동안 라이트의 이 관점이 매우 대중화되었기 때문에 그것을 역사적 예수 연구의 새로운 패러다임이라고 말해도 아무런 문제가 없을 것이다. 그러나 짚고 넘어가야 할 사실은 우리가 완전히 새로운 발견을 했다고 말할 수는 없다는 점이다. 모든 관련 개념들이 지금 시대의 산물인 양 주장하는 것은 주제넘은 처사일 것이다. 여기서 연구사를 총체적으로 소개하는 일은 불필요하겠지만 적어도 요아힘 예레미아스(Joachim Jeremias)의 『세상을 온전하게 하는 자인 예수』(*Jesus als Weltvollender*, 1930) 같은 일부 설득력 있는 역사적, 신학적 연구들을 언급할 필요는 있을 것이다.[25] 예레미아스는 예루살렘에서의 예수의 행동과 성전에서의 예언자적 시위에 초점을 맞춘다. 예레미아스는 예수의 승리의 입성과 성전 정화 사건을 고대 바빌로니아와 유대교의 제의적 메시아 사상의 관점에서 해석한다. 왕위 등극 주제와 성전 개혁 주제는 함께 나타난다. 예수가 다윗의 후손으로서 나귀를

---

23   Wright, *Victory*, 428.

24   Wright, *Victory*, 434.

25   이후 Martin Hengel, *Was Jesus a Revolutionist?*(독일어 원본은 1971년에 *War Jesus Revolutionär?*라는 제목으로 출간됨)는 그러한 개념들을 발전시켰다.

타고 당당하게 예루살렘에 입성하여 성전 공격을 감행한 것은 곧 자기 자신이 종말론적 메시아임을 주장한 것이며, 심지어 자신의 왕위에 대한 기대와 하늘의 성전에 대한 계시를 선포한 것이라고 말할 수 있다.[26]

따라서 새로워진 종말론에 관한 가설이 성립하게 된다. 예수의 메시지는 이스라엘의 죄악을 비판하는 예언자의 선포로 이해될 때 가장 명료하게 설명될 수 있다. 당시의 이스라엘이 족장 시대나 신실한 왕들이 다스리던 시대의 참다운 이스라엘과는 다르다고 비판한 점에서 예수는 이사야나 스가랴와 같은 노선에 서 있는 것으로 보인다. 오히려 이스라엘은 여전히 하나님의 진노 아래서 살고 있다. 이것이 대예언자들이 그들의 시대에 선포한 모든 예언자적 경고가 예수의 시대에도 여전히 유효했던 이유다. 예루살렘 성전은 하나님이 예언자들을 통해 약속하신 기쁜 복음을 아직도 받아들이지 않는다. 제사장들과 서기관들은 백성을 죄에서 구속할 수 없다. 유배의 상황은 이스라엘 백성을 여전히 노예로 삼고 있다. 그러므로 약속된 메시아가 종말론적 무대에 등장할 때 새로운 성전이 세워질 것이다.

2. 새로운 연구의 발전과 방향

위에서 언급한 연구에 대한 직접적인 반응으로 케리 뉴먼(Carey C. Newman)이 편집한 논문집 『예수와 이스라엘의 회복』(Jesus and the Restoration of Israel, 1999)이 출간되었다. 뉴먼의 이 논문집에서 크레이그 에반스(Craig A. Evans)는 유대교 문헌을 광범위하게 분석한 후 라이트의 주장의 정당성에 관해서

---

26   Jeremias, *Jesus*, 35 이하. 예수가 왕적 인물로 예루살렘에 입성한 일은 그의 정체성을 가늠하기 위한 중요한 출발점이 되는데, 왜냐하면 이 지점에서 예수는 유대교 지도자들 및 성전 당국과 첨예한 적대감을 드러내기 때문이다. 또 많은 가톨릭 신학자도 이러한 주제에 대한 연구를 했다. 예컨대 Yves Congar, *Le mystère du temple*(1958)을 보라.

다음과 같이 결론을 내렸다. 그는 첫째, 많은 유대교 신학자들조차 최종적인 회복이 아직 시작되지 않았다고 추정했고, 둘째, 예수는 의심의 여지 없이 그의 사역을 이스라엘의 유배가 종결되는 사건의 시작으로 이해했다고 여겼다.[27]

라이트 이후 이런 주제에 관련해서 여러 학자가 연구 결과를 발표했는데 그들의 연구는 아래의 분석 과정 중에서 논의될 것이다. 그 몇몇 사례로는 스티븐 브라이언(Steven Bryan)이 케임브리지 대학교에서 앤드류 체스터(Andrew Chester)의 지도를 받아 작성한 박사학위 논문 『예수, 그리고 심판과 회복에 관한 이스라엘의 전통』(*Jesus and Israel's Traditions of Judgment and Restoration*), 데일 앨리슨(Dale Allison)의 『나사렛 예수: 천년 왕국의 예언자』(*Jesus of Nazareth: Millenarian Prophet*), 그리고 니콜라스 페린(Nicholas Perrin)의 『성전으로서의 예수』(*Jesus the Temple*)가 있다. 유배와 회복의 메타내러티브를 중요하게 다룬 저서로는 제임스 해밀턴(James Hamilton)의 『심판을 통한 구원에 나타난 하나님의 영광에 관한 성서신학적 연구』(*God's Glory in Salvation through Judgment: A Biblical Theology*)와 토마스 슈라이너(Thomas Schreiner)의 『신약신학』(*New Testament Theology: Magnifying God in Christ*, 부흥과개혁사 역간)이 있다.

이 새로운 가설 또는 갱신된 가설은 다른 모든 것을 배제한 채 더 이상 예수의 사회적 환경을 다루는 논의를 하지 않기 때문에 근본적으로 신학적이라고 말할 수 있다. 이 접근법을 취하는 학자들은 오히려 예수의 가르침과 선포에 집중한다. 그러므로 샌더스와 라이트의 이론은 예언자적 선포자로서 종말론적 계획을 발전시킨 메시아적 인물인 예수의 정체성을 조

---

27   Evans, *Restoration*, 98-100. Wright의 견해를 다룬 또 다른 논문집인 Perrin and Hayes(eds.), *Jesus, Paul and the People of God: A Theological Dialogue with N. T. Wright*가 출간되었다.

명하려고 시도한다. 신약신학에 새로운 관점을 적용하는 일이 도전적 시도임은 자명하다. 루돌프 불트만의 방대한 저서 『신약신학』(*Theologie des Neuen Testaments*, 1953)은 신약신학 분야에서 수십 년 동안 중요한 위치를 차지해왔다. 그 후 오랜 세월이 지나서야 새로운 시도들이 출현하기 시작했다. 영국에서는 조지 케어드(George Caird)가 새로운 노선의 연구를 시작했으며 미국에서는 브레바드 S. 차일즈(Brevard S. Childs)가 정경신학 개념을 소개하면서 많은 지지를 받았다.[28] 독일에서는 불트만의 전통이 계속해서 강한 영향력을 발휘했는데 한스 휘브너(Hans Hübner), 게오르크 슈트레커(Georg Strecker), 발터 슈미탈스(Walter Schmithals), 우도 슈넬레(Udo Schnelle) 같은 저자들은 치밀한 연구서를 출판했다.

불트만 학파의 전통에 반대하는 신(新)튀빙엔 학파의 입장을 대변하는 연구로는 특히 페터 슈툴마허(Peter Stuhlmacher)의 성서신학 연구를 제시할 수 있을 것이다. 서로 다른 대학교 출신인 페르디난트 한(Ferdinand Hahn)과 울리히 빌켄스(Ulrich Wilckens)의 연구도 여기에 포함될 수 있다. 또한 "브레데" 같은 방식으로 초기 기독교의 종교사를 탐구한 일부 연구도 있다. 헤이키 라이사이넨(Heikki Räisänen) 또한 이 분야를 연구했고 게르트 타이센(Gerd Theissen)도 유익한 공헌을 하였다. 최근에 신약신학에 관해 제안된 모든 견해를 본서에서 다루는 것은 사실상 불가능할 것이다. 하지만 중요한 본문을 다룰 때에는 과거의 신학에 나타난 다른 중요한 해석들 및 그 신학에서 다룬 메타내러티브와 새 관점을 비교해보려고 할 것이다. 물론 앞서 언급한 대다수 저자가 새로운 패러다임이라는 말을 직접 사용한 것은 아니

---

28   그러므로 영어권에서는 Roy Zuck와 Darrell Bock, Frank Thielman, I. H. Marshall, J. Julius Scott Jr., Ben Witherington III, Philip Esler, Jon M. Isaak, Gregory Beale의 연구를, 그리고 가톨릭 학자인 Joachim Gnilka, Frank J. Matera 등의 연구를 다루어야 할 것이다. 정경에 대한 논의는 Frey, *Aufgabe*, 46-48을 보라.

지만 말이다.[29]

중요한 핵심은 유배와 회복의 메타내러티브가 말 그대로 신약신학에 새로운 지평을 열게 된다는 것이다. 샌더스와 라이트는 유용한 새로운 전통을 시작했다. 그리고 해밀턴과 슈라이너가 증명했듯이 우리는 이 전통을 본문들 전체의 내러티브 구조를 이해하기 위해 적용할 수 있다. 라이트 자신도 자기의 해석을 바울 연구 분야로 확대했듯이 신약성서 전체의 신학을 이 관점에서 기술하려는 모든 시도는 충분히 정당화될 수 있다.[30] 지금까지의 대다수의 책은 메타내러티브의 어떤 특정한 측면에 집중해왔다. 그러므로 유배와 회복에 관한 메타내러티브가 신약성서 구원론의 기본적 구조를 어떻게 형성하는지를 연구하는 작업이 요청된다고 말할 수 있다.

3. 패러다임 확장에 기여한 연구: 계속된 유배와 성전 비판

라이트의 『예수와 하나님의 승리』(Jesus and the Victory of God, 1996) 및 이후의 그의 여러 저술이 발표되자 학자들 사이에서 많은 토론이 벌어졌다. 유배와 회복의 주제를 다룬 문헌은 풍부한데 이제 우리는 다른 접근법들을 간략하게 검토함으로써 이 주제를 살펴볼 것이다. 이런 연구의 최초의 단계에 해당하는 것은 메이어의 책인데 그는 예수가 성전 "정화" 사건을 통해서 이스라엘의 회복을 시도했다고 말한다. 예수의 행동은 성소에 대한 준엄한 비판이었다. 그 사건은 미래에 대한 기호였지 성전을 정화하여 그것

---

29   여기에 소개된 여러 책 외에 더 많은 자료의 세부정보에 대해서는 참고문헌을 보라. 이
      와 관련된 대다수의 책은 Eskola, *Beyond*, 235-317에서 이미 다룬 적이 있다.

30   Wright, *Paul and the Faithfulness of God*(이후 *Paul*로 표기, 『바울과 하나님의 신실하심』,
      CH북스 역간)을 보라.

을 보호하려는 것이 아니었다.[31] 이후 브루스 칠튼(Bruce Chilton)은 『예수의 성전』(*The Temple of Jesus*, 1992)에서 예수와 성전의 관계를 연구하면서 예수의 희생 계획에 강조점을 두었다.[32] 성전에서의 예수의 행위에 관한 독특한 이야기는 쿠르트 패슬러(Kurt Paesler)의 『예수의 성전 말씀』(*Das Tempewort Jesu*, 1999)과 요슈타인 오드나(Jostein Ådna)의 『성전에 대한 예수의 입장』(*Jesu Stellung zum Tempel*, 2000)에서 상세하게 다루어진다. 오드나는 논문집 『성전 없는 공동체』(*Gemeinde ohne Tempel*)에 기고도 하였다(아래를 보라).[33]

훗날 이 주제들을 다룬 대다수의 연구는 사실상 라이트의 영향을 받지 않은 것들이다. 일찍이 제임스 스콧(James Scott)은 『유배: 구약성서와 유대교와 기독교의 개념들』(*Exile: Old Testament, Jewish, and Christian Conceptions*, 1997) 이라는 논문집을 편집하여 출간했다.[34] 그 뒤를 이어 몇 년 후 또 다른 논문집 『회복: 구약과 유대교와 기독교의 관점』(*Restoration: Old Testament, Jewish, and Christian Perspectives*)이 출판되었다. 이 책들을 통해서 저자들은 이 주제들에 관한 제2성전기의 관점을 새롭게 이해할 수 있게 해주었다. 거의 같은 시기에 에고(Ego), 랑에(Lange), 필호퍼(Pilhofer) 등 독일 학계의 학자들은 대안적 연구라고 할 수 있는 이른바 『성전 없는 공동체』(*Gemeinde ohne Tempel; Community without Temple*, 1999)를 발표했다.

---

31 Meyer, *Aims*, 168-70. Donna Runnalls, "The King as Temple Builder: A Messianic Typology"(1983)는 이 사건들을 다루면서 성전 사건을 스가랴의 예언의 연장선상에서 해석했고 예수를 종말론적 성전을 건축하는 자로 묘사했다. 이와 대조적으로 David Catchpole, "The 'Triumphal' Entry"(1984)는 양식비평에 근거하여 그 구절의 신학적 내용은 부활 이후 교회의 의도 때문에 만들어진 결과라고 보았다.

32 Chilton, *Temple of Jesus*, 98-111.

33 예컨대 Ådna, *Jesu Stellung*, 424-30; Ego et al., *Gemeinde*, 470-73을 보라.

34 이와 더불어 Ackroyd와 Foster의 중요한 단행본들이 나온 이후 Knoppers는 논문집 *Exile and Restoration Revisited*, 2009를 출간했고, Ralph Keen의 *Exile and Restoration in Jewish Thought*, 2009이 그 뒤를 이었다는 것을 기억할 필요가 있다.

단행본 가운데 데이비드 레이븐스(David Ravens)는 『누가복음과 이스라엘의 회복』(Luke and the Restoration of Israel, 1995)에서 누가복음을 주제로 다루었고, 데이비드 파오(David Pao)는 『사도행전과 이사야서의 새로운 출애굽』(Acts and the Isaianic New Exodus, 2000)에서 사도행전을 중심 주제로 다루었다. 브랜트 피트리(Brant Pitre)는 종말론적 배경에서 유배의 주제들을 연구한 방대한 분량의 박사학위 논문 『예수, 환난, 유배의 종말: 회복의 종말론과 속죄의 기원』(Jesus, the Tribulation, and the End of the Exile: Restoration Eschatology and the Origin of the Atonement, 2005)을 출간했다. 최근에 마이클 바버(Michael Barber)는 풀러(Fuller) 신학대학교에서의 박사학위 논문 『역사적 예수와 제의적 회복의 종말론: 새 성전, 새 제사장직, 새 제의』(The Historical Jesus and Cultic Restoration Eschatology: The New Temple, the New Priesthood and the New Cult)를 통해 이 주제에 공헌을 했다. 더 나아가 유대교를 출발점으로 삼은 존 레벤슨(Jon Levenson)의 책 『부활과 이스라엘의 회복: 생명의 하나님의 궁극적인 승리』(Resurrection and the Restoration of Israel: The Ultimate Victory of the God of Life, 2006)도 기억할 필요가 있다.[35]

또한 회복 종말론은 성전 이데올로기의 맥락에서도 연구되어왔다. 이런 방향의 연구가 이루어진 것은 지극히 당연한 결과인데, 왜냐하면 유배의 전체 과정을 대표적으로 상징하는 것은 첫 번째 성전의 파괴였기 때문이다. 일부 구약성서 본문은 종말론적 성전이 이스라엘 회복의 중심이 될 것이라는 예언자적 희망을 보여준다. 이 주제를 다룬 중요한 연구 중 하나는 그레고리 비일(Gregory Beale)의 『성전 신학: 하나님의 임재와 교회의 선교적 사명』(The Temple and the Church's Mission: A Biblical Theology of the Dwelling

---

35   요한복음에 관해서는 Mary Coloe의 God Dwells with Us: Temple Symbolism in the Fourth Gospel을 언급하는 것으로 충분할 것이다.

Place of God, 2004, 새물결플러스 역간)이다. 이 책은 데스먼드 알렉산더와 사이먼 개더콜(Simon Gathercole)이 편집한 『지상의 하늘: 성서신학에서의 성전』(*Heaven on Earth: The Temple in Biblical Theology*)과 같은 해에 출판되었다. 이후에 알렉산더는 이 주제에 관한 전체적인 신약신학을 다룬 『에덴에서 새 예루살렘까지』(*From Eden to the New Jerusalem: An Introduction to Biblical Theology*, 2008, 부흥과개혁사 역간)를 출판했다.

한편 바울신학은 그만의 고유한 세계를 갖고 있다. 위에서 언급한 제임스 스콧이 이미 1995년에 『바울과 이방인들』(*Paul and the Nations*)을 출간했다는 사실에 주목해야 한다. 바울 서신 및 바울 이전의 기록들(구약성서와 제2성전기 문헌)에 나타난 **이방인**(*ethnos*) 개념에 초점을 맞춘 이 연구에서 스콧은 계속된 유배 개념이 이방인 구원에 관한 바울의 구원론에서 중요한 주제를 형성한다고 보았다.[36] 앨버트 호게터프(Albert Hogeterp)는 『바울과 하나님의 성전』(*Paul and God's Temple,* 2006)이라는 저서에서 성전에 관한 신학적 주제들을 다루었는데 그는 주로 바울이 제의적 이미지를 어떻게 활용했는지에 관해 집중했다. 기독교 공동체를 하나님의 성전으로 보는 주제는 보통 신약신학에 관한 단행본들에서 논의된 유일한 요소다. 그러나 최근의 논의에서는 두 가지 예외가 있다. 위에서 언급한 해밀턴의 신약신학 역시 바울 서신을 다루고 있는데, 그는 종종 회복 종말론에 집중하면서 바울의 구원론을 설명한다. 더 나아가 라이트는 바울에 관한 그의 새로운 연구에서 바울의 메타내러티브 활용에 관하여 길게 분석하고 있다.[37]

본서의 주제와 관련된 문헌을 간략하게 개관한 결과 지난 20년 동안 메타내러티브에 대한 논의가 있었음에도 불구하고 이 분야가 아직 정돈되

---

36   Scott, *Paul*, 66-74, 130-34.

37   예컨대 Hamilton, *Glory*, 467; Wright, *Paul*, 139-63을 보라.

지 않은 상태임을 알 수 있다. 신약신학에서 회복 종말론을 일관성 있게 설명할 수 있으려면 많은 연구가 수행될 필요가 있다. 현재의 상황에서 특히 필요한 점은 샌더스와 라이트의 이론을 검증하는 것과, 예수의 가르침의 본질적 요소가 정말로 성전을 세우는 다윗 가문 출신의 예수의 종말론적 정체성에 있어 핵심적 요소인지를 검토하는 것이다. 바울과 예수의 가르침의 관계를 커다란 메타내러티브의 관점에서 연구하는 것은 더더욱 흥미로울 것이다. 또 이와 동일한 접근법을 요한계시록을 포함한 히브리서 및 다른 서신들에 대한 연구에 적용하는 것은 더욱 용이한 일일 것이다.

III. 과제의 설정: 통합의 시도

라이트의 가설은 상당히 잘 정의되어 있고 그것 자체로 도전적인 주장이라고 볼 수 있다. 게다가 예수의 예루살렘 사역과 성전에 대한 그의 태도라는 말로 요약될 수 있는 메타내러티브에 관한 책과 논문들 및 계속된 유배의 개념을 다룬 연구들을 간략하게 검토한 결과, 우리는 최근 상당수의 학자가 이 주제들을 예수의 메시지의 핵심으로 간주하고 있음을 알 수 있게 되었다. 예수의 정체성은 이스라엘의 회복이라는 관점에서 효과적으로 연구될 수 있을 것이다. 이 경우 그 초점은 예루살렘에 입성하여 유배의 저주를 제거하고 종말론적 성전을 세움으로써 제의를 개혁하는 다윗의 후손에게 맞추어져야 한다.

예수가 성전을 강하게 비판하면서 이러한 갱신을 선포했다는 좋은 증거가 있다. 예수는 성전 권력층과 대결했고 성전이 파괴될 것을 예언했다. 예수가 체포되어 유죄 판결을 받은 것은 바로 이 메시지 때문이었음이 분명하다. 이 모든 것은 예수의 가르침에 대한 이런 신학적 평가가 복음서 연구의 새로운 장을 여는 것과 같음을 알려준다. 이제 이 개념들을 섬세하게 검증해야 하는 작업이 남아 있다. 우리는 또한 유배와 관련된 예수의 수사(修辭) 및 종말론적 성전과 관련된 예수의 선포에 대하여 좀 더 총체적인 해석을 시도해야 한다.

그러므로 본서가 다루어야 할 과제는 유배와 회복의 메타내러티브에 집중함으로써 신약성서의 다양한 기록에 나타난 신학적 사고를 종합적으로 구축하는 일이다. 이를 위해서는 예수의 종말론의 내용과 함의 모두를 연구해야 한다. 예수는 왜 성전을 규탄했을까? 왜 예수는 자신을 스가랴서에 언급된 나귀를 타고 예루살렘에 입성하는 종말론적 인물 및 성전을 건축하는 자와 동일시했을까? 당시의 성전이 종말론적 회복의 장소로 여겨질 수 없었다는 것은 무슨 뜻일까? 그리고 마지막 때에 하나님의 **쉐키나**(현존)는 어디로 돌아오는가? 본서는 예수가 예루살렘 성전을 종말론적, 영적 회복과 대조했으며 이 회복은 또 하나의 성전 메타포로 묘사되었다는 점에 관해서 다루게 될 것이다. 더 나아가 예수의 가르침에 전반적으로 나타난 그런 메시지의 함의에 대한 분석도 필요하다. 이러한 분석은 정결, 금식, 거룩함, 속죄에 관한 주제를 전면에 부각시킨다. 만일 예수가 실제로 새로운 성전의 출현에 대해 선포했다면 그의 가르침에 나타난 제사장적 요소들이 중요해진다.

종합적인 해석을 위해서는 예수의 가르침과 초기 기독교 공동체의 구원론적 메시지 사이의 관계를 새롭게 설정해야 한다. 이 부분에서는 대체로 기독론적인 문제가 제기되겠지만 본서에서는 유대교 회당 예배와 관련된 다른 측면도 고려될 것이다. 역사비평의 시대에는 예수와 바울의 관계가 풀리지 않는 수수께끼와도 같았다. 그런데 이 새 관점은 "유대인 바울"을 제2성전기의 유대교 종말론 및 회복의 신학이란 맥락에서 해석함으로써 이 주제에 관한 새로운 빛을 제시할 수 있을 것이다. 이 주제에 관한 예비적 가설은 신약성서 대부분의 저자 및 초기 기독교의 신학자들이 그런 기본적 메타내러티브를 채택했다는 것이다. 이 메타내러티브가 그들의 사고를 형성하게 만들었고 그들의 신학을 위한 자료를 제공했다. 그러므로 우리는 종합을 시도할 수 있고 또 신약신학 분야에서 초기 기독교 사상에 나타난 기저의 요소와 예외적인 요소 모두를 탐구하는 학자들을 혼란스럽게 했던 문제를 서서히 해결할 수 있는 재구성을 기대할 수 있을 것이다.

간결한 신약신학을 저술하는 데에는 많은 어려움이 따른다. 적정한 분량을 유지해야 하는 지면의 제약 때문에 우리는 더 상세하게 다루어야 할 필요가 있는 주제들을 간략하게 정리할 수밖에 없다. 그런 간결한 장르 자체가 압축된 표현을 요구하기 때문에 가장 중요한 주제와 본문을 다룰 때만 상세하게 다루었다. 모든 저자가 직면하게 되는 어려움은 항상 동일하다. 나는 참고문헌을 언급하고 각주를 다루는 점에 있어서도 비슷한 원칙을 따를 것이다. 중요한 단락에서는 많은 참고문헌을 제시하겠지만 덜 중요한 주제를 위해서는 약간의 학문적 전거만을 사용할 것이다. 그러므로 본서의 장르의 특성상, 좀 더 좁은 주제를 다루는 단행본들과 비교하면 본서에서는 과거 이른 시대의 문헌을 언급한 대부분의 인용들이 더 큰 비중을 차지한다. 그러므로 본서는 아주 철저한 분석보다는 가설을 제시하는 경향을 보일 수 있지만, 그런 가설이 유배와 회복의 종말론적 메타내러티브에 의해 규정되는 신약성서의 내러티브 신학에 대한 개요를 제공하려는 본서의 주된 목표에 도움이 되기를 바란다.

제2장

예수의 메시지

I. 유배와 회복

예수의 선포에 대한 내러티브 분석을 위해서는 예수 자신의 신학이 전제하고 있는 특정한 메타내러티브에 주목해야 한다. 따라서 이 주제에 대한 연구는 이스라엘의 유배를, 그리고 구약성서와 제2성전기 유대교 문헌 모두에 나타난 유배의 다양한 의미를 간략하게 고찰하는 것으로 시작해야 할 것이다. 이러한 고찰 과정에서 **유배의 수사**(exilic rhetorics)와 **회복 종말론**(restoration eschatology)이라는 용어가 사용될 것이다. 전자는 유배 중인 이스라엘 민족이 상상력의 최전선에 내세우려고 했던 신학적 전개와 관련되며 후자는 유배 이후 이스라엘의 회복 주제와 관련된다. 일반적으로 예수의 복음은 회복과 용서에 초점을 두고 있다. 이런 관점들은 또한 실제의 유배 역사에 관한 특정한 시각과 관련이 있으리라고 추측하는 것이 적절하다. 제2성전기 유대교 신학의 관점에서도 유배는 매우 특별한 중요성을 가진다. 역사적 사건으로서의 유배의 경험은 유대교 신학만이 아니라 기독교 신학의 형성에도 영향을 주었다.

1.바빌로니아 유배의 역사와 신학

피터 애크로이드(Peter Ackroyd)는 유배에 관한 자신의 연구에 대한 요약을 다음과 같은 말로 시작한다. "기원전 6세기에 팔레스타인과 바빌로니아 지역에서 발생한 일에 대해 우리가 파악할 수 있는 역사의 대부분이 불확실한 것은 사실이지만 주요한 윤곽에 대해서는 사실 의심할 여지가 전혀 없다."[1] 클라인(Ralph Klein)에 따르면, "유배는 죽음과 추방과 파괴와 폐허를 의미했다."[2] 이는 역사적 의미에서 볼 때 전쟁의 상태를 의미한다. 그 맥락에서 파괴의 정황은 특히 수도 예루살렘의 함락 및 부유층의 국외 추방과 관련된 것이었지만 가장 중요한 점은 성전 중심의 종교 생활이 파괴된 것을 가리킨다.

이 중요한 사건에 대한 다양한 반응의 본질과 내용은 무엇이라고 말할 수 있을까? 예루살렘의 파괴로 이어진 상황에 관한 묘사는 놀랄만한 것이며 그 사건들에 대한 신학적인 반응들도 특별하다. 이스라엘 백성의 정체성은 불안정해졌다. 이스라엘의 하나님에 관한 신학적 전제는 흔들리게 되었다. 이스라엘 민족의 우월 의식은 훼손되었다.

예루살렘 멸망으로 귀결된 역사적 과정 자체는 쉽게 이해될 만한 내용이다. 바빌로니아 제국은 기원전 604-562년 사이에 집권했던 두 인물인 나보폴라살과 느부갓네살의 통치를 거치면서 막강한 세력으로 부상했다. 이스라엘의 정치적 상황은 불안정했고 요시야 왕의 사망 직후(기원전 609년)에 시리아와 팔레스타인은 바빌로니아의 지배를 받게 되었다.[3] 그러나 예루살렘은 저항적 태도를 취했고 그러자 기원전 597년에 바빌로니아의 첫 침공이 시작되었다. 결국 기원전 587/586년에 예루살렘은 함락되었고 어린 시

---

1   Ackroyd, *Exile*, 232. Ackroyd는 "기원전 597년과 특히 587년에 발생했던 재앙의 실상은 성서의 기록을 통해서 자세하게 입증되며, 또한 접근할 수 있는 성서 외의 자료들을 통해서도 충분히 확인되고 팔레스타인 지역에서 발견된 다량의 고고학적 발굴 자료를 통해서도 설명될 수 있다"라고 말한다. 그의 저서는 이 주제를 다루는 표준적인 책으로 여겨져 왔다.

2   Klein, *Exile*, 2. Ackroyd를 기념하기 위해 최근에 출판된 논문집은 그의 기본적인 발견들이 여전히 폭넓게 수용되고 있음을 보여준다. 물론 이 주제에 관한 새로운 통찰들이 추가된 것은 사실이지만 말이다. 최근에 발표된 연구들을 엮은 논문집인 *Exile and Restoration Revisited*를 보라.

3   Ackroyd, *Exile*, 17.

드기야 왕은 사슬에 결박되어 바빌론으로 끌려갔다(왕하 25:7).

학자들의 추정에 따르면 실제로 바빌로니아에 끌려간 자들은 이스라엘 백성 가운데 극소수였을 것이다. 보통의 경우와 마찬가지로 고위 권력층이 포로의 대상이 된 반면 "그 땅의 비천한 자들"은 팔레스타인에 계속 남아 있었다. 열왕기하 본문 또한 다음과 같이 언급한다. "시위대장이 그 땅의 비천한 자를 남겨 두어 포도원을 다스리는 자와 농부가 되게 하였더라"(왕하 25:12). 바빌로니아의 부를 늘리기 위해서 팔레스타인 땅은 유용하게 활용되었다. 즉 바빌로니아의 입장에서는 점령한 지역에서의 일상적인 노동을 위해 수많은 백성과 가족이 필요했던 것이다.[4]

예루살렘 성전이 파괴되었다는 사실에는 모든 학자가 동의한다. 성전 재물은 약탈의 대상이 되었다. 금과 은으로 만들어진 그릇은 물론이고 놋으로 만들어진 것도 다 빼앗겼다. 성전 건물들은 불에 탔고 제사장들은 포로로 잡혀갔다. 열왕기하에 따르면 대제사장 스라야는 리블라에서 죽임을 당했다(왕하 25:21). 더 나아가서 오늘날의 고고학적 증거에 따르면 예루살렘 도성의 성벽이 무너진 것을 의심할 만한 어떠한 이유도 없다(왕하 25:10). 예레미야애가를 보면 단순히 시적인 표현으로 볼 수만은 없는 본문들을 발견하게 된다.

> 여호와께서 또 자기 제단을 버리시며 자기 성소를 미워하시며 궁전의 성벽들을 원수의 손에 넘기셨으매 그들이 여호와의 전에서 떠들기를 절기의 날과 같이 하였도다(애 2:7).

---

4   Carroll, *ABD, III* (1992), 569의 언급을 참조하라. "대다수 사람은 예루살렘이 불에 타버린 것을 제외하고는 마치 아무 일도 없었던 것처럼 삶을 이어갔다. 그러나 이념적 관점에서 보면 바빌로니아로 끌려간 극소수의 사람들이 이스라엘 사회의 원동력이었고 미래를 위한 핵심이었다."

예루살렘 파괴는 인근의 도시 미스바가 새로운 수도로 언급된 전승에서도 확인된다(왕하 25:23). 더 나아가 벧엘이 유다 지역에 남아 있던 사람들을 위한 중요한 제의 장소가 되었을 것이라는 추정도 가능하다. 여로보암 왕 시대 이래로 벧엘은 북이스라엘 왕국의 성소로 여겨졌는데, 물론 이 사실이 하나님의 진노의 원인이 되기도 했었다(왕상 12:29). 아무튼 벧엘은 본토에 남은 사람들의 입장에서 보면 바빌로니아의 점령 기간 동안 어느 정도 전통적인 제의를 유지할 수 있는 가능성을 제공해준 셈이었다. 일부 학자들은 나중에 제2성전이 건축되는 과정에서 성소가 교체되는 일과 관련하여 벧엘과 예루살렘 사이에 심각한 갈등이 빚어졌다고 추정한다(슥 7:2).

이런 사건들을 신학적으로 해명하는 과정에서 대예언자들의 역할이 중요했다. 신학자들의 입장에서 보면 이러한 위기는 과거에 이집트나 다른 일부 민족과의 갈등에서 경험했던 것처럼 단순히 정치적 차원의 실패의 결과가 아니었다. 나라가 점령되고 예루살렘이 파괴된 일은 필연적인 사건으로 해석되었다. 이미 발생한 사건들을 현실 그대로 받아들여야 했고, 또 그것은 이스라엘이 저지른 죄악의 직접적 결과로 이해되었다. 유배는 하나님의 백성과 그 지도자들에 대한 심판으로 해석되었다. 유배의 신학은 새로운 내러티브, 즉 이스라엘과 유다가 배교와 우상숭배의 삶을 살았다는 내러티브를 통해 규정된다. 부정을 저지른 자기 백성을 하나님이 벌하신다는 논리는 정당하게 여겨졌다. 그런 파멸은 응당한 결과로 여겨졌기 때문에 대예언자들은 예루살렘 성전이 멸망한 원인에 대해서 전혀 의문을 제기하지 않았다. 다음의 본문은 하나님의 의지가 정당하다고 인정한다.[5]

너희가 예루살렘과 유다 모든 성읍에 내린 나의 모든 재난을 보았느니라.

---

5   예컨대 Scott, *Jewish Backgrounds*, 107-20을 보라.

보라, 오늘 그것들이 황무지가 되었고 사는 사람이 없나니 이는 그들이 자기나 너희나 너희 조상들이 알지 못하는 다른 신들에게 나아가 분향하여 섬겨서 나의 노여움을 일으킨 악행으로 말미암음이라(렘 44:2-3; 참조. 겔 8장).

그 위기 상황의 중요한 특징은 하나님의 메신저들이 거부된다는 것이었다. "너희 칼이 사나운 사자(使者) 같이 너희 선지자들을 삼켰느니라"(렘 2:30). 이 주제는 예레미야서 말미에서도 되풀이된다. "내가 나의 모든 종 선지자들을 너희에게 보내되 끊임없이 보내어 이르기를 '너희는 내가 미워하는 이 가증한 일을 행하지 말라' 하였으나 그들이 듣지 아니하며 귀를 기울이지 아니하고 다른 신들에게 여전히 분향하여 그들의 악에서 돌이키지 아니하였으므로"(렘 44:4-5) 예루살렘 멸망이 예정되었던 것이다. "나의 분과 나의 노여움을 쏟아서 유다 성읍들과 예루살렘 거리를 불살랐더니 그것들이 오늘과 같이 폐허와 황무지가 되었느니라"(렘 44:6; 참조. 신 28:58-68; 29:22-29).

느헤미야서에 나타난 민족의 고백에서 우리는 이에 대한 반응을 볼 수 있다.

그들은 순종하지 아니하고 주를 거역하며 주의 율법을 등지고 주께로 돌아오기를 권면하는 선지자들을 죽여 주를 심히 모독하였나이다(느 9:26).[6]

열왕기의 보도와 비교하면 이스라엘과 유다의 역사에 대한 평가가 훨씬 더

---

6   렘 7:25; 25:4; 26:5; 29:19; 35:15에 언급된 공식 문구들을 참조하라. 또한 예레미야가 자신의 삶에서 직면했던 위기에 관해 언급한 렘 26:8; 38:4를 보라.

관용적인 역대기 사가조차도 이스라엘에 대한 신적 징벌과 유배를 야기한 원인을 설명할 때에는 매우 엄격한 입장을 취한다.

> 그 조상들의 하나님 여호와께서 그의 백성과 그 거하시는 곳을 아끼사 부지런히 그의 사신들을 그 백성에게 보내어 이르셨으나 그의 백성이 하나님의 사신들을 비웃고 그의 말씀을 멸시하며 그의 선지자를 욕하여 여호와의 진노를 그의 백성에게 미치게 하여 회복할 수 없게 하였다(대하 36:15-16).

여기서 볼 수 있는 해석의 패턴은 명확하다. 물론 구약성서의 문서마다 상이한 어조가 나타나는 것도 사실이다. 토라는 하나님과 이스라엘 백성 사이의 올바른 제의적 관계가 어떻게 유지되는지에 관해서 알려주는 반면, 예언자들의 신학은 선택된 백성이 경험한 파국적 역사에 집중하고 있다. 예레미야서에서는 출애굽에 중심을 둔 전통적 신앙고백이 확장되고 무게 중심이 새로운 출애굽과 회복의 주제로 옮겨지는 것을 볼 수 있다.

> 여호와의 말씀이니라. 그러나 보라, 날이 이르리니 다시는 이스라엘 자손을 애굽 땅에서 인도하여 내신 여호와께서 살아 계심을 두고 맹세하지 아니하고 이스라엘 자손을 북방 땅과 그 쫓겨났던 모든 나라에서 인도하여 내신 여호와께서 살아 계심을 두고 맹세하리라. 내가 그들을 그들의 조상들에게 준 그들의 땅으로 인도하여 들이리라(렘 16:14-15; 23:7-8; 참조. 사 51:9-11; 겔 20:9, 34).

이런 사실들은 정경적 해석학을 개발했던 자들에게 영감을 불어넣었다. 그들의 출발점은 단순했는데, 즉 "구약성서"인 타나크(Tanakh)를 편찬하는 일이 왜 필요한지에 관한 물음이 그 출발이었다. 수집의 대상이 된 주요 문서들은 유배기와 유배기 이후의 기록이었다. 대체로 신명기에서부터 열왕기하에 해당하는 신명기 사가의 수집물에는 유배의 신학이 적용되어 있으며 이스라엘 민족이 겪고 있던 고난의 역사에 관해 설명되어 있다. 모든 대예언자와 여러 소예언자는 이스라엘의 죄악을 비판하며 시편의 여러 본문도 마찬가지다. 이러한 측면에서 보면 구약정경은 이스라엘 백성의 심각한 위기의 정황에서 산출된 문서다. 구약정경은 선택받은 백성인 이스라엘 백성이 자신들의 부정 때문에 어떠한 고난을 겪었는지를 설명해주는 책이라고 볼 수 있다. 이와 함께 구약정경에는 또 하나의 새로운 변증이 만연해 있다. 즉 정경신학(canonical theology)은 유배와 회복의 신학인 것이다. 하나님은 갱신을 약속하며 역사는 계속해서 변화될 것이다. 이스라엘의 상황은 변화되고 이스라엘이 받은 상처는 치유될 것이다.[7]

그러므로 정경신학은 토라와는 약간 상이한 해석학적 의도를 갖고 있다. 오경(토라)의 초점은 출애굽과 약속의 땅과 성전 제의에 맞추어져 있다. 반면 정경신학은 예루살렘 멸망을 설명하면서 머지않은 장래에 하나님의 자비로운 회복이 있을 것이라고 기대한다. 이 두 가지 관점은 상호 배타적이지 않으며 이 두 개의 주제가 성서 안에 공존한다는 사실은 상황의 변화가 있었음을 암시한다. 정경 자체는 유배의 현실에 대한 증거인 반면 선택된 신학적 주제들에는 유배의 충격이 반영되어 있음을 쉽게 알 수 있다.[8]

---

7   Childs, *Biblical Theology*, 161-66(『신구약 성서신학』, 은성 역간).
8   이후의 논의에서 학자들이 Ackroyd가 주로 "사상"에만 집중했다고 지적한 점을 주목해야 한다. Grabbe and Knoopers, *Exile and Restoration Revisited*, 11은 서론에서 역사와 사상의 관계를 언급한 Ackroyd의 부제에 관해 다루면서 이 점을 지적한다. 그러므로 유배와 회복의 주제를 또한 정경신학적 관점에서 논의하는 방식도 매우 적절한 태도라고 말할 수 있다.

이것이 정경신학이 가장 우선적으로 위기의 신학에 집중하고 있는 이유다. 유배와 회복은 이원론적 틀을 형성하며 이 틀은 명백하게 종말론적이다. 이스라엘의 갱신은 미래에 이루어지겠지만 역사의 진행 과정에서 그 회복이 어떻게 이루어질지에 관해서는 아직 명확하게 알려져 있지 않다. 이런 해석학적 설명은 훌륭한 가설이 된다. 아래에서 자세하게 논의하겠지만 이는 제2성전기 유대교 문헌들과 많은 접점을 갖고 있다. 그리고 더 나아가 신약성서의 많은 주제를 이와 연속적 차원에서 설명할 수 있는 기반이 될 수 있다. 이런 주제들로 넘어가기 전에 다루어야 할 다른 종류의 질문들이 있다. 구약성서의 저자들은 유배의 본질을 어떻게 이해했는가? 그들은 어떤 방식으로 회복이 이루어진다고 예상했는가? 일부 집단이 로마 제국 시대에도 최종적인 회복은 아직 시작되지 않았다고 믿었던 이유는 무엇인가?

2. 유배 개념의 확장

특히 모든 대예언자가 제시한 유배에 대한 신학적 해석은 지금 우리의 연구 목적과 관련된 주제를 다루기 위해서 고려해야 할 몇 가지 중요한 특징을 갖고 있다. 이 예언자들의 신학은 유배의 때를 단순히 정치의 문제나 추방의 상황이나 지리적 차원으로 보지 않는다. 모든 백성이 바빌로니아로 끌려간 것이 아니었고, 또 모든 가족이 다시 귀환한 것도 아니었다. 또한 바빌로니아의 위협을 피해 다른 나라들로 망명한 자들도 있었다. 더 중요한 사실은 이 예언자들은 회복의 시대가 올 때 북이스라엘 왕국은 어떻게 될지에 관해서는 전혀 무관심한 것처럼 보인다는 점이다.

이 모든 특징 때문에 학자들은 예언 전승 안에서 다른 측면에 초점을 맞출 수 있게 되었다. 애크로이드가 지적했듯이 예루살렘 멸망은 단순히 과거의 잘못에 대한 응징만이 아니라 "또한 더 커다란 목적 안에서 발생한 하나의 국면"[9]이기도 하다. 백성의 영적인 상태는 너무도 황폐해져 있어 예언자들은 어떠한 회개의 행위로도 더 이상 상황을 변화시킬 수 없다고 여겼다. 이스라엘은 눈이 멀었고 주님에게서 등을 돌렸다. "어리석고 지각이 없으며 눈이 있어도 보지 못하며 귀가 있어도 듣지 못하는 백성이여, 이를 들을지어다. 여호와의 말씀이니라. 너희가 나를 두려워하지 아니하느냐?"(렘 5:21-22) 이러한 어려운 상황 때문에 영광스러웠던 과거에 대한 재해석을 시도하게 된다.

배교와 우상숭배로 이스라엘의 마음은 굳어졌다. "그러나 너희 백성은 배반하며 반역하는 마음이 있어 이미 배반하고 갔으며…"(렘 5:23). 예언자 이사야는 한 세기도 더 이전에 북왕국에서 이미 비슷한 내용을 선포했었다. "이 백성이 입으로는 나를 가까이 하며 입술로는 나를 공경하나 그들의 마음은 내게서 멀리 떠났나니…"(사 29:13). 유다의 백성도 마찬가지였다. "그들의 등을 내게로 돌리고 그들의 얼굴은 내게로 향하지 아니하였다"(렘 2:27). 더 나아가 백성과 성전의 관계는 위태로워졌다. 반역하는 마음을 품고 있으면 예루살렘 성전 뜰로 들어가서 드리는 공허한 예배는 아무 소용이 없을 것이다. "너희는 '이것이 여호와의 성전이라, 여호와의 성전이라, 여호와의 성전이라' 하는 거짓말을 믿지 말라"(렘 7:4).

어떠한 인간적 노력도 이러한 상황을 개선할 수 없다. 설사 그런 일이 일어날 수 있는 일말의 가능성이 있었다 하더라도 그 기회는 이미 오래전에 지나갔다. 현재 하나님의 진노 아래에서 살고 있는 자들에게 희망이 주어질 수 있는 길은 오직 신적 행위를 통해서만 가능하다. 애크로이드에 따르면 "유배 이후 이러한 회개와 개혁의 필요성은 하나님의 새로운 행동과

---

9   Ackroyd, *Exile*, 234.

관련된 것으로 설정된다." 모든 대예언자는 하나님 자신이 자기 백성에게로 돌아오실 것이라고 선포한다. 회복과 구원을 가져올 분은 오직 하나님이시다(사 35:2). 파멸 이후에야 새로운 시작이 이어질 것이다. "처녀 이스라엘아, 내가 다시 너를 세우리니 네가 세움을 입을 것이다"(렘 31:4).[10]

몇몇 문서에서 유배가 단순히 정치적 추방이 아니라 몰락한 백성이 처한 특별한 환경으로 묘사된 것처럼, 회복 또한 약속의 땅으로 되돌아가는 실제 귀환길 이상의 무언가를 의미하는 것으로 자주 언급된다. 이스라엘의 회복이 반드시 예루살렘 성전을 재건하는 일과 동일시되지는 않는다. 오히려 회복은 마음의 갱신과 백성의 영적 상태의 회복을 의미한다. 이런 의미는 제2성전이 더 이상 특별한 지위를 갖지 않는다고 말하는 본문들에서 볼 수 있다. 예컨대 다니엘서에서는 70년의 징벌 기간이(참조. 렘 25:12; 대하 36:21) 70주로 언급된다.

> 네 백성과 네 거룩한 성을 위하여 일흔 이레를 기한으로 정하였나니 허물이 그치며 죄가 끝나며 죄악이 용서되며 영원한 의가 드러나며 환상과 예언이 응하며 또 지극히 거룩한 이가 기름 부음을 받으리라(단 9:24).

예언자 에스겔이 이미 더 오랜 기간 동안 예언을 했다는 사실을 주목해야 한다. 하나님은 에스겔에게 390일 동안 왼쪽으로 누워 있으라고 명령했는

---

10   Ackroyd, *Exile*, 235. 그런데 Ackroyd의 글을 읽을 때에는 그가 구약성서 본문에 크게 비중을 두고 정리를 해나간다는 점을 알아야 한다. 최근 Eskenazi, *Exile and Restoration Revisited*는 회복의 본질과 회복의 실재에 관한 상당히 많은 논의가 있었음을 지적한다. 오늘날 많은 학자의 생각에 따르면 당시의 사람들은 그 변화를 현대의 우리가 과거의 본문을 볼 때 생각하는 것처럼 흑백 논리 방식으로 해석하지 않았을 것이다. 오늘날의 논의에 관해서는 Eskenazi, *Exile and Restoration Revisited*, 78-80을 보라. 물론 이 관점은 동시에 회복 종말론의 신학적 성격에 관해서도 강조한다.

데 그 기간은 "그들[북왕국 이스라엘]의 범죄한 햇수"(겔 4:5)에 해당한다.[11] 그런데 에스겔은 유다에 대한 심판의 햇수로 단지 40일만을 더 누워 있게 된다(겔 4:6). 징벌의 기간은 배교의 기간에 상응한다. 그런 숫자는 보통 상 징적 의미로 이해되는데, 따라서 유대교 문헌들은 에스겔서와 다니엘서의 기간 사이의 수백 년의 차이를 아주 심각한 불일치로 간주하지 않았다. 일 반적 관점에서 보면 다니엘서는 (대략 기원전 175년부터 통치를 시작한) 안티오 코스 4세 에피파네스의 시대를 가리킨다고 여겨진다. 에스겔서의 숫자도 이러한 틀에 잘 들어맞을 수 있지만 에스겔서의 이 내용이 사해문서 이전 에 직접 언급되거나 인용된 적은 없다.

「다메섹 문서」는 390년의 기간에 대한 언급과 함께 새로운 개혁 집단 의 출현에 관해서 설명한다. 학자들은 에스겔서의 숫자가 아마도 당시의 역사적 정황에 잘 부합했기 때문에 그것을 적용했을 것이라고 본다. 이 문 서는 날수를 정확하게 계산해서 개혁 운동이 시작된 지 불과 20년 만에 의 (義)의 교사가 등장했다고 언급하는데, 이는 아마도 마카비 가문의 통치자 들이 대제사장직을 차지했던 때를 가리킬 것이다.[12]

그리고 진노의 때, 그들을 바벨론 왕 느부갓네살의 손에 넘긴 지 390년 뒤에 그는 그들을 찾아와서 이스라엘과 아론으로부터 싹 하나가 나게 했다.…그러나 그들은 20년 넘게 보지 못하는 자 같았으며 길을 찾아 헤매 는 자들 같았다. 그리고 그들이 온전한 마음으로 하나님을 찾았기 때문에 하나님은 그들의 행위들을 판단하셨고 그들을 자기의 마음의 길로 인도하

---

11   일반적인 견해에 따르면 솔로몬 성전이 422년 동안 존재했기 때문에 390이라는 숫자는 왕국 분열의 햇수를 가리킨다. 에스겔서의 종말론적 관점에서 볼 때 회복은 이런 분열의 역사를 끝내게 될 것임을 의미한다(겔 37:22).

12   가령 VanderKam, *Dead Sea Scrolls*, 100을 보라.

시려고 그들을 위해 의의 교사를 세우셨다. 그리고 그는 반역의 무리인 마지막 세대를 위해 자기가 무슨 일을 했는지를 마지막 세대들에게 알려주었다(CD I.5-12).

쿰란 공동체의 종말론에서는 이스라엘의 회복이 아직 완성되지 않았다고 간주된다. 오히려 예루살렘 성전은 "거짓말쟁이"인 사악한 제사장의 손아귀에 있는 것으로 여겨졌으며, 따라서 하나님은 의의 교사를 세워 그에게 대적하게 하셨다(시 37편에 대한 주석인 4Q141, I; 참조. 1QpHab VIII). 이것이 바로 「다메섹 문서」가 제2성전기 시대를 여전히 "그 땅이 황폐한 시대"라고 묘사한 이유일 것이다(CD V.20). 하나님은 오직 신실한 자들, 즉 "왕들"이 유다 땅을 떠나 "다메섹" 땅에서 살기 시작할 때에야 자신의 언약을 기억하신다. 광야로 떠나간 자들은 말라기서에 언급된 것처럼 "성전 문을 닫았다"(말 1:10).

> 그러나 언약 안으로 들어온 모든 자는 성전에 들어가서 그의 제단에 헛되이 불을 피워서는 안 된다. 하나님이 "너희가 내 제단 위에 헛되이 불사르지 못하게 하기 위하여 너희 중에 성전 문을 닫을 자가 있었으면 좋겠도다"라고 말씀하신 것처럼 그들은 문을 닫는 사람이 될 것이다. 그들이 사악한 시대를 위한 율법에 대한 정확한 해석에 따라서 신중하게 행동하고 지옥의 자식들로부터 스스로를 구별하지 않는 한 말이다(CD VI.11-15).

이런 종말론의 관점에서 볼 때 분명히 이스라엘 백성은 유배의 상황에 처해 있었다. 새로운 성전이 건립되었음에도 불구하고 지성소에 아직 기름이 부어진 것은 아니었다. 많은 저자가 이스라엘의 죄악이 아직 제거되지 않

앉으며 성전 제의가 바빌로니아인들을 통해서 받게 된 심각한 징벌의 원인이 되었던 죄악들을 속죄할 수 없다고 생각했다. 신학적 동기부여는 이런 주제들에 관한 신앙적 해석을 가능하게 했다. 그것은 유배 개념에 대한 영적 해석이었다고 말할 수 있을 것이다.[13] 그 역사적 사건은 주님을 향해 열려있지 않은 백성의 마음을 시사하는 영적 유배를 상징하는 것으로 해석되었다. 그리고 더 중요한 것은 교사들이 회복의 본질에 관한 다양한 관점들을 개발하기 시작했다는 사실이다.

3. 회복의 패턴

앞에서 언급했듯이 하나님의 신적 징벌의 더 큰 목적에 관해서는 대예언자들이 이스라엘의 위기를 해석한 내용을 통해서 쉽게 유추할 수 있다. 제2이사야는 전형적인 약속의 말씀으로 시작한다. "너희의 하나님이 이르시되 '너희는 위로하라, 내 백성을 위로하라.'" 예루살렘의 "노역의 때가 끝났고" 회복의 때가 이르렀다. "그들이 받을 벌을 받았다"(사 40:1-2). 뒤에 나오는 장들에서는 하나님의 주권적 행동이 강조된다. "나, 곧 나는 나를 위하여 네 허물을 도말하는 자니 네 죄를 기억하지 아니하리라"(사 43:25). 용서를 보증하는 분은 하나님 자신이므로 사면이 완결될 것이다. "내가 네 허물을 빽빽한 구름 같이, 네 죄를 안개 같이 없이하였으니 너는 내게로 돌아오라. 내가 너를 구속하였음이니라"(사 44:22).

다른 포로기 예언자들의 선포에서도 이와 비슷한 태도가 광범위하게

---

13   「희년서」의 종말론에 관해서도 동일하게 접근할 수 있다. Halpern-Amaru, *Exile*, 140은 「희년서」에서는 시간 주기가 유배지로부터의 귀환으로 종결되지 않는다고 지적하면서, 오히려 회개와 "영적 갱신"의 때를 강조한다고 주장한다. 앞서 언급했듯이 이와 유사한 설명이 동시대의 여러 작품에서 발견된다.

나타난다. 예레미야는 "내가 이 성읍을 치료하며 고쳐 낫게 하고 평안과 진실이 풍성함을 그들에게 나타낼 것이며…내가 그들을 내게 범한 그 모든 죄악에서 정하게 하며 그들이 내게 범하며 행한 모든 죄악을 사할 것이라"라고 말한다(렘 33:6-8).

이런 약속들에는 제의적 용어들이 많이 등장하는데, 에스겔서는 물을 뿌리는 행위를 새로운 정결 예식의 상징으로 추가한다.

> 내가 너희를 여러 나라 가운데에서 인도하여 내고 여러 민족 가운데에서 모아 데리고 고국 땅에 들어가서 맑은 물을 너희에게 뿌려서 너희로 정결하게 하되 곧 너희 모든 더러운 것에서와 모든 우상 숭배에서 너희를 정결하게 할 것이며 또 새 영을 너희 속에 두고 새 마음을 너희에게 주되…(겔 36:24-26).

유배의 수사학과 신학의 관점에서 추방의 경험은 단순히 정치적 차원이나 지리적 차원의 문제가 아니다. 예언자들의 선포에 따르면 추방은 잘못된 태도에서 비롯되었다. 백성은 분열된 마음으로 살고 있다. 부정함과 죄악 때문에 백성은 그들의 주님으로부터 멀어졌다. 진정한 회복은 단순히 정치적 차원에서 나라가 복구되는 것을 말하는 것이 아니라 마음이 회복되는 것이라는 선언은 바로 이러한 배경을 바탕으로 한 것이기도 하다. 이사야서의 마지막 부분에 따르면, 주의 기름 부음을 받은 자가 와서 복음을 선포할 것이다(70인역에서 "복음을 선포하다"는 그리스어 *euangelisastai*로 언급된다). "[그가] 마음이 상한 자를 고치며 포로된 자에게 자유를, 갇힌 자에게 놓임을 선포하게 할 것이다"(사 61:1).

이러한 신학적 입장에서 보면 유배는 단순히 특정한 역사적 정황에서 발생했던 하나의 사건에 불과한 것이 아니다. 오히려 유배는 모든 사람의 상태를 가리킨다. 즉 유배를 통해서만 마지막 때가 오게 되고 하나님의 신적 회복이 이루어지게 된다. 그때까지 이스라엘은 영적 유배 상태로 살아갈 것이다.[14] 유대교 문헌에는 이런 유형의 위기를 다루는 예가 자주 나타나며 그 문제는 다양한 방식을 통해 해결되는 것으로 보도된다.

영적인 차원을 넘어서, 앞서 언급한 구절들은 대예언자들이 "모으시는 하나님"의 이름으로 용서와 자비를 선포했음을 보여준다. 이 메시지에 관한 전형적인 본문은 이사야 56장과 스가랴 2장이다. 이사야 56장에서는 해방의 날이 약속된다. "이스라엘의 쫓겨난 자를 모으시는 주 여호와가 말하노니 '내가 이미 모은 백성 외에 또 모아 그에게 속하게 하리라' 하셨느니라"(사 56:8). 스가랴도 같은 취지에서 "너희는 북방 땅에서 도피할지어다"라고 선포한다(슥 2:6).

제2성전기의 유대교 신학에서도 이런 목소리가 강력하게 유지되고 있었다. 토비트에서는 기도를 통해서 "그는 자비를 베푸실 것이다"라고 하나님의 용서를 기대하는 내용이 나온다. 하나님이 통제하기 때문에 그는 "너희가 흩어져 있는 모든 나라로부터 우리를 모을 것이다"(토비트 13:5). 마카베오하에 나타난 요나단의 기도는 이를 탄원 양식으로 묘사한다. "흩어진 우리 백성을 한 곳에 모아주소서"(마카베오하 1:27). 바룩서는 스가랴서를 재해석한 것으로 보인다. "그들이 사방에서 모여들어 오고 있다"(바룩서 4:37).[15]

더 나아가 유배에 대한 선포에는 땅이 황폐해진 특별한 신학적 이유도 나타난다. 레위기의 성결법전에서 이미 안식년과 희년에 대한 규정이 제시된 직후 백성이 쫓겨나는 이유가 제시된다. 만일 이스라엘이 하나님께 "청

---

14   Ackroyd, *Exile*, 242; Childs, *Biblical Theology*, 163.

15   제2성전기 문헌에 대한 분석은 Evans, *Exile*, 312-16을 보라.

종하지 않고" 그의 모든 계명을 준행하지 않으면 하나님은 그들에게 "재
앙을 내리실 것"이다(레 26:14-16). 가장 혹독한 징벌은 유배가 될 것이다.
"내가 너희의 성읍을 황폐하게 하고 너희의 성소들을 황량하게 할 것이요,
너희의 향기로운 냄새를 내가 흠향하지 아니하고…내가 너희를 여러 민족
중에 흩을 것이다"(레 26:31-33). 이 시기는 그 땅이 백성의 모든 불의에서
벗어나 쉴 수 있는 때가 될 것이다.[16]

> 너희가 원수의 땅에 살 동안에 너희의 본토가 황무할 것이므로 땅이 안식
> 을 누릴 것이라. 그때에 땅이 안식을 누리리니 너희가 그 땅에 거주하는
> 동안 너희가 안식할 때에 땅은 쉬지 못하였으나 그 땅이 황무할 동안에는
> 쉬게 되리라(레 26:34-35).

그리고 역대기 사가는 신적 징벌을 설명하면서 이런 이유를 적용한다. 즉
이스라엘은 안식을 위한 대가를 지불해야 했다.

> 칼에서 살아남은 자를 그가 바벨론으로 사로잡아 가매 무리가 거기서 갈
> 대아 왕과 그의 자손의 노예가 되어 바사국이 통치할 때까지 이르니라.
> 이에 토지가 황폐하여 땅이 안식년을 누림 같이 안식하여 칠십 년을 지
> 냈으니 여호와께서 예레미야의 입으로 하신 말씀이 이루어졌더라(대하
> 36:20-21; 참조. 에스드라1서 1:58).

위의 인용에서 보듯이 예언자들은 합당한 안식의 때가 지난 후에 그 땅이

---

16   유대교 종말론에서 희년 주제가 어떻게 논의되었는지에 관해서는 예컨대 Bergsma,
      Jubilee, 특히 81 이하를 보라.

해방과 회복의 때인 진정한 희년의 시작을 보게 될 것이라고 확신한다. 이러한 사상에 의하면 하나님은 자신의 종을 통해서 "포로된 자에게 자유를, 갇힌 자에게 놓임을 선포하며 여호와의 은혜의 해와 우리 하나님의 보복의 날을 선포"할 것이다(사 61:1-2). 이런 선포는 안식일법 준수가 포로기 예언자들의 종말론에 있어 특별한 의미를 갖고 있었다는 사실과 분명하게 관련된다(사 56:2; 58:13; 66:23; 렘 17:22; 겔 20장; 22:8; 46:1).

쿰란 문서의 멜기세덱 두루마리(11QMelch)에서는 이와 유사한 종말론적 양식이 발견되는데, 이 기록에서 이스라엘의 회복은 마지막 희년의 해가 도래하는 것으로 묘사된다. 이 본문은 먼저 희년에 관련된 레위기 25장을 인용하면서 마지막 때에 대한 해석으로 이동한다. 본문은 "포로된 자들"을 언급하는데 이사야 61:1은 그들에 대한 해방을 약속한다. 그 해방은 신비로운 인물인 멜기세덱이 도래해서 "그들을 돌아오게 할" 때 올 것이다. 멜기세덱 자신이 회복을 시작할 것이다. "그는 그들의 해방을 선포할 것이며 그들의 모든 불의의 [빚]으로부터 그들을 자유롭게 할 것이다."[17]

더 나아가 멜기세덱의 출현은 예언자 이사야를 통해 주어진 약속의 성취로 제시된다.

이날은 [옛적에] 예언자 [이사]야를 [통해] [하나님이 평화에 관해] "시온을 향하여 이르기를 '네 하나님이 [통치하신다']라고 말하는, 평화를 선포하는 사자와 [구원을 선포하는 좋은 소식을 가져오는 사]자의 산을 넘는 발이 얼마나 아름다운가!"라고 말한 날이다. 그 해석은 이렇다. 산들은 예[언자들이다.…] 그리고 사자는 그에 관해 다[니엘이] 말한 영으로 [기름부]음을 받은 [자다.…] 그리고 좋은 소식을 가져오는 [사자는] 하나님이

---

17   Bergsma, *Jubilee*, 281-85.

그를 보내어 "[고통당한 자들을] 위[로하]고, 시온의 고통당한 자들을 지킬 것"이라고 기록된 사람이다.

고통의 시간 뒤에 희년의 때가 올 테지만 쿰란 문서의 멜기세덱 두루마리(11QMelch)에 따르면 바빌로니아로부터 여러 집단이 귀환하고 제2성전이 건축되었다고 해도 아직 그때가 온 것은 아니다. 하나님이 즉위하는 대망의 날은("네 하나님이 통치하신다") 오직 멜기세덱이 나타나 해방을 가져올 때에야 도래할 것이다. 다니엘서에 대한 인용은 쿰란 문서의 멜기세덱 두루마리가 말하는 중요한 10번의 종말론적 희년 이전의 시기가 이스라엘이 여전히 유배 상황에서 살았던 일곱 이레들의 해에 상응한다고 여겨졌음을 보여준다.

회복 종말론에서는 신성한 요소들이 매우 중요하다. 안식일을 보전하기 위해 단지 "땅"만 필요한 것이 아니다. 포로기 예언자들은 이스라엘 백성이 우상숭배에 빠진 일에 더하여 그들이 안식일을 준수하지 않았다고 지적한다. "나의 안식일을 크게 더럽혔다"(겔 20:13; 23:38; 렘 17:21-27; 사 1:13). 학자들은 이러한 강조를 근거로 해서 안식일에 대한 구약성서의 이해를 정교하게 발전시켰다. 안식일 준수는 가장 큰 계명에 속했으며 따라서 당연히 안식일 축제는 그 자체로 성전 예배와 긴밀하게 연결되어 있었다. 하지만 그 이상의 의미가 있는데 곧 안식일의 기본적 특징은 창조 행위 이후의 하나님의 안식을 다룬 창조 내러티브에서 발견된다. 이 개념을 통해 안식일이 낙원 및 성전 주제와 결합된다.

많은 성서 저자의 관점에서 볼 때 유배 상황에서 하나님 안에서 안식을 찾는다는 것은 곧 하나님이 거주하는 한 장소를 찾는 일을 의미한다. 최근에 학자들이 주장하는 바에 따르면 최초의 창조 때 낙원 자체가 하나님이 인간 가운데 거주한 정원-성전으로 이해되었다. 그러므로 구약성서 본문에서 에덴동산은 성소의 원형이자 하나님 자신의 신성한 거처로 간주된다.[18] 이러한 생각의 연장선에서 보면 이스라엘의 회복의 날에 이루어질 새로운 창조 때 하나님이 새로운 성전을 세울 것이며 바로 그곳에서 안식일 개념이 완성될 것으로 기대되었다.[19]

이후 신약성서 가운데 히브리서에서는 거역한 이스라엘과 회복된 공동체를 대조하는 내용이 다루어진다(히 4:6). 히브리서 저자는 시편 95편을 인용하면서 구원을 안식의 때와 동일시한다. "그런즉 안식할 때가 하나님의 백성에게 남아 있도다. 이미 그의 안식에 들어간 자는 하나님이 자기의 일을 쉬심과 같이 그도 자기의 일을 쉬느니라"(히 4:9-10). 구원에 이르게 하는 믿음 밖에 있으면 광야에서 반역한 이스라엘의 상황과 다를 바 없다. "그들이 내 안식에 들어오지 못하리라"(히 4:3).

이런 특징들은 제2성전기의 회복 종말론과 관련된 핵심적 내러티브에서 중요한 요소들을 제공한다. 많은 문서는 이스라엘을 새롭게 하시려는 하나님이 곧 새로운 낙원을 만들 것이며 그곳에서 하나님은 자기 백성과 함께 거하실 것이라고 말한다. 이러한 생각에는 새로운 창조에 대한 사상이 내포되어 있는데 이 새 창조 이후 구속받은 이들은 그들의 주님과 함께 영원히 살아갈 수 있게 된다. 바로 이러한 행위를 통해서 안식일 사상이 완성되며 따라서 해방의 때는 영원한 안식이 유지되는 상태로 묘사된다. 마지막으로, 이러한 특징들을 종합하면 하나님의 새로운 정원-성전은 구속받은 자들을 위한 구원의 성소가 될 것이라고 말할 수 있다.

---

18   특히 Levenson, *JR 64* (1984), 283-85를 보라. 또한 Beale, *Temple*, 31 이하; Pitre, *Letter &*
      Spirit 4 (2008), 50-57을 참조하라.

19   Alexander, *Eden*, 21. 또한 그는 그룹 그림, 수목 장식, 생명 나무를 상징하는 등잔대, 그
      리고 금과 마노 등 같은 세밀한 내용들을 언급하는데 이 모든 것은 창조 이야기와 성전
      건축의 유사성을 강조하려는 의도를 드러낸다(21-23을 보라).

멜기세덱 두루마리에서 최종적인 희년의 도래는 해방의 날에 하나님이 즉위한다는 개념을 통해 정당화된다. 학자들은 그런 개념에 대한 다양한 뿌리를 발견했다. 우선 하나님이 창조의 일곱 번째 날에 안식을 취했다는 것은 그가 에덴이라는 정원-성전에서 즉위한 것으로 해석되었다. 이 개념은 성전 휘장 뒤쪽 지성소 안의 보좌에 앉은 주님과 연결되어 낙원에서의 안식이 경험될 수 있는 성전 예배에서 복원되었다. 이 주제들과 마찬가지로 구약성서의 안식일 시편 92-93편은 "세상을 견고하게 하고" 이제 "능력의 옷을 입고" 왕으로서 그의 높은 보좌에 앉으신 주님을 찬양한다(시 93:1).[20]

창조 이야기의 초점이 지상의 성전에서 새로운 창조로 이동하면서 그 메타내러티브는 발전한다. 따라서 많은 유대교 텍스트에서 종말론적 성전관은 과거의 개념들과 달라지게 된다. 유력한 메타내러티브에 따라서 해석도 변화하게 된다. 기본적으로 우주적 정원-성전을 모방했던 첫 번째 성전은 과도기적이고 기능적인 역할을 했던 것으로 여겨질 수밖에 없었다. 그것은 단순한 모형에 불과하고 새 창조 가운데 하나님이 온 세상을 자신의 거처로 만드는 날이 오면 사라져버릴 모델의 축소판일 뿐이다. 이사야 65장도 이러한 기대를 했던 것으로 보인다.

> 보라, 내가 새 하늘과 새 땅을 창조하나니 이전 것은 기억되거나 마음에 생각나지 아니할 것이라. 너희는 내가 창조하는 것으로 말미암아 영원히 기뻐하며 즐거워할지니라. 보라, 내가 예루살렘을 즐거운 성으로 창조하며 그 백성을 기쁨으로 삼고(사 65:17-18).

---

20   이에 관해서는 특히 Levenson, *JR 64* (1984), 290을 보라.

그러나 성전 개념 자체는 포기될 수 없었다. 성전은 여전히 이스라엘 갱신의 중심에 있었다. 지상 성전의 파괴는 이스라엘 민족이 몰락했음과 이스라엘과 하나님 사이의 긴밀한 관계가 끝났음을 상징한다. 회복 주제는 반드시 성전과 연결되어야 했으며 이는 첫 번째 성전이 종말론적 성전과 어떤 관련성을 갖고 있는지를 이해하는 것이 왜 중요한지를 알려준다. 이 대목에서 창조의 의미가 중요해진다. 오늘날 점점 더 지지받고 있는 한 관점에 따르면 구약성서는 첫 번째 성전을 우주적 차원의 성막으로 묘사하고 있으며, 이는 제2성전기 문헌 가운데 요세푸스와 필론의 기록의 경우에도 마찬가지다. 성전은 온 세상을 상징하는 축소판으로 이해되었다. 비일(Beale)에 따르면 "구약성서는 특히 눈에 보이는 하늘과 보이지 않는 하늘 모두와 관련하여 성전이 하늘을 상징하는 것을 강조한다."[21]

따라서 성서신학에서 본래의 낙원의 회복에 관한 메타내러티브는 성막을 만들거나 또는 성전을 건설하는 개념을 내포한다. 예루살렘 성전 뜰에는 창조된 온 세계를 상징하는 놋으로 만든 바다 모형이 있었다. 피트리에 따르면 "예컨대 유명한 '놋 바다'에는 막대한 양의 물이 담겨 있었으며, 그것은 실제로 '바다'를 표현하기 위해 만들어진 것이다(왕상 7:23; 대상 18:8; 렘 52:17)."[22] 또 성전 내실에는 하늘을 상징하는 휘장이 있었는데 이 휘장에는 천체를 묘사한 장식이 있었다. 이에 관해서 요세푸스는 다음과 같이 보도한다.[23] "이 융단 천에는 천체의 전경이 묘사되어 있는데, 그러한 묘사에

---

21 Beale, *Temple,* 36. 이 주제에 관한 그의 좀 더 상세한 설명에 관해서는 29-46을 보라. 또한 Barker, *Gate of Heaven,* 61에 따르면 "예루살렘 성전은 신비로운 공간과 시간 속에 있었다. 그 성전은 단순히 섬세하게 꾸며진 건물이 아니라 영원한 것과 지상의 것이 하나로 결합된 장소였다."

22 Pitre, *Letter & Spirit 4* (2008), 57. 이러한 의미에서 보면 상징적 차원에서 성전은 낙원과 마찬가지로 거대한 바다에 "둘러싸여 있는" 셈이었다. 이에 관해서는, Barker, *Gate of Heaven,* 65-67을 보라.

23 『유대고대사』에서 요세푸스는 제사장들이 들어갈 수 있는 성막은 "또한 우주의 본질을

서 짐승의 형상은 제외되었다"(『유대전쟁사』 5:214, 나남 역간).

"손으로 만든" 지상의 성전을 천상의 성전 이미지에 비유한 필론의 기록에서도 이와 동일한 사상이 발견된다. "왜냐하면 우주의 아버지며 통치자인 분을 위해 손으로 만든 성전을 준비했던 사람들의 입장에서는 그분이 만든 우주 자체의 본질과 유사한 본질을 취해야만 했기 때문이다."[24] 이곳은 보이지 않는 하나님의 보좌가 있는 곳이며 하나님을 만날 수 있는 장소다. 따라서 이곳은 또한 백성이 안식을 체험하고 자신들의 죄를 속죄받으며 오직 하나님의 거룩한 임재 가운데 살 수 있는 곳이다. 이러한 묘사 방식이 히브리 전승에 대한 헬레니즘적 해석일 수 있지만 그럼에도 불구하고 그 묘사는 정경적 근거를 기반으로 하고 있다.

그런데 이러한 구도에서 보면 첫째 성전은 임시적인 것이다. 예루살렘 멸망 이후 대예언자들은 새로운 종말론적 성전의 영광에 관해서 선포하기 시작했다. 이러한 전승 유형은 스룹바벨이 세운 새로운 성전에 관한 사두개파의 표준적 이해방식과 점차 충돌하게 된다(스 3장). 그러나 우주적 성전 창조를 겨냥한 커다란 메타내러티브의 맥락에서도 유배의 문제들이 여전히 존속하고 있다. 첫 번째 성전이 온 세상을 대표하고 상징하는 축소판 세상을 제시했기 때문에 이 성전의 멸망은 의미 구성(meaning construction)과 신학적 의미화 과정에서 매우 중요했을 것이다. 대예언자들과 제2성전기의 많은 유대교 신학자에게 "옛 성전의 멸망은 옛 창조의 소멸과 제거를 의미하는 것"[25]으로 여겨졌다고 보는 것이 적절하다. 몇몇 저자는 종말론적 갱신은 우주적 사건이 될 것이라고 생각했다. 새로운 종말론적 성전에 관한

모방"했다라고 기록하며, 또 일반 제사장들이 들어갈 수 없었던 지성소는 "마치 하나님에게 바쳐진 하늘 같았다"라고 말한다(『유대고대사』 3:123, 달산 역간).

24   Philo, *Mos.* 2.18.88; *Her.* XLV.221-28 참조.
25   Pitre, *Letter & Spirit 4* (2008), 62.

예언자들의 사상은 이러한 방식으로 은연중에 새 창조 개념과 맞물려 있었다고 볼 수 있다.[26]

또 회복을 수행할 대리자의 정체에 관한 문제가 남아 있다. 모든 대예언자는 한목소리로 이 회복이 비범한 종말론적 인물을 통해 완성될 것이라고 말한다. 이들은 대체로 다윗 왕조의 회복을 이 갱신과 동일시한다. 이사야서에 이에 관한 특정한 암시가 있지만 예레미야서와 에스겔서, 그리고 학개서와 스가랴서도 이스라엘의 구원이 새로운 다윗에게 달려 있다고 언급한다.

> 여호와의 말씀이니라. 보라, 내가 이스라엘 집과 유다 집에 대하여 일러 준 선한 말을 성취할 날이 이르리라. 그날 그때에 내가 다윗에게서 한 공의로운 가지가 나게 하리니 그가 이 땅에 정의와 공의를 실행할 것이라. 그날에 유다가 구원을 받겠고 예루살렘이 안전히 살 것이며 이 성은 "여호와는 우리의 의"라는 이름을 얻으리라(렘 33:14-16).

에스겔서에서 구원의 대리자는 목자이자 다윗 가문의 새로운 왕으로 예언된다.

> 내 종 다윗이 그들의 왕이 되리니 그들 모두에게 한 목자가 있을 것이라. 그들이 내 규례를 준수하고 내 율례를 지켜 행하며 내 종 다윗이 영원히 그들의 왕이 되리라. 내가 그들과 화평의 언약을 세워서 영원한 언약이 되게 하고…(겔 37:24-26).

---

26   Alexander, *Eden*, 60.

더 흥미로운 내용은 새 다윗이 백성을 위해 새로운 성소를 가져올 것이라는 에스겔의 예언이다. "내 처소가 그들 가운데에 있을 것이며 나는 그들의 하나님이 되고 그들은 내 백성이 되리라. 내 성소가 영원토록 그들 가운데에 있으리니 내가 이스라엘을 거룩하게 하는 여호와인 줄을 열국이 알리라 하셨다 하라"(겔 37:27-28).

스가랴서에서 "다윗의 집"은 성전 자체를 위해서뿐만 아니라 이스라엘과 예루살렘의 회복을 위해서도 특별한 역할을 수행하게 된다. "주님의 말씀"은 나귀 새끼를 타고 시온으로 들어올 종말론적 인물을 약속한다(슥 9:9). 그는 다윗 가문에서 난 싹으로서 "싹이라 이름하는 사람" 곧 "자기 곳에서 돋아나서 여호와의 전을 건축"할 사람이다(슥 6:12). 스가랴는 자신과 동시대 예언자인 학개와 마찬가지로 새롭게 갱신된 성전을 세우는 일은 곧 이스라엘의 구속의 기호임을 강조한다. 학개는 다음과 같이 특별한 예언을 한다. "이 성전의 나중 영광이 이전 영광보다 크리라"(학 2:9). 이와 같이 스가랴가 새 성전의 중요성을 강조한 이유는 아마도 그 성전이 유배기 시절 대예언자들이 언급했던 기대감을 성취할 새로운 다윗에 의해 건설될 것이라는 사실 때문일 것이다. "그가 여호와의 전을 건축하고 영광도 얻고 그 자리에 앉아서 다스릴 것이다"(슥 6:13).

마지막으로, 우리는 회복 종말론에 나타난 보편적인 요소에 주의를 기울일 필요가 있다. 만일 예언서들과 제2성전기 유대교 신학에서 진정한 안식이 하나님의 새 창조를 의미하는 희년 및 모든 창조세계의 회복과 동일시된다면, 이는 동시에 원래의 낙원의 재창조로 이해될 수 있다. 하나님은 모든 인간을 거룩하게 만들고 모든 피조물을 자신의 왕권 아래 두기를 원한다. 그러므로 이 메타내러티브는 구원론과 관련하여 본질적으로 보편주

의적 특징을 지녀야만 성립할 수 있다.[27]

종말론적 현실에서는 주님이 이미 온 세상을 아우르는 새로운 정원-성전을 짓기 시작했다고 말할 수 있다.

> 여호와께서 이와 같이 말씀하시되 "하늘은 나의 보좌요 땅은 나의 발판이니 너희가 나를 위하여 무슨 집을 지으랴? 내가 안식할 처소가 어디랴? 나 여호와가 말하노라. 내 손이 이 모든 것을 지었으므로 그들이 생겼느니라"(사 66:1-2).

대다수의 기본적 주제들이 이 구절에서 통합되어 나타난다. 창조자 하나님이 회복을 이루시겠지만 그렇다고 해서 과거의 예루살렘이 그대로 재건되는 것은 아니다. 하나님은 자신이 만드실 성전이 우주적 차원의 것임을 이미 확정했다. 새로운 창조의 개념에서는 어떠한 지상의 건물도 필요하지 않다. 왜냐하면 갱신된 낙원이 그 자체로 하나님의 성전 역할을 할 것이기 때문이다. 그곳은 하나님이 인간과 더불어 거주하는 장소가 된다.

이런 메타내러티브는 다른 예언자들이 선포한 보편적 기대와 원만하게 부합된다. 예컨대 예레미야는 모든 민족이 예루살렘으로 모여들고 그들이 새로운 성전에서 하나님을 찬양할 것이라고 선포한다. "그때에 예루살렘이 그들에게 여호와의 보좌라 일컬음이 되며 모든 백성이 그리로 모이리니 곧 여호와의 이름으로 말미암아 예루살렘에 모이고 다시는 그들의 악한 마음의 완악한 대로 그들이 행하지 아니할 것이다"(렘 3:17). 이와 동일한 주제가 이사야서 후반부에도 명시적으로 나타난다.

---

27 이는 유대교 신학의 차원에서도 이미 확인되고 있다. Levenson, *JR 64* (1984), 295를 보라. 또한 Pitre, *Letter & Spirit 4* (2008), 72를 참조하라.

네가 나의 종이 되어 야곱의 지파들을 일으키며 이스라엘 중에 보전된 자를 돌아오게 할 것은 매우 쉬운 일이라. 내가 또 너를 이방의 빛으로 삼아 나의 구원을 베풀어서 땅끝까지 이르게 하리라(사 49:6).

학개서에서도 비슷한 희망이 드러난다. "모든 나라를 진동시킬 것이며 모든 나라의 보배가 이르리니 내가 이 성전에 영광이 충만하게 하리라. 만군의 여호와의 말이니라"(학 2:7). 이러한 보도는 또한 새로운 성전의 더 큰 영광을 설명해준다. 다윗 가문의 종말론적 인물이 민족들을 모여들게 하고 그들로 하여금 새로운 성전에서 하나님을 섬기게 할 것이다. 이 메타내러티브에 따르면 새로운 이스라엘은 보편적 회복을 위한 대리자가 될 것이다. "갱신되고 정결케 된 이스라엘을 통해서 민족들이 하나님을 알게 되고 그의 백성을 향한 하나님의 행위에서 그분을 깨닫게 되기 때문이다."[28]

따라서 회복은 무엇보다도 우선 하나님의 백성의 영적 각성을 가리킨다. 이스라엘은 하나님을 새롭게 발견하게 된다. 이스라엘의 죄가 용서되고 그들은 온 마음을 다해 주를 사랑하고 찬양하게 된다. 하나님은 다윗 가문의 새 인물을 보내며 그 인물은 종말론적 구원의 장소인 주의 성전을 세울 것이다. 성소는 성령으로 충만하게 되며 하나님은 그의 백성과 더불어 살 것이다. 이는 흩어져 살고 있는 이스라엘 백성을 위한 희년의 해가 될 것이다. 유대인 학자 레벤슨(Levenson)은 이사야서의 "해방" 개념이 여러 의미로 적용된다고 말한다. "이사야 61:1에 등장하는 한 단어를 통해 확립된 희년, 안식일, 성전, 즉위, 해방, 귀향, 속죄 같은 상징이 울려 퍼진다."[29] 그리고 더 특별한 것은 정결해진 이스라엘을 통해 모든 민족이 하나님의 영

---

28   Ackroyd, *Exile*, 235-36.
29   Levenson, *JR 64* (1984), 294.

광을 알게 되고 시온에서 안식을 취하게 된다는 점이다. 그런데 구약성서와 유대교 문헌에서 이 모든 측면은 우주적 지평에서 묘사된다. 많은 저자는 이 모든 일이 하나님이 거기서 자기 백성과 함께 거하고 더 이상 지상 성전이 필요하지 않은 장소인 새로운 정원-성전을 가져올 새 창조를 통해 발생할 것이라고 믿었다.

4. 이스라엘의 계속된 유배 문제

제2성전기 유대교의 일부 집단과 종파는 유배의 압제가 아직 완전히 종식되지 않았다고 확신했다.[30] 이들의 신학적 견해를 근거로 해서 웅장하게 지어진 새 성전(헤롯 성전을 가리킴) 자체도 타락했다고 생각해야 하는가? 이 주제는 역사적 예수 연구에 관한 "새 관점"에서 난제와 분수령에 해당된다. 샌더스는 예수의 사역에 대한 새로운 종말론적 해석을 제안했음에도 불구하고 성전 제의가 어려움에 처해 있었다는 가정에 동의하지는 않으며, 심지어 성전 제의에 문제가 있었다고 여기지도 않는다. 또 그는 예수가 성전에서 행해진 부패한 관행을 비판한 것도 아니라고 본다. 그는 "재물과 상거래"의 오용이 1세기 예루살렘 성전을 둘러싼 문제점들의 근원이라고 여길 만한 어떠한 문헌적 증거도 찾을 수 없다고 주장하면서 자신의 견해를 강조한다.[31]

---

30   쿰란 문헌에 대한 연구 분야에서 이러한 방향의 해석을 시도한 첫 번째 사례가 나왔다. Garnet은 쿰란 문헌의 구원론에 관한 자신의 박사학위 논문(1977년)을 근거로 예수의 가르침에서 유배의 구원론의 특징을 발견할 수 있다고 주장한다. 그에 따르면 많은 유대교 문헌 또한 유배가 아직 끝난 것이 아니라고 말한다. "내가 생각하는 '유배의 구원론'이라는 용어는 민족의 회복에 대한 하나님의 목적 성취에 관한 한 이스라엘이 여전히 유배의 상황에 있다는 확신에 기초한 제2성전기의 구원 개념이다." Garnet, *Studia Biblica*, 111.

31   Sanders, *Jesus*, 66, 367 각주 39. 이에 관련된 논의는 Evans, *SBL 1989 Seminar Papers*,

그런데 라이트는 자신의 저서 『예수와 하나님의 승리』(*Jesus and the Victory of God*)에서 아시리아 제국과 바빌로니아 제국 시대에 이스라엘이 겪었던 유배의 상황이 여전히 예수 시대에도 광범위하게 영향을 주고 있었다고 지적한다. "그러나 예수 시대에 대다수는 아니라 해도 많은 유대인이 유배가 아직 계속되고 있다고 생각했다." 백성은 죄 가운데 살았고 성전은 부패한 상태였다. 예수는 계속된 유배 개념을 중심으로 현재의 성전 파괴와 이스라엘의 회복 모두를 선포했다. "이스라엘 이야기에 관한 예수의 재해석을 보여주는 중요한 하나님 나라 주제 중 하나는 유배로부터의 진정한 귀환과 야웨가 진정으로 시온으로 돌아오는 일이 예수 자신의 사역 안에서, 그리고 그 사역을 통해서 일어나고 있다는 그의 믿음이었다."[32] 더 나아가 라이트는 메이어와 샌더스의 주장을 근거로 "예수의 사역 가운데 성전은 다시 건설되고 있었다"라고 주장한다.[33]

샌더스의 낙관적 견해는 분명히 그의 언약적 율법주의(covenantal nomism) 이론과 관련되어 있다. 그는 제2성전기의 유대교 신앙이 구원론을 강조하는 종교로서의 패턴을 갖고 있었다고 주장한다. 성전은 화해와 구원의 중심지 역할을 했고 제사장을 중심으로 한 종교로서의 유대교는 완전무결하게 여겨졌다는 것이다.[34] 하지만 제2성전기 이스라엘 사회에서 가령 사두개파가 지녔을 법한 그러한 "공식적 희망"을 예외적인 것으로 간주하면, 다양한 문서들에 드러나는 생생한 묘사들은 성전이 상당히 부패했음을 알려주기 때문에 샌더스의 그런 견해에 대한 반론이 가능할 것이다. 여러 고

522를 보라.

32 Wright, *Victory*, 126, 428. 이러한 그의 생각은 훗날 Newman (ed.), *Jesus & Restoration of Israel*에서 검증되었다. 특히 Evans, *Restoration*, 77-100을 보라.

33 Wright, *Victory*, 434.

34 특히 Sanders, *Paul and Palestinian Judaism*, 180-82, 422-24를 보라.

대 저자에 따르면 예루살렘은 타락했고 성전은 부정해져 있었다. 그렇다고 해서 예수가 단지 과거의 유대교 신학의 일부 입장을 계승한 것에 불과하다고 생각할 이유는 없지만 샌더스의 언약적 율법주의 이론이 가정하는 그림이 제2성전기 유대교의 상황을 정확하게 묘사하지 못한다는 점을 알수 있다. 라이트가 제안한 것처럼 예수가 계속된 유배를 비판했다면 예수의 말씀은 당시의 실제 정황 속에서 매우 일관성 있고 납득할 만한 것으로 여겨졌다고 볼 수 있다.[35]

제2성전기 유대교 신학에서는 이스라엘이 계속해서 고통 가운데 흩어져 있다는 현실과 성전이 재건되어 있다는 사실 사이의 긴장이 존재했다. 이른바 지리적 논거에서 유배는 여전히 간과될 수 없는 현실이었다.

> 이사야에서 스가랴에 이르기까지의 예언자들은 흩어진 하나님의 백성이 귀환할 것이라는 희망을 갖고 있었다. 이 소망은 결코 실현되지 않았다. 강제로 추방된 이스라엘 백성은 분명히 원주민 이웃과 동화되었다. 커다란 규모의, 그리고 의미심장한 규모의 유대인이 바빌로니아에 남아 있었다. 이집트에서도 많은 수의 유대인이 계속해서 살아갔다. 추방된 많은 유대인은 제한 조치가 사라진 뒤에도 오랫동안 흩어져 살아가는 삶을 선택했다.[36]

더욱이 예언자들과 유대교 문헌 저자들은 이미 그리스 시대에도 이스라엘의 영적 상태를 비판하기 위해 유배와 관련된 수사를 활용했다. 예컨대 집

---

35   관련 구절들은 뒤에서 다뤄질 것이다. 이와 관련된 최근의 논의에 관해서는 Evans, *SBL 1989 Seminar Papers,* 522-39; Evans, *Restoration,* 77-100; Snodgrass, *Key Events,* 429-80; Bock, *Continuum,* 171-210; Ådna, *Handbook,* 2635-75를 보라.

36   Nickelsburg, *Jewish Literature,* 17.

회서에 언급된 하나님의 백성을 위한 기도는 단순히 바빌로니아 유배와 관련된 표현이라고만은 볼 수 없는 내용이다.[37]

> 하루속히 주님께서 약속하신 날을 상기하시어 사람들로 하여금 당신의 놀라운 일들을 찬양하게 하소서. 살아남은 원수들을 분노의 불로 태워버리시고 주님의 백성을 핍박하는 자들에게 파멸을 내리소서.…야곱의 모든 부족을 모으시고 그들이 처음에 받았던 유산을 돌려주소서. 주님의 이름을 받드는 이 백성들, 당신이 맏아들로 여기신 이스라엘을 불쌍히 여기소서. 주님의 거룩한 도성, 당신의 안식처인 예루살렘을 불쌍히 여기소서(집회서 36:7-12).

제2성전기 당시에도 경건한 유대인들은 억압 가운데 살고 있는 백성에게 하나님이 자비를 베풀고 하나님의 "영광"으로 성전을 채워달라고 기도할 수 있었다(히브리어 집회서). 토비트에서도 이와 유사한 기도를 볼 수 있다.

> 너희가 옳지 않은 일을 할 때에는 너희에게 벌을 내리시어 이방인들 속에 흩으실 것이고 또 너희 모두에게 자비를 베푸시어 그들 속에서 너희를 건져내실 것이다.…거룩한 도성 예루살렘아! 주님은 네 자녀들의 행실을 보시고 벌을 내리실 것이며 올바르게 사는 사람들에게는 다시금 자비를 베푸실 것이다(토비트 13:5, 9).

「에녹1서」83-90장에 보도된 꿈의 환상 가운데 그리스 시대에 대해 분명하게 언급하는 부분에서 이스라엘의 상황이 또다시 어려워졌다는 내용

---

37   이에 관한 분석에 관해서는 특히 Evans, *Exile,* 305-11을 보라.

이 나온다. 이 보도에 따르면 이스라엘은 바빌로니아 유배 이후 새로운 성전을 건축하기 시작했지만 그 성전은 첫 번째 성전과 마찬가지로 더럽혀졌다. 하나님의 백성은 아직 자신들의 짐에서 벗어나지 못했다.[38]

> [또]다시 예전처럼 건축하기 시작했다. 그들은 높은 탑[성전]이라고 불린 그 탑을 세웠다. 그러나 그들은 그 탑 앞에 단을 두기 시작했는데, 그 단 위에 올린 모든 음식은 오염되고 **불결해졌다**. 이 모든 문제와 관련하여 양 떼의 눈은 침침해져서 볼 수 없게 되었다. 그들의 목자와 관련해서도 마찬가지였다. 양 떼는 목자들에게 넘겨져 완전히 말살되고 짓밟히며 잡아먹히게 되었다(『에녹1서』 89:73-75).

마카비 혁명 이전인 디아도코이(알렉산드로스 대왕 사후 그의 계승자들) 시대도 배교의 때로 해석되었다. 오염(*molysmos*) 개념은 이스라엘의 배교와 관련된 새로운 핵심어가 되었다. 『희년서』는 제의적 삶과 성전 예배와 관련된 어두운 면을 강조한다. 『희년서』는 예루살렘 성전이 부패했다고 묘사하며 새로운 창조 때의 종말론적 성전을 기다린다. 이 저자에 따르면 제2성전기의 미래 세대는 "자신들의 **오염**과 타락을 통하여 지성소를 **오염시킬** 것이다"(『희년서』 23:21).[39]

　『에녹서』와 유사한 맥락을 보여주는 『레위의 유언』은 이른바 희년의 제사장직과 함께 종말의 주간들에 관해서 묘사한다. 일곱 번째 희년의 제

38　예컨대 Snodgrass, *Key Events*, 456-57을 참조하라.

39　오염 개념은 유배 이전의 거짓 예언자들의 산물에 맞서 예레미야가 사용한 표현이다 (70인역 렘 23:15; 70인역 애 4:14 참조). 이 표현은 안티오코스 4세 에피파네스가 야기한 오염을 언급할 때 자주 사용되며(마카베오상 1:37; 마카베오하 6:2) 또한 유배 이후의 삶과 관련해서도 사용된다(에스드라1서 8:80-83).

사장직 시대에는 "내가 인간 앞에서 드러내어 말할 수 없을 정도의 **오염**이 있을 것이다"(「레위의 유언」 17:8). 후대의 「모세의 유언」에서 이러한 관점이 섬세하게 수용되었음을 알 수 있다. 기록 연대가 대략 신약 문서들이 생성된 시기와 유사하기 때문에 대부분의 학자는 「레위의 유언」의 중요성을 인정한다.

> 결과적으로 그들이 정의를 회피하고 불의에 다가서게 될 것이라는 말씀이 실현되었다. 또 그들은 이민족들의 관습으로 자신들이 예배 처소를 **오염시킬** 것이고 이방의 우상들을 따라 음행을 저지를 것이다. 그들이 하나님의 진리를 따르지 않고, 그들 중 일부는 주 앞에 바치는 제물…을 통해서 거룩한 제단을 **오염시킬** 것이기 때문이다(「모세의 유언」 5:3-4).

계속된 유배와 하나님의 진노의 근본적인 이유는 첫 번째 유배의 때와 동일한데 그것은 곧 죄악 때문이다. 이스라엘의 마음은 분열되었다. 그들의 불의로 이스라엘은 대대로 파멸을 자초했다. 역사적 배경에서 보면 이러한 설명은 이해하기 어렵지 않은데, 디아도코이 시대 이후 마카비 전쟁이 시작되었고 이어서 마카비 가문의 권력은 로마 제국의 지배로 대체되었기 때문이다. 이 역사는 어떤 기준으로도 평화로운 시기로 묘사될 수 없다. 예컨대 「바룩서」는 이러한 관점에서 신학적 정황에 관한 완벽한 설명을 제공한다.[40]

> 주님이 우리에게 경고하셨던 이 모든 재앙이 우리에게 닥쳐왔다. 그러나

---

40   Evans, *Restoration*, 83도 그렇게 생각한다. 또한 Scott, *Exile*, 218에 따르면 그리스-로마 시대의 적어도 일부 디아스포라 유대인은 여전히 자신들이 계속된 "유배" 가운데 살아가고 있다고 이해했다.

우리 각 사람은 사악한 마음에서 나온 생각에서 돌이켜 주님의 은혜를 간구하지 않았다. 그리고 주님은 이미 재앙을 준비하셨고 또 그 재앙을 우리에게 내리셨다. 왜냐하면 그가 우리에게 명하신 모든 일에서 공정하게 행하시기 때문이다. 그러나 우리는 주님이 우리에게 주신 법도를 따라 살아가라는 그 말씀에 순종하지 않았다(바룩 2:7-10).

바룩서에 따르면 이스라엘/유다는 조상들과 마찬가지로 수치를 당한다. "주 우리 하나님은 의로우시지만, 바로 오늘 우리와 우리 조상은 수치를 당하고 있다"(바룩 2:6). 그러므로 신학적 열쇠는 순종에 있음을 알 수 있다. 토비트는 이스라엘의 회복이 쉐마에 대한 백성의 순종(shema-obedience)에 달려 있다고 말한다. "너희가 진심으로 하나님께 돌아와 마음을 다하여 그 앞에서 참되게 살면 하나님께서 너희에게 돌아오셔서 다시는 외면하시지 않을 것이다"(토비트 13:6). 따라서 유배는 단순히 지리적 차원이 아니라 오히려 마음의 상태가 중요함을 알 수 있다.

이 논의에서 쿰란 문서들은 특별한 중요성을 가진다. 쿰란 문헌을 보면 반체제적인 분파 활동이 존재했다는 사실은 분명해 보인다. 그런데 이를 신학적 의미에서 과연 분파(sect)라고 말할 수 있을까? 알려진 바에 따르면 쿰란 공동체의 최초의 지도자들은 예루살렘 성전의 제사장 출신이었다. 그들은 첫 번째 성전을 매우 중요시했고 또한 포로기 이후의 성전에서 유래한 「안식일 제사의 노래」(4Q)를 보존했다. 따라서 이 공동체는 이스라엘에서 성전 중심의 전통을 유지하기를 원했던 매우 보수적인 제사장 집단이었다고 볼 수 있다. 그런데 앞서 언급한 바와 같이 그들은 당시의 제2성전에 대해서 확실한 반감을 갖고 있었는데, 이러한 태도가 정당화될 수 있었던 것은 성전에서 드려지는 예배가 부패했고 "사악한" 대제사장에 의해 제의가 집행되고 있다고 확신했기 때문이다.

「다메섹 문서」는 유배 이후의 시대를 매우 신랄하게 "진노의 시대"라고 언급하며 문제시된 그 세대를 가리켜 "반역자들의 무리"라고 부른다 (CD I.4,12). 또한 시편에 대한 주석을 다룬 문서들은 이교도들의 여러 죄들을 열거한다(4QPs 37, II.14-15; III.6-12; 4QpNah 3-4,I). 하박국 페쉐르는 하나님의 길에서 벗어난 사람들을 하나님이 궁극적으로 심판하실 것이라고 확신한다(합 1:12-13에 대한 주석).[41]

> 하나님은 자기 백성을 민족들의 손을 빌려서 멸하지 않으신다. 도리어 하나님은 자기가 선택한 자들의 손을 통해 모든 민족을 심판할 것이다. 그의 백성 중 모든 행악자는 유죄 판결을 받을 것인데, 이는 그들이 어려움 속에서도 하나님의 계명을 준행한 자들을 책망했기 때문이다(1QpHab V.3-4).

현재 하나님의 뜻을 거역한 장본인인 사악한 제사장은 가혹하게 묘사된다. "이스라엘을 통치하면서 그의 마음은 간악해져 하나님을 버렸으며 재물을 위해 율법을 배신했다"(1QpHab VIII.9-11). 이 구절에서 그의 중요한 죄 가운데 하나는 탐심이라고 언급된다. "그리고 그는 하나님에 맞서 반역했던 포악한 자들로부터 재물을 강탈하고 부를 축적했다." "온갖 종류의" 역겨운 행위에 더하여, 그 사악한 제사장은 "공금"을 횡령했다(1QpHab VIII.10-12). 유대교 신학에서 이스라엘의 죄악은 항상 주로 지도자들의 죄로 보도되는데 사해문서도 계속해서 죄의 문제를 이와 유사한 방식으로 다룬다. 또한 전쟁 두루마리에서는 "멸망의 천사들"과 벌이는 전쟁이 언급되는데,

---

41 참조. Snodgrass, *Key Events*, 457. 이미 발생했던 역사적 상황이 변화했음에도 불구하고 유배의 정황과 관련된 동일한 묘사가 이루어지고 있음을 다른 여러 문서에서와 마찬가지로 사해문서에서도 발견할 수 있다는 점은 흥미롭다.

제2성전기의 신실한 이스라엘은 광야에서 살아가는 남은 자들인 "당신의 언약의 생존자들"로 묘사된다(1QM XIII.8-12).

그러므로 쿰란 공동체의 신학에 의하면 유배 자체가 아직 끝나지 않았다. 「천체에 관한 말씀」(Words of the Luminaries)은 유배로부터의 이스라엘의 귀환은 아직 부분적으로만 이루어졌고 이는 영적인 의미에서도 마찬가지며, 종말론적 회복의 때는 여전히 다가올 미래에 속한다고 말한다.

> 당신은 당신의 종 모세의 손을 통해 명하신 바와 같이 당신의 백성 이스라엘의 마음을 당신께로 돌리고 그들이 당신의 음성을 듣게 하시려고 쫓아낸 모든 민족 중에서 우리 이스라엘 백성에게 은총을 베푸셨습니다. 왜냐하면 당신은 당신의 거룩한 영을 우리에게 부어주시고 당신의 축복으로 우리를 채워주셔서 우리로 하여금 우리의 고통 중에 당신을 찾고 당신에게 책망받는 고통 속에서 [속삭]이게 하셨기 때문입니다. 우리는 고통에 빠졌고 [우리는 맞았]으며 압제자의 분노를 통해 시험을 받았습니다. 우리 또한 우리의 죄로 말미암아 하나님을 힘들게 했고, 우리의 타락으로 말미암아 반석이신 당신을 힘들게 했기 때문입니다(4Q504 V.11-19).

위 인용에서 고통은 환난이라는 말로도 번역할 수 있다. 이 표현 배후에 있는 종말론적 패턴은 쿰란 문서에서 이스라엘의 현재 상태를 표현하는 진노의 때를 가리킨다(참조. CD XX.13-16; 1QM XVII.8-9; 4QFlor).[42]

앞서 다루었던 「레위의 유언」 14장에서 "오염" 개념이 실감나게 묘사된다.

---

[42]   이에 관한 분석은 Pitre, *Tribulation*, 91-120을 보라.

너희는 주님의 제물을 약탈하고 주님의 몫에서 너희의 것을 훔쳐내어 가증스럽게도 창녀들과 함께 그것을 먹는구나. 너희는 탐욕스럽게 이익을 추구하면서 주님의 계명을 가르친다. 너희는 혼인한 여인들을 탐하고 창녀 및 음행하는 여인들과 관계를 맺는다. 너희가 이방 여인을 아내로 취하니 너희의 성생활은 소돔과 고모라 같이 될 것이다. 너희는 제사장직에 대한 자부심으로 거만해져서 인간의 기준에서 볼 때 너희 스스로를 높일 것인데, 이는 하나님의 명령에도 역행하는 일이다. 너희는 경멸과 비웃음으로 신성한 것들을 조롱할 것이다(「레위의 유언」 14:5-8).

종의 상황은 이스라엘이 이방 민족의 압제를 받는 상황을 묘사할 때 사용된 전형적인 표현이다. 서기관 에스라도 회복의 불완전함에 대해 안타까움을 토로하면서 같은 단어를 사용한다. "우리가 오늘날 종이 되었는데 곧 주께서 우리 조상들에게 주사 그것의 열매를 먹고 그것의 아름다운 소산을 누리게 하신 땅에서 우리가 종이 되었나이다"(느 9:36; 참조. 「유다의 유언」 23:3).[43]

로마 제국 시대에 기록된 「모세의 유언」은 여전히 유배 상황에 머물러 있는 선택받은 백성 이스라엘의 황폐해진 모습을 묘사한다.

이제 두 개의 지파는 슬픔과 한숨 가운데 예전의 신앙에 머물 것이다. 왜냐하면 그들은 조상들이 섬겼던 주님께 제물을 드릴 수 없을 것이기 때문이다. 하지만 열 개의 지파는 포로기 동안에도 민족들 가운데서 성장하고 퍼져나갈 것이다(「모세의 유언」 4:8-9).

---

43   참조. Evans, *Restoration*, 85.

「모세의 유언」 5장에서는 다음과 같이 선언된다. "그들은 [진정한] 제사장이 [결코] 아니며 오히려 종들이다. 그렇다, 종의 자식들이다"(「모세의 유언」 5:4). 이는 요세푸스가 이스라엘의 "종살이"가 시작된 원인이 "당파 싸움"에 있으며 이 다툼 때문에 "폼페이우스가 예루살렘에 쳐들어오게 되었다"라고 비난하는 내용과 비슷하다(『유대전쟁사』 5:395-97).

유배 이후 이스라엘/유다의 불충함에 관한 대부분의 논의는 일관되게 예루살렘 성전에 집중되어 있다. 일부 성서와 고대의 다른 문서는 이 상황이 첫 번째 유배 이전의 상황과 유사하다고 보았다. 이런 저자들의 보도는 이스라엘 백성의 배교의 삶을 저주했던 대예언자들의 선포 내용과 비슷한데, 왜냐하면 바로 그런 배교가 계속된 억압의 분명한 이유이기 때문이다. 「레위의 유언」에는 이와 유사한 내용이 뚜렷이 드러난다. "그러므로 주님이 택하신 성소가 너희의 부정함 때문에 황폐해지고 너희는 모든 민족 가운데 포로가 될 것이다"(「레위의 유언」 15:1).[44]

이런 신학적 접근의 결과 중 하나는 종말론적 성전에 대한 약속이 갱신되었다는 점이다. 벤 시라의 기도(집회서 36:1-22)에서 저자는 성전을 위해서도 자비를 베풀어 달라는 청원을 한다.

주님의 이름을 받드는 이 백성들, 당신이 맏아들로 여기신 이스라엘을 불쌍히 여기소서. 주님의 거룩한 도성, 당신의 안식처인 예루살렘을 불쌍히 여기소서. 시온성이 주님의 찬양으로 가득하게 하시고 지성소가 당신의 영광을 노래하게 하소서(집회서 36:11-13).

44 　「레위의 유언」은 계속된 유배에 관해서 분명하게 언급한다. "너희에게는 정결한 장소가 없을 것이다. 그가 다시금 너희를 생각하시고 자비를 베풀어 너희를 다시 돌아오게 하실 때까지 너희는 이방 민족들 사이에서 저주를 받고 흩어져 살게 될 것이다"(「레위의 유언」 16:5).

비슷한 시기에 기록된 토비트의 연설은 종말론적 성전에 대한 유사한 입장을 반영한다. 토비트는 예루살렘을 축복할 때 사람들에게 "만세의 왕을 기리어라"라고 촉구하는데, 왜냐하면 이것이 종말론적 성전의 건축으로 이어질 것이기 때문이다. "네 성전이 다시 지어져서 너는 기뻐하게 될 것이다." 대예언자들의 선포에서와 마찬가지로 이스라엘 백성은 계속된 유배 상태에 머문 것으로 언급된다. "사로잡혀 갔던 모든 사람이 네 안에서 즐거워할 것이다"(토비트 13:10). 토비트는 제2성전을 최종적인 구원의 완성으로부터 구별하고 있다.

> 그러나 하나님께서는 그들에게 다시 자비를 베푸시고 이스라엘 땅으로 되돌아오게 하시고 성전도 재건하게 하실 것이다. 그런데 그들은 하나님께서 정하신 때가 오기까지는 그 성전을 예전 것만큼 훌륭하게는 짓지 못할 것이다. 때가 되면 이스라엘 사람들이 포로 생활로부터 돌아와 예루살렘을 찬란하게 재건할 것이고, 이스라엘의 예언자들이 예언한 대로 하나님의 성전도 그곳에 세울 것이다(토비트 14:5).

「에녹1서」의 꿈의 환상에서 저자는 종말의 때에 예루살렘 성전이 완전히 변화하게 될 것이라고 묘사한다.

> 나는 가만히 선 채로 오래된 집이 변화되는 광경을 바라보았다. 모든 기둥과 모든 열주(列柱)가 뽑혀 나갔고, 그 집의 장식물들은 한꺼번에 남쪽의 어느 땅으로 옮겨져 그곳에 버려졌다. 나는 양 떼의 주님이 새로운 집 하나를 일으킬 때까지 계속 바라보고 있었다. 그것은 첫 번째 집보다 더 훌륭하고 웅장했으며 첫 번째 집이 세워졌던 그 장소에 만들어졌다. 모든 기둥과 모든 열주는 새로운 것이었다. 모든 장식물들은 새 것이었고 그것

은 첫 번째 집, [즉] 사라진 과거의 [집의] 것보다 더 훌륭했다(「에녹1서」 90:28-29).

「희년서」에서 종말론적 희망은 신적 약속에 의지하고 있는데 이 약속은 하나님이 포로들의 기도에 마침내 응답한다는 것이다. 마지막 회복의 때에 하나님의 새 성전이 구원의 중심지가 될 것이다. 이 모든 일은 "새로운 창조의 날"에 발생할 것이며 이때 "주님의 성소가 예루살렘의 시온 산에 만들어질 것이다"(「희년서」 1:29). 이와 비슷한 관점은 이후 기독교 시대에 기록된 문서들에서 상당히 많이 나타난다(예컨대 「시빌의 신탁」 3:286-294; 「바룩2서」 68:5-6).

쿰란 문서들은 마지막 때에 하나님이 자신의 성전을 새롭게 하며 쿰란 공동체가 이 새로운 성소에서 제사장적 메시아와 함께 특별한 역할을 수행할 것이라는 확고한 소망을 드러내는데, 이 제사장적 메시아는 곧 올 것이며 그가 성전 제의를 회복할 것이라고 여겨졌다. 성전 두루마리는 사실상 두 개의 서로 다른 성전을 언급하는데, 마지막 구원의 장소는 하나님의 종말론적 성전이 될 것이며 「희년서」에 언급된 것처럼 이 성전은 마지막 때에 만들어지게 될 것이라고 보도한다.

> 내가 내 성전을 내 영광으로 거룩하게 할 것이다. 내가 벧엘에서 야곱과 더불어 맺은 언약을 따라 내 성전을 짓고 나를 위하여 그것을 영원히 굳게 세울 때인 창조의 날까지 내가 내 영광으로 하여금 그 위에 머물게 할 것이기 때문이다(11QTemple 29:8-10).

더욱이 종말론적 본문인 4Q174에서 예루살렘 성전의 회복은 사무엘하 7:10-14과 아모스 9:11에 언급된 다윗 후손에 관한 약속에 근거하고 있다.

여기서 공통된 분모가 분명하게 드러난다. 새로운 다윗의 후손은 성전을 세울 것인데, 이는 마치 하나님이 이 땅에 평화의 나라를 세우는 것 같을 것이다.[45]

이러한 예들은 유배의 수사가 제2성전기 이스라엘의 종교적·정치적 정황을 묘사하는 데 익숙한 양식이었음을 보여준다. 그리스의 압제와 로마 제국의 지배 속에서 묵시 사상가들은 말할 것도 없고 제사장들과 서기관들은 선택된 백성이 종말론적 회복의 열매를 지금 당장 누릴 수 있다고 말할 수 없었다. 오히려 사람들은 여전히 대예언자들의 목소리에 귀를 기울여야 했다. 유배는 단순히 지리적 차원의 문제가 아니라 마음과 관련된 것이었다. 물론 희망은 있었지만 사악한 압제의 시기가 반복되었기 때문에 희망은 그늘에 가려져 있었다. 전반적으로 볼 때 거의 대다수 저자는 최종적 구원은 아직 미래에 속한 일이라고 생각했다.

5. 신정론(神正論) 주제

제2성전기의 외경 및 위경 문서 중에서 이스라엘의 회복이 실현되었다고 선포하는 글을 발견하기는 쉽지 않다. 오히려 이 시기의 문서들은 위기의 신학을 보여준다. 대체로 이 문서들은 고통스러운 문제에 집중한다. 가령 왜 하나님은 자기 백성을 돕지 않으시는가에 관한 질문처럼 말이다. 유배 이후의 대다수 저자의 경우에도 유배와 회복에 관한 내러티브는 계속해서 중심적인 해석학적 원칙이 되었다.

---

45   여기서 언급된 많은 사례는 Wright의 주장을 입증해준다. "대부분은 아닐 수 있지만 제 2성전기의 많은 유대인은 새로운 출애굽을 갈망했는데, 이 출애굽은 유배로부터의 완전한 귀환을 의미했다." Wright, *Victory*, 209. Wright의 주장을 분석한 Evans, *Restoration*, 86-87 또한 이러한 주장을 지지한다.

이 관점에서 보면 제2성전기의 유대교 신학은 신정론 문제에 초점을 맞추고 있음을 알 수 있다. 왜 하나님은 자신의 약속을 성취하지 않으시는가? 그 이유가 이스라엘의 배교에서 발견될 수 있는가, 아니면 하나님은 자기 백성을 도울 능력이 없다고 보아야 하는가? 하나님의 약속과 하나님의 선한 의지가 모두 유지되는 신뢰할 만한 신정론은 어떻게 제시될 수 있는가?

이스라엘이 겪는 고통에 대한 묘사는 시편에서 이미 발견된다. 시편은 선택받은 백성인 이스라엘의 고통스러운 외침으로 가득하다.

> 하나님이여, 주께서 어찌하여 우리를 영원히 버리시나이까? 어찌하여 주께서 기르시는 양을 향하여 진노의 연기를 뿜으시나이까? 옛적부터 얻으시고 속량하사 주의 기업의 지파로 삼으신 주의 회중을 기억하시며 주께서 계시던 시온 산도 생각하소서(시 74:1-2).

이 시편 본문의 연대가 포로기에 해당하는지 아니면 하스몬 왕조 시대에 해당하는지에 관해서는 학자들 사이에 이견이 존재한다. 두 시기 모두 가능하다. 그런데 이 절규의 근본적 원인은 이스라엘이 계속해서 이방 민족의 지배를 받는 현실과 관련된다. "하나님이여, 대적이 언제까지 비방하겠으며 원수가 주의 이름을 영원히 능욕하리이까?(시 74:10) 이는 아삽의 시에서도 마찬가지로 나타난다. "하나님이여, 이방 나라들이 주의 기업의 땅에 들어와서 주의 성전을 더럽히고 예루살렘이 돌무더기가 되게 하였나이다.…여호와여, 어느 때까지니이까? 영원히 노하시리이까? 주의 질투가 불붙듯 하시리이까?"(시 79:1, 5)[46]

---

46   이에 관한 분석은, Eskola, *Theodicy and Predestination*, 61-92쪽 보라; 또한 Lange,

유배 이전의 몇몇 시편도 이스라엘이 수모를 겪었던 시대를 반영한다고 볼 수 있다. 아래의 본문은 신약성서에서도 인용되는 전형적인 기도에 해당한다.

> 어리석은 자는 그의 마음에 이르기를 "하나님이 없다" 하는도다. 그들은 부패하고 그 행실이 가증하니 선을 행하는 자가 없도다. 여호와께서 하늘에서 인생을 굽어살피사 지각이 있어 하나님을 찾는 자가 있는가 보려 하신즉 다 치우쳐 함께 더러운 자가 되고 선을 행하는 자가 없으니 하나도 없도다.…이스라엘의 구원이 시온에서 나오기를 원하도다! 여호와께서 그의 백성을 포로된 곳에서 돌이키실 때에 야곱이 즐거워하고 이스라엘이 기뻐하리로다(시 14:1-3, 7).

그 고통의 원인이 배교한 왕들에 대한 경험이든 주변 민족들에게 포위된 상황에서 겪은 압제이든 아니면 유배 후 시기의 혼란한 상황이든 간에 시편 본문의 신학적 설명은 하박국서의 신학과 상당히 유사하다. 하박국 예언자의 외침은 바빌로니아 제국의 출현을 예고하는 것으로, 이는 선택받은 백성인 이스라엘 백성에게 닥칠 일에 관한 이해를 시도하는 모든 선포자들의 모델이 된다.

> 여호와여, 내가 부르짖어도 주께서 듣지 아니하시니 어느 때까지리이까? 내가 강포로 말미암아 외쳐도 주께서 구원하지 아니하시나이다. 어찌하여 내게 죄악을 보게 하시며 패역을 눈으로 보게 하시나이까?(합 1:2-3)

Prädestination, 169-70을 보라.

포위된 상황에서 발생한 신학에는 "언제까지"와 "왜"라는 두 개의 통렬한 질문이 따라다닌다. 의인의 절망과 심지어 하나님의 공의에 대한 의심의 주제를 가장 대표적으로 보여주는 것이 하박국서다. 의인이 고난을 받는 반면 악인은 승승장구한다. "어찌하여 거짓된 자들을 방관하시며 악인이 자기보다 의로운 사람을 삼키는데도 잠잠하시나이까?"(합 1:13)

이러한 주제를 분명히 드러내고 있는 몇몇 사례들이 제2성전기 문헌에서 발견된다. 예컨대 다니엘서는 알렉산드로스 대왕의 통치를 날카롭게 비판한다. 여기서 알렉산드로스는 "전사(戰士) 왕"이며 나라를 파괴하며 "자기 마음대로 행하는" 자로 언급된다(단 11:3). 그의 "네 번째 왕국"은 폭력과 사악함의 화신과도 같다(단 7:7; 8:5-21; 참조. 「에녹1서」 90:2; 「시빌의 신탁」 4:80-96).[47] 마카베오상도 같은 방식으로 알렉산드로스의 정복을 묘사한다. "알렉산드로스는 수없이 전쟁을 하여 숱한 성을 점령하고 세상의 많은 왕을 죽였다.…온 세상은 그 앞에 굴복하였고 그는 우쭐하여 오만해졌다"(마카베오상 1:2-3).

이스라엘이 디아도코이 시대의 끊임없는 다툼에 직면하여 이집트와 시리아의 지배 사이에서 계속해서 고통당하고 있을 때 「에녹1서」의 저자는 특히 「에녹1서」 본문의 가장 오래된 부분인 6-11장에서 이러한 갈등 상황에 관해 해석하고 있다. 거인들에 관한 이야기에서 전사-왕들의 행적은 "거인들" 사이에서 벌어진 전쟁으로 묘사된다. 군사 원정은 끊임없이 위기를 초래하는데 「에녹1서」에서 이 위기는 하나님의 개입을 통해 해결되는 것으로 묘사된다. 위기로 인한 고통은 신정론 관련 언어로 표현된다. 즉 거인들은 계속해서 이스라엘을 폭압적인 지배 아래에 둔다. 핸슨(Hanson)은 신정론에 관하여 다음과 같이 정리한다.

---

47   Hengel, *Political and Social History*, 44를 보라.

신정론에 대한 관심(그리고 이 관심은 역사의 과정에 내재된 가능성들에 대해 비관적인 태도와 결합되어 있었다) 때문에 소외의 문제가 고상한 우주적 사건의 차원으로 이동했음에도 불구하고 구체적인 사회 구조의 흔적들이 완전히 제거되지는 않았다. 압제의 희생자들이 스스로 그 악을 근절하기에는 무력한 상황에서 그들은 새로운 신화를 창조함으로써 자기들의 쓰라린 좌절감과 열렬한 희망을 표현한다.[48]

그렇다면 이스라엘에 이러한 재앙들이 내려지는 가운데 하나님은 계속해서 침묵하는가? 묵시적 신학자들은 그렇지 않다고 답변한다. 이스라엘의 부르짖는 소리는 들려질 것이고 그들에게 신원(伸冤, vindication)이 약속된다. 수호천사들은 순교자들의 운명에 대한 소식을 왕들의 왕께 전달하며(「에녹1서」 9:3-5) 그 왕은 이에 답을 한다. 사악한 거인들 때문에 땅과 "만물"이 파멸되고 심판이 임할 것이다(「에녹1서」 10:2-4).[49]

물론 유배 이후의 역사에서 이스라엘의 회복은 아직 증명되지 않았기 때문에 이에 대한 변증이 필요하다. 신학적 해석 문제는 아마도 바빌로니아 유배 때보다 훨씬 더 난해했을 것이다. 두 지파는 귀환할 수 있었고 새로운 성전이 건설되었다. 이런 기호들에도 불구하고 평화의 때가 아직 오지 않았다면 다음과 같은 질문이 이어지게 된다. 하나님은 공의로우며 아직도 자기 백성을 돕고 인도할 의지가 있는가? 왜 하나님은 원수들이 선택받은 백성 이스라엘을 계속해서 억압하는 것을 허용했는가? 난해한 신정론

---

48   Hanson, *JBL 96* (1977), 219.

49   Scott, *Jewish Backgrounds*, 192의 다음과 같은 설명을 참조하라. "묵시적 전망은 악의 문제, 의인의 고난, 실현되지 않은 축복과 장수의 약속, 하나님의 백성이 겪는 패망과 수모, 악인이 지배하고 번영하는 명백한 현실 등의 문제를 어떻게 이해하고 이에 대응할 것인지에 관한 하나의 방법이 되었다."

문제는 이런 위기의 신학에 기름을 부은 셈이었다.[50]

이 위기의 시대에 신학적으로 접근할 수 있는 몇 개의 방식이 있었다. 이 시대의 일부 저자는 앞에서 다루었듯이 이스라엘의 죄에 집중했다. 「희년서」는 다음과 같이 보도한다. "그들이 모두 악을 행했고 모든 입이 죄를 말하며 그들의 모든 행실은 오염[되었고] 가증스럽기 때문이다." 언약을 지켰어야 할 백성은 "계명과 언약과 축일과 달과 안식일과 희년과 심판에 관한 모든 것을 잊어버렸다." 그러므로 그들은 "그 길로" 다시 돌아와야만 하지만 "그들은 모든 [집단에] 의해 많은 피가 땅에 흘려지기 전까지 돌아오지 않을 것이다"(「희년서」 23:17, 19-21).

「레위의 유언」의 저자는 인간의 행위 및 범죄를 하나님의 일 및 의지로부터 신중하게 구별한다. "[세상의 구원자에게 손을 얹은] 대제사장들이 행한 모든 불경한 일과 비교하면 네 조상 이스라엘은 순결하다. 마치 하늘이 땅보다 순결한 것처럼 말이다"(「레위의 유언」 14:2-3). 그리고 「유다의 유언」은 하나님의 진노를 선포함으로써 그 문제를 해결하려고 한다. 이스라엘은 죄악 가운데 살고 있다. "나의 자손들이여, [하나님의] 왕권에 대적한 너희의 행실이 드러낸 음란함과 주술과 우상숭배 때문에 내 슬픔이 크도다." 하나님의 응답이 임할 것이다. "이에 응하여 주님은 너희에게 기근과 역병을, 죽음과 칼을, 또 정복을 통한 징벌을 주실 것이다"(「유다의 유언」 23:1, 3).

「모세의 유언」은 위기의 시대를 이스라엘의 환난의 때로 해석한다. "두 지파"가 나머지 "열 지파"에게 말을 걸고 열 지파는 이렇게 응답한다.

---

50   Hengel은 헬레니즘 시대의 성격을 설명하면서 신정론 문제를 다룬다. Hengel, *Judentum*, 262, 357, 395, 457. 또 위기의 신학을 중요하게 다룬 Scott, *EQ* 64 (1992), 199-200을 보라. 유대교 신학에서의 신정론 주제 일반에 관해서는 Crenshaw, *ABD*, VI (1992), 444-45를 보라.

"그때 두 지파의 책망하는 말을 듣고 열 지파는 탄식하며 이렇게 답할 것이다. '형제여, 우리가 어떻게 해야 할까? 이 환난이 온 이스라엘 집에 닥쳐오지 않았는가?'"(「모세의 유언」 3:7-8)

하나님의 모든 선한 일(성전과 관련된 일)과 섭리에도 불구하고 이스라엘은 여전히 죄 가운데 살고 있음이 분명하다. 경건한 사람들은 어떻게 해야 하는가? 이에 관해서 다양한 답변이 제시되었다. 지혜 신학의 대중적인 해답은 구원론적 이원론이었다. 예컨대 집회서는 하나님이 누구도 신적 계율을 어기는 것을 허락하지 않았다는 입장을 취한다. 죄악에는 변명의 여지가 없다는 말이다. 집회서의 관점에서는 세상이 결정론적이지 않다. 즉 인간은 스스로의 행동에 대해 확실한 책임을 져야 한다고 본다. "'그분이 나를 빗나가게 만드셨다'라고 말하지 말아라. 주님께 죄인이 무슨 필요가 있겠느냐?"(집회서 15:12) 악의 문제에서 벗어날 길은 없다. 하지만 이에 대한 신뢰할 만한 답변이 제시되어야 한다.[51]

구원론적 이원론은 인간에게 중점을 두기 때문에 신정론 문제에 대한 실제적인 답변이다. 지혜 전승은 백성이 타락한 상황 속에서도 인간의 능력을 신뢰하는 낙관적 태도를 취한다. 하나님의 언약을 중시하는 현대의 비평적 해석에도 불구하고, 많은 유대교 본문에서는 하나님의 계명에 순종하고 그의 가르침을 따르는 자들에게 구원이 보장된다는 점이 나타난다. 주님은 거만하고 무례한 자들을 싫어하신다. 창조론을 강조하는 지혜 신학은 이런 이원론의 기원이 하나님의 창조 행위에서 이미 발견된다고 본다 (집회서 33:14-15).

많은 쿰란 문서에서 이런 이원론은 나중에 두 개의 완전히 다른 영역을 도입함으로써 완성된다. "그는 세상을 다스리도록 인간을 창조하셨으

---

51   이런 사상은 지혜문학 전체에서 발견되는데 예컨대 지혜서 1:15-2:1을 참조하라.

며, 인간 안에 두 영을 두심으로써 인간으로 하여금 하나님이 오실 때까지 두 가지 영과 더불어 살게 하셨다. 그 두 영은 곧 진리의 영과 거짓의 영이다"(1QS III.17-19). 사악한 자들의 운명은 예정되어 있다고 언급된다. "그리고 거짓 자녀들에 대한 완전한 지배권은 어둠의 천사의 수중에 있다. 그들은 어둠의 길을 걷는다"(1QS III.20-21).[52]

이처럼 위기의 때에 유대교 신학은 난해한 질문에 답을 내놓아야 한다. "두 지파"가 유배 상황에서 해방되었음에도 불구하고 왜 하나님은 자기 백성을 돕지 않는가? 제사장들과 서기관들은 평화와 자비 대신에 오직 환난만을 말한다. 이것은 어떻게 설명될 수 있는가? 앞서 지적했듯이 몇몇 성서 저자들은 유배가 실제로는 전혀 끝나지 않았다는 해답을 제시한다. 북왕국과 남왕국이 포로가 된 근본적인 이유가 여전히 그대로 남아 있다. 백성의 마음은 하나님으로부터 돌아섰다. 여기서 전형적인 신학적 해석은 구원론적 이원론을 강조한다. 책임의 소재는 이스라엘 백성 자신에게 있다는 것이다. 더 나은 시대가 오려면 그들이 회개하고 하나님의 계명을 따르려는 의지를 갖고 있어야 한다. 아마도 이스라엘은 거짓 영에 사로잡혔을 가능성이 크다. 또 백성 가운데 일부는 어둠의 천사를 따르도록 예정되었을 수도 있다.[53]

이 분석은 대예언자들의 선포에서 비롯된 유배와 회복의 신학적 메타

---

52   이와는 달리 지혜 신학은 아주 급진적이지는 않다. "올바른 지각이 없어, 그들은 이렇게 뇌까린다. '우리 인생은 짧고 슬프다. 수명이 다하면 별수 없이 죽는다.…우리가 이 세상에 태어난 것도 우연이었고,…'"(지혜서 2:1-2). 지혜 신학에서 인생의 어두운 면은 더 순화된 표현으로 묘사된다.

53   Keen, *Exile and Restoration*, vii; 2-3에 따르면 유배의 실제적인 어떤 정황이 후대의 유대교 사상에 영향을 주었을 수 있다. 유대교 신학의 지적 전통은 하나님의 자비로운 선하심을 나타내는 증거가 "거의 없는" 상황에서 "자비로운 하나님의 주권"에 관한 신학을 형성하려고 노력했다. 이런 점에서 신정론적 사유는 유대인의 역사에 관한 신학적 성찰에 항상 영향을 줘 왔다고 말할 수 있다.

내러티브가 제2성전기 동안 건재했음을 보여준다. 그리스 지배자들의 압제를 경험했거나 로마 제국의 통치하에 있던 사람들은 이스라엘의 최종적 회복이 정말로 시작되었다고 믿기 힘들었다. 대신 가까운 미래의 어느 날 하나님이 자신을 현현하고 선택된 자를 보내서 멸망한 민족을 회복한다는 예언의 말씀이 성취되리라고 믿었다. 그때 이방 민족의 지배는 끝날 것이며 종말론적 성전이 세워질 것이라고 믿었다. 하나님은 자신의 **쉐키나**를 세상에 보내며 사람들을 자신의 자녀로 입양하는 일을 시작하게 될 것이다.

앞에서 지적했듯이 계속된 유배 주제에 관해서는 많은 논의가 있어 왔다. 결국 새로운 성전이 건축되었기 때문에 그러한 개념이 성립하지 않는다고 여기는 일부 학자도 있다. 계속된 유배라는 개념을 사용하기 주저하는 사람들도 있는데, 왜냐하면 대예언자들의 약속에는 하나님이 고민을 끝내시고 이스라엘 지파들을 바빌로니아에서 떠나게 한다는(이는 또한 실현된 일이기도 하다) 암시가 내포되어 있다고 보기 때문이다. 이러한 모든 이견에도 불구하고 앞서 분석한 내용은 많은 유대교 저자의 입장에서 보면—적어도 영적인 현실에서는—제2성전기의 이스라엘 사회에는 여전히 유배의 상황이 만연해 있었음을 보여준다. 이렇게 보면 계속된 유배라는 개념을 사용하는 것이 적절하게 여겨진다. 만일 이 용어가 정확하게 표현된 것이라면 말이다. 그런데 더 중요한 점은 제2성전 시대에 회복이 지연되고 있다는 데 대해서는 더 많은 의견일치가 있다는 사실이다. 이 점이 간과되어서는 안 된다. 이 시기의 어떤 저자도 이스라엘의 회복이 만족스럽게 실현되었다고 선언하지 않는다. 앞서 언급한 것처럼 로마 제국의 지배는 유대 백성에게는 결코 하나님 나라의 실현이 아니었다. 이런 유대교 신학의 관점에서는 회복은 오직 미래의 시점에 실현될 수 있었다.

이러한 사상들을 살펴보면 성서신학에 대한 해석학적 논의가 과거의 상태에 그대로 머물러서는 안 된다는 점을 알 수 있다. 표준적 신(新)칸트주의의(그리고 불트만 학파의) 해석은 대개 기독교의 선포가 제2성전기에 팽배해 있었던 특정한 그리고 매우 좁게 정의된 당시 유대교의 현실(*status quo*)을 해체하려는 시도였다고 보는 특정한 관점에 따른 것이라고 가정했다. 이러한 해석에서 유대교 신앙은 일정 정도 전통적 모세 종교의 관점에서 이해되었는데, 이는 성전 권력층과 유대교의 제사장직으로 대표되는 것이었다. 당시의 모순 구조를 이렇게 설정하는 것은 지나친 단순화다. 연구사를 살펴보면 이러한 해석 방식은 여러 차례 수정되었음을 알 수 있다. 예컨대 [역사적 예수 연구에서의] 비유사성의 기준(criterion of dissimilarity)의 경우가 그러하다(이는 부활 이후 기독교 교회의 선포 내용에서 "유대적" 예수상을—그리고 역설적이게도 "비유대적" 예수상을—분리하는 것이다). 더 나아가 바울 연구에서의 언약적 율법주의 이론도 이와 유사하게 결함이 있는 전제를 갖고 있다. 즉 이 이론은 바울을 "표준적" 유대교 신학을 평가절하하는 신학자로 간주하고(당시에 그러한 표준적 유대교 신학이 있었을 것이라는 전제하에서 말이다), 또 바울을 예수 안에서 이미 "해답"을 발견해 놓은 상태에서 신학적 "난제"를 창작한 인물이라고 여김으로써 유대교 신앙에 관한 왜곡된 이미지를 만들어 낸 장본인이라고 여긴다.[54]

성서신학 분야는 오늘날 학계의 연구 결과를 고려해서 중요한 해석학적 방향 전환을 시도해야만 한다. 정경신학은 이스라엘 역사에서 유일하게 안정적이었다고 평가할 수 있는 시대는 왕정 시대 초기였고 그것은 불과 100년 후에 몰락했다고 말한다. 훗날 대예언자들이 무대에 등장할 당시 이스라엘 민족은 이미 위기에 처해 있었다. 대예언자들은 유배와 회복의 신학을 선포하기 시작했다. 그들은 최종적인 화해에서 희망을 발견할 수

---

54   비유사성의 기준을 긍정적으로 평가하는 현재의 논의들에 관해서는 R. W. Funk, *The Five Gospels*, 2-5를 보라. 바울에 대한 새로운 해석에 관해서는 Räisänen, *Paul and the Law*, 200-1을 보라. 언약적 율법주의에 관해서는 아래에서 더 자세히 다룰 것이다.

있다고 주장했다. 이런 사상은 제2성전기 유대교 사상을 이끌었던 일부 요소였고, 다양한 여러 문서를 통해서 매우 확실하게 알 수 있는 점은 이러한 신학을 주도했던 자들이 이스라엘의 기대가 성취되지 않았음을 확신했다는 사실이다.

애크로이드의 연구를 통해서 학자들은 이런 유배와 회복에 대한 관점이 특히 구약성서 본문에 근거하고 있음을 알게 되었다. 유대교 묵시문학과 사해문서에는 이에 대한 신학적 해석이 반영되었다. 이런 신학적 해석은 강력한 전승으로서 향후 신약성서의 메시지가 형성되는 데 영향을 주게된다. 따라서 로마 제국 시대의 예루살렘의 실제 상황, 유대교 신학의 다양성, 이스라엘의 회복에 대한 간절한 열망이 예수의 메시지와 기독교의 선포 모두에 있어 의미 있는 배경으로 작용한다고 결론을 맺을 수 있다. 예수와 예수 이후의 기독교는 모두 약속의 성취와 위기의 해법을 아주 공개적으로 선포하기 시작했다.

II. 종말론적 성전을 세우는 다윗의 후손

예수의 가르침과 활동에 대한 분석을 어디서부터 시작할 것인지는 까다로운 문제다. 거의 대다수 학자는 하나님 나라 주제를 출발점으로 삼는다. 이 주제는 역사적으로 확고부동한 초석이며 교회뿐만 아니라 모든 신학자도 이를 토대로 견고한 신학을 구축할 수 있기 때문이다. 그런데 샌더스는 이러한 전통에 제동을 걸었다. 샌더스는 『예수와 유대교』(Jesus and Judaism)에서 마지막 예루살렘 활동 시기가 예수의 종말론적 정체성의 가장 중요한 특징과 그의 메시지의 핵심을 드러낸다고 주장한다. 물론 이 측면은 이미 잘 알려진 것이지만 샌더스는 예수에 대한 신학적 분석에서 종말론적 차원의 중요성을 새롭게 강조했고 이런 입장은 이후 그의 여러 저서에 적용되었다. 한편 계속된 유배의 주제를 도입한 사람은 회복 개념에 대한 재구성을 시도했던 라이트다. 그러므로 최근의 역사적 예수 연구의 성과가 초기 기독론에 대한 우리의 지식과 상호작용할 수 있고 또 샌더스 이후 바울 해석에 관한 최근의 연구 경향도 간과하지 않는 종합적인 접근이 이루어져야 한다.[55]

유배와 회복에 관한 메타내러티브는 예수의 선포와 복음서 전승에서 두 단계로 작동한다. 첫째, 예수 자신이 유배의 수사를 채택하면서 이스라엘의 회복을 약속한다. 둘째, 기독교 초기의 신학자들(이들은 원래의 복음서 이야기들을 구성했을 뿐만이 아니라 실제로 복음서의 저자였던 자들을 말한다)은 이러한 메타내러티브를 설명의 출발점으로 삼았다. 예수의 메시지를 분석하면 예수 자신과 성전의 관계가 중요한 주제였음을 알 수 있다. 이 주제를 이스라엘의 계속된 유배 개념 안에 연결시키면 우리의 내러티브 분석은 적절한 출발점을 취하게 된다. 예수가 나귀를 타고 예루살렘에 입성한 일은 예언자적 상징 행동인데, 이 행동의 신학적 의미는 당시의 맥락과 이 사건을 목격한 사람들의 반응을 통해서 확실하게 알 수 있다. 그 이야기에서 예수의 예루살렘 입성 장면은 무화과나무에 대한 저주, 성전에서의 시위, 포도원 소작농의 비유와 관련된 예수의 권위에 관한 논쟁들, 그리고 마지막으로 성전 멸망 예언으로 이어진다. 이 일련의 본문들은 예수의 예루살렘 활동의 목적을 분석하기 위한 핵심적 내용이다.

---

55 특히 Wright, *Victory of God*, 125-29를 보라. 이와 유사한 생각들은 가령 Alexander, *Eden*; Hamilton, *God's Glory* 같은 신약신학에 관한 새로운 연구의 기본적인 출발점이 되고 있다. 구약신학에 관해서는 Dempster, *Dominion and Dynasty*(『하나님 나라 관점으로 읽는 구약신학』, 부흥과개혁사 역간)를 보라.

1. 예수의 승리의 입성과 회복에 대한 예언

제2성전기 유대교의 맥락에서 예수의 역할은 무엇인가? 예수는 이스라엘 역사의 가장 큰 위기의 시대 가운데 어떤 위치에 서 있는가? 예수의 가르침에서 본질적 특징을 가려내기 위해서는 예수의 사명이 크게 부각되는 상황에 초점을 맞추어야 한다. 복음서의 여러 본문을 보면 예수의 메시지는 분명히 예언자적 특징을 보이는 것이었다. 그러나 그 내러티브는 그 이상의 것을 보여주는데, 즉 예수는 왕적인 역할 및 더 나아가 메시아로서의 임무를 수행하는 것으로 자주 묘사된다. 예수는 첫 번째 압제의 때인 유배의 시대에 이스라엘의 대예언자들이 선포했던 엄중한 말씀을 적용한다. 예수 당시 이스라엘 백성은 로마의 점령하에 살면서 역사의 중요한 때, 즉 "카이로스"(*kairos*)가 임했다는 예수의 선포를 듣는다. 남쪽 유다 지파는 바빌로니아에서의 오랜 유배 이후 귀환할 수 있게 되었다. 그러나 적어도 대예언자들이 기대했던 수준의 진정한 해방이 이루어진 것은 아니었다. 최종적인 해방을 강조한 예수의 사명은 공생애의 마지막 예루살렘 활동에서 절정에 달했다. 핵심적 내러티브는 거룩한 도시를 향해 나귀를 타고 입성하는 장면으로 시작된다.[56]

예수가 나귀를 탄 것은 몇 가지 이유로 흥미롭다. 복음서 전승에서 이 이야기는 아주 명료한 일화다. 예수의 역할이란 측면에서 보면 이 이야기는 예수 자신이 실제로 선포한 내용을 반영하는 것인지에 관한 논의를 거쳐야 할 만한 난해한 진술이나 의문의 여지가 있는 어휘가 등장하지 않

---

56   예수의 정체성과 관련하여 "승리의 입성" 장면이 어떤 기능을 하는지에 대한 관심이 커지고 있다. Runnalls and Ådna의 분석과 함께 Harvey, *Constraints of History*, 120-25; Catchpole, *Politics*, 319-34; Duff, *JBL* 111 (1992), 55-71; Losie, *Dictionary*, 854-55; Tan, *Zion Traditions*, 149-57; Kinman, *Key Events*, 383-427을 보라.

는다. 이 일화에 대한 해석은 다소 어려울 수 있지만 이 일화 자체는 명확한 예언자적 행동을 보여준다. 예수의 예루살렘 입성에는 종말론적 의미를 연출하는 중요한 장면을 보여주는 요소들이 나타난다. 앞서 언급한 것처럼 예루살렘 입성 보도는 예루살렘에서 연속적으로 발생한 사건을 다루는 일련의 긴 장면의 일부에 속한다. 무화과나무에 대한 저주 일화와 성전에서 상을 둘러엎은 이야기와 함께 예루살렘의 운명을 생각하며 우는 장면(누가복음)과 예수의 권위에 문제를 제기하는 일화도 나타난다. 예루살렘 입성 장면은 복음서에 따라 약간의 차이가 있지만 본질적인 메시지는 대체로 동일하게 유지된다. 예루살렘에서 벌어진 일련의 사건 중에서 이 첫째 이야기의 의미는 이후의 본문들을 해석하기 위해서도 중요한 관건이 된다.

예수가 나귀를 타고 입성하기로 결정하는 장면에서 무언가 특이한 점이 발견된다. 예수가 짐승을 이용한 일화는 모든 복음서 가운데 여기에만 나온다. 예수는 도시에서 도시로, 마을에서 마을로 이동할 때 대부분의 시골 사람과 서민이 그랬듯이 걸어서 이동했다. 그러므로 예수의 예루살렘 입성 장면은 신중하게 구상된 예언자적 퍼포먼스라고 보는 것이 맞다. 이 행동은 의도적으로 기획되었으며, 그의 추종자들이나 그가 탄 나귀를 따라온 백성은 이 사건을 결코 신비한 일로 여기지 않았을 것이다. 이 이야기 자체는 매우 단순하다. 이야기는 나귀 새끼를 데려오는 실제의 사건 보도로 시작하여 감람산 인근 지역에서의 짧은 여정을 묘사한다(막 11:1; 마 21장). 이후 예수는 더 이상 언급되지 않고 예수의 말씀도 나타나지 않는다. 오히려 백성이 이야기의 중심에 등장한다. 유월절 절기에 맞춰 예루살렘에 왔던 순례자들과 예수의 제자들 및 다른 추종자들의 기쁜 찬양이 이 사건의 의미를 알려준다.

나귀를 탄 행동의 의미가 예수의 말씀을 통해서 강조되지 않는다는 사실이 이 이야기의 독특한 특징이다. 더 나아가 종말론적 퍼포먼스가 모든 신학적 해석의 토대로 간주되어야 하지만 그 의미가 퍼포먼스 자체에 있는 것도 아니다. 사실상 이 사건의 의미는 나귀 새끼를 탄 일과 그것에 대한 해석 사이의 해석학적 과정(hermeneutical process)의 산물이라고 말할 수 있다. 내러티브 비평적 해석에 따르면 이 사건과 예수의 행위에 관한 "본문"은 호산나 찬양과 그 찬양의 신학적 강조 사이의 상호 작용에 의해 구성된다. 그 출발점은 종말론적 인물이 짐승을 타고 접근한다는 주제다. 구약성서에 등장하는 예언자들의 방식대로 예수는 상징적 행동을 취하며 그 상황은 그 행위의 의미를 제공한다. 이 내러티브에서 예수의 행위에 대응되는 본문은 메시아적 관점에서 해석된 시편 118편이다. 사람들은 예수를 억눌린 이스라엘을 해방하기 위해 거룩한 도시 예루살렘에 막 들어가려고 하는 다윗 가문의 평화의 왕으로 찬양했다.

상호텍스트 관점에서 본문을 읽으면 이 이야기 안에는 왕의 입성에 관련된 요소들이 있음을 알 수 있다. 열왕기상 1장에서 다윗은 아도니야가 아니라 솔로몬이 왕이 될 것이라고 선포하는데, 예수의 예루살렘 입성 내러티브는 열왕기상 본문에 언급된 솔로몬이 노새를 탄 사건을 연상시킨다. 나단과 사독이 "내려가서 솔로몬을 다윗 왕의 노새에 태우고 인도하여 기혼으로 가서 제사장 사독이 성막 가운데에서 기름 담은 뿔을 가져다가 솔로몬에게 기름을" 부었다(왕상 1:38-39).[57] 또한 길 위에 겉옷을 펼쳐 깔았다는 보도는 예언자 엘리사가 예후를 북이스라엘의 왕으로 기름 붓고 이세벨의 배교와 악행을 응징하는 것을 묘사하는 중요한 본문에서 언급된다. 다른 신하들이 예후가 기름 부음 받았다는 소식을 듣자 즉시 그를 왕으로 받아들인다. "무리가 각각 자기의 옷을 급히 가져다가 섬돌 위 곧 예후의 밑에 깔고 나팔을 불며 이르되 예후는 왕이라 하니라"(왕하 9:13). 복음서 전

---

57   이를 근거로 Kinman, *Key Events*, 399-402는 이 사건을 "왕의" 입성으로 부른다.

승의 형성 과정에서 구약성서의 특징이 적용되는 경우 좀 더 보편적인 사건이 선택되었을 것이라고 가정한다면, 앞서 언급한 특징들이 이 짧은 전승에서 왕적 인물의 입성을 어떻게 강조하고 있는지를 알 수 있게 된다. 더 나아가 하비(Harvey)가 지적했듯이 나귀 새끼를 데려오는 장면 또한 운송 수단을 강제 징발할 수 있던 왕의 특권을 암시한다.[58]

그런데 더욱 중요한 것은 스가랴서에서 이런 식으로 나귀를 타고 입성하는 종말론적 장면이 예루살렘의 회복을 상징한다는 사실이다. 스가랴서 본문은 **가지**(개역개정은 **싹**으로 번역했음)라 불리는 메시아적 인물을 언급함으로써 과거 스룹바벨이 이룩한 회복의 행위를 명시적으로 지적한다(슥 6:12). 기다려왔던 종말론적 구원자가 새로운 성전을 세울 것이다. "그가 여호와의 전을 건축하고 영광도 얻고 그 자리에 앉아서 다스릴 것이다"(슥 6:13).[59] 종말론적 갱신으로 다윗의 집의 영광이 칭송될 것이다. "그날에 여호와가 예루살렘 주민을 보호하리니 그중에 약한 자가 그날에는 다윗 같겠고 다윗의 족속은 하나님 같고 무리 앞에 있는 여호와의 사자 같을 것이라"(슥 12:8). 그런데 그 예언은 동시에 순교가 갱신을 위한 조건이라고 말한다. "그들이 그 찌른 바 그를 바라보고 그를 위하여 애통하기를 독자를 위하여 애통하듯 하며 그를 위하여 통곡하기를 장자를 위하여 통곡하듯 하리로다"(슥 12:10). 하지만 순교가 헛된 것은 아니다. 왜냐하면 순교를 통해서 종교적 갱신이 이루어질 것이기 때문이다. "그날에 죄와 더러움을 씻는

---

58   Harvey, *Constraints of History*, 123. Duff, *JBL 111* (1992), 58은 요세푸스가 알렉산드로스 대왕이 예루살렘에 입성하는 왕의 행렬을 묘사할 때 유사한 세부 내용을 언급한다고 지적한다(『유대고대사』 11:329-39). Catchpole, *Politics*, 319-21은 유대교 자료에 나타난 광범위한 승리의 입성 장면 목록을 제시한다.

59   단순히 왕에 관한 언급이 나타난 본문과 성전 건축 주제가 나타난 본문 사이에 본질적 차이가 있다는 사실이 중요한데 스가랴서 본문은 후자에 해당하는 것이 확실하다. 이는 Kinman, *Key Events*, 400의 입장과 반대된다.

샘이 다윗의 족속과 예루살렘 주민을 위하여 열리리라"(슥 13:1).[60]

스가랴서에 따르면 하나님의 영광이 성전으로 돌아올 것이다. "내가 시온에 돌아와 예루살렘 가운데에 거할 것이다"(슥 8:3). 더 이상 성소가 오염되는 일은 없을 것이다. 그런데 이러한 회복은 어떻게 이루어질 것인가? 이스라엘의 회복이 시작되는 신호는 무엇인가? 이 지점에서 새로운 성전 주제와 나귀를 탄 종말론적 인물 주제가 만난다. "보라, 네 왕이 네게 임하시나니 그는 공의로우시며 구원을 베푸시며 겸손하여서 나귀를 타시나니 나귀의 작은 것 곧 나귀 새끼니라"(슥 9:9). 회복의 중심에는 왕적 권세와 겸손히 자신을 낮추는 태도가 한 인격 안에서 결합된 양면성을 지닌 인물이 있다.[61]

성전의 미래는 어떻게 되는 것일까? 에스겔의 위협적 예언과 스가랴의 낙관적인 기대 사이에는 긴장이 있을 수 있다. 에스겔은 선택받은 백성에게 하나님의 징벌로 이어질 수 있는 타락을 경고했다. "이 땅 사방의 일이 끝났도다"(겔 7:2). 이는 북이스라엘과 남유다 왕국의 주권이 끝나는 것과 성전 제의의 종결을 의미했다. 많은 일반 서민만이 아니라 엘리트 계층이 바빌로니아의 포로로 끌려갔다. 성전은 훼손되었고 더럽혀졌다. 하나님의 쉐키나(shekina)는 성전을 떠났고 결코 돌아오지 않았다(겔 10장). 이 대목에서 스가랴는 새로운 성전의 영광을 선언한다. 다윗의 자손이 성전을 세

---

60   Witherington, *Indelible Image I*, 164는 여기서 연결점을 발견한다. "예수는 자기 자신이 이스라엘의 중심부에서 거룩한 정화와 하나님의 구원 행위를 수행한다고 여겼고 자신을 하나님의 종말론적 집, 즉 사람들의 믿음 위에 만들어지는 집을 세우도록 정해진 존재로 이해했을 것이다."

61   Duff, *JBL 111* (1992), 57-58은 나귀를 탄 인물 주제와 슥 14장의 이른바 "하나님의 전사" 주제가 결합되었을 수도 있다고 추정한다. 이방 민족들이 이스라엘에 대적하여 모여들 때 하나님이 직접 감람산 위에 나타나셔서 "행진을 위한 대로"를 준비하시고 예루살렘 도성에 들어가실 것이다. 이 행진은 새 창조와 하나님의 보편적 통치와 이스라엘의 성화를 가져올 것이다.

우는 위대한 건설자가 될 것인데, 그는 짐을 짊어지는 짐승을 타고 등장하는 종말론적 인물이며 하나님의 백성을 회복할 사람이라는 것이다.

유사한 요소들이 에스겔서의 예언에서도 이미 발견된다. 성전 회복에 대한 유대인의 희망은 매우 보수적이며 심지어 향수가 어린 것이었다고 추측할 수도 있다. 반면에 에스겔서에 나타난 새 성전(겔 40-42장)은 다소 이상적이고 비현실적이다. 그것은 새로운 성전을 만드는 스룹바벨의 노력이 헛되지 않을 것이라고 약속한 예언자 학개의 수수께끼 같은 말씀과 관련이 있다. "이 성전의 나중 영광이 이전 영광보다 크리라"(학 2:9). 이 표현은 의도적으로 유대교의 일반적 수사의 원칙에 역행하는 것으로 보인다. 왜냐하면 일반적인 수사에서는 과거에 있었던 하나님의 모든 일 및 모든 족장과 그들의 행동은 언제나 후대의 노력의 영광을 능가하는 것이어야 하기 때문이다. 종말론적 성전은 어떤 의미에서는 적어도 일부 유대 신학자들에게 민족의 종교적 갱신에 대한 메타포로 여겨졌다고 가정할 수도 있다. 제2성전기의 신학에서 종교적 포로 상황에 관한 논쟁이 존재했던 것은 말할 것도 없고 실제적, 물리적 차원에서 유배 상황은 아직 확실하게 종결되지 않았기 때문에 제2성전기에는 그런 기대만이 가능했다.

논의를 더 진행하기에 앞서 그런 성전 모티프가 제2성전기 유대교의 회복 종말론의 핵심이라는 점을 확실히 해두어야 한다. 본서의 제1장에서 보았듯이 모든 유대교 신학자가 유배가 끝났다고 여기지는 않았다.[62] 많은 본문은 기본적인 종말론 주제의 중요성을 계속해서 유지했다. 예컨대 다윗에 대한 이미지들은 예루살렘을 회복하고 심지어 성전을 건축한 자로서의 중요성을 계속해서 갖고 있었다. 그 이미지들은 성서 이후 시대의 회당 기도문에서 여전히 중요한 요소로 나타난다. 쉐모네 에스레(*Shemoneh*

---

62   본서의 제2장 I.4의 논의를 보라.

'esreh,18개의 축복문)에서 예루살렘의 희망은 건축가로 등장하는 다윗 가문의 왕에게 놓여 있다고 언급된다.

> 그리고 자비를 베푸셔서 주님의 도성 예루살렘으로 돌아오시고 주님이 말씀하신 대로 그 안에 거하소서. 그리고 우리 시대에 그것을 곧 세워 주시고 그것이 영원한 건물이 되게 하소서. 그리고 그 한가운데 다윗 보좌를 속히 일으켜 주소서. 찬양을 받으소서, 예루살렘을 세우시는 주님이시여 (바빌로니아판, 제14번 축복문).[63]

팔레스타인판 축복문 역시 "의로운 메시아"가 나타나 축복할 "영광의 거처인 시온"과 "당신의 성전과 당신의 처소"를 언급한다(팔레스타인판, 제14번 축복문).[64] 유배기의 예언들은 여러 정황에서 쉽게 활용되었다. 제2성전기에 그 예언들은 지파들이 거룩한 땅으로 돌아올 때까지 유배 상태가 계속될 것이라고 확신했던 의로운 신자들에게 유용한 것이었다. 그리고 유대-로마 전쟁에서 제2성전이 파괴된 이후에도 여전히 유배기 예언들은 성전 없이 살아가는 이스라엘의 상황을 설명하는 데 활용되었다.

이렇게 해서 유대교 신학은 예수가 나귀 새끼를 타고 예루살렘에 입성한 사건의 배후의 의도를 이해하는 데 도움이 된다. 러널즈(Runnalls)가 이미 주장했던 것처럼 예수의 예루살렘 입성은 "스가랴의 예언을 반영하여

---

63   Schürer, *History* 2, 458을 보라. 또한 다음과 같은 후대의 회당 기도문을 보라. "오, 당신은 예언자들을 통해 (주셨던) 약속들을 성취해주셨고 시온을 위해 자비를 베푸셨나이다. 예루살렘 한가운데 당신의 종 다윗의 왕좌를 높이셔서 예루살렘을 불쌍히 여기셨나이다.[…][그] 이방인들로부터 [벗어나] 진리 안에서 당신을 찾는 당신의 백성이 입술로 드리는 간구를 들어주소서"(*Hellenistic Synagogal Prayers* 6.1; *Apos. Constit.* 7.37.1).

64   Schürer, *History* 2, 461.

뚜렷하게 기획되었다."[65] 이 행동 자체는 단순하지만 예수는 왕적 권위를 갖고 운송 수단을 징발할 수 있는 권리를 행사하는 인물로 그려진다. 이 사건은 다윗의 후손이 회복 종말론의 방식대로 해방을 가져오기 위해 거룩한 도시에 입성하는 행진이 된다. 더 나아가 탄(Tan)은 "그의 입성을 통해서 하나님의 통치가 예루살렘 안으로 인도된다"라고 결론짓는다.[66]

예수의 퍼포먼스에 대한 사람들의 반응을 살펴보면 왕적 행진의 이러한 측면이 좀 더 명시적으로 드러난다. 중요한 문제 중 하나는 그 사건 자체의 성격과 관련이 있다. 유대교 문서들에서 발견되는 승리의 입성 장면을 묘사하는 모든 "고정된" 표현들에서와 마찬가지로, 우리는 캐치폴(Catshpole)이 주장하듯이[67] 여기서도 이미 성취된 승리를 상정해야 하는가? 꼭 그렇지는 않다. 왜냐하면 그 예언자적 행동은 왕의 행진 역할도 하기 때문이다. 이는 시편 118편의 호산나 찬양의 의미를 고려하면 더욱 분명하게 드러난다.

호산나 찬양의 본래의 양식의 기원에 관해서는 논란이 된다. 시편 118편은 성전 시편에 해당되며 이 노래는 축제 때 불렸다. 그런데 이미 유대교 신학에서는 이 시편이 메시아적 색조를 담은 다윗 자손에 관한 찬송으로 간주되었다. 각각의 복음서는 이 찬송을 언급하는 문구가 다양하다는 점을 분명하게 알려준다. 이런 다양성은 종종 이 본문의 전승사가 풍부했음을 알려준다. 현재의 대부분의 주요 교회의 예식에서도 이 찬양의 중요성을 확인할 수 있으며 이 찬송은 초기 교회의 모임에서 적극적으로 사용되었던 것이 분명하다. 그러나 이 시편 본문의 양식적 특징에 관해서는 어떻게 설명해야 할까? 마가복음이 가장 긴 형태의 찬양을 담고 있다는 사실

---

65   Runnalls, *Spirit*, 29.

66   Tan, *Zion Traditions*, 151. 또한 Losie, *Dictionary*, 855를 참조하라.

67   Catchpole, *Politics*, 322.

에서부터 논의를 시작할 수 있을 것이다.[68]

마가복음 본문은 흥미롭게도 아름다운 교차대구 병행법(*parallelismus membrorum*) 양식으로 구성되어 있다. 따라서 (적어도 그리스어 본문에서는) 이 독립적인 본문이 구조가 잘 갖추어져 있고 분석하기 쉬운 것이라고 볼 수 있다. 마가의 본문은 시편 118편(70인역 시편 117편)을 바탕으로 형성된 메시아 찬양 본문으로 보인다(막 11:9-10).

> 호산나!
> – 찬송하리로다, 주의 이름으로 오시는(*erchomenos*) 이여!
> – 찬송하리로다, 오는(*erchomenos*) 우리 조상 다윗의 나라여!
> 가장 높은 곳에서 호산나!

본문에 나타난 병행법은 뚜렷한 형식(A-B-B'-A')을 통해 시편 118편을 재해석함으로써 종말론적 인물의 의미를 명확하게 보여주려고 한다. 이제 다윗이 핵심 인물로 등장한다. 주목을 끄는 부분은 마가복음 저자가 "구원하소서"에 해당하는 어구를 *hōsia-na*로 음역한다는 점이다. 70인역은 이 단어를 번역해서 적었다(*sōson dē*; 70인역 시 117:26). 마가복음 저자가 70인역을 그대로 인용하지 않았으므로 호산나라는 단어를 사용한 특별한 이유가 있었음이 분명하다. 이 본문은 아람어를 사용하는 공동체에서 유래했을까?[69] 만일 그렇다면 마가복음 전승이 이른 연대에 형성되었음을 말해줄 수도 있을

---

68   이 부분의 난점들에 관해서는 Evans, *Mark*, 144-47(『마가복음(하)』, 솔로몬 역간)을 보라.

69   Evans, *Mark*, 145는 이렇게 추정하지만 이러한 추정에는 문제가 있다. 왜냐하면 병행되는 분사(*erchomenos*)는 히브리어나 아람어에서는 발견되기 어렵기 때문이다. 히브리어에서는 지혜 말씀에서와 유사한 역동적 병행법이 나타난다. 그러므로 마가복음 본문에 나타난 운율의 조화는 그리스어 번역의 결과라고 보아야 한다.

것이다. 마가복음 11:10은 시편의 양식에 따라 구성되었다. 오시는 이에 대한 축복은 새로운 다윗에 대한 축복과 병행을 이룬다. 또한 그리스어로 보면 동일한 분사(erchomenos)를 반복 사용함으로써 본문의 구조가 한층 더 강조된다. 이로써 완벽한 그리스어의 병행이 만들어진다. 이 분사의 반복은 "오다"를 강조함으로써 신학적 설득력을 제공한다. 기다림의 대상이 되는 것은 다윗의 나라(basileia)이며 그 나라의 종말론적 도래는 시편 118편에 나타난 환호(acclamation)에 대한 성취가 될 것이다. 부르거(Burger)는 마가복음 저자가 "우리 조상"(patros) 다윗을 언급한 것에 주목한다. 다윗은 사실상 이스라엘 민족의 조상 중 한 명으로 제시된 적이 전혀 없기 때문에 그 표현은 아마도 메시아 왕조에 대한 신학적 해석일 수도 있다.[70]

마가복음과는 다른 편집 방식도 볼 수 있다. 마태의 전승은 순서를 변경하며 누가복음 저자는 *hosanna*를 삭제하고 "왕"이라는 단어를 추가한다.[71] 이렇게 다양한 이형이 존재하기 때문에 편집비평만을 사용해서 그 찬송의 원래적 형태를 알아낼 수는 없다고 볼 수 있다.[72] 분명히 이 찬양 본문은 초기 교회에 널리 알려져 있었고 또한 중요했기 때문에 다양한 양식

---

70   Burger는 Lohmeyer의 견해를 따르고 있다. Burger, *Jesus*, 50-51.

71   마태복음 전승은 "호산나, 다윗의 자손이여"로 시작한다(마 21:9). 마가복음의 "호산나" 표현은 그대로 유지되지만 해석은 구체화된 것으로 보인다. 왜냐하면 무리가 다윗의 자손을 직접 가리켜 찬양하기 때문이다. 한편 누가복음 저자는 호산나를 빼고 "왕"이라는 표현을 추가한다(눅 19:38). "찬송하리로다, 주의 이름으로 오시는 왕이여!" 이어서 누가복음 본문에서는 찬양(eulogy)이 계속되기 때문에 마가와 마태와는 다른 출처를 갖고 있었음이 분명하다. 요한복음 저자도 승리의 입성을 묘사하는데, 그는 시 118편으로 시작하고는 있지만 직접적으로 왕을 언급한다. "찬송하리로다, 주의 이름으로 오시는 이 곧 이스라엘의 왕이시여!"(요 12:13)

72   마태복음, 누가복음, 요한복음에 나타난 차이점을 "더 초기의" 마가복음 전승을 신학적인 이유나 실제적인 이유에서 변경한 결과라고만 설명할 수는 없다. 사실상 마태의 본문에서는 본래 "아람어"에서 비롯된 어조가 감지된다. 중요한 점은 이렇게 다양한 이형들이 상이한 신학을 표방하지는 않는다는 사실이다. 그들은 모두 동일한 신학을 공유하며 예수를 다윗 가문의 메시아로 제시한다.

으로 다양한 모임을 통해 전승되었을 것이다. 그 본문은 회중의 예전 속에서 고유한 생명력을 갖고 있었다. 이 전승은 강력했기 때문에 복음서가 편집될 당시 다른 전승들과 조화되지 않은 채 전승될 수 있었다. 교회의 구전 전승 과정에서 이 찬양 본문의 독자성이 유지될 수 있었던 것은 바로 이런 정황을 통해서 설명될 수 있을 것이다.

이 독특한 전승의 출현에 관한 이해에 도움을 줄 수 있는 후대의 본문도 있을 것이다. 원래의 시편을 아람어로 번역한 타르굼 시편 118편은 유배 후 이스라엘의 회복을 선포한다. 다윗의 후손이 시온으로 와서 갇힌 자들을 구원해 줄 것이다. 본래의 히브리어 마소라 본문에서는 버려질 돌이 언급된다. "건축자가 버린 돌이 집 모퉁이의 머릿돌이 되었다"(시 118:22). 타르굼에서 이 돌('eben)은 적어도 개념적 차원에서는 아들(히브리어 ben)과 동일시되어왔고 따라서 이는 직접적으로 다윗의 후손을 가리킨다.[73]

타르굼 시편 118:22에서는 아람어 talya'가 히브리어 ben을 대체함으로써 그 타르굼 본문은 다음과 같이 번역되었다. "건축자들이 버린 그 아이(talya')가 이새의 아들 중에 있었는데 그는 왕이자 통치자로 임명될 자격이 있다." 시편 118편 전체에 대한 타르굼 번역에서 본래의 히브리어 본문은 다윗의 삶에 관한 이야기로 바뀌어 서술되었다. 즉 다윗의 어린 시절, 과거에 그가 거부된 일, 그리고 결국 그가 이스라엘의 왕위에 오른 일이 해석을 거쳐 묘사되었다. 이렇게 해서 이 타르굼 시편은 다윗의 역사의 일부가 되었다. 이런 타르굼 시편이 주로 고대의 역사를 해석했다는 사실이 호산나 찬송 본문의 해석과 관련해서 중요하다. 타르굼의 해석은 다윗의 지위에 관한 것이지 단지 마지막 때에 나타날 후대의 다윗 가문 인물의 종말론적 지위에 관한 것만은 아니다. 따라서 마가복음 11장에서 해석된 호산나 찬

---

73   타르굼 버전에 대한 상세한 논의에 관해서는 Evans, *Mark*, 146을 보라.

양 전승은 이미 제2성전기에 존재했던 회당의 이해의 산물일 수도 있다.[74]

시편 118편에 대한 해석에서 돌이라는 말을 아들로 대체하는 발상은 유대교의 해석에 나타나는 표준적인 작업 방식(*modus operandi*)이라고 볼 수 있다. 마가복음에 나타난 병행들은 유대교 신학에서 보편적으로 발견되는 특징들을 보여준다(「솔로몬의 시편」 17:21; 4QFlor; 4Q252 참조). 현재의 본문 자체가 단순히 [예수의] 부활 후 신학의 구성물은 아니다. 마가복음에 나타난 병행은 시편 118편에 대한 종말론적 미드라쉬로 이해될 수 있다. 이 병행은 예수가 나귀 새끼를 타고 예루살렘에 입성한 일에 관해 주석을 하며 이 사건에 대한 적절한 반응과 수용할 만한 해석을 제공하고 있기 때문이다. 비록 우리에게 알려진 양식(들) 그대로가 예수를 향해서 불려진 찬양 노래인지는 확인할 길이 없지만 말이다. 이 본문은 "이분이 자기의 나라(*basileia*)를 세우고 예루살렘을 회복할 분으로 우리가 기대하는 다윗의 자손이다"라고 선포한다.[75]

그러므로 예수의 승리의 입성은 그의 메시지를 완벽하게 설명해준다. 이 예언자적 퍼포먼스에서 "예수의 목적들"이 발견될 수 있다. 이 본문에서 예수 자신은 어떠한 중요한 발언도 하지 않지만 메시지는 명확하다. 해석의 열쇠는 예수의 행동과 무리의 반응 사이에서 발생하는 역학 관계에

---

74 히브리어 *ben*과 *'eben* 사이의 언어유희는 구약성서에서 여러 차례 발견된다. 보석으로 장식된 제사장의 의복에 관한 보도에서 이미 이러한 예가 발견된다. "호마노 두 개를 가져다가 그 위에 이스라엘 아들들의 이름을 새기되…"(출 28:9). 이스라엘 백성이 요단강을 건너는 장면을 보도한 수 4장에서도 돌들이 중요한 역할을 한다. 각 지파 출신의 한 사람씩 요단강에서 돌 하나를 골라 그것을 어깨에 메고 이스라엘의 진영으로 옮겨야 했는데 그것은 이스라엘이 약속의 땅으로 들어가는 것을 가리키는 기호였다. 이 **돌들**은 영원히 "이스라엘의 **아들들**"에 대한 기억을 상징하는 것으로 여겨졌다. "이 돌들이 이스라엘 자손에게 영원히 기념이 되리라"(수 4:7). 언어유희가 나타난 본문에 대한 자세한 분석은 Snodgrass, *Wicked Tenants*, 113 이하를 보라.

75 다음 학자들도 마찬가지 견해를 갖고 있다. Runnalls, *Spirit*, 29-30; Catchpole, *Politics*, 334; Tan, *Zion Traditions*, 157; Wright, *Victory of God*, 491; Evans, *Mark*, 145-47.

있다. 자기들 앞에서 나귀를 타고 있는 다윗 가문의 인물을 찬양하는, 기쁨에 넘친 노래는 이 새로운 인물에게 큰 희망을 둔다. "이 사람이 마침내 백성의 고통을 끝내고 이스라엘을 회복시킬 사람일까? 이 사람이 구원의 종말론적 성전을 세울 인물일까?" 따라서 나귀 새끼를 타고 오는 겸손한 행위를 통해서 예수의 활동의 중심에 회복 종말론이 자리잡고 있다.

2. 황폐해진 성전에 대한 거부

예수가 나귀를 타고 예루살렘에 입성함으로써 성전 뜰에서 일어난 충돌까지의 일련의 사건이 시작된다. 먼저 예수는 무화과나무를 저주한 후 성전 뜰의 넓은 주랑 현관(행각)으로 들어가 거기서 성소를 강도의 소굴이라고 부르며 시위한다. 이어서 예수는 주님의 포도원의 사악한 농부들에 관한 비유를 말한다. 이 비유 말씀은 시편 118편을 인용하는 부분에서 정점에 이르고 이로 인해 예수는 예루살렘 제사장들과의 적대 상황에 직면하게 된다. 마지막으로 예수는 성전 구역을 떠나면서 성전 전체가 파괴될 것이라고 예언한다.

예수의 종말론적 입성 장면 직후에는 무화과나무를 저주하는 다소 의아해 보이는 행위가 이어진다. 예수는 먼저 무화과나무로 다가가서 열매가 없음을 발견하고 곧바로 그 나무를 저주한다(막 11:12-14). 이 이야기는 몇 가지 방식으로 해석되어왔다.[76] 물론 과학적 세계관에 충실한 자들은 우선적으로 나무가 갑자기 시들어버린 것 자체에 주목했다. 이는 이야기의 역사성과 삶의 정황(Sitz-im-Leben)에 대한 사변으로 이어졌다. 그러나 이 본문의 내용은 대개 신학적 관점에서 해석되어왔다. 이 저주 행위의 메시지

---

76   이 본문에 대한 상세한 해석사는 Telford, *Barren Temple*, 1-38을 보라.

는 구약성서의 주제에 입각해서 일반적으로 신앙적 위선이나 특히 이스라엘의 종교적 위선을 질타하는 것으로 이해되었다.[77] 또 다른 접근 방식인 종말론적 해석은 이 일화의 요점을 메시아의 오심을 깨닫는 데 실패한 이스라엘을 표현하는 것으로 본다.[78]

좀 더 표준적인 학문적 해석을 살펴보면 이를 유배와 관련하여 해석할 때 새로운 빛을 발견할 수 있음을 알게 된다. 본래의 이야기에서 예수의 행위는 이스라엘이라고 하는 나무에서 더 이상 좋은 열매를 찾을 수 없다고 꾸짖는 포로기 예언과 같은 맥락에 있음을 알 수 있다. 가장 직접적으로 관련된 본문은 미가서다.

재앙이로다, 나여! 나는 여름 과일을 딴 후와 포도를 거둔 후 같아서 먹을 포도송이가 없으며 내 마음에 사모하는 처음 익은 무화과가 없도다. 경건한 자가 세상에서 끊어졌고 정직한 자가 사람들 가운데 없도다(미 7:1-2).

하나님의 진노는 기본적으로 유배의 상황과 관련하여 표현된다. "그들의 가장 선한 자라도 가시 같고 가장 정직한 자라도 찔레 울타리보다 더하도다"(미 7:4). 구약성서의 예언자들은 하나님 자신이 직접 무화과 열매를 따서 그것들을 온 세상에 흩어놓았다는 계시를 전한다. 예컨대 예레미야는 이스라엘 백성에게 유배를 경고한다. "여호와의 말씀이니라. '내가 그들을 진멸하리니 포도나무에 포도가 없을 것이며 무화과나무에 무화과가 없을

---

77   Telford, *Barren Temple*, 7-9. 또한 France, *Mark*, 436을 보라.

78   이 일화 자체는 후대에 형성된 전설로 여겨졌음에도 불구하고 J. Weiss와 A. Schweitzer 이후 그들의 종말론적 해석이 지지를 받았다. 그러나 Lohmeyer는 이 일화와 예수의 본래의 가르침 사이의 연결고리를 찾으려고 시도했다. 이와 함께 마가복음 저자를 창의적인 신학자로 간주하는 학자들은 종말론적 해석을 지지했다. Telford, *Barren Temple*, 10, 18-20. 한편 사회학적 해석에 관해서는 Oakman, *Semeia 64* (1993), 253-72를 보라.

것이라'"(렘 8:13).

> 그러므로 만군의 여호와 이스라엘의 하나님께서 이와 같이 말씀하시니
> 라. "보라, 내가 그들 곧 이 백성에게 쑥을 먹이며 독한 물을 마시게 하고
> 그들과 그들의 조상이 알지 못하던 여러 나라 가운데에 그들을 흩어 버리
> 고 진멸되기까지 그 뒤로 칼을 보내리라" 하셨느니라(렘 9:15-16; 참조.
> 13:24).[79]

이것이 나무가 열매를 맺지 못한 이유다. 단순히 (몇몇) 사람들이 위선적인
신앙생활을 하거나 이스라엘이 다윗의 자손이 도래할 때 그를 알아보지 못
한다는 문제가 아니다. 오히려 예수의 행동은 온 이스라엘이 여전히 하나
님을 대적하면서 살아가고 있다는 선언이라고 볼 수 있다. 이스라엘은 완
고한 마음으로 영적 유배 상태에서 살고 있다. 선택받은 백성이 죄악에 깊
이 빠졌고 하나님은 그들에게서 열매를 찾으려고 했지만 열매를 맺는 때가
끝나버렸음을 발견한다.[80]

문학비평적 문제 제기가 무화과나무 이야기에 대한 신학적 해석에 거
의 영향을 주지 못했다는 점은 다소 의아하다. 유배의 메타내러티브를 통
해서 보면 무화과나무 이야기는 동일한 신학과 목적을 선포하는 다른 구절
들과 궤를 같이할 것이다. 그러므로 이 본문을 해석할 때 신학적 차원이 우
선되어야 하며, 그 신학이 "역사적" 예수의 가르침과 어떻게 관련되는지에
관한 것은 해석하는 학자의 개인적 몫으로 남는다. 이런 분석에 따르면 이
이야기는 예수의 의도와 그의 종말론적 메시지에 잘 부합한다고 말할 수

---

79   또한 신 4:27; 28:64; 사 24:1; 겔 12:15; 20:23; 시 44:12 등을 보라.

80   참조. Wright, *Victory of God*, 333-34; Evans, *Mark*, 155-60. Runnalls, *Spirit*, 30은 성전
      권력층이 "열매를 맺지 못했다"고 지적한다.

있다. 이스라엘은 열매 맺지 못하는 나무다. 하나님은 그 나무에서 열매를 찾을 수 없다. 그들의 마음은 계속해서 "여러 민족 가운데" 그리고 다른 신들과 이기적 의지와 극도의 탐욕 가운데 흩어져 있다. 예수는 대예언자들이 그랬던 것처럼 이스라엘을 저주한다. "이제부터 영원토록 사람이 네게서 열매를 따 먹지 못하리라"(막 11:14). 그 나무는 파멸될 것이다. 순례자들의 눈앞에 보이는 성전은 종말론적 회복의 중심지가 되지 못할 것이다. 이렇게 해서 무화과나무에 대한 저주 이야기는 앞으로 성전 구역에서 일어날 사건들의 서막이 된다.

계속해서 내러티브는 예수가 예루살렘에서 보낸 기간에 일어난 가장 중요한 사건으로 보이는, 성전에서의 예수의 시위 장면으로 이어진다. 예수는 평화의 왕이지만 여기서는 그의 과격한 면모가 드러난다. 나귀를 탄 모습에서 보였던 온화한 이미지는 사라진다. 우리는 성전의 이방인의 뜰에서 자신의 눈앞에 보이는 돌무더기에 불과한, 열매를 맺지 못하는 성전을 저주하는 종말론적 성전 건축자를 보게 된다. 성전에서 벌인 예수의 시위 행동은 그의 계획과 정체성을 이해하는 열쇠로 여겨져 왔다.[81] 샌더스 이후 많은 학자는 예수의 메시지를 이 시위 사건과 관련지어 분석해왔다. 이 사건을 통해서 유대인의 다양한 실체들이 충돌하기 때문에 이 사건은 의심할 여지 없이 중요하다고 말할 수 있다. 성전 뜰에서 기득권층과 지배층은 새로운 메시아적 종말론과 만난다.[82]

---

81 이에 관한 논의는 Evans, *SBL 1989 Seminar Papers,* 522-39; Evans, *BER* (1993), 93-110; Evans, *Context and Meaning,* 417-42; Neusner *NTS 35* (1989), 287-90; Snodgrass, *Key Events,* 429-80; Ådna, *Handbook,* 2635-75를 보라.

82 Sanders, *Jesus and Judaism,* 77-78. 여기서 내가 Sanders를 언급한다고 해서 그 이전의 학자들이 "승리의 입성"과 성전에 대한 "정화"와 예수의 가르침의 본질적 요소라고 주장했던 점을 폄훼하는 것은 아니다(앞에서의 논의를 보라). 다만 많은 주목을 받은 Sanders의 연구 이후 예수의 정체성에 관한 대부분의 논의가 이러한 종말론적 특징에 집중되고 있다는 점을 말하려는 것이다.

예수의 성전 시위의 성격에 관해서는 오랜 토론이 이어져 왔다. 이 행위를 청결, 정화, 시위 중 어느 것으로 부르든 간에 그것은 이미 특정한 판단을 전제로 한 표현이다. 이 중 특정한 입장을 취하기 전에 우선 다양한 많은 요소를 고려해야 한다. 이 본문에 대한 해석이 중요해진 이유는, 해당 사건이 예수의 정체성과 선포를 이해하기 위한 실마리로 점점 더 중요시되고 있기 때문이다. 이 사건에 대해 몇 가지 설명 방식이 시도되어왔다. 과거에는 이 사건이 보통 성전에 대한 정화 행위로 해석되었다. 이 견해에 따르면 예수는 주로 성전 예배의 제의적 순결에 관심이 있었고 하나님의 집의 성결을 보호하기를 원했다.[83] 이후 보컴(Bauckham)은 세금 및 희생제물 매매와 관련된 문제를 거론하는 표준적인 경제적 해석을 다시 시도했다. 즉 성전은 영리사업을 추구하는 "강도들의 소굴"로 둔갑했다는 것이다.[84] 그러므로 보컴은 예수가 성전의 상업적 이해관계를 종교 지도층이 자행한 심각한 불법행위로 보았다고 결론을 내린다. 따라서 이는 본문에서 청소라는 어휘 자체가 나오지는 않지만 이 사건을 성전 청소로 볼 수 있다는 주장이다.

예수의 행동은 분명히 과격한 것으로 보인다. 본문에서 예수는 폭력적인 모습으로 나오지만 그를 지원한 어떤 "군사적 집단"이 있었다는 증거는 전혀 없다. 이를 근거로 브랜든(Brandon)은 이 사건에 대한 정치적 해석을 시도한다. 그는 이를 점령 사건이라고 지칭하면서 예수를 정치적 혁명가로 간주한다.[85] 이러한 정치적 해석은 해석학적으로 다소 모호하기는 하지만 복음서 전승 중에는 이러한 관점과 연결될 수 있는 것으로 보이는 특징들

---

83   예컨대 Tan, *Zion Traditions*, 185를 보라.

84   Bauckham, *Law and Religion*, 72-73.

85   Brandon, *Jesus and the Zealots*, 331-32. 점령이라는 표현은 또한 Betz, *JBL 116* (1997), 456; Chilton, *The Temple of Jesus*, 91-92에서도 발견된다.

이 존재한다. 예수의 제자 중 한 사람이 예루살렘 활동 도중 겟세마네 장면에서 칼(*machaira*)을 지니고 있었던 것이 분명하다(막 14:47 및 병행 구절들). 더나아가 이 사건 앞에 있는 본문을 보면 예수의 제자들이 미래의 하나님 나라에서 직무를 맡게 될 것이라는 예고가 나온다. 이런 특징들은 적극적인 군사적 행동에 관한 기호들일 수 있을까? 즉 일종의 열성적인 종말론이나 "쿰란 공동체적인" 종말론을 실현하려는 목적으로 성전 뜰에서 행해진 행동들이라고 이해할 수 있을까?

샌더스의 영향력 있는 해석은 이 사건을 종교적 혁명으로 본다. 그는 예수의 행위가 한 사람의 예언자로서의 시위였으며 그것은 성전 파괴를 상징하는 행동이었다고 여긴다.[86] 예수는 성전 또는 그곳에서 거행되는 정결제의를 보호하려고 했던 것이 아니라 성전이 당시 대표했던 무언가를 용납할 수 없었던 것이다. 예수가 성전과 성전 제의에 저항하는 행동을 감행한데에는 몇몇 이유가 있었다. 뉴스너(Neusner)는 특정한 미쉬나의 해석을 검토하고 나서 예수의 시위가 직접적으로 의도했던 바는 이스라엘의 제의에서 매일 거행되었던 가장 중요한 상번제(*tamid*)에 대한 거부를 겨냥한 것이었다고 주장했다. 오드나는 이 견해를 수용하고 발전시켜서 예수의 예언자적 목적은 희생제의를 대체하려는 것이었다고 제안했다.[87]

무엇보다도 우선 예수의 행동의 정확한 성격이 무엇이었는지를 논의해야 한다. 성전에서 환전상과 비둘기 판매상들의 역할은 무엇이었는가? 예수가 상을 뒤엎은 일은 무엇을 공격하는 행동이었는가? 예수의 행동의 의미를 파악하기 위해서는 이런 질문들이 가장 중요하다. 이와 관련된 또

---

86 Sanders, *Jesus and Judaism*, 80-81. 참조. Herzog, *Jesus*, 234-35; Kirk, *CBQ* 74 (2012), 520.

87 Sanders, *Jesus and Judaism*, 80-81; Neusner, *NTS* 35 (1989), 289-90; Ådna, *Jesu Stellung*, 424-25.

하나의 중요한 질문은 이 사건이 성전 권력층과 예수의 관계에 어떤 영향을 주었는지에 관한 것이다. 그런 도발은 아마도 성전 관리들의 분노를 유발했을 것이다. 예수를 체포한 자들을 파견한 것은 대제사장이었기 때문이다(막 14:43). 더 나아가 그들은 예수를 산헤드린 앞에 세울 수 있는 권한이 있었고 요한복음이 전하는 바처럼 그들 중에는 군인들(speira)과 성전 경비대원들(hypēretai)이 포함되어 있었을 것이다(요 18:3).

그뿐 아니라 이 본문의 진정성이 논의되어왔다. 이 이야기에서 역사적 예수의 선교 활동의 흔적을 찾을 수 있는가? 아니면 이는 단지 초기 교회의 믿음이 투사된 이야기일 뿐인가? 최근의 많은 학자는 이 일화에 나타난 예수의 행동을 "역사적" 예수의 선포가 무엇인지를 알려주는 가장 명확한 증거 중 하나로 여긴다. 하지만 공관복음서에 기록된 그 사건에 관한 모든 본문이 후대에 형성된 것이라고 간주하는 견해도 존재한다. 진정성 문제에 관한 해법이 전체 본문을 어떻게 해석하는지에 달려 있다는 점은 분명하다. 세부 사항에 대한 다양한 분석만으로는 궁극적인 해결에 도움이 되지 않는다. 이 사건에 대한 내러티브를 분석할 때 우리는 성전 이방인의 뜰에서 정확하게 어떤 일이 발생했는지를 질문해야 한다. 성전 뜰은 매우 넓었기 때문에 일부 학자들은 예수의 시위 행동이 과연 효력이 있었을지에 대해 의문을 제기했고 이를 근거로 이 사건의 역사성 자체에 의혹을 제기하기도 한다. 예수 홀로 성전의 모든 구역을 통제하는 것은 불가능했다. 그럼에도 불구하고 예수의 행위에 뚜렷한 목적이 있었음을 증명하는 몇 가지 특징이 이 내러티브에서 발견된다.[88]

예수의 행위를 이해하기 위한 열쇠는 이 사건이 발생한 상황 그 자체에서 확인될 수 있다. 사건의 발생 장소는 시장에 해당하는 곳이었는데 이

---

88   진정성 문제에 관한 자세한 논의는 Ådna, *Jesu Stellung*, 111-30을 보라.

사실 자체로 보면 아무런 문제가 없었다. 성전의 구조에 관한 정보를 토대로 판단할 때 성전 뜰에서 남쪽 주랑(행각)이 상업과 회합을 위한 주요 장소였음을 알 수 있다. 요세푸스의 묘사에 따르면 신약성서에 언급된 솔로몬 주랑(행각)은 "세 개의 통로로 연결된, 동쪽 계곡에서 서쪽 계곡으로 이어진 왕의 주랑이었다"(요세푸스, 『유대고대사』 15:411-16). 요세푸스는 이 거대한 **주랑**(stoa)이 "고린도 양식의 조각으로 조각된" 162개의 기둥으로 형성되어 있었고 그 폭은 15m 정도였다고 보도한다.[89]

세 개의 통로에 대한 언급은 이 건물이 실제로는 하나의 바실리카(basilica)였음을 말해준다. 솔로몬 주랑(행각)은 기둥들이 있는 공간이었으며 이는 사람들이 만남과 집단 모임을 가진 곳이었다. 예컨대 이 공간은 사도행전 5:12에서 보듯이 사도들이 모였던 장소에 해당한다. 주랑(stoa)은 성전 구역으로 연결되는 주요 입구 가운데 하나의 뒤편에 있었으며 이곳은 여러 사람이 오가는 활기찬 장소였다. 여기서 희생제물을 사고팔았으며 비둘기를 파는 상인들, 성전에 딸린 아고라(agora)에서 물건을 구매하는 자들, 환전상들이 활동을 했다. 분명히 주랑(행각)은 희생제물을 거래하고 그 밖에 다른 일반적인 성전 업무와 관련된 기능을 하는 시장이었다.[90] 그러므로 예수가 수백 또는 수천 명의 순례자가 돌아다니고 있는 성전 뜰 전체를 통제하려고 시도하지 않았다는 사실은 분명하다. 그 넓은 성전 뜰을 점령하는 일은 불가능했을 것이다. 대신에 예수는 특별한 형태의 도발을 시도했고 따라서 틀림없이 그 행동을 하기에 적절한 특정 장소를 의도적으로 선택했을 것이다. 성전 관리들이 각자의 판을 벌이고 자기에게 주어진 성전 운영의 역할을 수행했던 장소가 바로 성전 주랑이었다. 예수의 행동이 벌어진

---

89   Snodgrass, *Key Events*, 448-52를 보라.

90   성전의 건축 구조와 관련된 내용은 Ådna, *Jesu Stellung*, 247-50을 보라.

당시의 실제 정황은 이러했다.

마가복음 11:15에 언급된 환전상이나 금융업자들은 예루살렘 성전의 매일의 일상에서 중요한 역할을 담당했다. 성전 뜰의 주랑에 상을 펼쳤던 환전상들(*kollybistai*, 이들은 종종 *trapezitai*라고도 불리는데 이들은 상을 맡은 관리를 가리킨다)은 성전 운영진에 해당되었다. 이들은 성서에 규정된 성전세를 해마다 징수했다. 출애굽기 30장에 따르면 20세 이상의 성인 남성은 매년 주님께 "자신의 생명의 속전(贖錢)"을 지급할 의무가 있었다(출 30:11-14). 구약성서 본문은 이 성전세의 금액이 "성소의 세겔로 반 세겔"(출 30:13)로 정해져 있다고 언급한다.[91]

신약성서 시대에 사용된 화폐에 관해서는 잘 알려져 있다. 그 화폐는 두 드라크마의 가치가 있는 은전이었다. 요세푸스는 이를 디드라크몬(*didrachmon*)으로 부르는데 그는 이 화폐가 사용된 사례와 은행에 관해서도 언급한다(요세푸스, 『유대고대사』 18:312).

> 결과적으로 유대인들은 이곳을 천연의 요새로 여기고 그곳에 디드라크마 동전들을 보관해왔다. 그 돈은 다른 헌물들과 마찬가지로 민족의 모든 관습대로 하나님께 드리는 헌금이었다. 즉 이 도시들은 은행 같은 보관 장소였던 셈이다.

두 드라크마에 해당하는 이 동전은 반 세겔과 가치가 동일했다. 환전상들

---

91 환전상들(*kollybistai*라는 이 단어는 작은 동전을 가리키는 *kollybos*에서 파생했다)은 요 2:14에 언급된 성전에서 돈 바꾸는 사람들(이를 가리키는 *kermatistai*라는 단어는 동전을 가리키는 *kerma*에서 파생했다)을 의미하는 것이 확실하며 성전 구역에서 뻔뻔하게 영업을 한 보통의 상인들을 의미하는 말이 아니다. 이런 금융업자들은 달란트의 비유에 나타나는 취리하는 자들(*trapezitai*, 마 25:27)의 예처럼 중립적이거나 긍정적인 의미로 언급된다. 이들은 보통 성전 금고의 재정을 통해서 자금을 조달했다.

은 화폐 교환만이 아니라 성전세 징수를 위해서도 필요한 사람들이었다.[92] 세금 징수는 보통 부활절 전 달에 시작되었다. "같은 달(Adar) 제15일에 그들은 지방에서 환전상의 상을 폈고 제25일에는 예루살렘 성전에서 상을 폈다"(m. Seqal. 1:3). 이를 통해서 또한 한 해의 가장 중요한 축제 때 디아스포라 유대인들이 성전 제의에 참여할 수 있게 되었다. 이는 예수가 성전세에 주목을 하게 된 합리적 근거를 알려준다. 대부분의 성인 남성은 그 축제에 참여하기 직전에 납부할 성전세를 저축해두어야 했기 때문에 예수의 말씀은 수사적 효과가 있었을 것이다.[93]

성전은 부유했고 환전상들(kollybistai)이 성전 뜰에서 금융 관련 업무를 담당했음에도 불구하고 예수의 시위는 그러한 사업 활동에만 주목한 것이 아니었다. 이 모든 것은 거룩한 경전과 신적 계율에 바탕을 둔 것이었으며 성소를 통해서 하나님 자신에게 드려지는 것이었다. 성전세와 희생제사를 연결하는 사상은 이미 출애굽기에 확립되어 있다.

> 너는 이스라엘 자손에게서 속전을 취하여 회막 봉사에 쓰라. 이것이 여호와 앞에서 이스라엘 자손의 기념이 되어서 너희의 생명을 대속하리라(출 30:16).[94]

---

92 이 세금에 관해서는 Snell, *ABD*, VI (1992), 339-40을 보라. Ådna는 화폐 자체에 종교적 의미나 신성한 의미가 있는 것이 아님을 지적한다. 신약성서 시대에 이 동전의 한 면에는 두로 도시를 상징하는 신의 형상이 있었고 다른 면에는 프톨레마이오스 왕조를 상징하는 독수리가 새겨져 있었다. 그리스 문화권에서 이 독수리는 "제우스의 새"라고 불렸다. Ådna, *Jesu Stellung*, 252, 각주 34.

93 성전세 및 성전세의 기능에 관해서는 Schürer, *History*, 2, 295-97; Jeremias, *Jerusalem*, 166-67을 보라.

94 요세푸스는 성전의 많은 재산을 높이 평가하면서 그 재산의 주요 수입원 중 하나가 성전세였다고 보도한다. 『유대고대사』 14:110.

예수 시대에도 "속전"은 성전 제의를 위해 사용되도록 지정되었다. 유대인 가족들은 두 드라크마를 헌금함으로써 매일 드리는 상번제(*tamid*)에 참여할 수 있었다. 이 상번제는 어린 양 한 마리를 바치는 번제(*ôlâ*)와 소제 및 전제로 구성되었다(출 29:38-42; 레 1:1 이하; 민 15:1-10). 타미드(*tamid*)의 속죄 기능은 번제를 언급한 대부분의 구약성서 본문에서 분명하게 나타난다(예컨대 레 1:4; 민 15:25; 욥 1:5).[95]

여기서 특별한 관심을 끄는 것은 이스라엘의 일상생활에서 타미드 (*tamid*)가 예루살렘 성전 구역에 참석한 이스라엘 사람이나 디아스포라 유대인 모두에게 있어 속죄를 위한 가장 일반적인 제사였다는 사실이다. 뉴스너의 지적처럼 성전세에 대한 비판은 분명히 경악스러운 행동으로 여겨졌을 것이다. "왜냐하면 이러한 공격은 매일 드리는 상번제가 속죄를 위한 것이며 죄를 용서받기 위한 것이라는 단순하고 명료한 사실에 대한 문제 제기로 여겨졌을 것이고, 또한 이는 토라를 통해서 하나님이 모세에게 지시한 사실 자체에 문제를 제기하는 것이기 때문이다."[96] 그런 믿음에 대한 성서적 증거는 여러 곳에서 명확하게 발견된다. 더욱이 성전 뜰에서 매매된 새들 및 다른 짐승들은 각 개인이 드릴 제물용으로 보존되어 있었다. 특히 비둘기는 가난한 사람들이 바치는 제물이었다.

따라서 예수가 상을 뒤엎은 사건의 본질에 관해서 최근의 학자들 사이에 점점 더 의견의 일치가 형성되고 있다. 성전 뜰에 있던 환전상들은 정상적인 금융업 종사자들이므로 이들은 예수가 구약성서를 인용하며 언급한 "강도들"에 해당하지 않는다. 그리고 성전세는 타미드(*tamid*)와 관계가 있

---

95   Anderson, *ABD V* (1992), 878.
96   Neusner, *NTS 35* (1989), 289-90. 또한 Crossan, *Jesus*, 357-58도 예수의 행위가 성전의 희생제사와 제의적 기능을 중지시켰다는 의미에서 성전을 "파괴하는" 행동이었다고 지적한다.

었고 따라서 속죄 예식과 관련된다. 비둘기는 가난한 사람들이 바치는 제물이었다. 바구니는 제물의 운반에 사용되었다. 예수가 상을 뒤엎은 행위는 성전 제의를 공격한 것이며 매일 드리는 상번제인 타미드(*tamid*)를 방해한 일이었다. 예수는 성전 그 자체에 대한 도발적 시위를 감행했다.[97] 이는 단순한 "정화"의 행동이 아니었다. 오히려 회복이 임할 것이라는 선포를 보여주는 예언자적 기호라고 볼 수 있다.[98]

유배와 회복에 관한 메타내러티브의 맥락에서 이 본문을 해석하면 이런 결론에 도달하게 된다. 성전에서 발생한 시위 사건은 우선적으로 전체 예루살렘 내러티브에 비추어 해석되어야 한다. 이 시위에서 드러난 예수의 의도는 과거 예언자들의 메시지와 긴밀하게 연결된 것으로 보인다. 예수는 이스라엘의 예배의 오염을 목도한 예언자 말라기의 외침에 답변했다고 말할 수 있다. "너희가 내 제단 위에 헛되이 불사르지 못하게 하기 위하여 너희 중에 성전 문을 닫을 자가 있었으면 좋겠도다"(말 1:10). 예수는 바로 이 말을 실천했다. 예수는 이스라엘의 회복이 임박했지만 그 회복은 **쉐키나**가 아직 돌아오지 않은 강도들의 소굴 같은 돌무더기인 성전을 통해서는 입증되지 않을 것이라고 선언한다.

---

97 Wright, *Victory of God*, 417은 예수가 "상징적으로 그리고 예언자적으로 심판의 행동을 감행"했으며 그의 행동은 성전의 임박한 멸망을 상징한다는 Sanders의 기본적 주장을 수용한다. 그러나 Ådna, *Jesu Stellung*, 405-6은 예수의 행위에서 제의적 측면 또한 발견할 수 있다고 말한다.

98 이는 Meyer, *Aims of Jesus*, 198에서 이미 확인된다. "그러나 성전에 대한 정화는 또한 '회복'을 말하며, 그 자체로 이미 성취된 사건임을 지시하고 있다"(그는 슥 14:21을 언급하고 있다).

3. 예수의 성전 설교

마가복음을 포함한 공관복음서에 따르면 예수는 성전 뜰에서도 백성을 가르쳤다. 예수는 성전에서 상징적 행동을 했을 뿐만 아니라, 하나님의 집의 상황과 운명에 관한 확실한 예언자적 말씀을 선포하기도 했다. 그 연설이 구약성서 예언서 두 곳을 언급한 것이 전부라는 점에서 다소 놀랍다. 이는 예수 자신의 선포를 요약한 것인가 아니면 그 사건에 대한 후대의 해석인가? 그런데 본문의 내용에 관한 문제가 더 흥미롭기 때문에 본문의 역사적 진정성에 관한 문제는 잠시 유보해둘 필요가 있다. 우리는 나중에 그 설교가 예루살렘 장면에서 드러나는 예수의 다른 행동들의 맥락과 의도에 부합하는 것인지를 평가할 수 있을 것이다.

구약성서 본문이 언급된 두 개 중 첫 번째 것은 이사야서에 대한 인용이다(사 56:7). 이 구절은 구원의 때와 귀향 사건에 관해 언급한다. 모든 민족은 예루살렘에 있는 하나님의 거룩한 산으로 가게 된다. 마지막 회복의 때에 성전은 하나님이 모든 민족(fylai)과 포로가 된 모든 유대인과 또한 아마도 이스라엘 외의 다른 민족들을 모을 장소가 될 것이다. "내 집은 만민이 기도하는 집이라 칭함을 받으리라"(막 11:17). 중요한 것은 예언자 이사야의 진술이 위치한 맥락이다. 이사야서 본문에서는 이 구절에 이어서 다음과 같은 말씀이 뒤따른다. "이스라엘의 쫓겨난 자를 모으시는 주 여호와가 말하노니 '내가 이미 모은 백성 외에 또 모아 그에게 속하게 하리라' 하셨느니라"(사 56:8).

인용된 구절은 기본적으로 유대교식 해석의 규칙을 따르고 있다. 첫째, 서로 다른 구절이 공통어를 포함하고 있을 때 두 구절에 동일한 해석원칙을 유비적으로 적용한다(gezerah shavah). 둘째, 짧은 인용문은 단순히 인용된 구절에 언급된 개별 단어 각각을 가리키는 것이 아니라 인용된 본래 본문에 반영된 사고의 흐름 전체를 전제로 한다(*davar ha-lamed*). 때때로 중요한 의미는 인용문 자체에서 찾을 수 없고 오히려 원래의 문맥 안에서 찾아야 한다. 그런 원칙은 유대교 문헌과 신약성서 모두에서 흔하게 발견된다. 마태복음 저자는 이러한 원칙을 잘 활용하고 있으며 또한 바울은 이 분야의 전문가라고 말할 수 있다. 따라서 구약성서 인용을 해석할 때 반드시 먼저 인용된 구절이 속한 원래의 큰 맥락에 대한 분석에서부터 시작해야 한다.[99]

지금 우리는 이스라엘의 귀환에 관련된 회복 종말론을 다루고 있다. 모든 민족을 위한 집은 우선 추방된 자들을 위한 장소다. 이사야서에 나타난 하나님은 "모으시는 하나님"이다. 그러므로 예수의 설교의 첫 번째 핵심은 명백하다. 하나님은 이제 아시리아와 바빌로니아에 있는 자기 백성을 용서할 것이다. 흩어진 모든 가족은 다시 돌아오고 그들에게 구원의 성전이 주어질 것이다. 이는 하나님의 해방의 때며(사 56:1) 영원한 회복의 때다 (사 56:5. 여기서는 새로운 이름이 주어진다고 언급된다). 성전 예배에 동참하는 이방인들도(사 56:3) 그 종말론적인 기도의 집에서 환영을 받을 것이다.

하지만 둘째 인용은 좀 의아하다. 왜냐하면 이사야서에 언급된 종말론적 성전과 현재의 예루살렘 성전 사이에는 차이점이 있기 때문이다. 예수는 예레미야서를 인용하여 현재의 예루살렘 성전이 부패와 악의 종이라는 입장을 유지한다. "너희는 강도의 소굴을 만들었도다"(막 11:17). 여기서 이 비판에서 언급된 "강도들"(*lēstai*)이 누구를 가리키는가 하는 질문이 가장

---

99   따라서 현재의 해석 방식 이면에는 보다 더 중요한 방법론적 해결책이 있다. 짧은 인용문을 해석하기 위해서는 그 예언 말씀의 큰 본래의 맥락의 지평을 파악해야 한다. 이른바 서양의 근대적 해석학에서는 이런 식의 유대교적 해석 방법론은 무시되었고 오직 중요한 어휘들을 중심으로 해석이 되어왔다. 그리고 심지어 각각의 분리된 의미에 따라서 해석된 경우도 있다. 그러나 논의의 대상이 되는 구절들의 신학적 의도를 설명하는 데 있어 이러한 방식은 거의 도움이 되지 못한다. 이러한 해석 원칙에 관해서는 예컨대 "Hermeneutics," *Judaica 8* (1971), 367-70을 보라.

중요하다(렘 7:11 참조). 예수의 행동의 맥락에서 보면 이들을 예수가 바로 전에 공격했던 환전상과 비둘기 판매상들로 생각하기 쉽다. 이러한 접근을 하게 되면 엄격한 의미론적 해석이 만연해질 수 있다. 그러므로 정확한 해석을 위해서는 성전을 강탈한 범법자들을 찾아내야 한다. 그렇다면 "강도들"은 성전 제의를 사업으로 둔갑시킨 관료들일 것이다.[100] 그러나 이러한 해석에는 문제가 있다. 그 이유는 첫째, 구약성서에 비춰보면 성전세 징수자들과 희생제물 판매상들은 도둑 같은 존재가 아니기 때문이다. 앞에서 보았듯이 이 상인들은 통상적으로 성전에서 거행되는 유대인들의 제의를 단순히 돕는 역할을 했다. 둘째, 여기서 돈은 그다지 중요한 문제가 아닌 것으로 보인다. 예수가 비판한 강도들이 더럽힌 것은 성전이지 성전의 경제적 측면은 아니다.

더욱이 그런 해석은 예언의 원래의 맥락에 부합하지 않는다. 예레미야는 강도들에 맞서면서 백성의 우상숭배를 비판했다(렘 7:9). 여기서도 본래의 맥락이 중요해진다. 모세의 계명 하나하나가 모두 위반되었다.

> 너희가 도둑질하며 살인하며 간음하며 거짓 맹세하며 바알에게 분향하며 너희가 알지 못하는 다른 신들을 따르면서 내 이름으로 일컬음을 받는 이 집에 들어와서 내 앞에 서서 말하기를 "우리가 구원을 얻었나이다" 하느냐? 이는 이 모든 가증한 일을 행하려 함이로다(렘 7:9-10).

여기서 언급된 도적들은 스스로 안전하다고 믿은 이스라엘 백성을 가리킨다. 이 강도들은 단순히 성전 뜰에서 장사했던 고리대금업자가 아니다. 예레미야는 민족 전체를 겨냥해 선포하며 이스라엘과 하나님 간의 관계를

---

100   Branscomb, *Mark*, 205 같은 표준적인 주석서들을 보라.

비판했다.[101]

여기서 시도한 해법의 근거가 되는 흥미로운 수사학적 논거가 있다. 만일 환전상을 강도들로 적시한다면 우리는 이 범죄자들이 자신들이 속한 무리를 강탈하려고 했다고 결론지어야 한다. 그러나 그런 추정은 이 메타포를 명백하게 곡해하는 것이다. 성전을 "강도의 소굴"로 칭한다고 해서 성전 뜰이 도적들의 공격대상인 것은 아니다. 소굴(*spēlaion*)은 은신처다. 범행은 소굴이 아닌 다른 곳에서 저질러진다. 예언자 예레미야의 비판은 성전의 벽 안쪽에 숨어 스스로 안전하다고 생각하면서 모든 우상숭배를 자행하는 범죄자들을 겨냥한 것이다. 완고한 백성이 하나님을 떠나버리자 참회의 장소여야 할 성전은 곧 그들이 가증한 행위들을 저지르는 소굴로 변하게 되었다.[102]

예수가 염두에 둔 강도들은 성전에 모여든 백성과 또한 그곳에서 일하는 제사장 및 기타 관리들이었다고 보아야 옳을 것이다. 이것이 예수의 설교와 "강도의 소굴"에 대한 예레미야의 선언 사이의 연결고리다. 양자는 모두 유배에 대해 경고한다. 예레미야의 선언은 성전에 들어가는 자들에 대한 경고 말씀의 일부였다. "너희는 이것이 여호와의 성전이라, 여호와의 성전이라, 여호와의 성전이라 하는 거짓말을 믿지 말라"(렘 7:4).

예수의 메시지 또한 예레미야의 메시지를 반영한다. 즉 예수는 하나님의 심판이 아직 끝나지 않았으므로 이 성전을 의지하지 말라고 말한다. 이는 무화과나무를 상대로 한 저주 말씀에 내포된 메시지와 동일하다. 모든 열매는 이미 사라졌고 나무는 열매를 맺지 못한다. 이스라엘은 열매를 맺

---

101   이 주제에 관해서는 Bauckham의 주장을 따르기 어렵다. 그는 이 주제의 경제적 측면을 방대하게 분석했지만 그의 논지의 출발점부터 수정될 필요가 있다.

102   예컨대 Wright, *Victory of God*, 418-24; Evans, *Context and Meaning*, 432-42; Holmén, *Jesus*, 325; Ådna, *Handbook* 3, 2669를 보라.

지 못하며 하나님이 와서 새로운 생명으로 소생시키기 전에는 죽음의 상태에서 벗어나지도 못한다. 그러므로 예수 당시의 사람들이 유배 이전에 이스라엘에 살았던 이스라엘 백성이나 유대 백성보다 더 악하거나 우상숭배에 더 깊이 빠져 있었다는 뜻이 아니다. 또 제2성전 건축 당시의 유대인들은 순종적이었는데 그 후에야 타락한 것도 아니다. 오히려 예수는 (특히 바빌로니아) 유배 전에 살았던 유대인들이나 유배 후의 유대인들 사이에 아무런 차이가 없다고 진술한다. 예수 시대 이전에는 하나님의 구원이 도래하지 않았다. 예수 자신이 "모으시는 하나님"을 선포하며, 추방된 유대인들에 대한 하나님의 대답은 이제 분명해진다. 하나님은 "강도의 소굴"이 된 곳을 재건하고 심지어 그 강도들을 용서하실 것이다. 하나님은 해결책을 주실 것이다. 하지만 이 해결책은 대다수 성전 권력층이 기대했던 것과는 다른 형태로 주어질 것이다.

예수에 따르면 온전한 종말론적 성전이 나타날 것이지만 이 성전은 그 산에서가 아니라 오직 참회와 믿음 속에서 찾을 수 있다. 참다운 성전은 정의로운 삶의 열매들을 통해서 증명된다. 회개가 없으면 예루살렘 성소에서 아무리 "이것이 야웨의 성전이라"고 말하면서 반복하여 기도해도 소용이 없다. 하나님의 심판자는 그런 기도를 듣지 않을 것이다. 지상의 의식들과 제물들, 곧 타미드(tamid)를 대신하여 예수는 영적 갱신을 일으킨다. 마치 에스겔의 약속에서처럼 죽은 뼈들이 소생하고 성령의 성전이 세워질 것이다.

이 본문에 사용된 구약성서 인용들을 분석하면 예수의 설교가 그의 예루살렘 활동의 일반적 메시지와 상당히 일관성이 있음을 알 수 있다. 하나님의 심판의 때가 끝나고 예언자들이 주었던 약속들이 실현될 것이다. 종말론적 성전을 세울 자가 도래했다. 그의 도래에 직면해서 현재의 성전은 자신이 타락했고 부패했음을 인정하고 회개해야 한다. 부정해진 성전은 타미드(*tamid*)를 포함한 여타의 희생제사 없이도 속죄가 가능한 영적인 성전으로 대체될 것이다.[103]

예루살렘 활동 기간 중의 예수의 선포는 포로기 예언자들의 메시지가 여전히 살아 있음을 증명해준다. 역사의 이 국면에서 하나님의 말씀은 여전히 타락한 이스라엘을 향한다. 출발점은 바뀌지 않았다. 하나님은 무화과나무에서 열매를 따듯이 이스라엘을 취하셨다. 그리고 하나님은 그 선택받은 백성을 여러 다른 민족들 가운데 흩어놓았다. 하나님의 영광인 **쉐키나**는 성전을 떠나버렸다. 나무에는 열매가 없다. 그 백성은 약속된 다윗의 후손이 도래하기 전까지는 폭압적인 죄의 지배 아래서 계속 살아갈 것이다. 그러나 **하나님 나라**(*basileia*)는 임하고 있다. 이 평화의 왕국이 목전에 와 있다. 다윗의 후손이 이스라엘의 죄를 제거할 것이며 "죄와 더러움을 씻는 샘이" 열릴 것이다(슥 13:1).

예수가 나귀를 타고 예루살렘에 입성한 것과 상을 뒤엎은 일은 모두 행동에 해당한다. 이는 예언자적 행위이며 그 의미는 구약성서 기록을 통해서 도출될 수 있다. 따라서 이 두 개의 사례에서 구약성서의 말(예컨대 스가랴서에 기록된 나귀를 탄 사람)은 의미화 과정에서 퍼스가 말하는 해석항(interpretant)이 된다. 이 구절들에서는 행위와 말 사이의 역동적 상호작용이 발견된다. 지금의 이스라엘이 마주하고 있는 것은 미지의 상황이 아니다. 하나님의 계획은 장구한 시대를 아우른다. 그러므로 예수가 탔던 나귀 새끼는 사실상 의미를 제공하는 해석항을 필요로 한다. 마찬가지로 상을 뒤엎은 행동도 그 행위를 종말론적인 것으로 밝혀줄 만한 예언자적인 말씀을 필요로 한다.

103　예컨대 Wright, *Victory of God*, 423; Evans, *SBL 1989 Seminar Papers*, 538; Pitre, *Letter & Spirit 4* (2008), 66-67을 보라.

이를 토대로 우리는 여기서 인용된 구약성서 구절들이 역사적 예수의 실제 설교에 원래 포함되어 있었는지 아니면 후대의 해석을 통한 첨가인지에 관한 논의를 전개할 수 있을 것이다. 한편으로는 이러한 구약 인용이 예수의 실제 말씀에 포함되었음이 확실하거나 아니면 그럴 가능성이 있다고 간주할 수 있는데, 왜냐하면 인용된 구약 말씀들은 예루살렘 활동 때 예수가 선포한 일반적 내용과 대체로 부합하기 때문이다. 일관성의 원칙에 따르면 그럴 가능성이 매우 높다. 하지만 다른 한편으로 이 인용들이 예수 자신의 것이 아니라 후대의 첨가라고 볼 경우에도 그것들은 예수의 행위를 적절하게 이해한 결과라고 볼 수 있다. 매일 드리는 상번제를 방해한 행동은 성전을 공격하고 성전 예배를 비판한 유배의 수사에 부합한다. 이러한 관점은 예수와 성전을 현저하게 대립적으로 보는 입장을 취한다.

앞에서 논의한 것처럼 의미의 기호론적 과정은 예수의 말씀 및 행동과 그것들이 초래하는 반응 사이의 상호작용에서 발생한다.[104] 이 예루살렘 내러티브들 안에서 의미를 발생시키는 역할을 하는 사람은 군중일 수도 있고 예수의 제자들일 수도 있으며 예수의 대적자들일 수도 있다. 더 나아가 저자/내레이터는 당연히 예컨대 새로운 구약성서 구절들을 제시하면서 새로운 해석학적 측면을 도입함으로써 의미화 과정에 참여하는 사람이 될 수 있다. 그래서 그 과정 자체가, 우리가 그 이야기 속에서 접하게 되는 의미가 곧 예수의 본래의 메시지에 대한 표현임을 드러낸다.[105]

---

104   본서의 제1장 서론의 I.3을 보라.

105   Snodgrass, *Key Events*, 463-64는 성전 사건의 기본적 의미에 대한 주요 해석들을 소개한다. 위에서 이미 언급했듯이 일부 학자는 성전 사건을 혁명을 일으키려는 시도로 해석하고, 다른 학자들은 세속적인 것과 성스러운 것을 구별하는 전반적 태도에 반대하는 행동이었을 뿐이라고 주장한다. 또한 상업주의를 비판하거나 헤롯 가문의 문화 정책을 비판하는 "정화" 행위로 보거나 제의 시스템 자체에 대한 공격으로 이해하는 입장도 있다. 또 성전 사건은 예루살렘이 멸망하게 될 미래에 관한 상징적 행위이거나 단순히 미래적 종말론에 대한 소망을 드러낸 것일 수도 있다.

성전 사건의 신학적 의미에 대한 최종적 해석으로 간주되는 여러 후보 가운데 예수의 시위가 회복 종말론을 나타낸다고 보는 견해가 설득력 있어 보인다.[106] 모든 중요한 특징이 이 방향을 가리킨다. 구약성서의 본문들이 회복의 때에 관심을 보이기는 하지만, 그럼에도 불구하고 예언자적 책망은 매우 엄중하다. 예수의 종말론적 설교도 준엄하다. 유배의 상황은 아직 완전히 끝나지 않았다. 사람들은 여전히 죄 가운데 살고 있고 심지어 성전은 강도들의 은신처가 되었다. 제사장들과 성전 권력층은 자신들이 강도 떼에 속하기 때문에 하나님의 백성을 도울 수 없다.

이 내러티브들에서 예수는 단지 한 사람의 예언자에 불과한 것이 아니다. 예수는 기다리던 다윗 가문의 인물이 확실하며 과거의 예언자들이 고대했던 것을 마침내 성취한다. 그는 제사장들의 부패 때문에 좌절해서 성전 예배의 중단과 "성전 문을 닫을 자"를 갈구했던 예언자 말라기의 정신에 따라 행동한다. 신약성서에 그런 구절이 인용되지는 않지만 예수의 태도는 그의 의도를 조명할 수 있게 해 준다. 예수가 상을 뒤엎은 일은 마치 성전 문을 닫는 것 같은 행동이었으며 이는 매일 드리는 상번제를 중지시키려고 했던 말라기를 따른 셈이나 마찬가지다(말 1:10b).[107]

---

106 몇몇 다른 대안도 있지만 이런 결론이 점점 더 많은 지지를 받고 있다. 이런 입장을 취한 연구로는 Wright, *Victory of God*, 426((Snodgrass는 Wright의 관점을 다소 부정확하게 묘사한다); Ådna, *Jesu Stellung*, 386; Pitre, *Letter & Spirit* 4 (2008), 66 등이 있으며, Snodgrass 자신도 Snodgrass, *Key Events*, 471-74에서 이러한 입장을 취한다.

107 이는 제2성전기의 다른 신학에서도 발견되는 노선이다. 쿰란 공동체 가운데 광야로 떠나간 자들은 말라기서의 요청 같이 "성전 문을 닫았다." 쿰란 공동체는 "지옥의 자식들과 결별하기를" 원한 반면 예수는 백성이 주님께 돌아오지 않는다면 하나님의 임박한 개입이 있을 것이라고 선포함으로써 자신의 예언자적 사명을 완수하기 위해서 왔다. "그러나 언약 안으로 들어온 모든 자는 성전에 들어가서 그의 제단에 헛되이 불을 피워서는 안 된다. 하나님이 '너희가 내 제단 위에 헛되이 불사르지 못하게 하기 위하여 너희 중에 성전 문을 닫을 자가 있었으면 좋겠도다'라고 말씀하신 것처럼 그들은 문을 닫는 사람이 될 것이다. 그들이 사악한 시대를 위한 율법에 대한 정확한 해석에 따라서 신중하게 행동하고 지옥의 자식들로부터 스스로를 구별하지 않는 한 말이다"(CD VI.11-15).

예수와 성전 권력층과의 갈등은 어느 정도로 심각했을까? 예수의 성전 시위 사건 도중에 성전 경비대는 개입하지 않았다. 따라서 예수의 행위는 성전을 점령한 것이 아니라 설교나 어떤 퍼포먼스를 행한 것으로 여겨졌다고 추정할 수 있다. 그러나 예수의 권위가 의문시되었다. 대제사장들과 서기관들은 예수의 활동을 두고 논의를 시작한다. 이 논의의 성격은 뒤에 고찰되겠지만 우선 우리는 예수의 행위가 즉각적인 반응을 불러일으켰다는 사실을 확인될 수 있다. 그런데 예수의 성전 시위 행동이 나중에 겟세마네에서 성전 경비대 손에 체포된 일과 어떤 연관성이 있을 수 있다. 따라서 예수의 시위는 예언자와 제사장 계층 사이의 갈등을 드러낸 것으로 여겨졌을 가능성이 있다. 갈등의 근본적 이유가 상을 뒤엎은 예수의 행위에 있었다고 볼 수는 없다. 왜냐하면 그것은 그저 작은 사건에 불과했기 때문이다. 당연하게도 갈등의 핵심적인 이유는 예수의 메시지에 있었음이 분명하다. 예수는 스스로를 다윗 가문의 평화의 왕이자 성전 건축가로 드러내면서 나귀를 타고 예루살렘에 입성해서 성전의 멸망을 선포했기 때문이다.

　　성전 시위 사건에는 다소 놀라운 또 하나의 특징이 있다. 무화과나무에 대한 저주가 예루살렘에 대한 저주로 해석될 수 있듯이 성전에서의 논쟁 역시 성전의 현재 상태에 대한 저주로 해석될 수 있다. 따라서 이 두 본문은 예수의 엄중한 메시지를 드러내는 첫 번째 기호들이며, 이는 이어서 다루게 될 본문들에서 한층 더 강조되어 나타난다. 예수의 행동들은 공개적으로 성전에 반대하는 것이었으며 이는 성전이 제사장 엘리트들뿐만이 아니라 일반 백성에게 갖는 의미에 대한 비판이기도 했다.

4. 영적 유배의 기호들

예수의 예루살렘 활동 기간을 다룬 본문 중에는 유배 주제를 뚜렷하게 보여주는 긴 내용의 비유가 있음을 알 수 있다. 그것은 사악한 농부들에 관한 비유다(막 12:1-11). 공관복음의 수난 내러티브들에서는 이 비유에 앞서 예수와 제사장들 사이의 갈등 장면이 먼저 나온다. 성전 권력층을 대표하는 이 사람들이 예수의 권위에 문제를 제기하며 논쟁이 벌어진 장소는 성전 구역이다. "네가 무슨 권위로 이런 일을 하느냐? 또 누가 이 권위를 주었느냐?"(마 21:23) 예수가 성전에 대하여 적대적 입장을 취했는데도 그가 여전히 랍비로서 활동할 수 있을까?

예수의 답변은 회피적인 것으로 보일 수 있었지만 사실상 정곡을 찌르는 것이었다. 유대인 통치자들은 이미 세례자 요한을 처형했기 때문에 그들 자신이 하나님의 사자들에게 맞선 셈이다. 예수는 영적인 차원에서 세례자 요한의 뒤를 잇는 자이자 성령으로 세례를 베풀 자로서 예루살렘에 왔다. 마태복음에는 세례자 요한의 역할에 관한 두 개의 구별된 전승이 존재하지만 그 전승들은 분명히 하나로 묶일 수 있는 것으로 보인다. 마태복음에는 예수의 권위에 대한 논쟁에 이어서 두 아들에 관한 비유가 나온다. 이 두 개의 전승은 함께 살펴보아야 한다.[108]

예수의 대답은 엄중한 것이며 종말론적 위기는 고조되어 있다. 이제 예수는 세례자 요한이 선포한 회개의 세례에 대해 대적자들이 어떻게 생각하는지를 묻고 있다. "요한의 세례가 하늘로부터냐 사람으로부터냐?"(막

---

108 마태복음 전승에 나타난 두 아들의 비유는 마태 특수전승(M)에 속하는데 이는 세례자 요한에 관한 말씀과도 잘 어울린다. 또한 Snodgrass 같은 학자들은 만일 세례자 요한에 관한 32절의 말씀이 예수의 본래의 말씀이라면 그것은 맥락에 잘 어울린다고 지적한다. 또한 사악한 소작농들의 비유와 관련하여 Snodgrass는 마태의 이야기가 짧고 일목요연하기 때문에 가장 이른 전승에 해당할 것이라고 추측한다. Snodgrass, *Stories*, 271, 283.

11:30) 정말로 사람들은 세례자 요한을 하나님이 보낸 예언자로 생각했을까? 예수의 수사 전략은 뛰어났다. 즉 그것은 사람들이 결정하게 하려는 것이었다. 성전에서의 예수의 행동은 세례자 요한의 엄중한 말씀들과 상응한다. 이스라엘 역사에서 결정적인 때(kairos)가 도래했다. 하나님의 나라(basileia)가 가까이 왔다. 모든 유대인은 회개하라는 요청을 받는다. 요한의 세례는 하늘로부터 온 것이 확실하다. 예수는 세례자 요한과 동일한 권위를 갖고 있다. 종말론적 전환의 시대가 눈앞에 와있다. 마음이 하나님께로 돌아서지 않으면 유대교의 전통 그 자체로는 아무 쓸모가 없다. 성전조차도 강도의 소굴이 되었다. 이렇게 대답할 수밖에 없다.

여기서 세례자 요한은 확실한 영웅으로 간주된다. 그의 특징은 유대 백성의 무지 및 배신과 뚜렷이 대조된다. 이스라엘은 하나님의 포도원이지만 이 포도원에 거주하는 백성은 하나님이 자신들에게 보내신 예언자를 알아채지 못한다. 예수의 이 비유는 성전과 포도원을 더럽힌 강도 떼에 대한 심판을 강조한다. 하나님은 자신이 하실 일을 이루셨다. "요한이 의의 도로 너희에게 왔거늘 너희는 그를 믿지 아니하였으되…"(마 21:32). 예수의 종말론은 세례자 요한의 운명과 결부되어 더 발전하는데 이에 관해서는 다음 장에서 다루게 될 것이다.[109]

사악한 농부들의 비유와 관련된 모든 중요한 요소는 이미 이러한 상황과 밀접하게 얽혀있다. 이 상황은 충분히 예상될 수 있을 정도로 분명하다. 예수는 이스라엘을 주님의 포도원으로 묘사한 이사야 5장의 이야기를 통해서 종말론적 진노의 때에 관한 자신의 선포를 강조한다. 이 비유를 통해서 독자들은 이스라엘의 몰락과 유배의 역사를 회상할 수 있었을 것이다.

---

109   신학적 측면과 관련하여 이 모든 이야기가 실제로 예수의 예루살렘 활동 기간에 비롯된 것인지 아니면 복음서 저자에 의하여 재구성된 것인지는 그렇게 중요한 주제가 아니다. 중요한 것은 이들 모두가 유사한 종말론적 내용을 드러낸다는 점이다.

한 사람이 포도원을 만들어 산울타리로 두르고 즙 짜는 틀을 만들고 망대를 지어서 농부들에게 세로 주고 타국에 갔더니…(막 12:1).

이 이야기에서는 이스라엘의 타락이 강조된다. 하나님이 포도원을 만들었지만 소작농들은 끊임없이 주인에게 적대적으로 행동했다. 이 비유의 원형이 될 만한 구약성서 본문이 여러 개 있다. 그 가운데 이사야의 예언은 단지 문맥의 정황만 유사하다고 볼 수 있으며, 예수 자신이 염두에 두었던 실제 사례는 열왕기상에 보도된 나봇의 포도원 이야기로 여겨진다. 이 이야기에서 모든 우상숭배의 전형이자 이세벨의 남편인 타락한 아합 왕은 이세벨이 나봇을 살해하자 그의 포도원을 빼앗으라는 아내의 유혹을 받는다(왕상 21:1-16). 또한 흥미로운 점은 부패한 사악한 소작농에 관한 한 비유가 후대의 랍비적 가르침(*Sifre Deut.*)에서 모세의 노래에 대한 주석으로 적용된다는 점이다. 이 노래는 이스라엘 백성의 불신앙을 강하게 비판한다. 이 노래의 정점은 그들이 "패역한 세대"(신 32:20)이기 때문에 하나님이 그들에게서 자신의 얼굴을 "숨기겠다"고 결정하는 대목이다.[110] 이것 또한 확실한 예수의 비유의 맥락이기도 하다. 예수의 비유 이야기에서 종들과 사자들은 매 맞고 죽임을 당했다.

때가 이르매 농부들에게 포도원 소출 얼마를 받으려고 한 종을 보내니 그들이 종을 잡아 심히 때리고 거저 보내었거늘…또 그 외 많은 종들도 더러는 때리고 더러는 죽인지라. 이제 한 사람이 남았으니 곧 그가 사랑하는

---

110 랍비 이야기(*Sifre Deut.* §312)에 관해서는 Snodgrass, *Stories,* 279를 참조하라. 또한 Blomberg, *Parables,* 250에 따르면 랍비 문헌의 내러티브에서 아브라함과 이삭은 부패한 임차인으로 적시되는데, 왜냐하면 그들의 자손인 이스마엘과 에서가 범한 죄악에 대한 책임이 있기 때문이다.

아들이라. 최후로 이를 보내며 이르되 "내 아들은 존대하리라" 하였더니 그 농부들이 서로 말하되 "이는 상속자니 자 죽이자. 그러면 그 유산이 우리 것이 되리라" 하고 이에 잡아 죽여 포도원 밖에 내던졌느니라(막 12:2-8).

그런 세부 내용은 이 비유가 포로기 예언자들의 선포와 동일한 맥락에서 그 정당성을 갖고 있음을 말해준다(렘 44:4-6; 참조. 신 28:58-68; 29:22-29). 이스라엘은 하나님이 보내신 예언자들을 살해했다. 선택된 백성은 하나님의 경고를 듣지 않았고 폭력으로 응답했다. 그리고 나중에 더 자세하게 논증되겠지만 마지막 예언자인 세례자 요한 역시 살해되었다. 이스라엘이 주인이신 하나님의 "사랑하시는 아들"조차도 공격하기 전까지는 종말론적 비극이 종결되지 않을 것이다.[111]

포도원 주인은 어떻게 할 것인가? 마태복음에 따르면 예수는 질문을 던지면서 가르쳤고 꼼짝없이 자신들의 유죄를 인정할 수밖에 없었던 그의 대적자들에게 응수했다. 마가복음은 이사야서 본문을 좀 더 가깝게 따르면서 하나님이 말씀하는 것으로 보도한다. "이제 내가 내 포도원에 어떻게 행할지를 너희에게 이르리라. 내가 그 울타리를 걷어 먹힘을 당하게 하며 그 담을 헐어 짓밟히게 할 것이요"(사 5:5). 하나님의 징벌은 포도원을 향하며 성전은 더럽혀지고 그 백성은 바빌로니아로 끌려갈 것이다. 예수의 비유에서 이사야서 본문은 미래의 종말론적 심판에 대한 증거 본문이 되기도 한다. "포도원 주인이 어떻게 하겠느냐? 와서 그 농부들을 진멸하고 포도원을 다른 사람들에게 주리라"(막 12:9). 여기서 본래의 메시지는 완벽

---

111 Schreiner는 예수가 자신을 이스라엘 백성을 위한 "하나님의 계시의 정점"으로 이해했을 것이라고 본다. 즉 많은 종이 거부당한 이후에 하나님의 아들이 보내어진 것이다. Schreiner, *Theology*, 182(『신약신학』, 부흥과개혁사 역간).

하게 유지되고 있다. 이 메시지는 단순히 몇몇 농부를 처벌하는 데 제한되지 않는다. 오히려 이 비유에서 "진멸하다"(apollymi)라는 용어가 사용된 점에 주목해야 한다. 이러한 차이점이 중요하다. 포도원 주인은 자기 아들을 죽였다는 이유로 소작농들만 처벌하려고 하지 않는다. 포도원 주인은 백성의 모든 지도자를 진멸하고 참 이스라엘의 지위를 다른 이들에게 넘길 것이다. 예수는 성전과 성전 제사장직 모두의 멸망을 선언한다. 포도원은 예전 그대로 남을 것이지만 그 포도원을 돌보는 방식은 바뀔 것이다.

신학적 의미에서 보면 거부당한 아들의 운명이 매우 중요하다. 이에 관해서는 마가복음 본문에서 중요한 시편 118편을 다시금 인용함으로써 설명되고 있다.

> 너희가 성경에 "건축자들이 버린 돌이 모퉁이의 머릿돌이 되었나니 이것은 주로 말미암아 된 것이요 우리 눈에 놀랍도다" 함을 읽어 보지도 못하였느냐?(막 12:10-11)

후대의 타르굼에서와 마찬가지로 히브리어 단어 돌('eben)에서 한 글자만 빼면 그 소작농들은 "아들"(ben)을 거부한 것으로 해석될 수 있다.[112] 유대교 해석학에서는 하나의 유비만으로도 신학적 결론을 도출하기에 충분하다. 시편 118편과 이 비유 모두 버려진 다윗의 후손에 대해 말한다. 예수 자신이 이 시편을 활용한 것으로 보아야 하는가 아니면 해석 부분을 내레이터의 작업으로 보아야 할 것인가? 두 가지 설명 방식이 다음과 같이 제시되어 왔다. 다른 곳에 나타난 예수의 가르침에서도 그 시편이 인용되기 때문

---

112   Nolland, *Matthew*, 877은 시 118편의 "건축자"와 "돌"을 가리키는 단어에 "언어 유희 같은 시도"가 있었다고 추정한다. Evans, *Mark*, 228-29는 이 주제에 관해서, 그리고 문제가 될 수 있는 타르굼 인용에 관해서 충분한 논의를 다루고 있다.

에 이 본문에서도 일관적인 신학이 나타난다고 말할 수 있다. 다른 한편으로 이를 내레이터의 신학적 구상이라고 볼 수도 있는 이유는 이 구약성서 본문이 다윗의 후손의 운명에 기초해서 그 비유와 종말론적 환난의 신학을 통합하고 있기 때문이다.

마태복음 저자와 누가복음 저자는 이사야서의 본문도 조합하여 인용하고 있기 때문에 해석에 더욱 어려움을 준다. 이 이사야의 예언에서는 하나님 자신이 이스라엘을 어렵게 만드는 장본인이 될 것이라고 말한다.

> 그가 성소가 되시리라. 그러나 이스라엘의 두 집에는 걸림돌과 걸려 넘어지는 반석이 되실 것이며 예루살렘 주민에게는 함정과 올무가 되시리니 많은 사람들이 그로 말미암아 걸려 넘어질 것이며 부러질 것이며 덫에 걸려 잡힐 것이니라(사 8:14-15).

여기에는 두 가지 접점이 있는데 첫째는 돌(*lithos*)이고 둘째는 아들이다. 따라서 그 아들이 성전을 무너뜨릴 것이라는 요점이 명확해진다. "이 돌 위에 떨어지는 자는 깨지겠고 이 돌이 사람 위에 떨어지면 그를 가루로 만들어 흩으리라"(마 21:44; 눅 20:18). 그 종말론적 계획은 매우 놀랍다. 유대교 종말론에서 다윗 가문의 인물은 로마를 무너뜨리고 "깃딤"을 멸망시킬 것으로 기대된다. 그런데 이 본문은 다윗의 후손이 이스라엘을 공격할 것이라고 말한다. 그는 직접 성전에 맞서고 타락한 모든 제사장과 지도자를 진멸한다. 이 본문이 다니엘서의 내용과 관련된다는 견해가 제시된 적이 있지만 모호한 부분이 있다(단 2:34). 인용문이 예수의 원래 말씀의 일부인지 아니면 후대의 해석을 반영하는 것인지와 상관없이 두 경우 모두 같은 지점을 가리킨다고 말할 수 있다. 마지막 때에 하나님 자신이 타락한 성전과 성전 지도층을 징벌하실 것이다. 지상의 예루살렘은 다윗 가문의 새로운 평화의 왕국으로 대체될 것이다. 예수가 마태복음에서 말한 것도 이 내용이다. "그러므로 내가 너희에게 이르노니 하나님의 나라를 너희는 빼앗기고 그 나라의 열매 맺는 백성이 받으리라"(마 21:43).[113]

최종적으로 시편 118편은 다윗의 후손이 종말론적 메시아라고 단언한다. "걸림돌"이 된 거부당한 그 아들이 주춧돌로 임명될 것이다. 곧 예수는 새로운 성전의 주춧돌이 될 것이다. 그 이미지를 그대로 적용하면 그는 성전 건물 전체를 지탱하는 기초인 모퉁잇돌(rosh pinna)이다. 하나님은 자기 아들을 보내지만 그의 백성은 그 아들을 영접하지 않는다. 오히려 그 아들은 종교적 엘리트 계층과의 갈등에 휘말리게 된다. 그는 예언자들이 겪었던 운명을 그대로 경험한다. 그는 순교자로서 죽을 것이고 따라서 상징적으로 포도원 바깥에 버려질 것이다. 하지만 최종적인 인정은 하나님으로부터 오는 법이다. 죽음 이후 그 아들은 천상의 영광 가운데 높여질 것이다. 이를 통해 종말의 완성은 임박해진다. 하나님의 아들은 새로운 성전의 머리가 될 것이다.

마가복음의 소작농 비유의 맥락은 예수 말씀의 종말론적 내용을 강조한다. 그 논쟁은 성전 뜰에서 벌어졌는데 이곳에는 제사장들과 서기관들과 장로들이 분명히 있었다(막 11:27). 이 비유는 예수의 권위에 관한 제사장들의 노골적인 문제 제기에 대한 답변이다.[114] 따라서 청중이 하나님의 포도원의 소작농으로 적시된다. 이런 설정에서 그 아들의 역할에 관한 어떤 불

---

113 학자들이 지적한 것처럼 이 세부적인 부분에서 상이한 견해가 존재해도 결국에는 죽임을 당한 아들과 예루살렘 멸망과 새로운 포도원에 관한 개념이 남게 된다(이에 관련된 논의는 Nolland, *Matthew*, 877-79를 보라). 이러한 주제들은 필연적으로 이스라엘 백성의 회복과 관련된 예수의 역할이 무엇인지에 관한 문제 제기로 이어진다.

114 Evans, *Mark*, 231은 이 비유가 바로 앞의 본문에서 제기된 예수의 권위에 관한 문제 제기에 대한 답변이라는 점을 강조한다. 즉 예수가 그렇게 행동한 이유는 세례자 요한 및 다른 예언자들의 사역 후에 자신이 하나님의 **아들**로서 왔기 때문이다.

확실성도 없다. 왜냐하면 마가복음 본문에서 그 논쟁 직후에 동일한 청중이 예수의 체포를 원하고 있는 것이 분명하기 때문이다. 이러한 세부 내용을 확인하면 예수의 적대자들이 산헤드린(공회) 소속이었음을 알 수 있다. 마가복음 저자는 종교 지도자들이 바리새인과 헤롯당원으로 구성된 새로운 감시자들을 파견하는 장면을 보도하면서 이 점을 강조한다(막 12:13). 이스라엘의 종교 엘리트들은 예수를 시험하는 자들로 묘사된다. 다음 이야기에서 마가복음 저자는 사두개인들이 나와서 부활에 대한 문제를 제기하는 장면을 다룬다(막 12:18).

이런 갈등 묘사의 요점은 명백하다. 이스라엘의 영적 지도자들은 배교의 삶을 살았고 하나님이 그들에게 보내신 자를 받아들일 수 없다. 백성의 마음속에는 유배가 계속되고 있었다. 여기서 대예언자들의 비판이 재연된다. 유배는 단순히 지리적으로 유배된 것만이 아니라 특정한 정황을 의미한다. 그래서 대적자들의 입장을 두둔하는 것으로 보이는 표면적 현실은 역설적인 것이다. 예수는 신적 규례와 거룩한 기구들에 대적하는 것으로 보였다. 하지만 예수의 행위는 이스라엘을 향해 예언자의 권한을 행사하는 것이었다.

이 대목에서 예수의 행동의 종말론적 이유들이 명시적으로 드러난다. 예수는 청중의 삶 속에서 드러난 영적 유배의 몇몇 기호들을 지적한다. 이 가운데 가장 중요한 것은 폭력과 거절이다. 예수는 이 모순의 시대를 직접 경험했다. 하나님의 말씀은 받아들여지지 않고 백성은 듣기는 하지만 깨닫지 못한다. 이러한 상황에도 불구하고 예수는 다윗의 후손으로서의 사명을 감당해야 한다. 그는 실패한 이스라엘을 무너뜨리고 새로운 실재, 새로운 공동체, 새로운 성전을 창조할 것이다. 회복은 하나님으로부터 직접 도래할 것이지만 이제 그 회복은 보편적으로 수용되는 방식으로는 임하지 않을 것이다. 이는 마태복음 저자가 시편 118편을 "이것은 주로 말미암아 된 것이요"라고 해석한 부분을 통해 드러난다. 거절당한 아들이 높여짐은 "우리 눈에 기이하도다"라고 묘사된다(마 21:42). 따라서 예수의 비유에 나타난 어조는 유배 이전 상황과 거의 유사하지만 그 말씀의 기저에 깔린 메시지는 회복 종말론이라고 볼 수 있다. 하나님은 이제 침묵하시지 않는다. 주님은 구원을 가져올 것이며 포도원은 다시 번성하게 될 것이다. 첫 번째 다윗 때와 마찬가지로 하나님은 여전히 백성의 마음속에 있는 성전에 거하기를 원하신다.

5. 종말론적 성전에 대한 기대

이 본문들에 나타난 예수의 행동과 말씀은 모두 성전에 대한 전면적인 비판적 태도를 드러내고 있지만 그 배경에는 희망의 주제가 깔려있다. 하나님은 추방당한 자들의 부르짖음에 응답하신다. 예수는 "모으시는" 이스라엘의 하나님에 관한 복음을 선포한다. 현재의 성전은 분명히 그릇된 신앙을 대표한다. 스룹바벨이 지은 성전은 헤롯 왕조 시대에도 건재했지만 더 이상 종말론적 갱신을 위한 곳으로 여겨질 수 없었다. 두 종류의 성전 종말론이 제시될 수 있다. 예수의 입장에서는 돌로 지어진 건물이 하나님의 영원한 거처가 될 수 없다.[115] 대신 예수는 옛 창조를 대표하는 옛 성전의 종말의 때가 임했다고 말하는 이사야서의 종말론을 취했다. 백성의 죄악에 대한 속죄가 이루어질 것이고 곧 해방이 이루어지겠지만 이는 시온산 위의 성지를 통해서 가능해질 일은 아니다. 하나님은 새 창조를 시작하실 것이

---

115 이런 한 방향의 연구의 주요 목적 가운데 하나는 신약신학 연구에 역사적 예수 연구의 새 관점을 적용하려는 데 있다. 지금까지의 분석을 통해우리는 예컨대 Wright, Alexander, Pitre, Witherington, Hamilton 같은 학자들의 여러 주장을 지지해왔다. 다음으로는 성전 건축의 특징에 관해 논의하게 될 것이다.

고 이 변화를 가능하게 할 대리자는 성전 건축자로서 자발적으로 그 무대에 등장하는 다윗의 후손이다.

이런 사상은 예수의 가르침이 하나님 백성의 완전한 회복을 약속하는 유대교의 회복 종말론과 직접 연결되어 있음을 알려준다. 본서의 제1장에서 다룬 것처럼 구원의 성전을 통한 이스라엘의 구속에 대한 기대감은 제2성전기 유대교 신학에서 일관되게 나타난 특징이었다. 예루살렘 성전이 바빌로니아에 의해 파괴된 사건도 언약의 붕괴에 대한 상징으로 이해되었다. 신실한 마음을 상징하는 공동체로서의 "성전"은 타락해 있었다. 대예언자들은 오직 그들의 마음이 변화되어야만 하나님의 영이 성전으로 돌아올 것이라고 선포했다. 이로 미루어 볼 때 회복이 메시아적 성전 건축자의 일인 동시에 새로운 창조 행위로 여겨진 이유 가운데 하나였음이 확실하다. 이 점에서 예수의 사역은 당시의 종말론 사상의 흐름에 완벽하게 부합한다. 그러나 그렇다고 해서 예수의 메시지가 쉽게 받아들여진 것은 아니었다. 오히려 정반대다. 바빌로니아 제국 시대의 수사에 대한 그러한 "낭만적" 재연이 틀림없이 거룩한 도시 예루살렘을 다스리는 종교 권력층 사이에서 증오를 불러일으켰을 것이라는 점은 쉽게 이해될 수 있다.[116]

이상의 분석을 고려하면 함께 엮인 짧은 이야기들을 해석하기 위해서는 샌더스의 최초 제안이 설득력이 있는 것으로 보인다. 이후의 분석은 더욱 상세한 해석으로 이어졌고, 수사적 묘사 배후에 있는 메타내러티브의 구조를 섬세하게 다룰 수 있게 만들었다. 샌더스의 해석에 대한 탄(Tan)의

---

116   Levenson and Ådna의 연구를 비롯하여 최근에 발표된 저서에 관해서는 다음을 보라. *Gemeinde ohne Tempel* (hrsg. Ego et al.); Scott (ed.) *Restoration*, 예컨대 107-46, 435-88; Beale, *Temple*, 81-166; Alexander, *Eden*, 13-60; Barker, *Gate of Heaven*, 57-132; Pitre, *Letter & Spirit 4* (2008), 47-83; Perrin, *Temple*, 46-79.

요약을 활용해서 다음과 같이 사상의 흐름을 정리할 수 있을 것이다.[117]

상을 엎음—성전 멸망—새로운 성전 건설

따라서 예수의 선포에 나타난 가장 명확한 특징 가운데 하나는 하나님이 기존의 성전을 종말론적 성전으로 교체하실 것이라는 그의 확신에 있다. 이러한 믿음은 이상적인 하늘의 성전을 선포한 에스겔의 예언을 통해 뒷받침되어왔다. 그런 관점은 이미 구원의 성전과 실제 예루살렘 성전 사이를 구별했다. 게다가 우리가 확인한 것처럼 몇몇 예언자는 종말론적 회복을 이 종말론적 성전을 건축할 자로 기대된 다윗 가문 인물의 출현과 연결했다. 실제로 이스라엘의 소망을 헤롯 성전에 반대하는 것으로 표현할 수도 있었다. 그 배경은 매우 흥미롭다. 즉 하나님이 직접 지으실 성전이 출현할 것을 선포함으로써 타락한 제사장직과 더럽혀진 성소가 하나님의 영과 상관없는 것으로 거부되었음에도 불구하고 제의에 대한 이상주의적 개념은 계속 유지될 수 있었다.

이 해석에 따르면 무화과나무 일화와 성전 시위 사건은 함께 묶인다. 또한 이 관점은 예수의 행위가 단순히 정화를 위한 것이 아니었음을 알게 해주는데, 이와 관련하여 커크(Kirk)는 다음과 같이 말한다. "뿌리째 말라서 죽은 나무가 정화된 성전을 제대로 나타낼 수는 없다."[118] 예수는 그의 말씀에서 더욱 엄격한 모습을 드러내 보였다. 예수의 성전 시위 행동의 핵심은

---

117   Tan, *Zion Traditions*, 167. 이 구조에 관하여 논의되어야 할 중요한 주제는 새로운 성전의 성격에 관한 것이다. Wright는 Sanders가 새로운 성전과 관련하여 사회학적 이해방식을 과도하게 적용한다고 비판한다. Wright, *Victory of God*, 426. 이에 관한 논의는 Bryan, *Handbook 3*, 2846-47을 보라.

118   Kirk, *CBQ 74* (2012), 520.

하나님의 성령이 이 성전 구역에 거하지 않음을 주장하는 것이라고 가정할 수 있다. **쉐키나**는 아직 예루살렘으로 돌아오지 않았다. 나중에 예수가 성소 자체의 파멸을 예언한 이유를 설명해줄 수 있는 것은 바로 이러한 확신일 것이다. 현재의 성전은 첫 번째 성전인 솔로몬 성전과 같은 운명을 맞이하게 될 것이다. 이것이 마가복음 13장에 나타난 예수의 가르침의 내용이다.

예수가 성전 구역에서 나가려고 할 때 그의 제자들은 웅장한 성전 건물을 칭송하는 발언을 한다. 그들이 왜 그런 말을 했는지에 관해서는 언급되지 않는다. 이는 몇몇 다른 경우에서처럼 예수가 제자들이 무심코 한 말을 듣고 가르침을 준 것이라고 가정할 수 있다.

> 예수께서 성전에서 나가실 때에 제자 중 하나가 이르되 "선생님이여, 보소서. 이 돌들이 어떠하며 이 건물들이 어떠하니이까?" 예수께서 이르시되 "네가 이 큰 건물들을 보느냐? 돌 하나도 돌 위에 남지 않고 다 무너뜨려지리라" 하시니라(막 13:1-2).

수난 내러티브가 예루살렘 활동의 정점에 해당한다는 점을 고려하면 예수가 성전의 완전한 멸망을 강조하는 장면은 흐름에 잘 부합한다고 볼 수 있다. 새로운 다윗의 후손은 자신의 신학적 계획을 따른다. 그는 타락한 민족에 적대적인 설교를 한다. 이스라엘은 실제로 역사에서 유배를 겪었음에도 불구하고 깨달음을 얻지 못했다. 그 역사는 놀랍게도 5세기 전에 이미 발생했음에도 말이다. 심지어 이제 이 소작농들은 하나님의 종들을 살해하고 주인의 아들을 배척한다. 그러므로 불가피한 하나님의 징벌은 "제2성전"이 결코 구원을 보장하는, 약속된 종말론적 "기도하는 집"이 될 수 없음을 증명할 것이다. 오히려 제2성전은 사라지게 될 것이다. 하나님의 진노가 그곳에 임할 것이므로 돌 하나도 남아 있지 못하게 될 것이다. 결론으로 도출될 수 있는 것은 하나뿐이다. 많은 유대교 율법 교사들이 생각한 것처럼 다윗의 후손이 정말로 성전 건축자라면 그가 세울 새 성전은 완전히 불살라지게 될 예루살렘 성전 밖에 있어야만 한다.[119]

그러면 다음으로는 새로운 종말론적 성전의 성격에 관해서 논의해야 한다. 앞서 언급했듯이 샌더스는 예수가 분명히 물리적 형태의 성전 건축에 대한 확신을 가졌다고 추측한다. 반면 라이트는 이 대목에서 예언자들의 선포에 이미 존재하는 회복 종말론의 신비한 측면이 중요해진다고 말한다. "나는 예수가 자기 자신을, 그리고 아마도 예수 자신과 함께 그의 추종자들을 새로운 성전으로 여겼을 것이라고 생각한다."[120] 이후의 학자들도 바로 이런 점을 확실하게 강조해왔다.

성전을 세우는 자에 관한 주제는 수난 내러티브에서 여러 번 나타난다. 요한복음 저자는 성전 시위 사건을 예수가 자신의 행위를 정당화하면서 대적자들에게 응답하는 장면과 연결시킨다. "너희가 이 성전을 헐라. 내가 사흘 동안에 일으키리라"(요 2:19). 요한복음 저자는 이 진술에서 이어진 상이한 해석들을 추가한다. 즉 요한복음에 등장하는 일부 유대인 청중은 로마 제국 시대의 건축 작업에 관해서 발언하지만 내레이터는 그 건물이 바로 예수의 부활한 몸을 가리킨다고 지적한다. 그런데 마가복음의 문맥을 고려하여 이 본문을 읽으면 요한복음의 진술은 역사적 성전과 (모종의) 종말론적 성전(이 종말론적 성전의 성격에 대해서는 나중에 고찰될 것이다) 사이의 대립 주제를 기반으로 한다고 볼 수 있다.

예수가 심문 장소로 끌려가 자신을 고발한 자들을 마주한 장면에서도

---

119   내가 이해하기로는 이것이 예수의 종말론적 성전 신학에 관한 Meyer의 최초의 주장 배후에 있던 핵심 개념이다. Meyer, *Aims of Jesus*, 181-84.

120   Wright, *Victory of God*, 426.

바로 이 주제가 전개된다. 마가복음 저자는 예수가 성전을 직접 위협하는 선포를 했다는 이유로 고발되었다고 보도한다(마가복음 본문에서는 사람들이 예수의 발언을 인용하는 것으로 묘사된다).

> 우리가 그의 말을 들으니 "손으로 지은 이 성전을 내가 헐고 손으로 짓지 아니한 다른 성전을 사흘 동안에 지으리라" 하더라(막 14:58).

이 진술은 사실상 복음서에 아주 많이 등장하기 때문에 예수가 실제로 발언했던 말씀(*ipsissima verba*) 중 하나임이 분명하다. 마가복음에서는 십자가에 달린 예수를 조롱하는 사람들이 했던 말에서도 그 진술이 등장한다. "성전을 헐고 사흘에 짓는다는 자여, 네가 너를 구원하여 십자가에서 내려오라"(막 15:29-30).[121]

일종의 성명으로서의 예수의 선포는 성전의 완전한 멸망을 예언했던 다른 말씀들과 마찬가지로 뚜렷하게 예루살렘 성전에 비판적인 입장을 취한다. 앞서 언급된 단어는 종말의 때에 두 개의 다른 성전이 존재함을 암시한다. 즉 손으로 지은 성전(*cheiropoiētos*)과 손으로 짓지 않은 성전(*acheiropoiētos*)이 뚜렷하게 대조되고 있다.[122] 사람의 손으로 다듬지 않은 돌이라는 이미지는 분명히 제단이나 성전 본체의 건축을 묘사하는 구약성서 구절들에서 도출되었다. 여호수아서는 "쇠 연장으로 다듬지 아니한 새 돌로 만든 제단"(수 8:31)을 언급한다. 열왕기상은 성전을 "건축하는 동안에 성전 속에서는 방망이나 도끼나 모든 철 연장 소리가 들리지 아니하였다"(왕상 6:7)고 기록한다. 또한 돌에 관한 메타포가 사용된 여러 사례가

---

121   Wright, *Victory of God*, 335를 보라.
122   이에 관한 자세한 분석은 Sweet, *Templum Amicitiae*, 368-90을 보라.

있다.[123]

다니엘서의 종말론에 따르면 "영원히 망하지도 않을" 나라가 "손대지 아니한 돌이 산에서 나와서 쇠와 놋과 진흙과 은과 금을 부서뜨린 것을 왕께서 보신 것"같이 사악한 모든 나라를 멸망시킬 것이다(단 2:44-45). 이는 "손대지 아니한 돌"(단 2:34)이 잘린 것이므로 그것은 **성전의 돌들을** 떠올리게 한다."[124] 다니엘서에서 이 돌은 마침내 "태산을 이루어 온 세상에 가득"하게 된다(단 2:35).

앞서 언급된 예수의 짧은 이야기 또는 짤막한 말씀에 대한 해석의 기준을 제공하는 함축적 이야기에서 그 다윗의 후손은 두 개의 역할을 한다. 그는 한편으로는 파멸을 선포하고 다른 한편으로는 자신을 구원의 성전 건축자로 제시한다. 이 주제는 대중의 관심을 끌었지만 그렇다고 해서 실제의 역사적 성전의 멸망이 강조되지는 않았다. 오히려 무게 중심은 이스라엘의 영적 유배의 종결을 약속하고 하나님의 성령이 거주하는 공동체를 존재케 하는 종말론적 성전의 도래에 놓인다. 종말론적 성전이 손으로 지은 성전(cheiropoiētos)과 대조되는 것은 그 새 성전이 하나님의 작품이라는 명확한 사실에 있다. 더 나아가 이는 돌들 자체가 바로 "살아있는" 돌, 즉 인간들이라는 개념을 암시한다.[125]

아주 흥미로운 사실은 다른 해석학적 문맥에 해당되기는 하지만 쿰란 공동체도 매우 유사한 개념을 사용한다는 점이다. 이 언약 공동체는 예루살렘 성전이 하나님의 백성을 잘못된 길로 인도한 사악한 제사장의 손아귀

---

123   Beale, *Temple*, 153. 이와 유사한 개념이 「에스라4서」 13:6-7; 「시빌의 신탁」 4:11에서도 발견된다. 그러나 예루살렘 성전은 손으로 만든 것이었다(cheiropoiētos). Philo,, *Mos.* 2.88.

124   Pitre, *Letter & Spirit 4* (2008), 60(강조는 원저자의 것임).

125   Catchpole, *Jesus People*, 257을 보라.

에 있다고 확신했다. 그러므로 쿰란 공동체는 참다운 성전을 광야에 건설했다. 「공동체의 규칙」에 기록된 다음과 같은 내용을 보라.

> 이런 일들이 이스라엘 안에 있으면 공동체의 의회는 진리 위에 기초하게 될 것이요[…]마치 영원한 농장 같이 이스라엘의 거룩한 집과 아론의 지성소의 기초가 될 것이다. 그들은 심판의 참된 증인이며, 세상을 위해 속죄하고 사악한 자들에게 벌을 주기 위해서 [하나님의] 뜻에 따라 선택된 자들 같다(1QS VIII.4-7).[126]

쿰란 공동체의 의회는 성전의 기능을 담당했던 것이 확실하다. 의회는 공동체 구성원들의 속죄를 선언했고 종말론적 회복과 관련하여 "세상에 대한 속죄" 주제도 다루었을 것으로 추정된다. 이런 성전 비판 태도는 본서의 제1장에서 다룬 것처럼 제2성전기 유대교 신학의 일부였다. 특히 바리새파와 사두개파를 비롯하여 많은 사람이 예루살렘 성전을 유배 이후 하나님의 자비를 위한 중재 역할을 맡은 장소로 간주했다는 것은 자명한 사실이다. 그럼에도 불구하고 성전을 비판할 만한 충분한 이유가 있었다.

예수는 예루살렘 멸망 입장을 계속해서 고수했기 때문에 종말의 때에 이 세상 가운데 **쉐키나**가 거주할 대안적 장소가 있어야 한다고 확신했을 것이다. 부활에 대한 예언 말씀과는 별도로 이와 관련된 언급으로 여겨지는 확실한 구절들이 언급되어왔다. 이 가운데 하나는 안식일에 이삭을 잘라 먹은 이야기에서, 예수가 다윗의 사람들이 하나님의 전에 들어가서 진설병을 먹은 일을 언급하며 자신과 성전 사이의 관계에 관하여 말한 본문

---

126   성전 두루마리에서도 참된 성전의 이상적 모델은 구원의 종말론적 장소에 대한 쿰란 공동체의 사상을 반영하고 있는데, 여기서 현존했던 예루살렘 성전은 제외되고 있다 (11Q19, 30-33). 참조. Maier, *Temple Scroll*, 59-60.

이다(마 12장). 여기서 예수는 두 개의 예를 들어 지상에서의 하나님의 거룩하심에 대해 언급하면서 다음과 같은 선언으로 결론을 맺는다. "내가 너희에게 이르노니 성전보다 더 큰 이가 여기 있느니라"(마 12:6).[127]

이 말씀에서는 은연중에 하나님이 거하는 장소로서의 성전과 한 인물로서의 예수가 서로 비교된다. 예수가 어떻게 성전보다 "더 큰" 이가 될 수 있었을까? 피트리가 언급했듯이 적어도 인간적 논리로 보면 성전보다 더 클 수 있는 유일한 존재는 오직 "인격으로 존재하며 육신 가운데 '거하는'(tabernacling) 하나님 자신"뿐이다.[128] 본문에 인용된 호세아서의 말씀이 순결한 마음과 타락한 성전 예배를 대조함으로써("나는 자비를 원하고 제사를 원하지 아니하노라," 호 6:6) 진정한 예배를 영적인 것으로 간주한 것에 주목할 필요가 있다.[129] 그러므로 이 이야기에서는 예수 자신에게 성전의 역할이 주어지는 것으로 묘사된다.

다음으로 다루게 될 본문은 요한복음 1장에 나타난 야곱의 사다리에 대한 예수의 널리 알려진 해석에 관한 것이다.[130] 나다나엘의 고백 이후 예수는 그에게 이렇게 대답한다.

> 진실로 진실로 너희에게 이르노니 하늘이 열리고 하나님의 사자들이 인자 위에 오르락내리락하는 것을 보리라(요 1:51).

---

127 누가복음 저자는 마가복음을 따르고 있기 때문에 나는 이 마태 특수전승(M)이 본래의 것이라고 생각한다. 왜냐하면 마태 특수전승은 이 이야기에 잘 어울릴 뿐만 아니라 또한 본문에 완벽하게 부합하는 구약성서 본문을 추가하고 있기 때문이다(호 6:6).

128 Pitre, *Letter & Spirit 4* (2008), 53.

129 유배와 회복에 관한 개념을 영적인 차원으로 만드는 주제에 관해서는 본서의 제1장 II의 내용을 참조하라.

130 이 본문에서 전승과 요한복음 저자 사이의 편집을 명확하게 구별하기는 어렵지만 이 구절은 확실히 전승에 속한 것으로 여겨진다. 이 본문은 아멘-말씀("진실로 진실로 이르노니")에 해당되고 인자에 관한 말씀이며 독특한 특징을 갖고 있기 때문이다.

예수는 "하늘의 열림"에 관한 다니엘서의 환상 및 인자(人子, Son of Man)가 하늘 궁정에 나타나는 것에 대한 인유(引喻)와 함께(단 7:13) 천사들이 하늘 사다리를 오르락내리락하는 참다운 벧엘에 관해서 말한다. "이것은 다름 아닌 하나님의 집이요 이는 하늘의 문이로다"(창 28:17). 지상에 있는 하나님의 집은 그의 영이 거하는 장소며 천사들의 출현은 그곳이 하나님의 하늘 성전과 직접 연결되어 있음을 보여주는 성소라는 것을 시사한다. 예수의 종말 사상에서 인자는 하나님이 임재하는 **장소**(locus)가 되었으며 그 인자는 하나님을 만날 수 있는 하나님의 집이 되었다. 누구든지 인자에게로 오면 그는 하늘 문에 이르게 된다.[131]

벧엘 이야기에 대한 종말론적 해석은 예수 당시에 살아있는 전승이었다. 쿰란 공동체의 성전 두루마리에는 하나님 자신이 미래에 성전을 짓고 그의 백성 가운데 영원히 거하실 것이라고 약속하는 흥미로운 구절이 나온다.

> 나는 나의 성전을 내 영광으로 거룩하게 할 것이다. 내가 벧엘에서 야곱과 더불어 맺은 언약을 따라 내 성전을 세우고 내 영광을 위해 그것을 영원히 굳게 서게 할 창조의 날까지 내 영광을 그 위에 거하게 할 것이기 때문이다(11QT XXIX.8-10).[132]

이러한 회복 종말론은 구원의 성전이 사람의 손으로 만들어지지 않을 것이라는 개념을 이어왔다(Florilegium 4Q174 참조). 쿰란 공동체가 이러한 희망을 갖게 된 것은 현재의 타락한 성전을 온전하게 대체할만한 것이 있을 수

---

131   특히 Pitre, *Letter & Spirit 4* (2008), 54를 보라.
132   이 구절에 관한 최근의 분석에 관해서는 Betz, *Jesus and the Dead Sea Scrolls*, 91-100; Brooke, *Gemeinde ohne Tempel*, 286-91을 보라.

없다고 여겼기 때문이다. 어떠한 측량이나 설비, 축일이나 절기도 올바른 것으로 여길 수 없었기 때문이다. 따라서 쿰란 공동체는 스스로를 참된 성전으로 묘사했다. 예수의 가르침에서는 강조점이 좀 달랐다. 예수는 하나님의 집이 그의 백성을 모이게 하는 종말론적 공동체가 될 것이고 심지어 그것이 자신 안에서 구현되었다고 선언했기 때문에 예수의 청중은 그가 몰락한 이스라엘의 최종적 회복에 관해서 말하고 있다는 점을 쉽게 이해했을 것이다. 쿰란 공동체와 예수는 모두 대안적 공동체를 말하고 있지만 오직 예수만이 인자가 곧 하늘 문이라고 언급한다.

그렇다면 종말론적 위기는 어떻게 이해될 수 있을까? 왜 예루살렘은 또다시 멸망해야만 하는가? 예수에 따르면 거룩한 도시 예루살렘은 다윗 왕국이 타락한 때부터 멸망할 운명에 처해 있었다. 예수는 회복에 대한 하나님의 약속은 항상 하나님 자신의 손으로 만드는 종말론적 성전에 관련된 것임을 일관성 있게 선포했다. 그것은 한 성전을 의미하는 것이고 실제로는 한 공동체이며 이 영적인 회막에서 예수 자신은 "머릿돌"이 된다(시 118편). 이 전승은 지상의 성소와 종말론적 성전 사이에 본질적인 대조를 말한다.

두 개의 성전 종말론과 영적 성전 개념을 뒷받침하는 몇몇 구약성서 구절이 있다. 앞서 보았듯이 대예언자들은 진정한 신앙인들의 공동체인 어떤 성전을 고대했다. 이러한 맥락에서 종말론적 성전은 하나님의 손으로 지어진 어떤 실체로 간주된다. 이사야서의 마지막 부분은 하나님의 하늘 궁정을 강조한다. "하늘은 나의 보좌요 땅은 나의 발판이니 너희가 나를 위하여 무슨 집을 지으랴? 내가 안식할 처소가 어디랴?"(사 66:1)[133] 여기서 발

---

133   사 63:15을 참조하라. 특히 Beale, *Temple*, 133-36은 이사야서에 나타난 하나님의 성전의 초월성을 강조한다.

판은 언약궤를 의미할 가능성이 매우 높다. 이 구도에서 보면 하나님의 진정한 성소는 하늘에 있으며 이는 이사야 6장에 나타난 위대한 환상에서 예언자 이사야가 높이 들린 거대한 보좌를 목격한 것과도 같다(사 6:1-2). 이사야서의 종말론에 따르면 지상에는 하나님의 영원한 거처가 없다. 하나님이 사람의 손으로 지은 집에 거하지 않는다는 생각은 많은 신약성서 저자도 여러 차례 언급한다. 대신 새로운 성전이 우주의 중심이 될 새 창조에 초점이 맞추어지는데 이곳이 하나님께서 영원히 거할 장소가 될 것이다(사 66:18-22).[134] 아마도 이것이 훗날 그것을 중심으로 두 개의 성전 종말론이 구축되는 가장 개연성 있는 해석학적 틀일 것이다.

예수는 또한 그 종말론적 성전이 새 창조의 중심이 될 것이라고 가르친다. 그것은 하나님이 만드신 집, 즉 모종의 신비한 방식으로 그의 몸인 동시에 그의 공동체인 집이 될 것이다. 육체적 실체로 회복을 이해하는 방식은 이미 구약성서에서 발견된다. 다음과 같은 수수께끼 같은 본문을 예로 들 수 있다. "그가 성소가 되시리라. 그러나 이스라엘의 두 집에는 걸림돌과 걸려 넘어지는 반석이 되실 것이며"(사 8:14). 많은 구절에서, 그리고 특별히 이 구절에서 돌 하나가 전체 성전을 가리키는 제유법(synecdoche)이 나타나는데 여기서 성전을 육체적인 것으로 해석하는 증거를 볼 수 있다.

이 개념은 초기 기독교의 해석에서도 확인된다. 요한복음은 이 땅에 성육신한 말씀의 특징을 묘사하면서 70인역 구약성서의 표현을 차용한다. "말씀이 육신이 되어 우리 가운데 거하셨다(eskēnōsen)"(요 1:14). 하나님이 그의 백성 가운데 "거했던"(tabernacled) 또는 장막을 세웠던 것처럼 말씀이신 예수 또한 이스라엘 중심에 있는 그의 몸의 성전 안에 "거한다." 성육신을

---

134   행 7장의 스데반 연설에서 사 66장이 인용되는데 여기서 사람의 손으로 지어진 성전은 영적 실체인 하나님/그리스도의 종말론적 성전과 대조되고 있다. 이에 관한 분석은 본서의 제2장 III.5.를 보라.

통해서 예수는 하나님의 집이 되고 하늘 문이 된다. 그러므로 예수는 바로 자신의 인격으로서 성소이며 따라서 누구든지 자기 생명을 그와 연합하는 자는 구원받은 공동체에 속할 것이다.[135]

예수는 자신의 육신의 파괴를 (첫 번째) 성전의 멸망과 동일시하면서 동시에 자신이 타락한 이스라엘의 운명에 동참한다고 주장한다. 하나님의 타락한 백성과 예수 자신의 삶은 하나의 운명 공동체와도 같다. 그는 거절되고 "우리의 죄악 때문에 부숴질 것이다"(사 53:5). 하지만 사람의 손으로 만들지 않은 다른 성전과 다른 몸이 세워질 것이다. 영원한 종말론적 성전 개념과 부활 개념 사이에는 밀접한 관련이 있다. 하나님의 새 창조가 시작될 것이다. 하나님이 자기 백성의 부르짖는 소리에 응답할 때 그는 과거 이스라엘의 변절한 왕들의 상한 열매를 먹은 자들을 용서한다. 그는 유배 상태에서 살아가는 자들에게 회복을 가져온다. 이 일은 성전 건축자로서 예루살렘에 입성하는 다윗의 후손을 통해 이루어진다. 그는 **쉐키나**가 거하는 평화의 나라와 공동체를 출범시킬 것이다. 새로운 회중은 하나님이 임재하는 장소이자 하나님이 거하시는 곳이다.

전반적으로 성전 건축자로서의 다윗의 후손에 대한 이야기가 예수의 메시지를 연구하는 데 있어 해석학적 열쇠가 된다. 그것은 예수의 정체성과 그의 가르침의 핵심을 모두 설명해주기 때문이다. 예수는 진정한 벧엘, 즉 **쉐키나**가 거하는 하나님의 집인 종말론적 성전을 일으키는 자로 운명지어졌다. 이 메시지 때문에 그는 현재의 성전에 저항했고 또 그 행동은 불가피한 것이다. 하나님이 이스라엘을 위한 회복을 이루시기 위해서는 이것이 유일한 길이다. 앞서 언급했듯이 유대교의 해방 개념은 종말론과 관련하여 이미 몇 가지 역할을 했다. 그런 가르침에 따르면 회복의 날은 희년, 구원의

---

135   이에 관한 상세한 분석에 관해서는 나중에 요한의 신학을 다루면서 논의할 것이다.

성전, 속죄, 하나님과의 화평을 가져올 것이다. 예수의 선포에는 이 모든 주제가 생생하게 살아있다. 종말론적 성전 건설에 관한 이야기는 예수 자신과 그의 추종자들, 특히 그의 제자들이 종말론적 실재를 이해하기 위한 메타내러티브 역할을 한다. 더 나아가 이 메타내러티브는 복음서 전승에 나타난 예수의 다른 여러 말씀을 독자들이 이해하는 데 도움을 주는 구조적 원리가 된다.

III. 유배의 종결을 가져오는 환난의 시대

예수의 선포를 종말론적 차원에서 새롭게 해석하는 시도는 예수의 메시지와 관련된 많은 전통적 관점을 변화시켰다. 시대의 변화와 유배의 고난의 종결을 말하는 거대한 메타내러티브가 예수의 사상을 드러내 준다. 다윗의 후손이자 다윗 왕국의 계승자인 예수는 자신을 흩어진 이스라엘 백성을 모으는 존재로 여긴다. 그는 단지 소규모 카리스마적 운동을 이끈 갈릴리의 열정적 인물이나 독학을 통해 지혜로운 (또는 스토아 학파적인) 도덕을 가르친 랍비에 불과한 인물이 아니다. 그는 이른바 제2성전기 유대교의 언약적 율법주의를 고수하려고 했던 전통주의자도 아니다. 지난 20세기의 역사적 예수 연구에서는 그런 관점들이 지배적이었다. 따라서 종말론적 관점이 다시 등장한 것은 이런 종류의 연구를 새롭게 만드는 고무적인 일이다.

1. 환난의 시대의 시작: 세례자 요한의 죽음

위대한 시대는 쉽게 전환되지 않는다. 최종적 회복에 대한 복음서의 내러티브는 단순히 새들과 꽃들에 관한 행복한 이야기나 이웃을 사랑하라는 훈계가 아니다. 복음서 전승의 여러 구절은 예수가 깊은 영적 갈등의 고통을 겪었으며 바로 이 영적 갈등이 예수로 하여금 우리가 바로 앞에서 살펴본 것 같은 갈등을 겪도록 만들었음을 보여준다. 예수는 어떤 한 인물의 경험으로부터 결정적인 영향을 받았다. 그것은 바로 세례자 요한의 죽음인데 성서학자들은 이 점을 자주 간과한다. 그의 죽음과 관련된 예수의 모든 발언은 세례자 요한에 관한 진심 어린 그의 관심을 드러낸다. 그러한 관심의 배경은 특정한 묵시 사상의 개념과 유사하다. 즉 종말론적 환난의 시대가 있을 것이며 그 환난의 때는 예수 자신의 사역 기간에 절정에 이를 것이다. 그러나 여기서 가장 중요한 점은 억압의 때가 세례자 요한의 처형으로부터 시작되었다는 사실이다. 참된 이스라엘은 오직 박해의 때가 지나간 후에야 구속받을 것이다. 여전히 죄 가운데 살고 있는 온 이스라엘은 하나님이 자기 종들을 보냄으로써 그들에게 주려고 했던 회복을 인정하지도 받아들이지도 않는다. 오히려 이스라엘은 자신에게 파송된 예언자들을 죽인다. 세례자 요한의 죽음은 이러한 사실을 보여주는 끔찍한 사례다. 그런 상황에서는 누구나 순교의 운명에 직면할 수 있으며 심지어 예수 자신도 마찬가지다.[136]

과거의 포로기 예언자들과 마찬가지로 예수 역시 환난의 시간 없이는 새로운 왕국이 시작될 수 없다고 확신했다. 복음서의 내러티브에 따르면 극심한 고난의 때가 하나님의 최종적 구원의 성취로 이어지게 될 것은 분

---

136   본서의 서론에서 언급했듯이 이런 종말론적 해석을 처음 시도했던 학자는 Schweitzer다. 그는 예수가 하나님 나라를 위해 기꺼이 고난을 받았던 것은 "환난"(*peirasmos*)의 때가 있기 전에는 하나님 나라가 임하지 않는다는 확신을 갖고 있었기 때문이라고 생각했다. Schweitzer, *Quest*, 387. Sanders도 이에 관해 다루지만 그는 환난에 관한 사상이 유대-로마 전쟁 이후에 발생한 것일 수 있기 때문에 Schweitzer에 동의하기를 주저한다. Sanders, *Jesus and Judaism*, 23. Wright는 자신의 연구에서 회복 종말론을 논의하면서 Schweitzer의 해석에 대한 수정을 시도한다. Wright, *Victory of God*, 578.

명하지만, 현재의 이스라엘은 여전히 하나님의 원수로 살아가고 있다. 마지막 때에 이스라엘은 더 깊은 배교의 상황에 빠져들 것이다.[137] 최종적 구원의 날이 오기까지 그 백성은 자기들 위에 하나님의 진노를 쌓을 것이다. 분쟁과 폭력이 이스라엘의 죄의 전형적인 특징이다. 예수가 언급한 것처럼 종교 집단들은 서로 대적하며 메시아에 앞서 엘리야가 출현하면서 벌어질 대변혁의 도화선에 불을 당길 자들에 불과하다.[138]

신약성서 내러티브에서 세례자 요한은 유배기 예언자 가운데 주목받는 인물로 나타난다. 그는 이스라엘의 죄악을 책망하면서 광야에서 새로운 출애굽을 준비한 자다. 요한은 묵시적 사건들이 이스라엘의 운명을 바꿀 것이라고 백성에게 경고하면서 회복에 관해서도 선포한다. 요한은 회복의 대리자에 관해 아주 확실하게 알고 있다. 요한 자신은 선구자에 불과하다. 하나님의 종은 성령으로 세례를 베푸는 인물로 올 것이기 때문이다.[139]

말라기가 예언한 것처럼 메시아의 시대를 시작하게 하고 주의 종의 길을 예비할 엘리야가 이 이야기에서 특별한 역할을 담당한다. 엘리야는 회복을 시작하게 할 인물 중 하나다. 말라기의 전승에서 언급한 대로 그는 "아버지의 마음을 자녀에게로 돌이키게" 할 것이다. 이스라엘은 한 가족이기 때문에 예언자 말라기는 이런 메타포를 사용하여 화해의 때를 묘사하는 한편, 그것과 반대되는 죄와 이스라엘의 가족 내 분쟁의 때를 전면에 부각

---

137 환난의 특징에 관해서 다룬 최근의 연구인 Allison, *Jesus*, 145-47; Pitre, *Tribulation*(Schweitzer에 관해서 다룬 9-12)을 보라.

138 이 주제에 관해서 Pitre는 자신의 박사학위논문 *Jesus, the Tribulation, and the End of the Exile*을 통하여 특히 회복 종말론에 관한 많은 흥미로운 관점들을 열어주었다. 세례자 요한과 예수 사이의 관계에 관해서는 176-98을 보라.

139 Garnet, *Studia Biblica*, 112는 "유배의 구원론"에 관해 언급하는데 그는 회복 종말론에 중점을 둔 해석학을 발전시킨 최초의 학자들 중 하나다. 그의 짧은 논문에서 세례자 요한은 중요한 역할을 담당하는데, 왜냐하면 "이스라엘의 회복을 위한 요한의 계획"은 또한 예수의 가르침의 모델이 되었기 때문이다.

한다. 예수는 이러한 용어를 차용하면서도 또한 자신의 의도에 따라 이 개념을 발전시켜 사용한다.[140]

가장 우선적으로 예수는 세례자 요한이 [단순한] 예언자를 능가하는 엘리야라고 말한다. "그러면 너희가 무엇을 보려고 나갔더냐? 부드러운 옷입은 사람이냐? 부드러운 옷을 입은 사람들은 왕궁에 있느니라"(마 11:8).

> 그러면 너희가 어찌하여 나갔더냐? 선지자를 보기 위함이었더냐? 옳다. 내가 너희에게 이르노니 선지자보다 더 나은 자니라. 기록된 바 "보라, 내가 내 사자를 네 앞에 보내노니 그가 네 길을 네 앞에 준비하리라" 하신 것이 이 사람에 대한 말씀이니라(마 11:9-10; 참조. 눅 7: 24-28).

여기서 가리키는 인물이 세례자 요한이라는 사실은 다소 난해한 표현을 통해 입증된다. 예수의 말씀을 축어적으로 번역하면 요한이 진정한 예언자였음이 드러난다. "모든 선지자와 율법이 예언한 것은(eprofēteusan. 과거형인 "예언했다"의 의미) 요한까지니(heōs)"(마 11:13). 이 표현은 요한이 대예언자에 속하며 하나님이 부여한 직무를 수행했음을 강조한다. 요한은 메시아 이전에 나타난 사자다. "만일 너희가 즐겨 받을진대 '오리라' 한 엘리야가 곧 이 사람이니라"(마 11:14). 메시아의 오심에 관한 두 개의 다른 언급이 있다. 그것은 두 번째 엘리야에 대한 선포와 또 그가 처하게 되는 상황에 관한 것이다. 요한의 죽음은 메시아 시대의 시작을 증언하는 예언자적 기호다.[141]

마지막 환난의 시기는 유배를 끝낼 것이고, 그러므로 그것은 회복과

---

140 세례자 요한에 관해서는 Wink, *John the Baptist*; Hollenbach, *ABD, Ill* (1992), 887-99; Webb, *John the Baptizer and Prophet*; Yamasaki, *John the Baptist in Life and Death*; Taylor, *The Immerser: John the Baptist*를 보라.

141 Pitre, *Tribulation*, 181-89.

구원의 희망적인 기호일 것이다. 하지만 실제로는 이 시기가 슬픔의 때이기도 한데, 왜냐하면 하나님의 사자들이 순교를 통해 새로운 시대로 들어가야 하기 때문이다. 이런 이미지들은 제2성전기의 몇몇 문헌에서도 사용된 적이 있는 다니엘서의 환난의 시대 묘사에서 유래한 것이다. 우리는 이러한 주제와 특징을 살펴봄으로써 예수의 선포 활동이 세례자 요한의 죽음에서 자극을 받아 같은 과정을 밟게 된 것이라고 추정할 수 있을 것이다.[142]

예수는 세례자 요한이 헤롯 안티파스(기원전 4년-기원후 39년 갈릴리의 분봉왕)의 손에 죽임을 당한 일을 마지막 대사건의 시작을 알려주는 최종적 기호로 여겼음이 분명하다. 우리는 유배에 관한 예수의 수사에서 요한의 죽음이 매우 중요했다고 가정할 수 있다. 요한의 처형은 아마도 29/30년 겨울에 이루어졌을 것이다. 이 처형은 유대인 통치자들이 계속해서 하나님의 대적자로 행동했음을 보여주는 증거다. 헤롯 대왕의 아들들이 유배 이전 시대의 타락한 왕들과 비교되면서 "예언자들을 죽인" 자들로 여겨진 것도 이런 맥락에서다. 그렇다면 이런 사건들의 한가운데서 예수는 자신의 삶이 세상의 역사의 마지막 국면, 즉 종말의 환난이 하나님의 사자들을 가혹하게 짓누르는 시대에 속한다고 생각했을 것이다.[143]

---

142   이런 종말론은 대개 안티오코스 4세 에피파네스 왕이 이스라엘에게 준 고난을 이러한 맥락에서 해석했다. 예컨대 마카베오상은 "크고 무서운 하나님의 진노가 이스라엘 위에 내린 것"이라고 해석한다(마카베오상 1:64; 참조 「모세의 유언」 5:1; 7:1-2). 마카베오하는 그 진노의 때가 아직 종말의 최종적 완성의 때를 의미하는 것은 아니라고 보지만 그럼에도 불구하고 다니엘서의 예언에 나타난 개념을 활용하여 이 시기를 묘사한다(마카베오하 6:9). Goldstein, *II Maccabees*, 278. 환난의 때는 「에녹1서」와 「희년서」에서 중요하게 사용되는 전형적인 표현으로서 이 표현은 쿰란 문헌에도 계속 등장한다(1QH11; 4Q171; 4Q246; 1QM15; 또한 1QS 3-4도 참조하라). 자세한 분석에 관해서는 Pitre, *Tribulation*, 특히 98-120을 보라.

143   이와 관련된 역사적 정황에 대해서는 Boehner, *Herod Antipas*, 특히 110 이하와 129-31을 보라.

예수는 세례자 요한의 처형에 관해 여러 차례 언급한다. 예수는 세례자 요한을 고난의 때에 나타날 제2의 엘리야라고 부른다. 마가복음 전승에서 제자들은 예수에게 이렇게 질문한다. "어찌하여 서기관들이 '엘리야가 먼저 와야 하리라' 하나이까?" 대부분의 번역에서 이에 대한 예수의 답변은 긍정적으로 나타난다. "엘리야가 과연 먼저 와서 모든 것을 회복한다." 하지만 이러한 번역은 바로 이어서 예수가 왜 반문하는 명제를 말했는지를 설명하지 못한다. 그래서 일부 학자들은 실제로 예수의 답변은 의문문으로 시작되었을 것이라고 추정한다.[144] 이 경우 본문을 생동감 있게 번역하면 다음과 같다.

> 그는 그들에게 말했다. "엘리야가 반드시 먼저 와서 모든 것을 회복한다[고 말할 수 있느냐?] 그렇다면 인자에 대하여 기록하기를 '그가 많은 고난을 받고 멸시를 당하리라' 하는 말씀은 무엇이냐? 그러나 나는 너희에게 이렇게 말한다. '엘리야가 왔지만, 기록된 바와 같이 사람들이 함부로 대하였다'"(막 9:12-13).

이 구절은 구조 분석 관점을 통해서 설명될 수 있다. 일부 유대교 신학자들이 기대한 것처럼 엘리야가 와서 이스라엘에 평화를 가져오기로 되어 있는가?(마커스[Marcus]의 용어를 사용하면 이는 **기저 구절**[base verse]에 해당한다) 예수는 그것이 사실이라면 왜 환난의 시대가 끝나지 않는 것이냐고 질문한다. 또 그것이 사실이라면 왜 회복의 때는 시작하지 않았는가? 왜

---

144   특히 Marcus, *ZNW 80* (1989), 48-55를 보라. Marcus, *Way*, 103도 참조하라. 하지만 Pitre, *Tribulation*, 179는 첫째 문장을 의문문으로 해석하는 것에 동의하지 않는데, 이는 이 답변의 초점이 "모순적인 성서 본문들"을 나란히 제시하는 것이기 때문이다. 이런 식으로 그 의미가 완벽하게 전달된다. 어떤 문제에 대한 대안의 제시는 문제를 명료하게 만들어줄 수 있으므로 긍정적이라고 볼 수 있다.

인자 또한 고난을 받아야만 하는가?(마커스는 이를 **성서에 나타난 대조적 기대** [contrastive scriptural expectation]라고 표현한다) 반문하는 형태로 된 예수의 답변은 그가 다윗의 후손에 대해 말할 때와 유사해 보인다(막 12:35-37). 어떻게 다윗의 후손이 다윗의 주님이 될 수 있는가? 예수는 구약성서 본문에 일반적으로 적용되던 해석 방식이 위의 두 가지 경우에는 잘못되었다고 판단한다. 엘리야는 장차 올 것이고 또한 그는 이미 왔다. 하지만 평화의 때는 아직 그 엘리야와 함께 시작되지 않는다. 오히려 엘리야는 진노와 폭력의 마지막 시대를 열게 될 것이다(마커스는 이를 **기저 구절에 대한 새로운 해석**[new interpretation of the base verse]이라고 부른다).[145]

예수가 여기서 말하는 요점은 아주 분명해진다. 예수의 제자들은 구약성서에서 이미 약속된 종말론적 격변이 임박했음을 깨달아야 한다. 엘리야로 온 요한 자신도 평화의 때를 목격하지 못했다. 오히려 그는 끔찍한 최후를 겪어야 했다. 사람들은 그를 "함부로 대했다." 달리 말하면 마지막 때에 발생하게 되어 있던 갈등이 절정에 달한 셈이었다. 우리는 사악한 소작농들의 비유에서 그와 비슷한 내러티브 패턴을 볼 수 있다. 사람들은 하나님이 자신들에게 보낸 예언자들을 죽이기를 원한다. 이스라엘은 순수한 마음으로 하나님의 구원과 유배의 종식을 기다리지 않는다. 그들은 죄악에 얽매여 있고 세례자 요한이 겪은 폭력적인 죽음은 오게 될 엘리야에 대한 모든 예언이 옳음을 증명한다.[146]

예수의 말씀은 주의 날이 오기 전에 제2의 엘리야가 나타날 것을 선언한 구약성서의 본문들을 가리킨다. 가장 중요하면서도 가장 자주 인용된

---

145   Marcus는 앞서 언급된 **기저 구절**과 같은 용어를 Mekilta에서 발견되는 기법과 비교한다. 또한 그는 엘리야에 관한 본문과 다윗의 주님에 관련된(막 12:35-37) 유사한 가르침을 비교한다. 이에 관해서는 Marcus, *Way*, 139-44를 보라.

146   Pitre, *Tribulation*, 187-88.

구절은 말라기서 본문이다. "보라, 여호와의 크고 두려운 날이 이르기 전에 내가 선지자 엘리야를 너희에게 보낼 것이다"(말 4:5).[147] 또한 말라기의 선포에는 이사야서의 용어가 자주 사용된다. 말라기서가 말하는 엘리야는 주의 길을 예비하는 "광야의" 소리다(사 40:3). 그는 타락한 이스라엘의 한가운데로 와서 그들의 죄악을 고발할 하나님의 사자다. 그는 백성들로 하여금 유배의 종식을 준비하게 할 것이다. 회복이 임박했다. 이와 유사한 사상이 집회서에서 발견된다.

> "당신이 심판 날에 와서 하나님의 분노가 터지기 전에 그 분노의 불을 끄고 아비들의 마음을 자식에게로 돌리며 야곱의 지파들을 재건하리라 (*katastēsai*)"고 기록되어 있습니다. 당신을 본 사람들은 얼마나 행복하며, 당신과 사랑으로 맺어진 사람들은 얼마나 행복합니까? 우리 또한 생명을 얻을 것입니다(70인역 집회서 48:10-11).

집회서는 제2성전기 유대교 신학에서 일반적으로 나타나는 관점을 보여준다. 엘리야가 도착하면 그는 하나님의 진노를 "가라앉히고" 지파들을 회복할 것이다.[148] 물론 기독교의 해석은 이것을 세례자 요한의 죽음이나 그의 예언자직을 가리키는 것으로 볼 수 있다. 그럴 수도 있겠지만 집회서는 또한 독자들로 하여금 아주 먼 옛날 첫 번째 엘리야의 경고를 결코 들으려고 하지 않았던 백성들을 상기시킨다. "그럼에도 불구하고 백성들은 뉘우치지 않았으며 죄를 끊어버리지 않아서 마침내 그들은 제 나라에서 쫓겨나

---

147   Webb, *John*, 254는 말라기서의 내러티브에 관련된 논쟁들을 철저하게 분석한다. 그의 견해에 따르면 다시 온 엘리야(Elijah-*redivivus*)는 무엇보다도 "심판과 회복의 인물"이다. 하지만 Webb은 환난의 측면에 관해서는 관심을 기울이지 않는다.

148   Skehan and Di Lella, *Ben Sira,* 533-34를 보라.

사방에 흩어져 살게 되었다"(집회서 48:15). 집회서의 견해에 따르면 제2의 엘리야는 더 자비로운 임무를 떠맡는다. 즉 그는 흩어져 사는 상황을 종결시키고 이스라엘의 회복을 시작할 것이다. 그의 때에 하나님은 자기 백성을 새롭게 하고 포로로 끌려간 지파들을 자신에게로 불러올 것이다. 더 나아가 미움의 때가 종결됨에 따라 그 갱신의 정황에서 부활 개념이 등장한다. "우리 또한 생명을 얻을 것입니다."

그런데 이 모든 것은 미래의 시점에 실현된다. 진노의 시대는 아직 끝나지 않았다. 복음서에서 예수는 당시 세대의 관습적 통념에 적극적으로 문제를 제기하는 것으로 묘사된다. 아버지의 마음은 아직 자녀에게로 돌아오지 않았다. 이스라엘은 여전히 하나님의 사자들을 박해한다. 그래서 예수는 엘리야에 관한 가장 중요한 구약성서 본문을 인용하는데 그것은 곧 호렙 산의 엘리야에 관한 이야기다. 이세벨의 핍박과 이스라엘의 불신앙의 와중에서 엘리야는 자신의 운명을 깊이 생각하며 하나님께 기도한다.

> 그가 대답하되 "내가 만군의 하나님 여호와께 열심이 유별하오니 이는 이스라엘 자손이 주의 언약을 버리고 주의 제단을 헐며 칼로 주의 선지자들을 죽였음이오며 오직 나만 남았거늘 그들이 내 생명을 찾아 빼앗으려 하나이다"(왕상 19:14).

이는 엘리야의 고난에 관한 전형적인 중요한 주제이며 이 전형적인 표현은 예수의 가르침에서도 핵심이다. 세례자 요한은 첫 번째 엘리야와 똑같은 상황에 직면했다. 하지만 둘 사이의 차이점이 아주 중요하다. 즉 하나님은 두 번째 엘리야의 목숨은 결코 구해 주지 않았다. 오히려 세례자 요한은 종말의 시대에 순교자가 되었다.[149] 새로운 엘리야에 관한 신약성서의 가르침이 다니엘서에서 그 중요한 의미를 발견하는 것은 이러한 이유 때문이다. 다니엘서에서 종말론은 환난의 때에 대한 뚜렷한 관점으로 연결되고 있다.[150]

> 그때에 네 민족을 호위하는 큰 군주 미가엘이 일어날 것이요 또 환난이 있으리니 이는 개국 이래로 그때까지 없던 환난일 것이며 그때에 네 백성 중 책에 기록된 모든 자가 구원을 받을 것이라. 땅의 티끌 가운데에서 자는 자 중에서 많은 사람이 깨어나 영생을 받는 자도 있겠고 수치를 당하여서 영원히 부끄러움을 당할 자도 있을 것이며(단 12:1-2).

다니엘서의 종말론에 따르면 이스라엘의 회복과 유배의 종식은 모두 심각한 고난의 기간에 이루어진다. 우선 "이레"(주간)에 관한 예언에서 이 주제가 드러난다. 특별한 이유에서 일흔 이레가 "정해지는데" 곧 "허물이 그치며 죄가 끝나며 죄악이 용서되며 영원한 의가 드러나며 환상과 예언이 응하며 또 지극히 거룩한 곳(개역개정은 '거룩한 이'로 번역함)은 기름 부음을" 받을 것이다(단 9:24). 이스라엘의 갱신은 화해와 죄 용서를 의미할 것이다. 그럼에도 불구하고 성전에 대한 비판은 혹독한데, 예언에 따르면 구원이 임하면 지성소가 기름 부음을 받게 되기 때문이다. 이 논의에서 중요한 점

---

149 Yamasaki, *John*, 134는 마태복음에서 예수가 "요한을 사탄과 하나님 나라가 서로 격돌하는 전쟁의 희생자로 묘사한다"는 사실에 주목한다. 그는 구약성서에서의 엘리야의 역할을 언급하지 않고 대신 요한의 죽음에 관련된 예수의 발언에서 요한에게 엘리야의 지위가 부여된 점을 강조한다.

150 Pitre는 구약성서에 엘리야의 고난에 대한 직접적인 예언이 있는지에 관해서 Morna Hooker와 논쟁했다. Hooker는 이를 부인했지만 Pitre는 말 4:5-6에 이러한 주제가 암시되어 있으며 이러한 신학이 다니엘서에서 발전한 것이라고 주장했다. Pitre, *Tribulation*, 186. 하지만 앞서 지적한 것처럼 고난의 주제는 왕상 19장에 분명하게 나타난다.

은 이 모든 것이 위기의 한복판에서 발생한다는 사실이다. "끝까지 전쟁이 있을 것이다"(단 9:26).[151]

이 구절들이 엘리야라는 인물을 부활 사상과 연결할 수 있게 만들어 주는 것으로 보인다. 마가복음 6장에서 우리는 세례자 요한의 부활 가능성을 보여주는 진술을 발견할 수 있다. "세례 요한이 죽은 자 가운데서 살아났도다. 그러므로 이런 능력이 그 속에서 일어나느니라"(막 6:14. 마태복음은 이 판단을 헤롯 안티파스 자신에게서 나온 것으로 묘사한다. 마 14:2을 참조하라). 이런 논의를 통해서 유대인이라면 종말론적 회복의 때가 오기 직전에 엘리야가 나타날 것으로 생각했으리라는 가정이 적절함을 알 수 있다.[152]

요컨대 예수가 세례자 요한을 엘리야로 간주했을 때 그의 발언은 구약성서에 근거한 어두운 종말론을 배경으로 한 것이 확실하다. 하나님에 대한 적대 행위와 가족 간의 갈등은 하나님의 계획이 마침내 완성될 때까지 중단 없이 계속될 것이다. 새로운 엘리야와 하나님의 아들은 모두 박해를 견뎌야 할 것이다. 예수가 환난(peirasmos)의 때가 그의 추종자들의 삶의 현실이 될 것이며 또한 이미 그렇다고 가르쳤던 것은 타당했다. 이러한 정신은 예수가 발언한 종말론적 고난의 목록을 통해서 확인할 수 있다. 이 말씀들 가운데 예수는 무엇보다도 이스라엘이 하나님이 보내신 종들을 살해한 일을 우선적으로 비판했음을 알 수 있다. 여기서 묘사된 억압적 행태는 다시금 사악한 소작농들에 대한 비유를 떠올린다.

---

151   Pitre, *Tribulation*, 187.
152   엘리야가 부활의 대리자로 묘사되는 미쉬나에는 한 가지 흥미로운 세부 내용이 있다. "성령은 죽은 자들의 부활로 이어지고 죽은 자들의 부활은 엘리야를 통해서 온다. 그의 기억에 복이 있을지어다"(*m. Sotah* 9:15). 이 말씀은 "아들이 아버지를 멸시하며 딸이 어머니를 대적하며"(미 7:6)라는 미가서의 구절을 인용한 다음에 언급된다.

화 있을진저, 외식하는 서기관들과 바리새인들이여! 너희는 선지자들의 무덤을 만들고 의인들의 비석을 꾸미며 이르되 "만일 우리가 조상 때에 있었더라면 우리는 그들이 선지자의 피를 흘리는 데 참여하지 아니하였으리라" 하니 그러면 너희가 선지자를 죽인 자의 자손임을 스스로 증명함이로다. 너희가 너희 조상의 분량을 채우라. 뱀들아, 독사의 새끼들아! 너희가 어떻게 지옥의 판결을 피하겠느냐!(마 23:29-33)

타락한 백성은 그들의 예언자들을 죽인다. 서기관들과 바리새인들은 살인을 저지른 손을 씻기 위해 그들의 무덤을 장식한다. 그들은 하나님의 징벌이 임할 때까지 자신들의 죄의 분량을 가득 채운다. 예수가 세례자 요한의 선포를 모방한 것은 분명히 의도적이었다. 예수는 위선자들을 독사의 자식들이라고 부른다. 서기관들과 바리새인들은 세례자 요한을 알아보지 못했기 때문에 살아계신 하나님의 음성을 깨닫지 못한다. 오히려 그들은 자신들과 그들의 말을 듣는 자들을 곧바로 지옥으로 인도할 수밖에 없는 독약을 백성에게 주입한다고 볼 수 있다.[153]

또한 우리는 예수의 가르침에서 유사한 구약성서의 예언 전승들과 관련된 다른 말씀들을 발견할 수 있다. 이 가운데 가장 인상적인 것은 이스라엘이 오랜 세월 동안 흘린 무고한 피에 대해 언급하는 본문이다.

그러므로 내가 너희에게 선지자들과 지혜 있는 자들과 서기관들을 보내매 너희가 그중에서 더러는 죽이거나 십자가에 못박고 그중에서 더러는 너희 회당에서 채찍질하고 이 동네에서 저 동네로 따라다니며 박해하리라. 그

---

153   Taylor, *The Immerser,* 314는 세례자 요한의 폭력적 죽음이 역사적 예수에게 중요한 사건이 되었다는 입장을 견지하면서, 이 주제를 마 5장의 팔복 중의 하나인 "의를 위하여 박해를 받은 자는 복이 있나니 천국이 그들의 것임이라"라는 말씀과 연결하여 논한다.

러므로 의인 아벨의 피로부터 성전과 제단 사이에서 너희가 죽인 바라갸의 아들 사가랴의 피까지 땅 위에서 흘린 의로운 피가 다 너희에게 돌아가리라. 내가 진실로 너희에게 이르노니 이것이 다 이 세대에 돌아가리라(마 23:34-36).

이런 말씀에 따르면 다니엘서의 예언은 말 그대로 지금 성취되고 있다. 현재의 박해자들은 모세 율법을 경멸하고 하나님과 맺은 언약을 어기고 마침내 포로가 되어 추방된 죄인들과 똑같은 사람들이다. 이스라엘에게 징벌을 내린 것은 거짓 교사들의 조상들이었다. 이제는 그들의 후손들이 경건한 자들을 끊임없이 괴롭힌다. 이것이 타나크(Tanakh)에 기록된 아벨부터 마지막 희생자에 이르기까지(이는 성전에서 돌에 맞아 죽은 제사장 스가랴를 말한다. 대하 24:21을 참조하라) 모든 희생자의 피가, 그리고 모든 죄악이 예수의 시대인 "이 세대"에 돌아가게 되는 이유다.[154] 여기서 메시지는 명확하다. 선택받은 백성인 이스라엘은 언제나 하나님의 사자들을 살해해왔다. 이제 이스라엘 백성은 나사렛 출신의 메시아인 인자에게 대적하고 있다. 그런데 무고하고 경건한 자들의 피가 땅에서 소리친다. 여기서 대예언자들의 선포가 되살아나는데, 바로 이 세대가 예언자들을 살해한다는 뜻이다. 앞서 언급했듯이 예레미야는 "너희의 칼이" 예언자들을 삼켜버렸다고 이스라엘을 책망하며(렘 2:30), 느헤미야는 이스라엘 백성이 "선지자들을 죽여" 불순종했다고 말한다(느 9:26). 유배가 징벌의 때라는 점은 이렇게 확인되어왔으며 그것은 지금도 마찬가지다.

이런 종말론 주제는 예수의 가르침 가운데 가장 난해한 것 중 하나인

---

154   바라갸의 "아들"이라는 낯선 표현은 아마도 스가랴를 살해한 자가 예언자 스가랴의 예언과 경고가 성취되게 만들었다는 신학적 독법일 것이라고 추정된다. 이에 관한 논의는 Hagner, *Matthew*, 676-77을 보라.

하늘나라에 대한 폭력적인 침노에 관한 본문을 해명해준다. 이 본문은 마태복음 11장의 침노에 관한 말씀 단락(*biazetai*-logion)이다.[155]

> 세례 요한 때부터 지금까지 하늘나라는 폭력을(*biazetai*) 견뎌내야만 한다. 그리고 그 폭력자들은(*biastai*) 그것을 정복/파괴하려고(*harpazousin*) 시도한다(마 11:12, 저자의 번역).

이 본문 해석의 난해성을 해결하려면 우선 이 말씀이 긍정적인지 아니면 부정적인지부터 파악해야 한다. 하늘나라 자체가 전진한다는 말인가 아니면 폭력으로 고난을 당해야 한다는 말인가? 본문에 대한 긍정적 해석은 루터와 에라스무스 시대부터 익히 알려져 왔고 이는 예컨대 오늘날 핀란드어 성서번역에도 영향을 주었다.[156] 하지만 대다수의 번역은 부정적 의미로 해석하면서 하나님 나라가 이런저런 방식으로 공격을 당한다고 풀이한다. 가령 영어 번역인 NRSV는 "세례자 요한의 때로부터 지금까지 하늘나라는 공격을 받아왔고 난폭한 자들은 그것을 빼앗는다"라고 번역한다. 이런 대안적 번역은 의미론적 타당성을 갖고 있지만 폭력의 도움으로 하늘나라를 획득한다는, 다소 곤란하게 여겨지는 결과를 초래한다.[157] 다음과 같은 영어

---

155 이 말씀은 가장 어려운 신약성서의 "수수께끼"로 알려져왔다. 이에 관한 중요한 해석에 대해서는 우선적으로 Davies and Allison, *Matthew II*, 254-55를 보라. 또한 Schrenk, *TDNT I*, 609-12; Hagner, *Matthew*, 306-7을 보라. 이 주제에 관한 최근의 자료에 대해서는 Yamasaki, *John*, 117-18(특히 각주 39)을 참조하라.

156 이 본문의 번역사에 관해서는 Schrenk, *TDNT I*, 610을 보라. 1992년 핀란드어 성서번역은 사실상 과거 1938년의 부정적 의미의 번역을 변경한 것이다. 긍정적 번역의 사례를 살펴보자면 영어 성서 NIV는 "힘차게 전진하다"(forcefully advancing)라고 번역했고, Peshitta의 아람어를 번역한 Lamsa는 "강력하게 통치되고 오직 권위를 가진 자들만이 지배를 한다"라고 번역했다.

157 이 대안적 번역은 일반적으로 수용되고 있으며, 또한 영어 성서 KJV만이 아니라 RSV와 NASB에서도 채택되었다.

성서 NIV 번역은 확실히 무언가 절충적 안을 제시하는 것처럼 보인다. "하늘나라는 힘차게 전진했고 힘 있는 자들은 그것을 움켜쥐고 있다."[158]

언어적 관점에서 보면 첫째 문장의 "강제하다"(*biazomai*)가 의미상으로 둘째 문장의 "폭력자들"(*biastai*)에 연결된 것으로 본 슈렝크(Schrenk)의 견해는 매우 적절하다.[159] 여기서 확실한 기준이 되는 것은 공격하는 자의 격렬한 적대적 행동이다. 이 의미는 대개 억지로 빼앗는 행위를 가리키는 동사(*harpazein*)가 함께 사용되었다는 사실 때문에 더 강조된다(참조. 마 13:19). 무어(Moore)는 요세푸스의 용례에서 "*biazomai*"가 대체로 폭력적 행위를 가리키며 특히 "*harpazein*"과 결합할 때는 "물리적 폭력을 직접 동원하여 강제적 수단으로 삼는 것"[160]을 의미한다고 지적한다. 그러므로 예수의 말씀 전승은 "하나님의 통치에 대적하는 원수들"에 관하여 말하고 있으며 하늘나라가 "호전적인 대적자들로부터 도전을 받고 공격을 받으며 방해를 받고 있다"라고 해석해야 한다는 슈렝크의 주장이 지지를 받을 수 있을 것이다.[161]

이런 언급을 통해서 예수가 하늘나라의 대적자들을 지적한 것이라면 이 원수들은 도대체 누구를 가리키는 것일까? 그들의 정체에 관한 몇몇 가능성이 제시되어왔다. 우선 예수의 대적자가 바리새인들이었을 것이라는

---

158 Notley, *Scripture,* 307은 미 2:13("길을 여는 자가 그들 앞에 올라가고")을 근거로 이 말씀 전승이 본래의 회복에 대해 말하려는 것이었다고 주장한다. 그는 자신의 스승 Flusser를 따라서 *biazetai*를 "돌진하다"(breaking forth)로 이해해야 한다고 제안한다.

159 Schrenk, *TDNT I,* 610-11.

160 Moore, *NTS 21* (1975), 540. 따라서 Moore의 대안이 앞서 언급한 Notley의 견해보다 더 설득력이 있어 보인다. 물론 언어적 측면에서 보면 Notley의 접근도 설득력이 있지만 말이다.

161 Schrenk, *TDNT I,* 611. Davies and Allison, *Matthew II,* 256; Yamasaki, *John,* 119; Pitre, *Tribulation,* 166-68도 유사한 입장을 취한다. 또한 Schrenk는 유용하게 입증될 만한 본문 목록을 제시한다.

추측이 가능할 것이다. 물론 일반적으로 바리새인들은 폭력적 행동과는 거리가 멀었지만 말이다. 젤롯파 또한 후보로 거론되는데 왜냐하면 그런 극단적 부류의 집단은 의심할 여지 없이 호전적 태도를 지녔었기 때문이다. 그런데 이들이 과연 예수와 그의 추종자들을 반대했을까? 이들이 젤롯파에 가까운 바리새인들이었다고 막연히 추정하는 몇몇 학자도 있다.[162] 이런 추정들은 그다지 설득력이 있어 보이지 않는다. 대적자들을 영적인 차원으로 해석할 수도 있다. 이 관점에 따르면 하늘나라는 "영적인 차원에서 벌어지는 전쟁에서 공격을 받아왔다"라고 볼 수 있다. 이 경우 예수는 폭력적인 귀신을 가리킨 것이라고 말할 수 있다.[163] 예수가 귀신과의 대결에 관해서 많은 언급을 했던 것은 사실이지만 이 경우에는 문맥상 그런 내용에 부합하지 않는 것으로 보인다.

이런 설명들은 세례자 요한의 역할을 충분히 고려하지 않고 있다. 예수의 말씀에는 특별한 점이 있다. 제2의 엘리야가 역사 속에 등장하자 환난의 시기는 정점에 도달한다. 세례자 요한의 죽음 이후 박해의 때가 현실화되었다. 하지만 동시에 하나님 나라가 가까이 왔다. 하나님의 사자들은 새로운 왕국의 시작을 선포했다. 예수의 복음은 예루살렘에서도 그 주변의 마을들에서도 들을 수 있게 되었다. 사람들은 여전히 영적 유배에 사로잡혀 있어 많은 사람이 구원의 소식을 받아들일 수 없게 가로막혀 있다.[164] 그

---

162 이러한 입장들에 관해서는 Davies ana Allison, *Matthew II,* 255를 보라. 무어는 "젤롯파에 가까운 바리새인들"(Zealotic Pharisees)이라는 표현을 사용한다. Moore, *NTS 21* (1975), 541.

163 인용은 Yamasaki, *John,* 120에 따른 것이다. 이러한 부류의 입장을 취한 과거의 사례에 관해서는 Davies and Allison, *Matthew II,* 255를 보라.

164 환난을 그 원인으로 보는 일부 학자에 관해서는 Perrin, *Language,* 46을 보라. 보통의 경우 이 학자들은 세례자 요한과 예수의 가르침이 직면했던 특정한 대적자들을 강조하면서 세례자 요한의 투옥을 언급한다. 예컨대 Nolland, *Matthew,* 458을 보라. Betz, *Messias,* 88은 예수의 상황이 환난의 때에 "잔혹한 자들"의 손아귀에서 억압을 받았던 [쿰란 문서

래서 갈등은 더 첨예해지고 이스라엘은 복음을 전하는 자들을 박해한다. 하늘나라는 폭력에 시달릴 수밖에 없다. 사악한 소작농 비유의 관점에서 보면 하나님의 원수들은 정말로 "강압적으로" 포도원을 빼앗으려고 한다. 이 싸움은 죽음으로까지 몰고 간다. 세례자 요한에 대한 처형은 이스라엘이 아직도 자신의 하나님과 적대적 관계에 있음을 증명하는 사건이다. 백성은 구원의 복음을 환영하지 않고 오히려 새로운 왕국을 쳐부수려고 한다.[165]

예루살렘에 대한 예수의 예언 말씀과 저주의 말씀에서도 동일한 메시지가 발견된다. 마태복음에서 이 말씀이 이스라엘에 대한 다른 저주의 말씀과 함께 배치되어 있음에도 불구하고 그 말씀은 어록자료[Q]에서 온 독립적인 말씀임이 확실하다(참조. 눅 13:34-35). 예루살렘에 대한 이 예언은 진노의 때의 완강한 적대감에 초점을 맞춘다. 하나님의 거룩한 도성은 하나님의 사자들을 환영하지 않는다.

예루살렘아, 예루살렘아, 선지자들을 죽이고 네게 파송된 자들을 돌로 치는 자여! 암탉이 그 새끼를 날개 아래에 모음 같이 내가 네 자녀를 모으려 한 일이 몇 번이더냐? 그러나 너희가 원하지 아니하였도다. 보라, 너희 집이 황폐하여 버려진 바 되리라. 내가 너희에게 이르노니 이제부터 너희는 "찬송하리로다, 주의 이름으로 오시는 이여" 할 때까지 나를 보지 못하리라(마 23:37-39).

의] 「감사시편」(*Hodayot*)의 저자의 정황과 유사하다는 점을 지적한다(1QH/a, X.20-30).

165 Allison, *Jesus,* 146은 눅 16:16을 논하면서 "예수는 종말론적 환난 개념을 동원하여 자신을 둘러싼 역경들의 의미를 해석한다"고 지적한다. Pitre, *Tribulation,* 166은 Beasley-Murray, *Jesus,* 95를 인용하여 "하늘나라에 선행하는" 환난을 언급한다.

이 본문에서 예수의 말씀은 세례자 요한의 죽음을 직접 겨냥하고 있음이 확실하다. 예루살렘은 예언자들을 죽이고 유배의 종식을 방해한다. 하지만 하나님은 오셨고 그는 이스라엘 자녀들을 그의 나라로 모으기를 원한다. 그러나 그들은 돌아오기를 원하지 않는다. 이것이 바로 예수가 성전을 비판한 이유다. 그 성전은 결코 하나님이 모든 나라 가운데 흩어져 사는 지파들을 모을 수 있는 중심지가 되지 않았다. 헤롯이 세운 지금의 집은 황폐해질 것이다. 그러므로 예루살렘은 구원이 성취됨에 있어 더 이상 어떠한 역할도 하지 못한다. 하나님은 싸늘한 돌로 지어진 거대한 건축물을 영원히 버릴 것이다. 훗날 사람들이 새로운 다윗의 후손을 위해 시편 118편의 노래를 부르게 될 때 비로소 새로운 메시아의 성전이 세워질 것이다.

세례자 요한은 헤롯 안티파스의 요새인 마카이루스에서 처형당했다. 이곳은 나바테아 왕국의 모압 고지를 마주 보고 있는 동부 요새였다.[166] 요세푸스의 기록에 따르면 이 처형은 안티파스가 정치적 이유에서 반란을 두려워했기 때문에 행해졌고 헤로디아와의 재혼 직후에 발생한 사건이었다. 헤로디아와의 재혼과 관련된 안티파스의 이혼 자체는 세례자 요한의 핵심적인 문제 제기 대상이 아니었던 것이 분명하다. 안티파스가 본처인 나바테아 왕 아레타스 4세의 공주를 배신한 행위는 분명히 나바테아인들을 자극했을 것이지만 신학적으로 보면 얘기가 달라진다. 유대인들의 입장에서는 안티파스가 그의 다른 형제 가운데 하나였던 아리스토불로스의 딸 헤로디아와 재혼한 것이 문제가 되었던 중요한 이유는 그 결혼이 근친상간으로 여겨졌기 때문이다.[167]

---

166 마카이루스에 관해서는 Loffreda, *ABD*, *IV* (1992), 457-58을 보라.

167 헤로디아의 본 남편은 [안티파스의] 또 다른 형제였는데, 요세푸스는 그 남편을 마리암네 2세의 아들인 헤롯이라고만 언급한다(요세푸스, 『유대고대사』 18:116-119). 구약성서의 관점에 관해서는 레 18:13-16을 보라. 세례자 요한은 안티파스와 헤로디아의 혼인

마태복음 14장에서는 헤로디아의 딸 살로메(이 여인들은 아리스토불로스 집안 사람이었다)가 왕을 위해 춤을 추고 난 직후에 상황이 급변하는 점이 강조된다. 헤로디아는 세례자 요한을 처형함으로써 도덕적 문제를 칼로 해결하려는 인물로 부각된다(마 14:1-12; 참조. 막 6:24-28). 이렇게 해서 이 가족은 예언자를 살해하는 타락한 이스라엘을 상징하게 된다. 당혹스러운 점은 살로메가 나중에 [안티파스의] 넷째 형제인 빌립(그의 모친은 클레오파트라였다. 이는 헤롯 대왕의 일곱 번째 부인으로 이집트의 클레오파트라 7세와 동명이인이다)의 아내로 언급된다는 사실이다. 이 분봉왕 빌립은 벳새다를 재건하여 로마식 도시(*polis*)로 확장함으로써 그곳을 자기 영지의 수도로 삼았다. 그는 죽기 전까지 이곳에서 그의 아내 살로메와 함께 살았으며 아마도 예수가 십자가에 처형된 해와 같은 때에 사망했을 것으로 추정된다.

벳새다는 사도 빌립의 고향이었는데(벳새다는 또한 안드레와 베드로의 고향으로도 추정된다) 이곳에서 예수와 그의 제자들은 세례자 요한을 박해한 헤롯 가문에 저항했다. 이 도시에서도 헤롯 왕가는 근친상간의 결혼을 했다. 즉 분봉왕 빌립은 자신의 형제 아리스토불로스의 손녀와 결혼했다. 이 관점에서 볼 때 예수가 벳새다를 향해 가혹한 발언을 한 것은 이상한 일이 아니다. "화 있을진저, 고라신아! 화 있을진저, 벳새다야! 너희에게 행한 모든 권능을 두로와 시돈에서 행하였더라면 그들이 벌써 베옷을 입고 재에 앉아 회개하였으리라"(마 11:21). 이 도시들은 혹독한 심판을 받을 것이다. 그러므로 예수는 갈릴리 서쪽과 동쪽의 지배자들이 모두 환난의 시대를 확실하게 보여주는 권력층의 배교를 대표한다고 보았다.[168]

을 비윤리적이며 모세 율법을 위반한 것으로 보았을 것이다.

168   빌립과 벳새다에 관해서는 Freyne, *A Jewish Galilean*, 48-50; Stickert, *Philips' City*, 129-40을 보라. 또한 Kuhn, *Handbook 4*, 2986, 3003-4는 벳새다 활동 당시의 예수 말씀으로 보도된 진술 중 일부의 진정성에 관해 아주 회의적 입장을 취하면서도 분봉왕 빌립이 벳

세례자 요한의 죽음은 예수의 종말론과 신약성서 신학 모두에 있어 매우 중요하다. 이 사건이 내러티브의 일부가 될 수 있었던 것은 그것이 유배와 회복의 메타내러티브에 아주 잘 부합하기 때문만이 아니라, 또한 예수와 그의 추종자들의 삶에서 경험한 냉혹한 사실이었기 때문이기도 하다. 이 신학에는 묵시 사상의 기조가 담겨 있다. 진노의 시대와 끝나지 않을 것으로 보이는 유배의 상황이 이스라엘이 끔찍한 환난의 때를 경험하기 이전에는 종결되지 않을 것이라고 보았던 다니엘서의 전승은 옳았다. 제2의 엘리야가 오겠지만 그를 통해서는 아직 평화가 실현되지 않을 것이다. 오히려 그는 첫 번째 엘리야의 경험을 또다시 겪게 될 것이다. 죄가 만연하고 백성은 그를 죽이려고 할 것이다. 예수는 이 가르침을 통해 제자들에게 박해의 때를 준비하게 했다. 유배의 고통이 끝나고 구원이 실현되기 전에는 험난한 길을 가야 하고 인자 자신도 고난을 겪게 될 것이다.

2. 가족의 화평 주제: 아버지의 마음

회복 담론의 일부인 "가족의 화평 주제"는 어떻게 이해해야 할까? 이는 엘리야 이야기에서 처음 발견되는 내용이다. 결국 "아버지의 마음을 자녀에게로 돌이키게" 할 존재는 누구일까? 예수는 구원이 다가오고 있으며 그 구원은 화해의 구원이라고 말했다. 이스라엘이라고 불린 가족 구성원들은 다시 하나가 될 것이다. 그러나 이것이 전부는 아니다. 환난의 시대에는 이러한 주제가 일반적인 상황과 정반대의 모습을 보일 것이다. 진노의 시대에 인자는 자녀들을 자극하여 아버지에게 대적하게끔 만드는 걸림돌이 될

새다를 큰 도시로 확장하려고 결정했던 즈음에 그곳에 머물렀을 "개연성이 매우 크다"고 여긴다.

것이다.[169]

신약성서 시대 이전 유대교 신학에서 엘리야의 화해 주제는 우선 화해와는 반대 방향으로 등장한다. 즉 가족 내부의 갈등과 개인 간의 증오가 묘사된다. 가족의 위기와 사람들 사이에 발생하는 폭력을 통해서 이스라엘의 몰락은 분명해진다. 「희년서」는 마지막 때에 이스라엘에서 많은 사람이 서로 싸울 것이라고 말한다. "이들 중 일부는 서로 다툴 것인데 젊은이는 노인과 싸우고 노인은 젊은이와 싸우며 가난한 자는 부자와 싸울 것이다"(「희년서」 23:19). 「희년서」 저자에 따르면 구원의 때가 분명히 가까이 왔지만 커다란 변화 이전에 "많은 피가 땅에 흘려[질 것이다]"(「희년서」 23:20). 이러한 시기가 지나가고 나서야 비로소 이스라엘은 "모든 자가 갓난아이와 어린아이같이 될 것이고" 그들이 "평화롭고 기쁘게 살게 될 것"을 볼 것이다(「희년서」 23:28-29).

다음으로 「다메섹 문서」에서는 메시아의 시대가 오기 이전 "하나님이 방문하시는 때"에 관한 중요한 진술이 발견된다. 곧 언약은 파기되었고 불신이 만연해 있다는 것이다.

> 그들은 회심의 언약을 맺었으나 스스로 반역자의 길에서 벗어나지 않았고 방탕한 길과 사악한 재물로 스스로를 더럽히고 자기 힘으로 보복하면서 각자 자기 형제에게 앙심을 품고 자기 친구를 증오하며 자기 혈육을 멸시했기 때문이다(CD 19.16-19).

이 외에도 주목할 점은 동일한 주제가 후대의 기록들에도 나타난다는 사실이다. 심지어 신약성서 이후 시기에도 유대교 문서들에서 이런 개념이

---

169   이에 관한 분석은 특히 Pitre, *Tribulation*, 198-217을 보라.

중요한 주제로 유지된다. 「에녹1서」의 저자는 이렇게 언급한다. "그때 아버지가 한 장소에서 그의 아들들과 함께 매를 맞을 것이다.[…]왜냐하면 사람이 그의 손을 그의 아들들에서나 (그의) 아들의 아들들에서 손을 억제하지 못하고 그들을 죽일 것이기 때문이다"(「에녹1서」 100:1-2).[170]

앞에서 부분적으로 인용된 말라기 구절은 위에서 묘사한 신학적 발전을 뚜렷하게 보여주는 전형적 사례다.

> 보라, 여호와의 크고 두려운 날이 이르기 전에 내가 선지자 엘리야를 너희에게 보내리니 그가 아버지의 마음을 자녀에게로 돌이키게 하고 자녀들의 마음을 그들의 아버지에게로 돌이키게 하리라. 돌이키지 아니하면 두렵건대 내가 와서 저주로 그 땅을 칠까 하노라(말 4:5-6).

마가복음 9장에서 예수는 세례자 요한이 종말론에서 핵심적 역할을 수행하며 이스라엘의 회복이 실현되려면 반드시 새로운 엘리야가 출현해야 할 것이라고 말한다.[171] 요한의 회개 선포는 그가 확실히 "모든 것의 회복(*apokathistanō*)"의 시작임을 알려준다(막 9:12). 이 점에서 회복의 주제는 이미 요한의 활동에 적용될 수 있다. 사해문서의 4Q521을 통해 확인할 수 있듯이 이는 유대교 신학에서도 예외가 아니었다. 이 본문은 엘리야의 역할이 이스라엘의 회복을 위해 결정적 요소임을 강조하는 말라기 본문에 대한 종말론적 해석을 보여준다. 또한 누가복음도 시작 부분에서 말라기 3장을 특

---

170 앞에서 이미 인용했던 미쉬나의 병행 본문을 참조하라(*m. Sotah* 9:15). 유대적 배경에 관해서는 Bauckham, *Restoration*, 442-44를 보라.

171 Webb, *John*, 253에 따르면 말 4:5-6 본문을 수용한 유대교 신학의 사례 중 특히 집회서 48:10은 엘리야가 이스라엘의 회복에 참여할 것이고 또한 "이스라엘의 정치적 재건에도 관여할 것"이라고 여겼다.

별하게 적용한 전승을 사용한다. 즉 요한은 "엘리야의 능력으로" 와서 "아버지의 마음을 자식에게 돌아오게" 함으로써 회복을 선포할 것이라고 말한다(눅 1:17).[172]

그런데 그런 부정적인 관점이 구약성서의 예언서에 나타난 또 다른 주제와 연결될 필요가 있다. 미가서가 이스라엘의 영적 상태를 "가장 선한 자라도 가시 같고"라고 비판한 것처럼 위에서 언급된 주제는 미가서에서 일반적인 상황과 반대 방향으로 계속된다. "아들이 아버지를 멸시하며 딸이 어머니를 대적하며 며느리가 시어머니를 대적할 것"이다. 그러므로 미가서 본문은 경건한 삶과 정반대의 일이 발생한다는 증거를 보여주면서 이스라엘의 가족 내부의 갈등을 드러낸다. "사람의 원수가 곧 자기의 집안사람이리로다"(미 7:6-7).

예수 당시에도 이스라엘의 유배는 끝나지 않았다. 그래서 세례자 요한은 백성의 마음을 "돌이키는" 필수적인 임무를 갖고 있었다. 회복을 위한 엘리야의 직무는 오직 시작만 했을 뿐이고 앞으로 훨씬 더 많은 일이 이루어져야 한다. 이 모든 점에서 볼 때 미가서의 본문은 진실을 보여준다. 가족 간의 갈등 주제는 영적 유배의 삶을 사는 백성의 상황을 가장 잘 묘사한다. 예수의 가르침에서 화해의 주제가 이중적으로 사용되는 것은 바로 이런 이유 때문이다. 화해를 가능케 하고 평화의 때를 열 것으로 기대되었던 엘리야는 스스로 가족 간 갈등의 희생자가 되었다. 예수 시대의 이스라엘은 자기 가족을 파괴한다. 아직 백성의 죄악이 극에 달한 것은 아니다. 이것이 바로 예수가 자신보다 먼저 왔던 예언자들과 마찬가지로 역설적인 개념으로 선포한 이유다.[173]

---

172   Bauckham, *Restoration,* 447은 누가복음의 본문이 70인역 구약성서를 사용하지 않았고 히브리어로 된 말라기서 본문을 반영한다고 지적한다.

173   Pitre, *Tribulation,* 209-10은 가족 간 갈등의 시기를 이스라엘의 회복의 때 직전으로 설

장차 형제가 형제를, 아버지가 자식을 죽는 데에 내주며 자식들이 부모를 대적하여 죽게 하리라. 또 너희가 내 이름으로 말미암아 모든 사람에게 미움을 받을 것이나 끝까지 견디는 자는 구원을 얻으리라(마 10:21-22).

위 이야기에 따르면 하늘나라 복음을 전할 제자들은 세례자 요한과 마찬가지로 죽음에 직면할 수도 있다. 이스라엘의 "가족"은 그들을 반기지 않을 것이다. 적어도 그들이 들어가는 모든 마을이 그들을 환영하지는 않을 것이다. 오히려 "모든 사람"이 예수의 이름 때문에 그들을 미워할 것이다.

이 모든 내용은 요한의 예언자적 역할이 매우 중요함을 강조한다. 그는 단지 변화의 때가 벌써 시작되었음을 확인하기 위해서 나선 것이 아니다. 오히려 그의 예언자적 직무의 가장 인상적인 점은 "회개하라"는 외침이다(마 3:2). 그는 이스라엘 백성에게 (심지어 바리새인에게도) "회개에 합당한 열매를 맺으라"라고 훈계한다(마 3:8). 이것이 세례자 요한이 "아버지의 마음을 자녀에게로 돌이키게 하고 자녀들의 마음을 그들의 아버지에게로 돌이키게" 하는 방법이다. 요한은 단순히 회복의 기호가 아니라 오히려 반드시 일어나야 할 변화를 담당할 대리자다. 그는 백성에게 "회개"의 세례를 베풀면서 회복의 공동체를 모으는 일을 시작한다(마 3:11).[174]

더 나아가 예수는 자신의 활동 시기가 모순의 시대임을 강조한다. 미가서에 나타난 가족 간 갈등 주제가 그의 모든 계획을 규정한다. 세례자 요한/엘리야와 예수/인자 모두 걸림돌이 되어서 사람들이 그들에게 폭력적으로 반응할 것이다. 예수 자신이 아버지와 자식 사이의 갈등의 불을 일으킨다. 평화가 아니라 "검"을 주려고 왔다는 예수의 말씀은 이런 배경에서

정한 장본인은 미가 자신이라고 주장한다.

174   Webb, *John*, 360에 따르면 세례자 요한은 "이 세례를 통해 자기 집단을 '모았고'(요세푸스, 『유대고대사』 18:117) 이들은 진정한 이스라엘의 남은 자들이 되었다.

이해될 수 있다.

> 내가 온 것은 사람이 그 아버지와 딸이 어머니와 며느리가 시어머니와 불
> 화하게 하려 함이니 사람의 원수가 자기 집안 식구리라(마 10:35-36).

마태복음과 누가복음의 보도에 약간의 차이는 있지만 예수의 말씀의 기본
적인 내용은 명확하다. 누가복음에서는 예수가 분쟁을 주기 위해 왔다고
말하지만, 마태복음에 따르면 예수는 검을 가져다 준다. "내가 세상에 화평
을 주러 온 줄로 생각하지 말라. 화평이 아니요 검을 주러 왔노라"(마 10:34,
병행구절이 드물게 나타나는 「도마복음」 16에도 이 말씀이 있다). 예수는 아들과 아
버지가, 그리고 딸과 어머니가 불화하게(*dichasai*. 갈라서게) 할 것이다. 이스
라엘은 너무도 완고하기 때문에 하나님의 복음마저도 자식들을 일으켜 아
버지들의 믿음에 대적하게 만들 정도인 것이다.[175]

예수의 선포가 세례자 요한의 운명과 밀접하게 결합되어 있음을 보여
주는 또 다른 특징이 존재한다. 미가서에 나타난 이스라엘의 가족 간 갈등
에 대해 언급한 예수의 말씀은 종말론적 메타내러티브의 관점으로 이해될
수 있다. 엘리야가 와서 처형당했을 때 마지막 박해의 때가 시작했다. 엘리
야는 예언자들이 기대했던 것처럼 부모의 마음을 자식들에게로 돌이키는
사명을 갖고 있었다. 이 사명은 선포를 통해 수행되었다. 하나님의 메시지
에 대한 선포로 인해 모순과 갈등의 정신이 고조될 수밖에 없기 때문에 세
례자 요한의 종말론적 직무는 기본적인 회복 종말론과 상충하는 것이 아
니었다. 마지막 예언자가 이스라엘에게 보내졌지만 여전히 갈등이 계속되
는 것으로 보인다. 이처럼 말라기의 주제는 일반 통념과 상반된 형태로 바

---

175   "나누다"라는 어휘에 관해서는 Hagner, *Matthew*, 292를 보라.

뀐다. 즉 인자는 갈등의 상징이 되어버린다. 예수는 선포를 통해서 실제로 자식들을 그들의 아버지에 맞서게 하는데 아마 세례자 요한도 자신의 활동 당시에 이와 동일한 가르침을 주었을 것으로 여겨진다. 예수는 마지막 갈 등이 불가피하지만 반드시 그것을 겪어야 한다고 믿었음에도 불구하고 상 황이 절망적이지는 않았다. 이 갈등으로 이스라엘의 영적 유배의 종결이 다가올 것이기 때문이다. 그리고 이는 미가서와 말라기서 모두의 핵심 메 시지였다.

3. 복음 전파를 통해 지파들을 불러모음

그렇다면 하나님은 이스라엘의 "잃어버린 양들"을 어떻게 모을 것인가? 이 주제에서도 유대교 신학에서 제시된 전통적인 관점들이 뒤집힌다. 예루 살렘 성전은 더 이상 구원의 지리적 중심지로 여겨지지 않으므로 그것은 흩어진 자들이 모일 장소가 되지 않는다. 예수는 지파들이 돌아올 것이라 고 선포하지 않은 것으로 보인다. 심지어 그들이 돌아올 수 있다고 여기지 도 않은 것 같다. 오히려 예수는 하나님이 세상에 복음을 주신 것처럼 "산 돌들"로 만든 종말론적 성전이 디아스포라 지역에 세워질 것이라고 주장 한다. 다윗의 후손은 도래했다. 그는 백성을 위해 "사람의 손으로 만들지 않은" 새로운 성전을 세울 것이며 하나님은 그 백성을 위해 다시금 왕이 되 실 것이다. 이러한 설명을 지지하는 두 개의 훌륭한 근거가 있다. 첫째, 예 수의 성전 비판은 매우 강력했기 때문에 예루살렘 성전의 종말론적 기능에 대한 그의 태도는 필연적으로 바뀔 수밖에 없었다. 예수의 복음(*euangelion*) 은 성령의 성전, 즉 하나님의 **쉐키나**가 돌아오실 수 있는 곳을 건설하는 방 향으로 점차 이동한다. 둘째, 예수는 열두 제자를 열두 사도로 만들어 각 사

도가 각 지파를 상징하는 선교 조직을 구성했다.[176]

마태복음에 따르면 예수는 열두 제자를 불러 파송하면서 그들에게 이
스라엘 "집"(*oikou Israēl*)의 "잃어버린 양들"을 모으라는 소명을 확실하게 부
여한다. 이 표현은 의심할 나위 없이 야곱의 집, 즉 이스라엘의 지파들을 가
리킨다.[177]

> 예수께서 이 열둘을 내보내시며 명하여 이르시되 "이방인의 길로도 가지
> 말고 사마리아인의 고을에도 들어가지 말고 오히려 이스라엘 집의(*oikou*)
> 잃어버린 양에게로 가라. 가면서 전파하여 말하되 '천국이 가까이 왔다'
> 하고 병든 자를 고치며 죽은 자를 살리며 나병환자를 깨끗하게 하며 귀신
> 을 쫓아내되 너희가 거저 받았으니 거저 주라"(마 10:5-8).[178]

이 선교 사명 말씀에서도 하늘나라에 관한 예수의 핵심 주제가(참조. 막
1:15) 확인된다. 제자들은 예수가 시작한 활동을 수행하고 계속 이어가야
한다. 그들은 포로가 된 지파들에게 나아가서 그 백성을 구원의 왕국으로
불러모아야 한다.[179] 이것이 예수가 자기 추종자들에게 부여한 종말론적 과
업이다. 이는 평화의 때에 대한 이사야의 기대, 곧 병든 자가 고침을 받고
죽은 자가 일어나게 될 것이라는 기대를 성취하게 하는 것이다(사 35장). 이
사야서에 따르면 압제하에 사는 자들 앞에 새로운 해방의 길이 이렇게 열

---

176   이에 관해서는 특히 Schnabel, *Jesus and the Twelve*, 207-62를 보라.

177   이에 관한 분석과 참고문헌에 대해서는 Hagner, *Matthew*, 267-73을 보라.

178   Hamilton, *God's Glory*, 371은 다음과 같이 말한다. "유배지로부터의 귀환을 촉진하기
       위해 예수는 '이스라엘 집의 잃어버린 양들'을 찾도록 자신이 불러 모은 어부들을 파송
       한다"(마 10:6).

179   또한 Kreplin, *Handbook 3*, 2504-5도 비슷하게 설명한다. "예수는 열둘을 부름으로써 하
       나님의 백성의 종말론적 재구성이 이제 시작되고 있음을 명확히 한다."

리게 될 것이다. "오직 구속함을 받은 자만 그리로 행할 것이며 여호와의 속량함을 받은 자들이 돌아올 것이다"(사 35:9-10). 예수는 이것이 메타포의 이미지라고 말한다. 이스라엘은 예수의 도움으로 말미암아 거룩하게 됨으로써 시온으로 돌아와 그들의 하나님께 나아올 것이다.[180]

이 주제에 관한 구약성서의 대표적인 구절 가운데 하나는 예수의 성전 시위 내러티브에서 인용된 말씀이다. 자신의 "기도하는 집"을 말씀하신 주님은 "이스라엘의 쫓겨난 자를 모으시는 하나님"이다(사 56:8). 이 구절은 모음에 관한 암시적 내러티브에 분명한 영향을 주었을 것이다. 또한 예수의 가르침에서 마지막 때와 종말론적 모음의 주제 사이에는 흥미로운 상호 연관성이 있다. 마가복음 13장에서 예수는 최종적 모음을 인자가 출현하는 때에 배치한다.

> 그때에 "인자가 구름을 타고" 큰 권능과 영광으로 "오는 것"을 사람들이 보리라. 또 그때에 그가 천사들을 보내어 자기가 택하신 자들을 땅끝으로부터 하늘 끝까지 사방에서 모으리라(막 13:26-27).

예수는 스가랴서를 언급하여 인자의 등장이 회복의 날을 의미할 것이라고 말한다. "사방으로 부는 바람"은 "북방 땅" 같이 지역을 가리키는 표현이다. "이는 내가 너희를 하늘 사방에 바람 같이 흩어지게 하였음이니라.

180　여기서 논의된 선교 계획은 전통적으로 어록자료(Q)의 일부로 여겨져 왔다. 이러한 자료설과 관련하여 이 자료가 이른바 예수 운동 안에서 특정한 작은 집단의 특별한 메시지를 보유하고 있는 독립된 단위일 것이라는 가정은 최근의 학자들 사이에서 더 이상 큰 인기를 끄는 학설로 받아들여지지는 않는다고 해도 나는 어록자료(Q)가 그 자체로 다른 중요성을 갖고 있다고 믿는다. 갈릴리 선교 활동에 대한 묘사에 뒤이어 나오는 세례자 요한 이야기는 최종적으로 예루살렘에 대한 예수의 종말론적 저주와 예수가 예루살렘을 보며 우는 장면으로 이어진다.

여호와의 말씀이니라"(슥 2:6).[181] 여기서 두 개의 방향으로 운동이 일어나고 있음을 알 수 있다. 즉 제자들은 새로운 마을들로 다니면서 예수의 새로운 성전 안으로 사람들을 모은다. 그러나 예수는 새로운 창조를 통하여 시작할 왕국 안으로 선택된 모든 사람을 모이게 할 것이다.

그렇다면 앞에서 언급된 "이스라엘의 집"(*oikou Israēl*) 말씀을 통한 예수의 메시지는 무엇인가? 과거의 예언자 미가와 마찬가지로 예수는 흩어진 남은 자들이 진노의 시대에 모여들게 될 것이라고 선포한다. 미가서 7장에서 미가는 "정직한 자가 사람들 가운데 없도다"라고 탄식한다(미 7:2). 그리고 그는 "친구"를 의지하지 말라고 백성에게 경고한다(미 7:5). 마지막 때의 혼란의 와중에서 "아들이 아버지를 멸시"하게 된다(미 7:6). 가족 간 갈등의 주제가 여기서 되풀이되고 있다. 이러한 종류의 적대 행위들이 벌어지는 중심에서 갱신에 대한 기대가 생성될 것이다. 하나님은 구원의 왕국의 씨가 될 남은 자를 모으실 것이다. "그날에는 앗수르에서 애굽 성읍들에까지 사람들이 네게로 돌아올 것이다"(미 7:12). "주는 주의 지팡이로 주의 백성 곧 갈멜 속 삼림에 홀로 거주하는 주의 기업의 양 떼를 먹일 것이다"(미 7:14). 이러한 일이 일어날 때 "여러 나라가 보고 자기의 세력을 부끄러워할 것이다"(미 7:16).

이런 선교 계획은 제2성전기에 보편적으로 나타나는 종말론적 기대와 잘 부합한다.[182] 본서의 제2장 I.3에서 살펴본 것처럼 구약성서의 외경과 위경에는 하나님이 "흩어진 백성"을 그들의 고국으로 다시 돌아오게 하시고 모이게 하신다는 기대를 보여주는 많은 사례가 있다. 회복의 신학은 모음의 주제를 중심으로 전개되는데 예컨대 「희년서」의 첫 부분은 이러한 주제

---

181   Evans, *Restoration,* 96-97을 보라. 또한 그는 슥 2장에 대한 타르굼의 해석이 유배의 정황을 강조하고 있다고 지적한다.

182   Bryan, *Restoration,* 34 참조.

를 완벽하게 요약하고 있다. "그리고 나는 모든 민족 가운데서 그들을 모을 것이다.…그리고 나는 그들의 한가운데에 나의 성소를 짓고 그들과 함께 거할 것이다"(「희년서」 1:15-17). 예수의 선교는 사실상 회복 신학이다.[183]

더욱이 12라는 숫자 자체가 회복 주제를 표현한다. 역사적 예수 연구의 새 관점을 지지하는 대다수 학자는 예수가 갱신된 이스라엘의 지도자 역할을 하게 하려고 의도적으로 열둘을 선택했다고 추정한다.[184] 이 견해는 환난의 시기 이후에 제자들에게 권위가 부여되는 것으로 언급된 말씀 전승들을 통해 더욱 뚜렷하게 입증될 수 있다. 이 관점에서 보면 지파들을 모으는 목적은 이스라엘의 최종적 회복에 관해 말하는 신학적 메타내러티브 안에서 확고부동한 근거를 갖고 있다.[185]

그러나 선교의 초기 단계에서는 모으는 일이 환난의 시대 가운데 이루어질 수밖에 없다. 예수의 선교 계획에 의하면 예수의 추종자들은 진노의 때에 증언할 수밖에 없을 것이다. 이 선교 활동에 동참하는 제자는 누구든지 박해를 당할 수 있다. 그들은 세례자 요한과 유사한 상황에 놓여 있다. 예수는 제자들 가운데 폭력에 직면하게 될 자들이 있음을 알면서도 제자들을 파송한다. 마태복음 10장에 나타난 이스라엘의 선교와 관련된 내용을 다음과 같이 요약하면 이러한 측면을 잘 볼 수 있게 된다.

　- 너희는 이리 가운데 있는 양과 같다(마 10:16).

183　Catchpole, *Jesus People*, 261-62.

184　더 나아가 Pao, *Acts*, 123-25는 사도행전에 수록된 열두 번째 제자 선출 단락(행 1:12-26)이 이스라엘 재건을 위한 제자들의 역할의 중요성뿐만이 아니라 12라는 숫자 자체의 중요성을 알려준다고 주장한다.

185　이와 관련해서는 다음 연구들을 보라. Sanders, *Jesus*, 229-30; Wright, *Victory of God*, 169; Meier, *Restoration*, 404(그는 이 주제에 관한 방대한 분석을 제공한다); Bryan, *Handbook* 3, 2845(그는 다소 정치적 해석을 시도한 Sanders의 견해를 수정한다).

– 그들은 너희를 공회에 넘길 것이다(마 10:17).

– 형제가 형제를 배신하여 죽게 할 것이다(마 10:21).

– 너희는 모든 사람에게 미움을 받을 것이다(마 10:22).

– 그들이 너희를 박해할 것이다(마 10:23).

– 너희는 바알세불의 집 사람들이다(마 10:25).

– 몸을 죽이는 자들을 두려워하지 말라(마 10:28).

– 내가 화평을 주러 온 줄로 생각하지 말라(마 10:34).

– 나는 사람이 그 아버지와 불화하게 만들려고 왔다(마 10:35).

– 너희는 나를 위하여 목숨을 잃는 자들이다(마 10:39).

제자들은 이리들 한가운데로 보내진 양과 같다. 여기서 타락한 이스라엘과 예수의 추종자들 사이의 대조가 극명하다는 점이 주목되어왔다.[186] 예수는 순교자의 역할 말고는 그들에게 제공할 것이 없다. 모든 사자(使者)는 갈기 갈기 찢길 위험에 처한다. 그들은 공회 앞에 끌려가게 된다. 그들은 회당 법정에서 형벌을 선고받을 것이다. 그들은 미움과 박해를 받을 것이다. 예수는 예언자 미가가 말한 환난의 때에 발생할 이스라엘의 가족 간 갈등에 관한 본문을 인유한다. 아들은 아버지와 갈등하고 형제는 자기 형제를 배신하여 죽게 할 것이다. (뒤에 논의될) 바알세불 논쟁은 예수와 그의 추종자들이 사탄 같이 묘사되었다는 사실을 증명한다. 타락한 백성이 예수를 귀신으로 간주했으므로 그의 제자들도 똑같은 취급을 당하게 된다. 박해의 위협은 자명한 현실이었기 때문에 예수는 추종자들에게 죽음에 직면한 상황에서도 용기를 가지라고 격려한다. "몸은 죽여도 영혼은 능히 죽이지 못하는 자들을 두려워하지 말고 오직 몸과 영혼을 능히 지옥에 멸하실 수 있는

---

186   Hagner, *Matthew,* 276.

이를 두려워하라"(마 10:28).[187]

따라서 이스라엘의 남은 자들이 모이게 되는 때는 마지막 환난의 때의 한복판이 될 것이다. 더 나아가 이 측면은 예수가 왜 새로운 창조에서 실제 회복의 지연에 관해 말했는지를 설명해준다. 고난이 완전히 끝나기 전에는 하나님 나라가 갱신될 수 없기 때문이다. 따라서 예수는 처음에는 세상에 화평을 가져오지 않을 것이다. "나는 세상에 화평이 아니라 검을 주러 왔다"(마 10:34). 아들들이 아버지에 맞서 일어선다는 말씀은 예수 자신의 선포에 해당된다(마 10:35). 마지막 전쟁에서 진노의 시간이 절정에 이를 때에야 비로소 유배가 끝날 것이다.

예수의 지시 중에는 인자가 오기 전에 이 마을에서 저 마을로 도망친다는 특이한 말씀이 있다. 선교 활동이 완수되기도 전에 인자가 올 것이라는 말씀은 무엇을 의미하는가?

> 이 동네에서 너희를 박해하거든 저 동네로 피하라. 내가 진실로 너희에게 이르노니 이스라엘의 모든 동네를 다 다니지 못하여서 인자가 오리라(마 10:23).

이 구절을 이해하기 위해서는 이 본문이 하나의 말씀인지 아니면 두 개의 다른 말씀이 결합된 것인지에 관한 약간의 고찰이 필요하다. 23a에는 박해와 도망(*feugein*)에 대한 언급이 뚜렷이 나타나는데 이는 위에서 살펴본 예

---

187   「클레멘스2서」 5:2-4는 이 본문의 흥미로운 이형을 보여준다. 베드로는 예수의 말씀에 이렇게 응답한다. "이리들이 양들을 갈기갈기 찢어버린다면 어떻게 하나요?" 예수는 다음과 같이 대답한다. "양들이 죽음 이후에 이리들을 두려워하지 않도록 하라. 너 또한 너를 죽이는 것 외에는 아무것도 너에게 해할 것이 없는 자들을 두려워하지 말라. 오히려 너는 너의 죽음 이후에 육신과 영혼에 대한 권한을 갖고 있으며 그것들을 지옥 불 속에 던져 넣을 수 있는 분을 두려워하라." Hennecke, *New Testament Apocrypha I*, 172.

수의 다른 가르침에서도 볼 수 있다. 그런데 23b은 이에 종속되는가 아니면 독립적인가? 만일 (최소한 그 내용에 관한 한) 독립적이라면 그것은 갈릴리 마을들에서 복음을 전하는 일을 가리킨다고 볼 수 있다. 물론 선포와 박해가 상호 배타적이지 않으며 오히려 선포가 박해로 이어진다는 사실에도 불구하고 그렇게 말할 수 있다.[188]

예레미아스 이후 많은 학자는 이 말씀이 통일적이라고 생각해왔다. 이 경우 23b은 단순히 제자들은 예수의 메시지를 위해 박해를 당할 것이기 때문에 이 마을에서 저 마을로 도망칠 필요가 있다고 말한다. 핵심 단어 *teleō*는 "완수하다" 또는 "끝마치다"를 의미하는데 이는 선교 활동 자체를 지칭할 수도 있다. 그러나 이 동사가 "도망"에 연결되는 것일 수도 있다. 그렇다면 그 경우 23b은 종말론적 환난의 때의 길이를 강조할 수 있다.[189] 그러나 앞서 지적한 것처럼 이 둘이 상호 배타적이라는 식의 제한은 없다. 예컨대 제자들이 물고기를 잡으러 가는 대신 갈릴리의 여러 마을로 다녔던 유일한 이유는 예수의 선교 활동에 있었다.

인자가 온다는 것은 무슨 의미인가? 슈바이처가 "일관된 종말론"을 주장한 이후로 이 구절은 예수의 핵심 말씀으로 간주되어 현세대의 생애 중에 종말이 온다는 의미로 이해되어왔다.[190] 슈바이처 이후 적어도 세 종류 이상의 해석 방식이 제기되었다. 첫째는 그것은 파루시아(parousia)와 본격적인 종말의 시작을 암시하는 것이라는 해석이고, 둘째는 예루살렘 멸망을 가리키는 것으로 추정하는 해석이다. 셋째는 더 일반적 의미로서의 부활을

---

188   다른 해석 방식들과 과거의 논의에 관해서는 예컨대 Jeremias, *Theology*, 135-37(『신약신학』, CH북스 역간); Davies and Allison, *Matthew II*, 187-92를 보라.

189   Jeremias, *Theology*, 136에 따르면 이 말씀은 박해에 관해 다루고 있다.

190   Kümmel, *Investigation*, 235를 보라.

의미한다고 해석하는 몇몇 학자들의 입장이 있다.[191]

예수의 말씀이 환난의 때가 임박했다는 생각과 맞물려 있음은 분명해 보인다. 그의 제자들이 갈릴리에서 복음을 전함에 따라 그들의 사역은 타락한 백성의 미움을 야기할 것이다. 듣는 사람들이 모두 그 메시지를 받아들일 준비가 된 것은 아니다. 따라서 제자들은 많은 경우에 목숨을 위해 달아나야만 한다. 그들은 도망가야 한다. 환난의 시기에 마을들은 제자들이 피할 수 있는 은신처가 될 것이다. 그런데 사람들이 그 종말론적 메시지를 들을 때 회당마다 분열될 것이다. 따라서 제자들은 예수 자신이 겪었던 것과 똑같은 반대에 직면해야만 한다. 마지막 격변이 시작되기 직전에 그들의 여정이 곧 이스라엘을 위한 증인의 역할이 될 것이라는 말의 뜻은 이렇게 설명될 수 있다.

그러나 복음서의 내러티브에서 제자들은 이스라엘의 "모든" 마을을 다 다니기 전에 돌아온다. 예수의 말씀은 예언자적 말씀이지 지리적 차원에 강조가 있는 것은 아니다. 물론 예수 일행이 갈릴리에서 곤경에 처했기 때문에 예루살렘은 그들이 도망갈 수 있는 마지막 장소 중 하나였다고 추정할 수 있다. 그러나 이것만으로는 위에 인용된 본문을 설명할 수 없다. 종말론적 관점에서는 몇몇 중요한 설명 방식이 가능하다. 다니엘서가 예언한 것처럼 하나님 나라가 도래하고 환난의 때가 끝나기 전에 제자들이 모든 마을을 다 다닐 시간도 없었을 수 있다. 왜냐하면 이 모든 일은 아주 갑작스럽게 일어날 것이기 때문이다. 이러한 경우라면 위 말씀은 예수의 추종자들이 겪는 고난은 그들이 모든 마을로 다 다닐 만큼의 시간이 되기 전에 끝나게 됨을 가리킨다고 볼 수 있을 것이다. 이는 분명히 예수의 죽음

---

191   이 대안적 해석들과 이 주제에 대한 연구사에 관해서는 Hagner, *Matthew*, 279를 보라.

으로 그러한 계획이 종료된다는 것을 말한다.[192] 이 경우 그 말씀은 부활 사건을 가리킬 것이다. 환난의 시기는 끝날 것이며 이스라엘은 더 이상 예언자들을 죽이지 않을 것이다. 하나님 나라가 곧 임할 것이다. 최종적인 회복의 마지막 시기 동안 예수와 그의 추종자들은 박해를 겪어야만 할 테지만 말이다.[193]

예수의 지시 가운데 "이방인들에게로 가지 말라"라는 잘 알려진 제한의 말씀은 어떻게 이해해야 하는가? 이는 직접적 금지 명령으로 잘못 번역되어서 불필요한 많은 논쟁을 야기한 것이라고 볼 수도 있고, 또는 이스라엘의 회복을 강조하기 위한 수사적 대조법일 수도 있다. 어떤 학자들은 역사적 예수 자신이 선택된 백성의 구원을 원했다고 생각했다.[194] 하지만 새 관점에서 본문을 읽으면 이러한 해석은 수정되어야 한다. 환난의 시기 동안에는 우선 "이스라엘 집의 잃어버린 양"에게 복음이 전해져야만 한다. 이는 갈릴리 사역에 집중한 어록자료가 부활 사건에 영향을 받지 않은 것이라고 보는 관점과 잘 부합한다.[195]

이 특이한 점과는 별도로 회복 종말론은 포로기 예언자들의 기록과 예

---

192   Wright, *Victory of God*, 303, 365는 긴박성을 강조한다. "그들이 이스라엘의 모든 마을을 다니기 전에 '인자'에 대한 신원이 이루어질 것이다."

193   마을들과 관련하여 또 다른 대안도 제시될 수 있다. 제자들이 모든 마을을 다 다닐 수 없다면 그것은 마을들이 파괴될 것을 의미한다고도 볼 수 있다. 인자가 와서 사람들을 향해 최후의 심판석으로 데려가면 더 이상 찾아갈 마을은 없을 것이다. 이 대안이 옳다면 예수는 예루살렘의 파괴와 예루살렘에 대한 점령도 예언한 셈이 될 것이다. 두 개의 가능성 중에서 하나를 선택하기는 어렵지만 양자의 미세한 의미상의 차이에도 불구하고 이 말씀의 기본적인 핵심은 동일하다고 볼 수 있다.

194   이는 Bultmann 때부터 이어져 온 일반적인 해석 방식 중 하나다. Bultmann, *Theologie*, 58.

195   Pitre, *Tribulation*, 274는 그리스어 본문이 실제로 이방인 선교에 관해서 언급하고 있음을 지적한다. 그는 영어 KJV 번역을 적용해서 "이방인들의 길로 가지 말라"라는 번역을 제안한다. 예수는 자신의 추종자들에게 이스라엘의 잃어버린 양들을 모으기 위해서 그들의 선교 여행 중에 이방인과 사마리아인의 길로 가지 말라고 경고한다.

수의 가르침 모두에서 보편주의적 특징을 갖고 있다. 하나님의 종이 추방의 원인을 제거할 것이기 때문에 다른 민족들도 하나님의 새 성전에 들어올 수 있도록 허락될 것이다. 메시아는 "이방의 빛"이 될 것이다(사 49:6). 모든 민족을 하나님께로 모으는 것과 관련된 보편주의적 관점은 예컨대 마태복음의 묵시 사상의 배후에서 발견될 수 있다. 종말의 기호들 중 하나는 모든 민족을 향한 증언이다. "이 천국 복음이 모든 민족에게 증언되기 위하여 온 세상에 전파되리니 그제야 끝이 오리라"(마 24:14). 마가복음에서도 비슷한 진술이 나타난다. "또 복음이 먼저 만국에 전파되어야 할 것이니라"(막 13:10).

예수의 종말 사상에 따르면 하나님이 반드시 먼저 무대에 등장하시므로 환난의 때는 피할 수 없다. 하지만 증언(*martyrion*)의 시대가 그 뒤에 이어진다. 이는 힘겨운 격변의 때가 인류의 역사를 물들이는 시대가 될 것이다. 하나님과 그가 창조하신 인간 사이의 갈등은 커질 것이다. 그럼에도 불구하고 이런 우주적 드라마의 한복판에서 제자들은 하나님 나라의 복음을 전파할 것이다. 이 국면에서는 더 이상 열두 지파가 선교의 중심이 아니다. 오히려 그 증언은 모든 민족에게 선포될 것이다. 이러한 관점은 이사야서에서와 같은 유형의 보편주의를 염두에 둔 것으로 보인다(사 62:10-12).[196]

"여호와의 전의 산"의 역할을 해석한 미가서 본문은 이와 유사한 보편주의를 드러낸다. 예언자 미가는 처음에는 매우 강하게 하나님의 심판과 임박한 유배를 선포했지만 그의 메시지는 희망에 대한 비전으로 결론을 맺는다. "끝날에 이르러는 여호와의 전의 산이 산들의 꼭대기에 굳게 설 것

---

196   Schnelle, *Theology*, 454는 특히 마 10:5b-6을 다루면서 "유대인 그리스도인의 입장"과 후대의 보편주의를 구별한다. 하지만 유대교의 회복 종말론의 보편주의적 성격을 고려하면(위에서 논의한 본서의 제2장 I.3의 내용을 참조하라) 이 보편주의를 단순히 마태 공동체의 산물로 여기는 것은 설득력이 부족하다.

이다." 그것은 구원의 중심이 될 것이다. "민족들이 그리로 몰려갈 것이라. 곧 많은 이방 사람들이 가며 이르기를 '오라, 우리가 여호와의 산에 올라가서 야곱의 하나님의 전에 이르자'"(미 4:1-2) 할 것이다. 모든 민족은 회복된 성전인 하나님의 집(*oikos*)으로 향하게 될 것이다.

모든 민족을 위한 복음은 마침내 마태복음의 결말에 언급된 대위임령의 핵심 주제가 된다. 부활한 예수의 예언 말씀으로서 이 본문은 확실히 제자들이 경험한 예수의 본래의 목적을 드러내고 있다.

> 하늘과 땅의 모든 권세를 내게 주셨으니 그러므로 너희는 가서 모든 민족을 제자로 삼아 아버지와 아들과 성령의 이름으로 세례를 베풀고 내가 너희에게 분부한 모든 것을 가르쳐 지키게 하라(마 28:18-20).

예수의 위임령에 따르면 주님은 이제 다윗의 후손을 하늘의 왕으로 임명했다. 부활 이후 그는 모든 권세(*pasa eksousia*)를 가진다. 새로운 왕국은 성취되었고 온 세상에서 새로운 왕에 대한 좋은 소식(*eu-angelion*)을 전파하는 선교사들은 유배의 최종적인 종식과 성령 세례를 통한 보편적인 회복도 전파하게 된다. 흩어짐의 때는 끝났다. 누구든지 복음을 들으면 평화의 왕국으로 초대될 것이다. 제자들은 각 지파에게 따로따로 파송되는 것이 아니라 "모든 민족을 제자로" 삼는다(*mathēteusate panta ta ethnē*). 이는 이사야서의 울림을 생생하게 반영한다. "나의 구원을 베풀어서 땅끝까지 이르게 하리라"(사 49:6).

보편적 종말론 자체가 에덴이라는 정원-성전의 회복을 다루는 거대한 메타내러티브와 연결되어 있다. 구약성서에서 낙원은 하나님의 지상 거처이며 "안식처"라는 이미지로서의 후대의 예루살렘 성전은 종말론적 구원 공동체의 원형이다. 이 공동체는 성령으로 충만한, 손으로 만들지 않은

(*acheiropoiētos*) 성전이 될 것이다. 복음 전파의 주된 목적은 사람들을 추방된 곳에서 낙원으로 다시 데려오는 것이다. 지상의 하나님 나라는 새 창조의 첫 열매들을 이미 드러내고 있는 그 동산으로 들어가는 입구다. 그리고 최종적으로는 우주적 격변을 통해 새로운 낙원이 시작되며 구원받은 자들은 거기서 영원히 하나님을 예배할 것이다. 회복 종말론을 통해서 "모으는 분"으로서의 하나님에 관한 내러티브가 형성되었듯이 예수의 선교 목적도 마찬가지로 지파들을 모으는 데 확실하게 초점을 맞춘다. 하지만 입장이 변화한다. 구원받은 자들의 공동체가 새로운 성전이므로 예수의 외침은 두 방향으로 퍼져나간다. 그 복음은 우선 약속의 백성인 이스라엘 집의 "잃어버린 양"을 향해서 선포되어야만 한다. 하지만 환난의 시기가 끝나면 모든 것이 변할 것이다. 그 아들은 모든 민족을 위한 빛이 될 것이고 모든 백성이 새 예루살렘 안으로 들어가 하나님을 예배할 수 있도록 허락될 것이다. 예수는 그의 사도들을 파송하여 세상 모든 민족으로부터 사람들을 불러서 자기의 왕국에 모이게 한다. 하나님의 구원 사역의 목적은 하나님이 맨 처음에 자신과 자신의 백성을 위해 만들었던 낙원인 첫 번째 성전의 회복이다.

4. 변화의 시대

이러한 회복 종말론 관점은 예수의 종말 사상에 관한 총체적인 그림과 어떻게 연결되는가? 예수가 청중에게 반복적으로 책망과 경고의 말씀을 준 것은 확실하다. 백성은 그들의 하나님을 배반했고 입술로만 주님을 예배할 뿐 그들의 마음은 하나님으로부터 멀어져 있다. 회개하지 않으면 이스라엘은 마지막 날에 하나님의 진노가 임할 때 멸망할 것이다. 백성의 죄는 징벌을 받을 것이다. 종말에 관한 담화에 나타난 예수의 저주의 화법은 대예언자들이 이스라엘 백성에게 전했던 것과 똑같은 입장을 견지하고 있음을 알 수 있다. 죄악의 세상의 법정에서 회복의 복음(euangelion)이 선포된다.

청중 가운데 오직 일부만이 하나님께 돌아온다. 진정한 믿음은 곧 십자가의 길을 의미한다. "자기 십자가를 지고 나를 따르지 않는 자도 내게 합당하지 아니하니라"(마 10:38). 이 말씀은 앞서 다루었던 미가서의 예언을 해석하고 있다. 모든 것이 혼돈의 상태에 있다. 인자는 이 혼란의 상황에 개입하여 이스라엘의 자녀들로 하여금 그들의 거짓 교사들에 맞서 일어서게 만든다. "아버지나 어머니를 나보다 더 사랑하는 자는 내게 합당하지 아니하고 아들이나 딸을 나보다 더 사랑하는 자도 내게 합당하지 아니하다"(마 10:37). 이 말씀들 가운데 십자가에 관한 말씀은 대개 부활 이후 공동체에서 형성된 것으로 여겨져 왔지만 예수의 유배의 수사에 비추어 보면 반드시 이에 대해 새롭게 해석할 필요가 있다. 십자가 사건은 이리 떼 한가운데서 발생한다. 예수는 "몸을 죽이는 자들"에 관한 경고 말씀을 준다. 언젠가는 처형의 때가 올 것이다. 그럼에도 불구하고 희망은 충분하다. 왜냐하면 해방이 있을 것이기 때문이다. "자기 목숨을 얻는 자는 잃을 것이요 나를 위하여 자기 목숨을 잃는 자는 얻으리라"(마 10:39).

가장 강력한 예언자적 경고의 표현은 예수의 저주의 외침에서 발견된다.[197] 예수는 선택받은 백성이 아직도 영적 유배 아래 살고 있음을 한탄한다. 구약성서에도 그런 강력한 외침의 선례가 있다. 이사야는 주님의 부패한 포도원에 대한 저주의 말씀을 말한다(사 5:1-23). 하박국은 폭력적인 민족에 대해서 각각 다섯 번에 걸쳐서 비판한다(합 2장). 마태복음에서 종말론적 저주는 산상설교에서 선언된 축복 말씀(makarioi)과 상반된 내용으로

---

197   Wright, *Victory of God,* 578은 Schweitzer가 이미 예수의 종말 사상에서 이 저주의 선포가 중요하다고 강조했음을 세세하게 지적했다. 이에 관한 논의는 Pitre, *Tribulation,* 11을 보라.

나타난다. 마태복음의 결말 부분에 가서 예수의 메시지가 완성된다. 하나님의 메시지를 받아들이지 않으면 청중은 하나님의 심판 아래 머문다. 마태복음에서는 일곱 개의 저주(화 선포, *ouai hymin*)가 언급되는데 이 저주 목록은 누가복음의 목록과 다소 차이가 있다(마 23:13-36을 보라).

> 화 있을진저, 외식하는 서기관들과 바리새인들이여! 너희는 천국 문을 사람들 앞에서 닫고…
>
> 화 있을진저, 외식하는 서기관들과 바리새인들이여! 너희는…바다와 육지를 두루 다니다가…
>
> 화 있을진저, 눈 먼 인도자여!…
>
> 화 있을진저, 외식하는 서기관들과 바리새인들이여! 너희가 박하와…십일조는 드리되…
>
> 화 있을진저, 외식하는 서기관들과 바리새인들이여! 잔과 대접의 겉은 깨끗이 하되…
>
> 화 있을진저 외식하는 서기관들과 바리새인들이여! [너희가] 회칠한 무덤 같으니…
>
> 화 있을진저, 외식하는 서기관들과 바리새인들이여!…너희가 선지자를 죽인 자의…

이 경고들은 이스라엘의 포로기 예언자들의 메시지를 반복한 것이다.[198] 연저자 또는 위선자를 지칭하는 단어 "*hypokritēs*"(외식하는 자들)는 화자가 자기 자신을 기만할 뿐만 아니라 특히 청중을 속이는 상황을 가리킨다. 위선

---

198 이와 함께 학자들이 자주 인용하는 것은 70년 예루살렘이 멸망하기 직전에 등장한 아나니아의 아들 예수라는 인물로, 그는 예루살렘 도시를 향하여 "예루살렘에 화가 있을 것이다"라고 심판을 선언했다(요세푸스, 『유대전쟁사』 6:300-9).

자들이 마지막 최종적인 회복을 가져오기 위해 왔던 하나님의 진정한 사자들을 반대한 것은 이러한 이유 때문이다. "화 있을진저…너희는 천국 문을 사람들 앞에서 닫고 너희도 들어가지 않고 들어가려 하는 자도 들어가지 못하게 하는도다"(마 23:13). 개종에 관련된 다소 특이하게 보이는 저주 말씀과 함께 첫 번째 저주는 끝난다. 그 선생들은 진정한 복음을 전파하는 한 사람의 랍비로서의 예수의 사역에는 적극적으로 반대하면서도 자신들은 개종자 하나를 얻기 위해 "바다와 육지를 두루" 다닌다. 예수의 판단에 의하면 그런 행동은 복음이 왜곡되어 있는 모습을 드러낸다. 즉 지금 당장 선포되어서 영적 유배의 고통스러운 때가 끝나고 있다는 사실을 누구나 들을 수 있어야 하는 복음이 왜곡되고 있다. 이 거짓 교사들이 할 수 있는 일은 오직 그들의 말을 듣는 자들을 "지옥(*gehenna*) 자식"(마 23:15)으로 만들어 버리는 것뿐이라는 예수의 주장은 이러한 배경을 갖고 있다. 이는 가장 신랄한 유배의 수사라고 볼 수 있다. 즉 이 백성은 하나님의 말씀을 듣는 대신 사탄의 복음을 전파한다.[199]

예수의 말씀에 따르면 아마도 사람들은 하나님의 율법에 따라 살고 있다고 스스로 여겼지만, 실제로 그들은 사악한 이기적 삶을 살아가고 있었다. 물론 겉으로 드러나는 평판은 흠잡을 데 없었을 것이다. 박하를 십일조로 드린다는 말은 구약성서에 규정된 계율을 넘어서서 향신료까지 십일조의 대상으로 확장하는 바리새인들의 율법주의를 가리킨다. 진정한 마음의 회개가 없는 이러한 행위는 "하루살이는 걸러내면서" 낙타를 삼키는 것과 같다(마 23:24). 예수는 정결 규정과 관련해서 예언자들이 다루었던 바로

---

199   예컨대 Nolland, *Matthew*, 934를 보라. 지옥(*gehenna*) 단어는 마태복음에 자주 등장한다. 지옥의 자식은 "악한 자의 자식"(마 13:38)과 동의어다. 마 23장의 마지막 저주 말씀은 백성을 뱀과 독사의 새끼들로 묘사하는 다음과 같은 구절을 통해서 강조된다. "너희가 어떻게 지옥의 판결을 피하겠느냐?"(마 23:33)

그 주제들을 거론한다. 죽은 뼈로 만들어진 민족(겔 37장)에게는 그 뼈에 생명을 불어넣을 새로운 다윗에 대한 희망 외에는 다른 어떤 희망도 없다.

이스라엘의 선생들은 눈먼 인도자다. 정결법은 헛되이 지켜지고 있을 뿐이다. 왜냐하면 잔의 안쪽은 추하고 불결하기 때문이다(마 23:25). 위선자들은 죽은 뼈로 가득한 "회칠한 무덤"같다. 그들 자신이 부정할 뿐만 아니라 그들은 서로를, 그리고 그들의 가르침을 듣는 모든 자를 오염시킨다(마 23:29). 그들의 희망은 오직 죽은 뼈에 생명을 불어넣을 수 있는 다윗의 후손을 통해서만 찾을 수 있다(겔 37장).

이 전환기의 또 다른 기호는 귀신과의 영적 전쟁이다. 이 전쟁은 세상의 대전환의 한 부분에 속한다. "오늘과 내일은 내가 귀신을 쫓아내며 병을 고치다가 제 삼일에는 완전하여지리라"(눅 13:32). 예레미아스가 지적한 것처럼 여기서 "제 삼일"은 부활 이후에 형성된 문구가 아니라 특별한 전환점이 도래하는 것을 표현하는 유대교의 관용적 표현에 해당한다.[200] 예수의 사역에 나타난 특별한 기호들은 예수가 예언자적 활동을 수행했음을 강조한다. 예수는 예루살렘에서 실현될 것으로 예상된 자신의 운명을 피하려고 하지 않았다. "선지자가 예루살렘 밖에서는 죽는 법이 없느니라"(눅 13:33). 인자는 엘리야의 운명에 반드시 동참해야만 했었다.

위에서 암시했듯이 이스라엘 전역에서 예수의 사역에서 귀신과의 싸움이 나타난다. 예수의 가르침에 따르면 귀신들은 사람들을 사로잡아 길을 잃게 만든다. 사탄은 자신의 왕국을 소유하고 있으며(마 12:26) 자기 군대를 지휘한다(눅 10:19). 귀신들은 사탄의 군대에 속한 병사들이다(막 5:9). 따라서 이미 마가복음 시작 부분에서 귀신이 "우리를 멸하러 왔나이까?"(막

---

200   또한 막 14:58; 15:29의 말씀도 같은 맥락에서 이해할 수 있을 것이다. Jeremias, *Theology*, 285를 보라.

1:23-27)라고 소리치는 장면에서 보듯이 귀신 축출은 예수가 그의 원수들을 격멸하는 전쟁으로 묘사된다. 귀신 들림과 질병 모두 사람을 사로잡는 데 사용되는 사탄의 족쇄다(눅 13:16). 하나님 나라가 임하면 악한 영들은 굴복할 수밖에 없다. "그러나 내가 만일 하나님의 손을 힘입어 귀신을 쫓아낸다면 하나님의 나라가 이미 너희에게 임하였느니라"(눅 11:20).[201]

예수의 활동은 반대를 불러일으켰고 주객이 전도되어 예수가 사탄의 부하라는 공격을 받는 경우도 많았다. "이가 귀신의 왕 바알세불을 힘입지 않고는 귀신을 쫓아내지 못하느니라"(마 12:24). 사람들이 예수의 능력 배후에 사탄적인 바알의 힘이 있다고 생각했기 때문에 예수의 추종자들 역시 우상숭배자로 여겨질 것이다. "집주인을 바알세불이라 하였거든 하물며 그 집 사람들이랴?"(마 10:25) 여기서 집주인이라는 단어는 히브리어 "베엘 제불"(bēl zebul)을 풀이한 일종의 언어유희에 해당한다(위에서 언급한 마 12:24에서는 바알세불 단어가 그대로 번역되어 있다). 유대교에서 가나안의 바알은 모든 악마적 권세의 우두머리로 여겨졌다.[202] 여기서의 문맥은 스승과 제자에 관한 언급이지만 메타포 자체는 신적인 주인에 대해 말하고 있다. 따라서 도출해야 할 두 개의 잠재적인 결론이 더 남아 있다. 예수는 유대인들이 배교하여 그들의 주 하나님을 사실상 바알세불로 만들고 있다고 비판했을 가능성이 있다. 또 하나의 가능성은 그 표현 배후에는 "기독론적" 의도가 있을 수 있다는 것이다. 즉 예수는 그 자신이 주님임에도 불구하고 그들에 의해 바알세불로 잘못 이해되고 있다는 것이다.[203]

---

201 이는 이미 Jeremias, *Theology*, 94-95에서 지적한 내용이다. Schreiner, *Theology*, 54에 따르면 "예수는 자신의 귀신 축출이 하나님 나라가 역사 안으로 돌입하는 기호라고 보았다." 또한 Meier, *Marginal Jew* 2, 416-17; Witherington, *Indelible Image 1*, 85를 보라.

202 Hagner, *Matthew*, 282. 이 표현의 언어적 배경에 관해서는 Albright and Mann, *Matthew*, 126을 보라.

203 Nolland, *Matthew*, 434를 참조하라.

전환기의 기호들은 예수의 사역에서 중요한 기능을 담당한다. 첫 번째 단계의 논증은 타락한 백성에 대한 예수의 저주 선언에 나타난 비판 목록과 관련이 있다. 이스라엘은 여전히 하나님의 원수로 살고 있으며 매일의 삶에서 썩은 열매를 맺는다. 교사들과 지도자들은 하나님의 본 모습을 만나기를 회피하며 회개하라는 모든 권고를 거부한다. 그러므로 그들은 결국 하나님의 회복과 이스라엘의 갱신에 반대한다. 두 번째 단계의 논증은 역사적 정황 배후에 있는 영적 현실을 드러낸다. 예수는 에덴동산에서 추방된 날 이래로 격퇴된 적이 없는 뱀을 없애려고 한다. 우주적 전쟁에서 예수는 사탄이 정복한 세상을 재창조하고 회복하고자 한다.[204] 이런 성서적 관점은 하나님 나라의 회복이 또한 광대한 시대(aeon)의 전복을 지시한다는 발상과 잘 부합한다.

5. 예루살렘 멸망과 메시아적 묵시 사상

예수의 가르침에서 환난의 때의 의미를 탐구하기 위해 다루어야 할 주제가 하나 더 있다. 이 관점은 심판의 날에 관한 더 보편적인 기대와 어떻게 관련이 될까? 예수는 마지막 심판과 관련하여 구약성서 본문을 어떻게 활용하는가? 예수의 종말론적 설교 해석에서 우리는 예루살렘 멸망에 대한 예고와 마지막 심판에 관한 예언을 구별할 필요가 있다. 이는 신약신학에서 줄곧 난해한 과제 가운데 하나로 여겨져 왔다. 유배의 종결에 관한 메타내러티브는 이 과제를 논의하는 데 공헌할 수 있을 것이다. 지상 성전의 멸망

---

204 Schreiner, *Theology*, 66은 Kallas의 견해를 따르고 있다. 이런 메타포들은 우주적 전쟁을 묘사하기 때문에 신화론적이라고 부를 수 있다. 그러나 그 내러티브의 목적은 회복의 목적과 유사하다. 이 개념은 과거에 상실된 낙원의 재창조라는 가장 거대한 메타내러티브에 적용된 것으로 볼 수 있다.

에 대한 예수의 말씀들은 환난의 시대에 관한 기호들의 일부임이 확실하기 때문에 그 말씀들을 환난의 시대의 맥락에서 분리시킬 수는 없다. 평화의 왕국은 마지막 갈등이 지난 후에 실현될 것이기 때문에 신실한 추종자들의 수난과 순교는 결국 예루살렘의 멸망으로 이어질 것이다.

마태복음과 누가복음 모두에 반영되어 있는 마가복음의 묵시적 본문을 보면 어록자료에 나타난 진노의 때에 관한 묘사가 연상된다. 이 어록자료에 언급된 박해의 때는 하나님 나라의 시작을 알려준다. 또 그 환난의 때는 유대-로마 전쟁에서 정점에 달하게 되는데 이 전쟁은 (적어도 겉으로 보기에는) 독립 국가로서의 이스라엘의 역사에 종지부를 찍게 된다.

> 난리와 난리의 소문을 들을 때에 두려워하지 말라. 이런 일이 있어야 하되 아직 끝은 아니니라. 민족이 민족을, 나라가 나라를 대적하여 일어나겠고 곳곳에 지진이 있으며 기근이 있으리니 이는 재난의 시작이니라(막 13:7-8).

이 본문에서, 그리고 이 문맥에서 언급된 기호들은 이미 이전에 알려졌던 경고들을 반복하고 있다. 가족 간 갈등의 주제가 나타난다. "형제가 형제를, 아버지가 자식을 죽는 데에 내줄 것이다"(막 13:12). "모든 사람"이 이스라엘 지파들에게 증언하는 예수의 제자들을 미워하는 박해의 때가 올 것이다. 그 적대 행위는 계속해서 험난할 것이다. 예수가 말하고 있는 시대는 환난(*peirasmos*)의 때다. 한편으로는 기만을 통해서 그리고 다른 한편으로는 법정에서 위협을 받는다. 여기서 신학적으로 어려운 문제는 이러한 묘사들이 먼 미래에 발생할 사건들을 가리키는 것인지 아니면 예수와 제자들의 시대

에 관한 것인지를 결정하는 데 있다. 최근의 연구들은 후자를 지지한다.[205]

예수는 더 나아가 이 시대가 다니엘서에 언급된 "환난의 날" 같을 것이라고 가르친다(막 13:19; 단 12:1). 환난의 날은 구원이 실제로 성취되면 종결될 것이다. 마가복음의 묵시적 본문의 도입부는 대환난 이후에야 구원의 왕국이 열릴 것이라고 분명하게 진술한다. "끝까지 견디는 자는 구원을 받으리라"(막 13:13). 환난에 대한 묘사는 앞서 언급된 "재난의 시작"[막 13:8]과 대조된다. 예수와 그의 추종자들이 갈릴리 사역 당시에 대적자들과 상대했던 일은 에반스(Evans)의 표현대로 말하면 "정말 심각한 갈등"의 시작일 뿐이었다.[206]

만일 이 구절이 예루살렘의 멸망을 예고한 것이라고 가정하면, 그 생생한 묵시적 묘사는 마치 후대에 요세푸스가 『유대전쟁사』에서 다룬 것 같은 충격적인 내용을 요약한 것이라고 볼 수도 있을 것이다. 공격을 받은 예루살렘은 포위될 것이므로 기근이 발생하게 될 것이다. 지진의 발생으로 대참사는 극에 달할 것이다. 유대 땅에 사는 자들은 산으로 도망가야 한다. 그들은 재빨리 달아나야 한다. 겉옷을 가지러 집에 들어가서도 안 된다. 왜냐하면 공격자들이 닥치는 대로 붙잡아 죽일 것이기 때문이다. 이미 점령당한 경험이 있는 이스라엘은 또다시 점령을 당하고 예루살렘은 파괴될 것이다. 예수의 가르침은 성전의 파괴에 대한 마가복음 13:2의 말씀을 확장하고 있다.[207]

205　Pitre, *Tribulation*, 231은, 이 구절에 따르면 성전의 멸망은 "종말론적 환난의 예비적 시대 없이 일어나지는 않을 것"이다.

206　Evans, *Mark*, 322. "멸망의(문자적으로는 '황폐하게 하는"을 의미함) 가증한 것"은 70인역 단 12:11에서 인용한 표현으로(참조. 마카베오상 1:54), 이는 신성모독을 한 안티오코스 4세 에피파네스 같은 왕을 가리키는 것이 분명하다. 그러나 동시에 그것의 결과, 즉 예루살렘 성전이 다시 한번 파괴되고 유배의 상태가 정점에 달하게 되는 상황을 가리킬 수도 있다. 참조. Evans, *Mark*, 317-19.

207　그렇다고 해서 이 내러티브가 성전 멸망 이후에야 기록되었다는 뜻은 아니다. 오히려 일

이 해석에 따르면 예루살렘 함락과 이스라엘의 황폐화에 대한 예수의 예언도 영적 유배를 종식시킬 과정을 묘사한다. 이는 박해의 때며 다니엘서가 말하는 환난의 날이다. 세례자 요한의 죽음과 함께 환난(peirasmos)이 시작되었고 인자의 죽음을 통해 그 마지막이 올 것이다. 이와 더불어 종말론적 전환의 시점이 올 것이다. 예루살렘은 전쟁의 소용돌이에 휘말리고 성전은 파괴될 것이다. 예수의 생애 당시에는 이스라엘 백성 중 누구도 정치적 상황이 이렇게 전개되리라고 예측할 수 없었다. 예수의 가르침은 과장되고 터무니없는 말로 들렸을 것이 분명하다.

예수의 종말론에 관한 이런 관점은 종말에 대한 예수의 다른 말씀들과 일치한다. 마가복음의 흐름을 보면 무화과나무에 관한 말씀이 그 뒤에 곧바로 나온다는 사실을 알 수 있다. "무화과나무의 비유를 배우라. 그 가지가 연하여지고 잎사귀를 내면 여름이 가까운 줄 안다"(막 13:28). 다소 수수께끼 같은 이 말씀은 쉽게 설명하기 어려운 것으로 여겨져 왔다. 연구사를 검토해 보면 완전히 상반된 두 개의 해석이 존재함을 알 수 있다. 꽃이 피는 가지가 예수를 따르는 공동체를 가리키거나 아니면 잎사귀가 앞에서 언급한 기호들을 가리킬 수 있다. 무화과나무는 늦봄에만 잎을 내기 때문에 그것을 보고 여름이 곧 올 것을 예상할 수 있다. 그런데 이 비유의 지시는 긍정적인가 아니면 부정적인가? 자연에 관한 메타포로 보면 여름은 건기에 해당하는데 여름의 태양은 풀을 태우듯이 따가우며 흙을 메마르게 해

부 추가된 설명들(예컨대 "읽는 자는 깨달을진저" 같은 언급, 막 13:14)은 마가복음의 "묵시"의 진정성을 보여주는 특징들을 갖고 있다. Hengel, *Mark,* 16은 본문에 언급된 예수의 가르침은 유대-로마 전쟁 당시에 예루살렘이 포위된 실제 정황과 들어맞지 않는다고 지적하는데 "왜냐하면 탈주자들은 로마인들 아니면 시카리파의 수중에 떨어졌기 때문이다." Hengel은 보통의 경우 사람들은 "도성 **안으로** 도망쳤으며" 예루살렘의 경우도 마찬가지였음을 알려준다. 따라서 예수의 말씀은 실제로 예루살렘 멸망 사건이 발생하기 훨씬 이전에 형성된 예언과 경고다.

서 비가 오기 전에는 아무것도 자랄 수 없게 만든다. 따라서 이러한 메타포가 성전의 멸망을 가리킬 수도 있다.[208]

예수가 말하는 첫 번째 시기는 다소 짧다. 박해의 때는 예수 자신의 세대에 해당할 것이다. "내가 진실로 너희에게 말하노니 이 세대가 지나가기 전에 이 일이 다 일어나리라"(막 13:30). 이와 비슷한 내용이 마태복음에서 발견된다. "내가 진실로 너희에게 이르노니 이것이 다 이 세대에 돌아가리라"(마 23:36). 예수는 미래로 진행하는 것이 불가피하다고 말한다. 역사에는 사건이 연속적으로 일어나게 되고 이스라엘의 멸망을 막을 수 있는 길은 전혀 없다. 이 과정에서 하나님은 역사의 주권적 심판자가 되신다.[209]

그렇다면 정확한 시점을 미리 알 수 없다는 예수의 진술은 어떻게 이해할 수 있을까? "그러나 그날과 그때는 아무도 모르나니 하늘에 있는 천사들도 아들도 모르고 아버지만 아시느니라"(막 13:32). 이 진술은 의심할 여지 없이 예수의 진정한 말씀이다. 이 말씀이 후대의 창작이라는 어떠한 증거도 없다. 아버지가 아들에게 "모든 지식"을 주었지만 미래에 관해서는 자세히 계시되지 않는다. 하나님의 주권은 현실의 역사의 흐름을 완전히 초월해 있다. 이 예고에는 어떤 특정한 시대가 언급되지 않기 때문에 이 말씀은 심판의 날에 대한 확실한 예언이라고 볼 수 있다. 그러므로 이는 다른 담화에 속하며 예루살렘 멸망에 관한 말씀과 혼동하지 않아야 한다. 신학

---

208 France, *Mark*, 538도 같은 입장이다. 그런데 이 관점은 논란의 여지가 있다. 예컨대 Jeremias는 이 비유가 다음과 같이 생명에 관해 말한다고 본다. "하나님은 죽음에서 새 생명을 창조하시는 중이다." Jeremias, *Theology*, 106. 또한 이 비유는 **가증한 것**(*bdelygma*) 부터 전쟁에 이르기까지의 기호들에 대한 단순한 요약이고 인자가 올 때가 가까이 왔음을 말하는 것에 불과할 수도 있다.

209 Bryan, *Handbook 3*, 2847은 성전 멸망에 관한 예수의 말씀을 상세하게 설명하면서 다음과 같이 결론을 내린다. "예수는 성전에 대한 임박한 그리고 불가피한 심판을 선언하는 것이 이스라엘 민족에 대한 하나님의 심판의 핵심이라고 여겼던 예언자적 전승을 '이 세대'에 완벽하게 적용할 수 있다고 믿었다."

적 의미에서 보면 예수가 종말의 완성에 관해 모든 권세를 아버지에게 맡겼다는 사실은 쉽게 이해된다.

그러나 더 구체적인 사건들에 관한 설명들을 자세히 다루게 되면 상황은 달라진다. 미래의 시점인 70년에 발생할 사건들과 유대-로마 전쟁 중에 성전이 완전히 파괴되었다는 점을 고려하면 그 사건들에 대한 예수의 예고가 매우 정확하다는 사실은 놀라운 일이다. 20세기의 연구에서는 좀처럼 다루어지지 않았지만 신약신학에서 이 측면이 결코 간과되지 않아야 한다. 세례자 요한과 예수의 처형을 목격했던 예수의 추종자 일부는 예루살렘에 대한 로마의 공격도 목격했던 것이 분명하다. 그들이 예루살렘 포위로 직접 고통을 겪지 않았을 수도 있었겠지만(예컨대 에우세비오스가 기록했듯이 예루살렘 교회는 펠라 지역으로 도피했을 수도 있다) 그들은 성전이 파괴되고 이스라엘이 로마의 속주로 전락했음을 알고 있었다. 제사장 계층은 성직자로서의 지위를 상실했고 유대교는 디아스포라 무대에서 랍비 유대교로 변화되기 시작하여 훗날 자신들의 종교적 유산을 모아 미쉬나를 만들었다.[210]

따라서 이 분석에 따르면 마가복음의 묵시적 본문에서 제시된 내용의 배후에는 두 개의 상이한 종말론적 내러티브가 있다. 첫 번째 내러티브는 어록자료에 나타나는 진노의 때에 관한 가르침과 유사하다. 둘째는 하나님의 심판 이전에 있게 될 우주적 대격변의 이야기다. 예수의 가르침에서 이둘은 각각 다른 개념을 포괄하는 별개의 실체로서 이후의 해석에서 서로 혼동되어서는 안 된다. 이러한 관점에서 본문을 읽으면 우주적 묘사는 파루시아와 관련됨을 알 수 있다.

---

210   "예수의 사역 안에 이미 존재했고 그의 죽음과 부활을 통해서 시작된 하나님의 왕국은 예루살렘 멸망으로 예수와 그의 추종자들이 신원될 때 명백하게 드러날 것이다." Wright, *Victory of God*, 365.

그때에 그 환난 후 해가 어두워지며 달이 빛을 내지 아니하며 별들이 하늘에서 떨어지며 하늘에 있는 권능들이 흔들리리라. 그때에 인자가 구름을 타고 큰 권능과 영광으로 오는 것을 사람들이 보리라. 또 그때에 그가 천사들을 보내어 자기가 택하신 자들을 땅끝으로부터 하늘 끝까지 사방에서 모으리라(막 13:24-27).

예수의 종말론에서 마지막 심판은 인자가 올 때 일어난다. 그는 구름 속에서 나타나 주권을 행사한다. 또한 메시아의 상이한 두 가지 역할이 있는데 이 역할들은 훗날 기독론 형성에서 중요해진다. 왕위 등극과 파루시아는 별개의 사건으로서 각각 다른 신학적 주제를 대표한다. 왕의 보좌는 법정과 관련된 심판대(*bēma*)와는 구별된다. 이는 유대교 신학의 이미지와 일치한다. 유배의 상태가 해결되지 않고 있는 근본적 문제의 원인은 하나님이 이스라엘의 왕이 되는 일이 거부된다는 데 있다. 그러므로 고통의 때는 대예언자들이 예고했던 방식으로 끝나게 된다. 즉 그때는 하나님이 왕으로 즉위하고 하나님(또는 그의 메시아적 대리자)이 평화로운 "다윗" 왕국의 통치를 시작해야 종결된다. 이것이 높여짐에 관한 담화에서 예수의 부활을 선포하는 내용이다.

종말론적 가르침을 지시하는 또 다른 내러티브가 있다. 나중에 있을 마지막 종말 때에야 하나님은 심판석에 앉을 것이고 모든 사람은 자신의 행위에 따라 보편적 재판을 받게 될 것이다. 마가의 묵시적 본문의 진정성은 의심할 나위가 없다. 왜냐하면 후대의 전승 전달자들이 그 전승 내의 상이한 특징들을 식별해내려고 하지 않았기 때문이다. 그런 상이한 개념들은 거의 분리할 수 없을 정도로 혼합되어 함께 나타난다. 70년 이후에는 예루살렘 포위에 관한 충격적인 이야기들을 알려주는 요세푸스의 기록과 유사한 참상 이야기를 만들어낼 법한 유혹도 있었겠지만 말이다.

환난의 시대를 강조하는 주된 메타내러티브는 이스라엘이 예언자들을 죽이고 하나님의 아들을 거부하면서 하나님 나라를 억지로 빼앗으려 한다고 강조한다. 여러 말씀과 비유에서 이 주제가 확인된다. 그러나 고난의 때가 지난 뒤 하나님은 이 두 증인의 죽음에 대해 응징할 것이고 예루살렘은 다시 한번 파괴될 것이다. 그 결과 두 번째 유배와 새로운 흩어짐이 초래된다. 이와 동시에 예수의 메시아적 공동체는 기다려왔던 구원의 다윗 왕국을 일으키고 이를 통해 회복의 약속이 성취된다.

그러므로 예수의 가르침에서 최후의 환난은 유배의 종식을 가리킨다. 그 개념은 명백히 영적 유배의 특징들을 갖고 있지만 그것에 대한 묘사는 바빌로니아 유배라는 역사적 사건 때 사용된 방식을 따른다. 이러한 해석에 있어 여기서 채택된 메타내러티브는 모든 면에서 완벽한 설명력을 보여준다. 예수는 타락한 이스라엘을 비판하고 과거 포로기 예언자들의 강한 비판의 태도를 한층 더 강화하여 종교적 엘리트들과 성전을 향한 공격을 감행한다. 예수는 세례자 요한의 처형으로 이스라엘 백성의 배교가 증명되었다고 확신했다. 환난의 때는 불가피하지만 마지막 갈등이 온전한 회복으로 이어진다는 점에서 그 환난은 필요한 것이 된다. 많은 난해한 표현과 수수께끼 같은 구절은 이제 회복에 관한 예수의 담화의 관점에서 잘 해석될 수 있으며 그의 종말론적 설교의 배후에서 작용하는 주목할 만한 메타내러티브를 위한 예시들로 이해될 수 있다. 곧 예수의 가르침은 이스라엘의 영적 유배가 마침내 종식되고 종말론적 성전인 구원의 공동체가 출현하며 그 공동체는 결국 모든 민족을 위한 기도의 집 역할을 하게 된다.

Ⅳ. 왕이신 하나님과 희년

예수가 선포한 유앙겔리온(*euangelion*)을 가리키는 말인 복음은 본질적으로 종말론적 용어다. 구약 예언자들의 가르침에 나타난 것처럼 과거에 이 개념은 바로 자신들의 종교적 전통의 신성한 장소에서 멀리 떨어져 살았던 디아스포라 백성을 위한 좋은 소식을 가리키는 말이었다. 예수가 이 단어를 자신의 선교 활동의 상징으로 삼은 것은 그의 메시지가 이스라엘의 왕으로서의 하나님이라는 중요한 내러티브 및 회복의 날에 참된 목자로 나타날 다윗의 후손에 대한 특별한 기대와 관련이 있음을 암시한다.

1. 회복의 복음

복음서들의 시작 부분에 아주 명시적으로 나타난 예수의 가장 중요한 메시지가 무엇인지에 관해서는 오랫동안 원만하게 의견이 일치되어왔다. 예수는 하나님 나라(*basileia*)의 시작을 선포했다. 그렇기 때문에 오랫동안 거의 모든 역사적 연구가 이 개념을 예수의 가르침의 핵심으로 생각했으며 그에 대한 근거도 제시되었다.[211] 일부 학자는 예수의 신학에서도 이 주제가 언급되는 것을 확인했고 많은 학자는 그것이 예수의 예언자적 출현의 주제를 이해하는 핵심 열쇠라고 여겨왔다. 마가복음을 보면 예수의 설교는 세계 역사의 결정적인 순간인 카이로스(*kairos*)를 다루고 있다.[212]

---

[211] 예컨대 Bultmann을 시작으로(*Theologie*, 3) 불트만 학파(Schnelle, *Theology*, 87)와 계속해서 Stuhlmacher, *Biblische Theologie I*, 67과 Schreiner, *Theology*, 45로 이어지는 연구가 그러하다.

[212] 최근 연구들의 개요에 관해서는 Merkel, "Die Gottesherrschaft in der Verkündigung Jesu," 119 이하; Kreplin, *Handbook 3*, 2493-2509를 보라.

때가 찼고 하나님의 나라가 가까이 왔으니 회개하고 복음을 믿으라(막 1:15).

이 구절은 완성(*plērōma*), 나라(*basileia*), 회개(*metanoia*), 복음(*euangelion*)같은 단어들을 적용하여 종말론적 특징을 강하게 드러낸다.[213] 예수는 가장 깊은 의미에서의 유배 상태의 한가운데서 복음을 선포한다. 하나님 나라 즉 하나님의 통치(*basileia*)는 이스라엘 안에서는 이루어질 수 없었다. 그 백성은 충성되지 않았다. 그럼에도 하나님의 약속들은 특별한 방식으로 선택받은 백성에게 주어진다. 때가 왔고 주님은 곧 구원을 임하게 하신다. 하나님이 보내신 구원자가 오고 그 백성은 하나님께로 다시 돌이켜 하나님 안에서 기쁨을 찾을 수 있다.

앞에서 살펴보았듯이 이 메시지는 예상치 못했던 것도 아니고 낯선 것도 아니다. 예수의 메시지는 유대교 회당 기도문 가운데 제14번 축복문과 일치하고 있다. "자비를 베푸소서, 우리 주 하나님이여. 주의 백성 이스라엘과 주의 도성 예루살렘에 주님의 큰 자비를 베푸소서. 그리고 영광의 거처인 시온과 주의 성전과 주의 거처와 주의 의로운 메시아인 다윗의 집의 왕권에 자비를 베푸소서." 경건한 유대인들은 흩어진 이스라엘 백성이 구원의 나라로 모이게 해달라고 하나님께 기원했다. 주님은 다윗의 후손을 보내실 것이다. 돌아온 이스라엘은 주의 평화의 나라에서 자신의 창조자, 자신의 목자와 더불어 살 것이다. 평화의 때가 오면 백성은 참회하면서 하나님께 돌아와 그의 자비와 용서 가운데 살 것이다.[214]

---

213 복음(*euangelion*)은 매우 중요한 어휘여서 여기서는 단지 일반적인 참고문헌만을 소개할 수 있을 것이다. 예컨대 Friedrich, *TDNT II* (1964), 707-37; Stuhlmacher, *Evangelium*, 109-80을 보라.

214 본서의 제2장 II.3을 보라. 이 개념은 히브리어 집회서 51장에 이미 나타난 것과 동일

그런데 예수의 선포는 더 이상 미래를 전망하지 않는다는 점에서 유대교 회당의 기도문과 다르다. 예수의 선교에서 그때(*kairos*)는 바로 지금을 말한다. 구원의 때는 도래했다. 구원은 그가 가르치는 복음 안에서 발견될 수 있다. 이는 이스라엘 역사에 개입하는 하나님에 관한 회복의 신학이다. 예수는 백성의 마음을 이스라엘의 하나님께로 돌이키려고 왔다. 대예언자들이 촉구하고 요청했던 것처럼 하나님의 왕권은 그들의 마음 안에서 성취될 수 있다. 그 회복은 하나님께로 돌아오는 회개(*metanoia*) 없이는 불가능하다. 마음의 변화가 있어야만 한다. 영적 유배가 아직 극복된 것은 아니었다. 이스라엘은 아직도 위선과 배교 가운데 살고 있다. 하지만 예수는 가장 중요한 변화가 일어났다고 말한다. 하나님이 자기 백성에게로 향했고 그가 약속하신 대로 걸음을 내디뎠다.[215]

예수의 핵심적 진술에 사용된 용어들은 이사야서에서 유래한다. 유배된 자기 백성을 회복된 나라로 부르면서 하나님은 그들에게 그들의 죄를 용서해 줄 구원자에게로 돌이킬 것을 촉구한다. "내가 네 허물을 빽빽한 구름 같이, 네 죄를 안개 같이 없이하였으니 너는 내게로 돌아오라. 내가 너를 구속하였음이니라"(사 44:22).

예수의 가르침에서는 이사야가 말한 방향의 변경(히브리어 *šûv*)이 한 사람의 내면의 방향 변경, 즉 회개(*metanoia*)로 바뀐다. 이 두 용어 모두 하나님께로 돌아오는 것을 의미한다. 이스라엘은 완고한 마음으로 주님이 필요 없다고 여겼다. 그럼에도 하나님은 자기 얼굴을 그의 백성에게로 돌린다.

하다.

215 "예수는 하나님의 통치가 가까이 왔다고 선포하기만 한 것이 아니었다. 치유와 축귀와 열두 제자의 소명을 통해서 예수는 가까이 와 있는 하나님의 통치를 이미 부분적으로 성취하고 있었다." Kreplin, *Handbook 3*, 2509. 여러 의미에서 볼 때 시대의 전환은 또한 현실로 나타나고 있었다.

두 본문 모두에서 강조되는 주제는 "가까이 옴"이다.[216]

> 마음이 완악하여 공의[=해방]에서 멀리 떠난 너희여, 내게 들으라. 내가
> 나의 공의[=해방]를 가깝게 할 것인즉 그것이 멀지 아니하나니 나의 구원
> 이 지체하지 아니할 것이라. 내가 나의 영광인 이스라엘을 위하여 구원[=
> 공의]을 시온에 베풀리라(사 46:12-13).

이 본문의 번역과 관련하여 히브리어 원문이나 70인역을 정확하게 옮긴 번
역은 거의 없다. 이 번역들은 공의와 무언가가 "가까이 옴" 모두에 대해 말
한다. 원문의 내용은 다음과 같다. "나는 나의 공의를 가까이 가져왔으며
나의 구원은 멀리 있지 않다"(저자의 번역). 히브리어 동사 "카라브"(*kārav*)는
"가까이 가져오다"와 "제공하다"를 의미하는데 이사야서 본문도 이 의미
를 표현하려고 한다. 예수가 선교 활동 초기에 구원이 가까이 왔다고 말할
때 그것이 가리키는 것은 하나님의 구원하시는 공의가 가까이 왔다는 뜻
이다. 복음서에서 공의(*dikaiosynē*)를 가리키는 단어가 드물게 사용되지만 마
태복음의 산상설교에서 이 어휘가 발견된다. 산상설교에서 이 단어는 이사
야서의 복음(*euangelion*)을 해석하는 구절에서 등장한다. 그 구절은 의에 목
마른 자들에게 생수가 주어질 것이기 때문에 그들이 기뻐해야 한다고 약속
한다. "의에 주리고 목마른 자는 복이 있나니 그들이 배부를 것임이요"(마
5:6).[217]

---

216   이 점에서 보면 예수의 계획은 세례자 요한의 계획과 유사하다. 예수와 세례자 요한은
       모두 회개를 선포했다. 구약의 예언자들과 관련된 배경에 관해서는 Webb, *John*, 184,
       196을 보라. 어휘에 관해서는 France, *Mark*, 93을 보라.

217   확실하게 시 107편을 반영하는 이 구절은 시편의 해방 메시지를 목마름과 마심에 관한
       개념과 연결한다. Hagner, *Matthew*, 93.

이사야서에는 다음과 같은 본문이 나타난다. "나는 목마른 자에게 물을 주며 마른 땅에 시내가 흐르게 한다"(사 44:3). 이 구절 약간 뒤에는 하늘의 비에 관한 언급이 나오는데 이 비는 하나님의 구원하는 공의를 상징한다.

> 하늘이여, 위로부터 공의를 뿌리며 구름이여, 의를 부을지어다. 땅이여, 열려서 구원을 싹트게 하고 공의도 함께 움 돋게 할지어다(사 45:8).

이사야서의 복음에 따르면 땅에 내리는 공의가 마른 땅을 적실 것이다. 하나님의 비를 통해 열매가 맺히는 것 같이 구원이 솟아날 것이다. 여기서 이 구원은 공의가 싹트는 것으로 표현된다. 이와 유사한 용어가 바울신학에서도 중요해진다. 이런 유형의 신학은 요엘서에서도 발견된다. 요엘서에서 유배로부터의 구원은 메마른 땅에 내리는 하늘의 비로 묘사된다.

> 시온의 자녀들아, 너희는 너희 하나님 여호와로 말미암아 기뻐하며 즐거워할지어다. 그가 너희를 위하여 [공의의] 비를 내리시되 이른 비를 너희에게 적당하게 주시리니 이른 비와 늦은 비가 예전과 같을 것이라(욜 2:23).

요엘서에서 공의의 비는 하나님의 영을 가져오는 종말론적 회복을 가리킨다("내가 내 영을 만민에게 부어 줄 것이다", 욜 2:28). 이후에 영을 부어주는 것에 관한 구절은 초기 기독교 회중에게 매우 중요해졌으며 그 구절은 구원의 날이 임했을 때의 하나님의 행위에 관한 성서적 증거 역할을 했다(행 2장). 더 나아가 바울은 "누구든지 여호와의 이름을 부르는 자는 구원을 얻으리니"(욜 2:32)라는 문장을 활용한다. 예수는 이사야서의 이 용어를 자기 자신의 정체성의 일부로 간주했기 때문에 그는 자신을 이스라엘을 위한 구원의 메시지인 복음(*euangelion*)을 가져오는 주의 종과 분명히 동일시했다고 볼 수 있다.

내러티브 분석은 예언자들이 발전시킨 공의의 비라는 주제에 특별한 주의를 기울인다. 선택받은 백성은 유배의 고통에서 해방될 것이다. 예언서들에 나타난 하나님의 말씀에 따르면 하나님은 하늘로부터 내려오는 선물처럼 공의를 주실 것이다. 하나님은 이스라엘을 직접 구속할 것이다. 하나님은 그의 구원을 "가깝게" 가져오고 그의 종들을 보내 복음을 전하게 한다. 이 주제에 관한 예수의 진술에는 공의의 비에 대한 약속이 반복된다. 하나님의 왕권과 나라(*basileia*)가 가까이 왔다. 구속이 임박했다. 하나님은 자기의 원수로 살아가는 반역한 백성을 불러서 그들이 회복된 언약 안으로, 즉 은총의 언약 안으로 들어가게 한다.

그러므로 죄 용서가 회복의 복음의 일부라고 말할 수 있다. 라이트는 "죄 용서는 '유배로부터의 귀환'에 대해 말하는 또 다른 표현 방식"이라고 지적한다.[218] 이 문제에 관해 예수와 세례자 요한 사이에 약간의 긴장이 있다. 요한은 엄격한 규율을 따르는 삶을 살았지만 예수는 "죄인의 친구"라는 평판을 들었다. 예수는 정결법 조항 및 거룩한 안식일과 관련해서 정통 유대인들과 갈등을 빚었다. 예수는 공인된 죄인들뿐만이 아니라 병자와 장애인들을 친구로 삼았다(마 11:5). 세례자 요한의 엄격한 금욕주의와 비교하면 사실상 예수의 활동에서는 혁명적 특징이 부각된다. 그들의 활동의 공통적인 점은 두 사람 모두 거부당했다는 사실이다.

---

218   Wright, *Victory of God,* 268. 그는 애 4:22을 언급한다. "딸 시온아, 네 죄악의 형벌이 다 하였으니 주께서 다시는 너로 사로잡혀 가지 아니하게 하시리로다."

이 세대를 무엇으로 비유할까? 비유하건대 아이들이 장터에 앉아 제 동무를 불러 이르되 "우리가 너희를 향하여 피리를 불어도 너희가 춤추지 않고 우리가 슬피 울어도 너희가 가슴을 치지 아니하였다" 함과 같도다. 요한이 와서 먹지도 않고 마시지도 아니하매 그들이 말하기를 "귀신이 들렸다" 하더니 인자는 와서 먹고 마시매 말하기를 "보라, 먹기를 탐하고 포도주를 즐기는 사람이요 세리와 죄인의 친구로다" 하니 지혜는 그 행한 일로 인하여 "옳다" 함을 얻느니라(마 11:16-19).

스코비(Charles H. H. Scobie)의 설명처럼 이 본문에서 한 그룹은 "결혼" 놀이를, 다른 그룹은 "장례식" 놀이를 제안한다. "완악한" 백성은 세례자 요한은 예언자적 사명을 이유로 거부하고 예수는 희년 축제 메시지를 이유로 거부한다.[219] 갈등의 이유는 동일하다. 요한과 예수의 메시지에서 기본적인 통일성은 그 메시지가 구약성서의 회복 신학에 근거하고 있다는 점이다. 예컨대 예레미야는 마지막 때에 하나님이 자기 백성에게 자비를 베풀고 그들의 죄를 용서해 줄 것이라고 강하게 확신한다.

여호와의 말씀이니라. 보라, 날이 이르리니 내가 이스라엘 집과 유다 집에 새 언약을 맺으리라.…내가 나의 법을 그들의 속에 두며 그들의 마음에 기록하여 나는 그들의 하나님이 되고 그들은 내 백성이 될 것이라.…내가 그들의 악행을 사하고 다시는 그 죄를 기억하지 아니하리라(렘 31:31-34).

이 단락에서는 일방적인 용서 개념이 뚜렷이 드러난다. 본서 제1장의 서론에서 언급했듯이 이는 포로기 예언자들의 회복 종말론에 나타나는 중요한

---

219   Scobie, *John*, 159.

특징이다. 이와 유사한 관점이 열왕기상의 이스라엘을 위한 기도에서도 발견된다.

> 만일 주의 백성 이스라엘이 주께 범죄하여 적국 앞에 패하게 되므로 주께로 돌아와서 주의 이름을 인정하고 이 성전에서 주께 기도하며 간구하거든 주는 하늘에서 들으시고 주의 백성 이스라엘의 죄를 사하시고 그들의 조상들에게 주신 땅으로 돌아오게 하옵소서(왕상 8:33-34).

예수의 가르침에서 용서는 전면에 드러나는 주제다. 주기도문에서도 용서는 구원받는 믿음에 관한 핵심 주제 가운데 하나였다. 마태복음에서 예수는 "우리의 빚을 탕감하여 주시옵고"(마 6:12)라고 말하면서 빚에 대해 언급한다. 피트리는 이 표현이 희년이 현실에서 실현된 것을 가리킨다고 지적했다.[220] 희년에 관한 신학적 주제는 아래에서 더 자세히 다루어지겠지만 우리는 먼저 두 가지 개념을 반드시 논의해야 한다.

구약성서에서 희년 개념은 두 개의 다른 주제로 구성되어 있다. 한편으로 희년의 기원은 출애굽, 즉 이집트의 노예 생활에서 해방된 사건에서 비롯되었다(레 25:2). 이미 이 축제는 7년마다 땅을 쉬게 해야 하며 이렇게 일곱 번의 휴식기가 지나면 속죄의 날에 모든 부채가 탕감되어야 했다(레 25:8-28). 다른 한편으로 훗날 유대교 신학에서 희년은 바빌로니아로부터의 해방과 유배의 끝을 나타내는 중요한 상징이 되었다. 이 새로운 출애굽에서 하나님의 백성은 자신들의 죄를 용서받게 될 것이다.[221]

따라서 주기도문에서 하나님께 "우리의 빚"에 대한 탕감을 요청하라

---

220   Pitre, *Tribulation*, 144.
221   이에 관한 좀 더 자세한 내용은 본서 제2장의 IV.3을 보라.

고 한 예수의 가르침은 최종적인 희년, 즉 회복의 때가 시작되면서 현재 벌어지고 있는 잔치를 가리킨다. 종말론적 갱신이 이미 진행 중이므로 예수의 제자들은 그들의 삶 속에서 대희년의 때를 경험하게 된다. 그들은 예수가 가르쳐 준 것 같이 자신들에 대한 용서를 구하고 그들 또한 다른 사람을 용서한다. 이러한 방식으로 제2의 출애굽이 실현된다. 하나님의 진노 아래 살던 사람들이 이제 하나님 나라로 들어가도록 허락받는다.

누가복음의 많은 비유는 이런 용서의 주제를 다룬다. 백 마리의 양을 소유한 자는 잃어버린 양 한 마리를 찾으려고 나서며 은전 하나를 잃은 여인은 그것을 찾으려고 애를 쓴다. 죄인들은 잃어버린 자들이며 하나님은 그들을 자신의 나라로 다시 데려오기 위해 모든 곳을 뒤져서 그들을 찾으신다. "내가 너희에게 이르노니 이와 같이 죄인 한 사람이 회개하면 하나님의 사자들 앞에 기쁨이 되느니라"(눅 15:10). 더 나아가 탕자의 비유는 예수와 하나님이 죄인들의 친구라는 것이 무엇을 의미하는지를 보여주는 전형적인 사례다.

탕자의 비유(눅 15:11-32)는 복음서에서 가장 사랑받는 예수의 가르침에 속하고 따라서 이 본문에 대한 아주 많은 해석이 존재한다. 아버지의 죽음을 바랐던 아들은 아버지가 살아있는 동안에 재산을 나누어 달라고 요구했다가 자신이 받은 몫을 결국 탕진했다. 그럼에도 이 탕자는 용서를 받는다. "이 내 아들은 죽었다가 다시 살아났다"(눅 15:24). 회복의 하나님은 곧 용서의 하나님이다. 탕자의 비유는 일반적으로 "잃어버렸다가 되찾는 것"에 관한 비유의 범주로 여겨지거나 때로는 "하나님 나라"에 관한 비유로 여겨지기도 한다.[222] 전통적인 한 해석은 이 비유를 죄인들을 회개하도

---

222 전자의 해석에 관해서는 예컨대 Wenham, *Parables,* 109; Snodgrass, *Stories,* 117을 보라. 핀란드 학계의 젊은 학자인 Ollilainen(*Jesus,* 179)은 이 비유가 오히려 "하나님 나라" 비유에 속한다고 주장한다.

록 격려하는 훈계적 내러티브로 본다. 이 이야기에서 "탕자"는 회개의 요청을 받는 무모한 배교자라고 볼 수 있다. 따라서 탕자는 참회자의 모범이 된다.[223] 이는 회개를 강조하고 개별적인 죄인에게 초점을 맞추는 일종의 메타포적 해석이다. 이런 내용이 분명히 이 비유 안에 있다고 볼 수 있지만 많은 주석가는 그런 해석은 그 내러티브의 진정한 의도를 제대로 포착하지 못한다고 지적한다.

탕자의 비유를 하나의 알레고리로 간주하면 이 이야기에는 두 그룹과 세 개의 극점이 있는 것으로 보인다. 이 경우에 이 본문은 두 아들과 두 개의 태도, 그리고 당연히 이스라엘의 하나님에 관한 이야기로 볼 수 있다. 이 대안은 몇몇 문제 가운데 일부, 특히 큰아들의 역할에 관한 문제를 해결해 준다. 보통의 경우에는 두 아들이 대조적인 것으로 해석되지만 그들은 각각 상이한 방식으로 하나님께 대적하는 인물들로 간주되기도 한다.[224] 일부 학자들은 사실상 이 비유 전체가 회개하지 않는 큰아들에 관한 것이라고 여긴다("나는 종처럼 일해왔습니다." 눅 15:29). 만일 이러한 추정이 옳다면 예수의 선포는 바리새인들과 사두개인들을 향한 것이었을 수 있다. 왜냐하면 예수의 가혹한 말의 대상이 된 것은 주로 이들이었기 때문이다.[225] 그러나 알레고리적 해석의 문제는 예수의 비유가 세밀한 적용을 의도한 경우가 거의 없다는 점에 있다. 오히려 예수의 비유는 하나의 목표를 겨냥하며 해석자는 그것이 무엇인지를 찾아내야 하기 때문이다. 세밀한 알레고리적 해석은 대개 현실 세계에서 더 이상 아무것도 적용할 수 없는 공상적인 환상으로 전락하고 만다.

---

223 예컨대 Blomberg, *Parables*, 174를 보라.

224 이러한 대표적인 해석으로는 Jeremias, *Parables*, 131을 보라.

225 그러나 Snodgrass, *Stories*, 135는 "이 비유는 바리새인들에 대한 공격이 아니다"라고 반대 의견을 제시한다. 왜냐하면 아버지의 발언은 너무도 긍정적이기 때문이다.

탕자의 비유에 대한 셋째 해석 방식은 그것을 이스라엘의 역사를 재구성한 이야기로 본다. 이 비유를 들었던 청중의 입장에서는 탕자의 비유가 이스라엘의 현재 상황을 알려주는 전형적인 이야기로 여겨질 수 있었을 것이다. 이러한 견해를 적절하게 뒷받침할 수 있는 몇 가지 근거가 제시되어왔다. 이는 이스라엘이 이집트에서 노예 생활을 했던 당시와 최초의 출애굽 사건에 관한 이야기일 수 있다. 그렇다면 요셉의 역할이 인유되고 있을 수 있다. 어떤 학자들은 이 이야기가 아버지를 속여서 장자의 축복권을 획득했지만 나중에는 타국에서 노예로 살았던 야곱을 인유한다고 추정한다.[226]

좀 더 최근에 라이트는 이 비유가 유배와 회복에 관한 이야기로 간주될 수 있다는 대담한 재해석을 제안했다. 배교한 이스라엘은 그들의 하나님 앞에 범죄했고 그 결과 다른 민족들 속에서 노예로 살아갈 수밖에 없었다. 이 비유는 변화의 때가 왔음을 알려준다. 이스라엘이 회개하고 돌아가기를 원한다면 아버지이신 하나님은 두 팔을 벌리고 그들을 기다리고 있다는 것이다. 회복의 때가 왔다.[227] 이는 개연성 있는 해석이기는 하지만 문제가 전혀 없는 것은 아니다. (여전히 자기 땅을 차지하고 있는) 사마리아인들이 큰아들의 역할을 하고 있다는 라이트의 해석은 무익한 알레고리식 해석에 불과하다고 비판을 받아왔다. 세부적인 내용이 모두 들어맞는 것은 아니다.[228] 예수의 가르침 중에 사마리아인들이 이러한 역할을 담당하는 것으로 나타나는 경우는 거의 없다.

---

226 문화적 배경에 관해서는 Bailey, *Finding the Lost*, 특히 54-55를 보라. 그는 Bailey, *Jacob and the Prodigal*에서 탕자의 비유 배후에 야곱에 관한 전형적인 이야기가 놓여 있다고 주장한다.

227 탕자의 비유에 대한 이러한 설명은 사실상 Wright, *Victory of God*, 125에서 Wright가 분석을 시작한 내용과 같다.

228 Snodgrass, *Stories*, 134.

이 개념이 중요하기는 하지만 그렇다고 해서 그것이 유배와 회복에 관한 본래의 주제의 중요성을 약화시키지는 않는다. 좀 더 개연성 있는 해석이 가능하다. 알레고리적 해석을 너무 무리하게 밀어붙이려고 시도하지 말아야 한다. 탕자의 비유는 이스라엘이 취할 수 있는 두 개의 상이한 길에 관한 이야기로 보면 더 잘 이해된다. 이스라엘에 대한 이야기로 읽으면 이 비유는 탕자 같은 이스라엘 민족 전체를 가리키는 것이 분명하다. 이 비유는 예언자들의 전통을 따라서 온 이스라엘이 길을 잃었다고 주장한다. 여기서 선포된 내용은 아버지 하나님이 팔을 벌리며 나사렛 예수를 통해서 자기 백성에게 손을 내미는 결정적인 순간을 깨달아야 한다는 것이다. 유일한 문제는 이스라엘은 아직도 큰아들 같이 행동한다는 사실이다. 이스라엘은 종말론적 잔치를 받아들이지 않고 메시아의 만찬에 참석하기를 원하지도 않는다. 마치 큰아들처럼 이스라엘은 혼인 잔치 비유에서와 마찬가지로 임금의 초대를 거부한다(마 22장).

이런 시각에서 읽으면 탕자의 비유는 유배와 회복에 관한 이야기로 여겨진다. 이스라엘은 배교자처럼 살아왔고 자기 백성을 향한 하나님의 선의를 여전히 거절한다. 이 내러티브에 제시된 두 역할은 예레미야 24장에 등장하는 두 광주리와 유사하다. 모든 무화과가 버려지고 심지어 예루살렘에 남은 자들도 저주를 받을 것이다. 용서는 오직 하나님의 선의와 자비의 문제일 뿐이다. 좋은 무화과는 구원받은 자들이다. 마찬가지로 탕자 역시 자비의 때가 시작되었음을 선포한다. 회복은 시작되었고 회개하는 죄인은 누구나 자신의 의로움 때문이 아니라 하나님의 자비를 통해 받아들여진다. 영적 유배는 계속되고 따라서 오직 예수의 공동체를 통해 하나님께로 돌아오는 참회자들만이 종말론적 잔치에 들어가도록 허락받는다.[229]

---

229   이러한 해석학적 원칙에 따르면 총체적 부패의 상황은 저주받은 자와 구원받은 자에 관

잃어버린 것에 관한 비유들은 예언자적 회복의 비유임이 확실하다.[230] 이 비유들에 나타난 이미지들은 에스겔 34장 또는 이사야 43장에서 유래한 것으로 보인다. 하나님은 선택받은 백성 중에서 잃어버린 구성원을 찾으며 회개하여 종말론적 잔치에 참석하는 모든 사람을 기뻐한다. 잃어버린 동전의 비유(눅 15장)에서 동전의 주인은 잃어버린 동전 하나를 되찾고 나서 잔치를 벌인다. 이러한 메타포 가운데 가장 유명한 것은 이스라엘이 양처럼 흩어져 있다가 이제는 하나님 자신이 양을 찾아 나서서 각 사람을 다시 데려온다는 내용이다(마 18장). 잃어버린 양의 비유에서 종말론적 목자는 에스겔 34장에서처럼 잃어버린 이스라엘의 양들을 하나씩 모으는 임무를 수행한다. 대체로 볼 때 예수는 세례자 요한의 금욕주의와는 정반대의 삶을 살면서 먹고 마시며 모든 정결 조항들을 거부함으로써 최종적으로 새로운 창조의 낙원으로 귀결될 종말론적 잔치가 시작되었음을 선언한다.

더 나아가 예수의 가르침에서 회개에 대한 요청이 회복의 복음과 짝을 이룬다. "선택된 백성"이라고 해서 자동으로 하나님의 백성과 동일시되지는 않는다. 예수의 말씀을 듣는 사람은 누구나 회개하고 다시 하나님께로 돌아설 것을 요청받는다. 왜냐하면 이것이 디아스포라 백성들에게 하나님이 손을 뻗으시는 마지막 기회 중 하나이기 때문이다. 종말론적 회복의 때에 하나님은 새로운 백성, 즉 구속받은 백성을 모을 것이다. 심지어 극단적 경멸의 대상인 죄인들도 부름을 받는다. 복음의 전파자들은 그 상황에서 유배기의 기본적인 적개심을 깨닫는다. 임금이 혼인 잔치를 확실하게 마련

한 이분법을 통해, 그러나 새로운 방식으로 묘사된다. 이와 유사한 수사가 진노의 "그릇들" 또는 대상들을 말하는 바울 서신에 나타난다. 바울에 의하면 하나님은 "멸하기로 준비된 진노의 그릇을 오래 참으심으로 관용"하신다(롬 9:22). 회복의 복음은 바로 이 진노의 구체적인 대상들을 구원하기를 원한다.

230   Wright, *Victory of God*, 533; Snodgrass, *Stories*, 109.

했지만 모든 사람이 초대에 응한 것은 아니다. 그러자 예수는 미미한 자들에게 눈을 돌려 이렇게 말한다. "네거리 길에 가서 사람을 만나는 대로 혼인 잔치에 청하여 오라"(마 22:9).

예수는 이 맥락에서 전혀 토라의 준수에 관해 언급하지 않는다. 또한 지혜와 관련된 훈계(sapiential parenesis)도 전혀 나타나지 않는다. 구원은 내적인 정결의 문제나 온전한 성화의 문제가 아니다. 여기서 예수의 가르침은 집회서의 신인협력(神人協力) 사상(synergism)이나 쿰란 공동체의 금욕주의와 놀라운 차이를 드러낸다. 하나님은 빛의 자녀들에게 자비로운 분이 아니다. 하나님은 어둠의 자식들을 구원하기 위해 그의 복음을 보냈다. 예수의 설교에 나타난 현저한 특징은 예수 이전에 활동했던 세례자 요한의 경우에서처럼 예수가 제사장들과 바리새인들에게도 똑같은 메시지를 전했다는 사실이다.[231]

예수는 자신의 사역 가운데 죄 용서와 회복을 실행하는 인물로 묘사된다. 복음서들은 예수에게 죄 용서의 권한이 있다고 말한다. 그런데 이러한 확신은 반드시 오직 종말론적 정체성을 기반으로 한 것이어야 한다. 포로기 예언자들의 기대에서 치유와 용서는 불가분하게 얽혀 있었다. 이것이 예수가 그의 사역에서 하는 일이기도 하다. 예수는 중풍병자에게 "작은 자야, 네 죄 사함을 받았느니라"(막 2:5)라고 말한다. 이어서 그는 "인자가 땅에서 죄를 사하는 권세가 있는 줄을 너희로 알게 하려고"(막 2:10) 이 치유가 행해졌다고 덧붙인다.

하나님 나라는 자비의 나라다. 그래서 예수는 끊임없이 자비로운 하나님에 관해 설교하고 사람들에게 자비로운 삶을 살라고 훈계한다. 죄 많

231　쿰란의 언약 공동체는 공동체에 들어오기를 원하는 참회자들에게 확실하게 놀라운 자비를 약속했다. 그러나 참으로 죄인들인 어둠의 자식들이 용서받고 화평을 누릴 수 있다고 주장하는 것은 그들에게 신성모독적인 처사였을 것이다. Garnet, *Salvation*, 116.

은 여인에 관한 이야기(눅 7장)에서 바리새인 시몬은 공동체에서 멸시받는 이 여인과 대조된다. 그런데 예수는 이 여인의 삶 속에서 청중이 본받아야 할 적절한 모범을 발견한다. "이러므로 내가 네게 말하노니 그의 많은 죄가 사하여졌도다. 이는 그의 사랑함이 많음이라. 사함을 받은 일이 적은 자는 적게 사랑하느니라"(눅 7:47). 하나님 나라는 마음속에 근심이 가득한 죄인들을 위한 것이다. 삭개오 이야기에서 회개한 죄인 삭개오는 너그러운 자선가의 모습으로 변한다. "주여, 보시옵소서. 내 소유의 절반을 가난한 자들에게 주겠사오며 만일 누구의 것을 속여 빼앗은 일이 있으면 네 갑절이나 갚겠나이다"(눅 19:8).

따라서 예수가 선포한 기본적 복음(euangelion)은 하나님 나라(basileia)에 관한 회복의 복음이다. 그의 메시지는 포로기 예언자들의 모든 소망에 대한 종말론적 성취에 관한 것이다. 이스라엘의 갱신이 임박했다. 최종적 회복은 환난의 시간 이후에야 올 것임에도 불구하고 구원의 기호들은 이미 갱신의 시작을 드러낸다. 백성은 속박 상태에서 자유롭게 된다. 병자가 고침을 받고 죄가 용서를 받는다. 즉 공동체의 시각에서 볼 때 아무리 심각한 죄인일지라도 복음은 모든 사람에게 전파된다.

2. 시온으로 돌아오는 왕이신 하나님

구약성서의 하나님은 실제로 이스라엘의 왕이므로 이스라엘은 항상 하나님의 나라로 불려왔다. 따라서 구약성서의 주요한 왕적 내러티브에서 하나님 나라 개념은 이해하기 쉽고 단순하다. 그것은 하나님의 자비로운 행위 가운데 특별한 역할을 맡은 선택된 백성과 관련된다. 또한 제2성전기에는 이 용어가 종말론적 개념이 되었다. 이는 히브리어(4QShirShabb; 참조. 시 22:28)와 그리스어(「솔로몬의 시편」 17:3)로 된 상이한 자료들에서 모두 나타난다. 이스라엘 백성이 이 위기의 시기를 통과하는 동안에도 하나님 나라는 계속해서 실현의 때를 기다린다.[232]

새로운 본문에도 기본적인 사상은 그대로 유지되었다. 하나님의 나라(*basileia tou theou*)라는 용어는 하나님의 왕권(히브리어 *malkût Jahveh*)을 함축한다. 왕권을 가리키는 이 용어들은 특별히 통치와 주권을 가리킨다. 이 어휘들은 지상의 왕들의 역할을 묘사할 때도 같은 의미로 사용된다. 이 본문들에 따르면 이스라엘 안에서는 하나님 자신이 왕이다. 그러므로 하나님의 권세, 즉 하나님 나라(*basileia tou theou*)는 그의 적극적인 통치와 지배를 의미한다. 그러나 이 단어가 단순히 어떤 관계만을 의미하지는 않는다. 오히려 그 말에는 왕권과 왕국을 가리키는 이중적 의미가 있다. 하나님의 왕국으로서의 이스라엘은 다른 모든 민족과 구별된다. 후대에 이 이중적 의미는 신약성서의 신학 사상에 영향을 준다.[233]

신정주의적(神政主義的) 왕정체제에서는 [지상의] 왕과 왕적인 하나님 사이의 관계를 신중하게 규정해야 했다. 구약성서 신학에서 지상의 왕들은 하나님의 종이며 그들의 통치는 하늘의 왕이신 하나님에 의해 그 정당성을 인정받는다고 여겨졌다. 하나님의 보좌가 있는 곳은 성전이며 따라서 성전의 모든 제의에는 이 주제가 반영되어 있었다. 구약성서 본문에서 하나님은 이스라엘에 지상의 왕이 존재하기 오래전부터 왕으로 불려왔다. 예컨대 사사기에서 사사들은 선택받은 백성을 통치할 때 신정주의적 역할을 담당했다.[234]

---

232 이에 관한 비평적인 개괄에 관해서는 Brettler, *God is King;* Hengel and Schwemer, *Königsherrschaft Gottes;* Moore, *Moving beyond;* Flynn, *YHWH is King*을 보라.

233 특히 Stuhlmacher, *Biblische Theologie I*, 67-69를 보라.

234 이는 구약성서 내러티브에서 표준적인 주제다. 기드온은 백성의 왕이 되기를 거절하면서 이렇게 말한다. "여호와께서 너희를 다스리시리라"(삿 8:23). 신정주의 체제에서 왕권은 하나님의 주권적 권세를 묘사하는 하나의 메타포다. 구약성서의 신정주의는 단순

왕조 시대에는 하나님의 왕권 개념이 메타포로 작용했고 이는 여러 본문에서 전형적인 주제로 나타난다. 전쟁을 수행하는 존재로서의 하나님을 묘사한 단락들에서 주님은 왕으로 불린다(시 24편; 슥 14장). 다른 단락들에서는 하늘의 심판자로서의 역할이 강조된다(사 41:21; 시 50:4). 미가서에서는 왕이신 하나님이 목자로 불린다(미 2:12). 왕이신 하나님은 또한 창조자로 묘사되기도 한다(사 43:15; 시 149:2). 또 일반적 의미에서도 그는 당연히 이스라엘의 왕이고(사 44:6; 습 3:15) 영원한 왕이며(렘 10:10) 하늘의 왕이다(단 4:37).

시편에서 시온산은 왕이신 주님의 거처로 언급된다(시 48편). 성전은 그의 왕궁이고 예루살렘은 그의 수도다. "여호와는 위대하시니 우리 하나님의 성, 거룩한 산에서 극진히 찬양받으시리로다. 터가 높고 아름다워 온 세계가 즐거워함이여, 큰 왕의 성 곧 북방에 있는 시온 산이 그러하도다. 하나님이 그 여러 궁중에서 자기를 요새로 알리셨도다"(시 48:1-3). 그렇다면 타나크 성서의 배경에서는 주님의 왕권은 특별한 역할을 하게 된다.

더 나아가 제왕 시편으로 분류되는 본문들에서는 이 주제가 하나님의 즉위에 관한 묘사들에서 나타난다. 이 제왕 시편들은 예전적 특징을 갖고 있다. "우리가 감사함으로 그 앞에 나아가며 시를 지어 즐거이 그를 노래하자. 여호와는 크신 하나님이시요 모든 신들보다 크신 왕이시기 때문이로다"(시 95:2-3). 일부 학자들은 여기서 예루살렘 제의 전승과 관련된 흔적을 볼 수 있다고 말한다. 이 시편 본문들은 주를 높이는 표현을 확실하게

히 종교 지도자들에게 정치적 권력이 부여되는 제사장의 통치를 의미하는 것이 아니었다. 모세의 노래(출 15장)에서는 약속된 땅과 관련된 맥락에서 신정주의적 관점이 언급된다. "주께서 백성을 인도하사 그들을 주의 기업의 산에 심으시리이다. 여호와여, 이는 주의 처소를 삼으시려고 예비하신 것이라. 주여, 이것이 주의 손으로 세우신 성소로소이다. 여호와께서 영원무궁하도록 다스리시도다"(출 15:17-18). 이 본문에서는 아직 지상의 왕이 언급되지 않는다.

담고 있다. "모든 나라 가운데서 이르기를 '여호와께서 다스리신다' 할지로다"(시 96:10). 이와 유사한 찬양으로 시작하는 여러 시편 본문이 있다(시 93:1; 97:1).

> 여호와께서 다스리시니 만민이 떨 것이요 여호와께서 그룹 사이에 좌정하시니 땅이 흔들릴 것이로다. 시온에 계시는 여호와는 위대하시고 모든 민족보다 높으시도다. 주의 크고 두려운 이름을 찬송할지니 그는 거룩하심이로다(시 99:1-3).

시편에서는 여러 메타포를 통해 하나님의 하늘 궁정이 묘사된다. 하나님은 성전에서 그의 거룩한 보좌에 앉아 민족들을 다스린다. "하나님이 뭇 백성을 다스리시며 하나님이 그의 거룩한 보좌에 앉으셨도다"(시 47:8). 보좌를 영원한 권세의 중심으로 묘사하는 것은 유대교의 신비주의에서도 나타나는 전형적인 메타포다. "주의 보좌는 예로부터 견고히 섰으며 주는 영원부터 계셨나이다"(시 93:2). 이런 왕적 이미지는 번개 같은 다른 메타포를 통해 완성되기도 한다. "구름과 흑암이 그를 둘렀고 의와 공평이 그의 보좌의 기초로다. 불이 그의 앞에서 나와 사방의 대적들을 불사르시는도다. 그의 번개가 세계를 비추니 땅이 보고 떨었도다"(시 97:2-4).[235]

대예언자들의 기록에서는 하나님의 하늘 보좌에 관한 환상이 묘사된다. "내가 본즉 주께서 높이 들린 보좌에 앉으셨다"(사 6:1). 하나님의 왕권은 그의 전능함을 보여준다. 마지막 날에 왕이신 주님은 지상의 왕들을

---

235   시편에 관해서는 특히 Brettler, *God is King*, 148-56; Flynn, *YHWH is King*, 36-42를 보라. 이스라엘이 주님을 보편적인 왕으로 묘사하면서 제국주의적 지배자의 모델을 취할 필요가 있었을지의 여부에 관해서는 학자들 사이에서 논쟁이 된다. Flynn, *YHWH is King*, 37은 아시리아 제국이 이미 모델 역할을 했음이 확실하므로 특별한 모델이 필요하지 않았을 것이라고 주장한다.

벌하실 것이다(사 24:21). "만군의 여호와께서 시온 산과 예루살렘에서 왕이 되신다"(사 24:23). 예언자들은 왕이신 하나님의 이름으로 그들의 불신앙을 경고하며(렘 10:6-7) 이 왕이 백성으로 하여금 자기가 행한 일에 대해 답변하게 만들 것이라고 선포한다(겔 20:33).

구약성서의 예언자들로부터 제2성전기 유대교 문헌에 이르는 여러 본문에서 회복 종말론이 하나님의 왕권과 그 왕권의 복원이 가져올 구원의 관점에서 묘사된다는 것은 놀랄 일이 아니다. 유배 중에 있는 이스라엘에게 주어진 위로는 왕이신 하나님에 대한 이스라엘 백성의 관계 갱신과 관련된다. 이사야서의 후반부에서는 예루살렘에 대한 "부드러운 말씀"을 통해서 유배의 종식이 확립된다.

> 아름다운 소식을 시온에 전하는 자여, 너는 높은 산에 오르라. 아름다운 소식을 예루살렘에 전하는 자여, 너는 힘써 소리를 높이라. 두려워하지 말고 소리를 높여 유다의 성읍들에게 이르기를 "너희의 하나님을 보라!" 하라. 보라, 주 여호와께서 장차 강한 자로 임하실 것이요 친히 그의 팔로 다스리실 것이라. 보라, 상급이 그에게 있고 보응이 그의 앞에 있으며(사 40:9-10).

백성에게 임하는 축복은 이스라엘의 왕이신 주님이 유일한 하나님이라는 전통적인 믿음에 기초한다. "이스라엘의 왕인 여호와, 이스라엘의 구원자인 만군의 여호와가 이같이 말하노라. 나는 처음이요 나는 마지막이라. 나외에 다른 신이 없느니라"(사 44:6). 포로된 자들을 위한 "복음"이 이 구속자로부터 나오는 것도 이 이유 때문이다. 이스라엘의 희망은 그 백성을 위한 하나님의 왕권 회복에 있다. 이러한 신정주의적 개념은 종말론적인 구속의 메시지를 담고 있다.

좋은 소식을 전하며 평화를 공포하며 복된 좋은 소식을 가져오며 구원을 공포하며 시온을 향하여 이르기를 "네 하나님이 통치하신다"["네 하나님이 이제 왕이시다"] 하는 자의 산을 넘는 발이 어찌 그리 아름다운가! 네 파수꾼들의 소리로다. 그들이 소리를 높여 일제히 노래하니 이는 여호와께서 시온으로 돌아오실 때에 그들의 눈이 마주 보리로다(사 52:7-8).

이사야서의 회복의 복음은 신약성서의 복음(히브리어 *bsr*) 선포의 개념이 태동하는 기원이 된 핵심 사상 가운데 하나다. 복음(*euangelion*)으로 번역된 명사는 위 이사야 본문의 70인역 번역에서 취한 것이다.[236] 유배의 고통 가운데 살아가는 이스라엘은 하나님이 평화의 때를 보낼 때 구원을 얻을 것이다. 하나님은 친히 시온으로 돌아와 그곳에서 왕으로서 다스릴 것이다. 구속받은 백성은 "새 노래", 곧 갱신된 공동체가 하나님께 노래하며 자기의 구원자를 찬양하는 노래로 응답한다(사 42:10).[237]

구약신학에서 왕권 메타포는 선택받은 백성에 대한 하나님의 특별한 관계를 표현하는 정형화된 주제다. 신학적 담론에서 그것은 하나님의 왕권을 갱신하는 주제로 확장된다. 유배 이후 시대에 이스라엘이 종말론 사상을 통해서 성취된 왕권의 주제에 집중하게 된 과정은 이렇게 이해될 수 있다. 회복을 이루시는 하나님은 이스라엘의 왕이며 주님이다. 이것은 그리스의 통치자들 또는 로마 제국의 압제자들이 축출될 것을 고대했던 유

---

236   "좋은 소식을 가져오다"를 뜻하는 원래의 히브리어 동사가 70인역에서 그리스어 *euangelizasthai*로 번역되었다.

237   Friedrich *TDNT II* (1964), 708에 따르면 "그는 그 백성이 바빌로니아에서 시온으로 돌아올 때 백성 앞에서 가는 전령이다." 참조. Stuhlmacher, *Evangelium*, 117-18. Meyer, *Aims*, 133은 사 52장에 대한 수용사(reception history)에서 「솔로몬의 시편」 11:1-3의 "전령의 선포"(*euangelizomenos*)는 민족의 구원과 관련이 있음을 지적한다. 따라서 이 단어 자체는 이스라엘의 회복을 선포하는 전령을 가리킨다고 볼 수 있다.

대교 저자들이 계속해서 강조했던 주제다. 하나님의 즉위에 대한 기대는 실제로 제2성전기 유대교 종말론의 중심 주제였고 이 기대는 집회서와 쿰란 문헌과 기타 다른 묵시 문헌들에서 나타난다. 쿰란 문헌에서 이사야서 본문(사 52:7)은 구원의 때를 선포하는 중심적인 본문이 되었다(1QH 18.14; 11QMelch. 16).

여기서 주목해야 할 것은 하나님의 왕권은 동시에 성전 제의에 있어 핵심적 특징이라는 사실이다. 왕에 관한 주제는 다른 많은 영역에서 발견될 수 있다. 구약성서에서 지성소에 있던 언약궤는 그룹들이 보이지 않는 하나님의 보좌를 받들고 있는 장소로 여겨졌다.[238] 이러한 왕권 사상 주제들은 주님의 왕권을 직접적으로 언급하는 야웨-제왕 시편들에서 가장 잘 나타난다(시 22편; 47편 등). 더 나아가 유대교 회당의 예전은 하나님의 하늘 왕권을 계속해서 찬양하는 송영들로 가득 차 있다. 이런 신학은 후대의 유대교 신비주의에서도 번창해서 하나님의 왕좌는 천상의 모든 예배의 유일한 중심으로 간주되었다. 이 주제에 관한 수용사(reception history)는 그 역사가 길고 중요함을 알려준다.[239]

이 모든 것에 대한 한 가지 결론은 예수가 하나님의 왕권과 갱신된 그의 나라(basileia)의 회복을 선포한 것이 사실은 전통적인 유대교 신앙을 요약한 것이라는 점이다. 하나님의 왕권에 관한 구약성서의 믿음과 예수의 가르침 사이에는 직접적인 연속성이 있다.[240] 회복 신학은 죄의 무게와 하

---

238   이에 관한 자세한 내용은 본서의 제2장 I.3을 보라.

239   Scholem, *Major Trends,* 42의 유명한 지적에 의하면 "가장 초기의 유대교 신비주의는 보좌-신비주의였다."

240   특히 Stuhlmacher, *Biblische Theologie I,* 73을 보라. 이는 새 관점의 핵심 개념 중 하나이기도 하다. "요컨대 완전한 종말론적 전환을 의미하는 민족 회복 주제가 구체적으로 하나님의 통치를 가리키는 것이라면, 예수의 활동은 일관된 것으로 이해되기 시작한다." Meyer, *Aims,* 221.

나님의 징벌 아래서 살고 있는 자들에게 구원을 약속한다. 하나님의 왕권은 유배로부터의 역사적인 귀환과 성전 재건 이후에도 이루어지지 않았다. 그래서 예수는 이사야의 수사를 채택해서 그 백성이 하나님께 돌아오기를 원했다. 종말론적 갱신은 주님의 왕 되심과 일치한다. 하나님이 이스라엘에서 영광의 보좌에 오를 때 그는 다시금 이스라엘의 진정한 왕이 될 것이다. 죄의 권세가 물리쳐질 것이고 백성은 하나님의 선택된 자녀로서 그 나라(*basileia*)에 살게 될 것이다. 복음(*euangelion*)이야말로 구원을 가져오는 메시지 자체이기 때문에 반드시 그 복음이 임하게 되는데 왜냐하면 그 복음이 백성에게 전해져야 하기 때문이다.

3. 메시아와 희년의 시작

구약성서 본문 및 다른 유대교 문헌 모두에서 유배의 종식은 종말론적 희년의 도래로 묘사된다.[241] 이는 회복의 날에 하나님이 즉위한 뒤 해방의 때가 시작된다는 생각과 잘 부합한다(위에서 인용한 사 52:7-8을 보라). 이는 개연성 있는 믿음이었다. 레위기에서 선언된 것처럼 이스라엘의 죄악 때문에 땅은 황폐해져서 그 백성이 약속의 땅에서 사는 동안 "안식하지 못했던 땅이 안식을 누리게" 될 것이다(레 26장). 따라서 회복의 날은 희년의 도래로 묘사된다. 예수의 종말 사상은 의심할 여지 없이 이런 전제 위에 서 있다.[242]

---

241   본서 제2장의 I.3을 보라. 중요한 참고문헌에 관해서는 Bergsma, *The Jubilee from Leviticus to Qumran*; Kugel, *A Walk through Jubilees*를 보라.

242   이미 Stuhlmacher, *Evangelium*, 118은 사 52장의 복음에 관한 묘사가 야웨-제왕 시편에 나타난 패턴을 따르고 있으며 따라서 주님의 왕권 아래서의 새로운 출애굽 개념을 암시한다고 지적한다.

복음서 전승과 관련해서 그리고 특히 예수 자신과 관련해서 이사야서는 매우 중요하다. 나사렛 회당에서 행한 예수의 최초의 설교는 이사야서 마지막 장들에서 인용된 구절들을 다루고 있다. 마가복음과 마태복음은 회당에서 발생한 사건만을 기록한 반면 오직 누가복음에만 언급된 이 본문은 하나님의 기름 부음을 받은 자의 선포를 통한 이스라엘의 회복을 선언한다.

> 주의 성령이 내게 임하셨으니 이는 가난한 자에게 복음을 전하게 하시려고(euangelisasthai ptōchois) 내게 기름을 부으시고 나를 보내사 포로 된 자에게 자유를, 눈먼 자에게 다시 보게 함을 전파하며 눌린 자를 자유롭게 하고 주의 은혜의 해를 전파하게 하려 하심이라(눅 4:18-19).

종말론적 희년에 대한 복음은 이사야서의 다른 부분에서 취한 본문들로 구성된 인용이 결합되어 표현된다. 첫째 부분은 이사야 61장에서 인용된다. 복음(euangelion)은 이사야 52:7에서 이미 언급된 것과 동일한 어휘인데 이 구절은 하나님의 왕위 회복에 관하여 말한다.

> 주 여호와의 영이 내게 내리셨으니 이는 여호와께서 내게 기름을 부으사 가난한 자에게 아름다운 소식을 전하게 하려 하심이라. 나를 보내사 마음이 상한 자를 고치며 포로된 자에게 자유를, 갇힌 자에게 놓임을 선포하며 여호와의 은혜의 해와 우리 하나님의 보복의 날을 선포하여 모든 슬픈 자를 위로하되…(사 61:1-2).

이 설교는 의사소통에 초점을 맞추고 있으며 가난한 자들(ptōchois)에게 이 메시지가 주어진다는 사실을 언급한다. 예컨대 산상설교에서도 비슷한 용어가 등장하며 훗날 첫 그리스도인들은 이러한 이름으로 불렸다. 주님의 종의 사명은 "갇힌 자에게 놓임을 선포"하는 것이다. 상이한 본문들이 합성된 인용에서 "갇힌 자들"을 위한 자유는 하나님의 징벌 아래 유배의 삶을 살았던 모든 사람과 관련된다. 또한 야웨의 종은 "눈먼 자들의 눈을" 밝힐 것이기 때문에(사 42:7) 예수의 설교의 목적은 영적인 각성을 선포하는 것이다. 즉 이스라엘은 깨어나서 그의 하나님인 주님을 보게 될 것이다. 그 인용은 이사야 42장을 언급한 후 다시 61장으로 돌아가 눌린 자들의 자유를 약속한다. 마지막으로 가장 특별한 것은, 구원의 날이 주의 은혜의 해인 희년으로 확인된다는 점이다. 구약성서 구절들을 연결하는 방식을 취하는 이 카테나(catena)는 그런 특징들에 초점을 두고 보편적 용서를 선포한다고 볼 수 있다.

먼저 공관복음 비교를 해보면 이런 카테나가 누가복음 전승에서 본래의 내러티브에 이미 포함되어 있었던 것인지 아니면 누가에 의해서 만들어진 것인지를 결정하기는 힘들다. 그럼에도 불구하고 나는 위에서 다룬 성전 연설에서와 마찬가지로 이 대목에서도 짧은 구약성서 구절들이 예수의 메시지와 설교의 핵심을 담고 있다고 믿는다. 여기서 특히 흥미로운 점은 유배에 관한 주제들이 첫 그리스도인들에게 핵심적이고 대체 불가능했다는 사실과, 예수의 사역이 하나님의 종말론적 희년의 시작으로 여겨졌다는 사실이 확인된다는 것이다. 모든 신약성서 저자 중에서 누가복음 저자만 이 내용을 보존했기 때문에 여기서 또 하나의 흥미로운 시각을 찾을 수 있다. 로마 제국 시대의 역사 기록자의 임무는 본래의 화자가 말한 그대로를 작품에 최대한 반영하는 것이었다(예컨대 요세푸스의 작품에 나타난 연설들을 보라). 그러므로 나사렛 회당 설교 본문은 예수 자신이 설교했던 내용을 잘

담아내고 있다고 볼 수도 있다.[243]

앞에서 살펴보았듯이 희년 사상은 유대교 신학에서 특별한 위치를 차지한다. 7년이 일곱 번 되풀이 되고 나면(49년 뒤) 기본적인 출발점에 따라 종들이 해방되고 땅이 안식을 취해야 한다.[244]

> 너희는 오십 년째 해를 거룩하게 하여 그 땅에 있는 모든 주민을 위하여 자유를 공포하라. 이 해는 너희에게 희년이니 너희는 각각 자기의 소유지로 돌아가며 각각 자기의 가족에게로 돌아갈지며…(레 25:10).

우리는 이 해방의 상징이 왜 유배기 동안 유배 생활로부터의 귀환에 대한 상징으로서 중요했는지를 쉽게 알 수 있다. 다윗의 후손이 나타나면 바빌로니아에 유배된 모든 사람을 자유롭게 할 것이다. 백성은 자기의 고향과 재산이 있는 곳으로 돌아와 하나님의 선의에 따라 살도록 허락된다. 앞부분에서 우리는 유배의 징벌에 대한 설명 가운데 하나가 희년 준수 주제에 집중되어 있었음을 확인했다. 희년이 준수되지 않았기 때문에 하나님은 그 땅을 희년의 햇수에 해당하는 기간만큼 쉬게 만들었다. "그 땅이 황무할 동안에는 쉬게 되리라"(레 26:35). 가혹한 말을 통해 "미래" 세대의 사악함을 묘사하는 「희년서」 23장에 따르면 이스라엘의 회복은 희년을 충분히 준수했는지 여부에 달려 있다.[245]

> 이스라엘이 모든 우상숭배와 더러움과 부정함과 죄와 실수로부터 정결

---

243 고대의 역사 기술 원칙에 관해서는 특히 Hengel, *Zur urchristlichen Geschichtsschreibung* 을 보라.

244 이에 관한 일반적인 개괄에 관해서는 Bergsma, *Jubilee*, 81-95를 보라.

245 예컨대 Halpern-Amaru, *Exile*, 140-41을 보라.

하게 될 때까지 희년들이 지나갈 것이다. 그리고 그들은 믿음을 갖고 모든 땅에서 거할 것이다. 그리고 그때 사탄이나 어떤 악함(악한 자)도 없을 것이다. 그리고 그 땅은 그때로부터 영원히 정결해질 것이다(「희년서」 50:5).[246]

쿰란 문서의 멜기세덱 두루마리(11QMelch)에서는 예수의 설교에 인용된 이사야서 본문이 종말론적 희년의 때에 바빌로니아 포로들이 해방된다는 주제와 유사하게 연결된다. 여기서는 "포로들에게 해방을 선포한다"라는 이사야 61:1에 대한 짤막한 페쉐르("해석"을 의미하고 특별히 성서에 대한 해석적 주석집을 뜻함—역자 주)가 발견된다. 다소 신비로운 천상적 인물인 멜기세덱이 회복의 대리자가 될 것이며 그가 "그들을 돌아오게 할 것이다"(11QMelch II.4-5).[247] 10번의 희년이 있을 것이며 최종적인 "[속죄의] 날은 열 번째 희년이 끝나는 날이 된다." 이 짧은 본문에는 회복 종말론과 관련된 표준적인 많은 주제가 나타난다. 하나님의 심판이 임할 것이고 의인들을 위한 속죄가 이루어질 것이다. 또한 회복은 언약의 갱신을 의미하며 이사야 52:7에 가장 잘 표현된 하나님의 왕적 통치가 하나님과 그의 백성의 관계에서 중심이 된다. 기름 부음을 받은 종이 나타나 멜기세덱과 함께 하나님의 구원의 계획을 실행하게 될 것이다. 사실상 11QMelchizedek은 누가복음 본문과 놀랄만한 병행을 보여준다.[248]

---

246 「희년서」에서 상징법은 더욱 강하게 나타난다. "이스라엘 자손은 50번째 희년 주기가 될 때 이집트의 노예 생활에서 해방되며 창조 때로부터 50번째 희년(창조 후 2451년)에 가나안 땅에 들어간다. 그러므로 「희년서」에서 이스라엘 민족은 50번째 희년 주기에, 특히 50번째 희년의 '해'에 집단적 희년의 해방을 경험한다." Bergsma, *Jubilee*, 238; Kugel, *Jubilees*, 9-10.

247 11QMelch에 묘사된 멜기세덱에 관해서는 Bergsma, *Jubilee*, 281-91을 보라.

248 11QMelch에 관해서는 Levenson, *JR 64* (1984), 283-85를 보라. 또한 Beale, *Temple*, 31 이하를 참조하라.

유대교 종말론에서 몇몇 사람들은 메시아적 인물이 나타나서 유배 상태에서 살고 있는 자들에게 진정한 희년을 오게 하거나 악한 세대의 권세 아래에서 고통당하는 자들을 해방시켜줄 것을 기대했다. 동시에 그 해방은 이스라엘의 회복과 백성이 하나님의 왕권에게로 돌아오는 것을 의미했을 것이다. 이미 유대교 종말론에서는 바빌로니아로부터의 해방이 하나님 나라의 실현으로 이해되었다. 특히 쿰란의 언약자들(covenanters)을 비롯한 특정 집단들은 이 새로운 전환이 오직 자기 종파의 경건한 자들에게만 해당된다고 여겼다. 11QMelchizedek에서는 이런 종류의 생각이 지배적이었다. 그 본래의 본문이 쿰란 공동체 자신이 만든 문서였든지 아니면 단지 쿰란 공동체가 사용했던 한 문서에 불과했든지 상관없이 말이다.

예수의 가르침에서 예언자들의 약속은 예수 자신 또는 제자들과 관련된 것으로 언급된다. 위에서 인용한 누가복음의 구절에서도 이러한 사실이 확인된다. "이 성서 말씀이 너희가 듣는 가운데서 오늘 이루어졌다"(눅 4:21, 새번역). 유배의 복음(euangelion)은 성취되었다. 그 사자가 지금 여기에 있다. 이제는 단지 약 오백 년 전의 추억의 대상이 된 과거의 유배 시대는 여전히 엄연한 현실인 영적 유배에 대한 메타포적 상징이 된다. 예수는 과거의 예언자들과 같은 태도를 유지한다. 유배는 사람의 마음의 문제와 관련된다. 이스라엘은 자신의 하나님을 저버렸다. 그러나 이제는 모든 것이 바뀐다. 복음은 반드시 선포되어야 한다. 왜냐하면 하나님이 포로들을 해방할 것이기 때문이다. 백성을 회복하고 영원한 언약을 확증하기 위해 죄 용서가 시작된다.

또한 이사야 61장에는 대사면에 관한 중요한 논증이 나타난다. 희년은 하늘에서의 즉위 이후에 시작된다. 해당 구절에서 메시아적 인물은 이렇게 말한다. "여호와께서 내게 기름을 부으셨다"(사 61:1). 새로운 왕권과 통치의 출범은 호의의 표시로서 "포로된 자에게 자유를" 가져온다. 새로운 상황에서 뚜렷이 나타나는 병든 자들의 기적적인 회복과 치유는 하나님의 새 창조와 새로운 시대(aeon)의 시작을 증언한다. 이는 종말론적 회복에서도 보편주의적 특징들이 여전히 유효하다는 사실을 의미한다. 이와 함께 유배의 종식은 본래의 낙원인 에덴의 회복을 의미하는데 이 낙원은 모든 민족에게 문호를 열어주는 실제적인 성전이 된다.[249]

세례자 요한이 투옥된 후 예수가 요한의 제자들에게 한 답변 내용에서는 구약성서 구절들에 근거한 이와 유사한 종말 사상이 발견된다. 위기가 닥치자 세례자 요한의 제자들은 예수에게 그의 진정한 정체에 대해 질문한다. 그러자 예수는 단순히 자신의 사역이 유대교의 종말론적 기대에 대한 응답이라고 답변한다. 이 답변의 세부적인 내용도 앞에서 언급한 사례와 부합한다.

> 너희가 가서 듣고 보는 것을 요한에게 알리되 "맹인이 보며 못 걷는 사람이 걸으며 나병환자가 깨끗함을 받으며 못 듣는 자가 들으며 죽은 자가 살아나며 가난한 자에게 복음이 전파된다" 하라. 누구든지 나로 말미암아 실족하지 아니하는 자는 복이 있도다(마 11:4-6).

세례자 요한의 제자들이 들었던 답변의 내용은 구원의 때에 관한 이사야서의 여러 묘사가 함께 묶여 제시된 것이다(사 26:19; 29:18-19; 35:5-6; 42:7; 61:1-2). 이 가운데 가장 중요한 것은 이사야 35장의 구절이며 예수는 이 구절을 기본적 토대로 삼았던 것으로 보인다. 그런데 단순하게 비교해도 우리는 예수가 이사야서의 문구들을 의도적으로 변경했음을 알 수 있다.

---

249   이 이미지에 관해서는 Levenson, *JR 64* (1984), 293-94; Alexander, *Eden,* 59-60; Beale, *Temple,* 137-38을 보라.

그때에 맹인의 눈이 밝을 것이며 못 듣는 사람의 귀가 열릴 것이며 그때에 저는 자는 사슴 같이 뛸 것이며 말 못하는 자의 혀는 노래하리니, 이는 광야에서 물이 솟겠고 사막에서 시내가 흐를 것임이라(사 35:5-6).

예수의 말씀은 시각장애인이 보게 되고 못 걷는 사람이 걸을 것이라는 언급에서 한층 더 나아간다. 즉 나병환자가 깨끗해진다는 말씀이 덧붙여진다. 이사야서와 마태복음의 본문은 모두 놀라운 갱신을 가져오는 희년이 다시금 현실로 나타날 것을 암시한다. 예수의 말씀에서 추가된 가장 주목할 부분은 죽은 자가 살아난다는 내용으로 이는 아마도 이사야 26:19을 염두에 둔 언급일 것이다. 사실상 카테나에 해당하는 이 본문은 사해문서의 메시아 관련 묵시(4Q521)와 병행을 이루는 흥미로운 내용을 담고 있다. 시편 146:7-8을 인용하면서 간략하게 해석하고 있는 이 내용은 위에서 언급한 것과 아주 흡사한 방식으로 메시아적 종말론을 묘사한다. "왜냐하면 그는 경건한 자들을 높여서 영원한 왕좌에 앉히고 갇힌 자들을 자유롭게 하며 눈먼 자들을 보게 하고 구부러진 자들을 곧게 만드실 것이기 때문이다"(4Q521, 2.11.7-8). 이 본문 이후의 행들은 불완전하게 보존되어 있지만 주의 구원이 임하는 때를 묘사하고 있는 것이 확실해 보인다. 여기서는 앞서 언급된 이사야 본문이 해석의 초점이 된다. "주님은 이제까지 없었던 놀라운 일들을 행하실 것이다. 그가 말씀[하셨던] 것처럼 그는 크게 상처 입은 자들을 고치고 죽은 자들을 살리며 온유한 자들에게 복음을 전하고 가[난한 자들]에게 넉넉히 줄 것이며 유배된 자들을 인도하고 굶주린 자들을 부유하게 하실 것이다"(4Q521, 2.II.11-13). 여기에 조합된 인용들을 보면 이사야 61장 본문이 우선 이사야 42:7과 연결되고, 이어서 죽은 자들을 살리

는 내용(사 26:19)이 언급된다.[250]

쿰란 문서의 메시아적 묵시는 기독교 이전 제2성전기 시대에 특정한 묵시적 집단이 희년 개념을 통한 회복 신학에 중점을 두고 있었음을 증명한다. 갇힌 자들이 풀려나고 유배된 자들이 평화의 왕국으로 인도될 때 하나님이 "놀라운 행동"을 할 터인데 그중 하나가 죽은 자 가운데서의 부활이다. 흥미롭게도 예수의 말씀에 언급된 집단들에는 무언가 공통점이 있다. 이들은 모두 성전 안뜰에 접근할 수 없는 자들이었다. 장애인들과 병자들은 매주 드려지는 희생제사에서 제외되었다. 쿰란 공동체에서도 장애인들은 제사장적 정결 규정에 따라서 결코 그 공동체의 완전한 일원이 될 수 없었다(1QSa II; 11QT 45). 예수는 이러한 자들에 대한 치유를 종말론적 회복의 기호로 삼는다. 그들도 종말론적 성전에 입장할 수 있다는 것이다.

하지만 예수의 나사렛 설교 장면은 논의의 시작으로서 좀 모호한 면이 있다. 그 본문은 기껏해야 갈릴리에서 예수가 선포한 일을 기억한 것에 불과할 수도 있다. 그럼에도 이 본문은 다시 한번 예수의 사상 배후에 있는 중요한 개념들로 진입하게 만드는 창구 역할을 할 수 있다. 예수는 자신의 가르침에서 결코 이 주제를 빠뜨린 적이 없다. 오히려 종말론적 희년이 시작되었다는 사상이 그의 전체 메시지를 관통하고 있다.

4. 희년의 축복

산상설교 본문으로 이동하면 설교의 처음부터 갱신에 대한 희망과 종말론적 기쁨이 축복(makarioi)의 선언 말씀에 풍부하게 나타난다. 원래 이 어휘 자체는 행복을 가리키는 말이다. 이 말씀들은 구원의 왕국이 어떻게 실

---

250   Dunn, *Jesus and the Dead Sea Scrolls*, 266-67을 보라.

현되는지 그리고 최종적 해방의 희년이 어떻게 도래하는지를 묘사한다(마 5:3-10).[251]

> 심령이 가난한 자는 복이 있나니 천국이 그들의 것임이요(시 40편; 사 61장),
>
> 애통하는 자는 복이 있나니 그들이 위로를 받을 것임이요(시 41-42편; 126편; 사 61장),
>
> 온유한 자는 복이 있나니 그들이 땅을 기업으로 받을 것임이요(시 37편),
>
> 의에 주리고 목마른 자는 복이 있나니 그들이 배부를 것임이요(시 17편; 사 44-46장; 55장),
>
> 긍휼히 여기는 자는 복이 있나니 그들이 긍휼히 여김을 받을 것임이요(시 41편),
>
> 마음이 청결한 자는 복이 있나니 그들이 하나님을 볼 것임이요(시 24편),
>
> 화평하게 하는 자는 복이 있나니 그들이 하나님의 아들이라 일컬음을 받을 것임이요(잠 12장),
>
> 의를 위하여 박해를 받은 자는 복이 있나니 천국이 그들의 것임이라.

팔복 말씀은 사실상 시편에 대한 해석으로 일부 이사야서 본문이 추가된 것이라고 볼 수 있다. 팔복 중 일부는 고난을 다루는 시편들(시 37-42편)을 적용한 것이다. 팔복의 모든 구절에서 화자(예수)는 유배의 고통의 한복판에서 하나님의 자비가 나타나기를 끊임없이 갈망했던 백성에게 축복의 선언을 한다. 첫 번째 말씀에서 이 백성에 포함되는 것은 가난한 자들(*ptōchoi*)

---

251 Nolland, *Matthew*, 37의 다음과 같은 설명을 참조하라. "마 5:3-10에 언급된 팔복 선언은 유배의 고난을 배경으로 한다. 팔복에 나타난 복음은 유배의 고통으로부터 교훈을 얻은 사람들에게 고통스러운 상실과 궁핍의 때가 이제 곧 끝나리라는 것이다."

로, 이들은 구약성서의 용어로 보면 겸손하고 상처 입은 자들을 가리킨다. 시편 40편은 교만한 자를 신뢰하지 않는 자에게 복이 있다고 말한다(시 40:4). 앞에서 언급했듯이 이사야서의 마지막 부분에서 유배 이후의 회복은 하나님이 자신의 종에게 기름을 부어 "가난한 자들에게 복음"(*euangelisasthai ptōchois*)을 전하게 할 때 시작한다고 보도된다. 희년의 시작을 목격하는 자들은 하나님 나라가 임하는 상황에 있게 되는 행운을 누린다.[252]

두 번째 축복 선언은 이사야 61장과 같은 방식으로 희년을 말한다. "애통하는 자"에 대한 위로는 주님이 기름 부은 자가 희년을 시작할 것이라는 기대를 다시 한번 소환하는 말이다. 예수의 나사렛 회당 설교는 사실상 이 이사야 본문을 적용했다고 볼 수 있다. 회복된 왕국에서 "시온에서 슬퍼하는 자에게 화관을 주어 그 재를 대신할 것이다"(사 61:3). "공의와 찬송을 솟아나게 할"(사 61:11) 주님의 종을 통해 유배된 자에게 자유가 주어질 것이다. 이사야서에 표현된 것과 마찬가지로 시편에서는 유배 가운데 하나님을 갈망하며 눈물로 탄식하는 사람들이 성전으로 돌아가 "하나님의 얼굴을 볼 때"를 기다린다고 보도된다(시 42:2-3). 팔복의 마지막 구절에서 예수는 환난의 때를 언급한다. 역설적이기는 하지만 종말의 고난의 때에 "박해받는" 자들은 이미 하나님 나라가 가까이 왔음을 경험했기 때문에 복이 있다는 것이다(마 5:10).[253]

땅을 기업으로 물려받을 온유한 자들은 누구를 가리키는가? 시편 37편에 따르면 심판의 날에 하나님의 진노가 사악한 악인들에게 미칠 것이므로 온유한 자들은 땅을 차지하게 될 것이다(시 37:11). 한편 "의에 주린

---

252   Meyer, *Aims*, 130; 참조. Hamilton, *God's Glory*, 369.
253   팔복 이후에 나오는 환난에 관한 긴 본문은 마태복음 저자가 첨가한 것으로 보인다. 마
        5:11에 언급된 내용은 갈릴리 선교를 위한 지시 사항을 언급한 어록자료(Q)의 내용과
        유사하다. 이에 관해서는 본서의 제2장 III.3을 보라.

자들"은 시편 42편에 언급된, 주님의 성전으로 돌아가기를 갈망하는 유배된 이스라엘 사람들을 가리킨다. "사슴이 시냇물을 찾기에 갈급함 같이 내 영혼이 주를 찾기에 갈급하니이다"(시 42:1). 이들에게 복이 있는 이유는 종말론적 성전이 지상에 임했기 때문이다. 또한 의에 주린다는 말은 "공의의 비"가 마른 땅을 비옥하게 만들 것이라고 묘사하는 이사야서의 복음(사 45:8)을 인유한 것일 수 있다. 굶주림에 관련된 이 용어는 시편 17:14에도 나타난다. 더 나아가 이사야서는 추방된 자들이 값없이 먹을 수 있도록 초대한다. "오호라, 너희 모든 목마른 자들아, 물로 나아오라. 돈 없는 자도 오라. 너희는 와서 사 먹으라"(사 55:1).[254]

이러한 예들은 산상설교의 팔복이 시편을 근거로 한 "복"(makarios)에 관한 말씀들을 반복하고 있음을, 그리고 유배된 자들을 불쌍히 여기는 마음에 초점을 두고 있음을 보여준다. 시편 41편은 왜 자비로운 자들이 복이 있다(makarioi)고 말하는 것일까? 그것은 힘겨운 상황 속에 살아가는 자들이 구출될 것이기 때문이다. 이 시편에 따르면 가난한 자들은 하나님께 기도하며 용서를 구하고 하나님은 그들에게 자비를 베푼다(시 41:4). 청결한 마음을 정확히 어떻게 규정할 것인지에 관해서는 시편 24편이 답을 준다. "여호와의 산에 오를 자가 누구며 그의 거룩한 곳에 설 자가 누구인가? 곧 손이 깨끗하며 마음이 청결하며 뜻을 허탄한 데에 두지 아니하며 거짓 맹세하지 아니하는 자로다"(시 24:3-4). "마음이 청결한 자"는 하나님을 볼 것인데 이는 이 시편 본문에서 다음과 같이 언급되기 때문이다. "문들아, 너희 머리를 들지어다. 영원한 문들아 들릴지어다. 영광의 왕이 들어가시리

---

254 이는 역사적 예수의 선포 중에 일관되게 등장하는 주제가 분명하므로 흔히 후대의 창작으로 여겨지는 요한복음의 생수에 관한 말씀은 실제 예수의 말씀(ipsissima verba)에 속할 수 있다고 볼 수 있다. 예수는 영원한 구원을 의미하는 새로운 샘을 열어주며, 여기로 와서 마시는 자는 결코 다시는 목마르지 않을 것이라고 말한다(요 4:14; 7:37).

로다"(시 24:9). 마음이 청결한 자가 복이 있다는 예수의 선포는 단순히 그들이 갈망했던 성전이 이미 존재하고 있음을 의미한다. 이제 높은 곳에 활짝 열려 있는, 보이지 않는 문을 통해 성전에 들어갈 수 있는 때가 왔다. 곧 예수는 영광의 왕이 친히 거주하고 있는 성전에 대해서 말하고 있다.

복음서들을 살펴보면 예수 이야기 전체에 걸쳐서 희년 주제가 발견된다. 예수는 자신의 말과 행동에서 희년과 경제적 혁명을 완성하기 위해 노력하면서 사회 전체가 이러한 가치에 대해 재고해야 한다고 주장했다. 지금은 모든 빚을 탕감할 때다. 예수는 맘몬에 예속된 상황을 거론하며 비판하고 사람들로 하여금 자신의 부를 나누도록 촉구한다. 예수는 공동체 안에서 최하층 빈민들의 친구로 알려지게 되었고 그의 제자들은 자발적으로 가난한 삶을 영위한다. 예수는 관용의 태도를 이상적인 것으로 제시하면서 탐욕을 비판한다. 예수는 유명한 말씀에서 다음과 같이 말한다.

> 너희를 위하여 보물을 땅에 쌓아 두지 말라. 거기는 좀과 동록이 해하며 도둑이 구멍을 뚫고 도둑질하느니라. 오직 너희를 위하여 보물을 하늘에 쌓아 두라. 거기는 좀이나 동록이 해하지 못하며 도둑이 구멍을 뚫지도 못하고 도둑질도 못하느니라(마 6:19-20).

예수의 계획에서 채무 탕감과 가난한 자들에게 재산을 돌려주는 것은 유배의 확실한 종식을 가리키는 기호다.[255] 예수가 가난하고 거절된 자들의 친

---

255 특히 Perrin, *Temple*, 137-39는 이러한 견해를 지지한다. 그는 예수의 "가난한 자들에 대한 선교"의 배후에 있었던 추진력은 사실상 희년 사상이었다고 결론짓는다. "유배로부터의 귀환이 임박했다는 것과 율법의 저주를 되돌릴 것을 기대하면서 예수는 자신의 활동을 유배에서 돌아온 이스라엘을 구현하는 것으로 여겼다. 이스라엘의 임무는 자기들의 구성원 가운데서 나타나는 유배의 증상, 곧 재산이 몰수되고 부채를 안고 있는 현실을 공개적으로 뒤엎는 일을 시작하는 것이었다"(139).

구가 된 것은 사실상 구원의 날이 왔다는 명확한 메시지를 지닌 예언자적 행동이다. 이날은 하나님이 백성의 마음을 열고 백성은 사람들이 자기에게 진 부채를 탕감하고 자신들에게 행해진 악행을 용서해야 할 때다. 이는 또한 주기도문에 왜 이 내용이 포함되는지를 알게 해준다. "우리가 우리에게 죄 지은(빚진) 자를 사하여 준 것 같이 우리 죄를(빚을) 사하여 주소서"(마 6:12).

동시에 이러한 축복들은 하나님의 영의 축복이다. 구약성서와 유대교 신학 모두에서 종말론적 갱신은 성령의 돌아옴으로 이해된다. 또한 종말론적 회복은 자녀를 택하는 때, 즉 새로운 아동기의 시작으로 묘사된다. 이 두 개의 특징 모두 예수의 가르침에서 중요한 내용에 해당한다. 성전의 파괴로 말미암아 성령이 성소를 떠났기 때문에 회복은 성령의 때의 갱신을 의미할 것이다. 에스겔서는 이런 메시지를 직선적으로 제시한다. 타락한 이스라엘은 죽은 뼈들의 무더기로 묘사되지만 하나님에게는 그 뼈들을 소생시킬 능력이 있다. "또 내 영을 너희 속에 두어 너희로 내 율례를 행하게 하리니 너희가 내 규례를 지켜 행할지라"(겔 36:27). 이 성령의 갱신은 또한 유배의 종결을 의미한다. "내가 또 내 영을 너희 속에 두어 너희가 살아나게 하고 내가 또 너희를 너희 고국 땅에 두리라"(겔 37:14). 마찬가지로 이사야서도 성령의 부음을 뜻하는 비가 내림으로써 징벌의 때가 끝날 것을 말한다.

> 나는 목마른 자에게 물을 주며 마른 땅에 시내가 흐르게 하며 나의 영을 네 자손에게, 나의 복을 네 후손에게 부어 주리니 그들이 풀 가운데에서 솟아나기를 시냇가의 버들같이 할 것이라. 한 사람은 이르기를 "나는 여호와께 속하였다" 할 것이며 또 한 사람은 야곱의 이름으로 자기를 부를 것이며, 또 다른 사람은 자기가 여호와께 속하였음을 그의 손으로 기록하고 이스라엘의 이름으로 존귀히 여김을 받으리라(사 44:3-5).

「희년서」에 따르면 마지막 희년은 하나님의 영을 통한 새로운 아이의 때가 될 것이다. "또 나는 그들을 위해 거룩한 영을 창조할 것이고 그들을 정결하게 하여 그들로 하여금 그날로부터 영원히 나를 따르는 데서 떠나지 않게 할 것이다." 성령 체험에는 자녀의 입양 주제가 동반된다. "또 나는 그들의 아버지가 될 것이며 그들은 내 아들이 될 것이다. 그리고 그들은 모두 '살아계신 하나님의 아들'로 불릴 것이다"(「희년서」 1:23-25; 또한 후대의 「에스라4서」 1:29을 참조하라). 이와 유사한 종말 사상이 「레위의 유언」에도 영향을 준 것으로 보인다. 「레위의 유언」은 영적 유배가 계속되는 것도 사실이지만 하나님의 응답도 명확하다고 말한다. 즉 하나님은 제사장적 메시아를 보낼 것이고 그 메시아는 이스라엘에 대한 저주를 극복하고 이스라엘을 아동기부터 새롭게 입양하는 일을 수행할 것이다. "성결의 영이 그들 위에 있을 것이다"(「레위의 유언」 18:11). 「유다의 유언」에서도 같은 사상을 볼 수 있다. "또 그는 은총의 영을 너희에게 부어 줄 것이다. 그리고 너희는 진실로 아들들이 될 것이다"(「유다의 유언」 24:3). 예수 당시의 유대인들은 영적 갱신, 마지막 희년, 자녀 입양의 주제에 대해서 잘 알고 있었다. 사실 이 주제들의 많은 부분은 하나님이 모든 이스라엘의 아버지라는 개념을 통해서 쉽게 이해될 수 있다. 하나님은 자기 백성에게 자비를 베푸실 아버지다.[256]

요컨대 예수가 포로된 자들에게 자유를 선포한 것은 동시에 지금은 시각장애인이 다시 보게 되고 가난한 사람들이 일으켜질 때임을 의미한다. 분열의 때가 끝난다는 것은 하나님의 즉위 관점에서 묘사된다. 하나님은 하늘 보좌에 좌정하고 온 땅에 은혜로운 희년을 허락한다. 따라서 구원의 희년은 주님이 모든 것을 새롭게 만들기 시작하는 날이기도 하다. 그것은

---

256   이에 관한 짧은 개괄과 참고문헌에 관해서는 Evans, *Journal for the Study of the Historical Jesus 4* (2006), 48-49를 보라.

곧 창조 행위로 이해된다. 또한 이 본문들에서 회복은 실제적인 의미로 이해된다. 이는 예수의 축복 선언이 애통이 기쁨으로 바뀌는 때(*kairos*)에 초점을 맞추고 있는 이유다. 성전에 대한 묘사는 여기서도 중요하다. 시각장애인과 지체부자유자는 지상에 있는 하나님의 성전에 들어갈 수 없었다. 그러나 위대한 회복의 때에 그들은 치유되어 새로운 성전에서 하나님의 성령으로 충만한 삶을 살게 될 것이다. 진정한 희년이 도래했다. 증오의 시대는 끝나고 하나님이 이스라엘의 왕으로 인정된다.

5. 메시아의 성전으로서의 새로운 공동체

그러나 최종적인 희년은 예루살렘 성전 제의를 매개로 해서 시작되지 않는다. 예수가 성소의 오용에 대해 어떤 태도를 취했는지에 관해서는 지금까지의 분석을 통해서 명확하게 이해되었을 것이다. 예수의 가르침에 따르면 새로운 종말론적 공동체가 존재하게 될 것이고 그 공동체는 추방된 자들이 모이는 장소가 될 것이다. 이러한 사상이 아주 대담하고 독창적으로 보이겠지만 당시의 문헌들에 그와 유사한 내용이 존재한다. 제2성전기의 다른 종교 집단, 특히 쿰란에서 살던 사람들도 종말 때의 고통에 관한 비슷한 믿음을 갖고 있었다. 따라서 손으로 만들지 않은 성전 개념은 다른 문헌들에서도 발견되지만 그것은 예수의 가르침에서 완전하게 발전한다.

앞선 논의(특히 본서 제2장의 II.5)에서 우리는 종말론적 관점에서 새로운 성전을 세우는 주제를 분석했다. 다음으로 살펴볼 내용은 예수의 선포에서 이러한 사상이 어떻게 구원받은 자들의 공동체 자체가 새로운 성전이라는 가르침으로 발전했는지에 관한 것이다. 회복 내러티브에 따르면 다윗의 후손이 맡은 임무는 징벌을 받아 추방된 자의 속죄와 치유를 통해 하나님의 진노를 경감시키는 것이다. 그러므로 예수가 건설하는 종말론적 성전은 구원의 공동체다. 다윗의 후손이 설립하는 평화의 왕국은 곧 신자들로 구성된 영적 성전과 동일하다. 이런 가르침은 제2성전기 유대교 신학의 맥락에서 일관되게 나타나는데 이는 유대교 신학에서 다윗의 나라(basileia)가 이미 하나의 종교적 공동체로 해석되고 있었기 때문이다. 당시의 저자들은 영적 성전을 진정한 이스라엘 및 구속받은 사람들의 공동체와 동일시했다. 이 내러티브를 구성하는 요소들은 구약성서의 다양한 본문들에서 발견된다.[257]

성전 신학의 역사적 배경을 재구성할 때 우리는 예언자 나단의 말씀을 통해 다윗 왕에게 주어진 약속에서 시작해야 한다(삼하 7장). 이와 동일한 예언들이 나중에 부활 후 공동체에서 최초의 기독론이 형성되는 데 중요한 요소가 되었다. 이 말씀들은 왕들과 그들의 통치에 관한 언급이지만 명확한 집단적 특징도 갖고 있다.

> 전에 내가 사사에게 명령하여 내 백성 이스라엘을 다스리던 때와 같지 아니하게 하고 너를 모든 원수에게서 벗어나 편히 쉬게 하리라. 여호와가 또 네게 이르노니 여호와가 너를 위하여 집을 짓고 네 수한이 차서 네 조상들과 함께 누울 때에 내가 네 몸에서 날 네 씨를 네 뒤에 세워 그의 나라를 견고하게 하리라. 그는 내 이름을 위하여 집을 건축할 것이요 나는 그의 나라 왕위를 영원히 견고하게 하리라. 나는 그에게 아버지가 되고 그는 내게 아들이 되리니 그가 만일 죄를 범하면 내가 사람의 매와 인생의 채찍으로 징계하려니와…(삼하 7:11-14).

나단의 예언은 다윗 왕조의 "집"의 특별한 지위를 말한다. 바로 방금 전에 다윗이 하나님을 위해 짓겠다고 약속한 집과 성전이 세습 왕조로 전환

---

257   이 주제는 Meyer, *Aims*, 179-80에 이미 논의되어 있다.

된다. 더 나아가 그 정확한 단어는 앞으로 올 다윗의 후손을 가리키는 것으로 해석된다. 그 후손이 성전을 건설할 것이다. 이 주제는 스가랴서에 분명하게 적용되고 있는데 곧 스가랴서도 다윗 같은 인물이 종말론적 성전을 세울 사람이라고 말한다.[258]

따라서 종말론적 "집"을 건축한다는 개념이 반드시 돌로 된 건물을 만드는 것을 의미하지는 않는다. 하나님이 직접 지상에 집을 세울 때 그것은 신자들로 이루어진 고귀한 공동체, 즉 다윗의 가문일 것이다. 이는 역대상(70인역)을 통해 전해진 개념이다. "나의 하나님이여, 당신께서 당신의 종에게 당신이 그를 위하여 한 집을 세우실 것임(*oikodomēsai autō oikon*)을 보이셨나이다. 그러므로 당신의 종은 당신 앞에서 기도할 수 있음을 알게 되었나이다"(70인역 대상 17:25).[259]

구약성서에는 주님의 성전이 사실상 사람의 손으로 지은 집이 아니라고 언급하는 여러 본문이 있다. 성전은 또한 공동체나 신자들의 집단을 지칭하기도 한다. 더 나아가 몇몇 본문은 이스라엘의 하나님은 사람의 손으로 지은 집에 거하지 않는다는 점을 독자들에게 상기시킨다. 본서의 앞선 장들에서 다룬 본문들 외에도 이미 모세의 노래(출 15장)에서 성전 또는 하나님의 거처는 하나님 자신에 의해 만들어진다고 언급된다.[260] 제2성전기의 일부 신학자 또한 하나님이 직접 종말론적 성전을 세우실 것이라고 기대했다.

---

258 구약성서의 배경에 관해서는 Sweet, *Templum Amicitiae*, 369를 보라.

259 참조. Beale, *Temple*, 108-9; Alexander, *Eden*, 43-44.

260 출애굽에 대한 구약성서의 해석은 이미 "이스라엘에 대한 구원의 최종 목적은 단순한 해방에 있는 것이 아니라 참다운 성전을 건설하고 거기서 참다운 예배를 드리는 기회를 찾는 데 있다"고 본 Perrin, *Temple*, 10의 지적은 아마도 옳은 것일 수 있다. 그는 또한 제2성전기 신학에서 종말론적 성전은 바로 "이 땅으로 내려오는" 하늘의 성전을 말한다고 강조한다(11).

주께서 백성을 인도하사 그들을 주의 기업의 산에 심으시리이다. 여호와
여, 이는 주의 처소를 삼으시려고 예비하신 것이라. 주여, 이것이 주의 손
으로 세우신 성소로소이다(출 15:17).

이 노래는 시온산 위에 세워진 하나님의 성전에 대해 말한다. 본문은 주님
의 "손"으로 직접 그 성전을 만들었다고 명시한다. 영적인 의미에서 그것은
"사람의 손으로 만들지 않은" 성전이며 그곳에서 하나님은 이스라엘의 왕
으로 경배된다. "여호와께서 영원무궁하도록 [왕으로서] 다스리시도다"(출
15:18).[261]

  사해문서에는 성소에 대한 약속이 구원의 공동체에 대한 약속과 동일
시되는 흥미로운 병행 본문이 발견된다. 4QFlorlegium은 앞서 언급한 구
약성서 본문에 대한 언급으로 시작한다. 그 앞 부분에는 또 다른 증거 본문
이 나타난다. 쿰란 문서의 해석에 따르면 새로운 공동체는 다윗의 후손이
세울 종말론적 공동체에 관한 나단의 예언에 언급된 그 약속을 실현한다.
"내가 또 내 백성 이스라엘을 위하여 한 곳을 정하여 그를 심고 그를 거주
하게 하고 다시 옮기지 못하게 하여…"(삼하 7:10). 쿰란 공동체의 주석가는
계속해서 다음과 같이 말한다. "이는 [모세의] 책에 '이것이 당신이 당신의
손으로 세울 [성소로소이다]. 야웨께서 영원무궁하도록 다스리시도다'(출
15:17. 2-3행)라고 기록된 것처럼 마지막 때에 [그를] 위하여 [그들이 세울]
집(을 가리킨다)." 더 나아가 이에 대한 해석에서는 그 약속들이 매우 실제적

---

261 Clements, *God and Temple*, 116-17은 출애굽기에서 "성막"이라는 명칭 자체는 동사 "거
     주하다"에서 형성된 말이라고 지적한다. 또한 그에 따르면 "따라서 야웨가 이스라엘 안
     에 거주하시는 방식에 관해서 제사장 문서의 기록자들은 신적 영광의 구름을 통해 지상
     에 일시적으로 '[장막에] 거하신다'라는 의미로 표현했다."

으로 묘사된다.[262]

> 이것은 그곳에서 거룩한 자들에게 [그가 드러날] 것이기 때문에[…]암몬
> 인들이나 모압인들이[…]결코 그 안으로 들어오지 못할 집(을 가리킨다).
> 영원한 [영광이] 그 위에 영원히 나타날 것이다.[…]또 그가 자기를 위하
> 여 사람의 성전을 짓고 그 성전에서 자기 앞에 율법의 행위들을 드리라고
> 명하셨다(4QFlor 1.6).[263]

이 선집(4QFlor)에는 구약성서의 왕적 종말론에서 취한 여러 증거 본문이
조합되어 있다. 여기서 성전 주제는 공동체적 차원에서 해석되고 있다. 성
전을 어떤 공동체를 가리키는 것으로 볼 수도 있다. 이런 해석은 쿰란 공동
체의 상황에서 보면 납득될 수 있는데 왜냐하면 쿰란 공동체의 의회가 하
나님의 성소의 핵심 역할을 수행 한다는 신념 가운데 성전 비판 태도가 최
고조에 달하기 때문이다. [의회는] "영원한 터이고 이스라엘의 거룩한 집
이자 아론의 지성소를 위한 토대며 심판의 증인이고 세상을 위해 속죄하고
악인에게 징벌을 내리기 위해 (하나님의) 뜻에 따라 선택된 것이다." 또 이
선집은 "손으로 만들지 않은" 성전이 쿰란 공동체 안에 존재한다고 주장하
는 것으로 보인다. 그 성전은 "아론을 위한 지극히 거룩한 처소다"(1QS 8.5-
9). 즉 하나님이 직접 광야에 새로운 집을 지으셨기 때문에 예언이 성취되
었다는 것이다.

---

262 Snodgrass, *Key Events,* 472는 좀 더 일반적 의미에서 쿰란 공동체의 관점을 성전의 미래
   의 변화에 관한 유대교의 비전들과 연결한다.
263 필사본이 명확하지 않아서 "감사의 행위들"로 볼 것인지 아니면 "율법의 행위
   들"(Martínez의 입장)로 볼 것인지에 관한 널리 알려진 논쟁은 여기서 부차적이다. 왜냐
   하면 두 독법 모두 이 본문의 맥락에서는 동일한 대상을 가리키기 때문이다.

구약성서와 유대교 신학 모두에서 구원의 성전은 어떤 건물이 아니라 오히려 경건한 자들의 공동체라는 사상이 나타난다. 물론 이런 관점은 오직 몇몇 표현에서만 나타날 뿐이다. 제2성전기의 대다수 신앙인은 예루살렘 성전이 하나님을 만나는 장소라고 생각했다. 하나님은 이 성전 안에 거하겠다고 약속했었고 그 성전은 하나님의 왕좌의 "발등상"이었으며 따라서 그것은 또한 속죄를 구하는 장소가 되었다. 그런데 표준적인 성전 이데올로기와 달리 예언서 본문들에서 우리는 하나님이 사람의 손으로 지은 성전에 거주하지 않는다는 사상을 발견할 수 있다. 유배 이후 성전에 대한 많은 신학자의 생각은 문제에 봉착했다. 종말론적 구원의 공동체가 하나님의 성령이 돌아올 새로운 공동체라고 생각한 몇몇 저자들도 있었다.[264]

복음서에서 종말론적 공동체 건설과 관련된 가장 중요한 본문은 마태복음 16장의 베드로의 메시아 고백 단락이다. 이 자료는 마태복음의 독립적 전승(M)에 속하는데 이것을 안디옥의 복음서 전승에서 기원한 것이라고 간주할 수도 있을 것이다. 이 내러티브에서 베드로는 "주는 그리스도시요 살아계신 하나님의 아들이시니이다"(마 16:16)라고 말한다. 이에 대한 답변에서 예수는 공동체의 건설에 관해 말한다.

> 바요나 시몬아, 네가 복이 있도다. 이를 네게 알게 한 이는 혈육이 아니요 하늘에 계신 내 아버지시니라. 또 내가 네게 이르노니 너는 베드로라. 내가 이 반석 위에(*epi tautē tē petra*) 내 교회를 세우리니(*oikodomēsō mou tēn ekklēsian*) 음부의 권세가 이기지 못하리라(마 16:17-18).

---

264 다음과 같은 Clements, *God and Temple*, 139의 언급을 참조하라. "새로운 성취와 옛 약속 사이의 주된 차이는 구약성서가 하나님이 사람들 가운데 거주한다고 말하는 반면 신약성서는 성령을 통해 하나님이 사람들 안에 거주한다고 말한다는 점이다.

이 이야기에는 종말론적 의도를 강조하는 몇 가지 세부 내용이 있다. 첫째, 본문은 "복이 있다"(*makarismos*)라는 단어로 시작함으로써 마태복음 5장 산 상설교의 팔복 말씀과 연결된다.[265] 그래서 우리는 그것이 구원의 때에 관해 말한다고 예상할 수 있다. 더 나아가 여기서의 메시지와 고백은 신적 묵시(*apokalypsis*)에 기반하고 있다. 베드로가 고백한 내용은 실제로는 "아버지" 자신이 가능하게 만든 새로운 아동기에 관한 계시다. 주기도문에서처럼 여기서도 하나님 나라의 도래에 관해 암시하는 내러티브가 발견된다.

물론 베드로의 역할은 이 중요한 진술과 관련하여 가장 논란이 되는 주제 중 하나였다. 그리스어 단어 "페트로스"(*petros*)의 언어유희가 단순히 베드로의 이름을 가리키는 것이 아니라 새로운 공동체 전체를 가리키는 점만 보아도 그렇다. 아브라함과 마찬가지로 시몬은 새로운 백성의 창설과 관련하여 새로운 이름을 얻는다. 따라서 이 대목은 이사야 51장과 개념적 관련성이 있음을 알 수 있다. "저 바위를 보아라. 너희가 거기에서 떨어져 나왔다"(사 51:1, 새번역). 이는 곧 "너희의 조상 아브라함"이다.[266] 이 관점에서 보면 베드로는 종말론적 성전, 곧 메시아적인 다윗의 후손이 세울 성전의 기초가 아니라 그것의 첫 번째 돌이다.

이 본문은 종말론적 공동체 건설에 관한 내용을 분명하게 드러낸다. 70인역 신학에서 "에클레시아"(*ekklēsia*)라는 단어는 하나님의 공동체 또는 더 엄밀하게 말하면 회중을 가리킨다(신 23:2의 "여호와의 총회"는 그리스어로 *ekklēsia Kyriou*다. 미 2:5를 참조하라). 이 그리스어 단어는 히브리어 "카할"(*qāhāl*, 회중 또는 공동체)에 대한 번역이다. 70인역이 히브리어 카할을 "회당"으로

---

265   Davies and Allison, *Matthew,* 621.
266   이는 Hagner, *Matthew,* 470의 입장에 해당한다. 이 본문은 당연히 베드로의 "직분"과 관련된 토론의 대상이 되었고 따라서 이 본문에 대한 주석은 매우 복잡하고 어렵다. 예컨대 Hauerwas, *Matthew,* 150-51(『마태복음』, SFC출판부 역간)을 보라.

번역하는 경우가 가끔 있다는 점을 주목할 필요가 있다. 예수 시대에 이 단어들은 보통 신자들의 공동체를 가리켰다. 쿰란 공동체는 히브리어 카할을 사용해서 자신들을 "하나님의 공동체"라고 불렀다(1QS 2.4). 따라서 쿰란 공동체의 정황에서 이 용어는 구원받은 자들의 공동체를 의미했고 스스로를 어둠의 자녀들에 속한 다른 회당들 및 유대인들과 대조시키는 역할을 했다.[267]

이러한 예수의 진술 내용은 다소 복잡해 보이지만 그 말씀은 극단적으로 반대되는 두 개의 개념에 기초하고 있다. 한편으로는 종말론적 의미를 지닌 반석(petra)이 있고 다른 한편으로는 음부의 문들(pylai hadou)이 언급된다. 이것들은 우주와 세상의 역사에서 서로 상반되는 권세를 나타내는 두 종류의 돌 또는 기둥이다. "음부의 문들"이라는 특별한 용어는 죽음의 문을 가리키는 구약성서의 관용어다. 여기서 예수는 에클레시아(ekklēsia)의 기본 원리가 너무도 강력해서 심지어 죽음조차도 그것을 물리칠 수 없다고 말한다. "반석" 메타포는 다소 드물게 나타나지만 그럼에도 분명한 신학적 출발점을 갖고 있다. 이와 유사한 용어가 이사야서에서 발견되는데 이는 예언자 이사야가 종말론적 성전의 주춧돌에 관해 언급하는 부분에서 볼 수 있다(사 28:15-16).[268]

너희가 말하기를 "우리는 사망과 언약하였고 스올(hadou)과 맹약하였은 즉 넘치는 재앙이 밀려올지라도 우리에게 미치지 못하리니 우리는 거짓을

---

267 일부 주석서들은 예수가 미래에 어떤 공동체를 건설할 것이라고 말했는지 여부에 관해서 논의했는데, 이에 관해서는 Davies and Allison, *Matthew*, 614를 보라. 그런데 Albright and Mann, *Matthew*, 195는 "어떠한 유대인도 메시아적 공동체가 없는 메시아를 상정하는 경우는 없었을 것"이라고 주장하며 따라서 이 특징은 분명히 예수의 원래의 말에 해당한다고 여긴다.

268 Hagner, *Matthew*, 471.

우리의 피난처로 삼았고 허위 아래에 우리를 숨겼음이라" 하는도다. 그러므로 주 여호와께서 이같이 이르시되 "보라, 내가 한 돌을 시온에 두어 기초를 삼았노니 곧 시험한 돌이요 귀하고 견고한 기촛돌이라. 그것을 믿는 이는 다급하게 되지 아니하리로다"(70인역은 마지막 문장을 "그것을 믿은 자는 부끄러움을 당하지 않을 것이다"라고 번역한다).

이사야서와 예수는 대적자들을 묘사하는 방식에서 서로 유사한 특징을 보인다. 인류는 스올의 위협을 받고 있으며 선택된 백성 역시 스올에게 위협당하고 있다. 그러나 하나님이 시온에 구원의 성전을 시작하기 때문에 죽음의 군대와의 전쟁은 절망적이지 않다. 새로운 성소는 시험을 통과한 돌과 귀중한 주촛돌이라는 기초 위에 세워질 것이다. 이 주촛돌을 믿는 사람은 누구나 종말의 파멸에서 구원을 받을 것이다. 죽음과 언약을 체결한 자들은 음부(Hades)의 손아귀에 넘겨지겠지만 종말론적 성전의 구성원들은 영원히 주와 함께 살 것이다.[269]

유사한 용어가 시편 118편(70인역 시 117편)에서 발견되는데 이 본문도 아마 이사야서 본문을 재해석한 내용일 것이라고 여겨진다. 여기서도 시편 저자는 죽음에 직면하여 하나님을 신뢰한다. "내가 죽지 않고 살아서 여호와께서 하시는 일을 선포하리로다. 여호와께서 나를 심히 경책하셨어도 죽음에는 넘기지 아니하셨도다"(시 118:17-18). 성전 문들은 이제 구원의 문들이 된다. "내게 의의 문들을 열지어다. 내가 그리로 들어가서 여호와께 감사하리로다"(시 118:19). 그 구원의 문은 동시에 하나님 자신의 문이 된다. "이는 여호와의 문이라. 의인들이 그리로 들어가리로다"(시 118:20). 그 문으로 들어가면 구원을 얻게 된다(70인역 시 117:21에는 "구원 안으로"[eis sōtērian]라

---

269   Nolland, *Matthew,* 675-767; Hagner, *Matthew,* 471-72.

고 번역되어 있다).

이 시편 본문과 이사야서의 종말론을 결합시키는 것은 "돌" 메타포다. "건축자(oikodountes)가 버린 돌이 집 모퉁이의 머릿돌(70인역 시 117:22에서는 eis kefalēn gōnias)이 되었다." 시편 118편에 명시적으로 언급되지 않은 죽음의 문들이 의의 문들과 대조된다. 거짓된 건축자들을 쫓아낸 뒤 하나님 자신이 귀중한 돌 위에 종말론적 성전을 세울 것이다. 의인들은 주님의 문을 통해서 이 성전 안으로 들어갈 수 있다.

이런 본문들은 예수의 가르침이 향하고 있는 방향을 이해하도록 도와준다. 중요한 메타포 가운데 하나는 돌이다. "내가 이 반석 위에(epi tautē tē petra) 세우리라." 구약성서의 본래의 본문에서와 마찬가지로 예수의 가르침에서 그 돌은 스올의 종말론적 위협에 대한 대책이다. 그 귀중한 돌을 장차 세워질 성전의 머릿돌로 만들기 위해서는 이사야서의 본문이 필요하다. 그 돌은 마지막 때에 하나님이 친히 자기 백성을 위해 준 머릿돌이다. 예수 자신이 그 기초 위에 교회(ekklēsia)를 세울 것이라고 선포했기 때문에 그는 "좋은 목수", 즉 이스라엘의 무능한 건축가들을 대신하여 하나님이 보내신 건축가가 된다. 예수는 구원받은 자들의 공동체인 종말론적 성전을 건축할 존재다.

한편 "반석"이라는 뜻을 가진 베드로라는 별칭은 이 메시지를 보증하는 수단이 된다. 베드로의 고백은 예수가 곧 하나님이 약속하신 머릿돌임을 인식한 것이기 때문에 중요하다.[270] 이사야의 예언들이 그의 삶 가운데서 성취된다. 즉 그는 수치를 당하지 않을 것이다. 그는 그 기초 위에 종말론적 성전이 세워질 다윗의 후손을 믿는다. 왕인 예수는 살아계신 하나님

---

270   가톨릭 신학자인 Matera, *Theology*, 45도 이 구절에서 강조점이 베드로라는 인물이 아니라 그의 고백에 있었다고 지적한다. "교회의 믿음은 곧 베드로가 고백했던 믿음이다."

의 아들이며 하나님은 음부(Hades)의 권세 아래서 사는 사람들에게 생명을 주실 것이다.

왜 음부의 문들이 종말론적 바위를 이길 수 없을까? 아주 특이한 이러한 어휘가 사용된 이유는 무엇일까? 생명이 죽음에게 승리를 거둔다는 것은 자명하다. 하지만 아마도 이보다 더 깊은 의미가 있을 것이다. 이 맥락에서 시편 118편을 읽으면 예수 당시에 예수의 메시지에 반대한 제사장들과 사두개인들에게는 예루살렘 성전이 구원의 바위였음을 암시한다. 예루살렘 성전의 문들은 신적 자비의 뜰로 인도한다고 믿어졌다. 예수가 그런 성전 예배에 문제를 제기하고 성전의 종말론적 기능을 부인했기 때문에 베드로의 고백은 이런 관점에서도 해석될 수 있다. 예수의 공격적인 말씀을 통해서 성전의 문들은 죽음의 뜰로 이끄는 음부의 문이 되었다. 하지만 이제 하나님이 소중한 돌을 시온에 두었기 때문에 옛 성전에서는 더 이상 구원의 반석을 찾을 수 없다. 오히려 그것은 예수 안에서 메시아 신앙을 고백하는 새로운 공동체 안에 자리 잡는다. 이러한 구도로 보면 예루살렘 성전은 죽음의 노예가 되고 살아계신 하나님의 성전으로서 새롭게 등장하는 공동체를 이길 수 없다.

성전 및 성전의 관행에 대하여 예수가 맹렬하게 반대한 것을 보면 예수의 성전 비판에는 분명히 더 깊은 근본적인 원인이 있었다고 추정할 수 있다. 성전 뜰에서 벌인 시위에서 예수는 성전 제의를 일시적으로 중단시켰다.[271] 이는 분명히 또 다른 희생제의가 기존의 성전 제의를 대체하게 될 것이라고 암시한다.[272] 오드나는 그의 논문에서 이러한 관점을 다음과 같이 세밀하게 요약한다.

---

271   Wright, *Victory of God,* 423에 따르면 "희생제의가 없으면 성전은 모든 존재 이유를 상실했다."

272   Pitre, *Letter & Spirit 4* (2008), 67-68.

속죄 제의에 대한 예수의 공격은 그 제의가 반드시 대체될 것임을 암시한다. 만일 그것이 시온산에서 일어날 종말론적 갱신의 즉각적인 실현을 통해 이루어지지 않을지라도 그것은 다른 방식으로 실현될 것이다. 그 대안은 예수가 속전으로서 대속적인 죽음을 당하는 것이다(참조. 막 14:22, 24). 예수는 자신의 폭력적인 죽음을 예견했고 열두 제자들과 유월절 만찬을 나누는 중에 말씀을 제정함으로써 자신의 죽음이 속죄의 효력을 가져올 수 있음을 매우 확실하게 선언했다.[273]

여기서 성전 건축과 마지막 환난의 주제가 만난다. 예수는 자기의 죽음을 예상하고 종말론적 명분을 위한 희생적 고난이 구속과 회복을 가져올 것이라고 믿었다. 손으로 만들지 않은 성전은 속죄와 용서의 성전이 될 터이지만 희생제의 체계는 새롭게 바뀔 것이다. 이 주제에 관해서는 이후 본서의 제2장 VIII에서 다시 다룰 것이다.

　　유대교 신학을 다룬 많은 저자는 최종적 회복의 성전은 하나님 자신에 의해 세워지는 성전이 될 것이라고 여겼다. 몇몇 묘사에서 그 성전은 이상적 성전이자 여러모로 신비한 성전으로 제시된다. 쿰란 공동체의 신학자들이 그 성전이 단순히 돌로 만들어진 건물이 아니라 공동체를 가리킬 수 있다고 결론을 내린 것은 옳았다. 가장 이상적인 모습의 성전은 주님과 완전히 하나가 된 하나님의 백성이다. 이는 또한 예수가 자신의 회복의 복음을 통해서 가르친 내용이기도 하다. 하나님의 영광이 나타날 것이고 새로운 다윗의 후손이 구원의 성전을 세우기 시작할 것이다. 시편 118편은 이 가르침에서 매우 중요했다. 거부당한 아들은 새로운 건물의 머릿돌이 될 것이고 따라서 종말론적 성전은 산 돌들로 지어져야만 한다. 베드로의 고

273　　Ådna, *Handbook 3*, 2671.

백에 따르면 예수의 메시지를 받아들이는 것은 이스라엘 안에서 하나님의 왕권을 인정하는 것을 의미하며 이는 저주받은 유배를 종결시킬 것이다. 이것이 그 위에 사람의 손으로 만들지 않은 성전이 세워질 반석이다.

V. 근본적인 유대교 신앙의 회복

우리가 지금껏 분석한 회복 종말론이라는 메타내러티브나 예수의 종말론적 선포는 다른 중요한 주제들, 예컨대 유대교 율법 및 율법의 많은 규정과는 어떻게 관련되는가? 일부 말씀 전승에서 예수는 언약에 관한 주제들을 다루면서 사실상 하나님의 언약을 완벽하게 준행할 것을 요청한다. 유대인의 삶에서 매일의 예배는 쉐마(Shema)기도를 중심으로 했는데 이는 신명기 본문을 기반으로 하여 그것을 뒷받침하는 특정한 구약성서 구절들을 통해 보완된 고백적 내용이다. 이것들은 규범 준수에 기반을 둔 유대인의 신앙을 평가하는 일종의 기준이었다. 예수의 가르침은 유대교의 신앙 정체성에 대한 이러한 핵심 주제들에 주목했다.

1. 쉐마 기도와 철저한 신앙

유대교 신앙의 가장 핵심적인 것이 무엇인지에 관한 질문을 받고 나서 예수가 쉐마를 인용하여 답변한 일화는 유명하다.[274] 예수의 말씀은 그가 유대교의 가르침의 기본적 신념들을 중시했음을 알려줄 뿐만 아니라 또한 이

---

274   본서에서는 히브리어 단어를 정확하게 음역하는 대신 현대에 일반적으로 통용되는 *Shema*라는 형태를 사용한 것이다.

주제들이 예수 당시 유대인의 정체성에서 핵심적이었음을 증명한다.[275]

> 첫째는 이것이니 "이스라엘아, 들으라. 주, 곧 우리 하나님은 유일한 주시라 네 마음을 다하고 목숨을 다하고 뜻을 다하고 힘을 다하여 주 너의 하나님을 사랑하라" 하신 것이요, 둘째는 이것이니 "네 이웃을 네 자신과 같이 사랑하라" 하신 것이라. 이보다 더 큰 계명이 없느니라(막 12:29-31).

물론 이 이중 계명은 구약성서에서 인용한 것인데 여기서 쉐마는 유대교 정체성의 근간으로 제시된다. 신명기에 나타난 본문은 다음과 같다.

> 이스라엘아, 들으라. 우리 하나님 여호와는 오직 유일한 여호와이시니 너는 마음을 다하고 뜻을 다하고 힘을 다하여 네 하나님 여호와를 사랑하라. 오늘 내가 네게 명하는 이 말씀을 너는 마음에 새기고 네 자녀에게 부지런히 가르치며 집에 앉았을 때에든지 길을 갈 때에든지 누워 있을 때에든지 일어날 때에든지 이 말씀을 강론할 것이며, 너는 또 그것을 네 손목에 매어 기호를 삼으며 네 미간에 붙여 표로 삼고 또 네 집 문설주와 바깥 문에 기록할지니라(신 6:4-9).

여기서 다소 난해한 표현인 "여호와는 한 분이시다"(*YHWH 'ehad*)가 적절하게 번역되어 있는 것으로 보인다.[276] 주는 야웨이며 그만이 유일한 이스

---

275 예수의 메시지에서의 *Shema*의 중요성에 관해서는 Hengel/Schwemer, *Jesus*, 418-19; Tan, *Handbook* 3 (2011), 2677-707을 보라.

276 Weinfeld, *Deuteronomy 1-11*, 337-38은 이 번역이 언어학적으로 볼 때 충분하지 않으며 오히려 "야웨 우리 하나님은 한 분이신 야웨다"로 번역할 것을 제안한다(왜냐하면 "우리 하나님"은 항상 "야웨"와 함께 표현되기 때문이다). 이러한 대안 제시에도 불구하고 두 번역 모두 배타성을 암시하는 표현이므로 그 의미는 같다고 볼 수 있다.

라엘의 하나님이다. 첫 번째 계명의 요청이 여기서 성취된다. 이 짧은 선언에는 세 가지 설명이 수반된다. 즉 신앙은 사람의 인생 전부, 곧 마음과 뜻과 소유에 관련된다. 이런 내용을 암송한다는 것은 하나님의 언약과 그 언약의 약속들에 대한 헌신을 의미한다. 요세푸스는 출애굽 신학에 초점을 둔 모세의 전통을 묘사하면서 이스라엘 백성은 "하나님 앞에서 매일 두 번씩 하나님이 이집트 땅에서 그들을 해방하면서 그들에게 베푸신 혜택에 감사해야만 했다"고 말한다. 쉐마 암송은 실제로 특별한 의미를 갖고 있었는데 왜냐하면 그것은 "하나님 앞에서 증언하는"(martyrein tō theō) 행위를 상징했기 때문이다. 마카베오하는 (명백하게) 이스라엘의 기도 전통을 고백(homologia)이라고 말하며 그러한 전통을 안티오코스 4세 에피파네스가 말살하려 했다고 보도한다(마카베오하 6:6).[277] 쉐마 암송은 유대인의 정체성을 드러내는 고백으로 여겨졌다.

이 고백의 중요성을 보여주는 몇 가지 요소가 있다. 예컨대 기원후 200년경의 미쉬나 전집은 쉐마에 대한 해설로 시작한다. 이 본문에 따르면 쉐마는 매일의 예배의 필수적 요소로서 아침과 저녁에 암송해야 한다(m. Ber. 1:1-4; 2:1-2). 유대교 전통에서 그 말씀은 신명기 6:4-9과 11:13-21 그리고 민수기 15:37-41 본문이 연결된 것이다. 두 번째 본문은 그 고백을 하나님의 축복 또는 저주와 연결한다. 민수기에서는 널리 알려진 대로 "옷단 귀에 만들어야 할 술 장식"이 언급된다. 이는 그 고백을 암송하는 전통을 각인시켜주는 역할을 한다.[278]

유대인들에게 쉐마는 하나님 나라 자체에 대한 상징이었다. 이를 알려주는 몇 가지 특징이 있다. 마음과 목숨과 힘이라는 삼중 요소는 유대교 신

---

277   특히 Goldstein, *II Maccabees*, 276을 보라. 영어 성서 NRSV는 "자신들을 유대인이라고 고백하다"라고 번역한다.

278   Schürer, *History II*, 449.

학과 신약성서 모두에서 점차 중요한 해석학적 원리가 되어갔을 것이다. 예수의 답변은 결국 예수 자신이 유대교 신앙의 가장 순수한 형태임을 선포하는 것이었다. 이 세 요소는 그것들에 따라 언약 준수 및 하나님에 대한 백성의 관계가 평가되는 기준이었다. 그것들은 정통적 신앙과 충실한 순종을 나타내는 기호였다. 그러므로 현대 학자들은 그 세 요소의 역할을 상세하게 다루고 유대교 문헌에 나타난 그 요소들의 의미를 좀 더 정확하게 해석할 필요가 있다.[279]

(1) 마음(heart)

위 본문에 나타난 첫 번째 요청은 온 마음을 다해 주님을 사랑하라는 것이다. 마음은 사랑을 가리키는 긍정적 상징이다. 따라서 그것은 완벽한 순종을 묘사하기에 좋은 메타포다. 구약성서에서 온 마음을 다한다는 말은 대개 하나님께 대한 왕의 올바른 태도를 가리키는 기호로 나타난다(왕하 20:3; 사 38:3). 그러므로 이와 반대의 상태도 있을 수 있는데 예컨대 하나님께 불성실하거나(사 44:20; 70인역의 표현을 참조하라) 불순종하거나(렘 5:23) 주님에게서 마음이 떠나가는 것(렘 17:5)을 가리킬 수 있다. 예레미야서에 따르면 할례를 받은 유대인이라도 배교하면 마음에 할례를 받지 못한 자가 될 수 있다. "이스라엘은 마음에 할례를 받지 못하였느니라"(렘 9:26; 참조. 겔 44:7). 하지만 그 반대 역시 성립한다. 곧 백성의 갱신은 하나님이 새로운 마음을 주는 때의 사건으로 묘사된다(렘 24:7; 겔 36:26). 요엘은 유배된 자들에게 회개를 촉구하고 희망을 제시하면서 "마음을 다하여 내게로 돌아오라"(욜 2:12)고 말한다. 물론 이 표현은 신명기에 언급된 희망과 같다. 이스

---

279   특히 Gerhardsson, *The Testing of God's Son*, 48-51은 이러한 주제를 신약성서 연구에 적용했다. 그의 여러 연구 논문들을 (재)발행한 Gerhardsson, *Israel*도 보라.

라엘은 민족들 가운데 흩어져 있으면서 거기서 주를 찾게 된다. "네가 거기서 네 하나님 여호와를 찾게 되리니 만일 마음을 다하고 뜻을 다하여 그를 찾으면 만나리라"(신 4:29; 참조. 30:2). 후대의 랍비 문헌에서는 분열된 마음이 불충함에 관한 메타포로 나타난다.[280]

(2) 뜻(soul, 혼)

두 번째 요청은 백성에게 "뜻을 다하여" 하나님을 사랑하라고 말한다. 언약을 참으로 준수한다는 것은 경건한 유대인이라면 자신의 생명보다 하나님을 더 사랑하여야 한다는 것을 의미한다. 이스라엘 백성은 자신의 생명도 하나님의 손에 맡겨야 하며 죽기까지 이스라엘의 주님을 옹호해야만 한다. 완전한 사랑의 두 번째 형태는 온전한 헌신을 의미하며 이 헌신은 자신의 목숨을 희생하려고 각오하는 것이다. 이 요청 역시 "하나님이 네 목숨을 가져가시더라도"라는 미쉬나의 해석과도 관련된다."[281]

(3) 힘(might)

힘을 가리키는 히브리어의 어근 "m'd"에는 다수, 풍부, 부(富), 힘, 능력 같은 많은 의미가 있다. 유대교 신학에서 온 힘을 다해 하나님을 사랑한다는 말은 보통 하나님을 위해 자신의 부를 제물로 바치는 것을 의미한다.[282] 이

---

280 Gerhardsson, *Israel,* 14-17; Gerhardsson, *SEÅ 31* (1966), 84-85(스웨덴어 논문)의 분석을 보라. 또 이 분석을 따른 Tan, *TyndB 59* (2008), 183도 보라.

281 뒤에서 다루게 될 *m. Ber.* 9:5를 보라. 그리고 신 6:5에 대한 타르굼 옹켈로스 번역을 참조하라. 이것 역시 그 본문에 대한 랍비적 해석의 한 종류인데 여기서는 순교에 관한 설명을 하고 있다. Boyarin, *Dying for God,* 93-94의 견해를 따르고 있는 Avemarie, *Neues Testament,* 161-162를 보라. Boyarin은 마카베오하와 「마카베오4서」 모두에서 순교자들은 죽음과 동시에 즉시 "구원을 얻는다"고 언급된다는 점을 지적한다(95).

282 부에 대한 이러한 이해방식은 집회서 7:30-31에서도 나타난다. Weinfeld, *Deuteronomy 1-11,* 339를 보라.

는 아람어 타르굼에서 아주 명백하게 설명된다. 즉 그것은 "네 모든 소유로" 또는 "네 모든 돈으로"(타르굼 옹켈로스는 "부"로 번역한다) 드리는 것을 말한다. 그러므로 랍비적 가르침에서 "힘"은 특별히 부(mammon)를 의미한다.[283] 이 요청의 기본 내용은 무엇보다도 그 반대 의미에 비추어서 이해될 수 있다. 만일 인간이 부를 자기의 하나님보다 더 사랑하면 그의 마음이 하나님과 멀어지게 되고 그의 사랑이 사라지게 된다. 유대교 문헌에서는 이러한 재물을 "맘몬"이라고 불렀는데 여기서 새로운 관점이 발생한다. 그리스어 안으로 편입된 이 단어는 신약성서에서 사람들을 불신앙으로 유혹하는 세속적인 재물을 언급하는 말로 사용되었다.[284]

위에 제시된 세 가지 개념에 기초한 구약성서 본문을 해석한 내용이 미쉬나에서 발견된다.

> "너는 마음을 다하고 뜻을 다하고 힘을 다하여 네 하나님 여호와를 사랑하라"(신 6:5)고 쓰였듯이 말이다.
> "네 마음을 다하라"—[이 말은] 너의 두 가지 성향, 즉 선한 성향과 악한 성향 모두를 가지고[라는 뜻이다.]
> "네 뜻을 다하라"—하나님이 네 목숨을 가져가시더라도.
> "네 힘을 다하라"—너의 모든 돈을 통해서(m. Ber. 9:5).

비록 수용사(reception history)의 그런 특징들이 예수의 가르침을 해석하기 위한 최종적인 증거는 아니지만 그럼에도 그 특징들은 해석학적 과제를 위

---

283 예컨대 「팔레스타인 타르굼」(*Targum Neofiti*)의 신 6:5에 대한 번역을 참조하라.

284 Gerhardsson의 이론에 대한 후대의 논의에 관해서는 Davids, "The Gospels and Jewish Tradition: Twenty years after Gerhardsson," in: *Gospel Perspectives I,* eds. R. T. France and D. Wenham, 75-99를 보라.

한 흥미로운 출발점을 제공한다. 유대교 신앙에서 쉐마가 중대한 역할을 해왔다는 사실을 부정할 사람은 아무도 없으며 따라서 이런 신앙의 특정한 면모를 밝혀주는 어떠한 해석이라도 훈계적 가르침 배후에 있는 사상 세계를 더욱 잘 이해할 수 있는 가능성을 열어준다. 그러므로 이런 방식의 율법에 대한 열정이 제2성전기의 신앙적 사상을 풍부하게 만들었음을 정확하게 보여주는 여러 진술이 사해사본에서 발견된다는 사실은 결코 무의미한 것이 아니다.

특히 쿰란 공동체에서 쉐마는 규칙이 되었고 쉐마에 대한 해석이 모든 가르침과 신앙을 관통하는 폭넓은 해석 원리로 여겨졌다. 쿰란 공동체는 공동체에 대한 헌신을 위해서 성직 계급에 대한 복종을 의무화했다. 「공동체의 규칙」은 쉐마에 대한 진술로 시작한다. 그 공동체에서 살기를 원하는 사람은 누구든지 "모세의 손과 하나님의 종들인 예언자들을 통하여 명령된 것처럼 하나님 앞에서 선하고 의로운 일을 행하기 [위하여 (자신의) 온 마음과 (자신의) 온 뜻을 다해서] 하나님을 찾아야 한다"(1QS I.1). 이로부터 파생된 아주 실제적인 명령들도 존재한다. 공동체 구성원은 모세가 전해준 계율들 및 절기들에 관한 역법을 따라야 한다. 그리고 흥미롭게도 "모든 빛의 자녀들을 사랑하라"라는 이웃 사랑에 대한 원칙이 언급된다.[285]

이러한 마음의 사랑은 이 언약 공동체가 자신의 **힘**을 공동체에게 복종시켜야 한다는 지시로 이어진다.

> 그의 진리에 기꺼이 복종하는 모든 자들은 자신의 모든 지식과 힘(히브리어 *kwḥ*)과 재물을 하나님의 공동체를 위해 바쳐야 한다. 이는 자신의 지식을 하나님의 진리 안에서 다듬고 자신의 힘을 하나님의 완전한 길에 합

---

285   해당 내용에 관해서는 Yadin, *The Message of the Scrolls*, 114-15를 보라.

당하게 조정하며 또 자신의 부를 하나님의 공의로운 권면에 합당하게 조
정하기 위함이다(1QS I.11-12).

핵심 개념인 마음을 의미하는 말이 지식 또는 지능(*da'at*)으로 바뀌었지만
여기서 쉐마에 대한 해석학적 원리가 쉽게 발견될 수 있다. 이는 후대 랍비
문헌에 나타나는 용법과 일치한다. 그리고 70인역의 한 이문(異文)에서는
쉐마를 시작하는 단어가 마음이 아니라 생각(*dianoia*)으로 되어있다. 따라서
「공동체의 규칙」은 사랑의 본질에 대한 적절한 가르침을 묘사할 때 전통적
인 해석의 원칙을 적용하고 있음을 알 수 있다.[286]

나아가 「다메섹 문서」에 따르면 그 진영의 훈련 교관은 모든 가입 지
원자를 심사해야 하는데 이는 "그의 행위와 지능과 힘과 용기와 재산에 대
한 심사"를 의미한다(CD XIII.11). 쿰란의 언약자들(covenanters)은 자신의 모
든 삶과 마음과 뜻과 힘을 아브라함과 모세의 하나님께 의탁해야만 한다.
이는 토라 연구에 집중하는 금욕적인 삶을 가리킬 것이다.

순교에 대한 각오가 하나님에 대한 사랑과 토라를 수호하려는 의지
에 기초하고 있다는 생각은 적어도 마카비 시대부터 발견된다. "멸망과 맹
렬한 분노의 때"에 마타티아스가 연설한 내용 가운데 잘 알려진 표현은 이
러한 열정을 반영한다. "내 아들들아, 이제 율법에 대한 열정을 보이고 우
리 조상들의 언약을 위해서 너희의 목숨을 바치라"(마카베오상 2:49-50). 한
편 요세푸스의 기록에 따르면 마사다 저항을 지휘했던 엘레아자르는 끝
까지 로마군에게 저항하던 사람들을 향해서 순교의 죽음에 관하여 이렇
게 말한다. "그러니 하나님께서 우리로 하여금 고귀하게 죽을 힘을 허락하
셨다"(『유대전쟁사』 7:325). 물론 [요세푸스의 묘사에서] 그 사람들이 패배한

---

286   특히 Weinfeld, *Deuteronomy 1-11*, 338은 이렇게 주장한다.

진짜 이유는 자신의 죄 때문이었다고 언급되지만 말이다. 엘레아자르는 예루살렘 방어를 끝까지 고수했던 자들을 가리키면서 그 거룩한 도성이 "원수의 손에 파괴되었음"에도 불구하고 "아직 살아있는 것을 후회"하지 않을 자가 누가 있냐고 외친다(『유대전쟁사』 7:378-79). 이 밖에도 많은 사례를 제시할 수 있다. 탈무드에서 랍비 아키바의 폭력적인 죽음은 주님에 대한 아키바의 사랑이 삶에 대한 그의 의지를 능가한 것으로 설명된다.[287]

이 예들은 쉐마를 중심으로 한 해석이 예수 시대의 모든 경건한 유대인에게 중요했음을 알려준다. 모세의 이 유명한 세 가지 요소에 대한 해석은 언약에 대한 충성을 나타내는 상징으로 변화했다. 마음을 다하는 헌신은 맘몬의 유혹에 맞서 온 힘을 다해 하나님을 섬기는 것과 아울러 자신의 삶과 뜻을 하나님께 맡기는 것을 포함한다. 이 특징들은 예수의 가르침에서도 매우 중요하다. 여러 사례를 살펴보면 이러한 특징들이 예수의 유사한 많은 가르침의 토대를 형성하고 있음을 알 수 있다.

2. 산상설교: 너의 삶에 대해 근심하지 말라

마태복음의 산상설교는 토라에 관한 예수의 여러 가르침을 주제별로 엮은 것으로 보인다. 산상설교는 다양한 관점에서 구약성서의 율법을 다루고 있는데 여기서 율법 준수 개념이 중요하게 작용했다고 여겨진다. 앞에서 살펴본 것처럼 쉐마에 대한 3중적 해석의 중요성을 특히 강조했던 학자는 비르예르 예르하르손(Birger Gerhardsson)이다. 그는 율법에 대한 예수의 가르침과 예수의 몇몇 비유는 마음을 다하는 사랑, 자기 생명을 하나님에게 맡기

---

287   Avemarie, *Neues Testament,* 162를 보라. 또한 Boyarin, *Dying for God,* 105-6을 참조하라. "유대인들에게 있어 그것[순교의 죽음]은 '뜻을 다하여 여호와를 사랑하라'는 계명을 성취하는 것이었다"(95).

는 것으로 표현되는 하나님에 대한 신뢰, 맘몬의 유혹에 대한 저항이라는 세 가지 차원에 따라서 구성되었다고 주장한다. 예수의 가장 중요한 여러 가르침 중에 이 주제들이 나타난다는 점은 예수 자신이 모세의 전통을 엄격하게 준수했음을 입증한다.[288]

그런데 예수는 이웃 사랑에 관한 전통적인 의무가 충분하지 않다고 여겼다. 그래서 예수가 말하는 완전한 사랑은 자기 원수에 대한 사랑을 의무화하는 것으로 확장된다. 예수는 밀접한 대립 관계로 된 구절들을 묶어서 아버지의 가르침을 율법의 실제적인 정수와 대조한다. "그러나 나는 너희에게 이르노니 너희 원수를 사랑하며 너희를 박해하는 자를 위하여 기도하라. 이같이 한즉 하늘에 계신 너희 아버지의 아들이 될 것이다"(마 5:44-45). 이 선언은 완벽한 준수를 가르쳐주려는 것이다. "그러므로 하늘에 계신 너희 아버지의 온전하심과 같이 너희도 온전하라"(마 5:48).

마음은 사람들의 삶에서 선과 악 모두의 근원이다. 산상설교에서 이 점이 분명하게 드러난다. 여자를 보며 음욕을 품는 자는 이미 "마음에 간음한 것이다"(마 5:28). 더 나아가 이 고정된 메타포는 예수의 훈계 말씀에 자주 등장한다. "마음에서 나오는 것은 악한 생각과 살인과 간음과 음란과 도둑질과 거짓 증언과 비방이다"(마 15:19). 예수는 선하든 악하든 마음에 쌓여 있는 것은 일상의 삶에서 열매로 드러난다고 말한다(눅 6:45).

다음으로, 뜻(목숨)은 하나님의 섭리를 통해 보호받는다. 하나님은 자신이 창조하신 사람들에게 의복과 음식을 제공하겠다고 약속했다. 들에 핀 꽃이 하루에도 몇 번씩 마음과 뜻과 힘을 다해 사랑하겠다고 다짐하던 유

---

288 Gerhardsson, *Israel*, 80-82는 이러한 단락들을 다룬다. 최근의 많은 주석서가 이 부분에서 하나님의 뜻에 대한 "비타협적인 헌신"을 강조하지만(예컨대 Hagner, *Matthew*, 160; Nolland, *Matthew*, 299), Gerhardsson만은 여기서 핵심 어휘들인 "마음", "맘몬" 그리고 심지어 "목숨"이 이러한 순서로 나오며 예수의 진술이 그것들에 확실하게 기초하고 있다는 사실에 주목한다.

대인들을 위한 훈계적 설교의 소재가 된다. "목숨(*psychē*)을 위하여 '무엇을 먹을까? 무엇을 마실까?' 몸을 위하여 '무엇을 입을까?' 염려하지 말라"(마 6:25). 생명은 전적으로 하나님의 손에 달려 있다. "너희 가운데서 누가 걱정을 해서 자기 수명을 한순간인들 늘일 수 있느냐?"(마 6:27, 새번역) 들풀은 오늘은 살아있다가 "내일 아궁이에 던져진다"(마 6:30). 하나님의 사랑이 옳다면 생명은 영원한 것이다.

마지막으로, 율법에 나타난 완전한 사랑에 대한 요구는 인간적인 권력과 부(*mamōnas*)에 관한 예수의 해석에서 구체화된다. 부는 사람들을 하나님의 언약에서 멀어지게 만들고 재물 자체가 우상이 될 수 있다. "너희를 위하여 보물을 땅에 쌓아 두지 말라"(마 6:19). 이 말씀은 쉐마에 대한 직접적인 해석이라고 볼 수 있다. "네 보물 있는 그곳에는 네 마음도 있느니라"(마 6:21).[289] 이 세상의 부는 사람들로 하여금 하나님을 온 마음을 다해 섬기지 못하도록 유혹하는 시험이 된다. 그러므로 경건한 유대인들은 분열된 마음의 위험을 안고 살아간다. "한 사람이 두 주인을 섬기지 못한다"(마 6:24). 맘몬은 선택된 자들조차도 불신앙으로 유혹하는 우상이다. "너희가 하나님과 재물을 겸하여 섬기지 못하느니라."[290]

그렇다면 총체적인 의미에서 볼 때 쉐마 기도와 마찬가지로 예수의 산상설교 또한 사랑을 통해 완전해지는 신앙을 추구한다. 예수는 마음을 다

---

289 마태복음 본문은 신약성서 시대에 쉐마에 나타난 힘이라는 단어가 맘몬을 가리키는 것으로 해석되었음을 보여준다. 후대에 대중적으로 널리 알려진, 히브리어에 기원을 둔 랍비의 가르침은 이미 예수 시대에도 사용되고 있었다. 어떤 사람의 힘 또는 능력은 그(그녀)의 재물을 기반으로 한다. 이 구절에서 힘은 곧 부(*mammon*)를 가리키므로 재물에 대한 이 설교의 초점은 언약에 대한 충실함에 있다고 말할 수 있다. 경건한 유대인들은 세속적인 성공과 관계없이 자신들의 하나님을 사랑해야 하는 의무를 갖고 있다.

290 마지막 문장의 요점은 분명하다. 이 말씀은 주님을 섬기는 일에 관한 것이다. 쉐마 준수에 대한 서약이 이제 맘몬을 섬기는 것과 대조된다. Witherington, *Indelible Image I*, 151은 여기서 예수가 맘몬에게 예속되는 것을 날카롭게 비판한다고 말한다. 맘몬을 섬기는 자는 곧 맘몬의 종이 된다는 것이다.

하는 신실함을 요청한다. 예수는 선택된 사람들에게 하나님을 믿고 그들의 삶을 하나님의 손에 맡기라고 가르친다. 그리고 예수는 청중에게 맘몬의 위험성과 시험에 대해 경고한다. 부조차도 하나님께 속한 것이며 우리의 진정한 보물은 하늘에 존재한다. 이러한 이상은 예수를 따르는 것과 관련된 논의에서 발견되는 말씀과 유사하다. "누구든지 자기 목숨을 구원하고자 하면 잃을 것이요, 누구든지 나와 복음을 위하여 자기 목숨을 잃으면 구원하리라"(막 8:35). 여기서 목숨을 구원하는 것과 잃는 것을 대조한 표현은 축복과 저주 사이의 선택을 언급한 구약성서 말씀을 인용한 것이며, 또한 여기에는 쉐마에 대한 올바른 이해의 중요성이 암시되어 있다(신 11:26). 축복의 길을 위해서는 반드시 이 세상의 부를 경멸해야 한다. 그러면 힘은 잃어도 목숨은 구하게 된다. "사람이 만일 온 천하(kosmos)를 얻고도 자기 목숨(psychē)을 잃으면 무엇이 유익하리요?"(막 8:36)

예수의 관점에서 쉐마 준수는 폭력과 심지어 죽음까지 당할 수 있는 가능성을 의미한다. 진정한 신앙은 순교로까지 이어질 수도 있다. 이러한 관점에서 예수는 마카비 가문의 전사들 및 쿰란의 언약 공동체의 열심을 공유했다고 말할 수 있다. 완전한 순종은 마지막까지 충성을 다하며 자신의 생명을 하나님의 손에 맡길 것을 요구한다. 이것이 우리가 세상과 맘몬에 저항하는 방식이다. 따라서 산상설교를 통해서 예수는 이미 자신의 선교 활동이 초래할 궁극적인 갈등을 예견했다고 말할 수 있다. 예수는 직접 고난을 겪게 될 것인데 그 고난은 이방인 군인들에 의해서가 아니라 타락한 이스라엘 사람들의 손에 의한 것이었다.

3. 포기에 관한 시험

마태복음에는 예수의 세례 단락에 이어서 예수가 광야에서 마귀에게 시험을 받는 장면이 나온다(마 4:1-11). [이 연구에서는] 이 장면이 광야에서의 예수의 예언자적 삶의 시기를 묘사한 것인지 아니면 단지 제자들을 위한 가르침을 염두에 둔 것인지에 관해서는 관심을 둘 필요가 없다. "초기 기독교의 미드라쉬"로 불려온 이 이야기는 예수의 사역과 그의 정체성에 관하여 알려준다. 복음서들에는 본문들을 함께 읽어야 파악될 수 있는 큰 그림이 있다. 요한복음 저자는 "하나님의 어린 양"이 "세상 죄를 지고 간다"(요 1:29에만 나오는 표현)고 묘사하는데, 그는 회개의 세례를 요청함으로써 "모든 의"를 성취하는 분이다. 이것을 마태복음의 이야기와 연결해서 보면 예수는 이스라엘 백성의 죄를 짊어지고 아사셀에게 보내어진 희생양으로 묘사된다고 볼 수 있다(레 16:10).

더 나아가 이 이야기의 성격은 유대교의 경건 신학과 연결된다. 구약성서에 묘사된 출애굽 시대의 이스라엘 백성처럼 예수는 광야로 이끌려 간다. 광야 시험 이야기에서 예수는 신적 존재의 본질에 관한 지식이 있는지, 토라의 가르침에 대해서 알고 있는지, 유대교 신앙과 관련된 적절한 행동 양식을 알고 있는지를 시험받은 것이 아니었다. 오히려 시험 이야기에서의 유혹들은 예수로 하여금 신앙 준수와 쉐마의 핵심을 포기하게 만들려는 시도였다. 예수가 받은 세 가지 시험은 마음과 뜻과 힘에 관한 유대교의 개념에 상응한다.[291]

---

291 Gerhardsson은 이미 1966년에 출판된 그의 저서(*The Testing of God's Son*)에서 자신의 이론을 전개했는데 이 본문은 그의 해석에서 특별히 중요한 역할을 했다. Thielman, *Theology*, 95(『신약신학』, CLC 역간)는 이 이야기에서 예수 안에서 이스라엘이 의인화되어 있으며 마태복음 저자는 "신 6-8장이 묘사하고 암시하는 방식처럼 광야를 떠돌던 이스라엘의 이야기를 모방해서" 시험 이야기를 구성했다고 주장한다. 비슷한 입장을 취하

첫 번째 시험은 금식에 관한 것이다. 구약성서의 전승에 따르면 금식은 한 사람의 일상적 삶을 제한하고 하나님을 예배하는 일에 몰두하는 것을 의미한다. 예수는 오랜 금식으로 배가 고파졌다. 마귀는 예수에게 신적 능력을 동원하여 돌들을 떡으로 만들어서 양식을 삼으라고 유혹한다. 예수는 쉐마의 지시를 해석한 말씀에 따라 답변한다.[292] 사람이 하나님의 말씀을 어떻게 제대로 들을 수 있을까? "사람이 떡으로만 살 것이 아니요 하나님의 입으로부터 나오는 모든 말씀으로 살 것이라"(마 4:4). 삶은 자신의 말씀으로 세상을 유지하는 하나님만 온전히 의지하는 것이어야 한다. 이것이 하나님의 입에서 나오는 말씀에 순종해야 하는 이유다. 예수는 온 "마음"을 다해 하나님을 사랑하기를 원하며 이는 그가 결코 하나님의 말씀을 의심하지 않은 이유다.[293]

두 번째 시험 장면에서 마귀는 예수를 치명적인 위험에 빠뜨린다. 마귀는 예수를 거룩한 성으로 데려가서 "성전 꼭대기에" 세웠다. 예르하르손은 다음과 같이 지적한다. "그 유혹은 치명적인 위험으로부터의 보호에 관한 것이다. 등장인물들은 광야로부터 완벽한 보호의 장소인 거룩한 성과 그 중심지, 즉 성전 구역으로 이동한다."[294] [그 유혹에 따르면] 그들은 거룩한 도성 안에 있으므로 예수는 이 위험한 상황에서도 하나님이 자신을 보호하실 것이라고 더욱더 확신해야 한다. "네가 만일 하나님의 아들이어든 뛰어내리라."

는 Matera, *Theology*, 37도 참조하라.

292   이에 대한 해석에 관해서는 Tan, *HSHJ 3* (2011), 2704를 보라.

293   사실상 예수는 광야에서 매우 심각한 위험에 처해 있었다. 먹을 것이나 자신을 보호할 수 있는 것이 전혀 없었기 때문이다. 다음과 같은 Hagner, *Matthew I*, 65의 설명을 참조하라. "그러므로 그 시험은 다음과 같은 것이었다. 즉 예수는 과연 자신의 메시아적인 능력을 자신의 목적을 위해 어려움과 고통을 피하는 방식으로 행사할 것인가, 아니면 아버지의 뜻대로 수난(과 죽음)의 길을 받아들일 것인가?"

294   Gerhardsson, *The Testing*, 61.

이 유혹의 핵심은 결정론과 관련된다. 확실히 하나님은 그의 천사들을 보내 자신이 선택한 자를 보호할 것이다. 그러나 예수는 하나님을 시험하지 말라고 하면서 그 유혹을 물리친다. 예수는 하나님을 진정으로 따르는 사람이 자기 뜻을 다하여 하나님을 섬기는 모습을 보여준다. 그는 자신의 생명을 구하려고 시도하지 않는다. 그는 필요하다면 하나님을 위해 자신의 목숨을 희생할 각오가 되어있다. 예수의 선교와 사명은 하나님이 자신을 위험에서 보호할 것이라는 어떠한 기대에도 의존하지 않는다. 오히려 그것과는 정반대다. 예수는 훨씬 더 위험한 환난을 겪어야 할지도 모르지만 그럼에도 불구하고 여전히 자기 아버지를 신뢰한다.[295]

세 번째 유혹도 같은 방식으로 해석될 수 있다. 마귀는 높은 산 위에서 예수에게 세상(kosmos)의 모든 왕국을 보여준다. 그는 어떤 의미에서든 맘몬이 의미할 수 있는 모든 것을 예수에게 제공하려고 한다. 유일한 조건은 예수가 하나님보다 맘몬을 더 섬겨야 한다는 것이다. "만일 내게 엎드려 경배하면 이 모든 것을 네게 주리라"(마 4:9). 예수는 온 힘을 다하여 하나님을 섬기겠다는 태도를 보여준다. 다시 말하면 예수는 자신의 모든 가능한 부를 하나님에게 위임하고자 한다. 예수는 하나님 대신에 맘몬을 섬기지 않을 것이다. 그러므로 예수는 쉐마의 기도에 나타난 정신에 따라 사탄을 물리친다. "기록되었으되 '주 너의 하나님께 경배하고 다만 그를 섬기라' 하였느니라"(마 4:10).[296]

---

295 Hagner, *Matthew I*, 66은 예수가 받은 시험들이 "쉐마와 관련이 있다"라는 Gerhardsson 의 주장에 동의한다. 시험에 관한 둘째 유혹은 명백히 이스라엘이 겪었던 정황을 연상시킨다. 예수는 신 6:16을 인용했는데 이를 통해서 "이스라엘은 그들이 맛사에서 행했던 것보다 더 나은 태도를 보여야 한다는 도전을 받고 있다." Nolland, *Matthew*, 165.

296 France, *Matthew*, 99가 지적했듯이 마지막 구절에서 예수는 "그것이 목적이 수단을 정당화할 수 있는 쉬운 길을 포기하는 것을 의미하는 상황에서조차" 순종의 태도를 유지했다. 예수는 오직 고통스러운 수난을 겪은 후에야 "온 세상에 대한 지배권을 획득하게 된다."

따라서 이 시험 이야기는 예수의 순종에 대한 묘사인 동시에 마귀의 유혹들에 관한 가르침이다. 경건한 신자들은 신앙의 준수를 포기하라는 유사한 유혹을 받게 된다. 그들의 주님은 시험을 견뎌냈다. 이는 또한 그의 추종자들을 돕는 길이었다. 더 나아가 내러티브 분석의 관점에서 보면 이 시험 이야기는 우리에게 소명과 관련된 예수의 자의식에 대해 가르쳐 준다. 그가 세례자 요한에게 세례를 받은 일은 자신을 죄악의 세상과 일치시켰음을 가리키며, 세례를 받은 후 별도의 세 가지 시험을 받은 일은 그가 세례를 통해서 자신에게 주어진 사명을 받아들이고 앞으로 나아갈 준비가 되어있음을 보여준다. 예수는 온 마음을 다하여 하나님을 섬길 각오가 되어 있다. 필요하다면 자신의 목숨을 바칠 준비도 되어있다. 또한 그는 온 힘을 다하여 맘몬의 유혹 및 부와 성공을 좇는 정치적 메시아가 되라는 유혹을 거부한다. 대신 그는 하나님의 메시지와 하나님이 맡긴 사명을 선택한다.

4. 씨 뿌리는 자의 비유: 이스라엘은 들었는가?

예수의 씨 뿌리는 자 비유도 마찬가지로 세 종류의 땅이라는 세 개의 문제를 다룬다. 세 종류의 땅은 쉐마의 가르침을 준수하는 믿음을 요구하는 사랑과 정반대의 태도를 상징한다(막 4:1-9; 마 13:1-9; 눅 8:4-8). 충분히 짐작할 수 있듯이 이 비유는 하나님의 말씀을 듣는 것에 관하여 다룬다. 하나님은 먼저 자신의 말씀을 세상에 뿌리고 난 후 좋은 수확을 기대한다. 하지만 충성이 자명한 것은 아니다. 오히려 이 비유는 이스라엘 안에 유배의 정황이 아직도 만연해 있다는 사실을 전제로 한다.[297]

---

297 이 비유는 Gerhardsson이 특히 그의 스웨덴어 논문들에서 자기의 생각을 전개할 때 분석했던 최초의 본문들 가운데 하나다. Gerhardsson, *SEÅ 31* (1966), 20-21을 보라. 그의 접근 방식은 이후 Hagner, *Matthew I,* 379에서 채택된다. "그 성격상 이런 종류의 가설은

예수의 비유는 아주 예리하다. 첫 번째 그룹은 메시지를 듣지만 하나님을 믿지 않는다. 길가에 뿌려진 씨앗은 새들의 먹이가 되고 말 것이다. 여기서도 이런 설명이 쉐마의 3중 구조를 되풀이한다. "아무나 천국 말씀을 듣고 깨닫지 못할 때는 악한 자가 와서 그 마음에 뿌려진 것을 빼앗는다"(마 3:19). 하나님은 또다시 나뉘지 않은 마음을 요청한다. 하나님의 말씀을 제대로 듣는 사람은 신앙을 유지하며 자신의 마음이 자신을 불신앙의 길로 잘못 인도하지 않게 한다. 예수는 "듣지"만 "깨닫지" 못하는 사람에 관해서 말한다.[298]

마태복음은 이 말씀을 비슷한 어휘들을 사용하여 회개하지 않고 완악한 자들에 관해 묘사한 이사야 6:10의 내용과 유사한 정황 속에 위치시킨다. 하나님의 메신저들이 백성에게 선포해도 그들은 하나님의 목소리를 들으려고 하지 않으며 그들의 마음은 깨달을 수 없다. 깊이 타락한 상태는 그들의 마음이 깨닫지 못한다는 말로 표현된다. 그들의 믿음 자체가 위기에 처해 있다면 입으로 쉐마를 암송해도 소용이 없다.[299]

"이 백성들의 마음이 완악하여져서 그 귀는 듣기에 둔하고 눈은 감았으니

입증되기는 어렵지만 흥미롭고 설득력이 있다." 더 나아가 이 비유와 같이 해석학적 패턴이 뚜렷한 본문은 유대교의 수사에 아주 잘 부합하는 것이며 적어도 내러티브 분석의 입장에서 보면 적절한 증거가 된다.

298 Gerhardsson, *SEÅ* 31 (1966), 24-27도 그렇게 생각한다. 본문의 진정성에 대한 문제가 제기된 적도 있었는데 이에 관해서는 Nolland, *Matthew*, 539-40을 보라. 그러나 이러한 문제 제기는 신학적으로 그다지 중요하지 않다. 중요한 문제는 그 설명 자체가 비유의 특징들에 잘 부합하는지 여부다.

299 Garnet 자신의 말에 따르면 그는 사실 "유배 구원론"의 관점에서 이 비유를 해석했다. 그에 따르면 특히 "돌밭"을 비롯한 다양한 종류의 땅들은 이스라엘이 그들의 죄악 때문에 내몰린 장소인 광야를 상징한다. 유배의 정황은 하나님이 회복을 가능하게 하는 말씀을 보낼 때까지 유지된다. Garnet, *Spirit Within Structure*, 43-45. 이 비유가 이러한 배경을 갖고 있다는 점에는 의심의 여지가 없지만 그럼에도 불구하고 3중적 구조는 쉐마에 대한 해석을 따른 것으로 보인다.

이는 눈으로 보고 귀로 듣고 마음으로 깨달아 돌이켜 내게 고침을 받을까 두려워함이라" 하였느니라(마 13:15; 사 6:10에 대한 인용).

다른 씨앗은 돌밭에 떨어진다. 비유에 펼쳐지는 그림은 단순하다. 팔레스타인의 여름은 뜨겁다. 태양의 열기는 농부들에게는 힘든 환경이다. 그러므로 이는 효과적인 비유를 위한 완벽한 소재가 된다.

> 돌밭에 뿌려졌다는 것은 말씀을 듣고 즉시 기쁨으로 받되 그 속에 뿌리가 없어 잠시 견디다가 말씀으로 말미암아 환난이나 박해가 일어날 때에는 곧 넘어지는 자요(마 13:20-21).

이 백성은 하나님을 신뢰하지도 않으며 그들의 삶을 하나님의 손에 맡기지도 않는다. 환난과 박해 때문에 그들은 주를 부인하게 된다. 그들은 생명이 위태로워지면 뜻을 다해 하나님께 순종하지 않을 것이다. 이 본문에는 순교자 전승이 나타난다. 뿌려진 말씀에는 환난과 박해(*thlipsis ē diōgmos*)가 수반된다. 그리스어 "틀립시스"(*thlipsis*)는 압박과 어려움을 뜻한다. 유대교 신학과 신약성서 모두에서 이 말은 마지막 환난, 곧 하나님을 대적하는 자들의 폭력을 묘사할 때 사용되는 중요한 단어다. 뒤쫓는다는 뜻을 내포한 박해 개념은 백성 내부의 모든 반역자를 말살하려는 통치자들의 목적을 드러낸다.[300]

이 비유에서 그것은 하나님을 진정으로 따르는 자들은 그들 역시 이리

---

[300] 이것이 예수의 가르침에서 유래한 설명이지 아니면 후대의 초기 교회의 설명인지(이미 Jeremias, *Theology*, 77은 이렇게 추정한다)에 관한 논의와는 별도로, "유배의 구원론"을 염두에 두면 이 비유는 환난의 시기를 가리키는 것이 분명하다. 나는 '환난'(*thlipsis*)과 '박해'(*diōgmos*) 개념이 예수의 종말론의 일부이며 따라서 이 개념들이 훗날 예컨대 바울의 가르침으로 전해졌을 것이라고 본다.

가운데로 보내어지는 어린 양들과 같기 때문에 시험을 받는다는 것을 의미한다. 이 비유는 예수의 흑백 논리식 종말론을 보여준다. 게다가 하나님의 영원한 세상은 인간, 물질, 사건들로 이루어진 일시적인(*proskairos*) 세상과 갈등을 빚는다. 그래서 예수는 청중에게 뿌리가 없이는 마음이 세상의 일들에 관심을 두기 때문에 아무도 견디지 못한다고 경고한다. 예컨대 훗날 바울은 보이는 것과 영원한 것 사이의 긴장 또는 갈등을 다루는 맥락에서 환난(*thlipsis*) 개념을 사용한다.[301]

더 나아가 여기서는 힘과 부에 관한 정형화된 주제가 나타난다. 가시덤불에 뿌려진 씨앗은 말라 죽어버린다. 가시덤불에 뿌려졌다는 말은 "세상(*kosmos*)의 염려와 재물의 유혹에 말씀이 막혀 결실하지 못하는 자"로 해석된다. 여기서는 분명히 예레미야서를 인용하는 것으로 보인다. "가시덤불에 파종하지 말라"(렘 4:3). 사람들은 그들의 하나님께로 돌아와야 하고 그들의 마음의 "포피를 잘라내어야 한다"(렘 4:1-4, 새번역). 기본적인 시험은 "부(*ploutos*)의 [끊임없는] 유혹"에 관한 것이다. 불충함은 또다시 언약의 관점에서 묘사된다. 자기 자신의 안녕을 확보하려는 시도에는 배교의 씨앗이 포함되어 있다. 경건한 유대인이라 할지라도 맘몬의 유혹에 빠진다.

예수의 비유는 여기서 끝나지 않는다. 예수의 말씀은 더 높은 차원을 지향한다. 먼저 이 비유는 말씀 준수에 주목한다. 이어서 구원의 나라로 초점이 이동한다. 올바로 듣는 자는 누구인가? "좋은 땅에 뿌려졌다는 것은 말씀을 듣고 깨닫는 자니 결실하여 어떤 것은 백 배, 어떤 것은 육십 배, 어떤 것은 삼십 배가 되느니라"(마 13:23). 대답은 단순하다. 이 신실한 신앙인들은 하나님 나라의 비밀에 관해 알고 있는 예수의 추종자들이다. 그들은

---

301   바울 서신의 본문은 다음과 같다. "보이는 것은 잠깐이요 보이지 않는 것은 영원함이라"(고후 4:18).

회복의 열매를 먹는다. 그들은 듣고 깨닫는다. 그들의 마음은 바리새파의 가르침에서 기대되는 것처럼 나뉘지 않고 온전하다. 예수의 가르침에서도 온전한 마음은 곧 완전한 깨달음(*syniēmi*)을 의미한다. 이 청중은 깨달음을 얻었다.[302]

이 측면은 "메시아의 비밀"과 관련된 도전적인 문제 제기에 대한 해답을 제공할 수 있다. 그 설명은 비유와 그 비유에 대한 주석 사이에 적절하게 위치한다. 이 구절은 쉐마에 대한 올바른 준수가 타당한 해결책을 제공한다고 진술한다. "천국의 비밀을 아는 것이 너희에게는 허락되었으나 그들에게는 아니 되었다"(마 13:11). 그 비밀은 예수 외에는 사실상 누구도 하나님을 온전히 섬길 수 없다는 사실에 있다. 쉐마에 표현된 종교적 이상은 달성될 수 없다. 오직 회복 종말론적 관점만이 해결책이 될 수 있다. "너희 귀는 들음으로 복이 있도다"(마 13:16). 그렇기 때문에 예수의 가르침은 불신앙 가운데 살아가는 이스라엘에게 수수께끼로 남게 된다. 문제는 사람들이 예수의 비유를 이해할 수 없었다는 것이 아니다. 예수의 비유는 충분히 명료했고 많은 청중은 그의 가르침에 대해 분노했다. 그들은 마음을 돌이키고 예수의 사명을 인정해야 하는 차원에서 "깨닫지" 못한다. "이 백성들의 마음이 완악하여져서 그 귀는 듣기에 둔하고 눈은 감았다"(마 13:15; 사 6:10). 이 주제에 관해서는 다음 부분에서 자세하게 다룰 것이다.

어떤 의미에서는 이 비유를 적절한 맥락에서 읽으면 예수의 가르침이 마치 하나님 자신의 말씀으로 묘사됨을 알 수 있다. 예수의 사역 자체가 그

---

302 Garnet과 마찬가지로 Wright는 이 비유를 회복 종말론 관점에서 해석한다. Wright는 여기서 예수가 열매를 맺지 못한 채 황무지 같은 상태에 있는 이스라엘에 관해 이야기하고 있다고 말한다. 예수가 옴으로써 하나님은 새로운 씨앗을 뿌려 좋은 열매를 맺게 한다. 즉 "남은 자들이 이제 돌아오고 있다"는 것이다. Wright는 마침내 유배가 끝나면 "너희의 하나님은 마침내 좋은 씨앗을 뿌려 그의 진정한 이스라엘을 만드실 것"이라고 말한다. Wright, *Victory of God*, 233.

의 백성을 향한 하나님의 말씀이다. "오, 이스라엘아, 들어라! 쉐마!" 하나님은 그의 백성 가운데 계속해서 씨를 뿌린다. 이스라엘은 과거에 하나님의 말씀을 들으라고 요청을 받았던 것처럼 지금 예수의 말씀을 들어야만 한다. 이러한 강력한 경고에도 불구하고 예수는 과거 예언자들이 직면했던 것과 마찬가지로 완고한 태도에 부딪힌다. 이스라엘은 들으려고 하지 않는다. 이스라엘은 더 이상 순종하지 않으며 그들의 마음은 분열되어 있다. 그들은 자기의 뜻을 하나님께 맡기지 않으며 환난의 어려움을 맞을 준비가 되어있지 않고 온 힘을 다해 하나님을 섬기지도 않는다. 오직 예수 자신의 추종자들이 모인 작은 집단만이 들을 수 있는 귀를 갖고 있다. 이 집단이 장차 회복의 씨앗이 될 남은 자들이다.[303]

이것이 이 비유가 결국 다른 여러 본문을 통해서 이미 알려진 유배의 수사를 적용한 분명한 이유다. 하나님의 비옥한 땅으로서의 이스라엘은 하나님이 말씀하시는 것을 들었어야 했다. 올바른 들음은 순종으로 이어져야 한다. 만일 누가 듣기만 하고 행하지 않는다면 그것은 자신의 배교로 귀먹은 자가 되었기 때문이라고 말할 수 있다. 이스라엘 백성은 세 가지 점에서 모두 실패했다. 이스라엘은 말씀을 받아들이지 않는 땅이 되어버렸다. 마귀가 그 말씀을 빼앗았고 이스라엘은 영적 유배 가운데 살아가고 있다. 환난의 시기가 도래할 때 이스라엘 백성 안에서 더 이상 진실한 믿음을 찾을 수 없게 된다. 씨앗은 빼앗겼거나 햇볕에 말라버렸다. 오직 작은 집단만이 들을 수 있는 귀를 갖고 있다.

씨 뿌리는 자의 비유는 본서의 논지를 뒷받침하는 가장 중요한 본문

---

303 Nolland, *Matthew*, 38은 이렇게 말한다. "나는 쉐마에 대한 유대교적 주석의 패턴이 씨 뿌리는 자의 비유 해석에 관한 마태복음의 형태에 영향을 주었다는 Gerhardsson의 견해에 동조하는 편이다." 하지만 Nolland는 이 비유 본문의 신학적 공헌을 마태복음 저자에게 돌린다.

중 하나라고 볼 수 있다. 본서의 핵심은 유배와 회복 내러티브가 예수의 생각과 사도들의 선포 내용 모두를 이끈다는 가설을 검증하는 것이다. 이 비유는 예수가 가르침과 그 가르침의 수용 모두 그 내러티브가 청중에게 제시되는 패턴에 명확하게 초점을 맞추고 있었음을 보여준다. 예수에게 있어 세례자 요한에 대한 박해는 더 이상 하나님에 대한 순수한 믿음이 존재하지 않는다는 것을 증명하는 사건이었다. 백성은 하나님이 아니라 세상의 복을 신뢰한다. 부의 유혹이 이 세상에서 한 분이신 유일한 하나님에 대한 믿음을 가로막았다. 이에 대한 심판은 엄중할 것이다.[304]

그러므로 이 비유의 초점은 종말론적 왕국에 있다는 사실이 또다시 확인된다. 진정한 이스라엘은 순결한 마음을 가진 예수의 추종자들로 구성된 믿음의 집단이다. 이들은 좋은 땅의 메타포를 이해하는 공동체다. 하나님의 자녀로 선택되었으므로 그들은 거룩해지고 하나님의 말씀을 올바르게 들을 수 있게 된다. 그들은 성령을 통하여 회복됨으로써 차가운 돌이 아니라 생명이 있는 마음을 얻게 된다. 그들은 하나님의 종을 따르는 자들로서 진정한 생명을 얻기 위해 자기 목숨을 포기했다. 그들은 순교의 길을 가기까지 주님을 따를 각오를 한다. 왜냐하면 그들은 자신들의 목숨을 하나님의 손에 맡기고 하나님을 의지하기 때문이다. 예수의 새로운 공동체 안에서 쉐마 기도의 축복은 그들에게 회복의 하나님으로부터 오는 선물로 주어진다.

---

304 예컨대 Garnet, *Spirit Within Structure,* 50도 그렇게 생각한다. Snodgrass, *Stories,* 161 역시 Wright의 견해를 지지하면서 이 해석을 받아들인다.

5. 첫 번째 계명을 성취하는 아바(abba)

아람어 "아바"(*Abba*, 막 14:36)라는 단어가 복음서에 보존된 사실은 의미심장하다. 아바는 "탈리타 쿰"(*talitha koum*, 막 5:41) 같은 표현과 함께 예수의 가르침에 기원을 둔 특별한 개념으로 보존되어왔음이 분명하다.[305] 무엇보다도 하나님 아버지에 대한 헌신은 참된 구약성서의 믿음에 관한 기호다. 그 헌신은 "너는 나 외에는 다른 신들을 네게 두지 말라"(출 20:3)는 첫 번째 계명을 이행하는 것이다. 예수는 어떤 의미에서도 결코 스토아 철학이나 유대교의 지혜 교사로 묘사될 수 없다. 예수의 신학은 선택받은 백성의 주님에게서 시작하여 하늘의 왕에 대한 찬양으로 끝난다.[306]

예수는 아버지를 선포하고 자기 제자들에게 이 하늘 아버지께 기도하라고 가르침으로써 자신을 그 아들로 제시한다. 그의 메시지는 하나님의 자녀로 입양되는 일에 관한 것임이 밝혀진다. 아들 용어가 신약성서에서 많이 등장하지만 다른 묘사에서와는 뚜렷이 구별되는 한 측면이 있다. 마태복음에서 예수는 아들이라는 자신의 지위가 바로 자기에게 부여된 특별한 계시의 정당성을 입증한다고 말한다.

> 내 아버지께서 모든 것을 내게 주셨으니
> 아버지 외에는 아들을 아는 자가 없고[…]

---

305 이와 함께 추가로 지적할 것은 누가복음의 주기도문은 더 간략한 형태로 시작하는데 이 또한 *Abba*로 시작되는 전승에서 온 것일 수 있다는 점이다. *pater*(아버지)를 사용한 눅 11:2을 보라.

306 Stuhlmacher는 아바(*Abba*)라는 단어가 예수의 하나님 나라(*basileia*) 선포 및 하나님의 아들로서의 그의 메시아적 정체성(삼하 7:14) 모두와 연결된다고 지적한다. 그 나라의 복음을 가르친 예수는 아버지의 이름으로 "행동하고 살아간다." Stuhlmacher, *Biblische Theologie I*, 74.

아들과 또 아들의 소원대로 계시를 받는 자 외에는…(마 11:27).

이 구절은 공관복음에서 아주 독특한 것이며 요한복음 전승과 유사성을 갖고 있다.[307] 예레미아스는 이 진술이 이례적인 것이 아니라 오히려 예수의 특별한 정체성을 통합한 것이라고 본다. 예레미아스는 어떤 전승이나 지식을 전수하는 것을 일컫는 "넘겨주다"(paradidonai)라는 표현에 대한 해석으로 시작한다.[308] 첫 번째 문장은 하나님이 예수에게 "완전한"(모든 것에 대한) 계시를 넘겨주었음을 표현한다. 구원의 메시지, 그리고 특히 이스라엘의 회복에 관한 구원의 메시지는 배타적 특징을 갖는다. 오직 예수에게만 그것이 주어진다. 이 진술은 도입부 역할을 하며 또 그것은 통합적인 병행을 통해 확증되는데 그리스어 본문에서도 이러한 병행은 뚜렷이 나타난다. 예레미아스는 이 구절을 다음과 같이 재구성한다.

마치 오직 아버지가 (정말로) 그의 아들을 아는 것 같이

마찬가지로 오직 아들만이 (정말로) 그의 아버지를 안다.[309]

예레미아스에 따르면 사실상 이는 격언에 가까운 상식적인 말이다. 이는 아버지와 아들 사이의 특별한 관계에 관한, 문화적 정황에 제한된 표현이라고 볼 수 있다. 적어도 2천 년 전 가부장주의 사회에서는 어떤 장성한 사

---

307   요 8:38 참조. "나는 내 아버지에게서 본 것을 말하고 너희는 너희 아비에게서 들은 것을 행하느니라." 또한 요 5:19-20을 참조하라.

308   Jeremias, *Theology*, 59-61은 이 단어가 "교리, 지식, 거룩한 교훈의 전수를 가리키는 전문 용어"라고 말한다.

309   Jeremias, *Theology*, 59. Witherington, *Indelible Image I*, 645도 같은 입장을 취한다. "마 11:27b은 오직 예수를 통해서만, 또 그의 제자가 되어 하나님의 유일한 아들이 바로 예수라는 사실을 믿음으로써만 하나님의 아버지 되심을 알 수 있다는 점을 명확히 밝힌다."

람을 자기 아들보다 더 잘 아는 사람은 있을 수 없다. 자신이 하나님의 아들이라고 주장한 예수는 종말론적 미래에 대한 하나님의 계획에 관해서 완벽한 지식을 갖고 있다. 구원은 예수가 선포하는 복음(*euangelion*) 안에 있고 다른 곳에서는 구원을 찾을 수 없다. 이것이 오직 예수만이 이스라엘의 회복을 위한 중개자이며, 심지어 아마도 하나님과 인간 사이의 유일한 중재자라고 보는 이유다. 여기서 또다시 A-B-B'-A'의 도식을 발견할 수 있다. 중간에 있는 말씀은 B-B'에 해당되므로 마지막에 위치한 A'는 시작부의 A와 연결된다. 그러므로 전승의 전수(*paradidonai*)는 아들의 사명과 관련된다. 즉 아들은 타락한 백성에게 이 메시지를 반드시 계시해야(*apokalyptō*) 하며 그 백성은 이 계시의 맥을 이어나가게 될 것이다.[310]

따라서 마태복음 11장의 말씀은 예수의 정체성과 관련된 인격적 차원을 드러낸다. 그 진술은 회복을 가져오는 예수의 사명에 대한 이 분석에서 드러난 좀 더 보편적인 시각을 확인해준다. 예수는 자신만이 이스라엘의 해방을 선포하는 선택된 종이라는 확신을 갖고 있었다. 오직 그의 메시지만이 저주를 제거하고 갱신을 가져오며 백성을 왕이신 하나님께로 돌아오게 만들 수 있다. 또한 흥미로운 것은 마태복음의 이 "안디옥 계열"의 본문(안디옥은 마태복음 전승의 기원 장소로 추정된다)이 많은 학자가 다루었던 주제인 공관복음과 요한복음 사이의 간극을 좁힐 수 있는 가능성을 제공한다는 사실이다. 예수의 아들로서의 지위가 특별한 계시의 원천이라는 주제는 공관복음과 요한복음 전승을 연결한다. 그러므로 요한복음의 가르침은 "예수 자신의 말씀"(*ipsissima verba*)에 관한 연구에 있어 새로운 적실성을 인정받을

310 　전체 요한복음 곳곳에서 이와 유사한 생각을 발견할 수 있다. "내가 내 자의로 말한 것이 아니요 나를 보내신 아버지께서 내가 말할 것과 이를 것을 친히 명령하여 주셨으니…"(요 12:49). 요 14:10; 15:10도 참조하라. 그리고 "세상 중에서 내게 주신 사람들에게 내가 아버지의 이름을 나타내었나이다(*ephanerōsa*)"(요 17:6)라는 말씀도 보라. 참조. 요 17:8, 18-21.

수 있다.[311]

예수의 특별한 정체성에 대한 이러한 관점은 마태복음 11장의 다른 가르침들에 대한 해석의 지평을 열어준다. 이어서 예수는 "이것을 지혜롭고 슬기 있는 자들에게는 숨기시고 어린아이들에게는 나타내심"에 대해 하나님을 찬양한다(마 11:25; 참조. 눅 10:21). 예수의 가르침은 오직 제자들에게만 계시되는 비밀이다. 이는 이른바 마가복음에 나타난 메시아의 비밀 주제와 무언가 관련성이 있는 것이 분명하다. "하나님 나라의 비밀을 너희에게는 주었으나 외인에게는 모든 것을 비유로 하나니…"(막 4:11).

이 모든 점에 비추어 볼 때 또한 우리는 이러한 배타성의 관점에서 하나님의 율법의 본질에 관한 예수 말씀의 의미를 설명해야 한다. "내가 율법이나 선지자를 폐하러 온 줄로 생각하지 말라. 폐하러 온 것이 아니요 완전하게 하려 함이라(*plērōsai*, '온전하게 드러내다')"(마 5:17). 몇몇 유대교 교사들은 여기서 예수가 율법에 반하여 가르친다고 생각했지만 사실상 예수의 의도는 구약성서의 올바른 의미를 펼쳐서 보여주려는 것이었다. 이것은 율법에 관한 예수의 담화에 광범위하게 나타난 반명제의 수사들을 설명해준다. "옛 사람에게 말한 바 ~하였다는 것을 너희가 들었으나 나는 너희에게 이르노니…"(마 5:21-22). 예수의 이런 확신은 어떤 신적 계시에 따른 것이라고 볼 수 있다. 모세를 통해서 주어졌던 계시와 마찬가지로 예수의 가르침은 곧 하나님의 말씀이었다. 미쉬나에 나타난 것처럼 랍비 전승이 다양한 계율에 관한 다양한 관점을 보여주고 있는 것도 사실이지만 예수의 메시지에 담긴 내용은 아주 독특하다.

---

311   나는 여기서 마태복음의 기록 장소를 안디옥으로 보는 연구 전통을 따른다. "요구되는 조건을 충족시키는 것으로 보이는 디아스포라 도시들 가운데 시리아의 안디옥이 가장 선호되었던 곳이다"라는 Hagner, *Matthew*, lxxv의 언급에 비하면 나는 안디옥을 더 확실하게 지지한다.

한편으로 예수는 청중에게 정신을 차리고 진정한 믿음을 기억하며 예전에 선택된 백성으로 하여금 "생명을 갖게 하려고" 그들에게 배타적으로 주어졌던 쉐마를 기억하라고 권고한다. 동시에 다른 한편으로 예수는 가장 가까운 추종자들에게 구원의 메시지가 사실은 비밀스러운 것이라고 가르친다. 그 비밀에는 예수의 인격 및 아버지 하나님이 그에게 계시한 모든 것이 함께 얽혀 있다. 그 비밀은 분명히 제2성전기 유대교의 정황 속에 놓여 있다. 백성은 여전히 하나님의 저주 아래서 영적 유배의 상태로 살고 있으며 잘 훈련된 모세의 율법 교사들조차 예수의 선포의 핵심을 놓치고 있다. 최종적인 해답은 오직 예수의 복음(*euangelion*)을 받아들인 자들과 이스라엘의 회복에 있어 예수의 독특한 역할을 깨달은 자들에게만 계시된다. 예수는 단지 하나님의 진리를 전하는 한 사람의 예언자가 아니다. 예수는 하나님의 아들이며 그의 계시는 이제 그의 말씀을 들을 귀가 있는 자 누구에게나 공개된다.

아바(*Abba*)-신앙은 주기도문에서 가장 잘 표현된다. 예수는 제자들에게 자신이 하는 방식대로 기도하라고 가르친다. 주기도문 자체는 우리가 확인했던 것처럼 그 아들이 가져온 종말론적 희년에 초점을 맞춘다. 이는 하나님 나라를 기대하는 기도다. 그 기도는 회복의 때에 관한 기호들을 열거한다. 더욱이 흥미로운 사실은 주기도문의 구조가 적어도 주제상으로는 쉐마 준수의 흐름을 따르고 있다는 점이다.[312]

예수의 시험 내러티브와 씨 뿌리는 자의 비유에서 모두 발견되는 특징들이 주기도문에서도 드러난다. 주기도문에는 양식의 필요성이 언급되고

---

312 주기도문 전반에 관한 학자들의 방대한 연구를 철저하게 조사하기는 어렵다. 다만 내가 종말론적 해석의 방향을 따르고 있다는 사실만 언급해도 충분하다. 이 주제에 관한 논의와 참고문헌에 관해서는 Hagner, *Matthew I*, 143-52를 보라. 기도에 대한 예수의 가르침에 관해서는 Auvinen, *Prayer*를 보라. 본서에서는 주기도문의 핵심적 특징에 관해서 오직 내가 채택한 가설들에 기반해서 접근하게 될 것이다.

시험(*peirasmos*)에 빠질 위험성도 언급된다. 목숨이 위협을 당해도 신앙인들은 그들의 주님을 의지해야 한다. 그들은 맘몬을 의지하거나 이 세상의 우상이 지배하는 영적, 경제적 체제를 움직여가는 모든 빚을 받아내서도 안 된다.[313]

> 오늘 우리에게 일용할 양식을 주시옵고
> 우리가 우리에게 죄지은 자를 사하여 준 것 같이 우리 죄를 사하여 주시옵고
> 우리를 시험에 들게 하지 마시옵고 다만 악에서 구하시옵소서(마 6:11-13).

주기도문 전체의 의미를 밝혀주는 개념은 쉐마를 준수하려는 마음이다. 아버지의 이름을 거룩하게 하고 그의 나라를 위하는 기도를 통한 아버지에 대한 헌신은 이스라엘의 주님에 대한 온 마음을 다하는 믿음을 표현한다. 따라서 어떤 의미에서 보면 이러한 특징들을 단순한 우연의 일치로 그 의미를 축소할 것이 아니라, 주기도문에 따라 기도하는 것이야말로 전통적인 쉐마의 고백을 완전히 성취하는 것이라고 말할 수 있다. 그것은 이스라엘의 주님에 대한 믿음을, 그리고 또한 예수가 가르쳤던 형태로의 "너는 네 마음을 다하여 하나님을 사랑하라"라는 첫 번째의, 최고의 계명에 대한 믿음을 가리킨다.

---

313   유배와 회복의 주제를 묘사하는 특징들에 관해서는 Wright, *Jesus*, 293; Pitre, *Tribulation*, 137-38을 보라. "떡"의 특별한 성격에 관해서는 본서의 제2장 VII.2를 보라.

6. 예수와 율법

이미 하나님의 계명과 토라 준수에 대한 예수의 태도를 탐구한 일반적 연구들은 예수가 매우 정통적인 인물이었음을 입증하고 있다. 이 점은 산상설교에서도 확인될 수 있다. "천지가 없어지기 전에는 율법의 일점일획도 결코 없어지지 아니하고 다 이루리라"(마 5:18). 장문의 산상설교 본문에서 예수는 폭력에 관한 계명으로 시작하여 모든 계명을 다룬다. 쉐마를 따른다는 말은 동시에 토라를 따르는 것을 의미한다. 하지만 예수의 말씀에서는 새로운 태도가 나타난다. 예수가 말하는 의(義)는 마음에 달려 있다. 결의론적(決疑論的) 율법주의(casuistic nomism)는 소용이 없다. 그렇기 때문에 예수는 악한 마음에서 나올 수 있는 행동들을 나열한다. "마음에서 나오는 것은 악한 생각과 살인과 간음과 음란과 도둑질과 거짓 증언과 비방이다"(마 15:19). 산상설교에서 예수는 살인에 관한 계명은 사실상 증오에 관한 것이라고 가르친다.[314]

> 옛사람에게 말한 바 "살인하지 말라, 누구든지 살인하면 심판을 받게 되리라" 하였다는 것을 너희가 들었으나 나는 너희에게 이르노니 형제에게 노하는 자마다 심판을 받게 되고 형제를 대하여 "라가"라 하는 자는 공회에 잡혀가게 되고 "미련한 놈"이라 하는 자는 지옥 불에 들어가게 되리라(마 5:21-22).

이 본문에서 예수는 효과적인 수사를 사용한다. 위법의 정도가 심해질수록

---

314 마가복음 저자는 긴 목록을 제시하지만(막 7:20-22) 마태복음 저자는 십계명과 관계된 주제들에 집중한다. Nolland, *Matthew*, 627을 보라. 그러나 예수의 본래의 가르침은 그러한 행위가 곧 마음에 달려 있음을 강조하는 것이었다.

처벌은 더 가혹해진다. 죄를 범한 자는 회당의 법정에 서게 되고 이어서 공회에 출석해야 한다. 그리고 단 한 마디의 말이 사람을 지옥 불로 보낸다. 예수는 율법의 본질이 오직 사랑 안에서 인식될 수 있다고 말한다. 그러므로 하나님의 뜻을 진정으로 깨닫게 되면 공의의 의미는 근본적으로 뒤바뀔 것이다. 원수 사랑에 대한 가르침에서 예수는 모든 경계를 초월한다. "또 '네 이웃을 사랑하고 네 원수를 미워하라' 하였다는 것을 너희가 들었으나 나는 너희에게 이르노니 너희 원수를 사랑하며 너희를 박해하는 자를 위하여 기도하라. 이같이 한즉 하늘에 계신 너희 아버지의 아들이 되리니…"(마 5:43-45).

사랑의 계명을 주신 하나님은 온 세상의 창조자이자 모든 사람 각각의 주님이다. 그러므로 사랑의 계명에 대한 가르침은 굴종의 태도에서 정점을 이룬다. "악한 자를 대적하지 말라. 누구든지 네 오른편 뺨을 치거든 왼편도 돌려대라"(마 5:39). 이 지점에서 그 계명은 인간의 모든 반응 방식을 완전히 바꿔 놓았다. 물론 뺨을 때리는 것은 모욕적 행동이지 폭력적인 구타는 아니라는 점을 기억해 둘 필요가 있지만 말이다.[315]

예수의 사랑 개념이 산상설교에 투사된 것은 맞지만 더 나아가 예수는 유대교 전통을 급진적인 방식으로 다룬다. 가장 전형적인 표현은 "너희는 ~라는 것을 들었으나"와 "나는 너희에게 이르노니"라는 공식으로 나타난다. 여기서도 예수는 아들에게 자기의 뜻을 계시한 아버지로부터 권위를 넘겨받은 선포자로서의 모습을 드러낸다. 그렇기 때문에 다른 율법 교사들과의 충돌이 불가피하다. 예수가 계명의 본질을 허물어버린 적은 결코 없다. 오히려 예수는 청중에게 하나님의 거룩한 본성을 가르치려고 한다(마

---

315   Hengel and Schwemer, *Jesus*, 446은 이 반명제들의 목적이 창조에 나타난 하나님의 원래적 의지를 전면으로 끌어온 것이라고 지적한다. 따라서 예수의 가르침은 하나님의 율법의 본래 의미를 상실한 표준적인 해석을 반박한다.

5:48). "서기관들을 능가해야 하는"(마 5:20) 의(義)는 필연적으로 유대교의 구전 전승과의 갈등을 유발한다. 예수는 여러 사례를 들어서 모든 문제의 핵심이 마음의 상태에 달려 있음을 보여준다.[316]

> 또 "간음하지 말라" 하였다는 것을 너희가 들었으나 나는 너희에게 이르
> 노니 음욕을 품고 여자를 보는 자마다 마음에 이미 간음하였느니라. 만일
> 네 오른 눈이 너로 실족하게 하거든 빼어 내버리라. 네 백체 중 하나가 없
> 어지고 온 몸이 지옥에 던져지지 않는 것이 유익하며…(마 5:27-29).

앞에서 언급했듯이 예수의 가르침 가운데 가장 큰 계명은 (쉐마를 따르는 첫 번째 계명과는 별도로) 이타적 사랑에 대한 가르침이다. "네 이웃을 네 자신과 같이 사랑하라"(막 12:29-31). 마태복음은 이 가르침을 황금률로 해석한다. "무엇이든지 남에게 대접을 받고자 하는 대로 너희도 남을 대접하라."[317] 이 가르침의 신학적 근거는 다음과 같다. "이것이 율법이요 선지자니라"(마 7:12). 이러한 이중 계명은 구약성서로부터 온 것이다. 쉐마에 더하여 토라에 대한 준수는 하나님의 거룩하심을 근거로 한 것이다. "너희는 거룩하라. 이는 나 여호와 너희 하나님이 거룩함이니라"(레 19:2). 이 거룩함은 공의와 평등을 암시하는데 왜냐하면 도적질과 거짓말은 하나님의 이름을 욕되게

---

316   Stuhlmacher, *Biblische Theologie I*, 105에 따르면 초기 기독교는 (참조. 갈 6:2) 예수를 율
       법을 가르치는 메시아적 교사로도 보았다. 마 5:17-18은 예수가 마치 시내 산에서 토라
       를 "완성하는 분"(Vollender)으로 나타남을 보여준다.

317   학자들은 탈무드에 나온 샴마이와 유대인 서기관들을 시험하는 이방인에 관한 이야기를
       자주 거론한다. 여기서 질문의 핵심은 토라를 짧게 요약하는 것이다(한 발로 서 있는 시
       간 동안 설명할 수 있을 정도로 말이다). 샴마이는 설명에 실패했고 그 이방인은 힐렐에
       게 가서 똑같은 질문을 했다. 힐렐은 황금률을 통해서 그에게 가르침을 주면서 그를 개
       종자로 만들었다(*b. Shab.* 31a). 이 이야기는 제2성전기 신학이 토라의 우선적 원리가 무
       엇인지에 대한 고민했다는 분명한 증거다.

하기 때문이다(레 19:11-16). 그러므로 사회적 삶은 반드시 서로 사랑한다는 개념에 기초해야 한다. "네 이웃 사랑하기를 네 자신과 같이 사랑하라"(레 19:18).[318]

신명기는 율법의 본질을 아주 실제적인 관점에서 정의한다. "너는 네 하나님 여호와를 마음을 다하고 목숨을 다하여 사랑하라." 주님은 신 가운데 신이시며 "사람을 외모로 보지 아니하시며 뇌물을 받지 아니하신다." 그는 "고아와 과부를 위하여 정의를 행하시며 나그네를 사랑하여 그에게 떡과 옷을 주신다." 이것이 도덕적으로도 훌륭한 삶을 살아야 할 이유다. "너희 또한 나그네를 사랑하라"(신 10:12-19). 사랑에 대한 신적 명령에는 제한이 없으며 이는 선한 사마리아 사람의 비유를 통한 예수의 가르침에서도 나타난다(눅 10:30-37). 그런 사랑은 마음의 할례와 쉐마의 가장 본질적인 부분(이웃을 사랑하기를 자신의 몸과 영혼을 돌보듯이 하는 것)을 준수하는 삶으로 돌아오는 것을 의미한다.

그런데 보편적으로 수용될 수 있는 윤리를 규정하는 것은 결코 어려운 문제가 아니었다. 예수의 말대로 인간은 누구나 자기성찰을 통해서도 도덕적 원리를 인식할 수 있다. 황금률은 개인적 성찰과 관련된다. 당신은 어떻게 생각하는가? 제2성전기 지혜 운동의 교사들이 가르쳤던 것처럼 창조된 세상 속에서 하나님의 토라는 인간의 삶이 그것에 따라서 영위되어야 하는 바로 그 원리다.[319] 그런데 난해한 부분은 유대교의 용어를 활용해서 말하

---

318 이것이 "그러므로 하늘에 계신 너희 아버지의 온전하심과 같이 너희도 온전하라"(마 5:48)는 예수의 말씀이 가리키는 것이다. 성결의 특징은 Witherington, *Indelible Image I*, 145가, 다음과 같이 언급한 지평을 여는 것으로 보인다. "따라서 예수는 죄 없는 완벽한 상태나 조건을 말하는 것이 아니라 오히려 하나님의 온전한 행위를 본받는 행동에 대해서 말하는 것으로 보인다. 그런데 신앙인의 입장에서 이러한 행동은 "아바"와의 새롭고 전면적인 관계 맺음을 통해서만 생겨날 수 있는 것이다."

319 예수의 가르침에 따르면 하나님은 창조의 바른 질서를 회복하려고 한다. 지혜 사상에서도 분명히 나타나듯이 이것이 하나님의 토라의 가장 핵심적인 내용이다. Hengel and

자면 올바른 순종 또는 올바른 공의가 무엇이냐에 관한 것이다. 예수의 가르침에는 "왜 이렇게 간단한 규칙이 세상에서는 지켜지지 않는가?"라는 물음이 은연중에 숨겨져 있다. 이는 율법의 본질에 관한 예수의 가르침조차 유배와 관련된 수사의 일부임을 보여준다. 즉 이 세상은 부패하고 오염되었다. 공의에 관한 아무리 훌륭한 원칙이나 외형적인 의무 조항이 있다고 해도 세상의 상처를 치유할 수 없다.

그러므로 종말론적 말씀 가운데 율법의 핵심에 대한 가르침이 기준으로 설정되어서 그 기준에 의거하여 마지막 심판이 이루어질 것이라는 점은 그리 놀라운 것이 아니다. "내가 진실로 너희에게 이르노니 너희가 여기 내 형제 중에 지극히 작은 자 하나에게 한 것이 곧 내게 한 것이니라"(마 25:40). 마지막 심판을 집행하는 심판자는 다음과 같은 엄중한 메시지를 던진다.

> 저주를 받은 자들아, 나를 떠나 마귀와 그 사자들을 위하여 예비된 영원한 불에 들어가라. 내가 주릴 때에 너희가 먹을 것을 주지 아니하였고 목마를 때에 마시게 하지 아니하였고 나그네 되었을 때에 영접하지 아니하였고 헐벗었을 때에 옷 입히지 아니하였고 병들었을 때와 옥에 갇혔을 때에 돌보지 아니하였느니라(마 25:41-43).

신명기의 토라 준수는 선한 마음과 온전한 사랑에서 비롯되는 것이며 또 그것은 인간의 삶을 평가하는 기준이 된다. 모세 전승이 지적하는 것처럼 율법에 명시된 인류애의 목적은 "먹을 것 및 입을 것"과 관련된다. 진정한 사랑은 부분적이지 않다. 의심할 여지 없이 이것은 또한 산상설교의 메시

Schwemer, *Jesus*, 420-21.

지이기도 했다. 아버지로부터 오는 참된 계시를 대표하는 예수는 모세 전승의 쉐마를, 그리고 순수한 마음에 대한 쉐마의 요구를 고수한다. 영적 유배는 죄인들의 마음이 돌아오고 새롭게 되기 전에는 끝나지 않을 것이다.

이 점에서 예수의 가르침은 제2성전기의 많은 문헌을 통해서 알려진 바리새파의 율법주의와는 근본적으로 구별된다. 바리새파의 신인협력 (synergism) 사상은 문제의 핵심을 확실하게 파악하고 있지만 그것은 단순히 인간적 노력에 대한 희망에 매달리는 것에 불과했다. 그들은 하나님이 죄악된 삶을 허용하지 않았으므로 계명을 지키라고 촉구했다. 이와 관련된 완벽한 예가 집회서에서 발견된다.[320]

> 주님께서는 모든 악을 미워하시므로 주님을 두려워하는 사람은 악을 좋아하지 않는다. 태초에 주님께서 인간을 만드셨을 때 인간에게 자유 의지 (*diaboulion*)를 갖도록 하셨다. 네가 마음만 먹으면 계명을 지킬 수 있으며 주님께 충실하고 않고는 너에게 달려 있다(집회서 15:13-15).

집회서의 이러한 가르침과 대조되는 산상설교는 신인협력론과는 반대 방향의 선언을 한다. 예수는 지혜 사상의 이원론을 신뢰하지 않는데 왜냐하면 인간의 마음이 분투하고 있기 때문이다. 공동체를 둘로 나누고 경건한 절반의 사람들에게만 긍정적 미래를 약속하는 것으로는 유배의 상황이 뒤바뀔 수 없다. 쿰란 공동체에서는 빛의 자녀들이 (예루살렘 성전에서 일했던 자들을 포함한) 모든 어둠의 자식들에 대적하며 그러한 종말론적 삶을 영위하려는 시도가 있었다. 그런데 예수는 그것보다 더 많은 것을 요청한다. 예수

---

320   [다소 방대한 지혜] 신학에 관해서는 Hengel, *Judentum und Hellenismus*, 275-306; Marböck, *Weisheit*, 150-51; Murphy, *Tree of Life*, 78-79, 86-87, 113을 보라.

는 추방이라는 저주를 받은 모든 민족을 거론한다. 오직 복음을 수용하고 새로운 왕국을 받아들이는 자만이 죽음에서 생명으로 옮겨갈 것이다.

신약성서 연구에서 도덕주의적 해석이 팽배했던 경우가 많았는데 특히 칸트주의 전통에 영향을 받은 20세기가 그러했다. 아돌프 폰 하르나크(Adolf von Harnack)를 필두로 한 저자들은 단순히 예수가 제시한 윤리 계획에 집중하여 그의 가르침의 핵심을 밝히려고 시도했다. 그 이후로는 이러한 관점들이 대부분 사라졌지만 샌더스의 언약적 율법주의 학파 안에서 세대주의적인 대안(dispensationalist alternative)은 인간이 하나님의 계명을 준수할 수 있는 가능성에 관해서 여전히 긍정적 관점을 유지하고 있다. 샌더스자신의 표현대로 제2성전기 유대교 문헌들은 언약주의적 종교에 관해 말하는데 이 언약주의적 종교에서는 선택받은 백성에 관한 아브라함의 약속이라는 큰 우산 아래 토라 준수 개념이 종속된다. 이러한 구도에서 보면 율법 준수는 하나님의 은총의 언약에 대한 응답에 불과할 뿐이다.[321]

이러한 해석을 통해서 보면 예수의 메시지는 단지 언약을 유지하라는 요구가 된다. 율법의 핵심에 관한 예수의 모든 설교는 이미 언약 관계 속에서 살고 있는 한 민족을 위한 지침으로 여겨진다. 이 이론은 사회학적 입장을 취한다는 이유로, 또 종말론이 결여되어 있다는 이유로 비판을 받아왔다. 이 이론은 제2성전기의 본문들에 대한 해석에 적용되기 매우 어렵다. 언약 사상은 아마도 사두개파의 실용주의나 그런 비종말론적 관점이 나타난 후대의 랍비 신학을 반영할 수는 있지만 격동적이었던 제2성전기의 묵시 사상에는 부합하지 않는다.[322] 이러한 비판적 견해들은 여전히 유효하지

---

321 이러한 이론은 Sanders, *Paul and Palestinian Judaism*(1977)에서 형성되었고 Sanders, *Jesus and Judaism*, 50-51에서도 나타난다.

322 언약적 율법주의 이론에 대한 비판에 관해서는 본서 제4장의 II에서 다룬 추기를 보라. 유대교 사상에 나타난 율법주의에 대한 폭넓은 분석에 관해서는 Avemarie, *Tora und*

만 최근의 논의에서는 압도적인 새로운 주장이 등장했다. 샌더스가 이러한 새 관점을 시작했고 라이트는 그것을 더 완벽하게 발전시켰다. 하지만 예수의 가르침에 대한 샌더스의 해석은 언약주의 이론의 전제와 모순되는 이론을 기초로 구축되었다. 사람들이 처해 있는 상태로서의 유배, 즉 계속된 유배의 현실은 단순한 언약주의로 설명될 수 없다. 유배의 삶을 영위하는 백성은 더 이상 언약의 자비를 누리지 못한다. 오히려 그들은 용서와 회복의 때가 올 때까지 하나님의 진노 아래서 살아가게 된다. "강도의 소굴" 안에서 살고 있는 이스라엘이라면 참회를 통해 하나님께로 돌아오지 않는 한 언약의 약속에 의지할 수 없다.

예수의 선포가 언약적 율법주의와 심판의 종말론 사이에 있는 것이라고 말할 수도 있을 것이다. 바리새파와 에세네파 같은 제2성전기의 많은 특수 집단은 자신들이 언약의 모든 약속을 공유하고 있다고 확신했다. 쿰란 공동체에서는 이러한 신념이 아주 노골적인 수준이었다. 물론 이러한 집단들이 대체로 율법에 대한 엄격한 준수를 의무화했던 것은 사실이지만 이 가운데 하나님의 자비 없이도 구원받을 수 있다고 여겼던 집단은 없다. 그들은 단지 자신들의 집단에 속하지 않은 자들에게도 가능성이 있다는 것을 인정하지 않았을 뿐이다. 마찬가지로 사해문서의 많은 본문에도 은총과 용서에 관한 내용이 충분히 나타나지만 구원자에 관한 언급은 보이지 않는다. 그러나 은총에 관한 모든 본문이 존재했음에도 불구하고 어둠의 자식들의 운명에 관해서 쿰란 공동체만큼 비관적 입장을 견지했던 집단은 없다. 예수는 이러한 종류의 구원론을 말한 적이 결코 없다. 예수는 사두개인들과 바리새인들 그리고 서기관들과 제사장들 모두에게 도전장을 내밀었다. 모든 것이 불살라질 바로 그날이 올 것이며, 오직 손으로 만들지 않은

---

*Leben*의 특히 376-81, 575-80을 보라.

새 성전 외에는 아무것도 선택된 자들에게 구원을 줄 수 없을 것이다.[323]

그러므로 쉐마 기도의 이상적 관점에서 보면 신앙 준수에 관한 주제는 반드시 회복 종말론 개념에서 이해되어야 한다. 예수는 율법의 본질에 관해 가르칠 때 유대교 전통을 확고하게 붙들고 있었다. 신적 계시로서의 토라는 사랑 자체가 구체화된 것이다. 하나님의 율법은 삶의 원칙이고 창조의 목적이다. 마음과 뜻과 힘은 하나님 아래 놓여야 하며 맘몬이 이스라엘의 주님을 대신하는 새로운 우상으로 만들어져서는 안 된다. 예수의 선포는 백성을 잠에서 깨어나게 만드는 것이었다. 그렇게 잠에 취한 상황은 배교를 강요했던 왕들의 통치 시대에 시작하여 유배의 상황 속에서 더 심화되었다. 그들은 눈이 있지만 볼 수는 없다. 마음의 상태는 영적인 유배 가운데 있으며 이는 단순히 신인협력 사상 같은 특정한 가르침으로는 바로 잡을 수 없다. 오직 하나님이 다윗의 후손을 보내셔서 죄로 더럽혀진 타락한 민족을 제거하시는 행위를 통해서만 하나님의 징벌을 모면할 수 있다. 이때가 바로 갱신과 구원의 날이 될 것이다. 제2성전기의 묵시적 집단들이 선언한 모호한 언약주의적 기대는 이제 믿음의 순종 개념으로 바뀌게 된다. 하나님의 종을 따르고 하나님을 아버지라고 부르며 기도하는 사람들은 순결한 마음을 가지게 되며 회복의 새 "언약"을 통해 그들의 죄는 용서함을 받는다.

323　Sanders가 바울에 관한 책을 쓰면서 자신의 이론을 형성했고 또 유대교 문헌들을 연구하면서 그 이론을 발전시켰다는 점에 주목할 필요가 있을 것이다. 그러나 그는 예수에 대한 연구로 넘어가면서 자신의 이러한 관점을 수정하지 않았다. 이 문제 역시 나중에 추기에서 논의될 것이다.

VI. 제사장적 정결 공동체

회복 종말론은 새로운 다윗의 후손이 구원의 성전을 건축할 것이라는 사상에 초점을 맞춘다. 예수의 가르침에서 이러한 사상이 의미하는 바는 예수가 모은 공동체가 성전의 일반적 특징들을 갖추게 된다는 점이다. 마치 쿰란 공동체가 자신들이 그러한 특징을 지녔다고 여겼던 것처럼 말이다. 무엇보다도 우선적으로 그 공동체는 성령이 사는 장소이며 따라서 하나님의 거룩함이 거주하는 곳이 된다. 그러므로 회중의 머리인 예수는 공동체의 모든 구성원에게 거룩함을 선물로 수여한다. 이 집단에 참여한 사람들은 영원한 안식 가운데 살아간다. 그들은 종말론적 잔치를 미리 맛본다. 이러한 확신의 결과 그들이 하나님을 섬기는 과정에서 두 가지 주목할 만한 특징이 나타난다. 첫째, 그들은 금식하지 않으며, 둘째, 통상적인 정결 규정들을 따르지 않는다. 오히려 예수는 예루살렘 성전이 제공할 수 있었던 것을 능가하는 거룩함을 부여했다.

1. 정결 규정

거룩함의 전가(轉嫁, imputed holiness) 개념을 이해하려면 구약성서의 제의 규정과 정결법 조항 및 부정과 오염에 관한 관점들을 검토해야 한다. 이스라엘은 제의적 의미에서 자신들을 부정하게 만들 수 있는 많은 것들로부터 스스로를 구별하라는 명령을 받았다. 그 규정들은 무엇보다도 먹을 것에 관한 것과 사용될 수 있는 그릇 및 용기에 관한 것이지만 이와 더불어 이스라엘 백성이 아닌 사람들과 접촉하는 상황 같은 일상적 사회생활에 관한 규칙도 있었다. 제사장들에게 적용되는 규정은 일반 백성에 관한 것보다 더 엄격했고 성전 예배는 일상적 삶의 경우에서보다 훨씬 더 엄격한 제한

에 따라 행해졌다.[324]

구약성서에서 제사장들에 관한 규정은 다음과 같은 본문에 언급된 주제를 중심으로 하고 있다. "그의 백성 중에서 죽은 자를 만짐으로 말미암아 스스로를 더럽히지 말라"(레 21:1). 희생제사 참석에 관해서도 엄격한 제한이 있었다. "누구든지 흠이 있는 자는 가까이 하지 못할지니 곧 맹인이나 다리 저는 자나 코가 불완전한 자나 지체가 더한 자나 발 부러진 자나 손 부러진 자나…"(레 21:18-19). 장애가 있는 제사장은 성전 구역에 들어가도록 허용되기는 하였지만 희생제사를 드리는 일에 참여할 수는 없었다. 왜냐하면 "그가 내 성소를 더럽히지 못할 것"이기 때문이다(레 21:23).[325]

거룩함을 매우 중요하게 생각하는 이와 유사한 입장이 쿰란 두루마리에서도 발견된다. 「회중의 규칙」(Rule of the Congregation)에 따르면 심지어 사소한 흠이 있는 사람도 공동체 가입이 허용되지 않았다.

> 불결함의 어떤 원인으로든 부정해진 사람은 누구도 이들의 총회에 들어가지 못한다. 그리고 그것들에 의해 부정해진 사람은 누구도 회중 가운데에서 자신의 직무를 수행하지 못한다. 그리고 회중 가운데 발이나 손이 마비된 자, 발을 저는 자, 눈먼 자, 귀먼 자, 말하지 못하는 자 같이 육체가 부정해진 사람 또는 눈에 보이는 흠이 있거나 총회 중에서 몸을 똑바로 가누지 못해 비틀거리는 노인은 누구든지 명망 있는 자들의 모임에 참여할 수 없다. 왜냐하면 거룩한 천사들이 그들의 [모]임 중에 있기 때문이다(IQSa

---

324 정결 규정에 일반에 관해서는 Chilton, *Dictionary of New Testament Background* (2000), 874-75를 보라. 그리고 예수의 가르침에 나타난 정결 규정에 관해서는 Avemarie, "Jesus and Purity," *Neues Testament,* 408-9; Holmén, "Jesus and the Purity Paradigm," *Handbook* 3, 2709-10을 보라.

325 Holmén, *Handbook* 3, 2716-17을 참조하라.

II.3-9)

더 나아가 성전 두루마리를 읽어 보면 우리는 위와 같은 관점이 성전 자체와 관련된 규칙들에서 유래했다고 추론할 수 있다(11QT 45). 원래 제사장 규정을 따르던 제사장 집단이었던 쿰란 공동체는 그들의 매일의 삶에서 정결 규정을 따르기를 원했다. 여기서 우리가 다루는 주제와 관련해서 중요한 점은 쿰란 공동체의 일원이 되는 자격 자체가 이 규정들로 제한되었다는 사실이다.[326]

유대교 신학에서 제의적 부정은 일상적인 상황에서도 종종 발생할 수 있었다. 시체나 나병환자를 접촉하거나 생리 중인 여성과 만날 경우에도 부정해질 수 있었다. 청결과 정화를 위해서는 여러 단계를 거쳐야 했다. 일정 기간이 경과하는 것으로 충분한 경우도 있었고 종교적 청결을 위해 만들어진 작은 목욕시설인 "미크베"(mikveh)에 들어가 씻어야 하는 경우도 있었다. 만일 부정의 정도가 심각하면 성전에 가서 희생제물을 바쳐야 했다.[327]

미쉬나 가운데 특별히 정결 조항과 관련된 켈림(Kelim) 편의 규정에는 부정함의 원인에 관하여 자세하게 설명되어 있다.

부정의 근원들은 다음과 같다. (1) 기어 다니는 것, (2) [이스라엘 성인 남성의] 정액, (3) 부정한 시신과 접촉한 자, (4) 병중에 있는 나병환자, (5) 뿌리기에 불충분한 양의 속죄 제사의 물[이다]. 보라, 이런 것들은 접촉을

---

326   정결에 관한 쿰란 공동체의 관점에 관해서는 Harrington, *Impurity System of Qumran*, 70-107을 보라.

327   목욕 의식을 위한 *mikveh*는 보편적으로 그리고 지속적으로 이용되었다. 예컨대 Wright, *Archaeology of Israel*, 190-91을 보라.

통해서 사람과 그릇을 부정하게 만들고, [그릇 안에 함유된] 공기를 통해서 흙으로 만든 그릇을 부정하게 만든다. 하지만 이것들을 운반하는 일을 통해서는 부정해지지 않는다(*m. Kelim* 1:1).

정화를 필요로 하는 많은 종류의 그릇이 있었다. 미쉬나에는 점토 그릇이나 식기를 청결하게 하는 방식들에 관한 방대한 논의가 기록되어 있다. 돌로 만들어진 그릇은 항상 정결한 것으로 간주되어 물로 씻을 필요가 없었다. 그래서 제의용 물(정화수)은 돌 항아리에 보관되었던 것이다. 이와 관련해서는 예컨대 가나의 혼인 잔치 이야기를 참조할 수 있다.

제의적 부정함은 단순히 주술적 종교들이 가르치는 의미에서의 금기 같은 것은 아니었다. 예컨대 쿰란 공동체에서의 부정함 개념은 하나님께 대한 충실함과 관련된 구약성서 내러티브에서와 마찬가지로 마음과 관련된 것이었다. 「공동체의 규칙」은 "마음의 완고함" 때문에 쿰란 집단의 지혜를 따르기를 거부하는 한 반역자의 예를 보여준다.

그는 그의 삶의 변화 과정을 온전히 이어가지 못했으며 따라서 그는 올바른 자들에 속한 것으로 여겨지지 않을 것이다. 그의 지식과 힘과 재산은 공동체의 의회 안으로 들어오지 못할 것이다. 왜냐하면 그는 불경함의 진흙탕 속에서 쟁기질하고 있고 또 그의 회심은 오염되어 있기 때문이다. 그는 어둠을 빛의 길로 여기고 있으므로 그가 자기 마음의 완악함을 유지하는 한 의롭다고 여겨질 수 없을 것이다. 그는 완벽한 자들의 명부에 기록되지 못할 것이다. 그는 속죄의 행위를 통해서도 깨끗해지지 못하며 정화의 물을 통해서도 정결하게 되지 못할 것이다. 또 그는 바닷물이나 강물을 통해서도 거룩하게 되지 못하며 어떠한 씻는 물을 통해서도 정결해지지 못할 것이다. 그가 하나님의 율례를 거역하는 모든 날 동안 그는 부정해지고 또 부정해질 것이며 그 자신은 자신에게 조언해 줄 수 있는 공동체의 가르침을 받는 것도 허용되지 않을 것이다(1QS III.1-6).

쿰란 공동체의 정결은 주로 마음의 순결로 이해되었다. 예식들은 단지 영적인 실재를 상징했다. 이 공동체는 목욕과 세례를 시행했으며 작은 구역에 여섯 개의 미크베 시설을 갖고 있었다. 모든 정화 의식은 그 의식에 참여한 사람으로 하여금 쿰란 공동체가 가르친 "지식"을 올바로 따르도록 인도하는 것으로 여겨졌다.

그런데 예수의 가르침에서는 거룩함과 정결에 관한 입장이 완전히 바뀐다. 예수는 구원의 때에 거룩의 상징들이 새로워진다고 선포한다. 이제 더 이상 결함이 있는 자들을 성전 구역에 들어오지 못하게 함으로써 성전 안에 계신 하나님의 온전하심을 보호할 필요가 없다. 이제는 하나님 자신이 병든 자와 지체 부자유자를 자기 가까이 오라고 초대한다. 이제는 새로운 창조의 때이며 하나님의 종이 병든 자를 낫게 하고 시각장애인들을 보게 할 것이다.[328]

더 나아가 새로운 정결은 예수의 사명을 증명하는 기호였다. 다윗의 후손이 등장함으로써 새 창조의 때가 시작한다. "'맹인이 보며 못 걷는 사람이 걸으며 나병환자가 깨끗함을 받으며 못 듣는 자가 들으며 죽은 자가 살아나며 가난한 자에게 복음이 전파된다' 하라. 누구든지 나로 말미암아 실족하지 아니하는 자는 복이 있도다"(마 11:5-6; 참조. 사 26:19; 29:18-19; 35:5-6; 61:1-2). [접촉이 금지된] 나병환자들과 혈루증 여인의 경우에서 보듯이 예수의 치유에 나타난 메시지가 (다른 신학적 의미와 함께) 새로운 정결

---

328   Fletcher-Louis, *JSHJ* 5 (2007), 65는 예수가 "그의 치유하는 능력을 통해서 정결하게 한다"라고 언급한다. **"불결에서 정결로 흘러감으로써"** 부정함이 전염되는 것이 아니라 **"정결에서 불결로 정결함이 흘러가는 것이다"**(강조는 원저자의 것임).

에 관한 것임을 알 수 있다.[329]

예수의 말씀이 예컨대 레위기 본문이나 쿰란 공동체의 "지체장애인, 시각장애인, 청각장애인, 언어장애인"에 대한 제한 조항에서 볼 수 있는 유대교의 부정함에 관한 목록을 매우 정확하게 언급하는 사실은 다소 놀랍다. 심지어 미쉬나의 나병환자 규정에 관해서도 언급된다. 회복의 때는 성전에 접근하는 것이 허용되지 않았던 자들이 종말론적 성전에서 그들의 하나님을 향하여 "기쁜 노래로 즐거워하는" 때이며 거기에는 "깨끗하지 못한" 자는 지나다니지 못하는 "거룩한 길"이 있을 것이다(사 35장). 회복의 때에는 거룩과 정결에 대한 이해가 완전히 바뀔 것이다. 이는 정결 규정에 대한 관점이 변하게 되는 분명한 이유가 된다.

2. 새 성전의 정결

정결 규정에 대한 예수의 태도는 그의 이해가 대다수 율법 교사의 이해방식과 거의 완전히 다르다는 것을 보여준다. 예수는 대예언자들처럼 예식들은 사람의 마음의 올바른 태도를 드러내는 단순한 상징일 뿐이라고 가르친다. 참다운 정결은 단지 의례를 수행하는 것으로 성취되지 않는다. 사람이 죄악 가운데 살아가는 한 어떠한 정결의 물도 그 사람을 깨끗하게 만들지 못한다. 오히려 진정한 정결은 구원의 날에 하나님이 자신의 선택된 백성을 회복할 때 하나님 자신을 통해서 가능해진다. 복음서에서 예수의 종말론적 메시지는 종종 유대교의 정결 예식에 대한 비판으로 나타난다. 이는 마가복음에서 가장 분명히 드러나는데 마가복음 저자는 독자들에게 유

---

329   Holmén, *Handbook 3*, 2713-14도 그렇게 생각한다. 다음 언급을 참조하라. "사람들의 건강이 회복된 것과 함께 또한 그들의 정결의 회복도 이루어졌다"(2718).

대인의 관습에 대해서 다음과 같이 설명한다.

> 바리새인들과 모든 유대인들은 장로들의 전통을 지키어 손을 잘 씻지 않고서는 음식을 먹지 아니하며 또 시장에서 돌아와서도 물을 뿌리지 않고서는 먹지 아니하며 그 외에도 여러 가지를 지키어 오는 것이 있으니 잔과 주발과 놋그릇을 씻음이러라(막 7:3-4).

위에서 언급된 물 뿌림 예식 외에도 미크베 시설을 필요로 하는 청결도 있었다. 미크베 목욕시설은 회당 외부에 만들어지거나 때로는 회당 건물 안에 설치되기도 했다. 예루살렘 성전 문 앞에도 커다란 미크베 시설이 있었다. 쿰란 공동체는 목욕 예식과 관련하여 특히 까다로웠다.[330]

예수와 그의 추종자들은 그런 규칙을 따르지 않았고 따라서 그들의 일상생활은 가령 바리새파의 삶과는 확연히 달랐다. 이러한 배경 때문에 다음과 같은 날카로운 질문이 제기된 것이다. "어찌하여 당신의 제자들은 장로들의 전통을 준행하지 아니하고 부정한 손으로 떡을 먹나이까?"(막 7:5) 미쉬나에 세세한 규정들이 명시되어 있었음을 고려하면 그런 질문은 충분히 예상될 수 있었다.

예수의 답변은 예식적 정결의 핵심이 사람의 순결한 마음과 올바른 정신에 있다는 유대교의 경건 개념을 강조한 것이다. 이것이 예수가 이사야서를 언급하면서 마치 쿰란 공동체가 그랬던 것처럼 정결 규정에 대한 문제를 제기한 이유다. 이스라엘 전체가 회복을 필요로 한다. 종말론적 정화

---

330 신뢰할 만한 유대교 전승에 따르면 물은 정화를 위한 중요한 상징이었다. 이에 관해서는 Harrington, *Impurity Systems*, 113-18을 보라. 쿰란에는 많은 목욕 시설이 있었는데 쿰란 문서 본문들에 따르면 목욕이 행사의 중심이 되는 특별한 절기도 있었다. 1QS II; Knibb, *The Qumran Community*, 92를 보라.

는 외적인 예식 안에서가 아니라 성령 안에서의 갱신을 의미할 것이다.

> 이사야가 너희 외식하는 자에 대하여 잘 예언하였도다. 기록하였으되 "이
> 백성이 입술로는 나를 공경하되 마음은 내게서 멀도다. 사람의 계명으로
> 교훈을 삼아 가르치니 나를 헛되이 경배하는도다" 하였느니라(막 7:6-7).

예수는 제의적 정결과 예식적 부정을 서로 대조하는 것이 아니라 참다운
거룩함과 천박한 위선을 대조한다. 위의 본문에 이어서 예수는 다음과 같
이 말한다. "너희는 다 내 말을 듣고 깨달으라. 무엇이든지 밖에서 사람에
게로 들어가는 것은 능히 사람을 더럽게 하지 못하되…"(막 7:14-15). 누
군가의 삶에서 부정해지는 일이 생기면 그것은 죄의 결과이지 예식을 따르
지 못한 결과가 아니다. 예수의 답변은 모세 율법의 기본 내용을 중심으로
전개된다. "속에서 곧 사람의 마음에서 나오는 것은 악한 생각, 곧 음란과
도둑질과 살인과 간음과 탐욕과 악독과 속임과 음탕과 질투와 비방과 교만
과 우매함이니 이 모든 악한 것이 다 속에서 나와서 사람을 더럽게 하느니
라"(막 7:21-23). 따라서 정결에 관한 논쟁은 유배의 수사에서 매우 중요한
주제인 이스라엘의 몰락과 죄 많은 인간에 대한 심판이라는 주제들에 초점
을 맞춘다.[331]

정결 규정의 중요성에 관한 예수의 가르침이 새로운 종말론적 성전 개
념에 기초하고 있음은 분명해 보인다. 예수의 신학은 이스라엘의 최종적

---

331   Avemarie는 예수가 "손을 씻는 예식의 관습"을 부정하지 않고 대신 부정함 자체가 "결
     코 발생하지 않는다"고 강변한 것이라고 적절하게 평가한다. 그 이유는 "역동적인 정
     결"(dynamic purity)에 있다. 치유 이야기들에서와 마찬가지로 여기서도 예수의 행동이
     정결의 근원이다. "그 이유는 단순하다. 즉 예수와 그의 제자들은 정결함에 도달하기 위
     해 씻음과 먹는 것에 대한 제한 조치보다 더 강력한 수단을 확보했던 것이다." Avemarie,
     Neues Testament, 417-18, 429.

회복의 본질에 관해 알려주는 에스겔서의 내러티브를 바탕으로 하고 있다. 하나님의 구원 행동이 실행되기 시작할 때 그는 이스라엘이 자기의 이름을 더럽힌 일을 용서하게 될 것이다. 그러므로 그 백성을 깨끗하게 하실 분은 하나님 자신이다.

> 내가 너희를 여러 나라 가운데에서 인도하여 내고 여러 민족 가운데에서 모아 데리고 고국 땅에 들어가서 맑은 물을 너희에게 뿌려서 너희로 정결하게 하되 곧 너희 모든 더러운 것에서와 모든 우상 숭배에서 너희를 정결하게 할 것이며, 또 새 영을 너희 속에 두고 새 마음을 너희에게 주되 너희 육신에서 굳은 마음을 제거하고 부드러운 마음을 줄 것이며…(겔 36:24-26).

제의적 정결은 종말론적 회복의 중요한 기호다. 대예언자들의 전승에서 정화 예식과 물을 뿌리는 행위(이는 유배의 종결을 상징한다)는 하나님이 완전히 갱신된 이스라엘을 낳을 것임을 확인하는 것이다. "내가 너희를 모든 죄악에서 정결하게 하는 날에 성읍들에 사람이 거주하게 하며 황폐한 것이 건축되게 할 것인즉…"(겔 36:33). 이날에 광야가 "에덴동산"으로 바뀌고 죽은 뼈들이 하나님의 영으로 충만해지며 새로운 다윗이 이스라엘의 목자가 될 것이다. "내 성소가 영원토록 그들 가운데에 있으리니 내가 이스라엘을 거룩하게 하는 여호와인 줄을 열국이 알리라"(겔 37:28). 예수의 가르침에 따르면 이제 이러한 약속들이 실현되었다.

　　예수는 갈릴리의 마을들로 제자들을 파송하면서 먹을 것과 전대와 돈과 갈아입을 옷과 심지어 지팡이나 신발도 지참하지 말라고 명령한다(마 10:9-10). 수수께끼처럼 여겨지는 이 목록은 미쉬나의 특정한 계율과 비교하지 않으면 이해하기 어려운 내용이다. 미쉬나는 누구도 "지팡이를 짚거나 덧신과 전대를 지니거나 또는 먼지가 묻은 발로 성전 언덕에 들어서는 것"을 금한다(*m. Ber.* 9:5). 칠튼(Chilton)은 예수의 사역에서 그 명령은 "이스라엘의 정결과 관련하여 의도적으로 고안된 비유"라고 주장한다. 즉 그 명령은 "그들이 들어가는 모든 마을을 성전 자체처럼 깨끗하고 정결한 이스라엘로 여기라는 지시"라는 것이다. 마을로 들어가는 제자들은 회복을 실현하는 전령이었다.[332]

이 모든 논의가 증명하는 바는 분명히 예수는 모세의 율법 자체를 거부하지 않은 채 유대교 전통의 예식 규정들을 재해석했으며, 동시에 추방된 사람들을 위한 복음을 선포하고 최종적인 회복을 약속했다는 사실이다. 예수는 하나님이 죄인들에게 정결케 하는 물을 뿌리고 부정한 자들을 깨끗케 하는 시대가 시작한다고 선언했다. 예수의 추종자들은 이미 이러한 갱신에 참여하고 있다. 형식적인 예식은 종말론적 실재에 아무런 보탬이 될 수 없다. 그러한 도움은 필요하지 않다. 예수는 최선의 것을 위해 차선의 것을 포기한다. 예수의 공동체는 제사장적 정결함을 갖춘 하나의 성전과도 같지만 사실상 그 정결함은 하나님으로부터 선물로 주어진 것이다.

3. 안식일 준수

안식일에 관한 문제는 그 자체로 특별한 주제다. 유대인의 실제적 삶에서 이보다 더 중요한 주제는 없을 것이다. 미쉬나에는 한 장 전체가 안식일의 행동 규율을 다루는 경우도 있다. 안식과 하나님과 함께하는 공동체는 서로 불가분의 관계에 있다. 그러므로 어떤 형태의 일도 허용되지 않는다. 요리를 하거나 집 밖으로 물건을 내어가거나 심지어 너무 먼 거리를 걸어가

---

332   Chilton, *Dictionary of New Testament Background* (2000), 878.

는 것도 허용되지 않는다.[333]

예수가 안식일에 사람을 치유한 이야기는 이러한 맥락에서 관찰되어
야 한다. 치유는 그 자체로 회복의 기호다. 이사야가 선포했던 것처럼 치유
는 곧 하나님 자신의 일이다. 완전한 갱신의 때가 올 것이다. 그런데 예수는
왜 안식일에 기적을 행했을까? 종말론적 현실의 관점에서 보면 예수의 입
장에서는 "안식일에 선을 행하는 것과 악을 행하는 것, 생명을 구하는 것과
죽이는 것, 어느 것이 옳으냐?"(막 3:4)라는 반론적 성격의 질문을 던지는 것
은 어렵지 않다. 그런 능숙한 질문에 대답하기 불가능한 상황이 또다시 발
생했고 따라서 이 질문이 어떤 반응을 초래할지는 예상 가능한 것이다. 신
적 권위를 지니고 등장한 예수는 전통을 고수하려는 자들에게 증오를 유발
한다.

안식일에 있었던 예수의 행위와 관련하여 가장 중요한 것은 밀밭에서
발생한 일화다. 예수와 제자들은 길을 걸어가다가 밀 이삭을 잘랐고 따라
서 이는 안식일에 일하지 말라는 규정을 어긴 것이다. 그런데 그들이 불법
을 저지른 것이라고는 볼 수 없었는데 왜냐하면 가난한 자들은 기본적 생
계 유지를 위해서 곡식을 잘라 먹는 일이 허용되었기 때문이다. 즉 이 일화
는 윤리의 문제가 아니라 신학의 문제에 관한 것이다.

안식일에 예수께서 밀밭 사이로 지나가실새 그의 제자들이 길을 열며 이
삭을 자르니 바리새인들이 예수께 말하되 "보시오, 저들이 어찌하여 안식
일에 하지 못할 일을 하나이까?"(막 2:23-24)

---

333   특히 미쉬나의 안식일에 관한 장(章)을 보라. 제2성전기 유대교의 사상에서의 안식일의
       위상에 관해서는 특히 Back, *Handbook 3*, 2604-5를 보라.

미쉬나에 수록된 몇몇 부분과 비교해보면 이 이야기의 기본적 배경이 개연성이 있고 역사적으로 신뢰할 만한 것임을 알 수 있다. 모든 회당에서 율법학자들은 "율법의 장벽"과 관련된 세부사항을 논의했다. 예수의 답변은 아주 놀라웠고 높은 신학적 수준을 드러내는 것이었다. 그들의 행위는 모세율법에 어긋났지만 그럼에도 불구하고 성서에서 비슷한 전례가 없지는 않았다.

> "다윗이 자기와 및 함께 한 자들이 먹을 것이 없어 시장할 때에 한 일을 읽지 못하였느냐? 그가 아비아달 대제사장 때에 하나님의 전에 들어가서 제사장 외에는 먹어서는 안 되는 진설병을 먹고 함께 한 자들에게도 주지 아니하였느냐?" 또 이르시되 "안식일이 사람을 위하여 있는 것이요 사람이 안식일을 위하여 있는 것이 아니니 이러므로 인자는 안식일에도 주인이니라"(막 2:25-28).

이 새로운 이야기는 무엇에 관해서 말하고 있는가? 이는 다윗의 후손으로서의 예수의 권위에 관한 이야기인가? 아니면 이 이야기는 만일 어떤 군사 집단이 하나님의 사명을 수행 중이라면 율법에 대한 엄격한 준수에서 예외를 허용하는 하나의 예를 암시하고 있는 것인가? 그렇지는 않은 것으로 보인다. 이야기의 초점은 곡식과 먹는 것에 있으므로 구약성서 전체를 알레고리로 만들려고 시도해서는 안 된다. 다윗은 자신의 일행을 성전에 데리고 들어가서 진설병을 먹게 했다. 그들은 성소 안에 있었으며 하나님 자신이 그들에게 주신 것을 먹었다고 볼 수 있다.

이 이야기에서 예수와 그의 추종자들은 종말론적 성전 안에서 상징적 방식으로 살아가고 있다고 보아야 한다. 그들은 인자의 공동체에서 안식을 발견했기 때문에 그들의 일상에서 안식일의 삶을 살아가고 있다. 그러므로 그들은 본래 어부와 농부였지만 성전 안에 있는 제사장 같은 삶을 영위한다. 하나님이 그들에게 주는 곡식은 희생제물 음식과 같고 또 그것은 진설병 같은 거룩한 음식인 것이다. "이러므로 인자는 안식일에도 주인이니라"(막 2:28).[334]

예수가 전통적인 유대교의 개념들을 더 이상 따르지 않는 새로운 정결에 관해 가르침을 준 것은 분명하다. 그 개념들은 예수가 제의 규정의 성격에 관해 논의하는 본문들에서 아주 쉽게 발견된다. 종말론이 전통을 대체하게 되었고 예수는 오직 믿음만으로 하나님과 온전히 하나가 되게 해 주겠다고 주장했다. 믿음은 하나님 나라에 참여하는 것을 의미하므로 그 믿음이 곧 안식일의 목적에 대한 성취라고 보는 해석이 가능해진다.[335] 게다가 정결 규정의 경계가 이미 무너졌다. 회복의 실재는 복음을 받아들이는 모든 이를 위한 새 성전, 곧 손으로 만들지 않은 새 성전의 문을 열어놓았다. 구약성서에서 안식일은 일주일 가운데 안식일 하루를 신성한 것으로 만들었고 사람들을 성전으로 모이게 했다. 이는 하나님 자신이 거주하는 상징적인 낙원에 잠시 방문하는 것이었다. 예수는 담대한 퍼포먼스를 통해서 바리새인들에게 종말론적 구원의 성전이 여기에 있으므로 안식일은 새로운 공동체 안에서 분명하게 드러나고 있다는 메시지를 전한다. 이 공동체는 인간의 삶을 거룩하게 만드는 은혜로운 안식일을 살아간다.

---

334 이 이야기와 마지막 만찬의 신학 사이에는 관련성이 있다. 이에 관해서는 Pitre, *Jewish Roots*, 139를 보라. "그러나 또다시 바리새인들에게 전하는 메시지는 '내 제자들은 안식일에도 일할 수 있다. 왜냐하면 그들은 성전의 제사장들과 동일한 특권과 특혜를 갖고 있기 때문이다'라는 것이다."

335 "예수 역시 자신이 종말론적이고 구원을 주는 하나님의 통치를 시작하고 있다는 인식을 갖고서 자신의 안식일 행동을 옹호했다." Back, *Handbook 3*, 2632.

4. 금식 논쟁

종교적 논쟁을 야기했던 세 번째 주제는 금식에 관한 것이다. 구약성서에서 금식은 회개의 한 부분으로서 하나님을 만나기 위한 준비 과정으로 여겨진다. 실제로 금식은 성전에서 큰 절기들이 시작되기 전에 행해졌다. 예수가 금식을 중요하게 여기지 않자 그것은 예수가 회개의 필요성에 의문을 제기하는 것으로 이해되었다. 복음서에서 대적자들은 "어찌하여 당신의 제자들은 금식하지 아니하나이까?"라고 말하며 문제를 제기한다(막 2:18).

여기서도 예수는 회복의 복음을 근거로 대답한다. "혼인 집 손님들이 신랑과 함께 있을 때에 금식할 수 있느냐?"(막 2:19) 종말론적 잔치가 임박했다. 예수의 추종자들은 혼인 잔치의 기쁨을 누리는 중이다. 이스라엘의 갱신이 임할 때 이스라엘은 오실 메시아의 신부처럼 될 것이다(사 61:10-62:5).[336]

> 내가 여호와로 말미암아 크게 기뻐하며 내 영혼이 나의 하나님으로 말미암아 즐거워하리니 이는 그가 구원의 옷을 내게 입히시며 공의의 겉옷을 내게 더하심이 신랑이 사모를 쓰며 신부가 자기 보석으로 단장함 같게 하셨음이라(사 61:10).

이사야서에 대한 예수의 해석은 이 순간이 왔으므로 손님들이 금식하는 것은 무례한 처사라고 주장한다. 오히려 지금은 먹고 마셔야 할 때다. 하나님이 직접 혼인 잔치를 준비하셨으므로 율법 교사들은 하나님의 구원의 행동

---

336   Meier, *Marginal Jew*, 448-49부터 Witherington, *Indelible Image I*, 620-21에서 보듯이 학자들은 이 종말론적 이미지는 예수가 갱신된 나라를 실현하는 자로 얼마나 뚜렷하게 나타났는지를 보여준다고 결론짓는다.

을 거부하지 말아야 한다. 이사야서는 이 전체 단락을 위한 확실한 증거 본문 역할을 한다.

> 만군의 여호와께서 이 산에서 만민을 위하여 기름진 것과 오래 저장하였던 포도주로 연회를 베푸시리니…또 이 산에서 모든 민족의 얼굴을 가린 가리개와 열방 위에 덮인 덮개를 제하시며 사망을 영원히 멸하실 것이라. 주 여호와께서 모든 얼굴에서 눈물을 씻기시며 자기 백성의 수치를 온 천하에서 제하시리라(사 25:6-8).

이런 메타포들과 마지막 만찬 사이의 관련성을 발견하기란 어렵지 않다. 환난의 시기에는 금식하고 기도하는 것이 적절해 보이겠지만 예수는 잔치를 베푸는 일을 선택한다. 포도주와 떡을 준비한 풍성한 만찬은 그의 나라의 내용을 상징한다. 이것 또한 위에서 다룬 예수의 답변에 내포된 메시지다. 금식의 때는 어떤 의미에서는 이스라엘이 유배 상태에 있던 기간을 가리키는 것이었다. 그러나 이제는 종말론적 기쁨의 시대가 도래했다.

 "죄인들의 친구"로 나타난 예수는 종말론적 축제에 관한 신학을 일상생활의 한복판으로 가져온다. 그는 세리들을 친구로 삼으며 급진적인 죄용서를 상징하는 환대의 태도를 취한다. 이러한 태도는 쿰란 공동체에서는 전혀 찾아볼 수 없는 것이며 바리새파 역시 이러한 태도에 대해 매우 부정적 입장을 취했다. 그러나 예수는 자신의 사명을 다음과 같이 고수한다. "건강한 자에게는 의사가 쓸 데 없고 병든 자에게라야 쓸 데 있느니라. 너희는 가서 '내가 긍휼을 원하고 제사를 원하지 아니하노라' 하신 뜻이 무엇인지 배우라. 나는 의인을 부르러 온 것이 아니요 죄인을 부르러 왔노

라."(마 9:12-13).[337]

종말론적 잔치에 관한 신학은 예수의 사역에서 매우 특징적인 것이었기 때문에 예수의 자의식은 그것을 중심으로 발전했다. 이에 대한 증거는 세례자 요한의 사명이 기쁜 메시지를 전한 예수의 특징과는 반대되는 성격을 가졌다는 사실을 통해서도 확인될 수 있다.[338]

요한이 와서 먹지도 않고 마시지도 아니하매 그들이 말하기를 "귀신이 들렸다" 하더니 인자는 와서 먹고 마시매 말하기를 "보라, 먹기를 탐하고 포도주를 즐기는 사람이요 세리와 죄인의 친구로다" 하니 지혜는 그 행한 일로 인하여 옳다 함을 얻느니라(마 11:18-19).

이러한 사례들은 예수가 그의 회복 종말론을 통하여 완전히 새로운 차원의 거룩함에 대해서 말하고 있음을 보여준다. 예수의 종말론적 성전 신학에 따르면 손으로 만들지 않은 성전은 곧 그 자신의 공동체를 가리킨다. 이스라엘을 깨끗하게 만드는 일에 관한 모든 예언자의 약속들이 실현되었다. 이 새로운 성전에 참여하는 사람들은 성령으로 충만하며 마지막 때에 자기 백성을 모으는 하나님에 의해 거룩해진다. 거룩 개념은 변화되었고 하나님의 계시가 선언되는 권위도 바뀌었다.[339]

---

337   Witherington, *Indelible Image I*, 621은 다음과 같이 해석한다. "최소한으로 말하면 예수는 정결 예식과 관련된 다양한 규칙을 준수하지 않았으며, 최대한으로 말하면 하나님의 통치가 도래함으로써 그런 정결 규정들이 폐지되었다고 생각했다."

338   이러한 양극적 특징이 유배의 수사의 다양한 측면들을 드러내는 것임을 알아야 한다. 금식은 애도의 기호이므로 세례자 요한은 당연히 예언자적 경고를 대표한다. 반면 예수가 잔치를 제시한 것은 회복의 때가 지금 여기에 도래했음을 보여주려고 한 것이다. 참조. Nolland, *Matthew*, 463.

339   Bock, *Continuum*, 209는 예수의 선포의 특징을 다음과 같이 요약한다. "이러한 전승을 전체적으로 염두에 두면 이는 악마들을 압도하는 권한, 거룩한 달력(안식일)에 대한 권

예수의 제자들은 그러한 성전의 거룩함 속에 살고 있으므로 더 이상 정결 규정들을 필요로 하지 않는다.[340] 그들의 양식은 성소에 있는 제물 음식과 같다. 그들은 안식일의 쉼을 발견했고 따라서 그들의 회복된 모든 삶에서 갱신된 안식일을 살아간다. 예언자들이 약속했던 종말론적 혼인 잔치가 가까이 왔기 때문에 그들은 금식할 필요가 없다. 그들은 세례자 요한의 깨끗케 하는 물보다 더 나은 것을 통해서 정결해졌다. 그들이 예식적 측면에서 정결하게 된 것은 그들 자신의 어떤 행위를 통해서가 아니라 하나님의 행위에 의해서였다.

VII. 제사장적 식사로서의 마지막 만찬

마지막 만찬에 관한 신학은 회복 종말론의 가장 중요한 특징 대부분을 통합한다. 무엇보다도 예수의 죽음은 이스라엘이 포로 상태에서 해방된 출애굽 사건을 설명해준다. 희생을 통한 속죄는 죄 용서와 새로운 언약의 시작을 선포하는 행위다. 더 나아가 마지막 만찬 사건 자체가 예수의 소명에 근거한 것이다. 그 소명은 예수가 기꺼이 세례자 요한이 선택한 길을 가고 환난의 고통을 감수하기로 한 결정을 말한다. 거룩한 식사를 통해 예수는 고통의 때가 끝나고 이스라엘의 회복이 시작되도록 자신의 목숨을 그의 백성

한, 거룩한 공간(성전)에 대한 권한, 잔치와 관련된 이미지(마지막 만찬)를 완전히 변경하는 권한, 관계 설정(공동체)에 관한 권한, 하나님 나라의 도래를 시사하는 행위를 수행하는 권한, 그리고 마지막으로는 마침내 하나님과 함께 앉아서 마지막 심판을 할 수 있는 권한에 대한 주장이라고 말할 수 있다."

340 Alexander, *Eden*, 139에 따르면 여기서 거룩 개념은 성서신학에서 가장 중요한 특징 가운데 하나가 되었다. "거룩 개념은 성서의 메타스토리에서, 특히 온 땅이 하나님의 성전 도시가 되어야 하는 하나님의 창조의 청사진의 완성을 이해함에 있어 매우 중요하다."

을 위한 희생제물로 내어줄 준비를 한다.

이제 마지막 만찬 내러티브가 성전 신학을 어떻게 반영하고 있는지를 살펴볼 필요가 있다. 손으로 만들지 않은 종말론적 성전의 구성원들 사이에서 행해진 이 성찬식은 어떤 식사인가? 성찬(Eucharist)의 신학에는 어떤 종류의 제사장적 특징들이 내재되어 있는가?

1. 피의 언약

성만찬 제정 말씀에 대한 주석적 분석은 쉽지 않다. 왜냐하면 그 말씀은 2천 년 동안 성찬식 예전에서 사용되어 왔기 때문이다. 성찬식의 의미에 대한 명확하고 뚜렷하게 고정된 해석들이 있으며 이 주제를 다루는 방식들은 확립되어 있다. 거룩한 식사는 대개 유월절 식사인 "페사흐"(pesach)로 여겨져 왔고 따라서 그 내러티브의 세부 내용들은 이 유월절 맥락에서 해석되어야 했다. 그런데 성전에서 어린 양들이 희생제물로 죽임당하는 바로 그 시간에 예수가 죽게 된다고 말하는 데는 시간상의 문제가 있다. 마지막 만찬은 유월절 양이 도살되기 전에 거행되었음이 확실하기 때문이다. 물론 유월절 내러티브가 성만찬 제정 말씀의 해석을 위해 분명히 중요하지만 함께 고려해야 할 다른 부분들도 있을 것이다. 희생제사 개념도 유월절 양의 죽음과 관련된 개념보다 더 넓다고 알려져 있다. 따라서 여기서는 다양한 해석의 가능성을 제시하려고 한다.[341]

---

341 마지막 만찬에 관한 다양한 설명 모두를 다루는 것은 본서의 목적이 아니다. 과거의 연구들에 관해서는 Jeremias, *Eucharist Words*를, 최근의 연구들에 관해서는 Stuhlmacher, *Biblische Theologie I*, 130-43; Betz, *Jesus*, 217-51; Marshall, "The Last Supper," in *Key Events*, 481-588; Pitre, *Jesus and the Jewish Roots of the Eucharist*를 보라. 과거의 논의를 전체적으로 정리한 연구는 예컨대 Feld, *Das Verständnis des Abendmahls*를, 좀 더 최근의 관점에 관해서는 Schröter, *Das Abendmahl*을 보라. 가장 최근의 학문적 논의에 대해서는

제2성전기 유대교 종말론에서의 일반적인 메시아적 이상과 비교하면 성만찬 제정 말씀은 매우 급진적이다. 예수는 그의 추종자들을 위해 자신의 살과 피를 희생할 준비가 되어있는 순교자로 나타난다. 그러나 그 만찬이 단순히 예수의 죽음을 예고하는 것으로만 설명될 수는 없다. 마가복음의 짧은 본문에서도 예수의 희생의 피는 "언약의 피"로 언급된다. 본문에 묘사된 내용은 강력한 신학적 해석의 영향을 받은 것으로 보인다.

> 그들이 먹을 때에 예수께서 떡을 가지사 축복하시고 떼어 제자들에게 주시며 이르시되 "받으라, 이것은 내 몸이니라" 하시고 또 잔을 가지사 감사기도하시고 그들에게 주시니 다 이를 마시매 이르시되 "이것은 많은 사람을 위하여 흘리는 나의 피 곧 언약의 피니라. 진실로 너희에게 이르노니 내가 포도나무에서 난 것을 하나님 나라에서 새것으로 마시는 날까지 다시 마시지 아니하리라" 하시니라(막 14:22-25).

성만찬 제정 말씀은 복음서마다 약간씩 다르게 보도된다. 당시에 예수가 실제로 했던 말을 정확하게 재구성하는 것은 사실상 불가능하다. 마태복음은 "죄 사함을 얻게 하려고" 흘리는 언약의 피에 대해 말한다(마 26:28). 이 마태복음의 어구는 예수의 원래 말씀일 수도 있고 아니면 마태 공동체의 해석일 수도 있다. 한편 누가복음은 바울 서신에 언급된 성만찬 제정 말씀(고전 11:24-25)을 따르고 있다. 바울 전승은 오래된 것이 확실하기 때문에 아마도 바울의 보도는 아람어로 전승된 말씀을 번역한 것일 수 있다. 바울 전승에 나타난 표현은 마가복음 전승과는 다르며 바울의 본문은 다소 예전

Barber, *Cultic Restoration Eschatology,* 591-675를 보라.

적이고 제도화된 느낌을 준다.[342]

> 내가 너희에게 전한 것은 주께 받은 것이니 곧 주 예수께서 잡히시던 밤에 떡을 가지사 축사하시고 떼어 이르시되 "이것은 너희를 위하는 내 몸이니 이것을 행하여 나를 기념하라" 하시고 식후에 또한 그와 같이 잔을 가지시고 이르시되 "이 잔은 내 피로 세운 새 언약이니 이것을 행하여 마실 때마다 나를 기념하라" 하셨으니 너희가 이 떡을 먹으며 이 잔을 마실 때마다 주의 죽으심을 그가 오실 때까지 전하는 것이니라(고전 11:23-26).

성만찬 제정 말씀에 나타난 여러 측면은 유월절과 출애굽 사건을 가리킨다. 물론 원래의 유월절 내러티브에서 가장 핵심적 주제는 피였고, 피의 상징성이 그와 관련된 신학을 규정한다. 피의 기호는 그 백성을 신적 진노로부터 구원했고 그 백성은 양의 살(몸)을 먹은 다음 약속의 땅에서 누리게 될 자유를 향한 여정을 시작했다. 페사흐 식사를 먹은 사람은 누구나 노예 상태에서 벗어나 구원을 받았다. 성만찬 제정 말씀에서 예수는 어린 양에 대해 언급하지 않고 대신 떡을 사용한다. 어린 양 개념은 희생의 피 가운데 암시되어 있기 때문이다.[343]

성만찬 제정 말씀 안에 있는 두 종류의 메타포인 떡과 포도주 및 몸과 피는 연결되어 있다. 이 단어들은 모두 각각 독립된 의미 영역에 속하지만

---

342 문학적 양식에 관한 논의는 Hagner, *Matthew II*, 771을 보라.

343 요한복음에서는 예수의 죽음에 대한 해석에 있어 어린 양이 독특한 기능을 한다. 뼈가 하나도 꺾이지 않았기 때문에 유월절 내러티브는 예수의 희생 죽음을 위한 성서적 증거로 간주된다. "'그 뼈가 하나도 꺾이지 아니하리라' 한 성서를 응하게 하려 함이라"(요 19:36). 더 나아가 이는 예수의 희생적 죽음이 이사야 전승에서 언급된 "고난 받는 종"이 자신을 내어주는 일과 같음을 확인하는 것이다. 참조. "그들이 그 찌른 자를 보리라"(요 19:37).

그럼에도 이것들은 상호 연결되어서 궁극적인 의미가 구성된다. 유월절 식사에서 떡을 떼기 직전에 어린 양이 식탁에 올려지기 때문에 떡은 유월절 식사의 "몸"을 의미할 수 있다. 이는 랍비 엘레아자르의 가르침을 보도하는 다음과 같은 미쉬나 본문에서도 발견된다. "그리고 성전이 있던 시대에 그들은 유월절 제물로 바쳐진 고기를 그에게로 가져오곤 했다"(m. Pesahim 10:3). 그 이후에 포도주에 대한 축사가 거행되었다. 위대한 랍비 가말리엘이 지적한 것처럼 떡에 대해서도 언급할 필요가 있었다. "누구든지 유월절과 관련된 이 세 가지 내용을 언급하지 않은 사람은 자신의 의무를 다하지 않은 것이 된다. 그 셋은 곧 유월절과 무교병과 쓴 나물이다"(m. Pesahim 10:5).[344]

구약성서에서 언약의 피는 중요한 개념이다. 이 개념은 유월절 내러티브에서만이 아니라 특히 시내산 내러티브에서도 유래한 것이다. "많은 사람을 위하여 흘리는" 피는 과거에 모세 자신이 제단과 이스라엘 백성을 향해 뿌린("끼얹은") 언약의 피라고 볼 수 있다.[345] 그러므로 언약의 피에 대한 마태복음의 묘사는 원래 모세가 피를 뿌린 행위를 명확하게 연상시킨다(마 26:28).

---

344   Jeremias의 획기적인 연구를 근거로 해서 Hengel and Schwemer, *Jesus*, 583은 유월절 식사를 가리키는 몇몇 요소의 목록을 제시한다. 유월적 식사는 확실히 축제에 해당했고 떡을 떼는 일이 식사의 핵심적 역할을 했으며 당연히 좋은 포도주가 제공될 것으로 기대되었고 그날 저녁 행사는 찬양 시편을 노래하면서 마치게 된다.

345   잔에 담긴 피는 제단에 뿌려진 피를 가리킨다. 포도주를 피와 동일시함으로써 피는 희생 제물이 된다. 예수는 자기의 피가 죄를 씻기 위해 제단에 "뿌려진다"(*ekcheō*)고 말한다. 미쉬나는 본래의 상황을 다음과 같이 자세하게 묘사한다. "이스라엘 사람 하나가 [유월절 양을] 도살하고 제사장 한 사람이 그 피를 받아 그것을 자기 동료에게 전달하면 그 사람은 또 다른 동료에게 전달했다. [제사장 각자는] 피가 가득 찬 그릇을 받고 빈 그릇을 돌려준다. 제단에 가장 가까이 있는 제사장은 단 한 번의 동작으로 [그 피를] 바닥을 향해 쏟는다.…[그동안 레위인들은] 찬양 시편[113-118편]을 선포했다"(m. Pesahim 5:6-7).

모세가 피를 가지고 반은 여러 양푼에 담고 반은 제단에 뿌리고 언약서를 가져다가 백성에게 낭독하여 듣게 하니 그들이 이르되 "여호와의 모든 말씀을 우리가 준행하리이다." 모세가 그 피를 가지고 백성에게 뿌리며 이르되 "이는 여호와께서 이 모든 말씀에 대하여 너희와 세우신 언약의 피니라"(출 24:6-8).

피의 언약에 관한 모세의 이야기는 계속해서 희생제사의 특징이 나타나는 제사장적 식사에 관한 장엄한 내러티브로 이어진다. 장로들은 하나님의 현존 앞에서 희생제물의 고기를 먹을 수 있게 허락된다. 구약성서 신학에서 피의 언약의 식사는 선택된 자들을 위해 예비된 식사로 이해되었다. 여기서 특이한 점은 하나님의 현존이 그 자리에서 식사하는 자들을 파멸하지 않았다는 사실이며 그들은 심지어 그들이 참석한 식사 자리를 통해서 하나님의 얼굴을 볼 수 있도록 허락되었다는 사실이다.

모세와 아론과 나답과 아비후와 이스라엘 장로 칠십 인이 올라가서 이스라엘의 하나님을 보니 그의 발아래에는 청옥을 편 듯하고 하늘 같이 청명하더라. 하나님이 이스라엘 자손들의 존귀한 자들에게 손을 대지 아니하셨고 그들은 하나님을 뵙고 먹고 마셨더라(출 24:9-11).

이러한 천상의 희생제의 식사에 대한 묘사에는 보좌(*merkabah*) 신비주의의 특징들이 나타나 있다. 이 이야기는 하나님의 산에서의 현현(theophany) 장면에서 절정에 이른다. 거기서 식사하는 자들은 신적 실체가 자신들에게 계시되는 환상을 경험한다. 하나님은 영광의 보좌 앞에 서 있었고 그 발아래에는 "청옥을 깔아 놓은 것" 같았다. 보좌에 대한 실제적인 묘사는 빠져 있고 오직 하나님의 발아래에 있는 기단만 묘사된다.[346] 대제사장이 지성소에서 피를 통해 보호받듯이 모세와 아론과 그 밖의 사람들은 속죄의 피에 의해 보호받는다.

이 이야기의 또 다른 중요한 특징들과 관련해서 시내산 기슭에 세워진 열두 개의 기둥이 있는 제단에 주목할 필요가 있다. 이는 우선적으로 언약의 식사를 가리키기 때문에 요점은 하나님 자신에게 있다. 구약성서에서 언약은 축제를 통해서 기념되는 경우가 많다(창 26:28-31; 31:44-54; 수 9:11-15; 삼하 3:20-21; 사 55:1-3; 시 81:9-16).[347] 더 나아가 이는 시편의 표현처럼 승리를 축하하는 잔치와도 같다. "주께서 내 원수의 목전에서 내게 상을 차려 주시고 기름을 내 머리에 부으셨으니 내 잔이 넘치나이다"(시 23:5). 신학적 의미에서 보면 위의 이야기는 언약을 위한 제물과 피의 맹세를 모두 묘사한다. 차일즈(B. S. Childs)는 "이스라엘은 하나님이 제공하신 것을 받아들임으로써 자기 하나님의 언약 안으로 들어가게 되었다"고 말한다.[348] 본문에 언급된 인물들은 그 상황에서 하나님의 존엄을 잘 알고 있었고 심지어 두려워하기도 했지만 자신들에게 나타난 이스라엘의 주님과 함께 하는 언약 공동체를 경험하게 된다.

모세의 이 이야기가 성찬의 특징들을 이해하는 데 도움이 될 수 있을까? 피의 언약이 통합하는 특징을 갖고 있음을 간과해서는 안 된다. 예수의 죽음은 새 언약을 가져오기 위해 드려진 희생제물이다. 예수의 피는 언약의 피다. 속죄와 용서의 중요성이 드러나는 신학에서 출애굽의 본래 내러

---

346 그것은 몇몇 학자가 추정한 것 같이 불투명한 (메소포타미아의) 청금석(*lapis lazuli*)으로 만들어진 것으로 마치 하늘 자체와도 같은 색상을 갖고 있었다.

347 언약 조인식에 관해 언급하면서 Childs, *Exodus*, 507은 바로 앞의 구절들을 지적한다. "이 구절들은 성서의 내러티브 안에서 지금의 위치에 있음으로써 선택된 증인들이 출 24:3-8의 언약 조인을 축하하는 성례전적 축제로 기능한다."

348 Childs, *Exodus*, 508.

티브는 적용되지 않는다. 피는 자비의 언약을 가리키는 기호다. 더 나아가 원래 희생제물이었던 것이 사람들이 먹는 음식으로 나타난다. 그리고 본문의 묵시적 배경이 그 식사를 계시적 사건으로 만든다. 하지만 성만찬 제정 말씀에서의 예수는 새로운 모세로 그려지지 않는다. 예수는 자신을 희생제물로 드림으로써 그의 공동체 안에 들어오는 모든 추종자에게 피의 언약을 수여한다.

성만찬 제정 말씀에는 유월절 식사의 세부사항이 자세하게 묘사되어 있으며 이와 함께 모세의 피의 언약에 나타난 특징도 드러나 있다. 피는 양쪽의 경우 모두에서 유월절 제물로 적용되는 "몸"(주검)을 의미하는 떡과 더불어 중요한 기호다. 그러나 성만찬을 구성하는 요소들을 생각해보면 정작 희생제물로 바쳐진 짐승은 존재하지 않는다. 유월절 식사에서 어린 양을 먹는 전통이 이어져 왔지만 이제는 어떠한 어린 양도 먹지 않는다. 그러므로 떡과 포도주를 특별히 통합하는 것에 관한 더 풍부한 내용을 더해줄 수 있는 다른 신학적 주제들을 고려해야만 한다. 이 가운데 하나인 언약 주제에는 성전 예배와 관련된 측면들도 존재한다.

2. 성전에서의 제사장적 식사

성찬 묘사에는 제사장과 관련된 몇몇 특징도 나타난다. 성만찬 본문에서 제의적 식사는 떡과 포도주로 이루어지는 식사다. 내러티브의 의미에서 보면 떡과 포도주가 주된 메타포가 되며 이 두 요소가 다른 곳에서는 핵심적 요소로 나타나는 어린 양의 중요성을 능가한다. 이는 우연의 일치일 수 없다. 성전에 바쳐지는 음식과 비교하면 성만찬 제정 말씀에는 흥미로운 유사점들이 있다. 성전 제물의 일부는 성막의 떡, 즉 진설병이었는데 이 진설병은 제사장들을 위해 마련된 제사 음식으로 간주되었다.

너는 고운 가루를 가져다가 떡 열두 개를 굽되 각 덩이를 십분의 이 에바로 하여 여호와 앞 순결한 상 위에 두 줄로 한 줄에 여섯씩 진설하고 너는 또 정결한 유향을 그 각 줄 위에 두어 기념물로 여호와께 화제를 삼을 것이며 안식일마다 이 떡을 여호와 앞에 항상 진설할지니, 이는 이스라엘 자손을 위한 것이요 영원한 언약이니라. 이 떡은 아론과 그의 자손에게 돌리고 그들은 그것을 거룩한 곳에서 먹을지니 이는 여호와의 화제 중 그에게 돌리는 것으로서 지극히 거룩함이니라. 이는 영원한 규례니라(레 24:5-9).

대제사장이 준비했던 제사장들을 위한 이 식사는 직무를 수행하는 모든 제사장에게 특별히 영예로운 행사였다. 제사장들은 영광의 식탁에 놓인 특별한 제사 음식인 진설병과 헌주로 드려진 포도주를 먹고 마실 수 있었다. 제물의 "가장 거룩한 부분"에 참여하면 그것을 먹는 자들은 거룩해졌다. 레위기 21장에 묘사된 세부 내용 중 일부는 이 거룩한 식사에 관한 우리의 이해를 넓혀준다. "흠이 있는 자"는 누구든지 제단 자체에 가까이 가도록 허락되지 않았다. 그럼에도 불구하고 흠 있는 그 사람은 제사장의 식사에 참여하도록 허용되었다. "그는 그의 하나님의 음식이 지성물이든지 성물이든지 먹을 것이다"(레 21:22).[349]

제사장적 특징이 나타난 거룩한 식사 개념은 쿰란 공동체의 전승에서도 잘 알려져 있다. 사해문서에는 예루살렘 성전에서 시행된 제사장적 식사와 유사한 쿰란 공동체의 거룩한 식사에 관한 묘사가 있다. 쿰란 집단은 사독 계열에서 이어진 독특한 제사장적 종파였기 때문에 자신들의 거룩한 식사를 예루살렘에서의 제사장적 식사와 동일한 차원으로 이해할 수 있는

---

[349]   이에 관해서는 특히 Pitre, *Jewish Roots*, 118-33을 보라.

충분한 이유가 존재한다. 사해문서는 쿰란 집단의 완전한 구성원들에게만 개방된 공동체의 식사에 중점을 두고 있다.

쿰란 집단의 공동체 식사에 대한 묘사는 예루살렘 성전에서 행해진 제사장적 식사를 연상시킨다.[350] "그리고 그들이 식사할 상을 준비하거나 그들이 마실 포도주를 준비할 때에는 먼저 제사장이 손을 내밀어 떡 또는 그들이 마실 새 포도주의 첫 결실을 축복해야 한다"(1QS VI.4-6). 여기서는 단지 떡과 포도주만 언급된다. 이어서 이 식사는 종말론적 만찬으로 제시되는데 그 만찬은 약속된 메시아가 도래할 때의 이스라엘의 갱신에 초점을 맞춘다. 종말론적 내용을 담고 있는 「회중의 규칙」(1QSa)의 저자는 맨 먼저 공동체의 의회에 대해서 언급하는데 이 의회는 "명망 있는 사람들, 곧 총회에 소집된 사람들이자 사독의 후손인 제사장들의 권위 아래 있는 이스라엘의 공동체 의회 결성을 위해 모인 자들"로 구성되어 있었다(1QSa II.2-3). 이들은 메시아적 인물의 출현을 대망했던 집단이다. "이는 명망 있는 자들의 총회이며 [하나님이] 그들과 함께 메시아를 보내실 때 공동체 의회의 모임을 [위해 소집된 자들이다]"(1QS II.11-12). 이스라엘의 메시아의 등장은 메시아의 권능의 날을 나타내는 계시적 행위에 해당한다. 이 점은 메시아 출현에 관한 기호들이 해석되면서 분명하게 드러나며 특히 메시아의 임재를 통해서 언약의 식사와 유사한 잔치로 이어질 것이라는 사실을 통해서도 명확하게 밝혀진다.

그리고 그들이 공동체의 식탁에 모일 [때] 또는 새 포도주를 [마시기 위해 모일 때] 그리고 공동체의 식탁이 준비되고 [또] 그들이 마실 새 포도주가

---

350   쿰란 공동체의 공동 식사에 관해서는 예컨대 Kuhn, *The Scrolls*, 67-72를 보라. 또한 Ringgren, *Qumran*, 215-21의 표준적인 설명은 여전히 유용한 내용을 제공해준다.

[섞일 때] [누구도] 제사장보다 먼저 떡과 [새 포도주]의 첫 결실을 향해 손을 [내밀어서는 안 된다]. 왜냐하면 제사장은 떡과 새 포도주의 첫 결실을 축[복하는 사람이고] 또 그들보다 앞서 떡을 향해 그의 손을 [내밀어야 할] 사람이기 때문이다. 그 후에 이스라엘의 메시아가 떡을 향해 그의 손을 내밀 것이다(1QSa II.17-21).

쿰란 공동체의 내러티브는 성만찬에 대한 복음서의 이야기와 놀라울 정도로 유사하다. 제사장적 식사는 성전에서 직접 먹는 식사를 모방한 것으로서 그것은 희생제의적 성격을 갖고 있으면서 이스라엘의 회복의 날을 지시하고 있다. 이를 통해 추론할 수 있는 단 하나의 결론은 제2성전기 당시에 성전 관습 및 제사장적 특권에 관한 전승들이 살아있었다는 것이다. 더 나아가 쿰란 문서의 전쟁 두루마리에 나타난 환상에서 쿰란 공동체의 언약자들(covenanters)은 마지막 때에 하나님이 "그의 모든 회중을 속죄"하고 신앙인들로 하여금 성전 안에 진설병이 놓인 "그의 영광의 식탁"에서 진설병을 먹게 하실 것이라고 믿는다(1QM II.1-6).[351]

제사장적 식사의 요소들이 쿰란 공동체의 종말론으로 바뀌었다는 점은 매우 놀라운 점이다. 이는 우선적으로 유대교의 신학자들이 성전 이데올로기의 가장 신성한 주제들조차도 자유롭게 재해석할 수 있었음을 보여준다. 그 자유로운 해석에 충분한 정당성이 있으면 그 주제들은 쉽게 새로운 맥락으로 옮겨질 수 있었다. 예수의 가르침에서도 분명히 이러한 전환이 이루어졌다. 예수는 제사장 전승을 채택하여 그것을 회복 종말론에 적용했다. 하지만 예수의 행위에 드러난 신학적 내용은 쿰란 공동체의 식사

---

351   이 본문은 쿰란 공동체에서 종말론적 식사가 제사장적 식사로 이해되었음을 보여주는 가장 중요한 구절 중 하나다. Pitre, *Letter & Spirit 4* (2008), 79.

관련 신학을 넘어선다. 제사장적 식사 행위가 갖는 대속의 능력에 관한 토대가 바뀌었다. 예수 자신의 몸과 피를 통한 희생제사가 종말론적 속죄의 원천이 되었다.[352]

또 다른 고대 문헌인 「요셉과 아스낫」은 창세기 41:45 본문을 기초로 상상력을 동원하여 만들어진 내러티브인데 여기서는 거룩한 식사가 유대교 신앙의 정체성의 중심 역할을 한다. 이 이야기의 어떤 부분이 그리스도인에 의해 첨가된 것인지에 대한 평가는 더 이상 가능하지 않다. 하지만 많은 학자는 떡과 포도주로 이루어진 거룩한 식사에 중심을 두고 있는 이 이야기의 뼈대가 철저하게 유대교 사상을 반영한다고 생각한다. 이 내러티브에서 이집트로 끌려간 요셉은 과거에 자기 아내였던 아스낫을 위해 기도하면서 그녀를 축복해달라고 하나님께 요청한다. "그(아스낫)가 당신의 생명의 떡을 먹고 당신의 축복의 잔을 마시게 해주옵소서"(「요셉과 아스낫」 8:11). 이 이야기는 아스낫의 개종에 관한 것이므로 천사장 미가엘이 마침내 나타나 다음과 같이 새로운 믿음을 인정해준다. "보라, 오늘부터 너는 새롭게 되며 새로운 형상을 갖고 다시 살게 될 것이다. 그리고 너는 생명의 복된 떡을 먹고 불멸의 복된 잔을 마실 것이다…"(「요셉과 아스낫」 15:5). 유대교 전통을 전체적으로 보면 우리는 쿤(Kuhn)이 지적했듯이 이런 식사가 이루어진 적절한 정황은 쿰란 공동체의 관행에서 찾아볼 수 있다. 이런 본문들이 초기 기독교의 예전에서 많이 활용되었겠지만 그 본문들의 기원이 유대교 사상에서 유래한다는 사실은 이전 시대의 유대교의 "제사장적" 식사와 주

---

352 Jeremias, *Eucharistic Words*, 32가 취하는 입장 같이 쿰란 공동체의 식사를 성찬식 같은 방식의 모종의 성례전적 식사의 한 유형으로 여기지 않도록 주의해야 할 것이다. 그럼에도 불구하고 유대교 사상에서 제의적 식사의 의미를 제사장적 맥락과 함께 이해하는 것이 전혀 어렵지 않다는 점을 기억할 필요가 있다.

의 만찬 사이에 지속적인 관련성이 있었음을 확인해준다.[353]

떡과 포도주로 이루어진 제사장적 식사가 구약성서에 토대를 두고 있다는 흥미로운 사실은 아론 계열에 속하지 않은 다른 제사장 계열의 인물의 등장을 통해서도 확인된다. 아브라함은 그돌라오멜에게 승리를 거두고 귀환할 때 특별한 임무를 맡은 한 사람의 제사장을 만난다. "살렘 왕 멜기세덱이 떡과 포도주를 가지고 나왔으니 그는 지극히 높으신 하나님의 제사장이었더라"(창 14:18). 따라서 랍비 전승에서 멜기세덱이 준비한 음식이 제사장적 식사의 의미로 해석되는 것은 놀랄만한 일이 아니다. 여기서 떡은 진설병을, 포도주는 헌주를 암시한다.[354] 이러한 구절들은 떡과 포도주로 이루어진 거룩한 식사가 구약성서 시대와 제2성전기 유대교 사상에서 익히 알려져 있었던 주제임을 말해준다. 예수의 가르침에서도 이런 관점과 유사한 점이 나타난다고 볼 수 있을까?

주기도문에 나타난 의문스러운 표현인 "매일의 양식(떡)"(*artos epiousios*)은 구약성서의 성전 관련 본문들(특히 출 39:36과 70인역 출 39:17에 언급된 "진설병")에 표현된 제의적 진설병(히브리어 *leḥem hapānim*, 이는 70인역 출 39:17에서 "진설된 떡"[*artos ho prokeimenos*]으로 번역되었다)을 간접적으로 지시한다고 볼 약간의 가능성이 있다. 신약성서에서 오직 주기도문에서만 나타난 이 어렵고 희귀한 단어를 설명하려는 많은 노력이 있었던 것은 당연한 일이다(마 6:11과 눅 11:3에 등장하는 그 단어의 출처는 아마도 Q일 것이다. 이후에 나타난 유사한 언급들은 이 본문들에서 기원한 것이다).[355] 설명하기 아주 까다로운 한 단어가 다른 단어로 대체되지 않은 채 이 중요한 기도문에 남아 있다는 사실

---

353   Kuhn, *The Scrolls*, 74-75.

354   Pitre, *Jewish Roots*, 127도 그렇게 생각하며 *Gen. Rab.* 43:6을 언급한다.

355   다양한 해석의 가능성에 관해서는 Hagner, *Matthew I*, 149-50과 W. Bauer의 그리스어 사전 제2판의 *epiousios*에 대한 설명을 보라.

자체가 우리로 하여금 무언가 새로운 영감을 통한 새로운 해석을 시도하게 만든다. 분사 "우시오스"(*ousios*)는 존재를 가리키는 단어인 "에이미"(*eimi*)동사에서 파생한 것으로, 이는 보통 다가오는 날을 가리키는 표현으로 여겨져 왔다.[356]

여기서 첫 번째 문제는 존재를 의미하는 분사가 "떡"을 가리키는 단어에 연결되고 사실상 "날"이라는 단어를 가리키지 않는다는 점에 있다. 그러므로 지배적인 해석 방식에 적용된 어구 구성(*hē epiousa hēmera*, "우리 앞에 놓여 있는 날")은 의도적인 것으로 보인다. 그럼에도 불구하고 그 본래의 의미가 순전히 신학적 자료에서 유래했을 수도 있다. 만일 예수가 새로운 성전의 제사장적 특징을 강조하려고 했다면 그는 성전 예배의 관행과 관련하여 유대인들이 익숙하게 알고 있던 희생제사의 식사를 언급했을 수도 있다.

새로운 발상의 출발점을 위한 가장 중요한 언어상의 논거가 민 4:7에서 발견되는데 여기서 "매일의 떡"(*leḥem hatāmid*)이라고 언급된 진설병(bread of Presence, 임재의 떡)은 나중에 70인역 구약성서에서 "계속되는 그 떡들이 [그 상위에 있게 될 것이다]"(*hoi artoi hoi dia pantos* [*ep' autēs esontai*])로 번역되었다.

> 진설병의 상에 청색 보자기를 펴고 대접들과 숟가락들과 주발들과 붓는 잔들을 그 위에 두고 또 항상 진설하는 떡을 그 위에 두고…(민 4:7).[357]

---

356 학자들은 그리스어를 모국어로 사용했던 교부 오리게네스가 이 단어는 존재를 의미하고 반드시 "날"을 가리키는 것은 아니라고 생각했다는 점을 자주 강조했다. Mundie, *Dictionary 1*, 251을 보라.

357 내가 민 4:7 구절에 주목하게 된 것은 핀란드의 구약학자이자 언어학자인 나의 동료 Matti Liljeqvist 덕분이다. 해당 구절에 관한 마소라 본문을 더 정확하게 따르고 있는 영어 성서 NIV의 번역이 NRSV의 번역보다 더 적절하다. NRSV는 설명과 단어를 첨가했

상번제 떡(마소라 본문에는 단순히 "진설상"으로 언급된다)인 진설병(참조. 출 25:30)은 영광의 황금 식탁 위에 놓이는(*ep' autēs esontai*) 떡이며 따라서 "매일의 양식"(떡들)(*artoi epiousioi*)으로 불렸을 수도 있다. 이러한 연관성을 주장하려면 진설병을 단순히 "진열된 떡"이라고 일컬었던 유대인들의 관습이 존재했는지를 밝혀야 한다. 공관복음 전승에서 그러한 관습이 있었음을 암시하는 사례가 발견되는데 그것은 다윗과 그의 일행이 성소에서 음식을 찾다가 거룩한 떡을 먹은 일에 관한 내러티브다(막 2:25-28). 모든 복음서는 이 음식을 가리켜 "호이 아르토이 테스 프로테세오스"(*hoi artoi tēs protheseōs*), 즉 "진열된 떡들"이라고 표현한다(참조. 70인역 삼상 21:7). 이 부분이 중요한 이유는 구약성서에서 그 상 자체가 "진설병 상"(*trapeza tēs protheseōs*)으로 불리기 때문이다(70인역 출 39:17; 참조 마소라 본문 출 39:36). 한편 떡은 신약성서에서와 똑같이 "진설병"(*artoi tēs protheseōs*)이라고 언급된다(70인역 출 40:23). 이 해석에 따르면 "매일의 떡"'(*artoi epiousioi*)은 70인역의 "진설병"(*artoi tēs protheseōs*)이라는 표현을 그리스어로 적당하게 번역한 말이라고 설명할 수 있다. 언어적 측면에서 보면 그 의미는 모두 동일하다.[358]

따라서 신약성서 본문이 "아르토스 프로케이메노스"(*artos prokeimenos*, 진설된 떡)라는 표현을 그대로 사용하지는 않았지만 "진설된 떡"이라는 관습적 표현을 통해 하나님의 현존 앞에 놓인 거룩한 떡을 가리켰다고 볼 수 있을 것이다.[359] 더 나아가 다윗 이야기는 예수가 새로운 왕국에서 매일 먹

는데 예컨대 "차려 놓는 상" 대신에 "진설병 상"이라고 번역함으로써 "떡"이라는 단어를 추가한다.

358 사실상 이는 70인역에서 자주 발견되는 표현이다. 대상 9:32; 23:29; 28:16; 대하 4:19; 13:11; 29:18; 또한 후대의 마카베오상 1:22; 마카베오하 10:3 참조.

359 Bauer-Arndt-Gingrich-Danker의 그리스어 사전에서 보듯이 마 6:11에 대한 시리아어 번역은 아주 흥미로운데, 이 사전은 그리스어 *epiousios*를 *amin*으로 번역한다[또 그리스어 *artos*를 *laḥm*으로 번역한다]. 이 아람어 어휘들은 또한 히브리어 *leḥem*과 *tāmid*를 번역하는 데 사용되었으며[이 두 단어는 시리아어 주기도문 본문을 제외하고는 오직 민

을 양식이 하나님으로부터 공급되며 자신의 공동체로 이루어진 성전은 언제나 거룩한 떡, 곧 진설병이라고 이해했음을 암시한다. 따라서 예수가 가르쳐 준 기도는 표면상으로는 단순히 우리의 일상적인 음식과 개인적인 죄를 가리키지만 그 심층 구조는 성전 담론을 반영하는 제사장적 기도—오늘 우리에게 "진열된 떡"을 주시고 우리 죄를 용서해주소서—일 것이다. 이러한 배경을 가정하면 마지막 만찬에서 예수가 이 이미지를 사용해서 자기 손에 들린 떡을 자기의 추종자들에게 거룩한 식사로 주어질 자신의 몸, 곧 거룩한 제물로 취급했다는 것이 전혀 이상하게 보이지 않았을 것이다.[360]

비록 모든 세부 내용과 근거가 확실한 것은 아니지만 예수가 성만찬을 제정할 때 제사장적 전통을 염두에 두었다고 결론을 내려도 무방할 것으로 보인다. 예수는 제사장적 식사의 원리들을 채택하여 종말론적 만찬에 적용한다. 예수는 하나님이 보내신 대제사장처럼 희생제사 음식을 나누어주며, 몸과 피로 이루어진 제물은 속죄를 가능케 한다. 유월절 식탁은 새로운 성전의 지성소에 놓인 황금 식탁이 된다. 새로운 진설병을 제공하는 제사장적 식사를 제정함으로써 예수는 예루살렘에 있는 타락한 성전을 대체할 종말론적 성전의 출범을 선포한다. 이스라엘의 회복이 시작되고 새로운 공동

4:7에서만 함께 나타난다(이는 Liljeqvist 또한 지적하는 내용이다)], *artos epiousios*는 늘 있는 떡, 즉 진설병으로 이해되었던 것이 분명하다. 이런 번역은 전적으로 어원에만 충실하게 번역한 것으로 보이는 페쉬타("우리의 필요를 위해")와 히에로니무스("일용할 양식"[*panis supersubstantialis*])의 번역 같은 초기의 번역과는 다르다. *epiousios*에 대한 Bauer의 그리스어 사전의 설명을 보라. 이런 배경에 관해서는 오래전 논문인 Hadadian, *NTS* 5 (1958-59), 81의 주장을 참조하라. "본문은 '오늘(또는 매일) 우리 앞에 계속되는 떡을 주옵소서'로 해석되어야 한다." 이미 지적된 것처럼 시리아어 번역이 올바른 의도를 잘 유지했을 수는 있지만 그리스어 번역의 배후에 있는 본래의 의미는 다른 것이었다.

360 새 관점을 주장하는 학자들 가운데 Barber, *Cultic Restoration Eschatology*, 141-43은 진설병에 대해 간략하게 분석하고 있다. 하지만 그는 더 자세한 해석으로 발전시키지 않고 단지 주의 만찬과 진설병 사이에 "제의적 인유들"(cultic allusions)이 있다고 말한다 (640).

체는 주님과의 새로운 관계 속에서 산다. 갱신된 백성은 성전의 제사장들 같으며 그들은 성령의 능력을 힘입어 살아간다. 구약성서에 묘사된 떡과 포도주로 이루어진 제사장적 식사는 이 내러티브를 잘 뒷받침한다.[361]

그런데 여기서 우리는 어떤 종류의 종말론적 잔치를 생각해야 하는가? 마지막 만찬의 기본적 성격을 밝혀줄 수 있는 한 가지 측면이 더 있다. 유월절 식사는 성전에서 어린 양들이 희생제물로 바쳐지기 전에 거행된 것이 확실한 예수의 마지막 만찬 메타포의 출발점 역할을 하고 그 마지막 만찬의 일반적 배경이 된 것은 제사장적 식사 전통이라고 볼 수 있는데, 이런 거룩한 식사에 관해 좀 더 단순하게 설명할 수도 있다. 구약성서(레 3:1-17)에 기원을 둔 감사 제사의 한 부분이었던 유대교의 표준적인 절기와 식사가 존재했다. 게제(Gese)는 성만찬 제정 말씀에서 발견되는 모든 요소가 "토다"(tôdā, "감사") 제사에 포함되어 있다고 주장했다. 구약성서에서 토다는 극도의 위기 상황에서 주님으로부터 구원을 받은 후에 하나님께 드리는 제사였다(레 7:12-13). 그 제사는 죽음에서 벗어난 사람이 새롭게 존재하게 된 것을 기념한다. 그 제사 자체는 짐승과 무교병을 모두 포함했다. 또 이 제사에는 성전의 제사장들과 함께 먹는 거룩한 식사가 동반되었다. 이 식사는 성전 공동체와의 친교 및 하나님과의 평화(shalôm)의 상태의 회복에 공헌한다. 시편의 많은 시는 원래 이와 비슷한 정황과 관련된다(특히 시 22편; 116편). 게다가 감사 제사는 구원의 제사로 불린다(대하 33:16; 70인역은 "구원과 경배의 제사"[thysia sōteriou kai aineseōs]로 번역한다). 시편 116편은 그 잔치의 특별한 특징 하나를 언급한다. "내가 구원의 잔을 들고 여호와의 이름을

---

361   이러한 생각을 발전시키고 나서 몇 년 뒤 나는 Pitre가 비슷한 해석에 관한 책 한 권을 썼다는 것을 발견하고 고무되었다. Pitre, *Jewish Roots*, 142-44를 보라. "그것은 또한 예수 자신의 임재의 떡인 **진설하는**(of the Presence, 임재의) **새로운 떡과 포도주**의 제정이었다"(143. 강조는 원저자의 것임).

부르리이다"(시 116:13). 따라서 이 감사 잔치는 바울이 고린도전서에서 말한 바로 다음과 같은 특징을 포함한다. "축복의 잔(*potērion tēs eulogias*)은 그리스도의 피에 참여함이 아니냐?(*ouchi koinōnia estin tou haimatos tou Christou*)"(고전 10:16; 참조. 눅 22:20). 다음 절에서는 친교가 다음과 같이 강조된다. "많은 우리가 한 몸이니 이는 우리가 다 한 떡에 참여함이라"(고전 10:17).[362]

그러므로 감사 제사는 하나님과의 친교 및 신앙고백 공동체와의 친교 주제를 연결하며, 또 무교병과 구원의 잔이라는 거룩한 제물에 참여하는 개념과 정확히 같은 토대를 기초로 한다. 시편 116편 자체는 고난과 주님의 도움 모두에 대한 **기억**(*anamnēsis*)으로서의 기능을 한다. 이는 바울 및 누가의 전승에서 잘 알려진 특징이기도 하다(참조. 고전 11:24; 눅 22:19). 더 나아가 토다는 어의상 **고백**(*exomologesis*)을 가리킨다(수 7:19). 이 두 측면이 왜 초기 그리스도인들이 성만찬을 공동체의 과제의 중심적 부분으로 믿었는지를 설명해준다. "너희가 주의 죽으심을 그가 오실 때까지 전하는 것이니라"(고전 11:26). 마지막으로 이 전승에는 종말론적 특징이 있다. 이사야 51:3에서 구원의 제사는 유배 생활에서 풀려난 것에 대한 감사를 의미한다. 그것은 신약성서의 여러 본문에 뚜렷이 나타나는 종말론적인 특질을 갖고 있다. 새 언약의 시작은 하나님의 종말론적 왕국이 시작되는 것을 의미한다.[363]

따라서 성만찬 제정 이야기에는 여러 개의 주제가 얽혀 있다. 예수와 그의 제자들은 이스라엘이 포로 상태에서 해방된 사건을 기억하는 유월절 식사 자리에 앉아 있다. 예수는 일어서서 독특한 권위를 갖고 제사장적인 행위를 수행한다. 이 종말론적 구원자는 제의적 식사를 베풀고 제자들은

---

362   Gese, *Vom Sinai zum Zion*, 190, 197–98.

363   Gese, *Vom Sinai zum Zion*, 199를 보라. 참조. Stuhlmacher, *Biblische Theologie I*, 140–41.

자신들의 죄를 속하고 그들을 새로운 공동체의 제사장들로 만드는 제사에 참여한다.[364] 이제 그들은 하나님의 성전에서 제물로 드려지는 음식을 먹을 수 있게 되었고, 오직 바로 그날 저녁에 도살되기 위해 남겨진 예수 자신의 몸과 피에 근거해서 거룩함이라는 선물을 받게 된다. 바로 이날의 유월절에 사람들이 타락한 세상을 떠나 다윗 가문의 메시아의 공동체 안에서 약속의 땅을 발견할 때 새로운 출애굽이 시작된다.

3. 희생제사 참여에 대한 바울의 해석

다음으로는 바울의 신학을 다루어야 하는데 왜냐하면 이 사도 역시 성전에서의 식사와 그리스도인들의 성찬 사이의 관계를 다루고 있기 때문이다(고전 10장). 바울은 신자들이 제사 음식을 먹으면 그것은 곧 제의에 직접 참여한 셈이라고 말한다. 신앙인들은 성전에서의 제사 음식을 먹는 제사장들의 역할을 한다. 또한 바울은 그리스도 안에서 신앙인들은 주님과 함께, 그리고 신앙인들 서로가 "한 몸"(hen sōma)을 이루게 된다고 주장한다. 바울 서신의 다른 본문들에서도 유사한 메타포가 나타나는데, 그 본문들 또한 성전과 관련된 용어들을 활용하면서 종말론적 구원의 성전을 나타내고 있다.[365]

> 우리가 축복하는 바 축복의 잔은 그리스도의 피에 참여함(koinōnia)이 아니며 우리가 떼는 떡은 그리스도의 몸에 참여함(koinōnia)이 아니냐? 떡

---

364 이러한 해석이 점점 입지를 확보하고 있다. Pitre, *Letter & Spirit 4* (2008), 79; Alexander, *Eden*, 134; Hamilton, *God's Glory*, 378을 보라. 또한 Hahn, *Letter & Spirit 1* (2005), 126을 참조하라.

365 바울의 진술과 복음서에 나타난 성만찬 제정 말씀 사이의 관계에 관해서는 특히 Betz, *Jesus*, 217-18을 보라.

이 하나요 많은 우리가 한 몸이니 이는 우리가 다 한 떡에 참여함이라. 육신을 따라 난 이스라엘을 보라. 제물을 먹는 자들이 제단에 참여하는 자들(*koinōnoi*)이 아니냐? 그런즉 내가 무엇을 말하느냐? 우상의 제물은 무엇이며 우상은 무엇이냐? 무릇 이방인이 제사하는 것은 귀신에게 하는 것이요 하나님께 제사하는 것이 아니니 나는 너희가 귀신과 교제하는 자(*koinōnous*)가 되기를 원하지 아니하노라(고전 10:16-20).

바울의 신학에서 성찬은 예루살렘 성전에서의 제사장적 식사와 완벽하게 병행된다. 바울은 고린도 교인들에게 성전의 제사장들이 대제사장과 함께 제사 음식을 먹을 수 있도록 허락되었음을 상기시킨다. 옛 언약의 종들에게 있어 떡과 포도주로 구성된 식사는 성전 안에서 먹는 제사 음식이었다. "성전의 일을 하는 이들은 성전에서 나는 것을 먹으며 제단에서 섬기는 이들은 제단과 함께 나누는 것을 너희가 알지 못하느냐?"(고전 9:13) 마찬가지로 새 언약의 신자들 역시 그리스도의 종말론적 성전의 제사장들이며 따라서 공동체 안에서 제사 음식을 먹도록 허락된다.[366]

하지만 제단에 참여함(*koinōnia*)은 단순히 성전 예배에 공동으로 참여하는 것만을 가리키지 않는다. 그런 해석 방식은 바울이 제물과 제단 모두에 대해 말하는 이유를 설명하지 못한다. 제사장들이 자신들과 백성의 죄를 위해서 바쳐진 고기나 떡을 먹음으로써 제사에 참여한다는 것은 곧 그들이 제사 행위 자체와 그 결과인 죄 용서에 참여한다는 것을 의미한다. 바울이 제사장적 행위를 그리스도인들의 주의 만찬 예식과 병행을 시켰던 이

---

366   학자들은 이러한 참여 개념의 특징을 다양한 방식으로 논의한다. Thiselton, *1 Corinthians*, 772는 "희생 제단에서의 친교적 참여"를 말한다. 이 해석 방식이 취하는 관점은 부정적이다. 즉 거기에 참여하는 자들은 악마의 힘에 노출될 수도 있다는 것이다(특히 775를 보라). 오히려 긍정적 차원의 해석이 더 적절해 보인다. 즉 바울은 유대인 제사장들이 이미 성전 제사에 참여했음을 가리키고 있다. Betz, *Jesus*, 236-39를 보라.

유는 이러한 방식으로만 설명될 수 있다. 신자들은 그리스도의 제사에 참여하며 그들의 죄는 용서받는다.[367]

이 구절에는 실제로 신자들이 제사에 참여(koinōnia)하는 방법에 관한 세 가지 다른 예가 제시된다. 그들은 성찬(Eucharist)에서 그리스도의 피에 "참여한다." 이스라엘의 제사장들은 성전의 제물을 먹음으로써 "제단에" 함께 참여한다. 그리고 이와는 정반대로 우상숭배자는 악마의 동반자가 되는데, 이를 더 정확히 표현하자면 그러한 사람은 우상의 배후에서 일하는 악마에 "참여"하는 자가 된다. 그리스도의 희생제사는 속죄를 제공하고 그 제물을 먹는 자에게 유익을 주지만 또한 그러한 참여를 통해서 그 제물은 그들의 일부가 된다. 우상에게 바친 제물을 먹는 일이 위험한 것은 바로 이러한 참여(또는 심지어 소유) 개념 때문이다. 악마적인 세상과 악령들에 참여할 위험은 항상 존재한다. 계속해서 바울은 두 종류의 참여가 있다고 주장한다. "너희가 주의 식탁과 귀신의 식탁에 겸하여 참여하지 못하리라"(고전 10:21).

여기서 흥미롭게도 바울은 유대교의 제사장들이 제단에 참여한다고 말한다. 성전에서 드리는 예배는 제사장들을 하나님과 하나가 되게 만드는 실제의 제사에 참여하는 것을 의미한다. 바울의 수사에서 바로 유대교의 이 원형이 성찬의 정확한 의미를 설명해준다. 신자는 거룩한 성찬을 통해 그리스도 자신에게 참여할(metechein) 것이다. 성찬을 통해서 신자들은 그리스도 안에서 하나님과 하나가 되고 "한 몸"이 된다(고전 10:17). 이렇게 해서 성찬은 한편으로는 속죄와 용서의("너희를 위하는") 식사이고 다른 한편으로

367　Ciampa and Rosner, *1 Corinthians*, 478은 다음과 같이 지적한다. "'제단에 참여함'이라는 언급을 통해 바울이 명확하게 가리키는 것은 제단으로부터 취한 음식을 먹는 자들은 그곳에서 바쳐진 제물을 통해 제사를 드린 자들로 간주된다는 사실이다(그리고 그들은 그 제물의 효능을 통해서 유익을 볼 것을 기대했다)."

는 새 언약, 즉 "내 피로 세운 새 언약"이다(고전 11:24-25). 성찬의 기본적인 성격은 희생제사 사건에서 유래하며 그것은 신자들을 새로운 정결 안에서 하나님과 하나가 되게 한다.[368]

토다 제사를 살펴보면 이 측면이 강조되고 있다. 신성한 식사에 참여하는 자들은 감사 제사에 참여하며 그들과 예배 공동체 간의 친교가 확인된다. 그리스도에 참여하는 것(*koinōnia*)이 공동체에 참여하는 것(*koinōnia*)으로 이어진다는 바울의 말은 이런 의미다. 그리스도의 고난을 기억하며 거행되는 주의 만찬은 감사로 충만한 구원의 잔치가 된다. 그것은 이스라엘의 회복을 상징하는 거룩한 식사이기 때문에 또한 부활의 잔치이기도 하다. 주의 만찬은 부활한 분의 토다라는 게제의 결론은 옳은 주장이다.

바울은 성찬에 관한 이전의 신학을 수용해서 성만찬 제정 말씀에 암시된 특징들을 이어나가고 그것을 한층 더 발전시킨다. 희생제물을 먹는 것은 사람들을 영적 세계와 연합하게 만들고 심지어 신성과 결합하게 만든다. 구약성서의 제사장들은 주님이 거주하는 장소에서 신적인 세계에 참여할 수 있는 권한을 부여받는 특권을 누렸다. 속죄의 상징인 희생제사는 그들의 죄를 제거했으며 이런 의미에서 그들을 일시적으로 천상의 낙원으로 데려갔다. 바울은 이와 유사한 주제들에 대해서 논했지만 그것들을 그리스도인의 상황에 맞게 적용하며 전개한다. 성찬에 참여한 신자들은 속죄의 만찬을 먹는다. 그들의 죄는 용서되고 그들에게는 옛 언약 아래서 제사장들이 제단에 참여할 때 누렸던 것과 같은 지위가 부여된다. 새 언약의 실재에서 신자들은 그리스도에 참여하며 그의 몸의 지체가 된다. 이 점에서 바울의 신비주의적 기독론은 성만찬 제정 말씀에 관한 신학에서 유래했을

---

368   참여 개념은 성찬과 관련된 바울신학에서 핵심적인 특징으로 여겨져 왔다. 이에 관해서는 Betz, *Jesus*, 223을 보라.

가능성이 있다.

4. 환난의 마지막 희생자

우리는 마지막 만찬 배후의 신학을 이해하는 데 유배와 회복의 메타내러티브가 매우 유용하게 적용됨을 알 수 있었다. 실제로 이 메타내러티브는 이 분석에서 중심 역할을 한다. 따라서 이 출발점은 매우 유용하다. 필연적으로 예수의 죽음을 가리키는 마지막 만찬 장면은 환난의 시대의 종결을 알려주는 최종적인 기호 역할을 한다. 예수의 수난의 때가 가까이 왔고 예수는 곧 그의 선구자인 세례자 요한이 갔던 길을 따라가게 될 것이다. 마지막 만찬에서의 예수의 말씀은 갑작스러운 것으로 여겨지지 않는다. 왜냐하면 수난에 관한 (물론 다소 수수께끼 같은) 많은 말씀을 통해서 예수는 그의 추종자들에게 고난의 절정을 경험할 준비를 시켰기 때문이다.

더 나아가 성만찬 제정 말씀은 영적인 유배 상태와 하나님의 진노 아래 살고 있는 이스라엘의 속죄를 가져오기 위해 하나님의 종이 반드시 죽어야만 한다고 진술한다. 구속이 없이는 어떠한 회복도 불가능하다. 마지막 만찬 장면은 매우 노골적으로 희생제물에 대해 말한다. 예수는 인간을 대신하여 자신의 몸과 피를 제물로 바친다. 이것이 없이는 성만찬 제정 말씀은 무의미하다. 예수의 그런 선포의 근본적인 이유는 마가복음 10:45에서 언급된 것처럼 인자가 자기 백성을 위해 자기 목숨을 내어주어야만 한다는 데서 찾을 수 있다.

또 하나의 중요한 요소는 이 마지막 만찬이 예언자들이 고대했던, 마지막 회복을 위한 거룩한 식사라는 점이다. 갈등이 마지막 요소인 것은 아니다. 환난의 시기가 영원히 계속되지는 않을 것이고 고통은 멈추게 될 것이다. 이제 우주적 성전에서 이루어질 도살 행위, 즉 제사장적 행위가 남아있는데 우주적 성전에서 드려지는 희생제물의 피는 지상 성전에서 짐승의 피가 수행하는 역할과 비슷한 일을 수행할 것이다. 종말론적 성전의 대제사장으로 등장할 때 예수는 손으로 만들지 않은 성전에 관한 자신의 가르침을 확증한다. 예수는 인간을 초월한 희생제물을 기반으로 하는 성전을 보여줄 것이다. 그 희생제물을 먹는 예수의 추종자들에게는 구원의 새 성전에 속한 제사장의 지위가 부여된다. 그들의 지위는 그들이 하나님과 직접 만난다는 것과 그 희생제물이 그들을 완전히 거룩하게 했다는 것, 그리고 그들이 하나님의 영광으로 새로운 성전을 충만하게 하는 성령에 참여한다는 것을 암시한다.

따라서 특히 회복 종말론의 관점에서 볼 때 성만찬 제정 말씀의 핵심적인 특징은 예수가 여기서 마지막 때의 환난의 최후의 희생자를 언급한다는 점에 있다. 성만찬 제정 말씀에는 두 가지 중요한 주제가 통합되어 있다. 환난 자체가 하나님의 종이 반드시 제물을 바쳐야 한다는 점을 암시한다. 또 그 종은 자기 백성을 위해 반드시 자신의 목숨을 희생해야 한다. 그 종은 이제 "우리의 죄 때문에" 넘겨질 것이다. 이 희생제물 주제와 제의 주제는 새로운 종말론적 성전에서 이루어지는 제사장적 식사 개념과 결합한다. 이 희생제물은 하나님의 진노를 누그러뜨리고 회복을 가져올 것이다.

주의 만찬의 신학에는 이런 큰 그림 외에 여러 세부적인 내용도 들어있다. 마지막 만찬의 다양한 측면을 간략하게만 분석해 보아도 이 이야기 안에 많은 종말론적 주제가 융합되어 있음을 알 수 있다. 즉 마지막 만찬은 제사장적 특징들을 가진 언약의 식사이며 메시아적 잔치를 나타내는 종말론적 만찬이기도 하다. 마태복음 8장에서 예수는 이런 잔치에 관해서 언급한다. "또 너희에게 이르노니 동서로부터 많은 사람이 이르러 아브라함과 이삭과 야곱과 함께 천국에 앉으리라"(마 8:11). 성만찬 제정 말씀에서도 이와 유사한 측면이 뚜렷이 드러난다. "진실로 너희에게 이르노니 내가 포도

나무에서 난 것을 하나님 나라에서 새것으로 마시는 날까지 다시 마시지 아니하리라"(막 14:25).

예수의 가르침에는 혁명적 특징이 나타나 있는데, 이는 예수가 종말에 대한 확신을 갖고 자신의 사명을 통해 하나님과의 완벽한 친교가 이루어질 것이라고 굳게 믿었기 때문이다. 예수에게는 "모든 계시"가 부여되었고 그의 사역을 통해서 정말로 회복이 실현될 터였다. 예수의 추종자들은 자신들의 주님과 함께 이미 새로운 성전에서 살고 있다. 성령 세례를 통해 하나님의 자녀로 입양되는 종말론적 "아바"의 실재가 예수를 믿는 사람들 가운데서 분명해졌다. 구속의 선물이 실제로 주어진다. 예수의 추종자들은 예수의 말씀을 통해서 거룩해졌고 그들의 희망은 회복의 복음 및 죄 용서에 놓여 있다.

성전에 대한 암시적인 비판이 예수의 가르침 곳곳에서 탐지된다. 신적 자비가 베풀어지는 일에 제사장은 필요 없다. 오히려 예수의 추종자들에게 성전 제사장의 지위가 부여되며 그들은 예수 외에는 다른 어떤 희생제물의 매개 없이도 하나님께 나아갈 수 있도록 허락되었다. 성만찬 제정 말씀에 내재되어 있는 제사장적 측면들은 이처럼 예수의 사명 속에서 적절한 위치에 자리를 잡게 된다. 마지막 만찬에서 예수와의 친교 장면은 대제사장이 성전 구역에서 집행하는 희생제사 가운데 제사장들이 친교를 나누는 모습을 떠올리게 만든다. 떡과 포도주는 그 제자들을 위한 거룩한 제사 음식이 된다. 신자들의 삶 속에서 이 식사는 두 가지 차원으로 작용한다. 제물로서의 그 식사는 신자들에게 죄 용서를 제공하며, 친교의 의미에서의 그 식사는 그들을 생명의 근원인 예수와 연합하게 만든다.

이런 의미화 과정에서 성전 신학은 중요한 역할을 한다. 무엇보다도 우선 성전 신학은 떡과 포도주의 식사에 초점을 맞추는 것을 정당화한다. 이 맥락에서 포도주는 당연히 제단에 뿌려졌던 피를 가리킨다. 또 제물로 바치게 되는 몸은 예수가 모든 사람을 위하여 내어줄 대속 제물이 될 것이다. 그런데 그리스도인들이 회중 모임에서 유월절 식사를 정례적인 행사로 만들기 시작하지 않았다는 점이 중요하다. 오히려 바울은 성만찬을 새로운 출애굽을 상징하는 제의적 식사로서 시행할 것을 교회 공동체에게 가르쳤다. 떡과 포도주로 구성된 표준적인 식사는 성전에서의 제사장적 식사로 묘사됨으로써 새로운 의미를 획득한다. 새로운 공동체 안에서는 다른 어떠한 희생제물도 더 이상 필요하지 않다는 사실을 통해서 성만찬의 희생제사적 성격이 확고해진다.

에덴정원-성전의 회복이라는 메타내러티브를 통해 성만찬 제정 말씀을 읽으면 또 한 번 해석이 바뀌게 된다. 회중의 모임에서 주의 만찬은 낙원에서의 안식의 처소가 된다. 옛 언약에서 성전이 그러한 장소였던 것처럼 말이다. 제사장직 또한 새로운 관점에서 이해할 수 있다. 이제 제사장직은 하나님과의 직접적인 친교와, 하나님의 제사에 참여함과, 거룩한 구역에서의 새로운 삶을 나타낸다. 이 의미에서 주의 만찬은 이 땅에서 하늘을 맛보는 것이다. 주의 만찬은 이스라엘의 갱신, 죄 용서, 소생, 평화의 모든 선물이라는 특징을 지닌다.

마지막으로 구약성서의 좀 더 큰 내러티브의 관점에서 보면 주의 만찬은 제자들이 피의 희생제사를 목격한 이후 거기서 하나님에 대한 비전과 하나님의 사역에 대한 비전을 갖게 된 "산 위의 경험"이 된다. 모세, 아론, 나답, 아비후 같은(출 24장) 새로운 이스라엘의 족장들은 이제 떡과 포도주로 이루어진 천상의 식사에 참여하도록 허락된다. 이 점에서 성만찬 제정 말씀에 암시된 내러티브는 계시적이고 제의적이며 또한 신성하게 만드는 성격을 갖고 있다. 후대에 예루살렘 성전의 바위를 통해 대표된 하나님의 산은 또 한 번 이동하게 되었다. 그곳은 이제 대속의 피를 "뿌리는 것"을 통해서 하나님 자신과 함께하는 식탁 교제가 이루어지는 주의 만찬의 자리가 되었다.

유배와 회복의 내러티브에서 최후의 환난 시기의 마지막 희생물 개념은 예수의 성만찬 제정 말씀을 뒷받침하는 신학적 역동성을 설명해준다. 희생제사와 거룩한 식사는 서로 불가분의 관계다. 하나님이 직접 이 땅 위에 새로운 성전을 지으실 때 회복이 시작될 것이다. 그리고 하나님이 제공하는 희생제사에 참여하는 사람은 누구나 그 새로운 성전의 제사장이 될 것이다. 이러한 결론들은 이번 단원의 마지막 주제인 예수의 정체성에 관한 내용이 다루어질 다음 부분에서 중요한 역할을 하게 될 것이다.

VIII. 고난 받는 메시아: 예수의 정체성

예수는 자신의 사명을 위해 죽을 각오를 하고 있었을까? 예수의 정체성과 자기 이해에 관한 질문은 "역사적 예수"의 진정한 성격에 관한 논의에서 다루어진 모든 중요한 주제 가운데 가장 많이 논의되었던 부분이다. "새로운 탐구"(*New Quest*)를 주장했던 학자들이 이 토론에 공을 세웠고 20세기 역사주의적 관점이 말했던 최소주의 주장은 점차 사라져갔다. 새로운 해석 방식은 새로운 도구들을 사용하여 예수가 왜 자신의 피할 수 없는 수난에 대해서 자주 언급했는지를 설명한다. 예수의 소명에 관해서 다양한 해석이 시도되었지만 그 가운데 가장 적절한 것은 세례자 요한과 예수 사이의 유사성을 기초로 하여 접근하는 방식이다. 세례자 요한의 죽음은 마지막 환난의 때가 시작함을 알리는 기호였고 이에 대한 확신이 예수의 사명에 동기를 부여했다. 여기서 검토되어야 할 것은 개인적 정체성과 순교의 측면

이 예수의 가르침 안에서 어떻게 서로 연관되어 있는지에 관한 점이다.[369]

1. 순교자로서의 인자

일부 신약학자는 예수가 자신의 죽음을 예상했으며 또 그것에 대해서 언급했다고 확신한다. 복음서에서 예수는 갈등이 고조되다가 마침내 절정에 이를 것이라고 말한다. 또 예수는 최후의 전쟁이 아주 이례적인 종말론적 사건이 될 것이라는 점을 분명히 한다. 이는 새 관점의 학자들이 예수가 자신의 죽음을 예견했었다고 평가하는 많은 이유 가운데 하나다. 샌더스가 예수의 죽음이 학문의 영역에서는 거의 의문의 대상이 되지 않았던 중요한 사건 중 하나라고 지적한 이후 학자들은 그 죽음에 관해 새롭게 관심을 집중했다. 갈릴리의 설교자 예수는 극심한 갈등의 결과로 처형되었다. 이와 관련해서 샌더스는 다음과 같은 단순한 질문을 던진다. 왜 예수는 죽임을 당해야만 할 정도로 위협적인 인물로 간주되었을까? 개연성 있는 탐구나 해석을 시도하려면 이러한 질문에 대한 답을 제시할 수 있어야 한다.[370]

이 실마리를 찾는다면 예수의 정체성의 일부 특징들을 재구성하는 데도 도움이 될 것이다. 본서에서 다루고 있는 메타내러티브는 이러한 분석

---

369 예수의 정체성에 관해 제시된 모든 논의를 검토하는 것은 불가능하지만 본서에서 다루는 주제의 필요에 따라서 일부 논의는 언급될 것이다. Witherington이 *Jesus Quest*, 58-59에서 지적한 것처럼 예수의 사명에 대한 설명을 시도하고 복음서 본문을 근거로 해서 어떤 유형의 정체성을 제시할 수 있을지에 관한 해답을 찾으려고 했던 몇몇 중요한 노력들이 있었다. 연구에 따라서 예수는 유대교의 스승, 카리스마적 인물, 정치적 반란자, 견유학파 철학자, 종말론적 예언자, 지혜의 스승, 메시아적 구원자, 유대교의 예언자 그리고 마지막으로는 회복을 가져오는 자 등으로 이해되었다. Evans, *Handbook 2*, 1217-43을 참조하라. 또 Gaventa and Hayes, *Identity of Jesus*에 수록된 여러 논문을 보라.

370 Sanders, *Jesus and Judaism*, 22는 "훌륭한 가설"이 되려면 "예수의 활동과 죽음을 연결하는 설명을 제시"할 수 있어야 한다고 말한다. Sanders 이후의 논의에 관해서는 Bock, *Continuum*, 172-74를 보라.

을 진전시켜줄 것이다. 세례자 요한의 죽음이 마지막 환난의 시대의 시작을 장식했기 때문에 예수는 자신의 미래를 세례자 요한의 운명과 연결지어 생각했다.[371] 본서 제2장의 I.3에서 이미 다루었듯이 예수는 엘리야에 대해 언급하면서 인자가 고난을 받을 것이라고 말한다. "[인자가] 많은 고난을 받고 멸시를 당하리라"(막 9:12-13). 세례자 요한이 마지막 환난(peirasmos)의 때에 죽임을 당해야만 했듯이 예수 또한 고난을 받을 준비가 되어있었다. 엘리야에 관한 언급들은 인자를 거절당한 자들 중 하나로 묘사한다. 우리는 이러한 진술 배후에 있는 구약성서 본문들에 관해서 이미 다룬 바 있다. 말라기서에서 예언되었듯이 종말론적 진노의 때가 정점에 도달했을 때 제2의 엘리야가 역사에 등장했다. 한편 다니엘서는 환난의 시대 한복판에서 인자가 세상의 역사 속에 출현할 것이라고 선포했다. 버림받은 모통잇돌이 언급된 시편 118편에 관한 예수의 설교는 반드시 이런 개념들과 연결지어 이해되어야 한다.

복음서 연구에서는 예수가 자신의 죽음을 암시하는 부분은 2차적이거나 후대의 편집에서 유래한 것으로 간주하는 입장이 상식으로 여겨져 왔다.[372] 그러나 여기서 제시되는 종말론적 해석은 새로운 지평을 열어준다. "인자가 사람들의 손에 넘겨져 죽임을 당하고 죽은 지 삼 일만에 살아나리라"(막 9:31). 예수는 세례자 요한에 관해 언급하면서 인자에 대한 발언을 한다. 인자는 제2의 엘리야와 같은 운명에 처하게 될 것이다. 타락한 이스라엘은 그들에게 파송된 사자들을 거부한다. 사악한 소작농의 비유에서 암시된 그대로 모든 일이 진행될 것이다(막 12:1-12). 갈등은 불가피하며 그 갈등은 순교로 귀결될 것이다. 그러므로 예수가 자신의 수난과 죽음을 예견

---

371   세례자 요한에 관해서 다룬 본서의 제2장 III.1을 보라.

372   Bultmann, *Tradition*, 163을 필두로 이후 많은 학자가 이런 입장에 동조했다.

했다고 말하는 복음서의 진술에 상당한 무게를 두는 태도를 경솔하거나 공상적이라고 말할 수는 없다(막 8:31; 9:12, 31; 10:33).[373]

일부 학자들은 오랫동안 예수의 자기 정체성이 적어도 부분적으로는 이사야서에 묘사된 고난 받는 종이라는 인물을 기초로 해서 형성되었을 것이라고 추정해 왔다.[374] 누가복음 전승에서 이러한 신학은 예수가 헤롯 안티파스에게 전한 말 가운데 예언자의 운명에 관해서 언급한 다음과 같은 본문에 드러나 있다. "오늘과 내일은 내가 귀신을 쫓아내며 병을 고치다가 제삼 일에는 완전하여지리라(내 일을 마치리라)"(눅 13:32). 예레미아스는 "제삼 일"이라는 표현은 역사적 예수의 말이며 부활 이후 교회 공동체에서 비롯한 것이 아니라고 주장하면서 그러한 표현은 "제삼 일"이 어떤 이야기에서도 특별한 전환점을 가리키는 말로 사용될 수 있었던 유대인의 내러티브 관습을 재해석한 것이라고 주장한다(참조. 막 9:31; 14:58; 15:29). 따라서 이 구절은 하나님이 선택한 어떤 인물이 타락한 백성의 손에 의해 고난을 받을 것이라고 선언하는 본문들 가운데 하나라고 볼 수 있다. 전통적인 유대교와의 대결 상황은 피할 수 없게 된다.[375]

이 구절에서 예수가 부활에 대해 언급한다고 추정하는 것이 논리적인데, 왜냐하면 제2성전기의 유대교 신학에서는 죽은 자의 부활이 있기 직전에 엘리야가 오게 된다는 점을 거의 모든 사람이 믿었기 때문이다. 예수는 환난의 때에 인자가 당하는 수난을 제2의 엘리야의 특징 및 사역과 결부시켰기 때문에 부활이 곧 하나님 나라의 회복을 시작할 것이라고 기대했음

---

373   최근의 저자들 가운데 예컨대 Witherington, *Indelible Image I*, 108을 보라. 그 밖의 다른 학문적 논의와 주장에 관해서는 특히 Pitre, *Tribulation*, 188-91을 보라.

374   이미 Jeremias, *Theology*, 286도 그렇게 생각했다.

375   Jeremias, *Theology*, 92, 285. 좀 더 심층적인 논의를 위해서는 Marshall, *Luke*, 571-72를 보라.

이 분명하다. 유배의 시기는 끝날 것이고 하나님은 자신이 선택한 대리자인 인자를 통해서 이스라엘과 모든 인류를 새롭게 만드는 일을 시작할 것이다. 이런 본문들에 암시된 최종적 갈등이 모든 것의 종말을 의미하지는 않는다. 오히려 그 사건들은 새로운 현실로 들어가는 관문이 될 것이다. 하나님은 구원받은 자들, 곧 신자들을 일으킬 것이고 그들을 하늘 영광 가운데 높일 것이다.

핵심적인 구절 가운데 하나이면서 상당한 논쟁의 대상이 된 본문은 강렬한 인상을 주는 마가복음 10:45의 말씀이다. 인자가 반드시 자기 목숨을 사람들을 위한 제물로 내주어야 한다는 점을 예수가 공개적으로 선언하고 있기 때문에 이 본문은 특별한 위상을 갖는다. 대속과 관련된 말씀은 논란의 대상이 되었는데 이 논란은 물론 각각의 해석자들이 전제하고 있는 출발점이 서로 다르다는 사실을 보여준다.

> 인자가 온 것은 섬김을 받으려 함이 아니라 도리어 섬기려 하고 자기 목숨을 많은 사람의 대속물로 주려 함이니라(막 10:45).[376]

많은 유대교 전승에서 인자는 신적 권능을 상징하는 천상의 인물로 이해된다. 또 인자는 천사와 인간 모두를 심판하는 최종 심판자로 등장한다. 예수는 인자에 대한 이런 해석 입장에 도전장을 내밀면서 인자가 먼저 고난의 때를 직면해야 한다고 주장한다. 환난을 통해서 칭의가 얻어진다. 예수가 염두에 두었던 중요한 성서 본문은 다니엘서일 것으로 추정된다. 다

---

376 이 구절은 실제로 신약학 연구 분야에서 해석의 난제(*crux interpretum*)이며 예수의 정체성에 관한 분수령이 된다고 볼 수 있다. 역사주의자의 시각에서 볼 때 이 구절은 명백하게 부활 이후의 공동체에서 유래한 것이다. Bultmann, *Tradition,* 159; Schnelle, *Theology,* 151을 보라. 하지만 최근에는 여러 학자가 이 구절의 진술을 역사적 예수의 말씀으로 간주한다. Stuhlmacher, *Biblische Theologie I,* 121; Schreiner, *Theology,* 220을 참조하라.

니엘서에서 인자는 천상의 왕으로 묘사된 것이 분명하지만 그럼에도 불구하고 그는 예견된 박해 상황의 한복판에서 역사의 무대 안으로 들어서는 존재로 묘사된다. 이 종말론적 이야기의 흐름대로 보면 그 인자 자신이 죽임을 당할 것이다. 그런데 다니엘서 9장에 나타난 종말론적 때의 마지막 주간(이레)은 특별한 것으로 보이는데 왜냐하면 그 종말론적 주간은 화해로 귀결될 것이기 때문이다. "허물이 그치며 죄가 끝나며 죄악이 용서되며 영원한 의가 드러나리라"(단 9:24). 이런 사상이 대속과 관련된 예수의 말씀의 배경이 될 수 있을까?[377]

예수의 말씀에는 세 개의 원리가 결합되어 있다. 인자는 하나님의 종이며 수난 받는 종의 역할을 감당한다. 그는 몰락한 민족이 걸어갔던 길, 즉 징벌을 받고 죽임을 당하는 길을 선택해야만 했다. 왜냐하면 그 백성이 타락과 유배의 상황에 처해 있었기 때문이다. 둘째, 인자는 속죄의 몸값(속전)을 지불한다. 왜냐하면 하나님과의 관계가 다시 설정되어야 하기 때문이다. 마지막으로, 인자는 속죄를 완성하고 구속을 가져온다. 이 모든 특징은 우리가 앞에서 살펴본 내용과 유사하다. 대예언자들과 마찬가지로 제2성전기의 많은 신학자는 하나님 자신이 이스라엘의 죄악을 위한 희생제물을 준비한다고 여겼다. 그리고 예수의 가르침은 예수 자신이 마지막 환난의 시대에 닥쳐올 고통을 수용했음을 보여준다.

그렇다면 이스라엘의 지도층은 왜 예수를 위험한 인물로 여겼을까? 회복 종말론은 이에 관한 섬세한 답변을 제공한다. 예수는 "회개"(*metanoia*)를 촉구하면서 성전 예배의 책임을 맡았던 관리들과 제사장들의 상태에 문제를 제기했다. 여기서 예수는 여전히 예언자들을 살해하고 있는 이스라엘과

---

377   이에 관한 자세한 분석은 대속과 관련된 말씀을 다룬 Pitre, *Letter & Spirit 1* (2005), 41-68을 보라. 그는 다니엘이 회복을 위해 기도할 때 "가브리엘 천사가 그에게 환난의 때를 약속했다"고 지적한다.

적대 관계에 놓인다. 예수는 죄인들의 친구가 됨으로써 "할라카"(halakha) 전통에 맞선다. 예수는 창녀 및 부정한 자들과 어울림으로써 서기관들, 특히 바리새인들과의 지속적인 갈등을 야기했다. 모세의 전통을 수호하는 자들의 입장에서 보면 하나님 나라가 어떻게 어둠의 자식들을 포용하는 차원으로 확장되는지를 이해할 수 없었을 것이다. 예수의 카리스마적 행동 또한 이해하기 힘들었을 것이다. [그들의 입장에서는] 하나님 나라에 관한 기호들은 당연히 악마의 힘을 빌린 사탄의 행위로 여겨졌을 수 있지만 예수의 추종자들은 그런 주장을 인정하지 않았다. 예수의 추종자들은 정결 규정들과 랍비들의 계율들을 능가하는 용서와 화해를 선포한 예수와 함께 시작한 종말론적 혼인 잔치를 기쁘게 받아들였다.[378]

2. 구속과 대속의 속죄

예수의 순교자적 수난 사상은 그의 종말론적 사명과 연결되어 있다. 무고한 자의 고난으로 어떻게 속죄가 가능해지는지에 관해서는 여러 방식을 통해서 설명될 수 있다. 슈툴마허가 제시한 첫 번째 견해는 예수가 순교자적 죽음이 화해의 의미를 갖는다고 보는, 철저하게 유대교적인 개념을 채택했다고 본다. 이와 관련하여 신약성서에서 사용된 구약성서 본문 가운데 가장 널리 알려진 것은 이사야 53장의 수난 받는 종에 대한 묘사다.

---

378   Perrin은 한 논문집에서 Wright의 이론을 다루면서 회복 종말론에 관한 Wright 견해가 역사적 예수 연구 분야의 최종적 권위인 것은 아니지만 "그 이론은 역사적 예수 연구가 스스로 만든 종이 상자의 한계 밖으로 벗어나거나 고사해야 할 바로 그 시점에 등장했다"고 지적한다. Perrin, *Theological Dialogue*, 97을 보라. 나는 이러한 지적이 적절하다고 생각하는데 왜냐하면 예수의 정체성과 그의 활동의 목적에 대한 분석에 있어 새 관점의 연구는 잘 논증된 양질의 결과물들을 확보했기 때문이다.

그는 멸시를 받아 사람들에게 버림받았으며 간고를 많이 겪었으며 질고를 아는 자라. 마치 사람들이 그에게서 얼굴을 가리는 것 같이…그는 실로 우리의 질고를 지고 우리의 슬픔을 당하였거늘 우리는 생각하기를 "그는 징벌을 받아 하나님께 맞으며 고난을 당한다" 하였노라. 그가 찔림은 우리의 허물 때문이요 그가 상함은 우리의 죄악 때문이라.…"그가 살아 있는 자들의 땅에서 끊어짐은 마땅히 형벌 받을 내 백성의 허물 때문이라."…그의 영혼을 속건제물로 드리기에 이르면 그가 씨를 보게 되며 그의 날은 길 것이요(사 53:3-12).

이사야서 전승은 야웨의 고난 받는 종으로 말미암아 유배의 상황이 해결될 것이고 또 그 종은 타락한 백성을 속죄할 것이라는 입장을 유지했다. 예언자 이사야의 가르침에 따르면 마지막 날의 어떠한 전쟁을 통해서도 종말론적 회복은 이루어질 수 없다. 폭력 상황이 고조되어도 신적 징벌은 면제될 수 없다. 그러므로 하나님의 종이 반드시 와야 한다. 그는 자기 백성을 위해 자신을 희생제물로 드림으로써 속전을 지급하고 구속을 가져와야 한다.[379] 구약성서에는 이사야서 본문뿐만 아니라 대속 개념을 구원론에 적용하는 다른 유사한 본문들도 있다. 예컨대 스가랴서도 고난 받는 다윗의 후손에 대해 다음과 같이 언급한다.

내가 다윗의 집과 예루살렘 주민에게 은총과 간구하는 심령을 부어 주리

---

379 예수의 선포와 특히 막 10:45에 사 53장이 끼친 중요성에 대한 심층적 분석을 한 연구로는 Stuhlmacher, *Gottesknecht*, 96을 보라. 엄격한 비유사성의 기준을 적용하는 다른 입장은 그런 자료를 부활 이후 교회의 작업이 반영된 것이라고 평가절하한다. Strecker는 대속적 속죄 개념이 마가복음 이전의 전승에서 기원한 것이라고 여전히 인정하지만 그 진술을 역사적 예수 자신에게로 소급하지는 않는다. Strecker, *Theology*, 106(또한 각주 83), 355를 보라.

니 그들이 그 찌른 바 그를 바라보고 그를 위하여 애통하기를 독자를 위하여 애통하듯 하며 그를 위하여 통곡하기를 장자를 위하여 통곡하듯 하리로다(슥 12:10; 참조. 13:7).

더 나아가 해방의 주제를 노래하는 시편 22편은 하나님이 백성의 고난을 외면하지 않고 그의 도움을 보냈다고 선언한다. 곧 "땅의 모든 끝이 여호와를 기억하고 돌아올"(시 22:27) 때 보편적인 회복이 가까이 온다는 것이다. 그러나 화해는 그렇게 쉽게 성취되지 않을 것이다. 이사야서에서와 마찬가지로 시편 22편의 저자도 대속의 주제를 언급하며 갱신이 시작되기 전에 거부되는 존재로 등장하는 수난의 인물에 관해서 묘사한다. "나는 벌레요 사람이 아니라. 사람의 비방거리요 백성의 조롱거리니이다"(시 22:6).

제2성전기 신학에서는 특히 전쟁 상황이나 토라를 수호하는 상황에서 받는 수난 주제를 다루는 특별한 방식이 나타난다. 점령된 나라의 종교적 엘리트들이 잃어버린 신정주의 시대를 갈망했기 때문에 그런 배경은 이해될 만하다. 신약 시대 이전에도 하시딤의 순교자들의 고난이 이스라엘의 죄를 대속한다고 믿어졌다(마카베오하 7:37-38; 「마카베오4서」 6:26 이하; 16:16-25). 쿰란 문헌 가운데 특정한 두루마리들에서도 이와 비슷한 생각이 발견된다. 욥기에 대한 주석과 욥기 42:9에 대한 그리스어 번역은 속죄를 언급한다(참조.11QtgHi 38:2-3). 이 구절들에 따르면 하나님은 의로운 순교자들의 희생을 높게 평가하면서 다른 죄인들을 위한 그들의 기도를 받아들였다.[380] 속죄에 관한 쿰란 공동체의 이해는 대체로 온전한 순종과 토라 준수에 기반하고 있다. 이 관점에서 보면 그러한 이해 방식은 젤롯파의 경건

---

380   이 해석에 관해서는 특히 Stuhlmacher, *Biblische Theologie I*, 127-28을 보라. 쿰란 문헌의 관점에 관해서는 Garnet, *Salvation and Atonement*, 115-17을 보라.

신앙과 연결된다.[381]

역사적 예수에 대한 새 관점은 예수가 자신의 사명을 받아들인 것은 이런 종말론적 순종의 관점에 따른 것이라고 해석하는 경향이 있다. 속전과 관련된 예수의 말씀 및 마지막 만찬에서 언급된 언약의 피에 관한 예수의 말씀은 모두 인자가 "섬기러" 왔다는 점을 분명히 한다. 예수는 자기 자신을 그 종으로 여겼으며 예수의 이 입장은 예언자들의 전통을 이어받은 것이었다. 그는 자기 백성을 위해 자신의 목숨을 속전으로 바치려고 한다. 그는 새 언약이 실현되게 하려고 자신의 피를 흘릴 각오가 되어있다. 고난받는 종의 노래는 예수의 삶을 통해서 구현된다.

하지만 고난에 대한 예수 자신의 견해에서 회복 종말론이 담당하는 역할을 어떻게 이해해야 할까? 새로운 패러다임을 지지하는 학자들은 여러 견해를 제시했다. 유배의 상황 자체가 억압과 종살이의 시간이었기 때문에 이 회복은 이교도의 지배로부터의 해방으로 해석될 수도 있다. 몇몇 학자들(지금 이 논의에서는 라이트도 포함된다)은 언약 개념을 강조하는데, 즉 하나님은 순교자 예수의 죽음을 통해서 영원한 언약을 확립하신다는 것이다.[382]

이 입장에 따르면 하나님 나라 사상에 초점을 둔 해석이 이루어져야 한다. 이방인의 오랜 점령 때문에 이스라엘은 아직 독립하지 못한 상태에 있었다. "로마"의 십자가형은 이런 정치적 억압의 상태를 가장 뼈아프게 상징하는 것이었다. 신정주의 운동을 이끌었던 지도자들은 지금까지 아무것도 성취된 것이 없고 권력이 엉뚱한 자들의 손아귀에 쥐어져 있다고 믿었다. 약 500년 동안 이스라엘의 지파들은 사악한 민족들의 군사적 억압 아래서 자행된 폭력을 견뎌야만 했다. 이제 예수는 자기 민족의 운명을 공유

---

381   젤롯파와 순종 주제에 관해서는 특히 Hengel, *Zealots,* 177-90을 보라.

382   Wright, *Victory of God,* 561은 예수가 네 번째 잔을 넘겨주면서 자신의 죽음을 시사한 것은 "이 언약 갱신의 주제"를 인유한 것이라고 주장한다.

하고 그 폭력적인 증오의 결과인 고통을 자신의 몸을 통해서 겪어야 한다고 여겼을 것이다.[383]

라이트는 회복 종말론을 엄격하게 언약의 관점에서 해석하려고 시도한 것으로 보인다. 그는 십자가를 로마 권력을 상징하는 것으로 보기 때문에 그의 해석은 민족주의적 특징을 강조한다. 그러므로 예수의 죽음은 언약을 갱신한 것이 분명하며, 따라서 라이트는 예수의 십자가 죽음은 민족으로서의 이스라엘의 구원을 이루는 사역임이 분명하다고 주장한다. 즉 그는 공동체적 관점을 갖고 있다. 이런 면에서 라이트는 사실상 예수의 죽음을 개별적 죄인들을 위한 화해의 행위로 보지 않고 오히려 이스라엘 민족 전체의 구속에 관한 것으로 파악한다.[384]

이는 회복 종말론에서 중요한 측면이긴 하지만 그렇다고 해서 유일하게 중요한 요소는 아닐 것이다. 예수의 사역에는 대속의 특징들이 뚜렷하게 나타난다. 예수는 이스라엘의 역할과 이스라엘의 자리를 대신하며 그의 고난은 약속된 종으로서의 임무에 해당한다. 그는 다른 사람들을 대신해서 죽는다. 더 나아가 성만찬 제정 말씀에서는 참여의 요소가 드러난다. 제사장적 식사를 먹는 행위는 그 먹는 자들과 제물을 제공하는 자를 하나로 만들며 따라서 거기에 참여한 자들도 제물을 통해서 유익을 얻는다. 언약적 해석의 공헌은 큰 그림을 제시한다는 점에 있다. 그것은 예수의 사역

---

383 Wright는 이는 어느 정도 역사적 예수가 생각했던 것과 부합한다고 말한다. 또 그는 마태복음 저자가 성만찬 제정 말씀에서 "죄 사함을 얻게 하려고"라는 표현을 추가한 것은 "단순히 인간과 하나님 사이의 추상적인 상호작용을 말하는 것이 아니라 이스라엘이 기대했던 아주 구체적인 것, 즉 이스라엘 민족이 죄악 때문에 겪게 된 '유배'의 상황에서 마침내 구원될 것을 가리키는 것이라고 보아야 한다"고 말한다. Wright, *Victory of God*, 561. 이후에 발표된 McKnight, *New Vision*, 225는 Wright의 주장을 지지한다.

384 이런 일반적 견해는 예수가 이스라엘의 메시아로 등장했다고 보는 많은 학자의 해석을 통해서 지지를 받을 수 있다. 가령 예수가 사 61장의 예언에 호소하면서 치유 활동을 벌인 점은 이러한 해석 방향의 근거가 된다. 더 나아가 Evans, *JSHJ 4* (2006), 48-49의 주장처럼 전령으로서의 예수는 "종말론적 희년"을 선포할 인물로 기대되었다.

의 기본 목적과 관련된다. 즉 순교자인 예수는 고난을 받아 이스라엘을 짓누르는 저주를 풀기 위해 속죄한다. 구속 행위 이후에는 회복의 축복을 위한 문이 열린다. 그런데 이런 관점은 예수의 대속적 수난 사상으로 보완될 필요가 있다. 예수는 희생제사를 드리며 따라서 그의 제물은 신자들이 구원의 공동체에서 제사장적 식사를 먹을 때 그것에 참여하는 갱신의 떡이 될 것이다.

3. 유배기의 타락에 대한 속죄제

그러나 민족의 갱신 개념이 회복 종말론을 통해 제기되는 모든 구원론 주제에 대한 해답을 줄 수는 없다. 앞에서 논의한 것처럼 예수의 가르침은 "예전"(liturgical)과 관련되어 있었고 제사장직 개념 및 구원의 성전 개념에 초점을 두고 있었다.[385] 환난의 시기에 제2의 엘리야와 인자가 모두 불가피한 파멸로 이어질 수밖에 없었기 때문에 희생제물 없이는 새로운 나라가 수립될 수 없었다. 따라서 예수는 자신의 죽음을 예견했을 뿐만 아니라 위대한 새 시대가 목전에 와 있다고 믿었다. 새로운 성전이 세워질 때 이러한 사건들은 특별한 갱신의 일부가 될 것이다. 만일 예수가 반드시 죽어야만 했다면 그 죽음은 종말론적 성전을 위해 유익이 될 것이다.

　　예수의 가르침은 이스라엘을 점령한 로마 제국이나 심지어 이스라엘을 억압하는 이교도들을 겨냥한 것이 아니었다. 오히려 예수는 이스라엘이 겪는 고통스러운 역사의 원인은 그들 자신의 죄악에 있다고 말했다. 그러므로 영적인 차원에서 볼 때 현실은 여전히 유배의 상황에 해당하고 이스라엘 백성의 상황도 아직 바뀌지 않았다고 말할 수 있다. 예수는 이스라엘

385　　예컨대 Hahn, *Letter & Spirit 1* (2005), 124를 보라.

이 단지 로마 제국의 폭력적인 힘으로부터만 구속받아야 한다고 선포하지 않았다. 온 백성은 여전히 하나님의 진노 아래서 살고 있다. 이것이 애초에 이스라엘의 유배를 초래한 바로 그 문제에서 구속을 받아야 하는 이유다. 즉 죄악과 부정함과 악한 마음과 우상숭배의 현실이 아직도 그 백성을 유배의 상태에 묶어두고 있기 때문이다.[386]

여러 본문에서 볼 수 있듯이 예수는 자기 목숨을 바칠 각오가 되어 있지만 로마 제국에 대한 저항에 강조점을 두지는 않는다. 예수는 이스라엘 및 이스라엘의 종교 엘리트들과 갈등을 빚는다. 서기관들 및 바리새인들과 예수 사이의 갈등은 첨예했으며 제사장들 역시 예수의 신랄한 공격을 받았다. 예수의 구원론은 전통적 의미의 언약적 구원론과는 다르다. 오히려 예수는 새로운 언약을 제시한다. 예수는 정치적 수단을 통해 성전 예배를 정화하려고 시도하지 않는다. 그는 손으로 만들지 않은 새로운 성전을 세우겠다고 주장한다. 단순한 언약적 해석 방식으로는 회복에 관한 예수의 생각을 설명할 수 없다. 왜냐하면 예수가 말한 해방은 제의적 속죄의 결과라고 표현되기 때문이다.[387]

앞에서 논의된 것처럼 자신을 모세 전통에 따른 경건한 자들이라고 생각했던 이스라엘 사람들에 대한 저주의 선언을 보면, 예수는 심지어 하나님의 백성이 여전히 예언자들을 살해하고 있다는 생각을 갖고 있었음이 확실하다. 갱신은 반드시 환난의 때를 통해서만 성취된다.[388] 옛 언약은 부패

---

386 이 문제에 관해서 나는 Wright의 입장에 전적으로 동의한다. 앞선 논의를 참조하라.

387 이런 견해에 관해서는 예컨대 Pitre, *Letter & Spirit 4* (2008), 71을 보라. 하지만 예수의 정치적 사명에 관해서는 다른 견해들이 제안되었다. Horsley, *Spiral of Violence*, 318-19를 보라.

388 Pitre, *Tribulation*, 514의 다음과 같은 언급을 보라. "그리고 예수는 자신의 시련의 때를 예언자이자 메시아로서의 자신의 마지막 사명으로 기꺼이 받아들였던 것으로 여겨진다. 이는 처음부터 그의 전체 사명이 지향했던 목표인 하나님 나라의 도래를 실현하기 위한 것이었다."

했다. 그 언약은 깨졌으며 더는 유효하지 않다. 그런 예수의 선포에 따르면 민족적 언약은 더 이상 존재하지 않으며 특정한 민족 중심적 의미에서의 그러한 언약은 아마도 전혀 존재한 적이 없었을 것이다. 하나님의 백성은 언제나 선택된 집단이었고 그래서 그들은 하나님과 올바른 관계를 맺고 있는 마음을 가진 사람들이었다. 그러므로 예수는 예언자들의 전통을 따라 구원 공동체, 즉 온전한 하나님의 백성이 만들어질 필요가 있다고 진술한다. 죽은 뼈들에게 새로운 생명이 주어져야 한다는 것이다.

고난 받는 종의 죽음으로서의 예수의 죽음은 종말론적 갈등과 이스라엘의 죄악을 위한 속죄의 정점에 해당한다. 그 죽음은 역사적 유배를 종식하는 행위다. 이렇게 해서 부활 사건은 다윗의 평화의 나라를 출범시키는 때(kairos)가 된다. 대속은 죄 용서로 귀결된다. 따라서 종말론적 성전인 새로운 교회(ekklēsia)는 지금까지 타락을 거듭해왔던 인간 본성에 대한 용서와 갱신에 기초한다. 하나님 나라에서는 "하나님의 뜻"이 "땅에서도" 실현될 것이다. 사람들은 자기가 용서를 받은 것처럼 다른 사람의 죄를 용서할 것이다.[389]

성전 이데올로기와 제사장적 메시아 사상의 렌즈를 통해서 보면 예수의 죽음은 주로 이스라엘의 죄를 위한 대속적 죽음으로 이해되어야 한다. 예수 자신이 이런 구원론에 충실한 데는 다음과 같은 두 가지 배경이 있다. 즉 예수는 종말론적 회복이 순교를 통해서 이루어질 것이며 더 나아가 그런 희생은 회복의 열매로서 이스라엘 백성의 죄에 대한 속죄를 가져올 것이라고 확신했다. 이것이 바로 성만찬 제정 말씀이 선포하는 내용이다. 구

---

389 Fletcher-Louis, *JSHJ 5* (2007), 78은 이것이 처음부터 예수의 사역에서 그의 핵심적인 확신이었다고 주장한다. 또한 Evans, *JSHJ 4* (2006), 49-50도 겟세마네의 기도는 예수가 자신의 죽음을 예상했다는 사실에 대한 완벽한 증거가 된다고 지적한다. Marcus, *Identity of Jesus,* 145의 언급도 참조하라.

약성서에서 피의 제사는 제의적 행위로서 그 결과로 속죄를 가져왔는데, 이는 성전에 입장하는 각 개인의 죄에 대한 속죄인 동시에 유배의 상황에 있는 이스라엘 민족 전체의 죄에 대한 속죄를 의미했다. 주의 만찬의 신학에는 이 양 측면이 모두 존재한다.[390]

따라서 추종자들이 예수의 이러한 신학을 완성해가면서 고난 받는 종의 노래(사 53장)와 시편 22편과 스가랴서를 동원하여 성서적 확증을 시도했다는 점은 올바른 처사였다. 예수는 자기 백성을 대신하여 고난 받을 각오를 하고 있었다. 그리고 그는 자신이 받는 치욕이 오랫동안 기다려온 하나님 백성의 회복을 위해 유익할 것이라고 확신했다. 그러나 예수의 신학을 큰 맥락에서 보면 이 모든 것은 종말론적 성전에 대한 예수의 선포의 일부라고 이해되어야 한다. 예루살렘 성전의 제의적 희생제물은 대체될 것이고 예수는 하나님 앞에서 인정되는 유일한 희생제물이 될 것이다.[391]

그런데 그런 믿음이 역사적 예수의 선포와 사명의 필수적인 부분이었다고 간주하는 것이 수용사의 맥락에 부합하는가? 확실하게 그렇다고 말할 수 있다. 왜냐하면 예수의 추종자들은 부활 사건 이후로는 더 이상 성전에서 드려지는 희생제사에 그들의 믿음과 희망을 두지 않았기 때문이다. 대신 그들은 예수가 완벽하고 최종적인 희생제물을 드렸다고 선포하기 시작했다. 이러한 예수의 대제사장적 사역 이후에는 다른 어떤 희생제사도 필요하지 않게 된다. 고난 받는 종으로서의 예수의 죽음이 구속과 죄 용서

---

390 예컨대 Ådna, *Gemeinde ohne Tempel*, 471을 보라. 대속 개념에 관해서는 Stuhlmacher, *Biblische Theologie I*, 160을 보라. 앞서 인용된 "새 관점"의 많은 기본적인 저서들과 함께 다음의 연구들도 보라. Garnet, *Spirit Within Structure*, 50; Bryan, *Restoration*, 240-42; Bockmuehl, *This Jesus*, 74, 94; 최근의 박사학위 논문인 Barber, *Cultic Restoration Eschatology*, 693-94; Evans, *Handbook 2*, 1242.

391 Pitre, *Letter & Spirit 4* (2008), 70은 요 19장을 주석하면서 이와 관련된 완벽한 설명을 제시한다. "예루살렘 성전은 이제 피의 제물이 흐르는 곳이 아니다. 그 성전은 이제 예수의 희생된 육신으로 대체되었다."

와 이스라엘의 회복을 가져왔다. 예수의 공동체는 종말론적 성전으로서, 그곳에서 하나님이 준 희생제물은 새롭게 갱신된 예전에 참여하는 자들을 거룩하게 만든다.

4. 인자의 높여짐

치욕 주제가 환난의 신학의 일부인 것은 당연하지만 종말론적 미래에 관한 내러티브에서 이 치욕 주제는 일련의 방대한 사건 중 첫 번째 국면일 뿐이다. 회복 종말론은 매우 심오한 구원사를 보여준다. 그 이야기의 내용은 하나님이 자기 백성을 위해 정의를 이루며 배교의 상태를 변화시키고 추방된 자들을 돌아오게 한다는 이야기다. 이스라엘에서 하나님의 왕권과 신정 통치가 재건될 것이다. 이 내러티브의 본질적인 초점은 인자의 높여짐에 있다.

예수의 가르침에서 인자는 계속해서 하늘의 왕적 인물로 묘사되는 종말론적 메시아로 언급된다. 예수가 자신의 역할을 인자의 임무와 동일시하는 본문들 가운데 다음과 같은 내용이 있다. "누구든지 이 음란하고 죄 많은 세대에서 나와 내 말을 부끄러워하면 인자도 아버지의 영광으로 거룩한 천사들과 함께 올 때에 그 사람을 부끄러워하리라"(막 8:38). 이 본문에는 법정적 어조가 드러나 있으며 예수가 자신에게 스스로 부여하는 지위에 관한 어떤 의심도 없다. 예수의 운명은 그 인자의 행위와 곧바로 연결되어 있다.

예수가 제2의 엘리야와 같이 고난 받는 선포자의 역할에 충실했음에도 불구하고 그가 결국에는 하나님이 승리할 것을 확신했음을 증명하는 몇몇 본문이 있다. 시편 118편은 그 내러티브의 중심에 자리 잡고 있는, 거절당하고 버림 받은 "돌"이 영광 가운데 높여질 것이라는 개념을 뒷받침하는 구약성서 본문으로 여겨져 왔다. 때가 되면 하나님은 예수 또한 높일 것이다. 하나님 나라(basileia)에 대한 선포자로서 예수의 종말론적 직무의 완성은 이렇게 이루어진다. 즉 예수 자신이 하늘의 인자로서 하나님의 왕적 통치(basileia)에, 특히 마지막 심판에 참여할 때 이 완성이 이루어진다. 예수를 하늘의 종말론적 왕들의 주라고 말하는 가장 중요한 본문은 마태복음 19장이다.[392]

> 내가 진실로 너희에게 이르노니 세상이 새롭게 되어 인자가 자기 영광의 보좌에 앉을 때에 나를 따르는 너희도 열두 보좌에 앉아 이스라엘 열두 지파를 심판하리라(마 19:28).

이 종말론적 진술은 회복 종말론의 여러 핵심적인 특징을 종합적으로 보여준다. 예수는 두 번째 창조를 시작할 갱신(palingenesia) 곧 "새 창조"를 고대한다. 이 개념은 사도행전 3:21에 언급된 "만물의 회복"(apokatastasis)이란 표현과 분명하게 관련된다.[393] 이스라엘의 회복을 위한 자신의 사명 가운데 예수는 모든 지파 출신의 사람들을 새로운 왕국으로 소집하려고 했다. 그는 갈릴리에서 이 임무를 수행하기 위해 열두 제자를 파송했다. 환난의 시대에 하나님의 백성을 돕는 과정에서 예수는 자신의 사명과 자기 추종자들의 사명이 모두 최종적인 갱신이 임할 때까지 지속될 것으로 믿었다. 예수

---

392   이 구절은 새로운 패러다임의 해석을 지지하는 학자들에게 중요한 본문으로 간주되어 왔다. 예컨대 Sanders, *Jesus*, 100을 보라. Allison, *Jesus*, 142는 이 말씀 전승의 진정성에 대해서는 조심스러운 입장을 취하면서도 그 구절이 열두 지파의 회복에 대한 믿음을 반영하는 중요한 구절이라고 확신한다.

393   이와 동일한 우주적 변화를 가리키는 몇몇 본문을 신약성서의 사도적 서신들에서 발견할 수 있다. 바울 서신에서 그것은 "썩어짐의 종살이"로부터 해방되는 것(롬 8:21), "썩지 않을 것"을 입는 것(고전 15:53), 사람들을 하나님의 현존 앞에 "서게 하는 것"(paristēmi, 고후 4:14)으로 표현된다. 에베소서에 나타난 "만물을 통일시킨다"(anakephalaiōsasthai)라는 표현(엡 1:10)도 그런 변화를 가리키며 또한 하나님이 새 하늘과 새 땅을 창조하신다는 진술도 마찬가지다(벧후 3:13; 계 21:1).

는 인자와 그가 거느리는 열두 왕의 통치를 통해서 새로운 통치의 시대가 실현될 것이라고 믿었다.

그 종말론적 사명은 제2의 엘리야가 겪었던 고난의 그늘 가운데 수행되어야만 하지만 그 사명에서 희망이 배제된 것은 아니다. 앞서 살펴 본 마가복음 10:45의 표현처럼 예수 자신이 고난을 당하고 "자기 목숨을 많은 사람의 대속물로" 내어주어야 하겠지만 처형조차도 그의 사역을 멈추지 못할 것이다. 변화의 시기가 이어지는 동안 종말론적 전환점이 도래하면 하나님은 죽은 자들의 최종적인 부활을 시작할 것이다. 이것이 새로운 세상의 탄생을 알리는 신호다. 인자가 왕위에 오르고 새로운 다윗의 자손이 평화의 왕국의 통치자가 될 것이다.

이 종말론적 내러티브는 예수의 정체성에 관해 많은 것을 드러낸다. 제2성전기 유대교 신비주의 사상에서 볼 때 하나님의 종들에게 약속되었고 이제는 예수의 제자들에게 약속된 하늘 보좌는 순교자들이 하늘로 높여짐과 신원 받음에 관한 전형적인 메타포가 된다.[394] 그런데 지극히 높은 보좌가 인자에게 주어진다. 여기서 그 보좌에 등극한 존재의 정체에 관해서는 어떠한 의문도 존재하지 않는다. 그는 제자들의 주님인 바로 그 교사 자신이다. 예수의 보좌는 단지 하늘의 궁정에 있는 여러 보좌 중 하나에 불과한 것이 아니다. 위에서 언급된 마태복음 19:28에 따르면 오히려 그것은 유대교의 종말론적 본문들을 통해 잘 알려진 "영광의 보좌"(*thronos doxēs*), 즉 "하나님의 보좌"다.[395]

---

394 이에 관해서는 본서의 제3장 II.1을 보라.

395 집회서에는 "영광의 왕좌"(*thronos endoxos*)라는 표현과(집회서 40:3) "영광스러운 왕좌"(*thronos doxēs*)라는 표현(집회서 47:11; 참조. 지혜서 9:10)이 함께 나온다. 놀라운 환상 가운데 이사야는 하나님의 영광의 집(*oikos tēs doxēs*)에서 그의 보좌를 본다(70인역 사 6:1). 복음서에서 하나님의 보좌는 맹세에 관한 말씀 가운데 아주 우연하게 언급된다. "하늘로 맹세하는 자는 하나님의 보좌와 그 위에 앉으신 이로 맹세함이니라"(마 23:22).

마태복음의 마지막 부분에 나타난 종말론적 설교에서 그것과 비슷한 어휘가 다시 등장한다. "인자가 자기 영광으로 모든 천사와 함께 올 때에 자기 영광의 보좌에 앉을 것이다"(마 25:31). 다니엘서 본문과 유사한 이 표현에서는 예수가 이 땅에 공의와 정의를 시행할 위대한 심판자로 묘사된다. 이 구절에는 구원사에 관한 강력한 내러티브가 암시되어 있다. 예수는 구원의 대리자로 나타난다. 여기서는 법정적 담론이 지배적으로 나타나며 예수는 하나님의 왕권과 인간에 대한 하나님의 왕적 통치를 구현할 자로 묘사된다. 이 모든 내용은 자기의 선구자로 왔던 제2의 엘리야의 길을 먼저 걸어가야만 하는 그 종의 높여짐에 전적으로 의존한다.[396]

이런 점에서 예수의 선교적 임무는 자신들의 죄 때문에 흩어진 민족을 향해 하나님이 마지막 손길을 내미는 것으로 이해될 수 있다. (보편주의적 관점에서 이러한 정황을 평가하면) 세상은 하나님의 심판 아래서 살고 있고 모든 사람은 영적 유배 상태에 사로잡혀 있다. 예수를 통해서 하나님은 갇힌 자들에 대한 해방을 선포하며 그 종은 예언자 이사야가 선언한 것처럼 많은 이들을 의롭게 할 것이다. 환난의 시기가 지나간 후에 하나님은 고난 받는 인자를 높일 것이다. 예수는 영광의 보좌에 올라 그 보좌에서 하나님 나라와 다윗의 평화의 나라를 가져오는 자로서 그의 사명을 완수할 것이다.

요컨대 예수의 종말론에 대한 이러한 고찰은 그의 가르침의 총체적인 본질을 규명하는 데 필요한 학습 도구 역할을 해왔다. 예수가 인자에 대해 말했을 때 그는 갱신된 세상에서 자신이 높여질 것을 기대했다고 볼 수 있다. 회복 종말론은 환난의 시기 너머로 이어진다. 게다가 부활 사건 이후 신학적 작업을 수행한 사도들은 구약성서의 시편을 노래하는 백성과 함께

---

396   예수의 종말론에 관한 이런 결론은 아주 보편적으로 받아들여지고 있다. Hengel, *Studies*, 69-70; Stuhlmacher, *Biblische Theologie I*, 123-24; Meyer, *Aims of Jesus*, 209; Wright, *Victory of God*, 644를 보라.

나귀를 타고 영광스러운 승리의 입성을 했던 그 종말론적 인물의 추종자들이었다. 그들은 자신들이 새로운 메시지의 담지자로서의 임무를 맡았다고 믿었다. 하나님 나라가 임했고 회복이 임박했다. 예수는 자기 제자들에게 환난의 시기의 위험성에 대해 경고했다. 그는 제자들에게 고난에 대한 가르침을 주었고 심지어 그들에게 처형의 기호인 십자가를 질 것도 요청했다. 그런데 그러한 참담한 상황에도 불구하고 희망은 사라지지 않았다. 회복의 새로운 비전이 출현했다. 그 나라는 오고야 말 것이다. 언젠가는 제자들이 하늘 보좌에 앉아 이스라엘 열두 지파의 새로운 지도자로서 다스리게 될 것이다.

5. 죽은 자의 부활

수난 내러티브는 예수의 부활을 자세하게 묘사하는 부분에서 절정에 이른다. 부활 주제는 결코 사소한 문제가 아니다. 어떤 신약학자도 부활을 당연한 것으로 여기거나 또는 그것을 초기 기독교 신학의 여러 주제 가운데 하나 정도로만 보아서는 안 된다. 여기서 현대인들은 죽음이 패배를 당했다는 주장과 마주하게 된다.[397] 회복에 대한 믿음은 언제나 새로운 창조와 죽은 자들의 부활에 관한 내용을 내포해 왔다. 갈보리에서의 십자가 처형 이후 일어난 사건들도 이러한 점을 시사한다. 최초의 그리스도인들이

---

397 루터는 그의 통찰력 있는 설교들에서 그리스도인들이 부활 신학을 피상적으로 다루어서는 안 된다고 자주 역설했다. 루터는 만일 그리스도인들이 부활을 피상적으로 다룬다면 그들은 마치 울타리를 쳐다보는 소들과 같다고 했다. 부활 신앙은 초기 기독교 신학의 중심이며 그 본질을 이해하고자 하는 사람은 누구나 이런 믿음에 대해서 섬세하게 접근해야만 한다. 오늘날 문화에 대한 연구들이 연구 대상에 대하여 공감의 태도를 취하면서 접근하는 것처럼 말이다. 그러므로 이 주제에 관해서는 신약성서에서 부활이 차지하는 엄청난 중요성을 고려하여 접근할 필요가 있다.

었던 예수의 추종자들은 예수의 죽음 이후 그의 몸이 새롭게 창조되었고 그가 자기들에게 직접 나타나서 십자가 처형 이전에 그가 했던 것과 마찬가지로 그들에게 말을 건네고 가르침을 주었다고 믿었다.[398] 이 점에서 신약성서는 만장일치로 증언한다. 무덤은 비어 있었고 예수는 제자들 앞에 여러 차례 나타났으며 겁에 질렸던 경건한 추종자들은 담대한 공동체로 변신하여 죽은 자들의 부활이 시작되었음을 선포했다.[399]

복음서 전승에는 죽은 자의 부활에 대한 유대교 신앙에 관한 몇몇 언급이 나타난다. 그러나 최종적 부활 사상과 예수가 죽은 사람을 소생시키는 일부 예외적인 기적 이야기는 확실하게 구별될 필요가 있다. 예수는 야이로의 딸(막 21-22)과 나인성 과부의 아들(눅 7:11-12)과 나사로(요 11:1-2)를 다시 살린 적이 있다. 또 헤롯 안티파스는 세례자 요한이 죽은 자 가운데서 다시 살아났다고 생각하기도 했다(마 14:2). 이런 사례들은 희년에 관한 기호들로 볼 때 가장 잘 이해되는데, 그 이야기들은 희년의 미래의 영광의 첫 열매를 보여주기는 하지만 아직 죽은 자들의 종말론적 부활에 관한 것은 아니다.

---

398   이는 학계에서 계속 반복되는 주제다. 예컨대 제4회 더럼-튀빙엔 연구 심포지움(Durham-Tübingen Research Symposium)의 주제도 **부활**(Auferstehung – Resurrection)이었다. 또한 *Resurrection in the New Testament(FS Lambrecht)*; Wright, *The Resurrection of the Son of God;* Becker, *Die Auferstehung Jesu Christi nach dem Neuen Testament* 등의 연구들도 이 주제를 다루었다. 실존론적 해석 방식을 취하는 학자들은 여전히 예수의 부활을 오직 영적 차원의 부활이라고 주장하기는 하지만 독일 괴팅엔(Göttingen)의 신학자들은 부활 신앙을 신약신학의 핵심으로 간주했다. 예컨대 Strecker, *Theology,* 269-75(Strecker는 "예수는 케뤼그마 안으로 부활했다"라는 Bultmann의 말을 인용한다); Schnelle, *Theology,* 54(그는 부활을 "계시적 사건"이라고 부른다)를 보라.

399   이른바 역사비평 전통에서는 Reimarus에서 시작하여 Käsemann으로 이어질 때까지 부정적 관점이 지배적이었다. 이후 몇몇 학자들은 로마군 병사들이 예수의 시신을 공동묘지에 매장했다고 주장하기도 했고(예컨대 자신의 박사학위 논문을 기초로 집필한 책 Myllykoski, *Die Letzten Tage Jesu I-II*의 경우가 그렇다), 시신을 도랑에 버려서 짐승들의 먹이가 되게 했다고 가정하기도 했다(Crossan, *Who Killed Jesus?*). 이러한 가설들에 대한 비판에 관해서는 Evans, *JSHJ 4* (2006), 52-53을 보라.

요한복음에서 예수와 마르다는 나사로의 운명과 마지막 때의 죽은 자들의 부활에 관하여 대화를 나눈다(요 11장). 여기서 죽은 자들의 보편적인 부활에 대한 유대교 신앙이 분명하게 표현된다. "마지막 날(eschatē hēmera) 부활 때에는 다시 살아날 줄을 내가 아나이다"(요 11:24). 예수 자신이 "의인들의 부활"에 대해 언급한다(눅 14:14; 20:36; 참조. 마 22:31). 요한복음에는 생명의 부활과 심판의 부활이라는 표현이 나온다(요 5:29). 예수는 위대한 회복의 계획 가운데서의 자신의 역할에 대해 말하면서 인자의 높여짐에 대해 분명하게 언급한다. "나는 부활이요 생명이니 나를 믿는 자는 죽어도 살(살아날) 것이다"(요 11:25).

신학적으로 볼 때 다른 모든 주제를 능가하는 한 가지 측면이 있다. 회복 내러티브의 관점에서 생각해 보면 마지막 때의 부활에 대한 예수의 믿음은 곧 진노의 때에 대한 그의 선포와는 논리적 대척점에 놓인다. 순교는 신원을 내포하며 환난은 죽은 자의 부활을 내포한다. 죽음 이후의 삶에 대한 아무런 소망이 없는 단순한 수난의 메시지는 절망만을 안겨줄 뿐이다. 이 점에서 묵시적 이상주의와 하나님의 사명을 감당하기 위한 담대한 헌신의 주제가 예수의 가르침을 관통한다.

인자와 그의 제자들의 미래의 영광에 관한 예수의 많은 말씀 전승이 있다는 사실은 그가 의인들이 죽은 자들 가운데서 다시 살아날 새 창조에서 최종적 회복이 시작되기를 기대했다는 것을 증명한다. 그 갱신은 역사를 뒤바꾸는 우주적 사건이 될 것이므로 부활 개념은 유배와 회복의 메타내러티브와 일치한다. 대예언자들의 선포 및 제2성전기 유대교 신학 모두에서 최종적 회복은 죽음에서 생명을 얻는 것을 의미하는 이스라엘의 이례적인 갱신을 통해 이루어질 것이라고 여겨졌다.[400]

---

400   앞서 지적한 것처럼 이미 Levenson은 회복에 대한 유대교의 종말론 신앙이 어떻게 동

이러한 관점의 묘사에서는 창조 개념이 본질적인 요소가 된다. 옛 창조의 질서가 부패해졌기 때문에 하나님은 만물을 새롭게 창조할 것을 결정했다. 창조의 축소판으로 여겨졌던 솔로몬 성전의 파괴는 첫 번째 창조가 부정되었음을 의미한다. 자신의 약속에 신실한 하나님은 새로운 성전, 곧 구원받은 영혼들이 조화롭게 살아갈 수 있는 새로운 낙원을 만들기로 작정했다. 이 새 성전은 부활이라는 새로운 현실 가운데 세워질 것이다. 그러므로 예수 자신은 그 새 성전이 오직 죽은 자들의 부활 사건 이후에 세워질 것으로 예상했다고 보는 것이 논리적으로 타당하다.[401]

더 나아가 종말론적 부활은 신적 즉위 사상과 연결된다. 앞에서 우리는 예수의 가르침에서 이사야 61장의 예언에 대한 성취가 중심적인 역할을 했음을 살펴보았다. 고통의 때가 지난 후 하나님은 해방과 부채 탕감을 약속하는 희년을 가져 오실 것이다. 이 일은 메시아적 인물이 "여호와께서 내게 기름을 부으셨다"(사 61:1)고 진술하는 것처럼 천상의 즉위 후에 발생할 것이다. 이는 비천한 자들을 위한 좋은 소식이고 "포로된 자에게 자유를" 주는 소식이다. 이런 이미지는 구약성서를 알고 있던 유대인들에게는 아주 익숙한 것이었다. 종말론적 성전에서의 하나님의 재등극(겔 43:4-7)은 왕적 사면, 즉 가장 커다란 자비와 경작지의 회복으로 이어질 것으로 기대되었다. 이 갱신은 보편적 기조를 갖고 있다. 즉 포로된 자들에게 자유를 주는 것은 곧 스올에 사로잡힌 영혼들에게 자유를 주는 것도 의미했다.[402]

그리고 마지막으로 몸의 부활 사상은 죽은 자들의 보편적인 종말론적

시에 새로운 창조와 신적 즉위 및 우주적 변화를 의미했는지를 보여주었다. 그런 희망들 가운데 가장 핵심적인 것은 죽은 자의 부활에 대한 기대였다. Levenson, *Resurrection*, 159를 보라.

401 Pitre, *Letter & Spirit 4* (2008), 62를 참조하라.

402 제2성전기 유대교 사상에 나타난 이러한 신앙의 배경에 관해서는 Wright, *Resurrection*, 153-62(『하나님의 아들의 부활』, CH북스 역간)를 보라.

부활 주제의 한 부분이라고 볼 수 있다. 그것은 다시 소생하는 일이 아니라 모든 죽은 자의 최종적 부활에 관한 것으로서, 이는 마지막 때에 발생할 사건들의 출발점에 해당한다. 그것은 모든 사람이 심판자인 하나님과 마주해야 하고 영원한 정의가 선언되는 때인 마지막 심판 개념과 밀접하게 얽혀 있다. 그렇기 때문에 하늘에서 내리는 비처럼 쏟아져 내릴 하나님의 의는 부활 담론의 일부가 된다. 하나님은 타락한 인간을 용서할 것인데, 이는 최종적인 부활이 환난의 때가 끝나기 전에는 임하지 못하는 이유다. 고난은 속죄를 가능케 하며 높여짐의 주제로 이어진다.

메타내러티브에 집중하는 방법론의 해결책은 역사적 예수의 정체성을 둘러싼 복잡한 문제에 대한 흥미로운 답변을 제공한다. 예수는 자신의 죽음과 부활을 예상했을까? 이에 관해서 라이마루스의 소생 이론들에서부터 불트만의 영적 해석에 이르기까지의 대표적인 역사비평 방법론의 답변은 부정적이었다.[403] 그러나 회복 종말론을 강조하는 새 관점의 영역에서는 예수가 자신의 죽음과 부활을 예상하지 않았다고 추정하는 견해가 논리적이지 않다. 종말론적 전쟁 기간 동안 수난을 겪거나 일련의 사건들 속에서 죽임을 당한 자들이 신원에 대한 어떠한 희망도 없이 환난의 시기를 견뎌야 한다는 것은 전혀 납득될 수 없다. 예수는 영문도 모른 채 계속해서 커다란 바위를 산꼭대기로 밀어 올려야 하는 [신화적 존재인] 시시포스가 아니었다. 오히려 예수는 "예언자들을 살해한" 사람들의 손에 죽임을 당한 세례자 요한이 자신의 선구자였음을 확신하고 있었다. 인자 또한 그와 같이 "수난을 당해야만 한다." 이러한 순종의 길을 가는 것이 이스라엘의 죄를 속죄하기 위한 유일한 방법이었다. 이렇게 해서 예레미아스가 표현한 대로 종

403　몇몇 학자들은 여전히 비유사성의 기준을 고집하는데 그렇게 되면 복음서에 나타난 예수의 죽음에 관한 사실상 모든 진술이 이차적인 것으로 간주된다. 이러한 시각에 관한 최근의 전반적인 논의를 분석한 내용은 Evans, *JSHJ 4* (2006), 49-50 및 각주 38을 보라.

말론적인 "제삼 일에" 하나님의 응답이 주어지게 되는 것이다.[404] 짧은 치욕의 시간을 겪고 나서야 영광스러운 높여짐의 시간이 뒤따를 것이다. 공개적인 비방을 감수해야 하늘의 능력을 입게 될 것이다. 하나님은 그의 충성된 종들을 일으켜서 다윗 왕국을 세우고 평화의 시대를 열어갈 것이다. 회복에 대한 믿음은 동시에 새 창조와 부활에 대한 믿음이었다.

---

[404] 이것이 아마도 예수의 정체성에 대한 새 관점 학파의 가장 중요한 연구 결과라고 볼 수 있다. 익히 알려진 것 같이 그 내용은 다양한 형태로 나타나는데, Wright, *Victory of God*, 610, 653에 나타난 이해는 Stuhlmacher *Biblische Theologie* I, 160; Ådna, *Gemeinde ohne Tempel*, 471; Pitre *Tribulation*, 514 등과는 약간 차이가 있음을 알 수 있다. 하지만 핵심 관점은 비슷하다. 예수는 하나님이 직접 세상에 보낸 종의 고난이 없이는 이스라엘의 회복이 이루어질 수 없다고 믿었다는 것이다.

제3장

원시 기독교의
가르침

예수가 회복 종말론과 하나님의 즉위에 이은 희년의 도래, 그리고 사람의 손으로 만들지 않은(*acheiropoiēton*) 새로운 성전에 대해서 가르쳤다면, 이 모든 내용이 부활 이후의 초기 신학의 출현 과정에서 어떤 영향을 미쳤을 것이라고 보아야 하는가? 우리는 이에 관한 흔적을 신약성서 문서들 안에 여전히 보존되어 있는 초창기의 찬송, 신앙고백적 진술, 케뤼그마(kerygma) 공식들에서 발견할 수 있다. 이 본문들은 다윗의 후손의 종말론적 즉위, 그의 나라의 출범, 완전한 죄 용서와 하나님과의 화평이 실현될 영광스러운 희년에 대해서 거듭 묘사한다.

I. 부활 사건에 대한 해석

예수의 추종자들이 부활 사건 이후 그리스도 중심적인 구원론을 만들어내기 시작할 때 아무런 근거 없이 설교하거나 문서를 작성한 것이 아니다. 초기의 신학은 예수의 부활에 중심을 두었고 최초의 신앙고백들은 수난 내러티브에 언급된 유명한 사건들을 토대로 구축되었다. 예수의 제자들은 유배가 곧 끝날 것이라는 가르침을 받았었다. 하나님이 권력을 행사하고 모든 인간에게 회복을 가져오는 종말론적 희년을 선언한다. 이 모든 일은 오직 환난의 시대가 지나가야 자연스럽게 이루어지며 따라서 한 시대에서 다음 시대로의 이동은 상당한 혼란의 시기가 될 것이다. 하지만 그들의 소망은 하나님의 새로운 창조, 종말론적 성전의 건설, 타락한 백성을 위한 속죄의 선포라는 위대한 메타내러티브에 놓여 있었다.

1. 서막으로서의 오순절 사건

예수의 가르침에 따르면, 예루살렘 성전은 열매를 맺지 못하고 저주를 받았기 때문에 하나님은 사실상 그 성전에 계시지 않는다. 제자들은 구약성서에 나타난 예언자들의 엄격한 예언 말씀들을 기억하면서 제2성전기를 하나님 자신이 유배를 당한 때라고 여겼다. 심지어 성령도 예루살렘 성전을 떠났다고 보았다. 그 기간 동안 하나님은 자신의 하늘 궁정으로 물러나 계셨다. 그러므로 평화의 새 왕국은 신적 즉위와 함께 시작하며 그 즉위는 유배 상황의 최종적 종결, 노예 상태로부터의 해방, 포로된 자들의 자유, 하나님의 백성의 갱신을 가져올 것이다. 그리고 성령은 이제 새로운 공동체에게로 돌아올 것이다. 그러므로 예수의 부활의 원인과 의미를 해석하려는 모든 노력은 회복 종말론 및 구원을 약속하는 메타내러티브의 관점에서 시도되어야 한다.

그 내러티브의 출발점, 즉 다양한 신앙고백적 진술과 찬송의 바탕이 되는 이야기는 사도적 교회의 탄생에 초점을 맞춘다. 특별히 사도행전에서 이 이야기는 오순절에 하나님의 영이 임하는 것으로 묘사된다. 우리가 회복 종말론과 관련하여 다루었던 일부 핵심 주제를 상기해보면 **쉐키나**가 구원의 성전으로 돌아오는 것이 가장 중요한 주제 가운데 하나다. 학자들은 이 사건을 구약성서에 나타난 것처럼 하나님의 현존이 장막이나(출 40:34-35) 성전을 충만하게 했던 이야기(왕상 8:10-11; 참조. 대하 7:1-2은 불을 매개로 하나님의 현현을 묘사한다)에서 발견되는 병행을 통해 설명해 왔다. 사도행전의 베드로의 설교(행 2장)는 요엘 2:28-32을 적용하여 새로운 축복이 유배의 종결을 알리는 신호가 된다는 점과 이스라엘의 회복이 시작되었다는 사

실을 확인해준다는 점을 강조한다.[1]

누가복음 저자의 이 이야기에는 하나님께서 회복의 약속을 성취하는 일이 매우 의도적으로 묘사되어 있다. 열두 제자는 회복된 이스라엘 및 수많은 회심자의 "중심"으로 등장한다.[2] 사도들은 "천하 각국으로부터 온 경건한 유대인들"을 대상으로 설교한다(행 2:5). 이어서 주목할 만한 나라들의 목록이 언급되는데 이는 창세기 10장에 나타난 각 족속의 목록에 대한 요약이라고 볼 수 있다. 여기에는 모든 인류의 대표들이 등장한다. 또 여기서 방언은 바벨의 저주가 제거되었음을 증명한다. 이에 관해서 한(S. W. Hahn)은 "유배의 상황이 뒤집어졌다"고 요약한다.[3]

오순절 이야기에는 중요한 측면 하나가 더 있다. 이 사건이 발생한 장소를 추정하기는 쉽지 않았다. 왜냐하면 본문에 정확한 장소에 대한 언급이 드러나 있지 않기 때문이다. 그러나 그곳이 예루살렘 성전 뜰의 어떤 장소였음을 알려주는 명백한 단서들이 있다.[4] 사도행전 1-5장에 따르면 이 장소는 부활 이후 예수의 추종자들이 자주 모였던 곳에 해당한다. 이와 함께 그 이야기는 다른 여러 언어를 사용하는 많은 무리가 존재했음을 알려준다. 이러한 조건에 부합하는 모임 장소로 가장 자연스러운 곳은 사도들이 매일 사람들을 가르친 장소인, 성전의 이방인 뜰에 있는 왕의 주랑(royal

---

1   Beale, *Temple*, 201 이하; Alexander, *Eden*, 68을 보라.

2   열두 제자에 관해서는 Pao, *Acts*, 123-24를 보라. Bauckham, *Restoration*, 463에 따르면 행 1-2장에 묘사된 누가의 이야기는 회복 개념을 지시하고 있다.

3   Hahn, *Creazione*, 186.

4   일반적으로 학자들은 본문에 언급된 "집"이라는 단어와 씨름하면서 그 의문의 장소가 원래 성전 뜰 자체일 수 없다고 가정한다. 그래서 예컨대 Pervo, *Acts*, 65는 중간에 "무대의 이동"이 있었을 것이라고 설명한다. 이 이야기는 넓은 장소를 암시하는데 그렇다면 그곳은 성전 뜰이 분명하다. Bruce, *Acts*, 51은 이러한 내용을 지적하면서 무리가 나가서 성전 뜰로 이동했고 그곳에서 베드로가 그들을 향해 설교했다고 설명한다. Witherington, *Acts*, 132도 이러한 추정을 지지한다. 나는 이런 정황을 고려해서 "집"이라는 단어의 의미를 파악해야 한다고 생각한다.

portico)이었다. "믿는 사람이 다 마음을 같이하여 솔로몬 행각에 모였다"(행 5:12). 또 베드로가 나면서부터 걷지 못하는 자를 치유한 뒤 사람들이 베드로를 보기 위해 몰려든 장소도 이곳이다(행 3:11). 사도행전에 보도된 초기의 이야기들에서 이와 유사한 묘사가 반복적으로 나타나고 있다. 예수의 추종자들은 "성전에 서서 백성을 가르쳤다"(행 5:25).[5]

만일 이런 추론이 옳다면 그 장소 자체가 신학적 중요성을 갖게 되며 이 점을 최초의 제자들이 이해하지 못했을 리가 없다. 기다려왔던 하나님의 영이 종말론적 성전으로, 즉 이제 믿음의 공동체로 여겨진 그 종말론적 성전으로 돌아온 사건은 성전 구역 안에서 발생했다. **쉐키나**가 성전으로 돌아오기는 했지만 그렇다고 해서 예수의 준엄한 심판을 받았던 그 옛 성전으로 돌아온 것은 아니다. 오히려 하나님의 영광은 새로운 메시아의 성전으로 돌아왔고, 이 성전은 곧 살아있는 성막이며 구원의 공동체를 가리킨다.[6]

이 대목에서 또 다른 세부 사항이 추가될 필요가 있다. 앞서 우리는 예수가 그의 추종자들 가운데서 희년의 실현을 달성했다는 점을 지적했다. 예수는 가난한 자들에게 모든 죄와 빚의 사면을 약속하는 회복의 실현에 참여할 수 있도록 초대했다. 초기 공동체의 모습을 보도하는 사도행전에서도 이와 유사한 원리가 중요하게 작동했다. 회심한 자들은 부를 멀리하

---

5   Beale, *TyndB* 56 (2005), 65는 이 장면이 왕상 8장과 대하 7장을 그대로 적용한다고 간주하면서 여기서 언급된 "집"이 정확하게 가리키는 것은 성전이라고 주장한다. 행 1–5장에 묘사된 성전의 역할에 관해서는 Chance, *Luke-Acts,* 82를 보라.

6   물론 이러한 사상은 제2성전기의 유대교 종말론에 나타난 중요한 주제에 해당한다. 예컨대「유다의 유언」 24:3;「레위의 유언」 18:11을 보라. 하나님의 영의 귀환은 성전에서의 하나님의 임재를 나타내는데 이 귀환은 회복 및 하나님의 자녀로 입양되는 새 시대의 시작을 가리킨다. Alexander, *Eden,* 169는 다음과 같이 말한다. "오순절에서 신앙인들은 하나님의 새로운 성전이 되며 사도행전의 나머지 부분에서 계속해서 묘사되는 것처럼 교회가 확장되어 여러 다른 민족 출신의 많은 사람을 포함하게 되는 것을 보여준다."

고 어려운 사람들에게 손길을 내밀었다. "믿는 사람이 다 함께 있어 모든 물건을 서로 통용하고 또 재산과 소유를 팔아 각 사람의 필요를 따라 나눠 줬다"(행 2:44-45). 물론 이런 자선 활동이 기독교의 미덕 정도로 여겨질 수도 있겠지만 그러한 행위는 의심할 여지 없이 예수의 사명의 핵심, 곧 용서와 관용을 통한 회복 사상, 달리 말하면 종말론적 희년 사상에서 비롯된 것이다.

예수의 추종자들이 지녔던 믿음의 내용에 관한 최초의 자료들은 이러한 맥락에서 해석되어야 한다. 유대교의 회복 사상이란 관점에서 보면 초기의 사도적 가르침에서는 구원의 희망을 지시하는 개념들, 즉 성전, 해방, 돌아옴, 보좌, 속죄 같은 용어가 반복적으로 사용되고 있음을 알 수 있다. 그러므로 이런 배경은 초기 부활 기독론에 나타나는 중요한 많은 특징을 설명하는 길을 열어준다.

2. 부활한 주님에 대한 초기의 고백과 믿음

초기 기독론에 대한 연구는 중요한 변화를 겪어왔다. 이른바 기독론적 칭호를 중시하던 제2차 세계대전 이후의 풍조와 달리 요즘 학자들은 그런 칭호 기독론에 중점을 두지 않는다. 개신교 신학계에서는 영향력 있는 특정한 해석 방식이 지배적이었는데 그 해석은 곧 기독론이 "낮은" 기독론에서부터 시작해서 점차 그리스도의 신성을 더 중시하며 묘사하는 방식으로 발전했다고 본다.[7] 이러한 경향은 부분적으로는 종교사학파의 영향 때문이었

---

7 약 30년 전 내가 로마서 서문에 나타난 기독론에 관해서 박사학위 논문을 작성할 당시에는 거의 모든 연구가 여전히 그런 "진화론적" 관점을 견지하고 있었다. 하지만 변화가 진행 중이었고, 덕분에 나는 로마서 서문과 관련된 상호텍스트 배경에 대한 설명을 시도하는 과정에서 신튀빙엔 학파(Hengel과 Stuhlmacher)의 도움을 받을 수 있었다. Eskola, *Messias*(핀란드어로 출간되었다)를 보라. 이에 대한 수정된 분석에 관한 Eskola, *Messiah*

고 또 부분적으로는 바우르(F. C. Baur)의 발전적 역사관 개념에 영향을 받았기 때문이기도 했다. 그런데 20세기 말 무렵에 유대교 문헌에 대한 연구가 대거 발표되면서 신약학 연구 분야에도 변화가 일어났다. 과거의 전제들은 서서히 포기되었고 초기 기독론의 성격은 메시아에 대한 유대교의 관점들, 묵시 문헌들의 여러 인물 및 제2성전기의 다양한 본문에 나타난 높여짐에 관한 이야기들을 동원하여 논의가 진행되었다.[8]

내러티브 방법론을 취하는 그런 새로운 주장들은 초기의 기독론적 신앙고백과 그 고백이 형성된 배경을 이해하는 데 큰 도움을 주었다. 다양한 유형의 **인물들**이 기독론적 이미지들의 선례로 제안되어왔다. 유대교 문헌에는 많은 신적 대리자들이 나타나며 그들은 종말론적 사건들에서 중요한 역할을 담당한다고 여겨졌다.[9] 몇몇 학자는 천사적 인물들에 대해 말했고 또 다른 학자들은 좀 더 뚜렷하게 메시아적 존재로 부각되는 인물들에 관심을 나타냈다.[10] 중요한 인물들과 그 역할만이 아니라 대부분의 묘사에서 뚜렷하게 나타나는 높여짐의 **정황** 역시 중요하다. 이 점 때문에 학자들은 중요한 유대교 문헌 대다수에서 종말론적 사건의 중심에 해당하는 것으로 간주되는 하늘 보좌에 관심을 집중하게 되었다.[11] 또한 기독론 형성 과정의

---

and the Throne, 217-50도 보라. 유명한 사례나 칭호에 관한 연구는 Hahn, Hoheitstitel을 보라.

8   방법론 문제에 관해 간단하게 소개하고 있는 Hurtado, TS 40 (1979), 306-17; Eskola, Throne, 1-17; Chester, Messiah and Exaltation, 13-80을 보라.

9   이러한 방식의 설명을 처음으로 시도한 학자 가운데 한 사람으로서 큰 영향을 미치고 있는 Hurtado, One God, 17, 123-24(『유일한 하나님, 그리고 예수』, 베드로서원 역간)를 보라. 또 그 책보다 나중에 출판된 Hurtado, Lord Jesus, 98-99(『주 예수 그리스도』, 새물결플러스 역간)도 보라.

10   천사적 존재를 다룬 연구는 Stuckenbruck, Angel Veneration, 272; Fletcher-Louis, Angels, 251-52를 보라.

11   이런 학문 전통은 거의 대부분 Hengel의 공헌 덕분이라고 볼 수 있다. 예컨대 Hengel, Studies, 119-20을 보라.

배후에서 작용한 **상호텍스트** 전략에 관한 논의도 중요하다. 더 나아가 이 야기 자체, 즉 기독론을 다룬 본문들이 형성되는 데 영향을 준 **내러티브**에 주목할 필요가 있다.

우리는 최근 학계의 다양한 조류들을 민감하게 파악하면서 "고(高)기 독론" 주제를 둘러싼 논의에 대해서도 어느 정도 섬세하게 이해할 필요가 있다. 20세기의 신학적 전통에 서 있는 일부 학자들은 아직도 고기독론이 한참 후대에 형성되었다고 여긴다. 이 관점은 유대교의 유일신론의 맥락 에서는 예수의 신성에 대한 고도로 발전된 어떠한 표현 방식도 불가능했 을 것이라고 가정하며 이것이 최초의 기독교 공동체에서 지배적이었던 입 장이라고 본다.[12] 그러나 새 관점에 속한 대부분의 연구는 이 주제를 달리 본다. 초기의 신앙고백적 진술과 찬양 전승들(acclamations)은 물론 예전적 공식 및 선포적(케뤼그마적) 공식 문구들도 그리스도의 높여짐을 신적인 사 건으로 보는 관점을 드러내고 있다. 우리는 최근의 기독론 연구에서 매우 중요한 것이 된 예수의 새로운 지위, 그에게 주어진 묘사들, 그리고 그에 대 한 숭배의 특징에 주목해야 한다.[13]

앞으로의 분석을 통해서 흥미로우면서도 도전적인 많은 질문이 다루 어질 것이다. 그런데 논의의 시작을 위해서는 모든 논거의 바탕이 되는 자 료에 집중할 필요가 있다. 기독론에 관한 매우 초기의 가르침을 분석하기 위한 모든 핵심적 자료는 현존하는 문서들 가운데 숨어 있다. 우리는 말씀 전승들(sayings) 자체가 만들어지고 나서 아마도 수십 년 뒤에 형성된 것으 로 보이는 서신서 및 다른 본문들로부터 고백 문구, 고백문(homology), 찬송, 병행구, 고정된 공식 문구, 확립된 표현을 식별해낼 수 있어야 한다. 사도행

---

12   예컨대 Casey, *Prophet*, 105-6; Dunn, *Unity and Diversity*, 53, 243(『신약성서의 통일성과 다양성』, 솔로몬 역간)을 보라.

13   Chester, *Early Christianity 2* (2011), 22-50은 이 주제에 관하여 상세하게 설명한다.

전에는 상당히 귀중한 자료가 내포되어 있으며 또 바울 서신에도 기원후 50년 이전의 진술들과 케뤼그마 공식들이 많이 보존되어 있다.[14]

이런 방식의 연구가 우선적으로 전제하는 것은 그런 진술들과 찬송들이 제2성전기 유대교 내에서 독특한 집단으로 성장한 (예수를 확실한 메시아로 믿는) 메시아 운동의 신념 체계의 연속성을 보장하는 수단이 되었다는 사실이다. 종교는 신념과 제의(예전과 예식들) 모두에 관한 것이므로 여기서 우리는 유용하게 사용될 수 있는 탐구 도구를 갖고 있는 셈이다. 정체성에 대한 표현과 믿음의 토대를 보여주는 구절들에 주목하는 것이 중요하다. 그래서 고백적 진술들(homologia)이 이 연구에서 중요한 역할을 하게 된다. 구원하는 복음의 내용이 담겨 있는 구절들이 학자들의 탐구 대상이 되어야 한다. 다행스럽게도 신약성서 안에는 이용할 수 있는 풍부한 자료가 존재한다.

최초의 기독교 설교의 본질적 내용이 무엇이었는지에 관해서는 논란의 여지가 없다. 신앙고백과 관련된 모든 자료는 예수의 부활에 초점을 두고 있다. 이 출발점은 너무도 자명하기 때문에 기독론에 관한 분석에 있어 때로는 이를 간과하고 좀 더 지엽적인 주제로 넘어가기도 한다. 그렇게 다른 방향으로 벗어날 가능성도 있지만 최초의 사도적 증언이 부활한 예수가 자신들에게 나타났다는 사실에 초점을 두었다는 점은 분명하다. 죽음의 사슬이 끊어졌다. 하나님은 새로운 무언가를 창조하기 시작했다. 우주적인 카이로스가 도래했다.

바울은 로마서 10장에서 구원하는 믿음에 관한 정의를 언급하면서 고정된 양식으로 전승된, 분명히 아주 오래된 표현들을 인용한다. 로마

---

14   초기 기독교의 찬송들에 관해서는 Hegel의 오래된 논문인 "The Song about Christ in Earliest Worship"이 여전히 매우 유용하다. Hengel, *Studies*, 227-91을 보라.

서 10:8-11에서 바울이 말한 복음의 핵심은 구원을 가져오는 "믿음의 말씀"(*rēma pisteōs*)에 있을 것이다. 복음(*euangelion*)에 관한 한 명백히 바울의 선포의 핵심인 이 말씀은 짧막한 부활 진술로 이루어져 있으며 여기에는 하나의 예식적인 찬양 문구가 동반되어 있다.[15]

> "말씀이 네게 가까워 네 입에 있으며 네 마음에 있다" 하였으니 곧 우리가 전파하는 믿음의 말씀이라. 네가 만일 네 입으로 예수를 주로 시인하며 또 하나님께서 그를 죽은 자 가운데서 살리신 것을 네 마음에 믿으면 구원을 받으리라. 사람이 마음으로 믿어 의에 이르고 입으로 시인하여 구원에 이르느니라(롬 10:8-11).

이 본문에는 중요한 핵심어가 많이 나타난다. 이 본문은 믿음(*pistis*)의 말씀이고 사람들의 "마음" 속에 있는 고백이며 아마도 전통적인 이스라엘의 쉐마를 성취하는 것으로도 여겨졌을 것이다(아래의 논의를 보라). 그리스도인의 정체성에서는 고백(또는 시인, *homologizein*)이 중요하다. "교회"(*ekklēsia*)에 참여한 고백자는 "주 예수"(*Kyrios Iēsous*)에 대한 찬양을 드러내어 말하기 때문에 이 본문에서도 예전적인 특징이 나타난다. 어떤 의미로 보면 부활은 단순히 역사적 사건이기 때문에 참회자는 그 사건의 신학적 의미, 곧 부활하신 분은 주님, 곧 "나의 주님"임을 고백한다. 구원을 베푸는 메시지의 내용은 명백히 하나님이 그리스도를 죽은 자 가운데서 살렸다는 것이다. 새로운 시대로의 전환이 도래했다. 부활의 복음은 구속된 공동체의 핵심적인 메시지를 표현하고 있다.[16]

---

15   이에 관해서는 특히 Kreitzer, *Jesus and God*, 168-69를 보라. 고백 전승의 특징에 관해서는 Hurtado, *Lord Jesus*, 113, 142도 보라.

16   이 본문에 대한 연구는 무수히 많지만 그 가운데 Neufeld, *Confessions*에서 다룬 일반적인

그렇다면 부활의 복음이 어떻게 그런 힘을 지닐 수 있는가? 이런 방식의 언명이 벌써 확고하게 정해져 있었으므로 회복 종말론이 이미 암시되어 있는 것이다. 종말론적 변화는 최종적인 회복의 시기가 시작되었음을 증명한다. 이는 또한 바울이 자신의 전승을 이해한 방식이기도 하다. 구원을 가져오는 "말씀"(rēma)은 바울이 직접 인용하고 있는 신명기 30:14에 약속된 말씀에 기반하고 있다(롬 10:8). 디아스포라의 백성, 즉 "모든 백성 가운데" 흩어져 있는 백성이 하나님 자신으로부터 "네 하나님 여호와가 네 마음에 할례를 베풀 것"(신 30:6)이라는 좋은 소식을 듣게 될 것이다. 그러므로 역시 구원을 가져다주는 새로운 고백을 통해서 바울은 신명기 본문에 있는 말씀에서처럼 너는 "마음을 다하고 뜻을 다하여 네 하나님 여호와를 사랑하라"고 결론짓는다. 즉 예수에 대한 믿음을 통해서 쉐마의 목적이 완성된다.[17]

그 고백적 진술 자체는 신약성서 전체에서 유사한 여러 형태로 발견되는 부활 공식이다. 많은 본문에서 그러한 진술은 믿음의 내용 역시도 표현한다. 그 고백적 진술은 전승의 다양한 영역에서 그리스도의 정체성을 이해 하는 데 필요한 내용을 형성하거나 그 정체성을 명료하게 표현하는 데 도움을 준다.

죽은 자들 가운데서 다시 살리신 그의 아들(살전 1:10).

그리스도와 그를 죽은 자 가운데서 살리신 하나님 아버지(갈 1:1).

예수 우리 주를 죽은 자 가운데서 살리신 이를 믿는 자(롬 4:24).

하나님이 죽은 자 가운데서 그를 살리셨다(행 3:15; 4:10).

우리 주 예수를 죽은 자 가운데서 이끌어 내신 하나님(히 13:20).

개론은 여전히 타당하고 유용하다.

17   Stuhlmacher, *Romans*, 156; Jewett, *Romans*, 629를 보라.

그를 죽은 자 가운데서 살리신 하나님을 믿는 자(벧전 1:21).[18]

이런 구절들은 "믿음"(pistis)에 관한 진술이고 또 고백적 특징을 갖고 있으므로 이 초기의 공식 문구들은 우리로 하여금 허타도(Hurtado)가 기독론 분석에서 강조했던 특징에 주목하게 만든다. 고백적 진술들에서 그리스도는 분명히 신앙의 대상으로 표현된다. 여기서 아들을 제외한 채 아버지인 하나님이 찬양되지 않고 오히려 이 구절들은 예수를 구원을 부여하는 존재로 묘사함으로써 이위일체론(binitary)을 드러낸다. 즉 마음을 다함으로써 우러나오는 참된 모세 신앙은 예수를 주님으로 고백한다. 회복은 예수에 대한 믿음과 함께 시작된다. 이런 신학은 종종 바울 전승과는 현저하게 다른 것으로 여겨져 온 야고보서의 구원론에도 영향을 미쳤다. 야고보서 2:1은 "영광의 주 곧 우리 주 예수 그리스도"에 대한 믿음(pistis)에 대해 말한다. 그런데 번역 과정에서 그리스어 본문의 원래의 의미가 희석되었을 수 있다(영어 성서 번역에서는 "영광스러운 주"[glorious Lord]에서처럼 "영광의"가 형용사로 번역된 경우를 염두에 둔 말인데, 그리스어 본문에서는 "영광"이 명사 소유격으로 나타나 있다—역자 주)]. 이 구절에서 예수는 "영광의 주"(kyrios tēs doxēs), 곧 하늘의 왕으로 높여진 주님(Kyrios)이다.[19]

과거의 학자들은 초기의 고백들(homologia)이 짧은 형식이었을 것이라고 가정했다. 따라서 그들은 앞서 언급한 "예수는 주님이다", "예수는 그리

---

18   또한 롬 8:11; 고전 6:14; 15:12; 15:20; 고후 4:14; 딤후 2:8을 참조하라.

19   Hurtado의 이론에 관해서는 Hurtado, *Lord Jesus*, 153, 214-15를 보라. 또 France, *Christ the Lord*, 17-36도 참조하라. 초기 기독론 연구의 중요한 주제 가운데 하나는 유대교의 유일신론 맥락에서 어떻게 이러한 가르침이 출현할 수 있었는지에 관한 것이다. 이 논의는 유일신론 자체에 관한 새로운 고찰을 시도하게 만들었고, 일종의 이위일체론적 요소가 신약성서 본문들만이 아니라 유대교 문헌들에서도 발견된다는 사실을 알게 해주었다. Chester, *Messiah*, 108-17을 보라.

스도다"(요일 2:22), "예수는 하나님의 아들이다"(행 8:37. 이는 서방 본문인 E 사본에 따른 독법이다. 대다수 본문비평은 이 구절을 인정하지 않으며 한글 성서도 이 구절을 "없음"이라고 표시한다—역자 주) 같은 기독론적 진술들에 초점을 맞추었다. 매우 특이한 표현에 해당하는 "한 분의 주님 예수 그리스도"라는 언급은 쉐마를 연상시키는데 아마도 이는 초기의 전승 자료에서 취한 표현일 것이다. 하지만 이 양식의 본래 구조는 바울 서신에 있는 문구(고전 8:6)를 통해서는 더 이상 식별해내기 힘들다. 고린도전서의 마지막 부분에서 종말론적 찬양 양식에 해당하는 "우리 주여, 오시옵소서"라는 또 하나의 인용이 발견된다(고전 16:22).[20] 쿨만(O. Cullmann)은 이러한 공식 문구들이 후대에야 좀 더 긴 형태의 고백 양식으로 발전했을 것이라고 여겼다.[21] 하지만 제베르크(A. Seeberg)는 아주 이른 시기부터 고백적 묘사와 찬양 양식 사이에 뚜렷한 구별이 있었을 것이라고 추정하며 고백 양식 문구의 길이는 연대 추정의 근거가 될 수 없다고 주장했다. 더 나아가 그는 기본적인 예식적 용례와 기독교적 선포를 엄격하게 구별할 필요가 없다고도 지적했다. 이는 바울의 작품에 나타난 가르침에서 모든 종류의 전승 자료가 동원된 것을 보면 쉽게 이해될 수 있을 것이다.[22] 바울이 로마서 10장에서 이용한 전승에서 이미 부활 메시지의 내용이 찬양의 의미를 완성한다.

이러한 고백이 참다운 기독교 신앙을 나타내는 것으로 보인다는 점도 주목해야 한다. 고린도전서에서 바울은 "성령으로 아니하고는 누구든지 '예수를 주시라' 할 수 없느니라"고 말한다(고전 12:3). 마찬가지로 빌립보서

---

20   참조. 계 22:20; 빌 4:5의 "주께서 가까우시니라"(ho kyrios engys)라는 말씀.

21   Cullmann, *Glaubensbekentnisse,* 36. 이후 Dunn은 인자, 메시아, 그리고 심지어 하나님의 아들이라는 기독론적 칭호도 신앙고백적 양식이라고 간주했다. Dunn, *Unity and Diversity,* 35-50.

22   좀 더 이전의 저자들에 관해서는 Seeberg, *Katechismus,* 150-82를 보라. 또 Kramer, *Gottessohn,* 15-16도 보라. 참조. Neufeld, *Confessions,* 42-62.

2장의 찬송은 "모든 입이 예수 그리스도를 주라 고백해야 한다"는 점을 상기시켜준다(빌 2:11). 당연한 말이지만 이러한 고백은 소속감과 관련되며 또 충성심을 암시한다. 분명히 이는 유다서 저자가 경건하지 않은 자들이 "홀로 하나이신 우리 주"를 부인하는 것을 경고하는 이유다(유 4).

몇몇 고백 자료들은 시리아어를 사용했던 초기의 유대인 기독교 공동체로 거슬러 올라갈 수 있다. 그런 구절의 가장 좋은 사례는 아마도 누가복음 24:34일 것인데 이곳에는 또다시 부활에 대한 고백이 나타난다. "주께서 과연 살아나시고 시몬에게 보이셨다!" 고정된 표현으로 보이는 이 말씀 전승은 평범한 산문 양식에서 벗어나 있으며 따라서 고백적 진술이라고 확인될 수 있다. 누가복음 저자는 예루살렘에 있던 교회의 믿음의 내용을 요약하여 전하고 있다(눅 24:33은 "열한 제자"를 언급한다). 이 구절에서는 시리아어식 표현이 명확하게 나타난다. "주님이 살아나셨다"(*ēgerthē ho kyrios*)라는 표현은 현현, 즉 "보이셨다"(*ōfthē*)를 의미하는 셈어 표현과 병행을 이루고 있는데 이 어구는 수동태로 표현되어 있다. 한편 베드로는 그의 히브리어 이름인 시몬으로 불리고 있다. 이 모든 특징은 이 구절이 오래전에 그리스어로 번역된 오래된 전승 자료에 속함을 알려준다.[23]

신약성서에서 가장 유명한 고백 중 하나인 고린도전서 15장에 수록된 바울 이전 고백 전승에서 이와 유사한 측면들이 나타난다. 이 전승에는 구원을 가져오는 믿음이 묘사되어 있는데 여기서 바울은 전승을 가리키는 용어인 "파라디도미"(*paradidōmi*)를 사용한다. 바울 사도는 "내가 받은 것을"(고전 15:3)이라고 언급하면서 이제 곧 인용하려고 하는 고백적 전승 자료가 그것에 따라 자신이 가르쳐 왔던 것과 동일하다는 사실을 강조한다. 여기서 나타나는 전승은 짧막한 다른 전승들과 비교하면 좀 더 세밀한 내

---

23   상세한 내용은 Fitzmyer, *Luke*, 1569를 보라.

용을 담고 있으면서 짧은 수난 내러티브에 기초하여 고백 공식을 형성하고
있다.[24]

> 성경대로 그리스도께서 우리 죄를 위하여 죽으시고
>
> 장사 지낸 바 되셨다가
>
> 성경대로 사흘 만에 다시 살아나사
>
> 게바에게 보이시고…(고전 15:3-5).[25]

이 본문의 내용은 매우 인상적이다. 첫째 행은 "그리스도"(Christos)에 대한
간결한 묘사로 시작하는데 그리스도는 본래의 의미에서 기름 부음을 받은
자를 가리키는 표현임이 확실하다(이는 다음과 같은 행 2:36의 진술과 비슷하다.
"이 예수를 하나님이 주와 그리스도가 되게 하셨느니라"). 유대교의 맥락에서 볼 때
이러한 표현은 약속된 메시아가 죽었다는 강렬한 선언으로 시작하는 말로
보일 것이다. 이는 신약성서 곳곳에서 발견되는 보편적 칭호로서 그리스도
란 의미와는 무언가 다른 함의를 갖는 용법이다. 앞서 살펴보았듯이 제2성
전기 유대교의 맥락에서 해방을 가져올 것으로 기대되었던 다윗의 후손 자
신이 죽을 것이라고는 전혀 믿을 수 없었다.[26]

여기서 성전 신학은 "위하여"(hyper)라는 전치사를 사용하는 단순한 수

---

24 이에 관한 분석 및 논의에 관해서는 Hurtado, *Lord Jesus,* 168-70을 보라. 또 Eskola,
    Throne, 313-14도 참조하라. 이 단락에 대한 철저한 분석을 하고 있는 Thiselton, *I
    Corinthians,* 1186-1205는 빈 무덤 주제에 관한 논의도 함께 다루고 있다.

25 이와 비슷한 역사 보도의 패턴은 롬 6:3-4에 나타난 세례 신학에 대한 바울의 묘사의 배
    후에서 발견될 수 있다. 이 본문을 통해서 수난 내러티브와 연결된 고백 전승이 세례 때
    사용되었음을 알 수 있다. 이는 역사적 의미에서 보면 자명한 개념이다.

26 더 나아가 사도행전에 기록된 설교들의 배후에는 짧은 수난 내러티브가 놓여 있음이 분
    명하다. 이 설교들 전부를 누가복음 저자의 창작으로 볼 수는 없다. 행 2:22-23; 3:13-
    14; 4:10; 5:30-31; 10:36-37; 13:22-23; 17:2-3을 보라.

사적 장치를 통해 의미화 과정을 거친다. 이스라엘의 그리스도(*Christos*)는 단순히 하나님 나라를 위한 전쟁의 순교자로 죽은 것이 아니었다. 오히려 그의 죽음은 죄를 위한(*hyper tōn hamartiōn*) 희생제물이었다. 수난 내러티브는 예수의 마지막 날들에 발생한 사건들과 죽음, 매장, 부활 사건에 따라서 전개된다. 이 고백 전승의 윤곽은 역사의 순서에 따르고 있지만 그 안에 내포된 내용은 매우 신학적인 것이다. 여기에는 역사적 내용과 메시지가 얽혀 있어 이 짧은 진술에 "무덤"(*tafos*)에 매장되었다는 다소 특이한 언급이 보존되어 있다. 구체적인 내용이 기록되어 있지는 않지만 이 고백 전승의 세부 내용 배후에 신학적 의미가 놓여 있지는 않을까? 그럴 가능성이 있다. 왜냐하면 무덤(*tafos*)에서의 부활은 무덤이 비워지는 새로운 창조의 시작을 가리킬 수 있기 때문이다. 제2성전기의 배경에서 무덤 역시 죽음의 권세를 상징했다고 볼 수 있으며 이 점에서 볼 때 누군가를 무덤에서 일으킨다는 개념은 스올의 속박으로부터 풀려나게 하는 것을 의미했을 것이다.

초기의 기독론 연구와 이 본문에 대한 연구 모두에서 호세아 6:2의 역할에 관해 논의되어왔다. "셋째 날"이 예수의 부활을 가리키는 상징적 표현이 된 것은 아마도 그 역사적 정황이 최초의 신학자들이 이용할 수 있었던 약속에 부합되었기 때문일 것이다. "셋째 날에 우리를 일으키시리니 우리가 그의 앞에서 살리라"(호 6:2). 이 구약성서 구절 역시 귀환에 대한 예언에 속한다는 사실은 단순한 우연의 일치가 아닐 것이다. 고백 공식을 만들어낸 사람들에 따르면 예수는 하나님의 진노가 자신에게 내려진 후 이제 이스라엘의 고난을 재현한다. "오라, 우리가 여호와께로 돌아가자. 여호와께서 우리를 찢으셨으나 도로 낫게 하실 것이요, 우리를 치셨으나 싸매어 주실 것임이라"(호 6:1). 예수는 이스라엘의 아픔을 몸으로 겪은 고난 받는 종이다. 예수는 그들에 대한 징벌을 감당했고 하나님이 그를 다시 살리신 이유는 바로 이 때문이다. 그의 죽음은 자기 백성을 위해 그들 대신 고난을 받은 것이기 때문에 그 백성에게 주어진 약속들은 고난 받는 종에 관해 말한다.

고린도전서 15장 본문에서 주된 증인으로 언급된 사람은 앞서 다룬 누가복음 24:34에서처럼 "게바에게 보였다"(*ôfthē Kēfa*)로 표현된 베드로다. 여기서는 그 단어의 시리아어 어의가 더 명확하게 드러난다. 곧 동사의 수동태(*ôfthē*)가 "바위"(*Kēfa*)의 시리아어 형태와 연결된다. 이 구절은 시리아어에서 번역된 것으로 보인다. 따라서 바울이 이 공식을 사도적 전승과 연결한 것은 놀라운 일이 아니다. 바울은 이 진술이 갖는 권위의 배후에 게바, 야고보, 열두 제자 및 "모든 사도"가 있다고 제시한다. 이 공식이 "예루살렘 고백"으로 불려왔던 충분한 근거가 있는데, 이는 이 고백이 초기 교회의 기둥으로 여겨진 모든 사람이 인정하는 고백을 대표하는 공통분모로 사용되기 때문이다. "그러므로 나나 그들이나 이같이 전파하매 너희도 이같이 믿었느니라"(고전 15:11). 여기서 바울은 이 신조가 모든 공동체의 믿음을 대표한다고 주장한다.[27]

회복의 메타내러티브 관점에서 보면 초기의 고백 전승들에서 핵심이 되는 것은 구속에 대한 내용이다. 많은 학자는 대속에 관한 중요한 본문인 로마서 3:24-25이 고정된 전승 자료를 토대로 형성되었다고 여긴다. 바울은 예수에 관해 언급하면서 "하나님이 그의 피로써 믿음으로 말미암는 화목제물로 세우셨다"고 진술한다. 이 구절에 대해 자세히 설명하기는 어렵지만 근본에 깔려 있는 개념은 아주 명확하다. 강력한 상징적 용어인 화목제물(*hilastērion*. 이 단어는 희생제물과 언약궤 위에 피를 뿌리는 장소 모두에 대해 사용된다) 개념을 통해서 표현된 피는 의심할 여지 없이 속죄를 이루고 죄 용

---

27   Stuhlmacher, *Biblische Theologie I*, 172-73; Thiselton, *I Corinthians*, 1203을 보라. 이 공식에 나타난 베드로의 중심 역할에 관해서는 Wright, *Resurrection*, 318-23을 보라.

서를 가져오는 희생제사의 피다. 바로 여기서 성전 신학이 드러나며 피(*haima*)의 기능도 그대로 유지된다. 즉 피는 구속(*apolytrōsis*)을 가져온다.[28]

시리아어를 사용하던 공동체에서 기원한 이러한 신학은 성전 메타포들을 중시하던 신학적 집단들에서 유래했음이 분명하다. 새로운 믿음이 유대인의 정체성을 구축했던 옛 제의의 용어들로 표현된 것이다. 이는 이스라엘의 자녀들을 위한 구속의 기쁜 소식을 선포한다는 본래의 목적에 일치한다. 예수의 죽음과 부활에 관한 복음(*euangelion*)은 이스라엘 백성을 수백년 동안 억눌렀던 영적 유배로부터의 해방을 약속한다.

초기 기독론의 희생제의적 신학 주제를 지지하는 또 하나의 전승이 있다. 바울은 로마서 4장에서 예수를 일으킨 하나님에 대한 믿음에 관해 다루면서 믿음(*pistis*) 공식을 인용한다. "예수는 우리가 범죄한 것 때문에 내줌이 되고 또한 우리를 의롭다 하시기 위하여 살아나셨느니라"(롬 4:25).[29] 이 구절의 본질적 의미는 다음과 같이 생생한 번역을 시도해야만 파악될 수 있다. 즉 예수는 "우리의 죄를 위해서 제물로 바쳐졌고 우리를 의롭다고 인정하기 위해서 살아났다." 이 문장은 두 개의 그리스어 분사(내줌과 살아남)로 이루어진 병행 구조로 되어 있으며 여기에 전치사 "때문에"(*dia*)로 구성된 어구가 추가되어 있다. 여기에 함축된 신학적 의미는 명료하다. 예수는 마치 성전 제의에 사용되는 희생제물처럼 넘겨진다. 제의와 관련된 개념에서 파라디도미(*paradidōmi*)라는 단어는 짐승을 제물로 바치는 것을 가리킨다.[30] 이러한 내줌의 이유는 "우리의" 죄 때문이다. 처음부터 예수

---

28 전승으로 간주된 특징들에 관해서는 Jewett, *Romans*, 283-90을 보라. 또 다음과 같은 Stuhlmacher의 설명을 보라. "그리스도인들에게 있어 언약궤 덮개(*kapporet*)는 더 이상 성전의 지성소에 숨겨져 있지 않고 십자가에 달린 그리스도라는 형태로 모두에게 드러나 있다." Stuhlmacher, *Romans*, 60.

29 이 구절에 관해서는 나중에 상세하게 다루게 될 것이다.

30 이와 동일한 표현이 고난 받는 종의 넘겨짐을 다룬 사 53:12에 나타나며 여기서 그 종은

의 죽음은 속죄 행위로 이해되었다. 그의 대속적인 죽음이 여전히 죄 아래서 살아가는 사람들에게 용서를 베푼다. 한편 해방은 의롭다고 인정(교정, *dikaiōsis*)하는 행위로 약속된다. 앞에서 이미 언급했듯이 초기 기독교 신학에 나타난 "디카이오시스"(*dikaiōsis*)나 "디카이오쉬네"(*dikaiosynē*) 개념은 바울이 처음 만들어낸 말이 아니었다. 그 개념들은 바울 서신이 기록되기 훨씬 이전부터 존재했다. 따라서 이러한 신학은 바울 이전부터 또는 (내가 생각하기로는) 적어도 바울의 가르침과는 별도로 기독교 공동체 내부에 존재했을 것이다.

가장 초기의 고백들에 나타난 신학은 부활에 대한 진술을 중심으로 전개되는데, 이 진술에서 하나님은 무언가 이례적인 일, 즉 죽은 자들의 종말론적 부활을 시작했다고 믿어졌다. 그 전승의 원래 저자들에 따르면 이는 틀림없이 대예언자들이 기대했던 새로운 창조의 시작이다. 예수의 제자들은 예수의 계시적 출현의 목격자로 등장하며 이 대목에서 시몬 베드로에게 핵심적 역할이 맡겨진다. 흥미로운 사실은 최초의 시작 시점부터 예수의 죽음이 희생제물의 죽음으로 이해된다는 점이다. 즉 많은 고백적 진술에서 제의적 해석이 중요한 비중을 차지했다. 최초의 전승들은 회복의 신학을 기반으로 했으며 이 신학에서는 귀환, 용서, 새 생명 같은 "유대교의" 특징적인 주제들이 선포된다. 예수의 부활은 시대의 대전환과 하나님 나라의 출범을 알리는 신호탄이다. 부활 이후 최초의 고백 전승들은 계속해서 예수의 가르침에 근거하여 예수의 복음을 놀라운 그의 죽음과 부활 사건들에 적용했다. 이런 논의를 통해서 다음과 같은 질문, 즉 즉위나 희년 주제가 최초의 전승 층에서 발견될 수 있는지에 관한 질문이 제기될 수 있다.

"많은" 사람의 죄를 위한 속죄를 행한다.

3. 승귀 기독론을 위한 근거로서의 시편 110편

시편 110편이 초기 기독론에 있어 가장 중요한 구약성서 본문에 해당한다는 점이 널리 인정되고 있다. 사실상 시편 110편은 신약성서에서 제일 많이 인용되는 시편이다.[31] 이 시편에 대한 간접적인 인유 사례도 바울 서신과 사도행전 배후에 있는 일부 전승 자료에 나타난 것으로 보인다. 그러므로 전승사적 관점에서 보면 시편 110편을 인용했던 관습은 신약성서의 가장 오래된 전승 층에 해당되는 기독교적 가르침에서 비롯되었을 것이다. 즉위, 다윗 후손의 높여짐, 주님(*kyrios*)이라는 어휘가 연결되어 있는 이 시편 본문은 초기 기독론의 의도에 대한 유용한 근거가 된다. 초기 승귀 기독론의 의미에 관한 좀 더 확장된 논의는 신약성서에서 이 시편을 활용한 모든 설교 중에서도 핵심적이었던 사도행전 2장에 나타난 베드로의 오순절 설교에서 시작해야 한다.[32]

베드로의 오순절 설교 배후의 전승사에 관해 어떤 입장을 취하든 그 설교 본문은 사도행전에서 독특한 위치를 점하고 있다. 이는 누가-행전의 두 번째 책인 사도행전의 첫 부분에 보도된 사도 베드로의 첫 설교이므로 그 본문의 목적은 의심할 여지 없이 제자들이 말했던 본래의 메시지를 전달하는 것이었다.[33] 고대의 역사 기록에서는 연설문을 작성하여 그 연설을

---

31   시 110편은 다음 신약성서 구절들에서 인용된다. 마 22:44; 26:64; 행 5:31; 7:55-56; 롬 8:34; 엡 1:20; 골 3:1; 히 1:3, 13; 8:1; 10:12; 12:2; 벧전 3:22.

32   시 110편이 초기 기독론 형성에서 매우 중요한 역할을 했다는 사실에 관해서는 특히 Hengel, *Anfänge*, 43-45; *Studies*, 133-39에서 강조되었다. 내가 여기서 사도행전부터 다루기 시작하는 이유는 사도행전에 나타난 본문들이 명료하고 또 그 본문에 드러난 요소들이 전승사적 관점에서 평가하면 매우 이른 시기의 것들이기 때문이다.

33   Witherington, *Acts*, 138-40이 주장한 것처럼 훌륭한 수사적 양식을 보여주는 누가복음 저자는 *peroratio*(권고) 전에 *pistoi*(논거) 기법을 활용한다. 누가복음 저자가 활용하는 증거들은 사도들의 가르침을 전해준 초기 공동체들의 전승에서 유래한 것이다.

중요한 지도자들이 직접 발언한 것으로 묘사하는 관습이 있었는데 요세푸스의 작품에서 그 좋은 사례들을 발견할 수 있다.[34] 여기서는 누가의 작품에 나타난 이 설교가 다음과 같은 자료에 근거했다고 전제할 것이다. (1) 좀 더 오래된 전승 자료, (2) 보편적으로 인정되었던 구약성서 증거들(catenae), (3) 초기 교회 내에서 사도적 권위를 반영한 것으로 여겨졌던 초기 설교 전승.

베드로의 이 설교의 주요 주제들은 다윗 가문과 그리스도의 독특한 높여짐에 관해 다룬다. 앞서 다루었던 내용처럼 유대교의 회복 종말론은 다윗 가문의 갱신에 희망을 두었다. 이 주제는 제2성전기에 매우 중요한 것이었으며 이는 「18개의 축복문」과 히브리어 집회서 51장에서 발견되는 축복들 모두에 명확하게 드러나 있다. "다윗의 집에 뿌리 나게 하시는 그에게 감사하라." 베드로의 설교는 이런 기대를 적용하여 예수가 종말을 성취하는 분이라고 묘사한다.[35]

우선적으로 베드로의 설교는 새로운 신학을 옛 전승에 연결시키는 독특한 구약성서 본문들을 제시한다. 그는 시편 16편을 메시아와 관련하여 해석하는 것으로 논증을 시작하고 이어서 시편 132편에 언급된 새로운 구절을 제시한다.

> 그는 선지자라. 하나님이 이미 맹세하사 "그 자손 중에서 한 사람을 그 위에 앉게 하리라" 하심을 알고 미리 본 고로 그리스도의 부활을 말하되…
> (행 2:30-31).[36]

---

34   Hengel, *Geschichtschreibung*, 18, 38을 보라. 실제 사례에 관해서는 요세푸스, 『유대전쟁사』 3:10; 4:3을 보라.

35   이에 관해서는 아래에서 다루게 될 본서의 제3장 III.1을 보라.

36   구약성서의 본문은 다음과 같다. "여호와께서 다윗에게 성실히 맹세하셨으니 변하지 아

베드로의 설교에서 이 두 시편 본문이 함께 연결된다. 또 두 본문은 공통적인 메시지를 내포하고 있다. 다윗이 한 사람의 예언자로서 "멸망하지 않을 거룩한 자"에 대해 말한 것은 자기 가문 출신의 후손 중 높여지고 왕위에 오르게 될 사람을 지칭한다고 볼 수 있다. 그렇다면 하나님이 다윗에게 맹세하신 것은 무엇인가? 실제 본문의 내용은 시편 132편을 가리키지만 이 언급의 배후에 나단의 유명한 예언(삼하 7:12-14)이 놓여 있다는 사실은 의심의 여지가 없다. 나단의 예언은 사도행전에서 활용된 구약성서의 가장 핵심적인 증거 중 하나에 속하는데, 왜냐하면 사도행전 13:23에도 나단의 예언에 대한 인유가 나타나기 때문이다.[37] 나단의 예언에 따르면 다윗 왕조는 신적 포고(divine decree)를 통해서 확립된다.

> 네 수한이 차서 네 조상들과 함께 누울 때에 내가 네 몸에서 날 네 씨를 네 뒤에 세워 그의 나라를 견고하게 하리라. 그는 내 이름을 위하여 집을 건축할 것이요 나는 그의 나라 왕위를 영원히 견고하게 하리라. 나는 그에게 아버지가 되고 그는 내게 아들이 되리라(삼하 7:12-14).[38]

다양한 구약성서 저자들에게도 이 개념은 분명히 매우 중요했다. 왜냐하면 구약 문서들에는 이와 관련된 여러 전승이 존재하기 때문이다. 예컨대 시편 2편에서 하나님의 포고는 새로운 다윗의 자손을 향한 노래 양식으로 되어있다. "너는 내 아들이라, 오늘 내가 너를 낳았도다"(시 2:7). 나단의 예언

니하실지라. 이르시기를 '네 몸의 소생을 네 왕위에 둘지라'"(시 132:11).

37   신약성서의 다른 부분, 예컨대 히 1:5에서 나단의 신탁이 직접 인용된다.

38   나단의 예언은 유대교의 메시아 사상과 신약성서의 기독론 모두에 있어 가장 중요한 본문에 해당한다. 왜냐하면 그 예언이 이스라엘의 회복에서의 새로운 다윗 가문의 인물의 지위를 강조하기 때문이다. 쿰란 문서에서도 그 예언을 사용한 사례가 발견된다(특히 4Q174 III). 그 신탁 및 신탁의 배경에 관해서는 Laato, *Star*, 33-47을 보라.

에 나타난 포고는 시편 89편에서도 언급되는데 아마도 사도행전 단락에 나
타난 표현의 배후에 그 포고가 있을 것이다. "나는 내가 택한 자와 언약을
맺으며 내 종 다윗에게 맹세하기를 '내가 네 자손을 영원히 견고히 하며 네
왕위를 대대에 세우리라' 하셨나이다"(시 89:3-4).

왕위에 관한 이러한 진술과 베드로의 설교에서 선포된 예수의 부활 사
이에는 정확히 어떤 관계가 있는 것일까? 왕위에 관한 맹세가 부활과 동일
시될 수 있는가? 이에 대한 답은 적어도 부분적으로는 어의론(semantics)을
통해 주어질 수 있다. 부활과 즉위를 가리키는 단어들 사이에는 내적으로
연관된 논리가 있다. 따라서 기독교의 그 새로운 진술이 언어유희를 기반
으로 삼을 수 있었다. 실제로 "부활"을 가리키는 그리스어 "아나스타시스"
(*anastasis*)가 나단의 예언을 언급한 70인역 구약성서에서도 나타난다("내가
너의 씨를 일으킬 것이다", *anastēsō to sperma sou*, 70인역 삼하 7:12).[39] 여기서 이 단어
는 후손을 "일으키는 것"을 의미하는데 즉위를 가리킬 수도 있다. 그러므로
그리스어 전승의 차원에서는 이러한 두 신학적 개념의 결합이 이미 확립되
어 있었다.[40]

사실 구약성서 본래의 본문에도 높여짐에 관한 언어유희가 나타난다.
나단의 예언에서 다윗의 후손이 하나님을 위해 집을 세우고 하나님은 다윗
왕조를 영원히 견고케 하겠다고 약속하기 때문이다. 장차 올 씨가 일으켜
질 것이고 그의 왕위가 영원히 견고해질 것이다. 그 씨 자신이 하나님의 아

---

39   히브리어 *qūm*과 관련해서도 언어유희가 작동한다. 구약성서의 왕권 이데올로기에서 이
      어휘는 다윗 가문의 인물의 즉위를 가리키는 데 종종 사용되는 핵심어다(겔 34:23; 렘
      23:5를 보라).

40   나단의 예언이 학문적 토론에서 중요성을 갖게 된 것은 아주 오래전 신튀빙엔 학파 시
      대로 거슬러 올라간다. 예컨대 Betz, *Jesus,* 66; Hengel, *Sohn Gottes,* 100을 보라. 자세한
      분석을 다룬 연구로는 Duling, *NTS 19* (1973), 55-77을 보라. 이 글은 내가 박사학위
      논문(Eskola, *Messias,* 43-45)을 작성할 때 도움을 받은 중요한 자료 가운데 하나였다.
      Hurtado는 여전히 이 글을 중요하게 여긴다. Hurtado, *Lord Jesus,* 103-4.

들로 불릴 것이다. 초기 기독론 형성 과정에서 쉽게 적용될 수 있었을 법한 이 모든 중요한 요소들은 다윗에게 주신 하나님의 맹세에서 이미 드러나 있었다. 그렇다면 베드로의 설교에서 그 약속이 중요해진다. 왜냐하면 그 약속은 다윗이 이미 메시아/그리스도의 높여짐과 부활을 예견했다는 사실에 대한 증거이기 때문이다(이를 "미리 본 고로", 행 2:31). 베드로의 설교에 따르면 그 약속은 단지 부활만을 가리키지 않았다. 다윗 같은 인물과 연결된 종말론에서는 단순히 앞으로 일어날 죽은 자들의 부활 같은 특정한 이례적인 사건들만 중요한 것이 아니다. 부활/일으킴(anistēmi)에 관한 언어유희는 이런 기독론이 곧 즉위에 관한 것임을 보여준다. 다윗 후손의 부활은 이중적 의미를 갖는다. 부활은 동시에 하나님의 새로운 왕국에서 하늘의 왕위에 즉위하는 것도 의미한다. 다윗의 후손이 하늘 보좌에 앉을 때 그에게 영원한 권세가 주어진다.[41]

즉위 장면에는 흥미로운 삼위일체론적 요소가 존재한다. 베드로의 설교에 따르면 종말의 성취는 아버지와 다윗의 자손과 성령의 사역이었다.

> 이 예수를 하나님이 살리신지라. 우리가 다 이 일에 증인이로다. 하나님이 오른손으로 예수를 높이시매 그가 약속하신 성령을 아버지께 받아서 너희가 보고 듣는 이것을 부어 주셨느니라. 다윗은 하늘에 올라가지 못하였으나…(행 2:32-34).

하나님이 자기 종 다윗의 자손을 왕위에 앉혔을 때 그 자손은 약속된 성령

---

41   구약성서 시대에도 "나단의 신탁"의 편집과 전승 과정이 복잡한 문제였음에도 불구하고 Chester, *Messiah*, 222-23이 주장하듯이 그 예언 자체는 제2성전기 유대교 문헌들 속에서 이미 확고한 위치를 점하고 있었음이 지적될 필요가 있다. 따라서 Chester는 이 예언이 쿰란 공동체의 메시아 개념에 끼친 영향에 관해 다루었다(336). 쿰란 문서의 중요한 파편들 중 하나인 4QFlorilegium은 이 신탁에 대해 주석을 하고 있다.

을 받았다. 오순절의 기적은 구원사를 보증하는 역할을 한다. 구원의 날이 여기에 임했고 하나님의 영이 믿음의 공동체에게로 돌아왔다. 사도들은 이를 근거로 해서 증언하게 된다.

베드로의 설교의 논거는 시편 110편에 대한 재해석을 강조한다. "주께서 내 주에게 말씀하시기를 '내가 네 원수로 네 발등상이 되게 하기까지 너는 내 우편에 앉아 있으라' 하셨도다"(행 2:34). 이 유명한 제왕 시편은 보좌 신비주의의 핵심을 보여준다. 이 구절에서 예수는 하나님의 "우편에"(*ek dexiōn*) 높여진 주(*kyrios*)로 묘사된다.[42] "내 우편에"라는 표현은 시편 16:8에 이미 나타나 있으며 마찬가지로 베드로가 처음 인용하고 있는 곳(행 2:25)에서도 이 시편 말씀이 증거 본문으로 인용된다는 점에 주목해야 한다.[43] 여기서 이 시편이 인용될 때 육신의 멸망의 측면만이 중요한 것은 아니다. 오히려 그 언급은 높여짐에 대한 주제가 명확하게 드러난 구약성서 본문에 대한 카테나(catena)에 해당된다.

우리는 시편 110편의 적용에 집중함으로써 초기 승귀 기독론의 많은 핵심적 요소의 토대가 무엇인지를 확인할 수 있다. 여기서는 하나님의 하늘 보좌, 즉 영광의 보좌를 중심으로 묘사가 이루어진다. 그 배경은 독특하다. 그리스도는 높여지며 그는 모든 하늘의 주재가 하나님을 찬양하는 그곳에서 보좌에 앉아 온 세상을 다스린다. 이것이 바로 그리스도가 즉위하는 자리인 것이다. 하나님은 그에게 "그의 우편에" 앉으라고 말한다. 그리스도의 왕권은 하늘의 왕권이 될 것이고 그는 영광의 보좌에 앉아서 다

---

42   이에 관해서는 특히 Hengel, *Studies*, 143, 217-18을 보라.
43   이와 동일한 표현이 더 나아가 시 18:35; 20:6("기름 부음 받은 자"라는 표현과 함께); 80:17; 118:16(높여짐)에도 나타난다. 종말론적 진술이 보도된 시 48:10; 78:54; 98:1과 회복의 신학의 맥락에서 같은 표현이 나타나는 시 108:6; 109:31; 138:7을 참조하라. 그런데 신약성서의 기독론에서는 이런 구절들에 대한 뚜렷한 인유가 나타난 적이 없다.

스릴 것이며 그의 권세는 무한할 것이다. 모든 원수는 그의 발등상이 될 것이다.[44] 마지막으로 베드로의 설교는 누가 이전의 전승이 거의 확실한 것으로 보이는 말씀을 강조한다. 즉위 내러티브는 부활 사건의 의미를 기독론적으로 설명함으로써 끝난다.

> 그런즉 이스라엘 온 집은 확실히 알지니 너희가 십자가에 못 박은 이 예수를 하나님이 주와 그리스도가 되게 하셨느니라(*kyrion auton kai christon epoiēsen*) (행 2:36).

이 구절은 오랫동안 학자들 사이에서 열띤 논쟁의 대상이 되어왔다. 이 본문에서 그리스도는 마치 유대교의 묵시적 본문들에 나타난 몇몇 인물이 그렇게 묘사된 것처럼 단지 그의 의로움 때문에 하늘의 왕위를 부여받은 한 사람의 의인으로 간주될 수 있는가? 하나님이 예수를 주와 그리스도 모두가 되게 했다(*epoiēsen*)는 표현은 무엇을 의미하는가? 우선 이 표현이 신화(神化, deification) 개념이 아니라는 점을 알아야 한다. 유대교 전통에서 높여짐이나 왕위 개념은 어느 것도 (아브라함, 모세, 이사야, 심지어 천사적 존재의 경우에서 보듯이) 그 높여진 인물이 신화되는 것을 가리키지 않는다. 유대인 기독교 설교자나 청중이 메시아가 "되게 했다"라는 말을 그런 높여짐을 통해서 어떤 존재론적 변화가 발생한다는 뜻으로 생각하지는 않았을 것이다.[45]

그렇다면 하나님의 아들로 입양된다는 말은 어떻게 이해해야 하는가?

---

44   이에 관한 자세한 분석은 Eskola, *Throne*, 234-43을 보라.

45   이 구절에 대한 해석과 관련하여 저(低)기독론 옹호 입장과 고(高)기독론 옹호 입장 사이에 논쟁이 있어 왔다. 의미론적 관점에서 보면 36절에는 예수가 어떻게 부활을 통해서 신적인 존재로 만들어졌는지 또는 인간으로서 높여졌는지를 알려주는 특징이 나타나지 않는 것으로 보인다. 이 초기의 진술에 나타난 핵심적인 특징은 예수의 즉위에 관해 언급한다는 점에 있다.

사도행전 2:36이 이른바 양자론적 기독론(adoptionist Christology)의 핵심 구절이라는 점을 주목해야 한다. 이 양자론적 기독론 가설은 예수가 단지 한 인간으로서 하나님의 "우편으로" 높여졌고 하나님의 아들로 "입양"되었다고 말한다. 이 가설은 20세기에 호응을 얻은 이론인 것처럼 보일 수도 있지만 시간적 오류를 가진 것으로 판명되었고 증거도 없는 것으로 밝혀졌다. 이 해석의 주된 논거는 초기의 유대인 그리스도인들이(롬 1:3-4에 언급된 바울의 공식 배후의 전승을 참조하라) 유지했던 기독론적 관점은 후대의 에비온파가 채택하고 가르쳤던 기독론적 내용과 같을 것이라는 추정이다.[46] 그러나 에비온파의 관점의 출처는 에피파니우스(370년경)의 기록이다. 그런데 서방 교부들 사이에서 에비온파의 입장은 당시 유행했던 영지주의 흐름의 한 지류에 불과한 것으로 여겨졌다. 이레나이우스는 몇몇 이단들이 주장했던 이원론적인 "입양" 개념에 대해 알고 있었다(「이단반박문」 1.25.1-3). 이레나이우스에 따르면 그들은 예수가 세례를 받을 당시에 하늘의 영이 지상의 예수에게 들러붙었다(그리고 예수는 십자가 처형 직전에 자신의 육체를 떠났다)고 여겼다. 이런 관점은 초기의 승귀 기독론과 아무 관계가 없다.[47]

그러면 높여짐과 즉위에 관해서는 어떻게 이해해야 하는가? 회복 종말론의 관점에서 해석하면 예수의 높여짐은 오랫동안 기다려온 다윗의 후손이 왕위에 오르는 날을 의미한다. 즉위를 통해서 예수는 하나님의 오른손으로 일으켜지며 우주적 왕국의 메시아-왕이 된다. 예수에게는 하나님의 보좌와 하나님의 이름과 하나님의 권세가 주어진다. 오늘날 많은 학자가 생각하는 것처럼 이런 숭배의 특징들은 예수가 하나님으로서 예배의 대상이 되었음을 증명한다. 이는 그런 과정의 어느 중간 시점에 존재론적 변

---

46   Dunn, *Unity and Diversity*, 237-45를 보라.

47   이에 관한 자세한 논의는 Eskola, *Throne*, 299-306을 보라.

화가 발생한 것이 아님을 의미한다. 그러므로 최초의 신학자들은 예수가 즉위 후에 신적인 존재로 묘사되고 경배되었다면 예수는 그 이전에도 이미 신적인 존재였음이 분명하다고 여겼다.[48]

요컨대 베드로의 설교의 결론부에 있는 핵심적인 진술은 바로 그 설교 중에 형성되었던 메타내러티브에 기반을 두고 있다. 예수는 다윗 가문의 "왕"이었지만 부활 사건 이전에는 그에게 권세가 주어지지 않았다. 그런데 부활은 즉위의 행위로 변환되었으며 여기서 예수는 하늘의 통치자가 되었다. 이러한 높여짐을 통해서 그는 하나님 자신의 이름인 주(Kyrios)로 불리게 되었다. 즉위 자체는 일종의 기름 부음이었고 따라서 권능의 그리스도는 정확히 말해서 기름 부음을 받은 자 곧 메시아다. 예수는 기름 부음을 받아 주님이 되었다.

더 나아가 학자들은 시편 110편을 적용한 최초의 본문이 로마서 8장이라고 추정해 왔다. 불신앙의 세상의 억압 아래서 고통을 겪고 있는 독자들을 위로하면서 바울은 승귀 기독론에 중심을 둔 전승 공식을 적절하게 활용한다.

> 그는 그리스도 예수다. 그는 죽었고,
> 그는 일으켜졌고,
> 그는 하나님의 우편에 계시고,
> 그는 진정으로 우리를 위해 간구하신다(롬 8:34. 개역개정을 사용하지 아니함).

---

48 이 해석을 지지하는 견해가 더 많아지고 있다. Hengel, *Studies*, 222-25; Stuhlmacher, *Biblische Theologie I*, 1765-69; Hurtado, *Lord Jesus*, 181; Eskola, *Throne*, 308-9를 보라.

헹엘이 "고백적 공식"(bekenntnisartige Formulierung)이라고 불렀던 이 로마서 구절은 4행의 공식으로서 시편 110편에 있는 어휘들을 완전히 새로운 문맥 안으로 적용한다.[49] 바울이 사용한 전승에 따르면 높여진 그리스도는 하늘의 보좌에 앉지만 단순히 왕으로서만 앉아 있는 것은 아니다. 예수는 하늘 성전의 제사장 역할도 부여받았다. 그가 억압받는 자들을 위해 기도한다고 표현될 수도 있지만, 문자적 의미로 보면 예수는 말 그대로 그들을 위해 하나님 앞에 탄원하므로(entyngchanō) "간구한다"라는 말로 번역되었다. 이런 측면은 초기 유대인 기독교에서 유래한 것이 분명하다. 이는 그런 종류의 전승에 있어 가장 중요한 후대의 서신인 히브리서 7:25에서도 반복된다. 히브리서의 본문에서 주목할 만한 점은 그리스도가 보좌 앞에 있는 하늘 제사장으로 언급되지 않고 그 보좌에 직접 앉는다고 묘사된다는 사실이다.[50]

바울 이전의 전승 자료에 나타난 독특한 부분은 초기 전승에서 이미 짧은 수난 내러티브가 드러나며, 그것이 그리스도의 높여짐에 대한 묘사와 결합되어 있고, 이 높여짐 부분은 시편 110편의 이미지가 적용되어 설명된다는 점이다. 이러한 배열의 고백은 현재까지도 대다수 교회와 교파를 연합시키는 기본적 신조가 된, 후대에 형성된 사도신경(*Symbolum*

---

49   Hengel, *Anfänge*, 45. 로마서의 이런 구절들을 "고백" 공식으로 부르거나 Hengel이 명명한 방식을 이용하는 것도 가능하다. 왜냐하면 이런 말씀들에 관해서 우리가 알고 있는 내용은 이것이 전부이기 때문이다. 그 본문들은 구원을 가져오는 믿음의 핵심에 초점을 두고 있기 때문에 고백적이라고 말할 수 있다. 그러나 그 구절들이 어떻게 활용되었는지는 정확히 알 수 없다. 그 구절들이 사용된 가장 확실한 자리(Sitz)는 바울의 경우에서처럼 설교의 정황일 것이다. 하지만 그 구절들은 예전적 기능도 갖고 있었을 수 있다고 추정된다.

50   Hengel은 우리에게 그리스도의 임무는 보좌 앞에서가 아니라 보좌 위에서 수행된다는 점을 상기시켜 준다. "천상의 제의와 성소에서 제사장의 역할이나 궁정 예식에서와 달리 중재자인 그리스도는 하나님의 보좌 **앞에 서 있는 것**이 아니라 하나님의 우편 그 보좌 위에 있는 동반자다." 그리고 그는 다음과 같이 덧붙인다. "그는 **앉아 있다.**" Hengel, *Studies*, 152.

Apostolicum)의 핵심을 형성하는 데 영향을 주었을 것이다. 승귀 기독론과 관련하여 이 구절의 영향 및 시편 110편을 이용한 해석 전통의 영향 모두 방대한 역사를 갖고 있다.[51]

따라서 시편 110편과 나단의 예언이 모두 적용됨으로써 초기 기독교의 회복 신학에 새로운 측면이 추가되었다. 새로운 왕국의 출범은 천상의 즉위로 시작한다. 구원의 메시지가 주님의 왕권에 초점을 맞추고 있기 때문에 이사야서에 나타난 복음의 내용은 기독교 공동체 안에서 그대로 유지되었다. 해방의 날이 임했다. 하나님은 그의 영을 보냈고 유배 가운데 살고 있는 백성에게 "누구든지 주의 이름을 부르는 자는 구원을 받으리라"고 선언한다(행 2:21). 이스라엘의 갱신은 그리스도가 그의 하늘 보좌에서 통치하는 다윗 왕국 안에서 시작한다. 여기서 두 개의 새로운 질문이 제기된다. 즉위 개념은 하늘 보좌에 관한 다른 묘사들과 어떻게 관계되는가? 그리고 즉위를 통해서 그리스도가 궁극적으로 획득하게 되는 지위는 어떤 지위인가?

4. 그룹-보좌 위의 그리스도

하늘 보좌에 초점을 맞추는 기독론이 신약성서에서 보편적인 특징으로 나타난다. 이미 복음서 전승들에 종말론적인 권능 개념을 표현하는 하늘 보좌의 이야기들이 존재한다. 세베대의 아들들의 어머니가 예수와 함께 종말론적 희망에 관해 의논하는 장면에서 그 어머니의 발언 중에 보좌 개념이 언급된다. "나의 이 두 아들을 주의 나라에서 하나는 주의 우편에, 하나는 주의 좌편에 앉게 명하소서(마 20:21). 여기서 예수는 보좌들이 있을 것이라

---

51 Hengel은 신조 공식에 시 110편이 사용된 2세기까지의 모든 중요한 사례를 분석했다. Hengel, *Studies*, 119-33을 보라. 이 시편에 대한 인유 가운데 가장 중요한 폴리카르포스의 서신 2:1에서는 시 110편이 **믿음**(*pistis*) 공식에 나타나 있다. Hengel, *Anfänge*, 53.

는 사실을 부정하지 않고 단지 모든 일이 하나님의 손에 달려 있다고 강조한다. "내 좌우편에 앉는 것은 내가 주는 것이 아니라 내 아버지께서 누구를 위하여 예비하셨든지 그들이 얻을 것이니라"(마 20:23).

우리가 앞서 다루었던 단락으로 돌아가면 예수의 가르침에 나타난 종말론적 경향과 심지어 신비주의적이기도 한 특징이 한층 더 뚜렷하게 나타난다. 예수의 사역의 어느 시점에 기대가 약속으로 전환되었다.

> 내가 진실로 너희에게 이르노니 세상이 새롭게 되어 인자가 자기 영광의 보좌에 앉을 때에 나를 따르는 너희도 열두 보좌에 앉아 이스라엘 열두 지파를 심판하리라(마 19:28).

예수는 왕권과 관련된 용어를 동원하여 하늘의 권세를 묘사한다. 여기서 제자들에게 새로운 이스라엘을 통치할 권세가 주어질 것이라고 선언된다. 그리고 그들의 스승은 그들의 하늘 왕이 될 것이다. 주님이 영광의 보좌에 앉을 때 그는 하나님의 보좌에서 직접 세상을 다스릴 것이다. 이 말씀 전승에서 인자의 권세는 독특한 방식으로 하나님의 우주적 통치와 동일시된다.

하늘 보좌의 모습은 구약성서의 내러티브에서 매우 중요하다. 하늘 보좌에 상응하는 지상의 장소는 성막이다. "거기서 내가 너와 만나리라"(출 25:22). 그리고 속죄소 위 곧 "증거궤 위에 있는 두 그룹 사이에서" 하나님은 "이스라엘 자손을 위한 명령들"을 "전달할" 것이다. 구약성서의 묘사에서 정확히 어떤 보좌를 말하는 것인지가 항상 명확한 것은 아니지만 그것이 실제로 매우 중요한 주제인 것은 분명하다. "하나님이 뭇 백성을 다스리시며 하나님이 그의 거룩한 보좌에 앉으셨도다"(시 47:8). 이 이미지는 하나님이 선택된 백성의 참다운 왕이시라는 신정주의적 이상을 구현한 것

이다.[52]

　성전 제의와 유대교 신앙에서 하나님의 보좌의 중요성은 아무리 강조해도 지나치지 않다. 이곳은 왕들이 기도하고 제사장들이 하나님을 경배하는 장소다. "그룹들 위에 계신 이스라엘의 하나님 여호와여, 주는 천하 만국에 홀로 하나님이시라"(왕하 19:15; 참조. 시 99:1-5). 이런 그룹-보좌 메타포는 하나님의 "실재하는" 성전 구역으로 여겨진 하늘 보좌를 가리킨다. "여호와께서 그의 보좌를 하늘에 세우시고 그의 왕권으로 만유를 다스리시도다. 능력이 있어 여호와의 말씀을 행하며 그의 말씀의 소리를 듣는 여호와의 천사들이여, 여호와를 송축하라. 그에게 수종들며 그의 뜻을 행하는 모든 천군이여, 여호와를 송축하라"(시 103:19-21).

　앞에서 지적했듯이 제2성전기 유대교 신학과 유대교 신비주의에서 보좌는 특별한 위치를 차지한다.[53] 유대교 신비주의는 곧 보좌 신비주의라 할 수 있으며 제의 활동이 이를 입증하는 논거가 된다. 대예언자들의 환상들은 이러한 논리적인 맥락에서 등장한다. 그 가운데 가장 두드러진 사례 중 하나는 이사야서에 묘사된 성전 환상이다.

52　하나님의 보좌는 지성소(*debir*) 안에 있다고 여겨진 가상의 이미지였으므로 자연스럽게 그곳이 경배 사상의 중심으로 간주되었다. 이 주제와 관련하여 학자들은 Scholem을 자주 인용한다. 그에 따르면 초기 유대교 신비주의는 "보좌-신비주의"였다. Scholem, *Major Trends*, 42. 좀 더 후대의 유대교 신비주의의 특징에 관해서 아주 많은 논의가 이루어졌지만(이에 관해서는 방금 언급한 Scholem의 책을 보라), "보좌-신비주의"라는 개념 자체는 제2성전기의 묵시 문헌들의 특징과 잘 부합한다.

53　유대교 신비주의에서 묘사된 보좌에 관해 많은 연구가 이루어졌다. Hengel, *Studies*, 189-212; Newman, *Paul's Glory-Christology*, 83-133; Bock, *Blasphemy*, 115-62; Eskola, *Throne*, 65-126을 보라. 여기서는 신비주의 개념이 아주 일반적인 의미에서 정의된다는 점을 지적해 둘 필요가 있다. 이 연구들이 다룬 대상은 하늘 보좌가 언급된 묵시적 본문들이다. 후대의 궁전(*heikhalot*) 본문들과 그 본문들이 유대교 신비주의에서 갖는 의미에 관해서는 본서에서 특별하게 다루지 않을 것이다.

내가 본즉 주께서 높이 들린 보좌에 앉으셨는데 그의 옷자락은 성전에 가
득하였고 스랍들이 모시고 섰는데 각기 여섯 날개가 있어 그 둘로는 자기
의 얼굴을 가리었고 그 둘로는 자기의 발을 가리었고 그 둘로는 날며…
(사 6:1-2).

천상 여행과 특이한 환상을 다루는 후대의 본문들도 이와 유사한 장면을
묘사한다. 「에녹1서」의 "감시자들의 책"(Book of the Watchers)에서 환상을 보
는 자는 영광의 보좌 앞에 서 있다.

그리고 나는 그 안에서 높은 보좌를 주목하여 보았는데 그 모습은 수정
같았고 그 바퀴는 빛나는 태양 같았다. 그리고 나는 그룹들의 음성을 (들
었다?). 또 보좌 아래에서는 불타는 화염이 뿜어져 나오고 있었다. 그 보좌
를 바라보기가 힘들었다. 그리고 위대한 영광이 그 위에 앉아 계셨다. 태
양보다 더 밝게 빛나는 그의 옷은 눈보다 더 희었다(「에녹1서」 14:18-20).

이보다 한참 후대의 문서에서는 레위가 환상 가운데 하늘에 들어가도록 허
락을 받고 보좌에 앉으신 하나님을 목격한다.

바로 그 순간 천사가 나에게 하늘 문을 열어주었고 나는 지극히 높으신 분
이 보좌에 앉으신 것을 보았다. 또 그는 나에게 이렇게 말씀하셨다. "레위
여, 내가 가서 이스라엘의 한가운데서 거할 때까지 나는 너에게 제사장직
의 축복을 주었노라"(「레위의 유언」 5:1-2).

유대교 신비주의의 환상 체험은 하늘의 메르카바(merkabah), 즉 온 우주의
주님이 앉아 있는 하나님의 보좌 또는 보좌-전차에 집중한다. 이는 중요

한 상징이라고 볼 수 있는데 왜냐하면 하늘 성전과 관련된 사상에서 이 상징이 반복적으로 사용되기 때문이다. 어떤 의미에서는 제2성전기 유대교의 묵시적 신비주의는 성전 제사장들에게만 개방이 허용된 영역에의 접근을 시도했다고 볼 수 있다. 이 특징은 제의적 정황에서 보좌 환상들을 언급하는 사해문서 두루마리에 현저하게 나타난다. 쿰란 공동체의 기록들에는 메르카바 개념과 함께 잘 발달된 성례 신비주의(sacral mysticism)의 흔적들이 발견된다. 쿰란 공동체가 제사장 종파의 중심지였기 때문에 성전과 하나님의 보좌 모두 이 공동체의 사상에서 매우 중요했다. [쿰란 문서인] 「안식일 제사의 노래」의 배경은 묵시적 환상의 배경과 매우 유사하다. 이 문헌들에 영감을 준 주된 원천은 에스겔서일 것으로 추정된다. 아마도 에스겔서로부터 보좌-전차와 하늘의 성소 개념이 차용되었을 것이다.[54]

> 그들은 그룹의 하늘 위에서
> 메르카바-보좌의 형상을 찬양한다.
> 그리고 그들은 그의 영광의 자리 아래에서
> 찬란한 빛의 하늘을 찬송한다(4Q405 22.8).[55]

유대교 문헌에서 몇몇 족장과 모범적인 조상들에게 하늘 보좌가 약속된다. [비극 작가] 에스겔의 「엑사고게」(Exagoge of Ezekiel, 출애굽 드라마)에서는 모세에게 보좌가 약속된다(Ezek. Trag. fr. 6, 15). 「이삭의 유언」은 아브라함과 이삭과 야곱을 언급하고(「이삭의 유언」 2:7), 「벤야민의 유언」은 에녹과 노아와

---

54 제2성전기의 묵시적 유대교 신비주의에서 보좌-전차 개념은 하나님의 보좌를 가리키는 이미지로 굳어졌다. 그러므로 그것은 또한 초기 기독론의 몇몇 중요한 특징을 밝혀주는 데 도움이 될 수도 있을 것이다.

55 Halperin, *Chariot*, 52의 번역을 참조했다.

셈을 언급한다(「베냐민의 유언」 10:6). 대체로 하늘에 그들의 자리가 마련되어 있다고 여겨졌던 사람이 상당히 많았는데 여기에는 이사야나 욥 같은 인물도 포함된다.

이 점에서 초기 유대교의 메르카바 신비주의는 이스라엘의 전통을 충실하게 따른다고 볼 수 있다. 하나님의 하늘 보좌가 종말론의 중심으로 여겨지면서 성전 제의에 현존하는 중요한 신념들이 채택된다. 전통적인 구약성서의 종교에 나타난 상징적인 우주관은 유대교 신비주의 문헌에서 그 중요성을 계속 유지한다. 하늘 여행에 관한 이야기들은 신정주의 신학의 관점에서 묘사되며 여기서 하나님과의 만남이라는 제의적 성격이 명확하게 드러난다. 하나님과의 소통은 계속 하늘의 예전과 관련된다. 더 나아가 성전 제의 자체에도 신비주의적 특징이 있었을 수 있다. 적어도 「안식일 제사의 노래」가 제2성전기의 제사장 전승들을 반영하는 것이 사실이라면 말이다. 그렇다면 초기 그리스도인들이 그리스도의 부활과 관련하여 그의 하늘 보좌 주제를 다루기 시작하면서 자기들의 전승에 있는 친숙한 상징들(또는 기호론적 개념으로는 "기호들")을 채택하여 영광의 보좌에 주목한 것은 매우 논리적인 행동이었다.

하늘의 영역을 언급했던 사도들 역시 하나님의 세상을 하나님이 그룹들과 모든 천상적 존재에게 섬김을 받는 우주적 성전으로 이해했다. 특정한 묘사들은 이 메타내러티브의 지배를 받는다. 하늘의 즉위는 영광의 보좌 앞에서 이루어진다. 그리고 하나님이 그의 기름 부음을 받은 자를 향하여 "내 우편에 앉으라"라고 명령할 때 그는 모든 하늘의 중심인 메르카바에서 말한다. 예수의 추종자들은 하늘 궁정의 전형적인 이미지들을 새롭게 창작할 필요가 없었다. 오히려 사도들은 이스라엘의 갱신을 기대하며 시대의 변혁기에 자신들의 고유한 전승의 관점에서 새로운 기독론을 구축한 경

건한 유대인들이었다.[56]

초기 기독교의 고백 전승들에 대한 지금까지의 분석을 통해서 부활 이후 승귀 기독론을 형성했던 최초의 신학자들이 하나님의 하늘 보좌 이미지를 예수의 부활과 연결했음을 알 수 있었다. 여기서 기호론의 출발점은 제2성전기 유대교 신비주의의 출발점과 동일하다. 예수의 부활은 그가 하늘의 메르카바로 높여지는 내러티브의 창조를 통해서 설명된다. 하나님이 예수를 영광의 보좌 "우편에" 앉게 할 때 예수의 천상의 즉위가 일어난다(시 110편). 다윗 가문 주제는 하늘 보좌의 이미지들을 통해서 완성된다. 즉위의 자리는 하나님이 거주하는 장소인 하늘의 성전으로 이동한다.

부활 기독론에 관한 기본적 내러티브는 독자들로 하여금 하늘의 "데비르"(debir), 즉 지성소에 주목하게 만든다. 베드로가 설교를 마치면서 시편 110편을 인용하여 하나님이 예수를 주가 되게 했다고 말하는 장면(행 2:36; 참조. 5:31; 7:56)에서 독자들은 우주적 즉위를 떠올렸을 것이다. 이와 동일한 배경이 로마서 서문에 언급된 전승 공식에서도 드러난다. 여기서 다윗의 씨인 예수는 죽은 자들 가운데서 부활함으로써 "능력으로 하나님의 아들로" 이 지위에 임명되었다고 묘사된다(롬 1:3-4. 이 본문에 대한 좀 더 자세한 분

---

56   Hengel, *Studies*, 210을 참조하라. Eskola, *Throne*, 328-29도 보라. 이 해석에 대한 비판적 평가에 관해서는 Chester, *Messiah*, 27-43을 보라. 무언가 직접적인 영향을 주었다고 주장하기 위해서는 *merkabah* 신비주의 개념을 너무 모호하게 정의하면 안 된다고 지적한 Chester의 주장은 옳다. 그러나 나는 그 기원과 관련하여 어떤 고정된 전승과 연결되어 있다고 주장하려는 것이 아니다. 오히려 내가 강조한 부분은 보좌 이미지와 그 기호론적 함의였다. 의미화 과정들은 하늘의 보좌 이미지를 중심으로 형성된 것으로 보이며 신약성서에서 이것은 곧 하나님 자신의 보좌로 나타난다. Chester는 이런 해석을 수용하는 것으로 보인다. 그는 내가 쓴 책(Eskola, *Throne*)를 우호적으로 평가하면서 다음과 같은 견해를 밝힌다. "[그 책의] 공헌은 신약성서에서 발견되는 기독론의 형성 과정에서 최초의 그리스도인들이 실제로 **어떻게** 유대교 전승(특히 신비주의적 전승)의 세계관과 그 중요한 특정한 측면들을 사용하면서도 **동시에** 그것들을 전혀 다른 독특한 무언가로 변형시켰는지를 보여주었다는 점에 있다." Chester, *Messiah*, 39.

석은 나중에 다루어질 것이다). 한편 빌립보서 2장의 아름다운 찬가에서도 즉위 장면이 강조되는데, 여기서는 그리스도에게 "모든 이름 위에 뛰어난 이름"이 주어지며 모든 사람이 "예수 그리스도가 주"라는 고백에 승복해야 한다 (빌 2:11).

따라서 초기 기독론 전승들 배후에는 독특한 기독교적 "메르카바 전승"이 존재했음을 알 수 있다. 보좌 개념은 예수의 종말론적 지위를 밝히는 데 도움을 주는 중요한 메타포가 되었다. 최초의 신학자들이 예수가 하나님의 "우편에" 높여졌다고 진술했을 때 청중은 예수의 독특한 지위에 대해서 이해했다. 즉 예수는 하늘에서 최고의 지위를 부여받은 셈이다. 이런 배경에서 구약성서에 나타난 즉위 관련 구절들을 채택해서 그것들을 그리스도의 부활에 대한 약속으로 해석하는 것이 쉬웠을 것이다. 이 특별한 전제하에서 부활은 즉위의 행위로 이해되었다. 그룹-보좌에 앉은 그리스도는 회복의 왕이자 새로운 평화의 왕국의 메시아가 되었다.

5. 보좌 신비주의에서 왕적 기독론으로

예수의 가르침에 내재된 많은 요소가 초기 기독론이 형성되기 위한 토대로 작용했다. 첫째, 하나님 나라(*basileia*)의 도래에 관한 예수의 선포는 신적 왕권에 관한 이사야서의 예언을 적용한 것으로서 그 선포는 이스라엘의 회복 주제에 대한 이해를 모종의 신적 즉위와 결합시켰다(적어도 메타포의 의미에서 말이다). 예수의 제자들은 가까운 미래에 새로운 왕국이 세워질 것이라고 믿었다. 둘째, 묵시적 열정을 갖고 있었던 열두 제자는 새로운 시대가 시작되면 자신들에게 하늘의 보좌가 주어질 것이라고 믿었다. 그들은 자기들이 종말론적 열두 족장으로서 자신들의 주님과 함께 새로운 이스라엘을 다스릴 것으로 생각했다. 예수 자신도 하나님의 영광의 보좌인 가장 높은 보좌에 앉아서 다윗 왕국의 기름 부음 받은 왕으로서 다스릴 것이다. 이러한 확신들은 예수의 부활에 초점을 맞춘 부활 이후의 초기 고백 공식들의 신학에 부합한다. 몇몇 단락에서 사도들은 예수의 높여짐에 나타난 천상의 즉위에 관해 선포한다(특히 행 2장은 시 110편을 적용한다).

부활 신학은 이처럼 즉위 개념을 바탕으로 하고 있으며 보좌 신비주의와 연결되어 있다. 부활 신학은 제2성전기 유대교 신학과 많은 특징을 공유한다. 하지만 유대교의 담론은 특정한 측면에서 기독교의 담론과 다르기 때문에 우리는 이 부분에서 조심할 필요가 있다. 쉽게 예상할 수 있듯이 신약성서에서는 종말론적 희망의 초점이 예수와 부활 사건에 있다.

내러티브 분석을 통해 우리는 우선 초기 기독교의 표현 방식에서 유대교의 메타포들이 중요하다는 점을 알게 된다. 더 나아가 제2성전기의 문헌들(「솔로몬의 시편」, 4QFlor 등)에 사용된 몇몇 증거 본문은 신약성서의 가르침에서도 중요한 역할을 한다. 이 모든 본문에 나타난 다양한 세부 내용들을 함께 모으면 우리는 하나의 메타내러티브가 전면에 배치되어 있음을 알 수 있다. 다가오는 종말론적 격변기에 하나님의 영광의 보좌가 전체 사건의 중심에 위치할 것이다. 그런 설명들은 종종 구약성서의 묘사에 근거하기 때문에 우리가 모든 개념을 단순히 포로기 이후의 신학으로 소급하지 않도록 주의해야 한다. 신적 보좌는 포로기 이후의 신학이 형성되기 훨씬 전에 분명히 존재했던 하나님의 왕권 개념에 대한 중요한 주제였다. 그러므로 이 주제는 초기 기독론 형성 과정에서도 같은 역할을 한다.[57]

기독론의 출현과 관련하여 우리가 시편 110편과 132편의 기능을 고려

---

57 유형론적 해석을 따르는 학자들은 기독론적 진술들의 기원을 설명할 수 있는 특정한 유형들을 찾아내려고 하는 반면 내러티브 비평 및 기호론적 접근법은 좀 더 단순한 설명을 시도한다. 만일 우리가 하나님의 보좌 같은 주제를 알고 있다면 그 주제는 예수의 부활에 어떤 신학적 해석이 적용될 때 새로운 방식으로 활용될 수 있다. Eskola, *Throne*, 383을 참조하라.

하면 이러한 그림은 한층 더 뚜렷해진다. 여기에 나타난 내러티브들은 이상적인 왕의 즉위에 관한 그림, 즉 왕의 대관식 과정을 묘사하는 데 집중한다. 즉위 자체는 자주 하나님의 "우편"으로 높여짐에 관한 언급을 통해 표현된다. 사도행전 2장의 베드로 설교에서는 이와 관련된 거의 모든 논거가 제시된다. 예수의 부활은 다윗 가문의 왕의 즉위를 의미하는 높여짐(anistēmi)으로 이해되어야 한다. 그 배경은 유대교의 보좌 신비주의로부터 직접 차용된 것이다. 핵심 인물이 하늘 보좌로 높여진다. 이렇게 해서 시편 110편은 신약성서의 기독론에서 중요한 역할을 한다. 왕권 이데올로기는 하늘의 궁정에 초점을 둔 하늘의 무대와 결합된다.

세 번째 특징은 기독교 신학과 그것의 뿌리가 되는 유대교 사이의 불연속성을 전면에 드러낸다. 신약성서에서 높여진 그리스도는 다윗 가문 출신의 메시아로 묘사된다. 이 점에서 예수는 유대교 신비주의에 등장하는 다른 많은 천상의 존재와 구별된다. 고백적 진술들에 나타난 부활한 그리스도는 유대교 문헌들에서 언급된 천사들이나 높여진 족장들과는 다르다.[58] 대신 그는 인간 및 우주의 다른 모든 피조물을 다스리기 위해 즉위한 하늘의 왕이다. 이는 새로운 다윗의 후손이 오기를 고대했던 많은 유대교 신학자들의 기대를 부정하는 것이 아니라 초기 기독교의 저자들이 그런 기대를 높여짐에 관한 이야기, 즉 하늘로 이동하는 메시아와 영광의 보좌가 위치한 하나님의 신적 궁정에서의 그의 즉위에 관한 새로운 내러티브 안으로 배치했음을 의미한다.

이 외에도 특히 기독론과 관련하여 다윗 가문에 대한 내러티브와 높임

---

58   천사 기독론(angel Christology)과 천사 형태 기독론(angelomorphic Christology)을 구별할 필요가 있다. 이에 관해서는 Gieschen, *Christology*, 28을 보라. 이에 관한 해석은 대부분 유비에 관한 것이다. 그리스도를 명시적으로 천사와 동일시하는 학자는 거의 없을 것이다.

의 내러티브 모두 한 사람의 역사적 인물의 소명 주제를 다루고 있다는 분명한 사실이 중요하게 생각되어야 한다. 이것은 기독교 신학의 맥락에서는 일반적이지만 제2성전기의 유대교 신학의 맥락에서는 특이하다. 유대교 문헌들에서 언급된 높여진 족장들이나 예언자들은 실제 역사 바깥의 영역에서 등장한다. 예컨대 쿰란 공동체 운동의 최초의 지도자 가운데 한 사람이었던 의의 교사에게는 그러한 영예가 주어지지 않았다. 물론 족장들은 역사적 인물이었지만 그들의 높여짐은 종말론적 사건, 즉 역사 이후의(post-historical) 사건으로 이해되었다. 반면 초기 기독론은 역사의 한복판에서 종말론적 소망이 실현됨에 대해서 말한다. 예수의 부활은 경험적 사실로 묘사된다. 부활한 그리스도는 사람들과 신체적 접촉을 하며 그들과 함께 음식을 먹는다. 그리고 그의 높여짐과 즉위를 통해서 예수 그리스도는 하늘의 권세를 획득한다. 그는 영광의 보좌에 앉아서 하늘의 왕으로서 평화의 왕국을 통치한다.

이런 희망들을 유대교의 종말론과 연결하는 또 다른 세부사항이 있다. 유배의 소란스러운 사건들이 벌어지는 동안 하나님의 영은 성전과 예루살렘에서 떠나갔다. 그러므로 이스라엘의 회복은 종종 자녀의 입양이 이루어지는 새로운 시대인 성령의 시대로 묘사된다. 성령은 새로운 성전으로 간주되는 회중 공동체로 돌아온다. 이런 방식을 통해서 하나님의 영은 하늘의 왕국과 지상의 회중의 연합을 확증한다. 더욱이 예수 자신이 그 영을 보내는 존재로 제시되기 때문에 그는 하늘에서 독보적인 지위를 갖고 있다.

상호텍스트성은 기독론적 내러티브가 발생하는 데 중요한 역할을 한다. 제2성전기 유대교의 맥락에서 부활 주제가 다루어지면서 즉위 주제가 동시에 언급되는 것은 매우 예외적인 경우에 해당한다(롬 1:3-4; 빌 2:3-11; 행 2장; 히 1장). 여기서 두 개의 종말론 주제가 결합한다. 첫째, 예수의 메시아로서의 지위가 시편 110편을 인용함으로써 정당화된다. 둘째, 바로 그 동일한 구절이 부활에서 즉위가 이루어진다는 믿음을 정당화한다. 그러므로 초기 기독론은 유대교의 보좌 신비주의를 이해하는 관점을 변화시킨 셈이다. 물론 죽은 자들의 부활 사상이 종말론을 다루는 일부 유대교의 즉위 내러티브들에 나타나는 것은 사실이지만 부활 자체가 즉위의 원인으로 제시되는 경우는 전혀 존재하지 않는다. 기독교의 가르침은 완전히 새로운 내러티브이며, 이 새로운 내러티브는 독자적인 즉위 담론으로 생각되어야 한다. 이 내러티브는 예수의 부활에 초점을 맞춘다. 이러한 개념들이 함께 살아 있는 맥락이 있는데 그것은 제2성전기의 회복 종말론의 맥락이다. 부활은 이스라엘의 주님의 종말론적 즉위 후에 일어날 것으로 기대되는 사건이다.

보컴은 이스라엘의 회복에 관한 이례적인 여러 약속(눅 1-2장)이 수집된 단락으로 시작되는 누가복음을 연구하면서 누가복음 저자가 까다로운 과제를 갖고 있었다고 추정한다. 즉 누가복음 저자는 독자들에게 그 갱신이 어떻게 "예상하지 못했던 경로"를 통해서 이루어지는지를 제시해야 했다는 것이다. 보컴은 누가복음 저자가 누가-행전을 기록하면서 그의 생각을 설명하는 데 도움이 되었던 것으로 여겨지는 구약성서 구절들의 목록을 열거하고 그 구절들이 동시에 기독론의 중요한 측면들을 강조한다고 지적한다.[59]

이 구절들에서 예수는 "그의 죽음 이전 및 이후에 권위 있는 교사이자 치유자",[60] "거부당하고 높여진 메시아"로 제시되며,[61] "죽음에 처해야 할

---

59   Bauckham, *Restoration*,w 467-68.
60   이에 해당하는 구절들은 다음과 같다. 사 61:1-2/눅 4:18-19; 7:22과 신 18:15-19/눅 9:35; 행 3:22-23; 7:37.
61   시 118:22/눅 20:17; 행 4:11.

범죄자"이자[62] "죽은 자들 가운데 살아난 메시아"로[63] 취급된다. 그는 "하늘에 있는 하나님의 보좌로 높여졌고"[64] "성령을 보내며"[65] 마지막으로 "우주를 다스리는 분으로 영광 가운데 올 것이다."[66] 이 목록은 광범위하고 인상적이다. 이 목록은 초기 기독교의 고백 전승들을 통해서 이미 우리에게 친숙하게 알려진 핵심적인 요소들을 포괄하고 있다. 보컴은 다음과 같이 결론짓는다.

> 따라서 메시아의 죽음을 통해 새로운 출애굽이 완성되고(눅 9:31) 그가 예루살렘에 있는 다윗의 보좌에 오름으로써가 아니라 하나님의 우편에 있는 우주적 보좌에 좌정함으로써 메시아적 통치를 시작한다(눅 20:42-43)는 것이 밝혀진다.[67]

따라서 누가의 신학에서 유배와 회복의 거대한 메타내러티브는 구원사의 전개뿐만 아니라 이스라엘 역사에 대한 전체적 조망을 보여준다. 이 기본적인 용어가 이스라엘 역사를 장구한 신적 계획으로 보는 누가의 신학적 구상을 정확하게 묘사한다. 기다려왔던 회복은 주님의 즉위 후에 이루어지지만 그 회복은 젤롯파나 호전적인 쿰란 공동체의 종말 사상에서 나타나는 전형적인 정치적 기대감과는 거리가 멀다. 오히려 이스라엘의 갱신은 그리스도의 사역을 통해서 실현되며, 따라서 누가-행전 전체는 부활을 통한 그리스도의 즉위가 이루어진 후에 시작하는 자녀 입양의 때에 관한 이미지들

---

62   사 53:12/눅 22:37; 사 53:7-8/행 8:32-33; 시 2:1-2/행 4:25-26.
63   시 16:8-11/행 2:25-28, 31; 13:35; 사 53:3/행 13:34.
64   시 110:1/눅 20:42-43; 22:69; 행 2:34-35; 5:30; 7:56.
65   욜 2:28-32/행 2:17-21.
66   단 7:13/눅 21:27.
67   Bauckham, *Restoration*, 468.

을 토대로 한다.

부활 이후 초기 구원론과 특히 기독론을 연구하면서 우리는 기독론이 어떻게 기록되었는지에 대한 견해나 이론들의 변화에 주의를 기울였다. 사실 어떤 의미에서는 이른바 기독론적 칭호들이 신약성서 본문들에 나타나 있는데, 쿨만을 비롯한 20세기 중반의 몇몇 학자는 그러한 칭호들의 신학적 배경에 관해 근거가 있는 결론을 도출할 수 있었다.[68] 그럼에도 불구하고 실제적인 문제는 나중에 저기독론과 고기독론 사이의 연속성을 가정한 바우르의 인위적인 가설에서 이 칭호들이 다른 칭호들(또는 그 칭호들이 표방하는 것으로 간주된 기독론)을 발견해내는 도구로 취급되었다는 것이다. 각각의 칭호는 곧 특정한 기독론의 본질을 드러내는 기호로 간주되었고 다른 식으로는 생각되지 않았다. 예컨대 "그리스도/메시아" 칭호는 "주"(*Kyrios*)와 구별되어왔고 때때로 이 칭호들 모두 "하나님의 아들" 칭호와 무관한 것으로 여겨졌다. 이러한 식의 배타적 결론에 빠지지 않기 위해서는 기독론을 분석할 때 우리가 신학적 표현들에 주목해야 하며 각각의 칭호를 그것이 언급된 문맥 안에서 이해하려고 노력해야 한다.[69]

유대교 신학에 등장하는 몇몇 신적 대리자들, 높여진 인물들이나 천사적 존재들이 기독론적 표현들의 유형론적 배경을 제공했을 수도 있다. 여기서 초기 기독론의 본질을 설명할 수 있는 유용한 유비들이 발견될 수도 있을 것이다. 그러나 우리는 이런 원칙들을 초기 기독론을 설명하는 데 사용하기를 주저해왔는데, 왜냐하면 그 유형들 자체가 실제로 기독론적 진술들이 태동한 배경을 밝히는 데 일차적 역할을 할 수 없기 때문이다. 즉 유

---

68   Cullmann, *Christologie,* 114-15, 205-6.

69   나는 여기서 대체로 Bousset에서 시작한 학문적 전통을 가리키지만, Hahn, *Hoheitstitel*이 유대적 기독교와 그리스적 기독교를 (그리고 또한 때때로 그리스 세계에 있던 유대적 기독교를) 엄격하게 구별했음을 누구도 부인할 수 없다.

대교 문헌에 나타난 유형들과 기독교의 구원론 사이에는 직접적인 인과관계가 없다.[70]

그러므로 이 연구에서는 유형론보다 내러티브 방법을 선호해왔고 유형들보다 기호/상징들을 더 중요한 것으로 간주해왔다. 그렇다면 이론적 측면에서 볼 때 만일 우리가 기호론의 용어들을 적용한다면 "다윗의 후손"이나 "대제사장들" 또는 일부 다른 인물이나 주제 등 기독론에서 중요한 많은 요소는 "의미화 과정에서 나타나는 기호들"로 이해되는 것이 가장 적절하다. 본서의 서론에서 지적했듯이 의미는 내러티브를 통해 그리고 때로는 더 큰 메타내러티브를 통해 규정된다. 그러므로 기독론에 관한 구절들에 나타난 개별적 칭호나 유형들의 특징을 정의하려고 시도하는 것은 유용하지 않다. 오히려 대체로 유대교 신학이나 구약성서에서 취한 요소들을 사용하고 채택하며 재해석하는 기독론적 내러티브를 이해하려는 시도가 더 적절하다. 이런 접근법은 의미화 과정을 이해할 수 있는 문을 열어주고, 초기 구원론과 관련된 특정한 기독론 주제를 다루고자 할 때 동일한 내러티브에서 메시아이자 주님(Kyrios)으로서의 다윗의 자손 그리스도 개념이 같이 사용된 경우에서처럼 별개의 요소들이 어떻게 함께 사용되는지를 보여준다.

실제로 신약성서의 기독론은 이런 접근법이 유용하다는 것을 증명해준다. 초기 기독론은 대부분 부활한 그리스도에 관한 이야기들로 가득하다. 특정한 칭호의 의미는 항상 메타내러티브에 종속되며 다른 방식으로 결정

---

70   그렇다고 해서 예컨대 Hurtado, *One Lord*(『유일한 하나님, 그리고 예수』, 베드로서원 역간) 같은 학문적 공헌을 경시하려는 것은 아니다. 사실 Hurtado가 도출한 많은 결론은 본서의 추론들에 근접한다. Hurtado, *One Lord*, 93-99를 참조하라. 그러나 그는 이론적 덫에 갇혀버렸는데 이런 오류를 피하기 위해 우리는 단순히 유형론적 접근법에만 의존해서는 안 된다. Chester, *Messiah*, 39도 이러한 위험성을 지적하면서 유형론적 접근의 "인과관계" 방법에 대한 나의 비판에 동의한다.

되지 않는다. 예컨대 단순히 "기름 부음을 받은 자"라는 칭호가 아니라 즉위 주제에 초점을 맞춰져야 한다. 시편 110편은 주 되심, 즉 예수가 퀴리오스(kyrios)라는 주제를 알려주는 가장 중요한 구절 중 하나임이 분명하다. 그런데 그의 즉위에 있어 예수는 다윗 가문의 인간적 왕들과는 다르다. 오히려 예수는 영광의 보좌에서 왕으로서 다스리는 퀴리오스다. 의미는 내러티브에 의해 규정된다. 퀴리오스와 관련된 진술들이 높여짐에 관한 담론의 일부가 된 데는 이런 배경이 있다. 만일 보좌나 규(scepter) 같이 이런 묘사를 풍부하게 만들어주는 일부 부수적인 메타포들이 있다면 그것들은 내러티브 분석이나 기호론적 분석을 통해 밝혀진 본래의 의미를 확증해주는 역할을 한다.

신학적인 관점에서 볼 때 초기 기독론에서 중요한 것은 신정주의 개념이 바뀐다는 사실이다. 그리스도에게 하늘 궁정/성전에서의 보좌가 주어지고 그가 하나님의 "우편에" 앉게 되므로 그리스도 자신이 주, 곧 퀴리오스다. 그는 우리가 그에게 나아가야 하는 하나님인데, 우리는 단지 참회자나 신자를 하나님께로 인도하는 누군가를 통해서 그에게 나아가지 않는다. 오히려 "누구든지 주의 이름을 부르는 자는 구원을 받을 것이다"(행 2:21; 롬 10:13에도 동일한 진술이 나온다. "누구든지 주의 이름을 부르는 자는 구원을 받으리라"). 사도들은 예수를 구원자로 묘사하며 따라서 그의 이름으로 받는 세례가 구원을 가져올 것이다. "너희가 회개하여 각각 예수 그리스도의 이름으로 세례를 받고 죄 사함을 받으라. 그리하면 성령의 선물을 받으리라"(행 2:38). 이런 신학은 더 이상 구약성서의 신정주의 이론에 부합하지 않는다. 이 특징은 나중에 자세하게 다뤄질 것이다(본서 제3장의 II.6을 보라).

그러므로 신약성서의 초기 기독론을 연구할 때 우리는 유대교의 묵시사상과 초기 기독교의 가르침 사이에 있는 "실종된 고리"를 찾으려고 힘쓸 필요가 없다. 최초의 고백적 진술들과 바울 이전의 찬송들에 나타난 기독론은 특별한 것이기 때문이다. 예수는 영광의 보좌에 앉은 퀴리오스로 인정될 것이다. 당시 다른 어떤 공동체도 이런 사상을 갖고 있지 않았다. 오직 부활 사건만이 이런 식의 교리 공식을 형성하기 위한 동력이 되었다. 그러나 기독교의 선포는 당시의 종교적 맥락에서 이해하기 어려운 것이 아니었다. 자신의 신학적 유산을 잘 알고 있는 유대인이라면 누구나 하나님이 퀴리오스를 자기의 우편에 있는 하늘 보좌로 높인다는 개념을 이해할 수 있었다. 난점은 이 퀴리오스가 나사렛 출신의 예수라는 사실에 있었다.

따라서 초기 기독론은 두 종류의 이미지와 신학적 주제를 기반으로 한다. 한편으로 그것은 분명히 구약 신학에서 이미 중요하게 여겨지고 있던 유대교 종말론과 구약성서 구절들을 토대로 한다. 다른 한편으로 초기 기독론은 예수의 가르침을 이어받으면서 그것을 완성한다. 본서의 앞부분(제2장의 I.3)에서 논의했던 것처럼 레벤슨에 따르면 이사야서의 "해방" 사상은 "희년, 안식일, 성전, 즉위, 해방, 귀향, 속죄" 같은 유대교 종말론에 등장하는 몇몇 핵심 주제와 결합한다. 회복 종말론은 예수가 죽은 자들로부터 부활한 비상한 사건을 해석하면서 육체의 부활, 새로운 왕국의 시작에 대한 기호로서의 즉위, 속죄를 통한 최종적인 구속으로 말미암는 죄 용서, 하나님의 희년의 날의 도래라는 주제들을 결합한다.

초기 기독론에서 유배의 종식과 이스라엘의 회복에 관한 내러티브는 부활 이후의 상황에서 미묘한 차이를 드러낸다. 어떤 의미에서 보면 이 새로운 구원론은 매우 "전통적"이다. 왜냐하면 그 구원론은 유대교 신앙의 핵심인 성전, 지성소, 하나님의 보좌로서의 언약궤 같은 이미지들에 초점을 맞추기 때문이다. 높여진 그리스도는 하나님의 우편에서 하늘의 지성소에 있는 영광의 보좌에 앉는다. 그 주는 마침내 선택된 백성의 왕으로 인정된다. 새로운 공동체에 관한 한 환난의 때가 완전히 끝나지는 않았을지라도 대전환이 발생했다. 평화의 왕국은 바로 이곳에 있다. 죽은 자들의 부활은 이미 시작되었으며 예수의 부활이 바로 그것에 대한 증거가 된다. 그리스도는 부활한 자들 가운데 "맏아들"이었다. 새로운 창조가 시작되었다. 다윗의 후손은 하나님의 우편에서 영광의 보좌에 즉위했다. 이 모든 내용은 영적 유배의 종결을 가리킨다. 그 자비의 공동체에 속한 누구든지 회복의 열매들을 향유할 수 있다.

II. 여섯 개의 기독론 내러티브

신약성서에 나타난 승귀 기독론에 관한 최초의 그리고 풍부한 전승들 가운데 우리는 여섯 개의 상이한 기독론 내러티브를 구분할 수 있다. 그리스도의 사역과 그 사역의 기능들에 대한 묘사들은 다양한 각도에서 최종적인 사건들의 의미를 밝혀준다. 이러한 관점들이 서로 큰 차이를 드러내는 것은 아니지만 우리는 예수의 죽음과 부활의 신학적 의미에 관한 상이한 논의 방식들을 식별해낼 수 있을 것이다.

1. 다윗 가문 왕의 하늘 보좌

여섯 개의 내러티브 가운데 첫 번째 내러티브에 대해서는 그것의 기본적인 정당성 및 논거와 함께 앞서 논의되었다. 앞에서 지적되었듯이 최초의 전승 층에 나타난 주된 해석은 즉위 내러티브에 기초했다. 초기 기독론에서 예수의 부활은 즉위 행위 및 천상의 직무에 취임하는 행위로 해석된다. 이 내러티브는 하늘 궁정의 장면을 묘사한다. 왕이 도래한다. 지극히 높은 권세를 대표하는 왕이신 하나님이 자기 아들을 우주의 통치자로 왕좌에 앉힌다. 그 아들은 성령으로 기름 부음을 받고 야웨 자신의 우편으로 높여진다. 여기서 사용된 메타포들은 그 사건의 신학적 의미를 강조한다. 구약성서의 약속이 성취된 것이다. 백성은 대예언자들의 시대 이래로 다윗의 후손이 오기를 기다려왔다. 이제 그 내러티브가 완성되었고 약속은 성취되었다.[71]

본서의 제1장과 제2장에서 우리는 이 내러티브를 토대로 제시된 중요한 많은 구절을 살펴보았다. 여기서는 기독론 연구에서 핵심적인 본문 가운데 하나인 로마서 서문을 자세히 살펴볼 필요가 있다. 대다수 주석가에 따르면 로마서 서문은 초기 기독론 가운데 가장 오래되고 가장 순수한 표현에 속하는 고백 전승을 담고 있다. 바울의 본문에는 지금도 원래의 공식이 탐지될 만한 몇몇 흔적이 남아 있지만 유감스럽게도 그 구절을 통해서 본래의 표현이 정확히 무엇이었는지를 식별하는 것은 불가능하다.

> 그 복음은 하나님의 아들에 관한 것으로서
> 그는 육신을 따라서는 다윗의 혈통에서 나셨고
> 성결의 영을 따라서는 죽은 자들 가운데서 부활함으로써 능력으로 하나님의 아들로 선포되셨으니
> 곧 우리 주 예수 그리스도라(롬 1:3-4. 개역개정을 사용하지 아니함).

이 구절의 언어적 구성은 이해하기 어렵다. 분사들이 병행을 이루어 사용된 점과 외견상으로 볼 때 특별한 전치사들(*ek*와 *kata*)을 통해 병행되고 있

---

71 이 공식은 처음에는 간단한 고백적 진술로 간주되었다(Dodd, *Romans*, 4-5). 그러나 그 내용의 의미는 아주 이른 시기부터 예컨대 양자론적 기독론의 한 사례라고 설명되었다 (Käsemann, *Römer*, 9). 또는 이 공식이 지상의 다윗의 후손에서 높여진 그리스도로의 발전에 주목하는 2단계 기독론을 대표하는 것으로도 이해되었다[Schweizer, *EvTh 15* (1955), 569-70]. 또 그것은 유대적 기독교와 그리스 세계에 있던 유대적 기독교 모두에서 유래된 특징들을 가진 전승으로 여겨지기도 했다(Hahn, *Hoheitstitel,* 253).

는 형태는 본래의 양식의 구조에 관한 단서를 보여주는 것처럼 보인다. 그러나 학자들이 지적했던 것처럼 이 배열은 엄밀한 의미에서의 정확한 병행 표현(*parallelismus membrorum*)으로 볼 수 없다. 이 본문에 들어 있는 구체적인 요소들은 병행하지 않으며 둘째 문장은 정확하게 비교하기에는 너무 길다. 따라서 이 전승은 주로 내용을 기초로 평가되어야 한다. 바울 자신이 예언자들의 약속을 언급하는 것으로 미루어볼 때(롬 1:2) 이 구절은 약속 전승과 관련된 것으로 보인다. 다윗의 후손 주제는 분명하게 나타나지만 평이하게 표현되어 있지는 않다. 이 구절에서 예수는 "다윗의 씨로부터"(*ek spermatos*) 나셨다고 언급되는데 오직 이 표현에서만 약속 전승이 실제로 나타난다. 이 표현의 배후에 관해서 학자들의 견해는 거의 만장일치를 보인다. 나단의 예언(70인역 삼하 7:12-14)에는 다윗의 "씨"의 높여짐/일으켜짐이 언급된다("내가 너의 씨를 네 뒤에 일으킬 것이다"[*anastēsō to sperma sou meta se*]). 그러므로 전치사 "에크"(*ek*)가 사용된 언어적 구조는 거의 확실히 본래의 전승에서 유래했을 것이다. 이는 그 뒤에(개역개정에서는 "그 앞에"로 번역되었음) 언급된 "육을 따라서는"(*kata sarka*)이라는 표현이 첫 번째 문장에 이미 들어있는 짧은 병행을 형성하는 첫 번째 표현("그의 씨와 육으로부터")을 확장한 것이라는 뜻이다. 이런 진술의 배후에는 다윗 왕조에 대한 강력한 관심이 놓여 있다.[72]

   "'임명하다'(정하다)를 가리키는 동사 "호리제인"(*horizein*)은 이 구절을 양자론적 기독론의 관점에서 해석하려는 사람들에게는 중요한 어휘로 여겨져 왔는데 익히 알려진 대로 이 단어는 해석하기 어렵다. 위에서 인용

---

72   이 행들에 대한 상세한 분석은 Eskola, *Throne*, 220-26을 보라. 좀 더 최근의 논의는 Jewett, *Romans*, 103-8을 보라. "육을 따라서는"(*kata sarka*)이라는 표현은 종종 바울의 첨가일 것이라고 여겨져 왔는데 이는 특히 그 표현을 통해서 육과 영이 서로 대조되기 때문이다. Linneman, *EvT 31* (1971), 273을 보라.

한 것처럼 이 단어는 보통 "하나님의 아들로 선포되었다"라고 번역된다(개역개정은 "선포되다"로, 새번역은 "확정되다"로 번역한다). 그런데 이 번역은 정확한 번역이라기보다는 무언가 좀 타협적인 번역으로 보인다. 일반적으로 이 단어는 예수가 "하나님에 의해 산 자와 죽은 자의 심판자로 임명된 자"(행 10:42. 원저자가 인용한 NRSV 성경의 번역)로 제시되는 사도행전 10장에서처럼 임명하는 행위를 가리킨다. 종말론적 사명을 담당할 자를 지명하는 이런 표현은 사도행전 17:31에도 등장한다. "이는 정하신 사람으로 하여금 천하를 공의로 심판할 날을 작정하시고 이에 그를 죽은 자 가운데서 다시 살리신 것으로 모든 사람에게 믿을 만한 증거를 주셨음이니라"(행 17:31). 물론 심판이 로마서 서문에서의 주제는 아니지만 이러한 지명 개념이 여기에도 적용될 수 있다. 라틴어 불가타 성서 번역자도 그 단어의 의미를 잘 알고 있었고 따라서 로마서 서문의 이 구절을 "하나님의 아들로 지명했다"(qui praedestinatus est Filius Dei)로 번역했다. 불가타 번역에 따르면 이 공식은 신적 포고(divine decree)를 가리키며 그 포고에 따라 높여짐이 이루어진다.[73]

이 공식에 나타난 성령에 대한 언급은 매우 색다르다. "성결의 영을 따라서는"이라는 어구는 "카타 프뉴마 하기오쉬네스"(kata pneuma hagiōsynēs)에 대한 번역이다. 이 표현은 구약성서에서 유래한 것이며 그 양식은 히브리어로 소급될 수 있다. 이 어구는 의심할 여지 없이 성령을 가리키는 것이지 어떤 이들이 주장처럼 그리스도 안에 있는 성결한 영을 말하는 것이 아니다. 이 구절에서 그 용어는 기능적 역할을 한다. 즉 성령이 그러한 지명의 효력을 발생시킨다. 이는 이 공식에서 육과 영이 대조되는 것처럼 보이도록 문장이 구성된 것은 우연임을 의미한다. 바울 자신이 "영을 따라서

---

73   이 어휘와 관련해서 오랜 논의가 있어왔다. 예컨대 Hengel, *Sohn,* 97; Allen, *NTS 17* (1971), 105-6; Betz, *NT 6* (1963), 32를 보라. 이 표현은 즉위에 관한 진술이므로 "지명" 이라는 번역을 대안으로 제시하는 것이 적절해 보인다.

는"(*kata sarka*)이라는 어구를 삽입함으로써 다윗 왕조의 역사적 실재를 강조하기를 원했을 수도 있지만, 이마저도 확증되기 힘든 부차적인 추론에 지나지 않는다.

부활을 가리키는 표현인 "죽은 자들로부터의 부활"(*ex anastaseōs nekrōn*)은 죽은 자들의 보편적 부활을 가리키기 때문에 중요한 언급이다. 만일 이 표현을 만들어낸 최초의 저자가 단지 오직 예수의 부활만을 가리키려고 의도했다면 다른 표현을 사용할 수 있었을 것이다. 만일 그랬다면 그 표현은 단지 예수의 부활만을 언급하고 예수의 부활의 날에 발생한 부활 사건을 강조했을 것이다. 그러나 현재의 본문 그대로 읽으면 이 문장은 죽은 자들의 보편적 부활("죽은 자들의 부활", *anastasis nekrōn*)에 대해서 말하고 있다. 사실상 예수의 부활은 종말론적 부활의 관점에서 묘사되어왔다. 이러한 방식의 부활에 대한 언급은 초기 유대인 기독교에 잘 부합하며 따라서 여기서의 부활 개념은 제2성전기 유대교 종말론에서 유래한 것이라고 가정할 수 있다. 죽은 자들의 보편적 부활은 종말의 때에 이루어질 신적 심판에 앞서 발생할 필연적 사건으로 여겨졌다.[74]

사도행전 26장에서 비슷한 개념이 발견된다. 여기서 고난을 받았던 그리스도는 죽은 자들의 부활에서 가장 먼저 일으켜질 존재로 묘사된다(행 26:23). "죽은 자 가운데서 먼저 다시 살아나…"(*prōtos ex anastaseōs nekrōn*). 따라서 로마서 서문에서 발견되는 공식은 죽은 자들의 부활 주제가 메시아 사상에 도입된 종말론적 담론에 해당한다. 그렇다면 다윗 왕조, 죽은 자들의 부활, 예수의 추종자들이 경험한 예수의 부활 사이에는 어떤 연결 관계가 있을까? 사도행전 저자는 다윗의 후손의 즉위가 죽은 자들의 부활이

---

74   이 대안적 해석에는 충분한 근거가 있는데 예컨대 Michel, *Römer*, 32가 이런 해석을 제안한 후 다른 많은 학자가 그 해석을 수용했다(예컨대 Jewett, *Romans*, 105). 이 공식의 요점은 죽은 자들의 보편적 부활의 의미를 강조하려는 데 있다.

라는 종말론적 사건 속에서 이루어졌다고 주장한다.

그러므로 로마서 서문의 구절에 대한 어떤 이원론적 해석도 거부해야 한다.[75] 두 단계의 기독론이 있었던 것이 아니며 특정한 칭호를 중심으로 기독론이 형성된 것도 아니다. 그리스어 본문이 병행 구조로 보이는 인상은 부차적이다. 이 공식의 본래의 전승은 높여진 분을 다루는 하나의 긴 묘사였을 것이다. 로마서 1:3은 로마서 1:4을 통해서 그리고 그것의 도움을 받아서 해석되어야 한다. 그러므로 그 구절의 의미는 뒤로 거슬러 올라가며 추론해야 한다. 첫 번째 행은 예수를 어떠한 경쟁자도 없는 다윗 가문의 종말론적 인물로 묘사하는 병행에 기반을 두고 있다. 이를 통해서 이 공식은 종말론적인 때(kairos)에 초점을 둔 즉위 진술이 된다. 로마서 1:4에 언급된 하나님의 신적 "지명" 또는 포고는 3절에 언급된 다윗의 씨와 4절에 언급된 부활 모두를 가리킨다.

이 간략한 분석의 결과를 요약하면 본문에 내재된 사고의 논리가 마지막 행을 향해 이동하는 역동적인 번역을 만들어낼 수 있을 것이다.

> 다윗의 씨 출신인
>
> 약속된 하나님의 아들이 능력으로
>
> 성령에 따라서, 죽은 자들의 부활을 통해
>
> 메시아이신 우리의 주 예수.

다윗 가문의 인물의 우주적 즉위에 대한 사상은 구약성서의 성전 이데올

---

75 이것이 내가 나의 박사학위 논문에서 이미 제시한 결론이다. 나의 해석은 점점 더 즉위 측면이 강조되는 "기독교적" *merkabah* 신비주의 쪽으로 이동했다. 따라서 로마서 서문의 이 공식은 앞서 지적한 것처럼 단일한 전승으로 보아야 한다. Eskola, *Throne*, 217-27. 앞서 제시된 추론에 관해서는 242를 보라.

로기와 완벽하게 일치한다. 성전이 창조 세계의 축소판이자 일종의 에덴동산으로 여겨졌던 것처럼 종말론적 성전은 새로운 창조의 중심으로 기대되었다. 따라서 최초의 신학자들이 (그리고 그 최초의 신학자들의 전승을 사용한 신약성서 저자들이) 다윗 가문의 왕을 하나님 자신의 아들로 묘사한 구약성서 본문들에 주목했다는 점은 놀라운 일이 아니다. 왕권 이데올로기에서 예루살렘의 왕은 "주님의 맏아들"로 언급된다(삼하 7:14; 시 2편; 89편).[76] 그러므로 새 에덴동산의 메시아적 왕은 또한 종말론적 성전 자체인 새로운 낙원의 통치자로 등장하는 원형적 인물, 즉 새로운 아담이다. 이 다윗의 후손은 "하늘과 땅의 모든 권세"를 부여받은 왕이다. 첫 번째 왕이었던 아담이 옛 창조 세계를 통치해야 했던 것처럼 그는 새로운 창조세계를 다스릴 것이다.

초기 기독론에 따르면 예수에게 이 권위가 주어진다. 다윗의 후손의 즉위에 관한 구절들에서 그는 하나님의 아들로 묘사되며 이러한 의미에서 그는 새로운 아담이다. 그는 새로운 실재의 첫 열매다. 하나님의 맏아들로서 그는 죽은 자들의 최종적인 부활을 가져오고 "권능 가운데"(en dynamei) 다스린다. 그의 육신은 부패를 경험하지 않으며(참조. 행 2:31) 따라서 그는 이제 갱신된 우주의 주로서 영광의 보좌에 앉는다. 그러므로 다윗의 후손의 즉위에 관한 내러티브는 하나님의 아들이 출범시킬 새 창조에 관한 거대한 메타내러티브의 일부다. 하늘 성전에서의 예수의 즉위는 성전 개념 자체가 변화될 낙원, 곧 새로운 에덴동산에서 실현된다. 그곳은 주님이 그의 백성 가운데 거하는 동산이 된다. 이것이 확실히 "주 그리스도"(Kyrios Christos)라는 고백 공식 배후에 어떤 의미화 과정이 있었는지를 설명해주는

---

76   Barker, *Gate of Heaven*, 73.

해석학적 배경일 것이다.[77]

초기의 고백적 진술들은 다윗의 씨가 어떻게 죽은 자들 가운데서 부활하여 새로운 거룩한 백성의 왕으로 등극하였는지를 묘사한다. 이 묘사들에서 정치적 메시아 사상의 흔적은 전혀 발견되지 않는다. 이 장면은 가장 높은 하늘을 무대로 하며 그 묘사는 하늘의 메르카바인 영광의 보좌에 초점을 맞춘다. 예수는 초인간적인 임무를 수행하는 천사 같은 존재가 아니며 신적 대리자도 아니다. 오히려 그는 모든 창조세계를 통치하는 하늘의 왕 자신으로 나타난다. 여기서는 로마서 서문에만 집중해서 살펴보았지만 앞서 다루었던 분석들을 함께 고려하면 이런 종류의 기독론이 많은 전승들과 부활 이후 시기의 초기 공식들에서 탐지될 수 있음이 확인되었다.

2. 죽음을 이기는 생명의 왕

다소 의도적으로 구성된 부활 내러티브에서 그 이야기는 삶과 죽음의 이분법을 중심으로 전개된다. 높여짐에 관한 담론은 새로운 생명의 출현에 초점을 맞춘다. 그 장면 자체는 첫 번째 이야기와 동일하다. 하늘에 있는 하나님의 성전이 그 여정의 최종 목적지다. 그러나 부활의 본질적인 내용이라는 독특한 요소가 새롭게 논의된다. 이 이야기에 따르면 다윗 가문의 인물의 즉위는 전적으로 죽은 자들로부터 어떤 사람을 일으키는 일과 관련된다. 이는 유대교의 메시아 사상이 기독론을 통해서 변형된 것이라고 볼 수 있다. 왜냐하면 부활의 순간에 또는 심지어 부활을 통해 다윗의 후손의

---

[77]   초기 예언서들 당시부터 계속해서 중요한 것으로 간주되어 왔고 이스라엘의 회복을 새로운 세상의 창조와 연결해주는 이런 측면의 창조 개념이 초기 기독론의 핵심 주제 가운데 하나였음은 분명하다. 부활에 대한 더 섬세한 강조를 이해함에 있어 이것이 무엇을 의미하는지에 관해서는 다음 부분에서 다뤄질 것이다.

권세가 시작된다는 것은 제2성전기 유대교에서 처음으로 등장하는 발상이기 때문이다.[78]

　　로마서 서문의 배후에 있는 내러티브는 죽은 자들의 부활에 관한 구체적인 내용을 포함하고 있다. 물론 이 고백의 기본 목적은 우주적 관점에서 다윗 가문의 왕권을 표현하는 것이지만 말이다. 유대교 신학에서는 이처럼 메시아의 즉위가 누군가를 죽은 자들로부터 일으키는 종말론적 사건과 결합되어 있는 묘사가 발견되지 않는다. 전승사의 관점에서 보면 사실상 로마서 서문의 배후에 있는 공식은 유대인 기독교 신학에서 이런 특징이 발견되는 최초의 사례 중 하나다. 예수의 부활을 통해서 죽은 자들의 부활이 시작되었다. 따라서 보편적 부활은 역사의 흐름에서 발생한 거대한 분수령으로 생각되어야 한다. 그것이 명백해지면 해석이 변한다. 곧 구원의 때가 도래했다. 다윗의 후손이 그의 보좌에서 다스릴 때 그의 제자가 되는 모든 사람의 몸이 부활하게 된다.

　　바울은 이런 부활 신학을 그의 서신 다른 곳에서 계속 사용한다. "그러나 이제 그리스도께서 죽은 자 가운데서 다시 살아나사 잠자는 자들의 첫 열매가 되셨도다"(고전 15:20). 이 구절은 틀림없이 바울 이전의 가르침을 수용한 것이다. 그러므로 바울은 심판의 날에 예수가 돌아올 때 신자들 또한 부활하게 될 것이라고 믿는다(고전 15:23). 사도행전에서 바울은 아그립바 2세 왕 앞에서 다음과 같이 연설한다. [나는] "그리스도가 고난을 받으실 것과 죽은 자 가운데서 먼저 다시 살아나사 이스라엘과 이방인들에게 빛을

78　이 내러티브와 앞의 내러티브 사이에 큰 차이가 없다는 주장은 아마도 내가 처음으로 제기한 것이 아닐까 생각한다. 그것을 자체의 기독론적 내러티브로 제시함에 있어 핵심은 죽은 자들의 부활 주제를 강조하는 데 있다. 신학적 주제로서의 죽음 자체는 뚜렷한 특징들을 갖고 있으며 이런 종류의 기독론은 그러한 특징들을 고려한다.

전하시리라[는 것을 말했다]"(행 26:23).[79]

유대교의 종말론적 담론에 나타난 이런 주제들 사이에 어떤 인과관계가 존재하지는 않지만 초기 기독론의 입장에서는 그 주제들의 결합이 매우 중요하다. 첫째, 앞서 언급했듯이 메시아 사상은 부활 담론과 연결된다. 둘째, 부활은 즉위 주제로 이어진다. 이것이 바로 이런 사건들의 유일한 중심지가 영광의 보좌가 놓여 있는 하나님의 하늘 궁정인 이유다. 이는 유대교의 우주관이 여전히 기독론의 형성 과정을 좌우함을 의미한다. 이 점에서 메시아 사상은 본질적으로 묵시적이다. 초기 신학에서 하늘에서의 즉위 주제가 다루어지면서 구원론은 보편적 특징을 갖게 된다. 그리스도의 새로운 권능은 창조세계 전체를 포괄한다.

이 내러티브는 예수의 육체적 부활에 집중함으로써 사실상 예수의 인성을 강조한다. 무덤(*tafos*)에서 살아난 자는 곧 (성육신한) 지상의 예수다. 이는 그런 기독론 배후에 있는 기본적 이미지들이 그렇게 신비주의적인 것은 아니라는 점을 가리킨다. 예컨대 천사 형태 기독론(angelomorphic Christology) 가설은 부활을 설명하는 유용한 이론이 되지 못한다. 어떤 유대인이건 간에 천사 같은 존재의 죽음과 부활에 관해 말한다는 것은 이해하기 어렵기 때문이다. 하지만 다윗 가문의 왕에 관한 이야기라면 이 모든 것을 뜻이 통하게 만들 수 있다. 물론 [초기 기독론에 나타난] 다윗 가문의 왕에 관한 묘사 그 자체는 독특한 것이지만 말이다.[80]

---

79 Wright, *Resurrection*, 372는 바울에 관해 설명하면서 바울의 사상이 부활을 중요시했던 많은 사례 가운데 하나라고 여긴다. "바울은 유대교의 다양한 갈래들 중에서 당시의 대다수 유대인과 마찬가지로 바리새인들과 묵시 문헌을 기록한 많은 저자 등과 동일한 입장을 취했던 사람이었다.…즉 그는 하나님의 참된 백성 모두가 미래에 육체적으로 부활할 것이라고 믿었다." 이런 믿음은 바울 서신 배후에 있는 초기 전승들에서도 똑같이 나타난 것으로 보인다.

80 Hurtado는 이러한 방식의 추론 배후에 있는 몇 가지 특징을 설명한다. "최초의 증거들은 다음과 같은 것들에 대한 신념을 바탕으로 하고 있다. (1) 하나님이 예수를 죽음에서

그러므로 부활 내러티브는 죽음 자체에 대한 정복 문제와 씨름하는 기독론을 보여준다. 그 이야기에서 그리스도가 영웅적 주인공인 것은 분명하지만 그 내러티브는 평범하지 않다. 그 영웅은 군사적 인물이 아니다. 다윗의 후손의 권능에 대한 묘사에는 어떠한 전투 장면도 등장하지 않는다. 오히려 고난당하는 메시아의 이미지가 전면에 나타나며 그 메시아의 높여짐은 전적으로 하나님이 행한 일로 묘사된다. 이는 이 내러티브 배후에 치욕과 정당화라는 패턴이 존재했음을 암시한다. 이 둘 가운데 하나가 없이는 다른 하나도 성립할 수 없다.[81]

이 내러티브에서 왕적 즉위가 매우 강조된다는 사실은 필연적으로 다음과 같은 의문을 갖게 만든다. 그렇다면 그 왕은 왜 꼭 죽어야만 했는가? 「솔로몬의 시편」과 사해문서에 묘사된 것처럼 지명된 왕(*Messias designatus*)이 수난을 겪지 않고 단순히 즉위하는 식의 이야기였다면 훨씬 더 받아들이기 쉬웠을 것이다. 치욕과 높여짐의 패턴이 고난 주제에 동반된다는 사실은 분명하다. 따라서 메시아 사상이 나타난 유대교의 전통적 내러티브들이 반드시 초기 기독교 신학의 유일한 배경인 것은 아니다. 예수의 부활 사건에 대한 어떠한 기독론적 설명에도 부활에 대한 설명이 반드시 포함되어야 한다. 권능의 부여는 종말론적 변화의 정점을 이룬다. 그 영웅은 단지 전쟁을 수행하는 왕이 아니라 오히려 죽임을 당한 왕이며 그의 높여짐은 실제 유배 때부터 고대되었던 일이다.

따라서 오직 부활만이 예수가 보편적 권세를 가진 지위에 최종적으로

놓아주었고 따라서 다시 살아난 것은 실제로 예수 자신이었지 단순히 예수에 대한 기억이나 그의 영향력이 지속된 것이 아니다. (2) 하나님은 예수에게 불멸의, 종말론적인 육체적 생명이라는 독특하고 영광스러운 새로운 존재 형태를 주었다. (3) 또한 예수는 천상의 독보적인 지위로 높여져서 하나님으로부터 구속의 계획의 주재자로 임명받았다." Hurtado, *Lord Jesus*, 72.

81 누가의 신학에 관해서는 Rowe, *Narrative Christology*, 117-19를 보라.

임명됨을 확증하는 수단이 된다. 이렇게 해서 다윗의 후손은 죽음을 압도하는 능력을 가진 "생명의 주"(*archēgos tēs zōēs*)가 된다(행 3:15).[82] 그러므로 기독론적 내러티브들의 이 두 번째 측면(즉 예수가 죽음을 정복한다는 주제)은 반드시 부활에 대한 기대의 관점에서 이해되어야 한다. 부활 담론의 틀 속에서 그것은 단순한 즉위 묘사와는 다소 다른 기조를 띤다(그 밖의 다른 차이들은 미미하다). 여기서 그리스도는 처형의 상황에 직면하는 고난 받는 왕이 된다. 이는 그가 우주적 차원의 사명을 가졌다는 확신으로 이어진다. 즉 그는 죽음의 영역으로 들어가 승리를 거두고 돌아올 것이다. 최종적 회복의 기호라 할 수 있는 죽은 자들의 보편적 부활이 시작됨에 따라 그는 영원한 왕으로 임명되고 또 하늘과 땅의 통치자가 될 것이다. 죽음이 정복되었기 때문에 예수 그리스도는 생명을 주는 통치자가 될 것이다.

이런 내러티브 구조는 초기의 고백 양식들에서 예수의 인간적 본성이 자주 강조되는 이유를 설명해준다. 다윗의 후손인 예수는 이스라엘 역사에서 예외적인 모든 약속이 부여된 다윗 왕조 출신의 인물이다. 그 메시아적 인물이 인류 역사에 참여하고 또한 다른 인간과 똑같은 존재로 등장한다. 그래서 그리스도가 높여졌다는 진술에는 인간으로서의 삶을 살았던, 나사렛 출신의 한 사람으로 성육신한 자의 육체적 부활이 포함되어 있다. 이 경우에 기독론은 죽을 수밖에 없는 운명을 가진 인간인 예수와 하늘의 영역에서 영원한 삶을 누리는 높여진 예수 사이의 이분법의 영향을 받는다.[83]

---

82 영어 성서 NRSV는 "생명의 창조자"(Author of life)로 번역했다. 생명의 주와 생명의 창조자 가운데 어떻게 번역하든 핵심은 새로운 생명에 있다. 그런데 이 구절 자체는 생명의 주/창조자에 대한 죽음을 언급하고 있다. Witherington, *Acts,* 181에 나타난 다음과 같은 설명을 참조하라. "여기서 의도한 것은 생명을 주는 자와 생명을 빼앗는 자들의 대조에 있다."

83 이미 앞서 언급된 것처럼 Pitre는 그리스도의 죽음에서, 즉 그의 "옛 성전"의 파괴에서 옛 창조가 사라졌다고 주장한다. 부활은 그의 몸이라는 성전(그리고 공동체로서의 종말론적 성전이라는 의미에서의 새로운 "몸")이 새롭게 창조되는 새 창조의 시작을 알려준다.

예수의 죽음이라는 사실을 기반으로 한 치욕과 높여짐의 패턴은 모든 초기의 고백 공식과 찬송 가운데 가장 아름다운 것 중 하나인 빌립보서 2:6-11 본문에서 다시금 뚜렷이 드러난다. 부활 내러티브의 중요한 모든 요소가 이 본문에 제시되어 있다. 이 찬송의 본래 양식에 관한 많은 논의가 있었지만 그 찬송의 기본적인 신조는 아주 명백하다.

> 그는 근본 하나님의 본체시나
>
> 하나님과 동등됨을 취할 것으로 여기지 아니하시고
>
> 오히려 자기를 비워(*ekenōsen*)
>
> 종의 형체를 가지사 사람들과 같이 되셨고
>
> 사람의 모양으로 나타나사 자기를 낮추시고(*etapeinōsen*)
>
> 죽기까지 복종하셨으니 곧 십자가에 죽으심이라.
>
> 이러므로 하나님이 그를 지극히 높여(*hyperypsōsen*)
>
> 모든 이름 위에 뛰어난 이름을 주사
>
> 하늘에 있는 자들과 땅에 있는 자들과 땅 아래에 있는 자들로
>
> 모든 무릎을 예수의 이름에 꿇게 하시고
>
> 모든 입으로 예수 그리스도를 주라 시인하여
>
> 하나님 아버지께 영광을 돌리게 하셨느니라(빌 2:6-11).

이 찬송에는 즉위 기독론의 본질적 개념들이 뚜렷하게 나타나 있다. 하지만 치욕과 높여짐의 뚜렷한 구도는 이 본문이 죽음과 부활에 초점을 맞추고 있음을 증명한다.[84] 내러티브 차원에서 보면 이러한 구도는 고난 받는

Pitre, *Letter & Spirit 4* (2008), 62.

84 특히 Martin의 초기 저서인 Martin, *Carmen Christi*, 211-13을 보라. 이후의 논의에 관해서는 O'Brien, *Philippians*, 228-30을 보라. 낮춤(*tapeinōsis*) 개념을 설명할 때는 주로

종의 사역에 관한 이사야서 본문에서 가져온 것이 확실해 보이는데, 이사야서에서 그 종은 선택받은 백성의 고통에 동참하는 자로 묘사된다. 그 종에게는 대리자의 역할이 맡겨지는데 그는 백성의 죄 때문에 징벌을 받고 다른 사람들을 대신해서 찔림을 당한다. 어휘의 의미를 설명하려는 무수한 시도가 있어왔던 다소 신비로운 단어 비움(*kenōsis*)은 낮춤(*tapeinōsis*)과 병행을 이룬다. 그 종은 구원의 시간이 임하기 전에 마지막 환난의 압제에 굴복해야만 한다. 따라서 그리스도의 종 됨은 결국 유배 상태와 동일시되며 그는 자신을 낮춘다. 여기서 하나님의 형체(*morfē theou*)가 종의 형체(*morfē doulou*)와 대조된다.[85]

예수가 죽기 때문에(그 죽음이 십자가 처형 때문이라는 언급은 보통 바울 자신의 해석으로 간주된다) 새로운 생명은 오직 부활을 통해서만 가능해진다. 이 찬송에 나타난 기독론은 우주적 갱신의 때(*kairos*)에 회복이 임한다는 종말론적 사상을 바탕으로 한 것이다. 여기서 높여짐은 죽은 종에 대한 정당화를 가리킨다. 그 사건 전체는 죽은 자들의 부활에 관한 것이다. 그 내러티브는 매장됨을 암시한 후에야 비로소 상승의 구도로 전환되기 시작한다. 따라서 이 찬송에 나타난 치욕과 높여짐의 패턴은 예수가 생명의 주라는 점을 강조한다.[86]

이런 기독론의 내용은 신적 이름을 지니고 구약성서에 나타난 회복의

70인역 사 53:8이 언급된다.

85   Matera는 형체(*morfē*)라는 단어에 관한 흥미로운 논의를 하면서 고대 그리스어에서 이 단어는 대체로 어떤 대상의 "본질"이나 "상태"를 가리키는 말로 사용되었다고 주장한다. Matera, *Theology*, 209. 이는 조직신학에서의 "형상"(form, 라틴어로는 *forma*) 개념의 용례와 동일한데 이 단어는 "질료"(*materia*, 질료는 *forma*의 "매개"일 뿐이다)의 반대말이라는 상식적인 이해와 달리 보통 어떤 대상의 본질을 가리킨다.

86   Martin의 주장에 따르면 "유대교의 순교자 신학"에서는 고난 받는 경건한 자들이 일반적으로 "이스라엘을 대신하여 고난을 받는" 하나님의 종으로 믿어졌다. Martin, *Carmen Christi*, 225. 이런 배경에 관해서는 본서 제2장의 VIII.1에서 다루었다.

주님처럼 경배되는(사 45:23) 분인 즉위한 그리스도가 새로운 창조의 왕이 기도 하다는 세부적 언급을 통해서 추가로 확인된다.[87] 부활 이후 새로워진 하늘과 땅은 재창조된 낙원에서 그를 찬양한다. 이 묘사가 사회학적 의미에서는 바울의 경우에서처럼 기독교 공동체에서 그리스도를 예배하는 정황을 가리킨다고 이해될 수도 있지만, 그것은 아마도 더 높은 실재를 가리킬 것이다. 그 본문은 다른 기독론적 진술 및 고백에서와 마찬가지로 하늘의 궁정을 언급한다. 하늘의 성전에서 모든 입이 예수 그리스도를 주님으로 고백한다.[88]

여기서 재구성된 기독론적 내러티브의 둘째 부분은 죽음에 대한 그리스도의 승리에 관해 묘사한다. 여기에 내재된 메타내러티브는 첫 번째 이야기 배후에 있는 것으로 파악된 이야기와 본질적으로 다르지 않지만 무게 중심이 이동한다. 그 내러티브에 따르면 다윗의 후손의 높여짐은 반드시 우주적 지평에서 이해되어야 하는 종말론적 사건이다. 메시아적 인물이 즉위하면 죽음의 권세는 패배한다. 이렇게 해서 회복의 공동체의 새로운 현실에서는 신자들의 몸이 회복될 것이라는 약속이 주어진다. 신자들은 예수의 부활에서 예수에게 일어났던 일에 자신들도 동참할 것이라고 기대할 수 있다.

---

87   Witherington, *Indelible Image I,* 195의 견해처럼 그리스도에게 주어진 이름에는 "그가 가진 본질, 즉 그가 부활한 주님이며 전능한 하나님이라는 사실이 함축되어 있다." 높여진 그리스도는 그의 예전의 모습인 하나님의 형체/본체(*morfē theou*)가 된다.

88   나는 예컨대 Alexander, *Eden,* 116의 설명을 선호한다. Barker, *Gate of Heaven,* 171을 참조하라.

3. 자신을 바친 고난 받는 종

앞에서 다룬 빌립보서 2장에서 종이란 주제가 부각되었던 것처럼 초기의 다른 공식들에서도 이 주제가 나타난다. 이 신학에는 유대교의 순교론(martyrology)의 특징들이 발견되지만 그 외에 제의적 이미지들도 종종 관찰된다. 여기에는 최소한 세 개의 서로 다른 내러티브 요소가 존재하는데 그것은 성전의 희생제사 이야기, 고난 받는 종의 이야기, 유월절 양 도살 이야기다.

성전의 희생제사 또는 속죄제(hattā't) 개념은 초기의 많은 공식에서 분명하게 나타난다. 예루살렘 고백(고전 15:3)의 첫 행에서 이미 예수/메시아가 우리의 죄를 위해(hyper) 죽는다고 진술된다. 이는 대속적 희생을 가리킨다. 여기서 죄가 특별히 언급됨으로써 신학적 이유가 더 정밀해진다. 이는 속죄제물이라는 의미에서의 희생제사를 말한다. 예수의 죽음은 그의 백성의 죄를 위한 대리 행위였다.

바울 이전의 전승 가운데 로마서 4장은 속죄제를 언급한다. 여기서 사용된 용어는 제의적 수사에서 유래한 것이다. 바울이 자신의 가르침에 적용한 공식에 따르면 그리스도는 "우리의 죄를 위하여"(hyper) 하나님에 의해 "죽음에 내줌이 되었다"(paredothē, 롬 4:25). 제의적 배경에서 내어줌(paradidōmi)은 대리적 희생을 가리키는 표현이다. 이런 사상은 이미 바울 이전의 초기 공동체에서 중요한 것이었고 우리가 뒤에 살펴볼 내용처럼 그것은 바울에게도 핵심적인 요소가 되었다. 앞서 논의했던 고난 받는 종의 주제 또한 기독교 첫 세대의 구원론에서 핵심적인 요소였다.[89]

이 밖에도 초기의 신학에는 하나님 자신이 제물을 넘겨준다는 암시가

---

89   Stuhlmacher, *Biblische Theologie I*, 192를 보라.

나타난다. 이삭의 희생제사를 다룬 "아케다"(*Akedah*)는 이를 뒷받침하는 근거로 여겨져왔다. 이런 방식의 구원론을 보여주는 가장 명확한 사례는 로마서 8장이다. "자기 아들을 아끼지 아니하시고 우리 모든 사람을 위하여 내주신 이가…"(롬 8:32). 이 구절은 창세기에 수록된 아브라함의 희생제사에 대한 해석을 사용한다(70인역 창 22:16). 이 구절에서 예수와 이삭이 비교된다.[90] 이런 희생제사 개념은 후대의 요한복음에서 전형적으로 나타난다(요 3:16). 창세기와 이사야서에 나타난 이런 측면들이 결합됨으로써 예수는 새로운 이삭으로 묘사된다. 즉 예수는 마치 이삭처럼 내어줌이 되고 고난받는 아들(*pais*)로서 고문과 처형에도 불구하고 순종의 태도를 보임으로써 의가 이루어지게 한다.

우리는 부활 내러티브 자체가 양의 도살에 주목하는 신학에 영감을 주었다는 점을 간과하지 말아야 한다. 양의 도살 주제는 현존하는 텍스트에서 드물기는 하지만 실제로 발견되는 특징이다. 이 이야기에 따르면 하나님의 백성은 고통과 속박 속에서 살아왔다. 어린 양의 피가 그들을 구속할 때 종살이 시대가 종결되고 그들은 새로운 삶으로 해방되며 약속의 땅을 향한 여정이 시작된다. 유월절 내러티브에 관한 유대교 신학이 새로운 출애굽에 관한 기독교의 구원론이 된다. 고린도전서에 나타난 "우리의 유월절 양 곧 그리스도께서 희생되셨느니라"는 언급은 아마도 바울이 전승 자료를 활용한 것으로 보인다. 훈계적 설교의 맥락에서 이처럼 다소 예외적인 표현이 나타나는 것으로 보아 우리는 그리스도를 유월절 양으로 간주하는 사상이 초기 회중에게 친숙한 것이었음을 알 수 있다. 예수는 희생제

---

90   이 주제는 나중에 바울의 구원론을 분석하면서 다루어지겠지만 우선 이 주제에 관한 Childs의 분석을 참조하라. Childs, *Biblical Theology*, 325-36. 본문의 맥락상 두드러진 예전적 표현이 드러나 있기 때문에 로마서 8:32은 이른 시기의 전승에 기반을 두었을 수도 있다.

물로 묘사되어 왔으며 그의 피는 사로잡힌 자들을 풀어주고 그들을 새로운 예루살렘으로 보내는 해방의 기호가 된다.[91]

세 번째 기독론적 내러티브는 예수를 백성의 죄와 범죄를 위해 자기 자신을 희생하는 주님의 고난 받는 종으로 묘사한다. 예수는 하나님 앞에서 대속의 속죄제를 드리는 순종하는 종이다. 이 신학에 제사장적 요소가 내포되어 있는 것은 바로 이런 배경 때문인데 이에 관해서는 다음 단락에서 다뤄질 것이다. 이 세 번째 내러티브에서 구원론의 내용은 제의적 이미지들로부터 취한 것이며 특히 구약성서 본문에서 항상 중요한 역할을 하는 중요한 속죄제(hattā't)의 이미지를 근거로 한 것이다. 제의의 핵심은 대속에 있다. 이 공식들에서 그리스도는 다른 사람들의 죄를 위해 희생되는 어린 양으로 이해된다.

4. 지성소에 들어가신 영원한 대제사장

초기 기독교의 속죄 신학에 나타난 제의적 요소는 희생제사 행위를 묘사하는 그 내러티브가 이미 제사장의 역할을 암시하고 있음을 시사한다. 어떤 면에서는 예수가 하늘의 성전에서 하나님께 나아가는 대제사장 같은 존재로 묘사되는 것은 지극히 논리적이다. 그런 특징들이 가장 현저하게 나타나 있는 곳은 당연히 히브리서이지만 히브리서 외에 예컨대 바울 서신에 나타난 초기의 공식과 고백들에서도 그 특징들이 발견된다. 바울은 전형적인 유대교 성전 예배의 이미지들을 사용하며 희생제물 자체와 피, 그리고

---

91   Thiselton, *1 Corinthians*, 405의 다음과 같은 설명을 보라. "바울에 따르면 여기서 옛것은 폐지되고, 유월절 양의 피는 값비싼 행위를 **통해서** 속박**으로부터** 벗어나(여기서 '이집트'는 그리스도가 없는 인간 존재의 속박된 상태를 상징한다) 새로운 정결함과 해방을 **얻게 하는** 구속의 약속들을 보증한다."

그 위에 속죄의 피가 뿌려지는 곳인 언약궤 위의 속죄판(hilastērion) 같은 자
세한 내용을 언급한다.

히브리서 외에는 멜기세덱이라는 인물을 통해서 제사장 주제를 묘사
하는 뚜렷한 다른 사례가 없다. 하지만 제의 담론 자체가 멜기세덱을 중
심으로 하는 초기의 부활 진술들의 주제들을 통합하고 있다는 점은 분명
하다. 이는 승귀 기독론에서 시편 110편이 풍부하게 사용된 결과다. 바로
이 시편이 멜기세덱의 역할을 확립했다. 즉 이스라엘의 구속에서 다윗 가
문의 인물이 이 멜기세덱의 역할을 맡게 될 것이라는 개념을 제공한 것이
바로 시편 110편이다. 초기의 고백들이 내포된 구원론 관련 본문들에서 예
수가 희생제물인 동시에 하나님께 그 희생제물을 바치는 대제사장으로 묘
사된다.

바울이 초기 기독교 전승을 수용한 곳에서 예수는 하나님이 "우리 모
든 사람을 위하여 내주신"(롬 8:32) 희생제물로 묘사된다. 여기서 내줌을 뜻
하는 단어 "파라디도미"(paradidōmi)는 마찬가지로 전승에 의거한 구절인 로
마서 4:25에서도 똑같이 사용된다. 그리스도는 하나님 자신이 자기 백성
의 죄를 위하여 내준 속죄제물이다. 로마서 5장에는 이와 유사한 개념이 여
러 차례 등장한다. 그리스도의 죽음은 "우리를 위한" 희생제물이다(Christos
hyper hēmōn apethanen, 롬 5:8). 앞서 언급했듯이 바울은 과거의 전승으로부터
"위하여"(hyper) 공식을 물려받았다. 바울에 따르면 그리스도의 희생은 속죄
제물이며 그것은 "우리가 그의 피로 말미암아 의롭다 하심을" 받을 수 있
는 피 뿌림에 기반한 것이다(롬 5:9).

제의적 상징법은 로마서에 나타난 또 다른 전승 공식에 가장 명료하게
드러나 있는데 그 본문은 로마서 3장에 있는 익히 알려진 구절이다. 이 구
절 역시 전승 자료를 기초로 작성된 것으로 여겨져왔다. 예수는 지성소 안
으로 들어가 자신의 피를 속죄제물로 하나님께 드린다. 이렇게 해서 하나

님은 예수를 화목제물(*hilastērion*)로 삼아 그를 통해 죄인들도 자기에게 다가올 수 있게 했다.

> 이 예수를 하나님이 그의 피로써(*en tō autou haimati*) 믿음으로 말미암는 화목제물(*hilastērion*)로 세우셨으니…(롬 3:25).

이 개념은 히브리서의 제사장 신학과 동일하기 때문에 이 구절은 예외적이다.[92] 그 정체에 대해서 알려져 있지 않은 히브리서 저자와 마찬가지로 바울 역시 본래는 하나님의 신적 보좌였던 속죄의 장소(*hilastērion*)가 히브리서에 명시된 "속죄소"가 되었다고 믿는다(히 9:5; 참조. 레 16:2-14).[93] 참회자가 하나님의 보좌에 다가오면 예수 자신이 그의 고백을 듣고 사죄를 베푼다. 속죄소는 하나의 메타포로 나타난다. 신적 보좌는 더 이상 단순히 피를 뿌리는 자리가 아니고 오히려 그것은 희생제물(물론 이것은 *hilastērion*이라는 단어의 여러 의미 가운데 하나다) 자체에 가깝다. 예수는 그 보좌에 나아오기를 원하는 사람 누구에게나 희생제물(*hilastērion*)이 된다.[94]

이런 제사장적 구원론을 수용한 가장 확실한 사례는 히브리서에서 발견된다. 히브리서의 신학에 대한 자세한 검토는 뒷부분에서 이루어지겠지만 일부 특징들에 관해서는 지금 다루어도 좋을 것 같다. 히브리서에는 성전에 관한 상징이 현저하게 나타난다. 예수는 죽음을 통해서 하늘의 휘

92　롬 3:25의 배후에 바울 이전의 공식이 존재했다는 가정은 거의 일치된 견해다. 이에 관한 학문적 논의에 대해서는 Dunn, *Romans,* 163(『로마서(상,하)』, 솔로몬 역간)을 보라.

93　Witherington, *Indelible Image I,* 493은 "따라서 롬 3:24-25에서는 화해 개념이 나타난 것으로 보인다"라고 결론짓는다. 더 나아가 Dunn, *Romans,* 180은 이렇게 말한다. "'속량 행위'가 일차적으로 가리키는 내용이 확실하지 않을 경우에 대비해서 바울은 그것을 '화해의 수단'(화목제물)으로 정의함으로써 그 의미를 명확하게 했음이 분명하다."

94　제의적 용어인 *hilastērion*은 이미 유대교 신학에서도 메타포의 기능을 했었다. 「마카베오 4서」 17:22에서도 한 순교자의 죽음이 바로 이 단어를 통해 묘사된다.

장, 곧 성전 휘장 안으로 들어간다(히 6:19). 그는 지성소, 곧 하늘의 지성소(*debir*) 그 자체로 들어간다(히 9:24). 그 방에 있는 물건들은 "첫 번째 언약" 시대의 성소 안에 있던 것들과 같다. 언약궤는 지성소의 중앙에 있고 언약궤 위에는 여전히 속죄소(*hilastērion*)가 있다(히 9:5). 예수의 죽음에는 명확한 의미가 있는데 곧 그는 자신의 생명을 속죄제물로 드린다. 그는 "흠 없는 자기를 하나님께 드렸다"(히 9:14). 그는 자기 자신의 피를 지성소로 가져가서 "영원한 속죄를" 이룬다(히 9:12).

바울이 제사에 관해 말하는 로마서 본문 배후의 전승 공식도 그와 비슷한 이미지를 기반으로 한다. 앞에서 다루었던 이 구절에 관한 논의를 간략하게 다시 언급할 필요가 있을 것이다. 그리스도는 자신을 희생제물로 내어준 후에 높여졌다. 하나님은 "우리를 의롭다 하기 위하여" 예수를 살리셨다(롬 4:25). 여기서 그리스도의 제사장 역할에 관한 내러티브가 암시되어 있다. 이 이야기에 따르면 그리스도는 하늘의 성전에 들어가 속죄를 이룸으로써 의롭다고 여겨지는 선물을 얻는다. 여기서 그리스도가 대속적 희생 제물로 등장한다고 가정하지 않고서는 이 내러티브를 이해하기 힘들다. 그것은 하나님이 받아들이는 희생제사다. 그 공식이 칭의란 의미에서의 구속을 획득할 수 있는 것은 바로 그리스도의 부활 덕분이라고 진술하는 것은 바로 이런 이유 때문이다. 로마서 4장에 나타난 이 짧은 병행 문장도 대제사장 직분에 관한, 그리고 속죄의 피를 가지고 휘장 뒤로 들어가는 그의 임무에 관한 좀 더 커다란 내러티브가 있었음을 암시한다.

따라서 원시 기독교 공동체의 신학은 이처럼 성전에 관한 상징이라는 토대 위에 구축되었다. 유대교의 묵시적 본문들에서처럼 하늘은 하나님의 모든 창조 세계가 그를 만날 수 있는 장소인 하나님의 실제 지성소로 이해된다. 이곳은 하늘의 언약궤가 놓여 있는 곳이고 전능하신 하나님이 보좌에 앉아 다스리는 자리다. 그리스도의 높여짐이 제사장적 행위로 해석되면서 그의 부활은 속죄 신학의 일부가 된다. 앞서 언급했듯이 구원론에 대한 이러한 이해 방식의 배후에는 메르카바 개념이 있었음이 분명하다. 우주적인 대제사장으로서 그리스도는 모든 인류의 죄를 위한 속죄가 이루어지는 곳으로 희생제물인 자신의 피를 가져간다. 이미 구약 신학의 중심에 위치해 있었던 바로 그 메타포가 신약성서 구원론의 가장 중요한 이미지가 된다. 멜기세덱의 서열을 따른 제사장이자 높여진 다윗 가문의 인물인 그리스도는 인자이자 심판자이자 새 이스라엘의 주로서 새로운 왕국을 다스리기 위해 바로 그 영광의 보좌에 앉는다.[95]

그러므로 고백 전승과 요약적 설교 양식의 최초의 전승 층은 그리스도가 하늘 성전의 대제사장으로 묘사되는 내러티브를 창조했다. 네 번째 기독론 내러티브는 영광의 보좌 앞에서 그리고 가장 높은 하늘에 계신 하나님 자신 앞에서 드려지는 희생제사 행위에 관한 이야기다. 성전, 휘장, 지성소, 제사장, 희생제사, 피 등의 이미지가 이 내러티브의 다양한 곳에 등장한다. 그 이야기 자체는 제의적 사명을 지닌 왕인 멜기세덱 같은 초월적인 대제사장의 역할을 묘사한다. 죽음과 부활을 통해서 그는 하늘의 성전에 있는 지성소 안으로 들어가며 그의 피를 통해 영원한 구속과 죄 사함이 주어진다. 더 나아가 지성소(debir) 안에 있는 피의 제물은 새로운 언약을 정당화한다. 신학자들은 이러한 이미지를 통해서 제의적 사명이 즉위와 동일한 것이라고 이해했다. 본래의 이야기에 들어있는 상징들의 의미가 새로운 내러티브 안으로 이동했다. 하늘의 멜기세덱은 하나님의 우편에 앉아서 그의 평화의 왕국을 통치한다.

---

95 여기서는 왕에 관한 주제가 중요한데 이 주제에 관해서는 예컨대 Hagner, *Hebrews*, 84를 보라.

5. 심판대의 재판장이신 메시아

더 나아가 기독교 종말론에는 하늘 보좌에 관한 하나 이상의 이미지가 있다는 사실에 주목해야 한다. 예수의 높여짐의 자리는 보좌(*thronos*)로 나타나기도 하고 심판대(*bēma*)로 언급되기도 한다. 이는 내러티브 비평의 관점에서 보면 어떠한 이미지를 활용하느냐에 따라 그 이야기 또한 변화한다는 것을 의미한다. 마태복음에서는 구별 주제가 뚜렷이 드러난다.

> 인자가 자기 영광으로 모든 천사와 함께 올 때에 자기 영광의 보좌에 앉으리니 모든 민족을 그 앞에 모으고 각각 구분하기를…(마 25:31-32).

로마서 말미에서 바울은 이와 유사한 심판 이야기를 기독교 공동체의 보편적 전승인 것처럼 보도한다. "우리가 다 하나님의 심판대 앞에 서리라.…이러므로 우리 각 사람이 자기 일을 하나님께 직고하리라"(롬 14:10-12). 로마서의 관점에서 읽으면 여기서 바울은 하나님이 그리스도를 통해 세상을 심판하게 될 상황에 대해 말하고 있다. "하나님이 예수 그리스도로 말미암아 사람들의 은밀한 것을 심판하시는 그날이라"(롬 2:16b). 이것은 물론 바울의 메시지이지만 그 메시지는 의심할 여지 없이 안디옥 교회의 회중에게 지지를 받은 가르침에 기초한 것이다. 미래에 관한 동일한 개념이 사도행전에 기록된 바울의 설교들에서도 발견된다.

> 이는 정하신 사람으로 하여금 천하를 공의로 심판할 날을 작정하시고 이에 그를 죽은 자 가운데서 다시 살리신 것으로 모든 사람에게 믿을 만한 증거를 주셨음이니라(행 17:31).

이 내러티브에 따르면 예수는 세상에 공의를 실현할 하늘의 심판자인 인자다. 하나님은 예수를 그 앞에 모든 백성을 모이게 할 통치자로 지명했다. 고린도후서에는 심판대(*bēma*)가 유사한 맥락에서 다음과 같이 언급된다.

> 이는 우리가 다 반드시 그리스도의 심판대 앞에 나타나게 되어 각각 선악 간에 그 몸으로 행한 것을 따라 받으려 함이라(고후 5:10).

이러한 진술들에서는 [심판에 관한] 기독론적 재해석이 명확하게 드러난다. 구약성서의 예언서 본문들에서는 마지막 때에 하늘의 심판자로서 행동하시는 분이 하나님으로 묘사된다. 그런데 초기 기독론에서는 그리스도가 이러한 직무를 맡은 자로 지명된다. 어떤 의미에서는 그리스도에게 하나님의 종말론적 사명이 맡겨진다. 이는 유대교 신학의 또 다른 요소를 떠올리게 만드는데, 유대교 전승에서는 대개 왕이 심판자의 역할도 수행하는 것으로 나타난다(그리고 다윗의 가장 전형적인 후손인 솔로몬이 그런 심판자 가운데 가장 유명하다). 마찬가지로 다윗의 후손인 예수는 새로운 왕국에서 공의를 실현할 공정한 심판자다.[96]

　기독교의 종말론에 대한 이러한 접근 방식을 심판 담화라고 부를 수 있을 것이다. 심판 담화의 우주관은 다른 담화들에 나타난 우주관과 동일하며 마찬가지로 하늘의 자리 또는 하늘 보좌도 계속해서 미래 사건들의 중심 장소다. 변경된 배경에서는 오직 그 자리의 성격만 새로운 것이라고 말할 수 있다. 즉 신적 보좌는 종말론적 심판대로 간주된다. 이 내러티브에

96　Riesner가 지적하듯이 바울의 사상에서는(또는 초기 기독론의 묘사에서는) 부활 기독론과 하늘에서의 그리스도의 직무에 관한 개념 사이에 어떠한 모순도 존재하지 않았다. 왜냐하면 대체로 당시의 기록자들은 하늘의 심판자로 지명된 자가 곧 부활한 자라고 여겼기 때문이다. Riesner, *Paul's Early Period*, 399-400.

는 특별한 특징들이 있다. 이제 높여짐에 관한 전통적인 이야기는 더 이상 적용되기 어렵다. 그것을 묘사하기 위해 더 이상 예수의 부활 주제가 필요하지는 않다. 많은 유대교 본문에서와 마찬가지로 그 핵심은 마지막 심판 전에 그리스도가 심판대(*bēma*)에 오른다는 것을 주장하는 데 있다. 이것은 곧 데살로니가후서에 묘사된 장면과 같은 것인데, 이 서신에는 "젊은" 설교자 바울의 생생한 종말론적 시각이 뚜렷이 반영되어 있다.

> 주 예수께서 자기의 능력의 천사들과 함께 하늘로부터 불꽃 가운데에 나타나실 때에 하나님을 모르는 자들과 우리 주 예수의 복음에 복종하지 않는 자들에게 형벌을 내리시리니 이런 자들은 주의 얼굴과 그의 힘의 영광을 떠나 영원한 멸망의 형벌을 받으리로다(살후 1:7-10).

따라서 다섯 번째 내러티브는 메시아적 심판자의 출현에 관한 이야기다. 세상은 거대한 법정으로 바뀐다. 그리스도는 모든 인류를 심판할 전능한 통치자로 묘사된다. 산 자와 죽은 자 모두 그리스도가 앉은 자리 앞에 모일 것이고 그들의 운명은 공정하게 결정될 것이다. 이 이야기들에서 법정 용어들이 사용되고 있다는 점은 확실하며 메타포들도 그런 법정과 관련된 것에서 취해진다. 즉 이 내러티브는 심판자, 법, 고발, 유죄, 심판, 징벌에 관한 것이다. 이런 방식의 기독론의 특별한 성격은 부분적으로 상호텍스트성과 관련된 색다른 전략에 기반을 두고 있다. 유대교와 기독교의 묘사에서 하늘 심판자의 직무는 비슷한 용어로 묘사된다. 여기서 사용되는 도구는 유형론이다. 특히 인자를 언급하는 본문에 나타난 구체적 요소들도 놀라울 정도로 유사하다. 하늘의 왕으로서 그리스도는 영원한 공의를 지상에 수립하는 책무를 갖고 있다.

6. 회복의 왕에 대한 믿음

앞에서 다룬 모든 내러티브는 유대교의 종말론 신학과 회복의 신학에 나타
난 몇몇 요소를 반영하고 있다. 그 본문들에서 다윗의 후손은 명확한 역할
을 갖고 있으며 종말론적 갱신은 하나님이 새롭게 즉위하는 순간에 발생할
것이라고 믿어졌다. 이는 또한 부활과 새 생명의 시점이 될 것이다. 그 갱신
은 고난 받는 하나님의 종을 통해서 실현될 것이다. 더욱이 몇몇 본문에서
는 제사장의 기능과 희생제물을 통한 구속을 보여주는 뚜렷한 특징들이 드
러난다. 그리고 가장 중요한 것은 모든 일에 대한 성취는 마지막 공의의 때
에 있을 신적 심판을 통해 완성된다는 점이다. 유대교가 기대했던 이 독특
한 특징들 외에도 또 다른 이야기가 있는데 그 이야기는 회복 개념 자체에
뿌리를 두고 있다.

구약성서의 주제들과 초기 기독론을 함께 결합하는 메타내러티브
들 가운데 가장 추상적인 것은 왕으로서 하나님의 왕적 주권에 관한 이야
기다. 우리가 앞의 내용들을 통해서 지금껏 분석해왔던 것은 바로 이 이
야기의 출현에 관한 것이다. 복음(*euangelion*)은 유배의 정황이 역사적인 것
이든 지리적인 것이든 영적인 것이든 간에 유배의 억압 가운데 살고 있는
모든 사람에게 지금 선포되는 기쁜 소식이다. 그것은 하나님의 신적 왕권
(*basileia*)을 확립하는 일에 관한 좋은 소식을 말한다(사 52:7). 이것이 하나님
이 구원을 베풀고 이스라엘을 회복하며 이스라엘 백성과 그들의 하나님 사
이의 영적 연합을 갱신하는 방법이다. 따라서 마지막 이야기는 앞의 내러
티브들에 기초하고 있고 또한 거기서 사용된 것과 동일한 성서 증거들을
사용한다.

제2성전기 유대교에서(특히 쿰란 공동체에서) 널리 알려져 있던 이사야서
의 복음은 회복의 때를 고대한다. 배교의 때에 대예언자들은 하나님이 다

지금 이스라엘의 왕이 될 종말론적 미래에 희망을 두었다. 한편 초기의 승귀 기독론은 다윗 가문의 왕이 죽은 자들이 부활하는 종말론적 사건이 발생하는 가운데 영원한 왕좌에 즉위할 것이라는 내러티브에 의지한다. 그는 하늘의 지성소로 들어가서 하나님의 우편에 있는 영광의 보좌에 앉는다. 다윗의 후손은 하나님 자신이 존재하는 곳에 있는 그 보좌에 앉는다. 그는 왕이신 하나님이 앉으신 그 자리에 앉는다. 그리스도의 하늘 왕권과 주님의 하늘 왕권 사이에 명확한 구분은 나타나지 않는다. 심지어 이 둘은 주 예수(*Kyrios Iēsous*)라는 동일한 이름으로 불리기도 한다.

초기 기독론에서 그리스도는 신적 보좌의 모든 권세를 부여받기 때문에 그는 오랫동안 유대교 신학과 보좌 신비주의 모두의 중심이었던 자리에서 하늘의 왕으로서 다스린다. 그곳은 속죄의 피 없이는 접근될 수 없는 하나님의 현존의 장소인 우주에서 가장 거룩한 곳, 즉 비밀스러운 지성소(*debir*)다. 그러므로 그곳은 생명과 죽음의 상징들이 영광과 행복의 상징들과 분리될 수 없는 장소다. 따라서 필연적으로 즉위한 그리스도가 이스라엘의 왕이신 하나님이 앉아야 할 그 자리에 앉게 된다는 신학적 결론이 내려진다.[97]

승귀 기독론은 인간에 대한 구원을 겨냥하는 구원론적 기능을 지니기 때문에 또한 그 기독론은 초기 기독교 선포의 정점에 해당된다. 다윗의 후손이 하늘에서 통치한다는 개념이 해석학적 원리가 되고 이 원리에 따라 전통적인 유대교 신학이 재해석된다. 신정주의 사상은 항상 하나님과 가

---

97   Gieschen, *Angelomorphic Christology*, 94는 이미 유대교의 묵시적 본문들에서도 "왕위에 즉위한 인물들에게 신성이 귀속될 수 있었다"라고 지적한다. 더 나아가 Bauckham은 "귀속되어야만 했다"라고 덧붙인다. Bauckham, *God of Israel*, 165, 각주 35(『예수와 이스라엘의 하나님』, 새물결플러스 역간). 한편 Hengel은 신약성서에서는 그것이 즉위한 그리스도에게 귀속된다고 언급한다. Hengel, *Studies*, 220-22. Hurtado, *Lord Jesus*, 151-52의 추론도 이와 같다.

장 가깝게 접촉하는 것을 목표로 삼는다. 이스라엘에게는 유일한 하나님인 "오직 야웨만" 존재하며 그가 그의 백성을 감독하고 인도한다. 그에게 접근하기 위해서는 성전에 들어가야 한다. 그런데 이런 이해 방식은 초기 기독론에서 변화된다. 즉 인간은 하나님의 아들 예수를 통해서 하나님을 만날 수 있다. 구약성서의 믿음은 부정되는 것이 아니라 승귀 기독론을 통해서 재해석된다.[98]

초기 기독론에서 구약성서의 왕적 메타내러티브를 해석학적으로 사용한 가장 중요한 특징 중 하나는 그리스도의 주 되심이 신정주의적 이상 및 성전 제의를 다시 해석하는 원리가 된다는 사실이다. 구약 신앙의 사실상의 초점인 하나님의 왕권은 이제 영광의 보좌에 앉은 왕 되신 그리스도의 왕적 통치에서 실현되고 (어떤 면에서는) 성취된 것으로 여겨졌다. 종말론적 즉위가 유배를 종식하고 자유의 시대를 시작했다.[99]

앞서 지적했듯이 제2성전기의 유대교 신학과 보좌 신비주의는 하늘로의 여행과 즉위에 관한 모든 묘사에서 신정주의적 위계질서를 그대로 유지하고 있었다. 높여진 자의 역할조차 (하늘의) 성전에서 하나님을 예배하는 자들의 역할과 같았다. 하나님이 자신들을 구원하고 축복해주기를 바라면서 그들은 모두 영광의 보좌 아래 있었다. 그런데 초기 기독론에서는 모든 위계질서가 뒤집힌다. 그리스도가 영광의 보좌에 앉고 사람들은 속죄와 축복을 얻기 위해 그에게 나아온다. 이는 이스라엘의 주님의 왕권이 예수의 하늘 통치를 통해서 확증된다고 보는 신학적 관점을 확인해준다. 예수 그리스도는 사람들을 유배의 고통에서 구원할 분이며 하나님의 진노 아래서 살고 있는 자들에게 용서를 베풀 것이다.[100]

---

98   Bauckham, "God Crucified," *God of Israel*, 20-21을 참조하라.

99   이는 나의 연구서 Eskola, *Throne*, 368의 주요 결론에 해당한다.

100   예컨대 「이사야의 승천」의 저자는 듣는 자들에게 보좌나 천사들을 숭배하는 것에 대해

신약성서의 기독론에 나타난 이 놀라운 특징은 적어도 바리새파나 랍비들의 관점에서 본 유대교의 유일신론을 필연적으로 재해석하게 만든다. 앞서 살펴보았듯이 많은 학자는 나사렛 예수에 대한 점진적인 신격화(divinization)를 신학적으로 설명하려고 시도하면서 유대-기독교적인 유일신론에서 출발하여 그리스적인 고기독론으로 발전한 것이라고 가정했었다.[101] 하지만 몇몇 학자는 다양한 근거를 통해서 그런 가정에 대해 문제를 제기하기 시작했다. 허타도는 경배(devotion) 주제에 관한 많은 연구를 수행했다. 그에 따르면 초기 기독론에서 그리스도는 의심할 여지 없이 하나님 자신으로 숭배되었고 신앙의 대상이 되었다.[102] 즉위 기독론은 이런 믿음이 가능했음을 입증하는 근거가 된다. 구약성서의 신정주의적 이상은 변화되었으며 따라서 최초의 기독론 공식은 예수를 높은 보좌에 앉은 주님 자신으로 묘사한다.[103]

신학적 의미에서 그리스도의 즉위는 마지막 때의 이스라엘의 주님의 즉위로 간주된다. 그것은 종말론적 기대를 성취하는 사건이 된다. 하나님은 "모으시는 하나님"이기 때문에 높여진 그리스도는 사람들을 평화의 왕

여전히 경고한다(「이사야의 승천」 7:21).

101 Fletcher-Louis, *Angels*, 251; Stuckenbruck, *Angel Veneration*, 272 같은 연구는 여전히 초기 기독론에서 유일신론을 실제로 위반한 일은 없다고 주장한다. 반면 Bauckham은 예수의 치욕과 높여짐 주제를 숙고하고 나서 그것은 "하나님이 자기를 내어주시는 독특한 행동이며 예수는 이런 행동을 통해 세상에 대한 구원을 완성함으로써 자신의 신성을 세상을 향해 드러내보였다"고 주장한다. 초기 그리스도인들은 이사야서에 묘사된 종의 특징들을 예수에게 적용하면서 유일신론 개념을 확장했다. "깊은 성찰을 통해서 그들은 이스라엘의 하나님의 정체성을 예수 그리스도의 하나님이라는 새로운 정체성에 비추어 새롭게 이해했다. 그들은 예수 그리스도가 한 분이고 하나님과 동일한 분임을 알게 되었다.…" Bauckham, *God of Israel*, 50, 54.

102 특히 Hurtado, *Lord Jesus Christ*, 153, 215를 보라.

103 Chester는 특히 유대교 내부의 맥락에서 고기독론을 이른 시기의 현상으로 보는 최근의 모든 견해를 분석한다. Chester, *Early Christianity 2* (2011), 24-30을 보라. 승귀 기독론에 관해서는 29-30을 보라.

국으로 부르는 주가 된다. 유배의 상황은 "뒤집혔고"(앞에서 다룬 한[Hahn]의 견해를 보라), 또 이에 따라 추방의 상황에도 변화가 생긴다. 예수는 자기 제자들을 보내어 이제 막 시작된 희년을 선포하게 한다. 해방의 해가 도래했다. 죄인들은 화해와 용서를 가능하게 하는 새로운 성전으로 인도된다. 이는 누가복음과 마태복음 모두의 신학적 편집에서 발견되는 중심 주제 가운데 하나다. 앞서 살펴본 것처럼 누가복음은 우선 새로운 복음을 주장했는데 그 복음은 예수의 고난과 부활이 하나님의 계획에 포함된다고 이해하는 방식이 구약의 여러 기본적 본문들에서 입증된다고 본다. 이어서 누가복음은 모든 민족으로부터 그리스도의 왕국으로 사람들을 "부르기"(kaleō) 위해서 사도들이 파송되었다고 진술한다. 복음서의 결말부를 점점 고조되는 방식으로 묘사하다가 "하늘과 땅의 모든 권세를 내게 주셨으니 그러므로 너희는 가서 모든 민족을 제자로 삼으라"(마 28:18-19)라는 대위임령(Great Commission)에서 정점에 도달하도록 기록한 마태복음의 경우도 마찬가지다.

그러므로 예수의 메시지와 초기 교회의 가르침은 직접적으로 연결된다. 예수가 다윗의 후손이 종말론적 성전을 세울 것이라고 선포한 반면 그의 제자들은 부활 직후에 새로운 성전이 임했다고 선포하기 시작했다. 그것은 영광의 보좌의 장소, 곧 언약궤가 있는 영적인 성전이다. 자신들의 구주인 예수 그리스도가 부활을 통해 "속죄소"라는 보좌에 올랐기 때문에 모든 신자는 그곳으로 나아올 수 있다.

따라서 부활 기독론은 회복에 대한 소망의 성취다. 초기의 기독론적 진술들을 형성했던 사도들은 유배의 종식에 관한 예수의 약속이 실현되었다고 확신했다. 그것은 죽은 자들의 부활과 함께 시작했다. 마지막 때가 임했다. 이 우주적인 사건에서 그리스도는 하나님의 우편으로 높여져서 영광의 보좌에 앉았다. 그리스도의 왕적 주권은 구약성서의 성전 제의 전체와 신정주의 개념을 재해석하는 기준이 되었다. 이스라엘에서의 하나님의 왕권은 그리스도가 하늘 보좌에 앉음으로써 주가 된 것을 통해 드러난다. 신자들이 예수에 대한 믿음을 고백할 때 그들은 전통적인 예배의 목적도 성취한다. 그것은 곧 그들이 하늘의 왕으로서의 하나님을 믿는 것이다.

그러므로 주님인 그리스도에 대한 믿음은 유배를 야기한 배교와 반대 되는 좋은 열매를 맺게 한다. 신자들은 하나님께 대한 믿음을 고백하고 그에 대한 신실함을 유지한다. 이사야와 예레미야가 예언한 것처럼 그들은 죄를 용서받는다. 그들은 자비의 언약인 새 언약을 지킨다. 그들은 하나님의 성령으로 충만해지고 자신의 삶을 하나님께 바친다. 그들은 하나님께 입양된 자녀로서 그에게 기도한다. 요컨대 그들은 친히 자기 백성을 정결케 하고 하늘로부터 의의 비를 내려서 땅을 비옥하게 만드는 하나님과 더불어 평화롭게 살아간다.

III. 초기 기독론과 유대교 회당 예배

초기 기독론이 탄생한 당연한 장소는 회당이다. 회당의 기도와 예전은 사람들에게 유대교 신앙의 내용뿐만 아니라 경건의 요소들을 가르쳐주는 역할을 했다. 회당 예전의 가장 중요한 두 가지 요소는 쉐마(*Shema*)와 아미다(*Amidah*)였다(아미다는 유대교 신앙의 핵심적인 요소들을 열거하는 고정된 기도였다). 초기 기독론에 대한 최초의 표현들이 신앙 고백들과 찬송들 및 심지어 기도들에서도 나타나는 것은 일리가 있다. 신약성서의 기록 중에서 특히 찬송들은 열성적인 그리스도인의 정체성과 관련된 자료를 드러내는 데 특별한 역할을 한다. 이러한 사례를 보여주는 여러 본문이 있다. 앞서 살펴본 빌립보서 2장의 비움(*kenōsis*)의 송가, 사가랴의 노래(눅 1장), 또 이례적 본문이라고 할 수 있는 마리아의 노래(눅 1장)를 예로 들 수 있다. 이 본문들은 기독교 자료가 문서로 기록되기 훨씬 전에 고정된 전승이 있었음을 보여 준다. 그 본문들은 기독교 교회가 생성된 후 처음 10-20년 이내 또는 심지 어 불과 몇 년 안에 출현한 것으로 보인다.

1. 아미다와 회복 종말론

신약성서 시대에는 작은 마을에도 회당이 있을 정도로 회당 제도가 활성화 되어 있었다.[104] 신약성서 저자들은 예수가 방문했던 많은 회당에 대해 언 급한다. 한편 바울은 그의 선교 여행 가운데 계속해서 지역 회당들에서 활 동했다. 회당 예전의 내용에 대해 알려주는 직접적인 자료는 아주 적지만 회당 예전에 관해서는 상당히 잘 알려져 있다. 예전의 주요 부분들을 일컫 는 명칭이 미쉬나에 언급되어 있다. 그런 회당 예전의 형태를 갖추게 된 때 는 의심할 여지 없이 헤롯 대왕 시대였을 것이고 심지어 제2성전기의 더 이른 시대였을 수도 있다.[105]

표준적인 아침 예배는 찬양 시편과 마찬가지로 하나님의 이름을 카 디쉬(*kaddish*)로 시작한다. "이제부터 영원까지 여호와의 이름을 찬송할지 로다"(시 113:2; 또 단 2:20의 다니엘의 기도를 참조하라. "영원부터 영원까지 하나님 의 이름을 찬송할지로다"). 카디쉬에 이어서 정해진 기도가 뒤따른다. 미쉬나 의 "베라코트"(*Berakhot*)는 "빛을 창조하신 분", "영원한 사랑" 같은 기도문 에 관해 언급한다(*m. Ber.* 1:4).[106] 첫 번째 기도에서는 빛의 창조자이신 하나

---

104   최근의 고고학적 발굴들 덕분에 회당에 관한 많은 정보를 알 수 있게 되었다. Corbett, "New Synagogue Excavations," *BAR* 37 (2011), 52-59를 보라.

105   회당의 역사에 관해서는 Schürer, *History II,* 423-47을 보라.

106   특히 Elbogen은 고대 유대교의 예전에 대해 연구했다. 회당 기도에 관해서는 Elbogen,

님을 찬양하는데 이는 아침 기도로서 적절한 내용이다(참조. 시 136:7). 하지만 그 내용은 상징적 의미를 갖고 있는데, 왜냐하면 (이 기도문의 후대의 형태를 통해서 알 수 있는 범위에서 보면) 여기서 하나님은 명백히 "어둠으로부터의 빛"(이는 "나는 빛도 짓고 어둠도 창조한다"라는 사 45:7을 적용한 것이다)으로 묘사되며 또한 "영원한 빛"으로 묘사되기 때문이다. 엘보겐(Elbogen)은 "시온에 새로운 빛을 비추게 하소서"라는 기도에서 보는 것 같이 어느 시점에 메시아적 해석이 첨가되었다고 지적한다.[107]

"영원한 사랑"은 이스라엘에게 토라를 주신 하나님의 사랑에 감사하는 기도문이다. 이 기도가 매우 오래되었다는 사실은 놀랄 만한 일이 아니다. 그다음에 쉐마의 가장 핵심적인 본문이 암송되고 이어서 기도 하나가 더 추가된다. 종교적 의미에서 볼 때 예배의 중심은 쉐마와 그 뒤에 이어지는 긴 쉐마 기도이며 아마도 이것들에 이어서 이사야 6:3에서 유래한, 하나님의 거룩하심에 대한 세 번에 걸친 찬양(*Trishagion*)이 불렸을 가능성이 높다. 성서를 읽는 순서도 있었을 것이고 타르굼(읽은 본문에 대한 설명)도 동반되었을 것이다. 예배는 하나님을 찬양하는 위대한 카디쉬로 마무리되었다.[108]

앞에서 언급되었듯이 쉐마는 **"그리하면 ~하게 되리라"**라는 제목(이 제목은 신 11:14에서 가져온 표현이다) 아래서 신명기 6:5을 신명기 11:13-21 및 민수기 15:37-41과 결합한다. 앞서 논의했던 것처럼 쉐마의 내용은 예수

Jewish Liturgy, 16을 보라.

107   Elbogen, *Jewish Liturgy*, 19. 이 부분의 기록 연대를 추정하기는 힘들다.

108   이런 요소들이 *m. Ber* 1-5에서 발견된다. 그러므로 신약성서에서 빛이 핵심적인 메타포로 활용되고 있는 점을 충분히 이해할 수 있다. 예컨대 "빛이 어둠에 비취되"(요 1:5)라는 본문이나 창조 때의 빛이 "예수 그리스도의 얼굴에 있는 하나님의 영광을 아는 빛"이 되었다고 언급하는 본문(고후 4:6)에서처럼 말이다. 세례 예식에 관련된 엡 5장의 본문에서 빛은 제자들의 새로운 생명을 상징한다. "잠자는 자여, 깨어서 죽은 자들 가운데서 일어나라. 그리스도께서 너에게 비추이시리라"(엡 5:14).

자신의 가르침에서 중요한 것이었다. 회당 예배의 구조는 경건한 유대인의 신앙생활에서 순종의 차원이 매우 중요했음을 알려준다. 그리고 예배의 마지막 부분에는 제사장의 축복에 관한 본문이 낭독되었다(민 6:24). 이런 요소들 중 다수가 우리에게 친숙하게 보이는 것은 그것들이 나중에 기독교의 예전으로 자리 잡았기 때문이다.

18개의 축복 기도인 "쉐모네 에스레"(*Shemoneh 'esreh*)는 예수와 그의 제자들의 시대부터 회당 전통에서 주된 기도가 되었을 가능성이 매우 높다. 유대인들은 "서서" 이 기도를 드려야 했기 때문에 유대교 신학에서 그 기도는 종종 아미다로 불렸다. 미쉬나에 따르면 예배 전체가 이 기도를 중심으로 구성되었다(*m. Ber.* 5). 18개의 베라카로 이루어진 아미다는 두 개의 형태로 전승되었다. 분량이 더 많은 바빌로니아판은 현재까지도 유대교 회당 예배의 토대 역할을 하고 있다. 팔레스타인판은 좀 더 짧지만 그 기본적 내용은 바빌로니아판과 동일하다.[109]

이 기도문들에 나타난 신학은 유배의 전승을 바탕으로 형성되었으며 회복에 대한 강력한 희망을 반영하고 있는데, 이 희망은 부분적으로는 경험에서 그리고 부분적으로는 기대감에서 비롯된 것이다. 첫째 기도는 쉐마와 가장 큰 계명의 정신에서 시작된다.

> 1. 찬양 받으소서. 주 우리 하나님이며 우리 조상들의 하나님, 아브라함의 하나님, 이삭의 하나님, 야곱의 하나님이시여. 위대하시고 전능하시고 경외로우신 하나님, 지극히 높으신 하나님이시여. 주께서는 풍성한 은

---

109   Schürer, *History* II, 455-563을 보라. 바빌로니아판에는 한 가지 독특한 특징이 있다. 즉 바빌로니아판의 제목에 18개라고 언급된 것과는 달리 사실상 그것은 19개의 기도문으로 구성되어 있기 때문이다. 메시아와 관련된 14번째 기도문은 확실하게 두 부분으로 나뉘어졌다. 한편 12번째 기도문에는 이단들을 경계하는 문구가 추가됨으로써 새로운 상황에 대처하기 위해 편집되었음을 보여준다.

혜를 베푸시고 만물을 창조하시고 조상들에게 주신 은혜의 약속들을 기억하시고 주님의 이름을 위해서 사랑으로 그들의 자손들의 자손들에게 구원자를 보내시나이다. 오, 도우심과 구원을 가져오시고 방패가 되신 왕이시여. **찬양 받으소서. 아브라함의 방패이신 주님이시여.**

아미다 기도의 배후에는 그들의 조상 아브라함에서 시작된 유대인의 수백 년 역사가 있음을 쉽게 파악할 수 있다. 그 민족의 정체성은 아브라함이 전능한 하나님으로부터 받은 축복에 많은 부분을 의지했다. 또한 이것은 아브라함이 "여러 민족의 아버지"가 될 것이라는 약속을 위한 증거 본문이었다(창 17:5). 창세기에서 해당 단락은 방패에 대한 언급으로 시작한다. "아브람아, 두려워하지 말라. 나는 네 방패요 너의 지극히 큰 상급이니라"(창 15:1). 이후 방패는 모세가 축복하는 장면에서 보호를 가리키는 메타포로 작용한다(신 33:29).

아미다의 중요한 특징 중 하나는 모든 기도가 기억을 돕는 요약으로 끝난다는 점이다. 그러므로 그 축복들의 특징은 이 요약들을 통해서 파악될 수 있다(여기서는 각각의 축복문의 번호에 따라 표시했다).[110]

> 2. 찬양 받으소서, 죽은 자를 살리시는 주님이시여.
>
> 3. 찬양 받으소서, 거룩한 하나님이신 주님이시여.
>
> 4. 찬양 받으소서, 지식을 허락하시는 주님이시여.
>
> 5. 찬양 받으소서, 회개를 기뻐 받으시는 주님이시여.
>
> 6. 찬양 받으소서, 자비로우시고 무한히 용서하시는 주님이시여.

---

110   바빌로니아판과 팔레스타인판에 관해서는 Schürer, *History II*, 456-63을 보라.

사람들은 회당에서 이스라엘의 구원자인 하나님께 기도했다. 그는 병든 자를 고치고 죽은 자를 살린다. 주님은 거룩하지만 용서하는 분이다. 참다운 지혜(이는 확실히 율법에 대한 참된 이해를 의미한다)는 오직 하나님으로부터 온다.[111]

> 7. 찬양 받으소서, 이스라엘의 구속자이신 주님이시여.
> 8. 찬양 받으소서, 주의 백성 이스라엘 가운데 병든 자들을 고치시는 주님이시여.
> 9. 찬양 받으소서, 해마다 축복하시는 주님이시여.
> 10. 찬양 받으소서, 주의 백성 이스라엘 가운데 쫓겨난 자들을 모으시는 주님이시여.

아미다의 내용은 많은 면에서 예수의 가르침과 유사하다. 양자의 용어와 의도가 일치한다. 아미다 기도에는 특정한 고통의 어조가 나타나는데 이는 하나님의 선택된 백성의 최종적 해방이 아직 이루어지지 않았기 때문이다. 그러나 하나님은 흩어진 자들을 모을 것이다. 이 점을 염두에 두면 이 기도는 바빌로니아 및 예컨대 이집트 같은 다른 나라들에서 회당의 체계가 형성되던 초기 단계에서 시작되었다고 추정할 수 있다. 또한 이 기도들은 구약성서의 종말론 전승을 재해석하며 하나님이 언약을 보존하고 언약에 신실하다는 점에 초점을 두고 있다.

이 기도문들 가운데 다수는 예수 탄생 이전에 형성되었다. 알려진 버전들 가운데 가장 오래된 것은 히브리어로 기록된 집회서에서 발견된다.

---

111 Elbogen은 *Amida*에는 성전 예배와 일반적 내용을 담은 축복문과 다양한 기도문들의 흔적이 남아 있다고 지적한다. Elbogen, *Jewish Liturgy*, 27.

더 많은 분량을 보존하고 있는 히브리어 집회서에서는 본문이 51:12에서 끝나지 않고 더 이어진다. 첫 번째 추가 부분에서 익숙한 많은 주제가 기도의 형태로 나타나지만 그것들은 아직 아미다의 다음과 같은 순서와 정확히 일치하지는 않았다.

 – 이스라엘의 구속자에게 감사하라.
 – 이스라엘의 흩어진 자들을 모으시는 그에게 감사하라.
 – 아브라함의 방패에게 감사하라.

이는 이스라엘의 회복을 고대하며 이스라엘 백성을 구속할 자인 다윗의 후손에 중심을 두고 있는 유배에 관한 선포다. 다소 놀랍게도 이런 문구로 기도했던 경건한 자들이 복음서에 나타난 예수와 아주 유사한 메시아적 인물에 대한 희망을 품고 있었다. 아미다에 등장하는 구원자는 예루살렘을 재건하고 성전을 회복할 것이다. 이런 사상은 집회서와 아미다 모두에서 뚜렷하게 나타난다.

아미다

14. 찬양 받으소서, 예루살렘을 세우시는 주님이시여.
15. 찬양 받으소서, 구원의 뿔이 돋아나게 하시는 주님이시여.
16. 찬양 받으소서, 기도를 들으시는 주님이시여.
17. 찬양 받으소서, 당신의 현존(**쉐키나**)을 시온으로 돌아오게 하시는 주님이시여.

집회서

- 그의 성읍과 그의 성소를 재건하시는 이에게 감사하라.
- 다윗의 집을 위하여 뿔이 돋아나게 하시는 이에게 감사하라.
- 이삭의 반석이신 이에게 감사하라.
- 시온을 택하신 이에게 감사하라.
- 왕들의 왕이신 이에게 감사하라. 이는 그의 자비가 영원함이로다. 그가 자기 백성을 위해 뿔 하나를 일으키셨으니 그의 모든 충성된 자들을 위하여 찬양하라.

이미 지적한 것처럼 예수의 가르침은 이런 희망과 아주 유사하며 후대의 사도적 전승은 인류의 구원자로서 다윗의 후손 개념을 유지한다. 이 신학과 회당 기도 사이에는 밀접한 유사성이 있다. 여기서 내러티브 비평의 관점이 도움이 될 수 있다. 이 모든 표현은 다윗 가문의 뿔인 메시아가 도래하여 성전을 거룩하게 할 것이라는 짧은 종말론적 내러티브에 기초하고 있다. 하나님의 영광이 회중 안에 있는 백성 가운데 거하게 될 것이다. 이때는 침묵의 기간이 끝나고 하나님이 압제하에서 살아온 백성의 기도를 들으실 때인 것이다.[112]

---

112 회당 기도에 대한 초기의 기억 중 하나는 훗날 *Amida*에서 발견되는 주제들로 가득한 시 147편이다. "여호와께서 예루살렘을 세우시며 이스라엘의 흩어진 자들을 모으시며…"(시 147:2; 참조. *Amida* 14와 10). "상심한 자들을 고치시며 그들의 상처를 싸매시는도다"(시 147:3; 참조. *Amida* 8). "우리 주는 위대하시며 능력이 많으시며 그의 지혜가 무궁하시도다"(시 147:5; *Amida* 4). "여호와께서 겸손한 자들은 붙드시고 악인들은 땅에 엎드러뜨리시는도다"(시 147:6; *Amida* 12). "예루살렘아, 여호와를 찬송할지어다. 시온아, 네 하나님을 찬양할지어다"(시 147:6; *Amida* 17). "그가 네 문빗장을 견고히 하시고 네 가운데에 있는 너의 자녀들에게 복을 주셨으며 네 경내를 평안하게 하시고…"(시 147:13-14; *Amida* 19).

상당히 잘 확립된 기도문 전승의 배후에 다양한 자료가 존재한다는 사실은 아미다 배후에 더 오래된 회당 전승이 있었을 것이라는 가정을 확증해준다. 일련의 베라코트가 여러 형태로 발전했고 그 과정에서 점차 현재의 유대교 전통에 있는 형태로 편집되었다. 특별히 히브리어 집회서에 근거해서 우리는 예수와 그의 제자들의 시대에 이미 어느 정도 통일된 기도문이 출현했을 것이라고 추정할 수 있다. 이런 점을 볼 때 우리는 사도들이 그런 신앙 전통의 한 가운데서 성장했다고 이해할 수 있다. 그것은 분명히 초기 교회의 모든 유대인 그리스도인들에게 익숙했을 것이다.

이 기도에 드러난 가장 흥미로운 특징 가운데 하나는 다윗 가문의 메시아가 이스라엘의 구원자로 올 것으로 확신하고 있다는 점이다. 팔레스타인판 아미다의 제14번 기도문에 이러한 점이 나타나 있다. 이 제14번 기도문은 여러 개의 메시아 주제를 다루고 있다.

> 14. 자비를 베푸소서, 우리 주 하나님이여. 주의 백성 이스라엘과 주의 도성 예루살렘에 주님의 큰 자비를 베푸소서. 그리고 영광의 거처인 시온과 주의 성전과 주의 거처와 주의 의로운 메시아인 다윗의 집의 왕권에 자비를 베푸소서. **찬양 받으소서, 예루살렘을 세우는 다윗의 하나님인 주님이시여.**

바빌로니아판의 제14번, 제15번 기도문은 팔레스타인판의 제14번 기도문이 제시한 주제를 다루고 있다. 바빌로니아판의 제14번 기도문은 예루살렘 재건에 대해 말한다. "우리 시대에 그것을 곧 세워 주시고 그것이 영원한 건물이 되게 하소서. 그리고 그 한가운데 다윗의 보좌를 속히 일으켜 주소서." 제15번 기도에는 다음의 내용이 추가된다. "다윗의 싹이 속히 돋아나게 하시고 주의 구원을 통해 그의 뿔을 일으켜 주소서." 싹과 뿔이라는 매우 전형적인 메타포가 근본적인 희망을 전달한다. 조상과 종말론적 권능을 각각 가리키는 이 단어들은 메시아에 대한 강한 기대를 표현한다. 앞서 인용한 히브리어 집회서의 "다윗의 집을 위하여 뿔이 돋아나게 하시는 이에게 감사하라"라는 기도에서 그것과 유사한 특징이 분명하게 나타난다. 경건한 유대인들은 다윗의 후손이 이스라엘의 구속자로 올 것이라고 기대했다. 그러므로 그들은 예수가 다윗 가문의 왕으로서 나귀 새끼를 타고 예루살렘에 입성한 사건을 해석할 수 있는 충분한 준비가 되어 있었다.

이를 성서신학의 해석학을 통하여 살펴보려면 시적 본문과 노래들에 주목하는 것이 유용하다. 시와 노래는 개념으로 응축된 신학을 보여 준다. 구약성서의 대표적인 노래로는 모세, 여호수아, 드보라, 한나, 다윗의 노래가 있다. 예컨대 다윗의 노래는 집회서의 노래와 아미다에 매우 중요하다(삼하 22장; 참조. 시 18편). 다윗의 노래에는 안도의 어조가 담겨 있다. 도입부의 표현은 사울의 손아귀에서 벗어난 일을 가리킨다. 그러므로 이런 표현은 유배의 고통을 당하는 사람들에게 적합한 것이 된다. 이 노래의 내러티브에서 추방되는 경험을 한 왕이 궁극적으로는 하나님의 약속이 성취되는 것도 경험한다. 그는 이스라엘의 왕으로 즉위할 것이고 민족들의 통치자도 될 것이다. 이런 메시아적 인물에게 하나님은 높은 산 위의 요새와도 같다. "여호와는 나의 반석이시요 나의 요새시요 나를 위하여 나를 건지시는 자시오 내가 피할 나의 반석의 하나님이시요 나의 방패시요 나의 구원의 뿔이시요 나의 높은 망대시요 그에게 피할 나의 피난처시요 나의 구원자시라"(삼하 22:2-3). 동일한 용어가 아미다 가운데 특히 제18번 기도문에서 발견되는데 이는 전체 기도문을 요약하는 역할을 한다.

본래의 본문인 다윗의 노래에 따르면 다윗은 반란이 끝나고 나서 강력한 통치자가 된다. "주께서 또 나를 내 백성의 다툼에서 건지시고 나를 보전하사 모든 민족의 으뜸으로 삼으셨으니 내가 알지 못하는 백성이 나를 섬기리이다"(삼하 22:44). 이러한 수사는 하나님이 유배를 종식시키는 강력한 행동을 할 것으로 기대하는 진술들에 적용될 수 있다. "이 하나님이 나를 위하여 보복하시고 민족들이 내게 복종하게 하시며 나를 원수들에게서 이끌어 내시며 나를 대적하는 자 위에 나를 높이시고 나를 강포한 자에게서 건지시는도다"(삼하 22:48-49).

아미다가 초기 기독론의 형성에 커다란 영향을 주었음은 매우 확실해 보인다. 매일 드리는 기도를 통해 회복에 대한 희망이 생생하게 유지되었다. 모든 신자가 매일 구속에 관한 말을 했기 때문에 예수와 그의 제자들의 시대에 이러한 주제가 얼마나 적실성이 있었는지를 굳이 추측하는 것은 불필요하다. 신학의 발전에서 핵심적인 문제는 이 주제들을 새로운 상황에 적용하는 데 있었다. 예컨대 집회서는 계속해서 다윗의 뿔이 나타나기를 기다리고 있다. 훗날 기원후 70년에 예루살렘 성전이 파괴된 이후 이 기도문들에 내포된 종말론적 내용은 과연 적실성이 있었다. 그러나 로마 제국 시대에도 유대교 신학자들이 아브라함의 방패에 대한 희망을 유지할 이유가 있었음이 분명하다. 틀림없이 그들은 다윗의 후손이 머지않아 이스라엘에 평화를 가져오기를 바랐을 것이다.

그러므로 최초의 그리스도인들이 아미다에서 발견되는 사상들을 자기들의 고유한 신학에 용이하게 적용할 수 있었을 것이다. 다윗의 후손인 예수는 하나님이 종말론적 성전을 건설하고 사람들을 새롭게 자녀로 입양하기 위해 보낸 메시아로 칭송된다. 모든 신자에게 구원이 주어지지만 그 구원은 교만한 자가 아니라 겸손한 자에게만 해당된다. 예수의 새로운 왕국은 용서에 기초했다. 최초의 추종자들에게 예수의 가르침과 사역은 틀림없이 아미다의 모든 기도가 실제로 성취된 것을 의미했을 것이다.

2. 사가랴의 노래

누가복음 시작 부분에 있는 사가랴의 노래(*Benedictus*)에는 세례자 요한과 예수 모두가 선포한 회복의 종말론이 관통하고 있다(눅 1:68-79). 이 노래는 환난의 시대에 다윗의 후손이 어떻게 임하는지를 묘사한다. 그는 모든 원수를 물리치고 하나님의 언약을 확인하며 아브라함에게 약속한 입양이 실현되게 한다. 세례자 요한은 구원자의 선구자로 먼저 와서 추방된 자들이 예루살렘으로 돌아오는 길을 준비한다. 그는 죽음의 그림자 아래 사는 사람들에게 빛을 비춘다(사 9:1-6). 이런 관점에서 이 찬송은 누가의 구원사, 즉 예수의 사역을 통해 최종적 회복이 성취되는 원대한 비전을 촉진하는 역할을 한다.[113]

누가복음의 그 본문에는 여전히 찬송 양식이 나타난다. 그 본문의 구조는 누가복음 1장에 나타난 평범한 산문 양식과는 구별된다. 학자들은 일반적으로 이 본문이 전승 자료에 기초해서 재구성되었을 것이라고 가정한다.[114] 사가랴의 노래는 누가복음 시작 부분에 언급된 메시아 사상에 대한 해석을 제공하고 이어서 그것을 세례자 요한의 사역에 적용한다(눅 1:76-79). 그 찬송에 두 개의 주제가 얽혀 있다는 것은 의심할 여지가 없다. 명백히 유대교의 종말론 전승을 반영하는 첫 번째 주제는 두 번째 부분을 이해하기 위한 필수적인 요소다. 그러므로 기독교 버전의 찬송인 사가랴의 노래 본문을 여러 부분으로 나누어야 할 아무런 이유가 없다.

사가랴의 노래는 유대교의 시편들이나 회당 기도들과 동일한 방식으

---

113   이런 맥락에서 구원사를 새롭게 강조한 최근의 연구인 Witherington, *Indelible Image I*, 679를 보라.

114   본문 구성의 주제에 관해서는 Nolland, *Luke*, 83-84를 보라. 누가복음 저자가 편집 과정에서 아주 초기의 전승들을 기초로 삼았다는 가정은 충분히 가능하다.

로 시작한다. "찬송하리로다, 주 이스라엘의 하나님이여. 그 백성을 돌보사 속량하시며…[문자적으로는 '구속을 준비하셨다'(*epoiēsen lytrōsin*)]"(눅 1:68; 참조. 시 41:13; 72:18; 106:48).[115] 이런 양식은 예컨대 사해문서를 통해서 잘 알려져 있다. 전쟁 두루마리의 말미에 해당하는 14번째 열(column)은 사가랴의 노래에 나오는 표현과 같은 말로 시작한다. "찬송하리로다, 이스라엘의 하나님, 자신의 언약을 위해 자비를 베푸시는 이시여"(1QM 14.4). 구속(*lytrōsin*)은 유배의 종결을 가리키는 핵심 단어다. 누가복음 저자가 제시하는 구원사는 유배로부터의 해방을 가리키는 다양한 용어들을 동원하여 전개된다. 누가복음 저자가 사용하는 다음 단어인 "돌보다"("찾아가다")도 마찬가지다. 왜냐하면 하나님을 찬양하는 이유는 그가 자기 백성을 "찾아가고" 구원자로서 오기 때문이다(창 21:1; 출 2:25; 시 106:4). 이렇게 해서 누가복음 저자는 하나님이 어떻게 자기 백성을 위한 "구원을 예비하는지"에 관한 주요 개념의 근거를 준비한다.[116]

> 우리를 위하여 구원의 뿔(강한 구원자)을
> 그 종 다윗의 집에 일으키셨으니
> 이것은 주께서 예로부터 거룩한 선지자의 입으로 말씀하신 바와 같이
> 우리 원수에게서와 우리를 미워하는 모든 자의 손에서 구원하시는 일이라.
> 우리 조상을 긍휼히 여기시며 그 거룩한 언약을 기억하셨으니
> 곧 우리 조상 아브라함에게 하신 맹세라.
> 우리가 원수의 손에서 건지심을 받고
> 종신토록 주의 앞에서 성결과 의로 두려움이 없이 섬기게 하리라(눅

115　Bovon, *Luke,* 72는 사가랴의 노래 시작 부분의 짧은 찬가가 18개의 축복문, 즉 *Amida*와 연결된다고 주장한다.

116　Ravens, *Restoration,* 37을 참조하라.

1:69-75).

뿔이라는 표현은 다윗의 노래와 회당 기도 모두에서 하나님으로부터 오는 해방을 가리키는 구약성서의 메타포 역할을 한다. 일부 본문에서는 하나님 자신이 "구원의 뿔"로 묘사된다(삼하 22:3). 다른 본문들에서는 하나님께서 새로운 다윗이 구원을 가져올 것이라고 약속한다.[117] 이런 관점에서 보면 누가복음의 사가랴의 노래는 실제로 집회서의 기도와 아미다에 대한 재해석이라고 볼 수 있다.[118] 본문에 따르면 하나님은 자신의 약속 및 아브라함과 맺은 언약을 기억할 것이다. 그는 다윗의 후손을 보내 선택된 자들이 그의 나라에서 평화롭고 거룩하게 살 수 있게 할 것이다. 그 본문에서 영적 유배의 어둠 가운데 사는 이스라엘 백성을 위해 길을 준비하는 세례자 요한은 그러한 "찾아감"(돌봄)을 고대한다.[119]

이 아이여, 네가 "지극히 높으신 이의 선지자"라 일컬음을 받고

주 앞에 앞서 가서 그 길을 준비하여

주의 백성에게 그 죄 사함으로 말미암는

구원을 알게 하리니

이는 우리 하나님의 긍휼로 인함이라. 이로써 돋는 해가 위로부터 우리에게 임하여

117　본문에는 "새벽", "뿔", "종" 등의 메시아를 함의하는 별칭이 많이 나타난다. Chance, *Luke-Acts,* 52-53; Bovon, *Luke,* 76을 보라.

118　Marshall, *Luke,* 91은 이러한 관련성에 대해서 언급한다.

119　Chance, *Luke-Acts,* 55는 "[누가복음의 첫] 두 장에 등장하는 모든 인물은 유대인이다. 사실상 그들은 유대교의 가장 경건한 자들을 대표한다"고 지적한다. Ravens, *Restoration,* 49는 누가복음 저자는 "하나님이 가져올 이스라엘의 구원이 임하리라는 사실을 확실하게 못 박는 서문을 작성했다"고 말하면서 그런 연속성을 강조한다.

어둠과 죽음의 그늘에 앉은 자에게 비치고

우리 발을 평강의 길로 인도하시리로다 하니라(눅 1:76-79).

이 초기 찬송의 마지막 절들에는 이사야 9장과 말라기의 마지막 부분이 모두 반영되어 있다. 여기서는 다윗의 후손의 출현과 의의 태양이 곧 떠오를 것을 고대하는, 새로운 엘리야의 선포라는 두 가지 사명이 결합된다. 어둠 속에서 걷던 자들, 즉 "사망의 그늘진 땅에 거주하던 자에게" 빛이 비칠 것이다(사 9:2). 중심은 주님에게 있다. "너는 주 앞에 앞서 갈 것이다." 이 본문에서 주(*kyrios*)는 이사야서에서 유래했지만(사 40:3) 그 단어는 고기독론의 의미를 내포하고 있다. 이 땅에 찾아와 구원을 가져올, 임하고 있는 주(*kyrios*)는 바로 나사렛 예수인 것이다.[120]

　　내러티브 관점에서 보면 사가랴의 노래는 예수가 가르쳤던 종말론과 동일한 내용을 반복한다. 노래하는 사가랴가 증언하는 사건들은 표준적인 유대교 회당의 기도에서 암송되는 희망이 성취되는 것으로 묘사된다. 유배의 고통은 다윗의 뿔이 높여질 때에야 비로소 종식될 것이다. 그때 사람들은 죄 용서를 경험할 것이다. 메시아가 임할 것이고 은혜의 언약이 확실하게 드러날 것이다. 이 구원자는 세례자 요한이 그의 등장을 준비할 나사렛 예수다. 세례자 요한은 왕의 오심을 선포하는 사자의 역할을 할 것이다. 이 왕은 원수들의 손에서 그의 백성을 구할 존재지만 군대를 거느리고 등장하지는 않을 것이다. 사가랴의 노래에 나타난 수사에서 모든 원수 가운데 가장 위험한 원수는 죄와 죽음이다. 다윗의 후손이 도착하면 하나님은 이스라엘의 모든 죄를 용서할 것이다. 또 죽음의 그늘이 더 이상 사람들 위를

120　누가복음의 예수는 "단순히 한 사람의 예언자가 아니라 기름 부음을 받은 주, 곧 회복된 이스라엘을 다스릴 다윗 계보의 왕인 목자다." Ravens, *Restoration*, 48.

맴돌지 않을 것이다.

3. 마리아의 노래에 나타난 기독론

유명한 마리아의 찬양 노래(*Magnificat*, 눅 1:46-56)는 구약성서의 찬송 및 유대교 회당 기도와 밀접한 관련성을 갖고 있다. 마리아의 노래에는 구약성서의 한나의 노래(삼상 2장)에 대한 재해석이 아주 뚜렷하게 드러나지만 그 노래에는 또한 창세기, 시편, 다윗의 노래(삼하 22장)에 대한 언급도 있다. 이 찬송에 나타난 주어는 마리아 자신이다. 여기에는 자식이 없던 한나의 노래와의 상호텍스트 관계가 명료하게 드러난다. 한나의 노래와 마리아의 노래는 두 개의 병행 주제를 다루고 있다. 첫째는 아이를 낳을 수 없는 상황에서 하나님이 주신 아이란 주제고, 둘째는 하나님께 바쳐진 아이란 주제다.[121]

> 내 영혼이 주를 찬양하며
> 내 마음이 하나님 내 구주를 기뻐하였나이다(눅 1:46-47).
> 내 마음이 여호와로 말미암아 즐거워하며 내 뿔이 여호와로 말미암아 높아졌으며
> 내 입이 내 원수들을 향하여 크게 열렸으니 이는 내가 주의 구원(*jeshua'*)으로 말미암아 기뻐함이니이다(삼상 2:1).

---

121   Nolland는 마리아의 노래의 진정성에 대한 견해가 상당히 다양하다는 점을 지적한다. 일부 학자는 이 노래 전체가 누가복음 저자의 창작이라고 보는가 하면 종말론적 성취에 관한 측면을 제외하고는 "그 찬송에는 특별히 기독교적인 내용이 전혀 없다"고 말하는 학자들도 있다. Nolland, *Luke*, 63. Ravens, *Restoration*, 35도 그렇게 생각한다.

두 노래 모두에서 하나님은 "그의 종의 비천함을 돌보셨다"고 언급된다(눅 1:48; 삼상 1:11). 여기서 누가복음 저자는 70인역을 따르는 것처럼 보이지만 누가복음이 결코 사무엘상을 그대로 옮긴 번역이라고 볼 수는 없다.[122] 또한 이 노래에는 야곱의 첫째 부인 레아를 가리키는 언급이 있다고 가정할 수도 있다. 레아는 야곱의 사랑을 받은 둘째 부인 라헬의 그늘에 가려져 있었지만 하나님은 그녀의 불행을 도외시하지 않았다. 하나님은 레아를 기억하셨고 그녀를 레위와 유다의 어머니가 되게 하셨다. 이렇게 해서 레아는 다윗 왕조의 조상이 된다. "보라, 이제 후로는 만세에 나를 '복이 있다' 일컬으리로다. 능하신 이가 큰 일을 내게 행하셨으니…"(눅 1:48-49; 참조. 창 30:13).[123]

둘째, 한나의 노래에 나타난 겸손과 높임의 기본 주제가 마리아의 노래에 중요하게 적용되고 있음을 쉽게 확인할 수 있다. "여호와는 가난하게도 하시고 부하게도 하시며 낮추기도 하시고 높이기도 하시는도다. 가난한 자를 진토에서 일으키시며…"(삼상 2:7-8). 하나님의 구원은 자비로우며 그 구원은 땅의 왕들이 하는 일과 상관없이 이루어질 것이다.[124]

> [하나님이] 권세 있는 자를 그 위에서 내리치셨으며 비천한 자를 높이셨고
>
> 주리는 자를 좋은 것으로 배불리셨으며
>
> 부자는 빈손으로 보내셨도다(눅 1:52-53).

122　"누가복음 저자는 예언/성취의 엄격한 도식을 그대로 유지하지 않는다. 인물 또는 사건과 관련해서도 구약성서의 예시(예컨대 아브라함, 사라, 한나)를 단순히 누가 시대의 인물과 사건에 유형론적으로 일치시키는 해석 방식을 취하지 않는다. 오히려 누가복음 저자는 70인역 성서를 읽고 나서 분위기의 공명을 통해 독자들에게 강한 영향력을 행사하는 방식으로 자신의 이야기를 작성했다." Rowe, *Narrative Christology*, 33.

123　Fitzmyer, *Luke*, 367을 보라.

124　Marshall, *Luke*, 84를 참조하라.

마리아의 노래에 나타난 이런 메시아 주제들의 계보는 명확하게 파악될 수 있다. 거절당한 유다의 어머니 레아와 아이 없이 유다 지파에서 뿌리가 돋아나기를 기다렸던 한나는 모두 구약성서의 경건한 인물로 묘사된다. 그들은 미래의 왕이 높여질 것을 예언한다. 이제 마리아도 종말론적 시대의 정점을 목격하는 증인으로 등장함으로써 그런 위대한 여성 인물 중 한 명으로 여겨진다. 한나의 노래는 "여호와께서 땅끝까지 심판을 내리시고 자기 왕에게 힘을 주시며 자기의 기름 부음을 받은 자의 뿔을 높이시리로다"는 내용으로 마친다(삼상 2:10). 다윗의 노래도 이와 비슷한 방식으로 다윗 가문의 메시아에 대한 찬양에서 정점에 이른다.[125]

> 여호와께서 그의 왕에게 큰 구원을 주시며 기름 부음 받은 자에게 인자를 베푸심이여(또는 "주의 메시아에게 자비를 보이심이여"), 영원하도록 다윗과 그 후손에게로다(삼하 22:51).

마리아의 노래는 이런 주제들을 취한다. 그 노래의 마지막 부분은 회당 기도 축복문에 대한 요약 내용과 비슷해 보인다. 다윗 왕조 출신의 메시아에게 의탁하는 사람들은 하나님이 계속 자기 백성의 기도를 듣고 있다고 확신한다. "[주께서는] 조상들에게 주신 은혜의 약속들을 기억하시고 주님의 이름을 위해서 사랑으로 그들의 자손들의 자손들에게 구원자를 보내시나이다"(Amida 1). 아미다의 제1번 축복에서 아브라함의 방패인 주님은 적절한 때에 구원을 가져온다. 마리아의 노래에서는 이런 희망들이 성취된 것

---

125 이 측면은 이 노래에 "특별한 기독교적 언급이 결핍"되어 있음에도 불구하고(Ravens, *Restoration*, 35) 그 노래에 마리아가 처했던 상황 외에는 다른 존재 이유가 제시될 수 없었음을 알려준다. 그렇기 때문에 그것은 제2성전기 유대교의 회복에 대한 기대와 다윗의 후손의 도래에 대한 초기 기독교의 확신이 독특하게 결합된 것으로 간주되어야만 한다.

으로 나타난다.

> 그 종 이스라엘을 도우사 긍휼히 여기시고 기억하시되
> 우리 조상에게 말씀하신 것과 같이
> 아브라함과 그 자손에게 영원히 하시리로다(눅 1:54-55).

이처럼 마리아의 노래에는 하나님의 선택을 받은 여인들의 이야기가 제시되어 있다. 이어서 그 노래는 비천한 자를 높이고 메시아의 탄생을 선포하는 이야기로 발전한다. 구약성서에서 하나님은 자기에게 부르짖고 자기를 향해 찬양하는 자들의 기도를 들어주셨다. 하나님은 대대로 이어지는 인류의 구원을 위한 그의 계획을 세웠고 그 일을 해오셨다. 마침내 하나님은 마리아를 통하여 그의 모든 약속을 성취했다. 즉 그는 유다 지파 출신의 자손이자 왕조의 뿌리며 다윗 가문 출신의 메시아이며 아브라함의 자손에게 평화를 가져올 구원자를 세상에 보내셨다. 초기 교회의 기독론은 구약성서의 찬송 전승과 유대교 신학과 회당 기도문을 통해 이어져온 메시아 사상을 인지한 상태에서 그것들을 기반으로 형성되었다.

4. 스데반과 초기의 회당 설교

신약성서의 특정한 단락들에는 회당 설교 전승의 흔적과 영향이 나타나 있다. 앞에서 살펴본 것처럼 설교는 예배 중에 큰 소리로 낭독한 히브리어 본문에 대한 타르굼 및 해설로부터 점진적으로 발전했다. 시리아어로 번역하는 과정에서도 해석이 동반된다. 실제로 번역 과정은 원문의 텍스트를 풀이하는 것(paraphrase, 의역)에 가까웠다. 아마도 베라코트의 영감을 받았을 것으로 여겨지는 메시아적 해석이 구약성서 본문들에 적용되었다. 특정한

성서 본문들에 대한 특별한 주석들이 존재했지만 풀이식의 의역이 (심지어 사해 문서의 경우에도) 인기 있는 형태였다. 이러한 기록들 가운데 가장 긴 문서는 쿰란 문서의 성전 두루마리다.[126]

사도행전 7장에 나타난 스데반의 설교는 다소 전형적인 타르굼 방식의 해석이라고 볼 수 있다. 스데반의 설교는 그 내러티브 맥락에서 어떤 적실성을 갖고 있을까? 스데반의 설교에 나타난 여러 구약성서 본문에 대한 타르굼식의 해석은 사실상 사람들의 영적 상태를 비판하는 중요한 본문들에 대한 카테나에 기반을 두고 있다. 사도행전 7장의 설교는 영적 유배 상황에 있는 청중에 대한 비판적인 내용을 드러낸다. 더 나아가 위더링턴이 지적한 것처럼 스데반이 선택하여 사용한 사례들은 하나님이 "예루살렘 성전의 정황 바깥에서" 자신의 선택받은 백성에게 행하셨던 사건들을 강조하고 있다.[127]

완벽한 수사 원칙에 따라서 전개되는 스데반의 설교는 아브라함과 그의 소명에 대한 긴 내용을 언급함으로써 시작한다.[128] 먼저 자연스럽게 '호의 끌기'(*captatio*) 기법이 동원된다. 스데반의 설교는 과거에 아브라함이 받은 약속을 취하면서 아미다에서 사용되었던 출발점을 응용한다. 이어서 스데반은 이스라엘의 불성실과 그들이 겪은 징벌에 관해 묘사한다. 중심인물로 언급되는 모세는 처음부터 이스라엘 사람들에게 거절당했다. "누가 너를 관리와 재판장으로 우리 위에 세웠느냐?"(행 7:27) 모세 역시 메시아적인 예언자의 출현을 예언한다. "하나님이 너희 형제 가운데서 나와 같은 선지

---

126 그리스어를 사용하는 회당들에서의 예배 전통이 발전하는 과정에서 70인역 구약성서에 대한 번역이 불필요했음에도 불구하고 타르굼식의 설교가 행해지던 당시의 관습을 기초로 해서 그러한 의역이 발전했을 것이라고 결론을 내려야 할 것이다.

127 Witherington, *Acts*, 266. "간략하게 말하면 이 긴 설교의 많은 부분은 우리로 하여금 하나님이 성전을 초월하신다는 논지를 갖추도록 하려는 목적을 갖고 있다."

128 Ravens, *Restoration*, 59는 "스데반은 아브라함 전통에 확고하게 서 있다"고 말한다.

자를 세우리라"(행 7:37).[129] 그러나 이스라엘 백성은 대대로 완고한 태도를 유지했다.

> 시내 산에서 말하던 그 천사와 우리 조상들과 함께 광야 교회에 있었고 또 살아 있는 말씀을 받아 우리에게 주던 자가 이 사람이라. 우리 조상들이 모세에게 복종하지 아니하고자 하여 거절하며 그 마음이 도리어 애굽으로 향하여…(행 7:38-39).

이후 모세가 시내산 위에 올라가 있을 때 이스라엘 백성은 우상숭배에 빠져 금송아지를 만들었다. "하나님이 외면하사 그들을 그 하늘의 군대 섬기는 일에 버려두셨다"(행 7:42). 대예언자들이 예언했던 것처럼 이스라엘의 죄악 때문에 하나님은 그 백성을 추방했다. "내가 너희를 바벨론 밖으로 옮기리라"(행 7:43).

스데반의 설교는 구약성서 본문에 대한 다소 긴 풀이 방식을 통해서 이스라엘의 현재의 영적 상태를 하나님의 징벌로 설명하는 수사적 긴장감을 조성한다.[130] 하나님은 그 백성에게서 등을 돌렸다. 백성이 참회하며 하나님께로 돌아와 의로운 자 앞에서 자비를 베풀어 달라고 기도하기 전에는 어떠한 본질적인 변화도 발생하지 않을 것이다. 이 설교에 따르면 이스라엘은 실제로 자신들의 본국으로 돌아왔음에도 불구하고 여전히 유배 가

---

129 Witherington은 이와 관련해서 "이 구절은 이 담화가 어떻게 전개되는지를 처음으로 명백하게 일깨워 준다"고 말한다. "새로운 예언자, 곧 예수의 출현을 예언한 사람은 모세 자신이었다. Witherington, *Acts*, 271. 이 구절은 앞서 다루었던 행 3:22의 베드로 설교에서와 마찬가지로 신 18:15을 활용하고 있다.

130 Ravens, *Restoration*, 64는 다음과 같이 설명한다. "스데반 자신의 말은 이미 아모스와 이사야가 말했던 것에 거의 아무런 내용을 추가하지 않았기 때문에 이 설교에 포함된 어떠한 비판도 새로운 것이 아니며 또한 특별히 기독교적이지도 않다."

운데 살고 있다. 성전이 하나님의 용납과 자비에 대한 상징 역할을 했기 때문에 자연히 경건한 유대인들은 성전에 호소하려고 했다. 그러나 이런 시도는 소용이 없었다. 스데반은 수사적인 모순을 구축하고 그것을 능숙하게 해결한다. "그러나 지극히 높으신 이는 손으로 지은 곳에 계시지 아니하신다"(행 7:48). 성전 비판은 이사야 본문의 인용을 통해서 한층 더 강화된다(사 66:1-2).[131]

> 주께서 이르시되
> "하늘은 나의 보좌요 땅은 나의 발등상이니
> 너희가 나를 위하여 무슨 집을 짓겠으며
> 나의 안식할 처소가 어디냐?
> 이 모든 것이 다 내 손으로 지은 것이 아니냐?"(행 7:49-50)

이스라엘의 죄에 대한 비판은 이 이사야 본문의 인용을 통해서 완성된다. 백성의 마음이 하나님과 함께하지 않기 때문에 그들이 성전은 무익한 모임 장소가 되어버렸다. 번역하기 난해한 이사야서의 원래 본문은 사람들이 희생제물을 바치면서도 계속해서 죄 가운데 있으며 심지어 살인까지도 저지른다고 비판한다. 이러한 상황에서 그들이 바치는 희생제물은 돼지의 피와 다를 바 없고 그들은 완전히 부정해진다(사 66:3). 앞에서 다룬 것처럼 예루살렘 성전은 여기서도 강도의 소굴이 되었다고 묘사된다. 스데반의 예언자적 비판은 예수의 성전 비판을 상기시킨다. 그리고 스데반은 대예언자들과 마찬가지로 "묵시적" 관점을 취하는데, 그 관점에 따르면 하나님의 진정한

---

131   Bruce는 "사람의 손으로 만든"이라는 표현이 "사람의 손으로 만들지 않은" 성전과의 대조를 암시한다고 주장한다. Bruce, *Acts*, 149-50. 따라서 이러한 섬세한 표현 또한 스데반의 설교와 예수의 종말론 사이의 연속성을 증명해준다고 볼 수 있다.

보좌는 하늘에 있다. 그러므로 하나님과 화해하기를 원하는 모든 유대인은 이 성전과 이 보좌로 나아와야 한다. 이러한 이유 때문에 예수의 설교에서 와 마찬가지로 스데반의 어조는 설교의 뒷부분으로 갈수록 점점 더 날카로 워진다.[132]

> 목이 곧고 마음과 귀에 할례를 받지 못한 사람들아, 너희도 너희 조상과 같이 항상 성령을 거스르는도다. 너희 조상들이 선지자들 중의 누구를 박 해하지 아니하였느냐? "의인이 오시리라" 예고한 자들을 그들이 죽였 고…(행 7:51-52).

이스라엘의 마음이 완고한 상태에 있다는 것은 그들이 살아계신 하나님에 게 대적하는 것으로 볼 때 명백한 사실이다. 스데반은 이스라엘이 하나님 께서 보내신 메시아를 거부한 이유는 바로 이것이라고 설명한다. 모세 자 신이 새로운 모세가 올 것이라고 직접 예언했지만(행 7:37) 이제 그 새로운 모세가 살해당했음이 분명해졌다. 이처럼 스데반의 설교는 선택된 백성에 관한 비극적 내러티브에 바탕을 두고 있다. 과거에 하나님은 족장들이 이 끌었던 백성에게 약속을 주었다. 하나님은 여러 재난으로부터 그들을 구원 해주었다. 그러나 이스라엘은 불신앙으로 응답했다. 그리고 그들이 새로운 모세를 살해함으로써 이제 극단적으로 긴장이 고조되고 말았다.

스데반의 설교는 환난의 시대에 대한 묘사에서 정점에 이른다. 여기서 우리는 하나님이 보내신 예언자들을 죽이는 이스라엘을 보게 된다. 어떤 의미에서 스데반의 설교는 특히 갈릴리 활동 당시 예수의 계획과 설교들에 대한 요약이나 마찬가지다. 오직 사람들이 이스라엘의 메시아를 찾을 때에

---

132   Ravens, *Restoration*, 66.

야 비로소 고난의 때가 끝나며 메시아의 수난과 높여짐이 약속된 회복을 시작하게 만든다. 그러므로 스데반의 설교에는 두 개의 초점이 있다. 그것은 한편으로는 예수가 왜 죽었는지에 대해 설명하는 것이고 다른 한편으로는 살아 계신 하나님께 대적하는 이스라엘에 대해 경고하는 것이다. 유배의 현실은 불가피하다. 그 설교의 맥락은 이 점을 강조한다. 스데반 자신도 순교자가 될 운명이다. 그는 환난의 시대에 희생되는 다음번 주인공이다. 예수의 부활조차도 이스라엘의 회개에 도움이 되지 않는다. 설교의 끝부분에서 스데반은 회중에게 예수의 부활을 믿으라고 증언한다. "보라, 하늘이 열리고 인자가 하나님 우편에 서신 것을 보노라"(행 7:56). 이 믿음 때문에 스데반은 돌에 맞아 죽게 된다.

비록 이 설교의 어조가 부정적이고 비판적이기는 하지만 동시에 이 본문은 하나님의 구원사에 관한 긍정적인 그림을 암묵적으로 제시한다. 이 설교는 씨 뿌리는 자의 비유 같은 분위기를 풍긴다. 이스라엘은 수백 년 동안 불모지였지만 이제 하나님께서 회복의 씨앗을 뿌리기 시작했다. 하나님이 아브라함에게 한 모든 약속이 성취되었다. 구원자에 대한 모세의 희망도 실현되었다. 그리고 다윗이 하나님의 진정한 성전을 보기를 원했던 희망에 대해서도 대답이 주어졌다. 이사야서의 말씀을 적용하자면 그 종말론적 성소는 돌로 만들어진 집이 아니라 마음의 성전이라고 말할 수 있다. 의로운 자에 대한 올바른 믿음이란 곧 귀의 할례를 의미한다. 그리고 선택된 백성으로서의 자격을 보여주는 참다운 기호는 성령 안에서 마음의 할례를 받는 것이다(행 7:51). 스데반의 설교는 회복 종말론에 초점을 둔 유배 수사의 일부라고 볼 수 있다. 새로운 모세를 따르는 모든 사람은 하나님의 참다운 성전으로 인도될 것이다. 이 성전에서 구원자가 그들의 의(義)가 되고 성령이 그들을 거룩하게 할 것이다.

이런 사례들은 회당 예배의 기도가 어떻게 초기 기독교의 복음이 형성되는 데 완벽한 출발점을 제공했는지를 잘 보여준다. 쉐마의 보편적 활용, 아미다의 기도, 타르굼식의 설교들이 초기 기독교 신학의 형성에 영향을 주었다. 공통적인 기반은 이스라엘을 회복하고 메시아적 성전을 건설할 다윗의 후손에 초점을 둔 종말론에 있다. 유배와 회복의 메타내러티브에서 표현된 이 주제들은 위에서 분석한 내용들을 통해 우리에게 익숙해졌으며 예수의 가르침과 초기 기독교의 교리를 명료하게 연결시킨다.

제4장

신학자 바울

회복 종말론의 관점에서 바울신학에 접근하는 것은 다소 무모해 보일 수 있다. 그 관점은 바울의 가르침의 근본적인 특성에 대한 좀 더 전통적인 평가—예컨대 칭의—를 수정하고 그것에 도전한다. 게다가 전통적인 견해들이 수십 년 동안 바울 연구를 이끌었던 "바울에 대한 새 관점"과 어떻게 관련되는지도 명확하지 않다. 율법에 관한 바울신학에만 초점을 맞추면 우리는 그의 신학을 충분히 설명할 수 없다. 그럼에도 불구하고 잘 알려진 바울의 많은 신학적 주제들—민족 중심주의적 지위에 대한 이의 제기, 이스라엘의 죄에 대한 격렬한 비판, 시대들(aeons)에 관한 묵시적 관점의 채택, 다윗의 자손을 통한 새로운 구원의 나라—의 논의가 이 방향으로 이루어지고 있다.

I. 회복 종말론 : 성취와 해방

이전의 개신교 전통에서 바울은 칭의의 신학자(슐라터)로뿐만 아니라 보편적 믿음을 지닌 이상주의자(다이스만), 신비주의자(슈바이처), 영지주의자(불트만)로 여겨졌다. 훗날 제2차 세계대전 후 서구의 반성 분위기 속에서 바울이 점점 더 유대교의 교사로 여겨졌고 샌더스의 이론들이 등장할 때가 무르익은 것도 이해할 만하다.[1] 바울이 전에는 당대의 표준적인 유대교의 반대자로 묘사되었지만 이제 던(칭의에 대한 개신교의 표준적인 해석에 의문을 제기

---

1   새로운 접근법의 예로는 W. D. Davies의 *Paul and Rabbinic Judaism*과 Schoeps의 *Paulus*가 있다. 이 문제와 관련하여 Sanders와 Wright는 잘 닦인 길을 따라갔다. 전쟁 후의 태도 변화에 관해서는 Wright, *Justification in Perspective*, 246을 보라.

한다)과 래이새넌(바울의 신학적 일관성 전체에 의문을 제기한다) 같은 몇몇 학자들은 바울에 관해 그들과 상반된 결론을 내린다.[2] 그러나 우리는 이 외에도 바울의 사상에 대한 많은 접근법이 있었음을 주목해야 한다. 몇몇 학자들은 바울의 종말론에 나타난 묵시적 특징들에 초점을 맞춘 반면(베커) 튀빙겐에서 번성한 제2성전기 유대교에 대한 지대한 관심을 통해 바울은 점점 더 그의 원래의 맥락 안에 놓였다(헹엘, 슈툴마허, 호피우스).[3]

회복에 집중한다고 해서 이 주제가 바울의 모든 사상을 설명하는 **유일한** 관점이나 핵심으로 제시된다는 것을 의미하지는 않는다. 바울은 다양한 시각을 소유한 사람이었다. 율법과 구원 혹은 율법과 복음을 기존의 개신교식으로 논의한다든지 칭의 용어나 언약 신학의 다른 측면들을 탐구해 보는 것도 유용하다. 현재의 연구에서 바울은 바리새인 개종자, 그리스어를 사용한 유대인 교사, 카리스마적 설교자, 사회적 양심을 지닌 도덕주의자, 개인 상담운동의 창시자 등으로 여겨질 수 있다. 그럼에도 불구하고 유배와 회복의 이야기는 다윗 가문의 메시아 사상, 성령의 돌아옴, 하나님의 자녀로 새롭게 입양됨, 구원의 성전으로서의 회중, 그리고 심지어 부활 종말론 같은 주제들이 일관성 있게 설명될 수 있는 메타내러티브를 제공한다. 신약 신학 내러티브를 탐구함으로써 우리는 바울이 그 가르침의 많은 부분의 배후에 놓여 있는 전통과 아름답게 조화됨을 알 수 있다.[4]

---

2   Dunn은 율법주의를 루터처럼 유대교의 탓으로 돌리는 것이 실수라고 주장했다. 그로 인해 루터교가 당대의 면벌부와 율법주의를 반대했던 것처럼 바울이 유대교 관습을 반대하는 자로 이해되었다. Dunn, *Romans*, lxv. Räisänen은 바울이 그의 사상에서 일관성이 없이 (특히 율법과 관련하여) 단지 "유대교에 대해 왜곡된 그림을 제시하려"는 논증을 사용한다고 주장한다. Räisänen, *Law*, 188.

3   다음 문헌들을 보라. Stuhlmacher, *Biblische Theologie I*, 234-52; 중요한 두 책인 Hengel, *The Pre-Christian Paul*과 Riesner, *Paul's Early Period*. 좀 더 이른 시기의 묵시적 해석은 Beker, *Paul*을 보라.

4   바울 연구 일반에 대한 좋은 개론서들이 많다. 다음 문헌들을 보라. Kümmel,

이 새로운 출발점에는 몇 가지 이점이 있다. 첫째, 그것은 예수의 메시지와 바울의 관계를 새롭게 평가하도록 도움을 준다. 이 분야는 수십 년간 성서학계에서 소홀히 취급되어왔다. 둘째, 그것은 이미 정해진 교리적 범주들을 분석에 끌어들이지 않고서 바울이 제 목소리를 내도록 해 준다.[5]

1. 시대(ages)의 교체와 카이로스(kairos)의 성취

예수에 대한 새 관점과 회복 종말론에 대한 새로운 시각들이 바울의 구원론 연구에 의미 있는 방식으로 영감을 불어넣지 않았다는 점은 최근의 바울 학계에서 발견되는 특이점 중 하나다. 이는 아마도 샌더스의 영향력 있는 이론 때문일 것이다. 그 이론에 따르면 바울의 신학은 제2성전기 유대교 신학에서 팽배했던 것으로 주장되는 언약적 율법주의에 대한 반응으로 이해되어야 한다. 이 이론은—주석가들이 주장하듯이—지난 30년간 바울 연구를 이끌었으며 오늘날까지 이제는 보통 "바울에 대한 새 관점"으로 불리는 "예수에 대한 새 관점"의 많은 추종자에게 현재까지 영향을 끼치고 있다.[6] 하지만 이 두 관점 간의 관계에 관해 당혹스러운 질문이 제기된다. 무해한 언약주의가 이스라엘에 마지막 환난의 시기가 무겁게 임할 것이라

Investigation; Witherington, *Paul Quest*; Westerholm, *Perspectives*.

5   최근 간행물에 관해서는 Still, *Jesus and Paul Reconnected*에 수집된 자료를 보라.

6   이 노선의 연구는 Sanders의 학술서인 *Jesus and Judaism*(1977)에서 시작되었다. Westerholm 외에도 개요들이 있다. Dunn, *New Perspective*(『바울에 관한 새 관점』, 감은사 역간)와 Kim, *New Perspective*『바울신학과 새 관점』, 두란노아카데미 역간)를 참고하라. 이 책들은 새 관점 학파 내의 다양한 흐름을 설명한다. 바울에 관한 최근의 방대한 책들, 즉 Dunn의 *Paul*(『바울신학』, CH북스 역간), Campbell의 *Deliverance*, Wright의 최근 두 권짜리 저서 *Paul* 역시 여전히 언약적 율법주의의 원리들을 부분적으로 채택한다. 물론 세부사항에서는 차이가 있는데 우리는 적절한 곳에서 이런 점들에 관해 논의할 것이다.

는 예수의 선포를 이끌었던 유배적 전망과 어떻게 조화되는가? 제2성전기의 위기 경험이 바울을 모세 율법에 대한 이상적인 순종 상태를 회복하려고 노력하는 평균적인 유대인으로 묘사하는 다른 그림과 어떻게 조화되는가? 우리는 바울이 예수의 계획을 이해하지 못하고 대신 완전히 다른 무언가를 만들었다고 생각해야 하는가, 아니면 바울이 오늘날의 몇몇 학자들이 채택한 가정들과 달리 실제로는 예수의 사명을 계속하고 회복 종말론을 유사한 방식으로 선포한다고 생각해야 하는가?[7]

바울의 종말론에 대한 새로운 평가의 세부 내용을 밝히기 시작할 때, 우리는 불가피하게 그가 시대의 전환을 선포한다는 중요한 개념을 만나게 된다. 바울이 그의 저술에서 유배의 수사를 어떻게 제시하고 있으며 복음(*euangelion*)에 대한 그의 정의가 그 그림에 어떻게 부합하는지 탐구될 필요가 있다. 나아가 선택된 출발점은 하나님의 성전으로서의 공동체라는 개념에 집중한다. 이 주제는 바울의 가르침에서 언제나 두드러지게 나타났다. 이런 분석이 수행되고 나서야 우리는 비로소 바울이 신정론을 취급하는 것과 이 맥락에서 그의 칭의 신학 구축이 회복 종말론과 어떻게 관련되는지 연구할 수 있을 것이다.[8]

---

7   이 대목에서 연구사의 요소들을 평가할 여유는 별로 없지만 우리는 Sanders가 먼저 *Jesus and Judaism*을 쓰고 나서 그의 관점(중 일부)을 예수 연구에 적용했다는 점을 주목할 필요가 있다. 그러므로 우리는 예수에 대한 새 관점을 시작한 중요한 자료인 Meyer의 *The Aims of Jesus*를 고려할 필요가 있다. 이어서 Sanders의 바울 연구는 특히 Davies에 의존한다.

8   그의 저서 *Paul*에서 지속적인 유배라는 문제를 최초로 철저하게 다루는 Wright조차도 바울의 신학을 설명할 때 바울의 구원론에서 이 주제의 중요성을 조사하는 데서 시작하지 않는다는 점을 주목할 가치가 있다. Wright, *Paul*, 139-63. 이는 단순히 Sanders의 이론을 사용한 결과가 아니라 그가 말하는 바와 같이 "이스라엘의 언약 내러티브"라는 틀 안에서 바울의 신학을 해석하려는 그의 의도적인 선택이다. *Paul*, 1453을 보라. 그의 설명에서 실제로 회복 종말론이라는 용어를 사용하기는 하지만 그것이 중심 사상은 아니다.

종말론에 초점을 맞출 때 바울은 의도적으로 구속사를 사용하는 내러 티브를 새롭게 쓴다. 이 점은 바울 학계에서 종종 인식되어왔다. 즉 바울은 이스라엘의 역사에 대한 원대한 비전을 갖고 있었다.[9] 그는 예수와 마찬가지로 성취의 때가 왔고 시대들의 때(*kairos*)가 도래했다고 주장한다. 그는 또한 유배 상태가 아직 변하지 않았고 유대인을 포함한 모든 사람이 회개하고 하나님의 아들이 임했음을 인정해야 한다고 암시한다. 회복의 때가 실제로 임했지만 예수가 거절되고 그의 메시지가 무시되면 여전히 열매를 맺지 못할 수 있다. 바울의 신학에 회복 종말론의 요소들이 명백히 존재한다.

바울에게 있어 복음(*euangelion*)은 단지 많은 교리 중 하나, 즉 더 큰 신념 체계에서 그것의 적절한 위치를 발견해야 하는 개념이 아니다. 오히려 그것은 핵심적인 메시지이며 이스라엘의 궁극적인 회복을 위한 하나님의 장기 계획을 묘사한다. 그러므로 그리스도의 출현은 마지막 때의 시작을 나타내는 표지다. 이는 바울이 고린도전서 10:11에 기록하는 내용이기도 하다. 바울 사도와 그의 청자들은 "말세를 만난" 세대(*ta telē tōn aiōnōn*)에 속해 있다. 사람들은 "세상의 초등학문(*stoicheia*)"에게 예속되어 있었지만 이제 하나님이 자기 백성 가운데로 내려왔다. 갈라디아서에서 바울은 예수 그리스도를 "이 악한 세대에서 우리를 건지시려고 우리 죄를 대속하기 위하여 자기 몸을 주신"(갈 1:4) 분으로 묘사한다. 바울의 종말론에서 악한 세대는 역설적으로 구원의 세대와 병행한다. 그 세대들은 동시에 실제로 존재하며 바울은 좋은 소식을 선포하기 위해 부름을 받고 구별되었다.[10]

예수는 때가 찼음(*eplērōthē ho kairos*)에 대해 말하는 유배의 복음(*euangelion*)을 선포한 반면, 바울은 때가 차매(*to plērōma tou chronou*) 하나님이

---

9   이 점은 예컨대 다음 문헌들에서 언급되었다. Stuhlmacher, *Biblische Theologie I*, 251-52; Witherington, *Thought World*, 38-39; Schreiner, *Paul*, 73-75(『바울신학』, 은성 역간).

10   예컨대 Wright, *Paul*, 525를 참조하라.

그의 아들을 보냈다고 말한다.

> 때가 차매 하나님이 그 아들을 보내사
> 여자에게서 나게 하시고 율법 아래에 나게 하신 것은
> 율법 아래에 있는 자들을 속량하시고
> 우리로 아들의 명분을 얻게 하려 하심이라(갈 4:4-5).

바울은 이사야서의 주제들을 기반으로 한다. 노예의 시대는 끝났다. 하나님의 종이 왔고 이제 처벌의 시간은 끝났다. 바울의 해석에서 바빌로니아에서의 노예 상태는 고소하는 율법 아래의 노예 상태로 바뀌었다. 바울은 유배 개념을 확장해서 이전의 유배 사건들—첫째는 이집트에서의 유배와 둘째는 인간이 에덴동산에서 쫓겨났던 큰 사건—을 포괄한다. 바울의 관점에서 볼 때 온 인류가 하나님의 아들의 나타남을 기다려왔다. 그렇다면 선택받은 백성으로서의 이스라엘은 온 인류가 노예 상태에 처해 있음을 나타내는 상징적인 역할만 해온 것이다. 하나님의 목적은 처음부터 인류를 자신의 양자녀로 회복시키는 것이었다. 이것은 죄의 원인과 율법의 권세가 제거되지 않았더라면 이루어질 수 없었다.[11]

바울은 확실히 신적 계시가 인간의 역사 속으로 뚫고 들어온 이 중요한 순간에 발생한 종말론적 변화에 자신이 참여했다고 믿었다. 갈라디아서에서 바울은 하나님이 자기를 불렀을 때 자기에게 "그의 아들을 나타내시기를 기뻐했다"고 말한다. "그의 아들을 내 속에 나타냈다"(*apokalypsai ton huion autou en emoi*)라는 흥미로운 표현은 "나타내다, 계시하다"(*apokalyptō*)를

---

11   노예 상태로부터의 해방은 Martyn의 "묵시론적" 갈라디아서 읽기에서 설명되는데 그는
      시대의 전환에도 주의를 기울인다. Martyn, *Galatians*, 389, 407.

기반으로 하는데 이는 아마도 바울의 회심을 가리키는 단어일 것이다. 그래서 바울은 그 서신의 서두에서 그의 청자들에게 자기가 인간의 권위로 말미암은 것이 아니라 예수 그리스도로 말미암아(*dia Iēsou Christou*) 사도가 되었다는 사실을 상기시킨다. 이 계시가 바울의 복음의 토대이며 그는 "이방인들 가운데" 그리스도에 관한 복음을 선포하도록(*euangelizōmai*) 정해졌다.[12]

바울의 신학에서 유배 관련 주제들은 이스라엘의 현재 상태에 대한 그의 생각과 교차한다. 우리가 바울의 구원론을 좀 더 자세히 조사하기 전에 이 주제를 다루기는 어렵지만 우리는 이 대목에서 기본적인 출발점을 언급할 필요가 있다. 특히 로마서에서 바울은 "누가 올바른 유대인인가? 하나님의 선택, 인간의 충성, 개인의 신앙에서 무엇이 필수적인 것으로 여겨져야 하는가?"라고 질문함으로써 그 문제를 다룬다. 바울은 명백하게 대예언자들의 수사를 빌려 이 문제에 답한다.

바울에 따르면 하나님이 아브라함과 맺은 언약은 결코 아브라함의 모든 자손을 단순한 출생을 통해 자동으로 선택받은 백성의 구성원으로 만들어주는 것은 아니다. 구원의 언약은 이스라엘 사람 모두와 관련된 것이 아니다. 진정한 믿음은 언제나 마음의 문제였다. 따라서 바울은—해석하여 번역하자면—"참된 할례는 마음의 문제다"라고 말한다. 그것은 마음의 할례(*peritomē kardias*)다(롬 2:29; 렘 4:4 또는 9:26에 의존한다). 구약성서 자체가 외적인 표지들이 진정한 믿음을 증명하지 못한다고 증언한다. 하나님의 이스라엘은 충성스러운 마음을 지닌 백성이다. 따라서 바울은 하나님의 종말론적 계획에서 일익을 담당하는 참된 이스라엘을 정의하기를 원한다.[13]

---

12 이는 특히 Stuhlmacher를 통해 강조된 요점이다. 예컨대 *Evangelium*, 161-62에 수록된 그의 논문 "Das paulinische Evangelium"을 보라. Stuhlmacher, *Theologie I*, 313도 보라.

13 Gorman, *Apostle*, 356; Wright는 토라의 규례 성취에 관한 "암묵적인 내러티브"를 설명

바울이 주장하듯이 이스라엘은 이유가 없이 위기에 빠진 것이 아니다. 이스라엘 사람 대다수는 길을 잃었고 이로 인해 그 민족 안에 분열이 야기되었다. "이스라엘 사람이 모두 참으로 이스라엘에 속한 것은 아니다"(롬 9:6, 개역개정을 사용하지 아니함). 이 주장에는 종말론적인 어조가 있다. 하나님의 유배된 백성이 특정한 조건 없이 구원을 약속받은 적은 없었다. 바울은 "그들 중 남은 자만 구원을 얻을 것이다"라고 선포한 이사야서(사 10:22)를 언급한다. 원래 이 구절은 유배 상황에 있는 백성에게 이스라엘로의 귀환에 대해 말하는 약속이다. 하나님은 자신의 구원을 통해 회복이 분명해질 때까지 그 백성에 대한 노여움을 거두지 않을 것이다.

그래서 바울은 구원 공동체와 지상의 이스라엘 간에 구분을 둔다. 그는 "아브라함의 씨가 다 그의 자녀가 아니다"라고 말한다(롬 9:7). 바울은 아브라함을 언급함으로써 유대인의 정체성의 핵심을 다룬다. 성서의 증거는 바울의 박식한 반대자들이 흔히 사용하는 무기였기 때문에 바울은 창세기의 예를 통해 그들을 설득하려 했다. 율법 교사들은 성서에서 취한 예가 좋은 논거임을 잘 알고 있었다. 이삭에게만 그 유명한 약속들이 주어졌다(창 21:12). 다른 아들들은 언약의 바깥에 남겨졌다. 바울은 그들에게 "육신의 자녀"(*tekna tēs sarkos*)와 "약속의 자녀"(*tekna tēs epangelias*) 사이에 갈등이 있음을 상기시킨다(롬 9:8).[14]

바울은 예수가 사용한 것과 유사한 원리들에 그의 종말론의 근거를 둔다. 이스라엘은 그들의 외적인 예배와 성전 예전을 고수하는 것만으로는 결코 신의 자비를 얻지 못할 것이다. 바울은 "이것은 주의 성전이다, 이것

할 때 이 구절을 사용한다. Wright, *Paul*, 512.

14   Michel은 이것을 "신적 배제 과정"이라고 부른다. Michel, *Römer (5. Aulf)*, 300. Jewett은 이 점을 인식하고 다음과 같이 말한다. "바울은 이 대목에서 언약의 약속들이 아브라함의 모든 자손에게 연장된다는 것을 부정한다." Jewett, *Romans*, 575.

은 주의 성전이다"라고 외쳐봐야 소용이 없다고 말한다. 다른 나라에서 돌아온 이스라엘 사람들은 아직 종말론적 구원 공동체의 진정한 남은 자들을 대표하지 못한다. 그들은 단지 타락한 왕들의 시대—하나님의 진노로 말미암아 처벌을 받은 민족—의 이스라엘의 남은 자들을 대표할 뿐이다. 바울이 사용하는, 앞서 언급된 구약성서의 증거는 이 견해를 정당화한다.[15]

> 또 이사야가 이스라엘에 관하여 외치되 "이스라엘 자손들의 수가 비록 바다의 모래 같을지라도 남은 자만 구원을 받으리니 주께서 땅 위에서 그 말씀을 이루고 속히 시행하시리라" 하셨느니라(롬 9:27-28).

바울에게 있어 진정한 이스라엘의 남은 자는 쉐마(Shema)를 순종하는 공동체, 마음의 할례를 받은 백성이다. 하지만 남은 자라는 개념 자체는 바울이 유배와 회복의 메타내러티브를 암시한다는 주장에 대한 증거 역할을 한다. 바울은 다른 종파나 종교에 관해 이야기하지 않는다. 그는 하나님께서 백성의 회복을 통해 만드신 구원 공동체가 바로 이스라엘—그들의 마음이 의로운 영적 이스라엘—이라는 입장을 채택한다. 실제로 이는 이사야서의 인용 방식에서도 드러난다. (바울이 사용한) 70인역은 히브리어 성서 이사야서에 기록된 "남겨진 작은 부분"이라는 원래 단어를 보다 희망적인 단어인 "씨"로 교체한다.[16]

---

15   남은 자 신학은 여러 문헌에서 논의된다. 예컨대 다음 문헌들을 보라. Stuhlmacher, *Romans*, 150-51(그리고 보충 설명, 177-84); Witherington, *Thought World*, 67-68; Beale, *Theology*(『신약성경신학』, 부흥과개혁사 역간), 706-7.

16   *DNTT 3*, 251(s.v. "Remnant")에 수록된 Günther와 Krienke도 같은 입장이다. 사 1:9(MT)은 남은 자라고 표현했지만 70인역과 바울은 씨(*sperma*)로 표현한다. Jewett은 (이사야서에 나타난 그 단어의 배경을 기억하면서) 남은 자라는 용어에 깊은 의미가 숨겨져 있다고 지적한다. "인구의 나머지는 전쟁에서 죽임을 당하거나 유배 중에 사라지는 반면 남은 자는 살아남는다는 것이 구원의 기본 개념이다." Jewett, *Romans*, 659.

더욱이 바울은 놀랍게도 그의 종말론적 논증을 전개하면서 로마서 9-11장에서 엘리야를 논거로 사용한다. 비록 이스라엘이 첫 번째 엘리야와 두 번째 엘리야 모두를 핍박했지만 그런 시련들은 타락한 이스라엘을 회복시킬 마지막 시대에 속한다.

> 하나님이 그 미리 아신 자기 백성을 버리지 아니하셨나니 너희가 성경이 엘리야를 가리켜 말한 것을 알지 못하느냐? 그가 이스라엘을 하나님께 고발하되 "주여, 그들이 주의 선지자들을 죽였으며 주의 제단들을 헐어 버렸고 나만 남았는데 내 목숨도 찾나이다" 하니 그에게 하신 대답이 무엇이냐? "내가 나를 위하여 바알에게 무릎을 꿇지 아니한 사람 칠천 명을 남겨 두었다" 하셨으니 그런즉 이와 같이 지금도 은혜로 택하심을 따라 남은 자가 있느니라(롬 11:2-5).

바울 당시 이스라엘의 상태에 초점을 맞추고 있어 복잡한 이 구절은 변화를 가져오는 이가 엘리야라고 진술한다. 엘리야의 출현과 함께 카이로스 (*kairos*)가 도래한다.[17] 이스라엘의 상황은 첫 번째 엘리야 때의 상황에서 변하지 않고 그대로 유지되었다. 사람들은 그를 죽이기를 원했다. 하나님의 선택받은 백성은 엘리야도 받아들이지 않았고 그리스도도 받아들이지 않았다(9:3). 하지만 회복의 하나님은 자비로우며 모든 어려움에도 불구하고 종말론적 공동체를 세우기 시작한다. 시련의 때가 새로운 나라를 탄생시킨다. 남은 자들이 있고 그들은 이스라엘의 구원자를 믿는다.[18]

---

17 여기서 *kairos*라는 용어를 통해서 의미하는 바는 명백히 "현재의 중요한 시간"이다. Jewett, *Romans*, 658. 이는 예수가 이 용어를 사용할 때의 의미에 근접한다.

18 Wright는 바울이 회심 전에 자신을 열심 있는 엘리야나 비느하스와 동일시했고, 현재 새로운 상황에서 [엘리야가 들었던 것과] 동일한 대답—"아직 남은 자가 있다"—을 듣고

바울의 구원론 배후에는 내러티브가 놓여 있다. 또는 서로 연결된 여러 개의 내러티브들이 있다고 말할 수도 있다. 바울이 유배와 회복에 관한 예수의 기본적인 선포를 채택한다는 점은 아주 명백하다. 그는 영적 대립 개념을 취해서 그것을 여러 주제에 적용한다. 신적 회복에 직면해서 이스라엘의 예배 전체가 의문시된다. 이스라엘의 순종은 종말론적 입양과 대조된다. 그리스도는 모세와 대비된다. 두 번째 아담은 첫 번째 아담의 타락을 교정할 것이다.[19]

훈련된 율법 교사인 바울은 모든 인간의 내적 갈등을 포함하도록 회복 종말론 개념을 확대함으로써 회복 종말론을 재해석한다. 자신보다 이전에 존재했던 이스라엘의 대예언자들과 마찬가지로 바울은 유배를 주로 마음의 문제로 여긴다. 그는 죄의 고통을 개인적 차원으로 가져온다. 이스라엘의 죄가 다뤄질 때 모든 죄가 다뤄진다. 이는 민족의 회복의 **보편화**를 의미한다. 우리가 앞서 살펴보았듯이 대예언자들은 그런 보편화가 구축될 수 있는 원리를 고안했다. 이스라엘의 회복은 모든 민족에게 유익을 줄 것이다. 이스라엘에게 주어진 용서는 이방 민족들에게도 해방을 가져올 것이다. 예수는 이 원리들에 따라서 그의 사역을 확장했다. 바울은 이 원리들에 기초해서 새로운 내러티브들을 만들기 시작했다.

바울이 자신의 설명에 모세, 아브라함, 아담을 끌어들이는 이유는 명백히 이 원리들 때문이다. 거대한 원리 차원에서 말하자면 모든 사람이 아담 안에서 죽는다. 인류가 에덴동산에서 쫓겨났을 때 거대한 유배가 시작

있다고 가정한다. Wright, *Paul*, 1223. 나는 이 대답의 성격, 즉 구약의 약속에 대해 동의하지만 바울의 경우 그것은 바울의 상황이 아니라 예수의 상황을 가리키는 성서의 증거로서 기능한다고 생각한다.

19   이런 의미에서 최근의 많은 문헌은 (최소한 롬 9-11장을 해석할 때) 그런 메타내러티브를 다룬다. Beale, *Theology*, 709-10; Wright, *Paul*, 502-5.

되었다. 그 후로 "자연적" 존재와 "영적" 존재 간에 분명한 구별이 있었다. 아담의 시대 이래 죽음이 이 세상에서 지배력을 행사해왔고 따라서 새로운 아담인 그리스도가 올 때 비로소 새로운 삶이 시작된다(롬 5:12-18).

그러므로 율법의 연약함과 아들을 보낸 것 사이의 대립은 이 종말론적 긴장이라는 맥락 안에서만 의미가 있게 된다.

> 율법이 육신으로 말미암아 연약하여 할 수 없는 그것을 하나님은 하시나니, 곧 죄로 말미암아 자기 아들을 죄 있는 육신의 모양으로 보내어 육신에 죄를 정하사 육신을 따르지 않고 그 영을 따라 행하는 우리에게 율법의 요구가 이루어지게 하려 하심이니라(롬 8:3-4).

바울은 예수가 가르친 것과 같은 방식으로 구원에 대해 가르친다. 신적 복음이 인간을 죄의 속박으로부터 해방하고 하나님의 왕위 아래에 있는 하나님 나라(basileia)로 데려간다. 바울이 데살로니가 교인들에게 쓰는 바와 같이 하나님은 사람들을 자기 나라(basileia) 안으로 부른다(kaleō, 살전 2:12). 바울은 구원받은 죄인들을 하나님 나라의 "상속자"로 부른다(고전 6:9). 새로운 **바실레이아**에서 나라는 먼저 그리스도께 속하지만 마지막 날에 그리스도는 그것을 자기 아버지께 되돌려 드릴 것이다(고전 15:24). 바울은 이 공동체를 영광의 나라로 묘사한다. 따라서 긴 악덕 목록은 이 나라에 들어가지 못하도록 방해할 수 있는 장애물들이다. 사람들이 그리스도의 의를 선물로 받음으로써 이 새로운 공동체에 들어갈 때 그들의 실현된 구원 상태는 "성령 안에 있는 의와 평강과 희락"이다(롬 14:17).

이 첫 번째 요소에 대한 연구에서 우리는 바울의 회복 종말론이 증명하는 바를 알 수 있다. 그것은 바울 역시 중대한 카이로스(kairos)의 순간이 하나님의 구원사를 성취한다는 메타내러티브에 기대고 있다는 점이다.

개신교 전통의 성서신학은 종종 예수와 바울 간의 연결을 상실했지만 회복 종말론은 새로운 관점을 제공함으로써 그 틈을 메울 수 있다. 바울에게 있어 예루살렘 성전은 아직 하늘의 좋은 소식(*euangelion*)이 영적 유배 상태에서 사는 사람들을 갱신하기 시작하는 장소가 아니다. 따라서 하나님은 자신의 진노를 제거하고 양자로 입양될 길을 열 자기 아들을 보낸다. 이 새로운 구원자라는 메시지가 하나님의 백성의 남은 자인 진정한 이스라엘(*ekklēsia*)을 부르기 시작한다. 따라서 바울에게 있어서도 하나님 나라(*basileia*)는 이사야서에 나타난 약속의 성취다. 바울은 이스라엘의 메시아가 모든 민족의 빛으로 여겨지는 보편주의에 도달한다.

2. 아보다트 이스라엘(Avodat Israel)과 토라 준수에 대한 비판

예수에 대한 새 관점이 바울의 구원론 해석에 영향을 줄 수 있는 요소는 성전에 대한 예수의 반대가 "율법의 행위", 즉 유대인들의 토라 준수에 대한 바울의 비판과 유사한 것으로 보인다는 점이다.[20] 이 도전적인 가설은 바울 학계의 두 가지 난제들을 해결할 수 있다고 주장한다. 첫째, 그것은 위에서 언급되었던 주장, 즉 바울의 신학은 예수의 가르침과 밀접한 관련이 있다는 주장을 심화한다. 둘째, 그것은 바울의 중요한 용어인 율법의 행위(*erga nomou*)에 대한 일관성 있는 해석을 제공한다. 바울은 예수와 마찬가지로 이

---

20   바울에 대한 새 관점 지지자들 사이에서 "율법의 행위"에 관한 논의가 오랫동안 진행되어 왔다. 그것이 모세의 율법 일반을 가리킨다고 보는 학자가 있는가 하면 율법주의 측면에 초점을 맞추는 학자도 있다. 어떤 학자들은 토라 전체를 포괄할 의도가 아닌 특정한 "경계 표지"(boundary markers)를 의미한다고 주장한다. 다음 문헌들을 보라. Westerholm, *Perspectives*, 300-20; Dunn, *New Perspective*, 121-40, 213-26. 여기서 다른 모든 대안에 대해 논의하는 것은 불가능하지만 아래에 제시된 해결책은 이 용어의 내용과 관련된 암묵적인 질문들 대다수에 대해 답변할 것이다.

스라엘의 차가운 마음을 비판하고 청자들이 회개할 것을 촉구한다.[21]

바울은 율법의 행위를 공격하면서 사실상 성전, 회당, 사생활에서 행해지는 모든 예배를 반대한다. 유대의 종교 어휘에서 "행위"라는 용어는 경건하게 사는 삶도 가리키기 때문이다. 바울 서신들에서 우리는 바울이 유대인들이 율법의 행위에 대해 긍정적인 태도를 지니고 있다고 가정한다는 것과 그가 바로 이 문제를 둘러싸고 갈등을 조성하고 있다는 것을 알 수있다. 율법의 행위에 대한 긍정적인 태도를 지니는 유대인과 율법 없는 칭의를 연결하는 전형적인 본문이 갈라디아서 2장에 수록되어 있다.

> 우리는 본래 유대인이요 이방 죄인이 아니로되 사람이 의롭게 되는 것은 율법의 행위로 말미암음이 아니요 오직 예수 그리스도를 믿음으로 말미암는 줄 알므로 우리도 그리스도 예수를 믿나니, 이는 우리가 율법의 행위로써가 아니고 그리스도를 믿음으로써 의롭다 함을 얻으려 함이라. 율법의 행위로써는 의롭다 함을 얻을 육체가 없느니라(갈 2:15-16).

바울에게 있어 율법의 행위는 선천적인 유대인의 정체성을 구성한다. 행위란 경건한 유대인이 그것에 따라 자신의 존재를 이해하는 긍정적인 토대를 나타낸다. 하지만 바울은 이 종교적 믿음의 토대 자체에 의문을 제기한다. 그 긴장은 예수의 선포에서 나타난 긴장만큼이나 심각하다.[22]

언제나 자신의 개인사를 반영하는 신학을 쓴 바울은 자기가 경건한 유

---

21   나의 견해에 대한 다른 학자들의 일반적인 평가는 Westerholm, *Variegated Nomism II*, 20-21을 보라.

22   여기서 민족 측면과 율법 측면이 하나로 엮여 있어 독자들이 이 점을 놓치기 쉽다. Hahn이 말하듯이 유대인들이 이방인으로부터 분리된 것은 이방인이 토라와 아무 관계가 없다는 사실을 암시했다. 따라서 율법과 관계된 것은 유대인의 사상에 전형적인 문제들을 다룬다. Hahn, *ZNW 67* (1976) 59: ibid, *Theologie II*, 78.

대인들이 토라에 대해 어떻게 생각하는지를 누구보다 잘 알고 있다고 암시한다. 바울은 율법의 행위를 긍정적으로 평가했고 회심 이후에야 그것의 구원론적 적실성에 대해 의문을 품기 시작했다. 따라서 이 용어에 대한 분석은 그것의 내용에 대한 긍정적인 정의로부터 시작되어야 한다. 이미 구약성서 본문에 나타난 유대교 신학에서는 일반적으로 종교적인 섬김을 "행위"(*avodah*)로 부른다. 유대인의 정체성은 "율법의 섬김"(Dienst des Gesetzes)[23] 또는 "율법주의적 섬김"(nomistic service)[24]에 집중되어 있다. 하나님의 뜻을 이행하는 과제가 "이스라엘의 행위"인 *Avodat Israel*이며 이스라엘 백성은 이것을 위해 모든 민족 가운데서 택함을 받았다.[25]

이 견해를 지지하는 몇 가지 예가 있다. 구약성서에서 제사장의 섬김과 성막을 만드는 것이 이런 식으로 묘사되었다.[26] 여호수아서에서 이스라엘의 이 행위(*avodah*), 즉 성막에서 하나님을 섬기는 것이 그를 섬기려는 백성의 의지를 증언했고 따라서 주님에 대한 그들의 관계를 확보했다(수 22:27). 하지만 이런 섬김은 제사장들에게만 국한된 책무가 아니었다. 유월절 내러티브에서 하나님은 유대인 가정들이 "영원히" 지켜야 하는 규례로서 "이 행위/의식/섬김(*avodah*), 즉 유월절 식사를 명령한다(출 12:24-26). 주님을 위한 행위는 절기들과 기도들로 구성된다. 하나님이 이스라엘을 위한 행위로서 그 섬김을 명령했을 때 그가 실제로는 백성에게 율법이 된 명령, 곧 모세의 책들에 기록된 모세의 율법을 준 것이다. 하나님의 명령은 이스

---

23 Lohmeyer와 Tyson은 특히 구약성서의 제의 관행과 "율법의 행위"라는 중요한 용어 간의 연결에 초점을 맞췄다. Lohmeyer, *Probleme*, 33-74, 특히 67을 보라.

24 Lohmeyer를 따라서 Tyson, *JBL 92* (1973), 424-25에서 사용된 용어다.

25 이곳에서도 채택된 대중적인 형태의 *Avodat Israel*이라는 용어는 유대교 기도서인 Siddur에서도 여전히 사용되고 있다.

26 출 35:21, 24. 다음 문헌들을 보라. Kaiser, *Theological Wordbook* (1980), 1553; Hahn, *TBLNT* (1979), 1387.

라엘이 순종해야 할 토라였다. 이런 식으로 이스라엘의 "행위"는 율법과 동일시되었다. 실제로는 "행위"가 모세의 율법에 나타난 계명들을 이행하는 것을 의미했다.[27]

이런 식의 사고가 제2성전기의 여러 유대교 문헌에 명확하게 나타나 있다. 이미 지혜문학에서 경건한 사람들의 행위가 율법에 대한 순종과 동일시된다. 대다수 사례에서 저자들은 하나님의 심판을 받게 되어있는 그릇된 행위들을 비난한다. 예컨대 솔로몬의 지혜서는 토라에 순종하는지에 따라 왕의 행위(*erga*)가 시험될 것이다(지혜서 6:3-4; 참조. 12:4, 19; 집회서 10:6; 11:20-21; 15:19). 집회서에 따르면 하나님의 심판은 바로 인간의 "행위"와 관련이 있다(16:12). 더욱이 솔로몬의 지혜서에서 율법은 하나님의 지혜이며 경건한 신자들은 율법의 행위(*erga*, 지혜서 8:4)를 선택하도록 촉구된다.[28]

따라서 유대교 신학에서 행위에 따른 칭의 개념은 구약성서에 기반을 둔다. 제2성전기에 이런 식의 신학은 신정론 문제를 탄생시킨 유배와 회복 간의 긴장 관계에 영향을 받았다. 「솔로몬의 시편」에서 취한 예들은 이 단언을 지지한다. 「솔로몬의 시편」 9편에서 저자는 먼저 유배의 참상을 한탄하지만 동시에 하나님의 의로운 심판으로 인해 하나님을 찬양한다. 어떤 죄인도 하나님의 심판을 피할 수 없기 때문에 이스라엘은 자신의 죄로 인해 고통을 받았다(「솔로몬의 시편」 9:3). 이 시편에서도 저자의 신학적 해결책은 율법의 의미에 대한 신인협력 사상 개념을 따른다.

이 본문에서 화해의 주체는 물론 하나님 자신이지만 선한 행위를 통해 이 은혜를 확보하는 것은 인간의 책무다. "우리의 행위[*erga*]는 우리의 선택과 우리의 손으로 하는 일에서 옳은 것과 그른 것을 할 수 있는 우리 영

---

27   특히 Lohmeyer, *Probleme*, 33-34가 그렇게 생각한다.

28   자세한 분석은 Eskola, *Theodicy*, 208-17을 보라.

혼의 힘에 놓여 있으며 주님은 주님의 의로움으로써 우리를 감독한다"(「솔로몬의 시편」 9:4). 율법에 대한 순종은 확실히 생명과 구원을 가져온다. "옳은 일을 하는 자는 주님께 자신을 위한 생명을 저축한다"(「솔로몬의 시편」 9:5).

이런 예들에 기초한 논증을 통해 우리는 유대교 신학에서 토라에 대한 순종이 주의 계명을 이행하는 "행위"로 묘사된다고 말할 수 있다. 경건한 삶은 아보다트 이스라엘(*Avodat Israel*)을 실천하는 것이었다. 우리가 70인역과 제2성전기의 그리스어 본문들을 조사해보면 이 점이 명백해진다. 히브리어 본문과 유대 아람어 본문에서도 동일한 종류의 신학과 용어가 발견된다. 이 점은 쿰란문서에서 가장 명확하게 드러난다(특히 4QMMT c, 27: b, 2이하).[29]

바리새인으로서의 사울에 관해 생각해보면 그가 집회서나 다른 유대인 저자들이 가르쳤던 지혜 신학의 기본적인 내용을 배웠다고 가정하는 것이 논리적이다. 따라서 젊은 바울은 성전에서의 섬김과 개인 기도에서의 섬김 모두가 주님이 그의 백성들에게 명한 "행위"를 의미한다고 믿었다. 그에게 율법의 행위(*erga nomou*)는 유대인의 최고의 신앙을 나타내는 긍정적인 개념이었다. 그는 「솔로몬의 시편」 저자와 쿰란의 언약 공동체 구성원들이 그랬던 것처럼 기꺼이 계율을 따랐다. 그런 신실함은 단순히 실천적인 할라카(*halakha*)의 문제로 여겨지지 않았다. 아보다트 이스라엘은 토라 전체에 관한 것이었고 성전 예배가 이에 정당성을 부여했다. 샌더스는 이런 종류의 토라 준수가 결의론적 율법주의(casuistic nomism)가 아니라 쿰란 공동체 사람들이 믿었듯이 하나님의 명예를 지키는 것으로 이해되어야 한다고

---

29   사해문서에 대해서는 토라의 행위 혹은 토다의 행위를 언급하는 4QFlor 1,6-7을 보라. 두 경우 모두 우리의 결론에 미치는 결과는 동일하다.

올바로 지적한다.

바울 서신, 예컨대 빌립보서에서 우리는 유사한 사상을 발견할 수 있다. 빌립보서에서 바울은 율법에 대한 자신의 이전 태도가 열성적이었다고 쓴다. "열심으로는 교회를 박해하고 율법 아래 있는 의(개역개정에서는 "율법의 의)로는 흠이 없는 자라"(빌 3:6). 여기서 율법 아래 있는 의는 이스라엘의 행위와 같은 개념이다. 바울은 자신의 성년기 대부분에 걸쳐 이런 일을 해왔다. 바울에게는 모세 율법의 계명들을 따르는 것이 쉬운 일이었고 그는 그 맥락에서 선한 삶을 살았다. 바울이 여기서 열심에 대해 말했다고 해서 그의 삶이 매우 율법적이었다는 의미는 아니다. 제2성전기 유대교의 신인협력적인 율법주의에 따르면 바울은 집회서에 나타난 것처럼 하나님의 자비가 온 마음을 다해 토라를 따르는 모든 이들에게 주어진다고 믿었을 것이다. 이 확신이 모든 거짓 교사들—심지어 그리스도를 따르는 이들로 자처하는 자들까지도—에 대항하여 토라를 보호하고자 하는 바울의 열심(*zēlos*)으로 나타났다.

그렇다면 바울이 갈라디아서에서 "사람이 의롭게 되는 것은 율법의 행위로 말미암음이 아니"(갈 2:16)라고 선포했을때 그는 이전에 자신에게도 희망을 주었던 유대인의 전통 전체에 의문을 제기한 것이다. 그 점에서 회심한 바리새인 바울은 예수가 그의 종말론에서 취했던 입장보다 한층 더 나아간 결론을 내린다. 율법의 전적 부패에 근거해서 그는 모든 헌신을 메시아의 출현과 사역에 반하는 것으로 상대화시킨다. 물론 그런 제시에는 수사적인 목적이 있지만 바울의 신학적 인간론은 기본적으로 어둡다. 그리고 그것은 예수의 인간론도 마찬가지였다. 내면이 부패하면 외부의 어떤 행동도, 심지어 율법의 행위(*erga nomou*)에 초점을 맞추는 최고의 섬김조차

도 도움이 되지 않는다. [30]

그의 회복 종말론에서 바울이 성전과 성전의 종교적인 기능에만 초점을 맞추는 것은 아니다. 그는 인간 내면의 부패에 대한 예수의 비난을 한층 더 발전시킨다. 모세와 그리스도 간 그리고 심지어 아담과 그리스도 간에 긴장이 존재한다. 따라서 사람들의 영적 유배에 대한 이해는 인간의 기본적인 죄성을 포함하도록 확장되어야 한다. 이 점에서 그 대립은 더 깊어진다. 그리스도에 비하면 모든 개인적 경건과 심지어 *Avodat Israel*마저 무익한 것으로 판명될 것이다. 그것은 사람들이 죄를 짓지 않도록 막을 수 없다. 예수는 성전과 성전 예배에 반대해서 목소리를 높이는 반면 바울은 유대인들의 순종 전체를 문제 삼는다. 토라와 유대교 전통 안에서의 안전은 강도의 소굴이 된 무익한 성전과 유사하다고 여겨진다. 바울은 하나님의 율법이 죄인들을 다룰 때 그것이 경건한 유대인들의 삶을 인도하는 선행 이면까지 꿰뚫는다고 믿는다. 바울은 유배로부터의 최종적인 해방만이 모든 인류를 회복할 것으로 확신한다.

3. 율법의 행위를 버림

바울이 율법의 행위의 역할을 비판할 때 그는 의심할 나위 없이 예수가 반대했던 것과 동일한 종교적 섬김 및 유대교 예배에 의문을 제기한다. 바울에 따르면 성전 예배와 개인 경건은 여전히 영적 유배 가운데서 사는 사람들에게 쓸모가 없어졌다. 그래서 위에서 내려진 결론—바울이 유대교 실

---

30   이 결론은 율법의 행위(*erga nomou*)가 토라 전체를 의미하는 것이라고 주장하는 학자들이 자신들의 견해를 지지하는 좋은 논거를 갖고 있음을 암시한다. 하지만 Lohmeyer와 Tyson의 기여는 유대교 신학에서 이 표현이 유대교의 예배와 순종 전체를 광범위하게 지칭한다고 주장한 점이다.

천의 핵심이었던 율법의 행위를 공격했다—이 중요해진다. 그의 비판이 이보다 더 혹독할 수는 없었을 것이다. 역설이 불가피하다. 바울이 어떻게 진정한 구원이 가장 거룩한 율법의 행위로부터 분리되어야 한다고 주장할 수 있는가? 그는 죄의 종이 되었는가? 그가 하나님을 사탄의 종으로 만드는가? 그가 혼란과 무모함의 문을 열고 있는가? 학자들은 바울 서신에 나타난 그의 수사적 논의들을 고려하면서 그에게 이런 모든 비난을 퍼부었다.

바울은 자신의 설명에서 아브라함을 예로 사용한다. 그의 목적은 분명하다. 만일 바울이 아브라함을 사용해서 자신의 구원론을 지지할 수 있다면 학식이 있는 어떤 유대인도 바울에게 반대하지 못할 것이다. 여기서 핵심 단어는 의(*dikaiosynē*)인데, 이 단어는 「희년서」와 사해문서 등에서 모든 유대인에게 신실함을 의미했던 단어다. 바울은 모세에게 토라가 주어지기 전에 이미 아브라함이 믿음으로 완전히 의롭다 함을 받았다고 주장한다.[31]

그런즉 육신으로 우리 조상인 아브라함이 무엇을 얻었다 하리요? 만일 아브라함이 행위로써 의롭다 하심을 받았으면 자랑할 것이 있으려니와 하나님 앞에서는 없느니라. 성경이 무엇을 말하느냐? "아브라함이 하나님을 믿으매 그것이 그에게 의로 여겨진 바 되었느니라"(롬 4:1-3).

70인역에서 인용된 그 구약성서 구절은 믿음과 의 모두를 언급하기 때문에

---

31   Jewett은 수사적 요점을 지적하고 Hays를 인용하면서 다음과 같이 말한다. "따라서 바울은 아브라함이 율법을 지킴으로써 의로운 지위를 획득했다고 자랑할 수 있는 것으로 보는 전통적인 관점에 대해 반론을 제기하는 대신, 유대교 자체가 올바로 이해되면 '육체적 혈통에 의해서가 아니라…약속을 맺은 하나님에 대한 그의 신뢰를 공유함으로써' 유대인이 아브라함과 관계가 있다고 주장한다는 것을 보여주기를 원한다." Jewett, *Romans*, 307.

(창 15:6) 바울에게는 완벽한 구절이었을 것이다. 이 대목에서 핵심 단어들인 믿음(*pistis*)과 의(*dikaiosynē*)는 이제 바울이 그 단어들을 이해시키려고 했던 방식으로 이해될 수 있다. 바울은 "여기다"(*logizomai*)라는 단어도 사용하는데 그 단어는 바울신학에서 특히 어려운 동사다(독일어: *rechnen*[셈하다], *bewerten*[평가하다], *ansehen als*[~으로 간주하다], *taxieren*[어림잡다]). 그 단어는 "셈" 혹은 "~로 여김"을 나타내며 예컨대 세금 징수에 관해 얘기할 때 사용되는 *logeuō*와 관련이 있다. 발츠-슈나이더에 의하면 그 단어는 종종 객관적인 가치 측정을 지칭하며 따라서 로마서 4장에서 사용된 이 단어는 상업에서 유래했다. "일하는 자에게는 그 삯이 은혜로 여겨지지 아니하고 보수로 여겨진다"(4:4).[32]

아브라함에게 좋은 것, 즉 은혜가 삯이 아니라 선물로 주어졌다. 지금까지는 의가 요구되는 비용이었는데 이제 믿음이 신자들에게 요구되는 유일한 비용이 되었다. 이는 법정적 담론이 이 대목에서의 의미를 결정하는 데 중요한 역할을 한다는 뜻이다. 하나님은 사람들의 선행을 셈하고 있어야 했지만 이제 그는 믿음만을 "셈한다." 행위의 수는 무관하다. 아브라함에게 필요한 유일한 사항은 믿음(*pistis*)이었다. 바울의 바리새파 논리는 완벽하다. 단어 그대로 취한 아브라함에 관한 이야기는 바울의 새로운 복음을 정당화했고 그의 논지를 입증했다.

바울은 자신의 요점을 설명하기 위해 "행위"라는 용어를 수사적 도구로 사용했다. 율법의 행위는 구원이나 칭의에서 어떤 역할도 하지 못한다. 인간의 노력을 통한 길이 막다른 골목으로 판명되었기 때문에 이스라엘의

---

32   Stuhlmacher는 바울에게 있어 경건하지 않은 자를 의롭다고 인정하는 것은 법정적 행위이자 하나님의 새로운 창조("schöpferisches Rechtsakt")의 표현이다고 지적한다. Stuhlmacher, *Biblische Theologie I*, 334. 이는 "죽은 자를 살리시"는 하나님에 대해 언급하는 롬 4:17과 신자가 "새로운 피조물"(고후 5:17)이라고 언급하는 구절을 통해 확인된다.

회복은 인간의 노력에 의존하지 않는다. 유배 가운데 있는 유대인은 모두 아브라함처럼 믿음으로 구원을 받을 것이다. 그가 자비를 통해 자신의 백성을 새롭게 하는 하나님께 돌아가면 그의 믿음은 의로 "여겨질" 것이다.

> 일을 아니할지라도 경건하지 아니한 자를 의롭다 하시는 이를 믿는 자에게는 그의 믿음을 의로 여기시나니…(롬 4:5).

그렇다면 바울은 이 체계에서 하나님이 죄의 종으로 이해될 수 있다는 비난을 어떻게 피하는가? 율법의 행위(erga nomou)가 무력해진 이유가 있는가? 이 논의는 갈라디아서 3장에서 수행되는데 그 답은 바로 하나님의 저주다. 여기서 바리새인 바울은 다시금 구약의 본문을 인용한다. "율법의 행위에 의존하는 자는 모두 저주 아래 있기 때문이다." 이 주장은 신명기에서 인용된 구절을 통해 정당화된다. "누구든지 율법 책에 기록된 대로 모든 일을 항상 행하지 아니하는 자는 저주 아래에 있는 자라"(갈 3:10).[33] 율법서는 완벽한 섬김인 아보다트 이스라엘을 공표했고 사람들은 그것에 따라서 살아야만 했다. 이스라엘 백성은 기록된 모든 것에 충실해야 한다. 완벽하지 않다면 그들은 하나님께 나아갈 수 없다. 하지만 바빌로니아 유배 후, 즉 언약 백성을 무너뜨린 신적 심판 후 과연 누가 완벽할 수 있는가?

바울은 여기서 명백히 유배의 수사를 사용하고 있다. 개인들이 율법의 계명을 지킬 수 있는 능력 문제는 북왕국의 예언자였던 이사야 시대에 면

---

33 갈라디아서에 수록된 그 구절에 관해서는 Martyn을 참조하라. "1:4a에 나타난 유대-기독교의 속죄 공식에 대한 그의 묵시론적 해석으로 돌아가서 바울은 3:6-4:7절의 석의 부분 전체에 스며들어 있는 사상을 분명히 표현한다. 즉 인간의 근저의 딜레마는 죄책감의 문제가 아니라 인간의 통제력 밖에 있는 세력들에 대한 예속의 문제다." Martyn, *Galatians*, 308. 이 "세력들"은 이제 좀 더 명확하게 유배의 세력들과 율법으로 여겨질 수 있다.

밀한 조사의 대상이었고 예레미야와 에스겔 시대에는 그 강도가 한층 더 강해졌다. 민족 전체에게 책임이 있었고 모두 부패했다. 훗날 제2성전기의 지혜 전승에 속한 토라 학파들의 주관적인 견해는 적어도 바울에게는 너무 개인주의적이었다. 율법의 행위를 이행하는 것은 단지 개인의 고결성에 관한 문제만이 아니었다. 유배의 때부터 하나님의 진노가 이스라엘 위에 머물렀다. 따라서 경건치 않은 자의 칭의가 유일한 소망이었고 하나님께 나아가기를 원하는 모든 죄인에게 완벽한 회복의 소망이었다.[34]

로마서 4:5은 아마도 율법의 기능이 바뀌는 가장 분명한 구절일 것이다. 바울에게는 이 변화가 불가피하다. 아담의 모든 자손이 죄 아래서 살기 때문에 그들이 하나님의 계율을 따르는 것만으로는 하나님과의 완벽한 연합에 이를 수 없다. 율법과 율법의 행위(*erga nomou*)를 수행하는 것 모두 하나님이 주신 것이라는 사실에도 불구하고 그것들은 이제 효과적이지 않은 것으로 여겨져야 한다. 율법은 완벽한 회복이 이루어질 수 있기 전까지 인류를 "보호"하기만 했다(갈 3:23). 이는 경건한 유대인을 위기로 몰아넣는 긴장을 조성하는데, 바울 자신도 이 과정을 겪었다.

이 대목에서 한 가지 보충 설명이 필요하다. 바울은 결코 유대인들에게—그리고 회심 전 자신에게도—예배로서의 행위인 아보다트 이스라엘이 자기 의나 위선을 의미했을 것이라고 진술하지 않는다.[35] 대다수 유대인

---

34   Wright는 그의 언약적 해석에 대한 설명에서 회복 종말론의 이 부분을 사용하지 않는다. 그에게 있어 율법의 행위는 단순히 토라에 대한 순종을 의미한다. 그는 바울이 믿음 자체가 율법을 성취한다고 진술함으로써 율법의 계율 성취 문제를 해결한다고 말한다. "**메시아의 백성은 실제로 토라를 준수한다.**" Wright, *Paul*, 1037. 강조는 원저자의 것임.

35   Sanders는 "유대인의 율법주의"라는 묘사를 공격했고 이는 차츰 칭의에 관한 "루터파적인" 견해에 대한 공격으로 이어졌다. Sanders, *Paul*(『바울, 율법, 유대인』, CH북스 역간), 33-59. 우리는 바울의 목적이 유대교의 믿음을 경시하려는 것이 아니라 회복 구원론을 긍정적으로 묘사하는 것이었다는 점을 주목할 필요가 있다. 하지만 Sanders의 비판이 19세기의 몇몇 독일 학자에게 적용될 때에는 적절할지 몰라도 칭의에 대한 "개신교의" 견해에 적용될 때에는 적절치 않다.

은 그것들이 하나님이 기대하는 신앙을 나타낸다고 확신했다(그리고 우리가 로마서에서 볼 수 있듯이 바울의 새로운 가르침은 일반적으로 반율법주의라는 비난을 받았다). "바울에 대한 새 관점"은 유대인들이 의도적으로 자기 의나 율법주의를 조장하지는 않았기 때문에 개신교의 칭의 신학에 대한 이해가 잘못되었다고 주장한다. 이것은 논리적인 결론이 아니다. 제2성전기의 많은 유대인에게 있어 율법의 행위는 긍정적인 삶의 방식이었다.

사실 바울은 율법 자체가 문제라고 말하지 않는다. 문제는 사람들이 율법을 지키지 못하는 데 놓여 있다. 죄가 좋은 것조차 타락시켰다. 성전 예배와 아보다트 이스라엘은 누구도 구원할 수 없기 때문에 의문시될 필요가 있다. 그것들은 유배를 끝낼 수 없고 회복을 가져올 수 없다. 하나님이 자기 아들을 보냈기 때문에 율법의 행위(*erga nomou*)로 돌아갈 수 없다. 설사 그것이 본질적으로 선한 삶을 장려할지라도 말이다. 바울에게 있어 하나님의 법은 완벽하다. 그가 로마서 7:12에서 말하듯이 율법은 "거룩하고 의로우며 선하다." 하지만 이스라엘의 갱신이라는 위대한 이야기에서 율법은 이제 자체적인 역할을 갖고 있지 않다. 그리스도에 대한 믿음이 그 자리를 대체했다.[36]

이것이 바울에게 있어 율법에 새로운 기능이 주어진 이유다. 율법은 죄를 드러낸다. 즉 "율법을 통해 죄에 대한 지식이 온다." 이는 개신교에서 만들어낸 믿음이 아니다. 율법에 대한 바울의 신학은 그의 인간학에 근거

---

36   율법에 대한 바울의 견해에 관해서는 이번 장의 섹션 II.1의 분석을 보라. Hays는 Durham-Tübingen 심포지엄 논문에서 바울이 롬 3-4장에서 율법에 다음과 같은 세 가지 "극적인 역할"을 부여한다고 말한다. 첫째, 율법은 유대인의 정체성을 정의한다. 둘째, 율법은 정죄를 선포한다. 셋째, 율법은 "하나님이 예수 그리스도 안에서 계시한 의를 미리 보여주는" 신탁적 증인으로서 기능한다. Hays, *Mosaic Law*, 151-58. 우리는 율법의 첫 두 역할에 대해 동의할 수 있으며 율법의 세 번째 역할도 그럴듯해 보인다. Hays가 지적하듯이 바울은 "율법을 옹호하며"(롬 3:31) 유대인들은 율법을 근거로 "유리한 점"을 갖고 있다(롬 3:2). 애초에 하나님의 의가 계시된 것은 율법(*nomos*)을 통해서였다.

한다. 율법 자체는 다른 직분, 즉 죽음의 직분을 갖고 있다(고후 3:7. 뒤의 분석을 참조하라). 하나님의 계명들에는 이유가 있다. 그 계명들은 사람들에게 죄와 그 결과를 인식시킨다. 우리가 속죄, 구속, 회복의 필요성을 이해하려면 이 과정이 필수적이다. 이 기본적인 기능에서 율법은 정죄하는 역할을 한다.

고린도후서에 나타난 바울의 핵심적인 논증은 당시의 유대인들이 율법의 적절한 성격과 기능에 대해 이렇게 이해하지 못했다는 것이다. "오늘까지 모세의 글을 읽을 때에 수건이 그 마음을 덮었도다"(고후 3:15). 유대교 율법 교사들, 특히 바울의 사역을 반대하면서 이방인이 유대인처럼 되어야 한다고 주장한 사람들은 자신들의 주된 논의 주제인 모세의 율법을 이해하지 못했다.

더욱이 로마서에서 바울은 고위급 **유대인** 교사인 것처럼 보인다. 7장에서 그는 "계명이 이르매 죄는 살아나고 나는 죽었도다"(롬 7:9)라고 말한다. 이 구절의 기본적인 사고의 흐름은 로마서 7장에 등장하는 "나"의 정체 문제가 해결되지 않아도 설명될 수 있다. 이 대목에서 "나"는 바울일 수도 있고 그의 분신일 수도 있다. 그 사람은 율법에 관해 깊이 생각하는 유대인일 수도 있고 그 경험은 이스라엘 전체의 경험이거나 회심한 그리스도인의 경험일 수도 있다.[37] 이러한 불확실성에도 불구하고 이 구절은, 바울의 인간학에 따르면 타락하고 부패한 인간이 불가피하게 하나님의 계명을 만나서 죽는다는 문제를 나타낸다. "생명에 이르게 할 그 계명이 내게 대하여 도리어 사망에 이르게 하는 것이 되었도다"(7:10). 여기서 인간의 마음을 덮었던 "수건"이 벗겨진다. 율법의 기능이 변했다. 율법은 이제 죽음의 직분

---

37   그 문제 자체만으로도 방대한 문헌과 다양한 견해를 만들어냈다. 예컨대 다음 문헌들을 보라. Stuhlmacher, *Romans*, 114-16; Jewett, *Romans*, 441-45.

을 수행한다.

결국 바울을 속이고 죽인 것은 "죄"였다. 인간은 확실히 하나님의 계명을 위반한 데 대해 유죄이기 때문에 죄는 죽일 수 있는 권세를 갖고 있다. 바울의 부정적인 인간학은 지혜 신학의 신인협력적인 전통과 성전에서 행해지는 경건한 섬김을 능가한다. 따라서 그는 율법의 행위를 버리고 그리스도께로 향하는데 오직 그리스도만이 유일하게 완벽한 의로움이고 율법이 달성할 수 있는 최고의 행위다.[38]

아보다트 이스라엘과 하나님을 향한 섬김이 이상적인 회복의 때를 묘사할 수 있지만 갱신 자체를 가져오지는 못한다. 하나님의 구원은 성령의 능력을 통해 하나님의 자녀들이 나타날 때 종말론적 입양의 형태로 이루어질 것이다. 성령의 사역이 실현되면 죽음의 사역은 물러나야 한다. 여기서 바울은 예수가 선포한 복음을 마무리 짓는다. 자녀로 입양되는 때가 오면 신자들은 하나님을 아버지라고 부른다.

> 무릇 하나님의 영으로 인도함을 받는 사람은 곧 하나님의 아들이라. 너희는 다시 무서워하는 종의 영을 받지 아니하고 양자의 영(*pneuma huiothesias*)을 받았으므로 우리가 "아빠! 아버지!"라고 부르짖느니라. 성령이 친히 우리의 영과 더불어 우리가 하나님의 자녀인 것을 증언하시나니…(롬 8:14-16).

하지만 연속성을 강조하면서 유대교 신앙과 초기 기독교 신학을 결합하

---

38   몇몇 학자는 죄책이라는 주제를 건너뛰고 싶겠지만 그것은 엄연히 존재한다. 바울은 롬 2:1에서 "누구를 막론하고 네가 남을 판단할 때 다른 사람에게 판단을 내림으로써 너를 정죄한다"고 상기시킨다. 이 측면은 예컨대 Hays, *Mosaic Law*, 156 같은 최근 논의에서 특히 강조된다.

는 "종교의 유형(patterns of religion)"이 언약적이라는, 널리 인정된 샌더스의 설명에 대해서는 우리가 어떻게 이해해야 하는가? 우리가 율법의 행위를 언약적 순종이라는 관점에서 해석해야 하지 않는가?[39] 이 대목에서 우리는 이 출발점에 관해 샌더스의 설명에 의미론적 정당성이 없다는 것 외에는 할 말이 없다. 이에 관한 논의에서 이 측면은 별로 다뤄지지 않았다. 언약(diathēkē)이라는 단어는 히브리서를 제외하면 신약성서에 12번밖에 등장하지 않는다. 복음서들에서 그 단어는 예수의 피 안에서 세운 "새로운 언약"을 나타내며 성찬 제정 말씀의 절정을 구성한다(막 14:24과 그 병행 본문들). 그리고 바울은 동일한 전승을 반복한다(고전 11:25). 따라서 신약성서 전승은 연속성을 강조하는 것이 아니라 "옛" 언약의 종식을 강조한다. 이 점에서 바울은 고린도후서 3:6에서 자신의 사역을 새 언약의 섬김이라고 말하고 몇 구절 아래에서 반대되는 개념인 "옛 언약"(구약)에 대해 언급한다(3:14).[40]

갈라디아서에서 바울은 율법의 언약과 약속의 언약이라는 두 개의 언약에 대해 말하고 그것들을 각각 종의 언약과 자유의 언약으로 묘사한다(갈 4장). 바울의 용어는 새 언약이 "더 좋은" 언약이라고 칭송되는 히브리서를 상기시킨다. 바울과 히브리서는 "새 언약"이 예레미야서를 통해 약속되었다(31:31)는 기본적인 출발점에 동의한다. 그것은 배교자들에게 새 마음을 제공하는 회복의 언약이다. 바울 서신과 히브리서에서 그리스도는 새 언약의 "중보자"다(히 9:15; 12:24). 예수는 대제사장으로서 그의 희생의

---

39 바울에 대한 새 관점은 율법의 행위를 주로 언약적 관점에서 다루기 때문에 이것은 중요한 질문이다. 예컨대 다음 문헌들을 보라. Sanders, *Paul*, 551-52; Dunn, *New Perspective*, 178-79. Sanders에 대한 아래의 보충 설명도 참조하라.

40 사실 바울 서신에서 "언약"이라는 단어가 율법(nomos)과 함께 사용될 경우 부정적인 의미로만 등장한다. 그러므로 우리는 율법의 언약이 긍정적으로 사용된다는 Sanders의 주장이 침묵으로부터의 논증이라고 결론지어야 한다.

피가 속죄를 제공한다(히 9:20; 10:29; 13:20). 새 언약의 그리스도는 성만찬의 주님으로서 그의 피가 인류의 죄를 속한다.[41] 옛 언약과 새 언약 사이의 대조는 바울이 아보다트 이스라엘에 반대하는 것과 대략 동일하다.

요약하자면 우리는 바울의 "율법의 행위" 개념과 관련해서 몇 가지 결론을 도출할 수 있다. 바울은 율법의 행위의 중요성에 대해 논쟁할 때 무엇에 반대하는가? (1) 바울은—예수가 그의 설교에서 그랬던 것처럼—율법의 본질을 인정하고 그것의 기능을 이해하기 때문에 그의 반대가 모세의 율법인 토라의 내용에 대한 반대일 수는 없다. 바울이 율법을 버린 반율법주의자라고 비난 받기는 했지만 그는 늘 자기의 입장을 변호했고 율법이 죄를 드러낼 때 설령 그것이 다루는 사람을 "죽일지라도" 율법은 선한 것이라고 가르친다. (2) 율법의 내용이 문제가 아니라면 잘못 이해한 사람들의 태도가 문제였을 수 있는가? 바울이 유대교의 율법주의를 공격했으리라고 생각하는 것이 논리적이다. 이런 식으로 율법의 내용의 선함이 유지될 수 있다. 하지만 샌더스와 그의 추종자들에 따르면 이 견해의 문제는 그것이 유대교 사상을 그릇되게 묘사한다는 점이다. 이들은 율법의 선한 "언약적" 내용을 구하려고 했지만, 유대교를 "율법주의적인 행위를 통한 의로움"의 종교로 제시하는 견해를 "파괴"(이것은 샌더스 자신이 사용한 용어다)하려는 사명으로 말미암아 바울과 그의 반대자들 간에 차이가 존재하는 이유를 상실했다.[42] 또 다른 시도는 (3) 율법의 행위라는 특정한 용어의 내용

---

41   의미론의 관점에서 볼 때 언약이라는 단어가 "언약궤"(히 9:4; 참조. 계 11:19)를 의미하는 용어에서 나타난다는 점은 결코 사소한 것이 아니다. 신약성서에서 언약이라는 단어는 그 위에 속죄의 피가 뿌려지는 힐라스테리온(*hilastērion*)과 연결된다. 그리스도의 궤/영광의 보좌로의 승귀 뒤 그의 통치는 언약을 변화시키고 속죄의 원천을 변화시키는 근거가 된다.

42   Sanders, *Paul*, 59. Wright가 흠이 있는 토라 순종에 문제가 있다고 가정하면서(위의 논의를 보라) 사실상 신학적인 의미에서 유대교의 신앙이 율법주의적이라고 암시한다는 것을 주목할 가치가 있다. 이는 그의 언약적 해석에 기인하는데 그 해석에 따르면 유대교

을 바꾸는 것이었다. 던은 이 용어가 할례와 마찬가지로 민족 중심적인 유대교의 경계를 표시하는 "정체성 표지"를 의미한다고 주장한다.[43] 이 해결책은 제2성전기 유대교에서 사용되는 그 용어의 배경을 설명하지 못한다. "행위"는 단지 특정한 표지만을 의미한 적이 없고 언제나 종교적 섬김 전체를 의미했다. 따라서 (4) 이 대목에서 우리가 회복 종말론을 다루고 있다고 결론을 내리는 것이 일관성 있는 해석이다. 열매를 맺지 못하는 성전을 공격했던 예수와 마찬가지로 바울은 표준적 순종인 아보다트 이스라엘을 공격하는데, 이는 그것이 하나님의 구원을 알아볼 수 없기 때문이다. 대신 그것은 영적 죽음, 즉 유배 상태를 나타낸다. 절기와 기도와 행위들로 이루어진 제의적 삶은 이제 새로운 공동체의 영적 성전과 대비되어야 한다. 바울의 대조는 예수의 종말론에 나타난 대조처럼 확고하다. 율법의 행위(erga nomou)를 통해 실행되어온 아보다트 이스라엘은 쓸모가 없어졌다. 회개하지 않는 죄인들은 헛되이 선물들을 가져온다. 현재의 성전과 종교 전통은 열매를 맺지 못한다. 바울이 회심 전에 열매를 맺지 못했던 것처럼 말이다. 이스라엘의 주님을 변호하는 대신 경건한 유대인들은 하나님의 대적이 되어 예언자들을 죽이고 하나님의 아들을 거부했다. 율법에 대한 열정이 부패와 죽음만을 낳았다. 이 점에서 바울의 개인적인 경로는 이스라엘 자체에 대한 상징이었다.[44] 율법의 행위를 포기한 것은 결국 바울이 이스라엘의

신학자들과 바울 모두 토라의 준수에 관해 이야기하고 있다. Wright, *Paul*, 1036-37. 따라서 Wright는 Sanders의 설명이 만들어내는 문제들을 다루려고 한다. Dunn과 Räisänen의 결론이 증명하듯이 언약적 율법주의 이론이 바울 해석에 엄격하게 적용되면 바울 사도가 순종에 대한 원래의 견해를 왜곡하는 악의적인 선동가가 된다. Wright 본인은 그렇게 의도하지 않을지라도 그의 설명에서 유대교 신학에 어두운 그림이 드리워진다.

43 Dunn, *Romans*, lxix를 보라.

44 바울이 처음 보여준 율법에 대한 열심과 이후 율법의 행위에 대한 공격 사이에는 의심할 나위 없이 관련성이 존재한다. 특히 바울은 율법의 행위(erga nomou)의 "선행"이 만들어낼 수 있는 부정적인 결과를 알고 있었다. 회복 종말론 관점에서 회심자 바울은 자기가

회복을 위한 참된 원천을 찾았음을 나타낸다.

4. 그리스도의 새로운 성전

예수와 바울 간의 관계에서 가장 중요한 점은 바울 사도가 살아있는 돌들로 지어진 종말론적 성전의 출현을 선포한다는 것이다. 예수와 대예언자들의 말이 옳았다. 이스라엘의 회복은 쇠락한 나라의 잔해를 수선함으로써이루어질 수 없다. 바울은 하나님이 예루살렘 성전 제의를 회복하려는 의도가 없었다고 확신했다. 사독 계열의 제사장들은 종말론적 구원에서 중요한 역할을 할 수 없다. 대신 바울은 하나님의 영적 성전이 지상의 성전을대체할 것이라고 믿었다. 부활한 그리스도는 메시아의 평화의 나라를 대표하는 공동체를 건설할 것이다.

바울에게 있어 교회(*ekklēsia*)는 하나님의 성전이자 하나님의 성령이 거하는 장소다. 이 점에서 새 성전은 종교 공동체다. 교회(*ekklēsia*)는 집단적인 개념이고 "집"은 개인들로 지어진다. 따라서 집 자체는 신자들이 하나님의 성전의 제사장으로 섬기고 있는 장소를 나타내는 메타포로 사용될 수있다. 바울 서신에서 용어들은 상황에 따라 다르게 사용되며 바울은 개별적인 신자와 전체 공동체 모두를 주의 성전으로 묘사한다.[45]

고린도전서에 나타난 수사는 성전 건축 개념에 집중한다. 바울은 새로운 종말론적 성전이 거룩하다고 주장함으로써—성전은 마땅히 그래야

무의식적으로 이스라엘의 갱신을 막으려고 했음을 깨달았다. 바울의 열심에 관해서는 특히 Hengel, *Pre-Christian Paul*, 65-66을 보라.

45   최근 연구들의 배경이 되는 고전적인 연구는 Gärtner의 *The Temple and the Community in Qumran and the New Testament*다. 이후의 연구들은 다음 문헌들을 참조하라. Fitzmyer, *Semitic Background*, 205-17; Sweet, *Templum*, 368-90.

한다—그리스도인의 생활에 대한 논증을 제시한다. 그의 서신들에는 건설 작업 측면이 종종 등장한다. 3장에서 바울은 자신이 "지혜로운 건축자와 같이" 터를 닦았다고 말한다. "이 닦아 둔 것 외에 능히 다른 터를 닦아 둘 자가 없으니 이 터는 곧 예수 그리스도라"(고전 3:10-11). 이어서 그는 같은 메타포를 권고적인 사안들에 적용한다. 모든 신자가 집을 짓는데 그 건축 물들의 가치가 심판 날에 평가될 것이다. 불이 그 구조물들, 즉 "각 사람의 공적이 어떠한 것"을 시험할 것이다(고전 3:13). 바울에게 있어 그리스도인 회중은 종말론적 성전이다. 누구도 그 성전의 거룩함을 건드리거나 더럽히 지 못할 것이다.

> 너희는 너희가 하나님의 성전인 것과 하나님의 성령이 너희 안에 계시는 것을 알지 못하느냐? 누구든지 하나님의 성전을 더럽히면 하나님이 그 사람을 멸하시리라. 하나님의 성전은 거룩하니 너희도 그러하니라(고전 3:16-17).

이 구절은 바울이 예수의 종말론을 채택해서 그것을 가르치고 좀 더 실제 적인 문제들에 적용하고 있음을 보여주는 중요한 구절 중 하나다. 마지막 때에 적어도 일시적으로 두 개의 성전이 존재할 것이다. 그리고 사도들은 예루살렘 성전과는 완전히 다른 영적 성전인 구원의 성전을 세우기 위해 부름을 받았다.[46]

이 신학에 따르면 모든 기독교 신자의 몸은 하나님의 영의 성전이다.

---

46   Böttrich에 따르면 그 구절에 하나님의 성전의 측면을 강조하는 몇 가지 표지들이 존재 한다. 그것은 하나님의 "소유"(Eigentum)이고, 하나님에 의해 통치되고 있으며, 하나님 이 그곳에 거주하고(Einwohnungsmotiv), 거룩한 장소로서 금기들에 의해 보호된다(die Qualität eines tabuisierten Bereiches). Böttrich, *Gemeinde ohne Tempel*, 416.

"너희 몸은 너희가 하나님께로부터 받은 바 너희 가운데 계신 성령의 전인 줄을 알지 못하느냐? 너희는 너희 자신의 것이 아니라"(고전 6:19). 그 주장은 존재론적이며 바울의 가르침은 이제 개인에게 초점을 맞춘다. 그리스도를 따르는 모든 사람은 하나님의 영광의 임재(Shekinah)가 거하는 장소가 된다. 하나님의 영은 결코 예루살렘 성전으로 돌아오지 않았다. 예레미야서, 에스겔서, 요엘서에 기록된 약속들은 새로운 공동체 안에서만 실현되었다. 성령은 살아있는 돌, 즉 사람들로 이루어진 성전으로 돌아왔다.[47]

종말론적 성전의 성격을 묘사하는 다음 구절은 고린도후서 5장에 등장하는데 여기서는 인간의 몸의 관점에서만 해석된다.

> 만일 땅에 있는 우리의 장막 집이 무너지면 하나님께서 지으신 집(*oikodomēn*), 곧 손으로 지은 것이 아니요(*acheiropoiēton*) 하늘에 있는 영원한 집이 우리에게 있는 줄 아느니라(고후 5:1).

직접적인 의존관계는 증명될 수 없지만 여기서 사용된 단어는 예수의 성전 어록을 상기시킨다. 기본 개념은 동일하다. 하나님의 종말론적 성전은 "손으로 지은 것이 아니라" 믿는 사람들로 구성된다. 그래서 바울은 땅에 있는 "장막"이 하늘에 있는 영원한 성전을 위한 씨라고 진술한다. 성전 메타포는 이후 바울이 몇몇 구절에서 "신자들이 하나님의 성전**이다**"라고 말하는 그의 사상에 대한 근거를 마련한다.[48]

---

47   Gärtner, *Temple*, 56-59. Gärtner는 몇몇 배타적인 주장들과 더불어 고전 6:16에서 마무리되는 이런 진술들은 바울이 성전을 새로운 방식으로 이해한다는 것을 의미한다고 결론짓는다. "여기서 성전의 이미지는 쿰란에서 사용되었던 것처럼 하나님의 '임재', 곧 **쉐키나**가 예루살렘 성전으로부터 나와 하나님의 '새로운' 백성인 기독교 교회로 이전되었음을 보여주기 위해 사용되는 것으로 보인다"(p. 50).

48   특히 Sweet, *Templum*, 371-72가 그렇게 생각한다. Juel은 "손으로 하지 않은"이라는 표

고린도후서 5장은 중요하다. 왜냐하면 여기서 바울은 자신의 가르침과 회복 종말론을 가장 분명하게 연결시키면서 성전 메타포를 사용하기 때문이다. 학자들이 고린도후서 6장에 수록된 구절(고후 6:14-18)에 별로 주의를 기울이지 않았지만 그 구절은 성찬(고전 11장), 부활 고백(고전 15장), 기독론적 신조(롬 1:3-4), 그리고 비움(*kenosis*) 찬송(빌 2장)에 대해 말하는 좀 더 유명한 구절들과 같은 급으로 여겨질 수 있다. 확실히 바울이 사역하기 전에 존재했던 전승 자료를 담고 있는 이 중요한 구절들은 모두 그리스도인의 정체성과 그것의 한계에 초점을 맞춘다. 그 구절들은 한편으로는 기독교 신앙의 핵심을 정의하고 다른 한편으로는 타락한 인간과 구원 공동체 사이의 긴장을 강조한다.[49]

고린도후서 6장의 배열은 번역하기 어려운 구절이었다. 바울의 구약성서 인용이 증명하듯이(출 29:45; 참조. 렘 31:33; 겔 36:28) 하나님은 단순히 자신과 백성 간의 외적 관계만을 이야기하는 것이 아니다. 하나님이 단순히 자기 백성 가운데(among) 있는 것이 아니다("내가 이스라엘 가운데 거할 것이다"). 대신 바울은 내격(inessive case)을 사용하는 구절들에서와 마찬가지로 존재론적인 언어를 사용한다. 즉, 하나님이 신자들 안에 거할 것이다 (*enoikēsō en autois*). 존재론적인 관점이 없다면 이 표현들은 그 의미를 상실할 것이다. 주님이 성전의 바깥을 배회하고 있다면 신자들이 어떻게 하나님의

현이 할례(골 2:11과 엡 2:11)와 하늘 성소(히 9:11, 23-24)에 모두 적용될 수 있기 때문에 그것은 의미론적으로 "다른 질서의" 성전을 가리킨다고 제안한다. Juel, *Messiah*, 154-57. 하지만 그 표현에는 더 많은 내용이 있다. 회복 종말론에서는 하나님이 친히 구원의 성전을 짓기 시작하기 때문에 메시아의 성전은 하나님의 창조물이다.

49   Fitzmyer, *Semitic Background*, 206은 고후 6:14-18은 신약성서의 다른 곳에서는 등장하지 않는 여섯 개의 핵심 단어—멍에를 같이하다(*heterozygeō*), 참여(*metochē*), 조화(*symphōnēsis*), 일치(*synkatathesis*), 벨리알(*Beliar*), 더러움(*molysmos*)—를 수록하고 있다고 지적한다. 카테나(catena) 자체뿐만 아니라 이 구절은 매우 이례적이다. 더욱이 고후 7:1에 수록된 더러움(*molysmos*)이라는 단어는 유배의 시기가 계속되는 동안 회복에 대한 제2성전기 유대교의 기대와 이 추론을 연결한다. 위의 2장 섹션 I.4를 보라.

성전이 될 수 있겠는가?[50]

고린도후서 6장에 수록된 논증의 내용은 매우 신학적이지만 그 본문의 기본적인 맥락은 권고적이다. 고린도인들에게 보낸 서신에서 바울은 다시금 신자의 새로운 거룩함이 그(녀)의 일상의 삶을 인도해야 한다고 말한다. 이는 우상을 철저하게 포기하고 버릴 것을 요구한다. 갱신 이후 사람들은 예루살렘에 있는 성전 구역에서 우상을 금한 것과 비슷한 방식으로 우상을 단호하게 거부해야 한다.

> 하나님의 성전과 우상이 어찌 일치가 되리요? 우리는 살아 계신 하나님의 성전이라. 이와 같이 하나님께서 이르시되 "내가 그들 가운데 거하며 두루 행하여 나는 그들의 하나님이 되고 그들은 나의 백성이 되리라. 그러므로 너희는 그들 중에서 나와서 따로 있고 부정한 것을 만지지 말라. 내가 너희를 영접하여 너희에게 아버지가 되고 너희는 내게 자녀가 되리라. 전능하신 주의 말씀이니라" 하셨느니라(고후 6:16-18).

바울은 그의 권고적인 목적으로 인해 원래는 좀 더 넓은 의미와 심오한 신학적 내용이 담겨 있는 전통을 인용한다. 이 구절은 권고적인 목적으로 사용된 빌립보서 2장의 유명한 기독론적 찬송이 그랬듯이 권고의 필요를 능가한다. 바울은 여기서 구약성서의 종말론적 본문이나 구절 모음집을 인용한다. 바울이 다른 곳에서는 사용하지 않는 여러 단어를 포함하고 있는 것으로 미루어 볼 때 그 구절은 분명히 이전에 확립된 전승에 속한다. 이런 모음집은 대개 성서에서 취한 구절 모음인 카테나(catena, 혹은 연쇄 구절)로

---

50   언어학적인 질문은 Harris, *2 Corinthians*, 505-7을 보라. Harris는 Mckelvey를 인용하여 구약성서의 관점과 대조적으로 바울은 하나님이 "그들 **안에**" 거하고 "**그들**은 하나님의 성전"이라고 주장한다고 지적한다. p. 506, 강조는 원저자의 것임.

불린다. 여기서 그것들은 모두 어떤 식으로든 하나님의 종말론적 성전을 가리킨다. 각각의 구절은 성전의 성격과 정당화에 관한 견해에 기여한다.[51]

(1) **"내가 그들 가운데 거하며 두루 행할 것이다."** 첫 번째 인용은 레위기에서 취한 것이다. 원래는 광야에서의 상황을 말하는 그 본문은 하나님이 친히 자기 백성 가운데 거하겠다고 약속한다. 여기서 이스라엘은 집합적인 개념이며 이스라엘과 하나님 간의 관계는 깨질 수 없다. 레위기에서의 맥락은 우상숭배를 비난하는 고린도전서의 맥락에 잘 들어맞는다.

> 너희는 자기를 위하여 우상을 만들지 말지니 조각한 것이나 주상을 세우지 말며 너희 땅에 조각한 석상을 세우고 그에게 경배하지 말라. 나는 너희의 하나님 여호와임이니라. 너희는 내 안식일을 지키며 내 성소를 경외하라. 나는 여호와이니라(레 26:1-2).

이런 권고에 약속이 동반된다. 이스라엘이 하나님의 법령에 따라 살면 하나님은 그 땅에 평화를 줄 것이다(레 26:6). 그리고 하나님은 그 민족을 번성하게 할 것이다(레 26:9). 더욱이 하나님은 자신이 자기 백성 가운데 거하겠다고 모세에게 약속했다. 문자적으로 해석하자면 그 구절은 이스라엘 가운데 있는 하나님의 성전을 말하는 것이다. "내가 내 성막을 너희 중에 세울 것이다"(레 26:11). 그러므로 카테나(catena)의 서두에 이 특정한 단어가 사용되도록 동기를 부여한 것은 히브리어 본문이다. 하나님은 자기의 성막(*mishkan*)을 세우겠다고 약속한다. 70인역에는 이 단어가 등장하지 않으므로 그 단어는 70인역에서 취해진 것이 아니다. 70인역에서는 하나님이 자

---

51 카테나 자체는 바울 이전에 생성되었지만, 이제 그것이 기독교 전에 나온 것인지를 결정하는 것은 가능하지 않다. 하지만 학자들은 그것과 쿰란 문서들 간의 관계를 논의해 왔다. 다음 문헌들을 보라. Gärtner, *Temple*, 54-56; Fitzmyer, *Semitic Background*, 205-6.

기 백성들 가운데서 "언약"을 맺는다.[52]

바울은 분명히 이 카테나의 그리스어 버전, 즉 이미 레위기의 정확한 단어를 바꾸어놓은 전통을 알고 있었다. 성막은 언급되지 않는다. 그 단어는 "살다/거주하다"(*enoikein*)라는 동사로 대치되었는데, 이것은 아마 성막(*mishkan*)이라는 단어가 "거주"(dwelling)라는 의미로도 번역될 수 있기 때문일 것이다. 의미론적으로 바울이 사용한 단어는 집(*oikos*)이라는 단어에 기반하고 있는데 이는 두 본문 간의 연결을 보여준다. 그 개별적인 단어가 에스겔서에서 취해진 것일 수도 있다(70인역 37:27, "내 처소가 그들 가운데 있을 것이다"). 그 구절에서 우리는 상응하는 어근을 가진 단어(*kataskēnōsis*)를 발견한다.[53] 그 단어는 성전을 의미하는 히브리어 단어 미쉬칸(*mishkan*)을 직접 번역한 것이다. 그러므로 우리는 카테나의 첫 번째 절(clause)이 하나님의 성전에 관한 중요한 내용—하나님이 자기의 성전에, 따라서 자기 백성 가운데 거한다—을 표현하기 위해 레위기와 에스겔서를 의도적으로 결합한다고 결론지을 수 있다.

(2) **"나는 그들의 하나님이 되고 그들은 나의 백성이 될 것이다."** 두 번째 절은 구약성서의 두 구절을 결합하여 제시한다. 원래의 본문은 레위기에 등장하지만 에스겔서는 같은 본문을 새로운 맥락에서 그대로 반복한다. 에스겔서에서 하나님은 자기 백성이 그들의 나라에서 쫓겨난 뒤 그들을 용서하겠다고 약속한다. 그는 회복도 약속한다. "내 처소가 그들 가운데에 있을 것이며 나는 그들의 하나님이 되고 그들은 내 백성이 되리라"(겔 37:27). 이 구절의 후반부는 구약성서 전반에 걸쳐 반복되는 신앙고백문이다. 그것

---

52   이 특징은 Gärtner, *Temple*, 53에서 지적되었다.

53   단어는 같지만, 그 배경으로 두 가지 가능성이 있다. Martin, *2 Corinthians*, 204를 보라. 하나님 자신이 세울 성소에 대한 약속은 제2성전기 유대교에서 상당히 흔했다(2장의 섹션 I을 보라). 예컨대 *Jub.* 1:17을 참조하라.

은 "이스라엘 자손을 북방 땅과 그 쫓겨났던 모든 나라에서 인도하여 내신 여호와의 살아 계심"(렘 16:14-15)으로 재해석된, 다른 표준적인 신앙고백문인 "이스라엘 자손을 애굽 땅에서 인도하여 내신 여호와의 살아 계심"과 비교될 수 있다.[54] 바울의 전승은 원래 레위기에서 유래한 단어를 사용해서 그것을 회복이라는 새로운 맥락에 놓는다. 에스겔에서 하나님은 바빌로니아에서 고통 받는 백성을 용서하겠다고 약속한다. 이것이 레위기의 동일한 진술이 에스겔서에 등장하는 맥락이다.

> 주 여호와께서 이같이 말씀하시기를 "내가 이스라엘 자손을 잡혀간 여러 나라에서 인도하며 그 사방에서 모아서 그 고국 땅으로 돌아가게 하고 그 땅 이스라엘 모든 산에서 그들이 한 나라를 이루어서 한 임금이 모두 다스리게 하리니…"(겔 37:21-22).

에스겔서에서 회복의 대리인은 이스라엘 백성 모두에게 평화를 줄 새로운 왕인 다윗의 자손이다. "내 종 다윗이 그들의 왕이 되리니 그들 모두에게 한 목자가 있을 것이라"(37:24). 에스겔서에 따르면 다윗 가문의 새로운 인물이 등장함으로써 하나님이 유배지에서 한 약속과 회복 종말론이 분명해질 것이다. 바로 이때가 하나님이 돌아오고 백성 가운데 거하는 때가 될 것이다.

　(3) "그러므로 너희는 그들 중에서 나와서 따로 있고 부정한 것을 만지지 말라." 카테나에 등장하는 구약성서 예언자들의 증언은 이사야서에 대한 언급으로 마무리된다. 구절 자체만 봤을 때는 분리에만 신경쓰고 있다

54　유배와 회복에 관해 논의하는 2장의 섹션 I.1을 보라. 이 중요한 고백적 진술은 이스라엘의 신앙의 핵심에 초점을 맞춘다. 레위기와 에스겔서 사이의 관계는 Harris, *2 Corinthians*, 506을 보라.

는 인상을 준다. 하지만 원래의 문맥은 그 권고가 회복 종말론을 다루고 있음을 증명한다. "너희는 떠날지어다, 떠날지어다. 거기서 나오고 부정한 것을 만지지 말지어다. 그 가운데에서 나올지어다. 여호와의 기구를 메는 자들이여, 스스로 정결하게 할지어다"(사 52:11).[55]

이사야서에 수록된 구절은 포로로 살아가고 있는 사람들을 다룬다. "사로잡힌 딸 시온이여, 네 목의 줄을 스스로 풀지어다"(사 52:2). 그 민족은 "무상으로 팔렸으니" 이제 "돈을 내지 않고 구속될 것이다"(사 52:3). 인용된 구절의 더 큰 문맥은 다음과 같다.

너 예루살렘의 황폐한 곳들아, 기쁜 소리를 내어 함께 노래할지어다. 이는 여호와께서 그의 백성을 위로하셨고 예루살렘을 구속하셨음이라. 여호와께서 열방의 목전에서 그의 거룩한 팔을 나타내셨으므로 땅끝까지도 모두 우리 하나님의 구원을 보았도다. 너희는 떠날지어다, 떠날지어다. 거기서 나오고 부정한 것을 만지지 말지어다. 그 가운데에서 나올지어다. 여호와의 기구를 메는 자들이여, 스스로 정결하게 할지어다(사 52:9-11).

분리에 대한 예언자의 권고는 구체적으로는 바빌로니아를 떠나라는 것이다. 그것은 종말론적인 하나님의 백성에 참여하는 것을 의미한다. 이러한 견해는 유배지에서의 "복음", 곧 좋은 소식이 동일한 맥락에 등장한다는 사실로 뒷받침된다. 이사야 52:7에서 주된 관심은 위에서 살펴 보았던

---

55   그 인용 배후의 근거는 더 긴 구절에서 나오기 때문에 여기서 구약성서 구절의 맥락이 고려될 필요가 있다. Gärtner는 이 본문을 4QFlor와 비교한 뒤 4QFlor 본문에서 "그 공동체는 공식적인 이스라엘의 죄악된 길을 따르기를 거부하고 율법에 따라 거룩함을 재정립한, 성화된 집단이다"라고 지적한다. Gärtner, *Temple*, 55. 더욱이 이후 새로운 메타 내러티브의 관점에서 읽는다면 우리는 그 인용문이 회복에 대한 완벽한 증거로 기능한다고 결론지을 수 있다.

에스겔서의 종말론적 희망의 그것과 유사하다. 회복과 더불어 하나님 나라 (*basileia*)가 분명해질 것이다. "너의 하나님이 다스린다." 기쁜 소식이 전해 질 때 억압된 백성이 떠나라는 하나님의 명령을 들을 것이다. 바울과 초기 공동체의 다른 그리스도인들에게 있어 이것은 명백히 새로운 나라의 구성 원들을 위한 메시지이기도 하다. 교회(*ekklēsia*)는 하나님에 의해 정화되었으 므로 우상을 숭배하는 세상으로부터 떠나야만 한다. 그리스도인들은 바빌 로니아를 떠났던 하나님의 백성처럼 더러움을 거부해야만 한다.

(4) **"그리하면 내가 너희를 영접할 것이다."** 이 짧은 언급이 에스겔서 의 메시지를 마무리한다. "[내가] 너희를 여러 나라에서 나오게 하며 너희 의 흩어진 여러 지방에서 **모을** 것이다"(겔 20:34). 원래 "모으다"(*dechomai*) 를 의미하는 단어가 "영접"(welcoming)—의미론적으로는 이것도 가능하다 —이라는 단어로 번역되었기 때문에 가시적인 연결이 상실되었다. 그 결과 유배된 이들을 모은다는 개념이 그 구절에서 사라졌다. 바울의 카테나에서 그 단어는 여전히 에스겔서의 원래 사상을 가리킨다. 또한 에스겔서의 본 문에서 이스라엘 역사에 나타난 긴장은 명확하다. "너희가 조상들의 풍속 을 따라 너희 자신을 더럽히며 그 모든 가증한 것을 따라 행음하느냐? 너 희가 또 너희 아들을 화제로 삼아 불 가운데로 지나게 하며 오늘까지 너희 자신을 우상들로 말미암아 더럽히느냐?"(겔 20:30-31) 이 모든 경고에도 불 구하고 하나님은 회복을 약속하는데 그 회복은 하나님 나라(*basileia*)에 의존 한다. "주 여호와의 말씀이니라. '내가 나의 삶을 두고 맹세하노니 내가 능 한 손과 편 팔로 분노를 쏟아 너희를 반드시 다스릴지라'"(20:33).[56]

흥미로운 세부내용에 따르면 하나님이 자신의 백성을 "심판할" 것 이다. 구원은 모든 백성이 아니라 남은 자들과만 관련된다. "[내가] 너

---

56   Harris, *2 Corinthians*, 509도 그렇게 생각한다.

희 가운데에서 반역하는 자와 내게 범죄하는 자를 모두 제하여 버릴지라"(20:38). 이런 약속들은 결국 구속된 이스라엘을 거룩한 산으로 데려갈 것이고 거기서 "이스라엘 온 족속"이 자유롭게 하나님을 섬길 것이다(20:40). 카테나에 포함된 짧은 구절들은 이처럼 유배 가운데 있는 이스라엘을 위한 약속이다. 그 구절들은 회복에 관한 좋은 소식들이다. 하나님이 자기 백성을 모으고 그들을 자신의 갱신된 나라(*basileia*)로 데려갈 것이다.

(5) "[나는] 너희에게 아버지가 되고 너희는 내게 자녀가 되리라." 또 하나의 매우 전통적인 진술이 도래하는 갱신의 선포를 완성한다. 하나님의 자녀로 입양되는 "입양 내러티브"는 회복 종말론의 웅장한 주제 중 하나다. 역대상에서 이 약속은 백성 전체에 적용되었다(대상 17장). 그런데 사무엘하에서 하나님은 다윗 가문의 메시아의 입양과 함께 자녀로서의 입양이 실현될 것이라고 약속한다. "나는 그에게 아버지가 되고 그는 내게 아들이 될 것이다"(삼하 7:14). 하나님이 직접 다윗의 자손을 위한 종말론적 성전을 짓겠다고 약속한다. 이 "집"은 영적 공동체가 될 것이다. 바울의 카테나의 사도적 메시지에 따르면 입양은 그리스도의 종말론적 성전, 즉 공동체 자체를 통해 실현된다. 이곳은 하나님이 신자들에게 아버지가 되는 장소다. 하나님이 예수의 생애 동안 예수의 아버지였듯이 말이다(참조. 아바; 롬 8:15).[57]

(6) "그리고 딸들." 짧은 세부내용이 또 다른 성서의 증거를 소환한다. 딸들이라는 개념은 구약성서의 역사서에서 유래한 것이 아니라 이사야 43:6절에서 기원한다. 종말론적 자녀 됨에 대한 이사야서의 묘사는 딸들을 언급하며 회복의 희망을 강조한다. 구원의 시대가 도래할 때 이스라엘

---

57   Martin은 복수로의 변화에 주목한다(삼하 7장은 다윗의 자손에 대해서만 이야기한다). Martin, *2 Corinthians*, 206. 하지만 이 변화의 이유는 적절한 구문론만을 위한 것이 아니다. 여기서 나단의 예언은 16절에 나타난 언약 공식을 재해석하며, 구원의 새로운 공동체가 다윗 가문의 새로운 인물—그 인물 안에서 하나님의 자녀로서의 입양이 일어난다—의 집합적인 몸인 메시아적 남은 자임을 확인한다.

의 모든 지파가 모일 것이다. "내 아들들을 먼 곳에서 이끌며 내 딸들을 땅 끝에서 오게 하며 내 이름으로 불려지는 모든 자, 곧 내가 내 영광을 위하여 창조한 자를 오게 하라. 그를 내가 지었고 그를 내가 만들었느니라"(사 43:6-7).[58] 이사야는 "눈이 있어도 보지 못하는 백성"이 어떻게 인도될 수 있는가에 관해 이렇게 말한다. "나 외에 구원자가 없기" 때문에 하나님만이 이 일이 일어나도록 할 수 있다(43:11). 이 카테나에 수집된 모든 단어에 회복의 복음이 분명하게 나타나 있다.

(7) **"전능하신 주의 말씀이니라."** 그 구약성서 구절 모음집은 확신의 표현으로 끝난다. 이러한 확신은 나단을 통해 다윗에게 주어진 약속에서 유래했을 수도 있다. 전능하신 주(*pantokrator*)는 70인역에서 가져온 용어인 것처럼 보인다. 체바오트(*Sebaoth*)라는 히브리어가 70인역에서 판토크라토르(*pantokrator*)로 번역된다(70인역 삼하 7:8). 이 연결이 옳다면 그 모음집은 다윗 가문의 인물이 하나님의 아들로 입양되는 중대한 약속에 등장하는 장엄한 단어로 끝을 맺는 셈이다.[59] 이 경우 마무리 짓는 어구조차 다윗에게 주어진 약속에 대한 총괄적인 해석—다윗의 자손의 나라가 실현될 때 하나님의 자녀로 입양되는 것이 현실화된다—을 강조한다. 이 나라(*basileia*)는 집이고, 하나님이 짓기로 약속했고 또 거기서 거하겠다고 약속한 성전이다.

이어지는 바울의 언급은 그가 전통적인 구약성서 약속들의 카테나를 의도적으로 인용했음을 증명한다. "우리가 이 약속을 가졌기 때문"이다(고후 7:1). 4QFlorilegium, 4QCatena/a (4Q177), 그리고 4QTestimonia와 유사한 약속 전승이 존재한다. 구약성서 구절들의 카테나는 회복에 대한 믿음과 거룩하게 사는 새로운 성전의 실재에 대한 믿음을 보여주는 성서의 증

---

58   Harris, *2 Corinthians*, 510.
59   Martin, *2 Corinthians*, 207을 보라.

거 역할을 한다. 그래서 바울은 다음과 같이 결론짓는다. "하나님을 두려워하는 가운데서 거룩함을 온전히 이루어 육과 영의 온갖 더러운 것에서 자신을 깨끗하게 하자"(7:1).[60]

쿰란문서 4QFlorilegium은 바울의 카테나와 흥미로운 유사점들이 있다. 이 본문 역시 다윗의 왕위에 토대를 둔 종말론적 희망을 반영한다. 여기서 다윗의 약속들이 공동체의 존재에 적용된다. 종말론적 희망은 다윗의 자손의 새로운 "집"에 초점을 맞춘다(삼하 7:10, "적이 더 이상 그를 괴롭히지 않을 것이다"). "이것은 마지막 날에 [그들이 그를 위해 지을] 집을 [가리킨다]. [모세의] 책에 '너는 네 손으로 [주의 성전을] 지을 것이다. 야웨가 영원토록 통치하실 것이다'라고 기록되었듯이 말이다." 그런 성전은 (출 15:17의 모세의 노래가 선포하듯이) 하나님 자신에 의해 지어지며 확실히 공동체를 가리킨다.

하지만 성전의 운명은 험난했다. "영원한 [영광이] 그 위에 영원토록 나타날 것이다. 처음에는 [이스]라엘의 죄로 인해 성[전]이 파괴되었지만 이방인들이 다시는 그것을 파괴하지 못할 것이다. 그리고 그가 자기를 위해 사람의 성전을 지을 것과 그곳에서 자기 앞에서 율법의 행위들을 자기에게 드릴 것을 명했다." 이제 인간의 손으로 지어지지 않은 새로운 성전이 이스라엘의 역사를 바로잡을 것이다. 그래서 구원 공동체는 악인들로부터 분리되어야 한다(참조. 사 8:11). 진정한 이스라엘에게 "벨리알의 모든 자손"으로부터의 해방이 주어질 것이다. 쿰란에서 거룩한 공동체(qāhāl)는 벨리알의 회중과 반대되는 것으로 여겨졌다(1QH 2.2). 문맥은 다르지만 쿰란의 카테나의 목적은 바울이 사용한 카테나의 목적과 놀라울 정도로 유사

---

60   쿰란의 약속 전통과 그것의 중요성에 대해서는 Gärtner, *Temple*, 51-53을 보라.

하다.[61]

그 분석은 고린도후서 6장에 수록된 구절이 후대에 삽입된 구절도 아니고 쿰란 자료를 직접 재해석한 것도 아님을 보여준다. 이런 해석들이 다양한 학자를 통해 제안되어왔지만 말이다. 대신 그 구절은 전통적인 자료를 수용해서 그것을 자신의 구원론에 맞게 조정하는 표준적인 바울신학을 대변한다. 이 구절에서 이전의 전승은 구원 공동체가 하나님 자신이 세운 종말론적 성전으로 이해되는 바울의 가르침의 일부가 되었다. 그것은 회복과 자녀로의 입양이라는 구약성서의 모든 약속을 성취하는 집이다. 그것은 처소를 거룩케 하는 성령으로 충만한, 하나님의 진정한 성전이다. 특히 고린도인들에게 보낸 서신들에서 바울은 그것을 "손으로 지어지지 않은" 성소로 묘사한다. 그것은 예수가 선포했던 바로 그 구원의 몸이다. 따라서 우리는 성전 건축 내러티브가 바울의 구원론에서 매우 중요한 요인이 되었고 바울이 예수와 예수의 제자들의 기본적인 가르침을 이어나가고 있다고 결론지을 수 있다.

5. 바울 그리고 유배와 회복의 메타내러티브

바울은 자신의 신학에 유배와 회복의 메타내러티브를 능숙하게 적용하는 것으로 보인다. 바울은 그의 서신들에서 회복의 실현에 관해 이야기하는 원대한 메타내러티브를 조사해서 그것에 토대를 둔 구원론을 가르친다. 바

---

61   Fitzmyer는 고후 6장의 인용문 이전에 이미 바울의 서문에서 쿰란문서에 직접적으로 대응하는 몇몇 요소가 있다고 지적하는데 그 요소들은 다음과 같다. 빛과 어두움, [그리스도와] 벨리알, 우상에 대한 반대, 하나님의 성전 개념, 부정으로부터의 분리. Fitzmyer, *Semitic Background*, 208. Fitzmyer는 이 구절을 쿰란 자료에 대한 기독교적 재해석으로 보기를 원한다. 이는 지나친 해석일 수도 있지만 그 전통적인 구절은 초기 기독교의 구원론에 채택된 유대교 사상의 성격을 보여준다.

울은 타락한 이스라엘이 여전히 유배 상태에서 살고 있으며 하나님의 진노 아래 있다고 믿는다. 하나님은 이 세상에 보내진 다윗의 자손을 위한 집을 약속했다. 이 집은 구원받은 신자들로 구성된 공동체인 종말론적 성전이다. 새로운 백성이 우상숭배와 더러움에서 떠날 때 이스라엘의 회복이 현실이 된다. 하나님은 자기 백성을 용서하고 온 세상과 모든 민족 중에서 그분의 백성을 모은다. 종말론적 왕국은 하나님 나라(basileia)이고 다윗의 자손이 예언자들을 통해서 주어진 약속에 따라 이 양 떼를 돌본다. 구원의 때는 자녀로 입양되는 때다. 다윗의 집은 집합적인 교회(ekklēsia)이며, 그곳에서 하나님은 다시금 모든 신자의 아바 아버지가 될 것이다.

바울에게는 위에서 언급된 카테나로 대표되는 신학이 종말론적 공동체의 존재를 정당화한다. 신자들의 교회(ekklēsia)는 그리스도의 몸이고 손으로 지어지지 않은 성전이다. 즉 "우리는 살아계신 하나님의 성전이다." 오랫동안 기다려졌던 다윗의 자손이 자신의 희생을 통해 속죄를 이루었기 때문에 이스라엘의 회복이 이미 일어나고 있다. 따라서 하나님이 자신의 종말론적 성전에서 모든 사람을 거룩하게 할 것이다. 그의 이름을 부르는 사람은 누구나 그의 자비로운 나라로 받아들여질 것이다. 성령이 이 새로운 성전에 거주하고 있기 때문에 그 공동체는 거룩하다. 이것이 바로 유배기의 약속들과 회복에 대한 희망이 구약성서의 예언서들에서 지녔던 것과 똑같은 의미로 이 공동체에 직접 적용될 수 있는 이유다. 그리스도께로 나아오는 사람은 모든 더러움으로부터 깨끗해질 것이고 그들은 모든 우상을 폐기하고 하나님과의 진정한 연합을 발견할 것이다.[62]

이 때문에 바울은 이러한 신학을 권고적인 사안들에 적용한 것이다.

---

62 갈 2:9에 언급된 기둥들(styloi), 즉 야고보, 게바, 요한이 실제로 성전의 기둥들을 가리킬 수도 있다. 그런 수사는 훗날 계 3:12에 등장한다. "이기는 자는 내 하나님 성전에 기둥이 되게 하리니…" 참조. Sweet, Templum, 377.

그리스도 안에서 자유를 발견한 신자들은 성전의 거룩함을 유지하면서 살아야 한다. "그런즉 사랑하는 자들아, 이 약속을 가진 우리는 하나님을 두려워하는 가운데서 거룩함을 온전히 이루어 육과 영의 온갖 더러운 것에서 자신을 깨끗하게 하자"(고후 7:1). 바울은 자신의 논점을 증명하기 위해 시작점으로 돌아간다. "하나님의 성전과 우상이 어찌 일치가 되리요?"(고후 6:16) 성전이 거룩하므로 모든 신자는 자신의 삶을 경계하고 매일의 삶에서 성전의 거룩함을 유지할 필요가 있다.

바울은 자신의 회복 종말론에서 예수가 그 토대 위에 유배의 수사를 전개했던 바로 그 주제들을 사용한다. 시대의 대전환이 도래했다. 이스라엘에게 주어진 모든 약속이 실현되었다. 하나님은 고난 받는 자신의 종을 보냈고 그는 죽기까지 복종했다. 이제 하나님이 예수를 죽은 자들 가운데서 일으켰고 죽은 자들의 부활을 시작했으며 그리스도를 높여 자기의 영광의 보좌 "우편"에 앉혔다. 바울에게 있어 그리스도의 공동체는 다윗의 자손을 통해 지어진 성전, 곧 예언자들이 기대했던 집이다. 하나님은 백성의 부르짖음에 응답하고 자기 백성을 용서한다. 그가 친히 살아있는 돌을 사용해서 성전을 짓는다. 이곳은 성령이 거주하고 신자들이 성전의 제사장으로 봉사하는 장소다. 그들은 제사에 참여하고 하나님에 의해 제공된 거룩함을 통해 정결해진다. 이것이 바로 하나님이 현재 자기 백성 가운데 거하는 방식이다. 그는 그들의 마음속에 거한다.

회복 종말론은 또한 바울로 하여금 "선한" 아보다트 이스라엘(*Avodat Israel*), 즉 사람들의 종교적 섬김과 토라 준수에 이의를 제기하게 만든다. 바울은 예수와 마찬가지로—필요한 변경을 가해서—성전과 성전의 관행을 공격한다. 상당히 논란이 되는, 율법의 행위에 대한 바울의 원래 개념과 이후의 개념이 이 관점에서 설명될 수 있다. 바울 구원론의 맥락에서 종교 관습들은—우리가 예수의 가르침의 또 다른 특징 중 하나를 적용하자면—

"강도의 소굴"에서 행해진 관습이기 때문에 부정적으로 다뤄진다. "이것은 주의 전이다"라고 외치기에는 너무 늦었듯이 그 자체로는 좋은 섬김인 율법의 행위에 의지하기에도 너무 늦었다. 유배 상태로 인해 회개(*metanoia*) 없이는 이스라엘이 하나님을 섬길 수 있는 가능성이 파괴되었다.

바울의 사상은 독특하다. 그는 고도의 추상화와 방대한 역사적 관점으로 글을 쓴다. 그는 그리스도를 이스라엘의 역사 전체의 정점으로 본다. 선택받은 백성의 메시아가 도래했지만 이스라엘은 진노의 전통을 조장하고 따라서 환난(*peirasmos*)의 시기, 곧 고통의 때가 조성된다. 이스라엘은 회심하기 전의 바울처럼 자신의 상태를 모르는 채 하나님의 적으로 살았다. 그들은 주님과 토라의 준수를 변호하려고 하면서 하나님의 회복을 파괴한다. 이스라엘은 자신의 구원자를 영접하지 않고 대신 엘리야인 세례 요한과 이 마지막 때의 예언자가 그 출현을 예고한 다윗의 자손 모두를 죽인다.

이러한 구원론은 예언서들에서 유래된 또 다른 주제인 남은 자 신학을 도입함으로써 마무리된다. 구원의 복음은 가난한 자들에게만 속한다. 좋은 소식은 잃어버린 지파들을 부르고 진정한 이스라엘인 남은 자를 모은다. 그들은 마음에 할례를 행하고 하나님의 음성을 듣는 자들의 집단이다. 이 남은 자들은 주의 이름을 부르고—그 결론이 말하듯이—이 악한 세대로부터 구원받는다. 그리스도를 믿는 공동체는 점차 구원의 큰 나무로 자라게 될 회복의 씨다.

따라서 우리는 바울이 그의 가르침에서 두 종류의 전통적인 자료를 사용한다고 결론지을 수 있다. 한편으로 그는 회복 종말론을 효과적으로 사용해서 예수의 선포를 계속한다. 다른 한편으로 그는 초기 기독교 공동체의 선포에서 나온 케리그마적 자료와 신앙고백문을 차용한다. 이 둘이 결합됨으로써 대예언자들의 유배의 수사에 기초하면서 갱신 담화의 모든 중요한 요소들이 발견되는 완벽한 회복 신학을 만들어내는 구원론이 출현한다. 이 두가지 측면은 율법 및 칭의에 대한 바울의 견해에 대한 해석에서 중요한 원리들로 여겨질 수 있다. 이제 우리는 그 두 주제를 살펴보아야 한다.

II. 사랑의 법에 대한 바울의 지혜 전승

바울이 율법의 행위에 관해 다룬 내용은 율법에 대한 그의 신학의 한 측면을 보여준다. 이에 더하여 우리는 토라의 의미에 관한 바울의 가르침에 대해 자세히 연구할 필요가 있다. 바울과 율법이라는 문제가 수십 년간 신약학계에서 중요한 주제였음은 주지의 사실이다. 많은 저자가 제2성전기 율법주의 문제에 대해 논의해왔으며 상당히 오랫동안 언약적 율법주의 이론이 논의의 우위를 점하고 있다. 그 이론의 유익과 결점을 다루기 전에 우리는 바울이 율법(*nomos*) 개념을 실제로 어떻게 이해했는지 조사할 필요가 있다. 바울은 그 용어를 다양한 맥락에서 사용하며 그것에 여러 의미를 부여한다. 위에서 우리는 "율법의 행위"라는 용어가 바울의 저술에서 부정적인 의미로 나타나는 한편, 바울이 그와 동시에 모세의 율법을 칭찬하고 그것을 거룩하다고 여긴다는 점을 살펴보았다. 따라서 우리는 바울에게 있어 율법(*nomos*)이 어떻게 지혜의 근원이자 사랑의 표현일 수 있는지 질문할 필요가 있다.

1. 바울과 모세

유대 교사들에게 있어 모세의 중요성은 아무리 강조해도 지나침이 없다. 모든 신학적 가르침과 논쟁은 오경을 참조함으로써 검증된다. 오경은 무엇이 적절하고 중요한지를 판단하는 표준이다. 바리새인 바울은 이 전제를 토대로 작업한다. "기록된 바"라는 짧은 도입구는 구약성서가 인용된 많은 구절에서 다양한 형태로(*kathōs gegraptai* 혹은 *hoti gegraptai*로) 등장한다. 그 논의에 참여하는 사람은 모두 그 본문들을 권위 있는 것으로 받아들이고 이러한 구절들에서 발견되는 추론에 근거하여 자신의 결론을 내린다.[63]

또한 바울은 구약성서를 지속적으로 언급한다. 예컨대 갈라디아서에서 바울은 "성경"(*hē grafē*)과 "율법 책"(*biblios tou nomou*, 갈 3:10에서 신명기를 인용할 때 사용함)을 언급한다. 로마서는 복음에 대한 증언 역할을 하는 거룩한 글들(*en grafais hagiais*, 롬 1:2; 개역개정에서는 "성경"으로 번역되어 있음)에 대한 언급으로 시작하며, 바울이 로마서 4장에서 아브라함을 예로 사용할 때 그는 단순히 "성경이 무엇을 말하느냐?"(롬 4:3)라고 진술한다. 바울은 구약성서 본문에 자신의 가르침의 토대를 둔다. 로마서 1장에서 인간의 타락에 관한 가르침은 창세기 시작 부분의 모든 네발 달린 짐승(*tetrapodoi*)과 파충류에 대한 간단한 페쉐르에 기초한다(롬 1:20-27). 이어서 고린도전서에서 "기록된 바"라는 표현을 통해 이스라엘의 방랑이 좋은 예시와 경고 역할을 한다. 그의 제시는 구름, 바다 가운데로 지남, 반석에서 나온 물로 구성된다(고전 10:1-4).

그렇다면 율법의 본질에 관해서는 어떠한가? 로마서에서 내포 독자(implied reader)가 구절마다 바뀌는데 바울은 종종 학식 있는 유대인과의 논쟁을 상정한다. 이렇게 구성된 논쟁에서 바울은 자기가 속한 전통이 그에게 가르쳐준, 토라를 존중하는 관점을 받아들인다.

---

63 율법에 대한 바울의 이해에 관한 훌륭한 개관이 많다. Winger, *By What Law?*를 보라. Schnabel, *Law and Wisdom from Ben Sira to Paul*도 참조하라.

유대인이라 불리는 네가 율법을 의지하며 하나님을 자랑하며 율법의 교훈을 받아 하나님의 뜻을 알고 지극히 선한 것을 분간하며 맹인의 길을 인도하는 자요 어둠에 있는 자의 빛이요 율법에 있는 지식과 진리의 모본을 가진 자로서 어리석은 자의 교사요 어린 아이의 선생이라고 스스로 믿으니, 그러면 다른 사람을 가르치는 네가 네 자신은 가르치지 아니하느냐?(롬 2:17-20)

사람은 율법을 통해서 하나님의 뜻을 알고 선과 악을 구분한다. 몇몇 메시아적 표현들도 많은 유대 교사들에게 사랑을 받았다. 주의 올바른 종은 보지 못하는 사람의 눈을 밝혀줘야 하므로(사 42:6-7) 그들은 눈먼 자들을 돕는 자였다. 이사야서에 의하면 교사는 "이방의 빛"이자 "흑암에 앉은 자"를 돕는 자여야 한다. 그리고 사랑받는 시편 119편에서 경건한 자는 "주의 말씀은 내 발에 등이요 내 길에 빛이니이다"(시 119:105)라고 말한다.

훗날 그런 구절들이 랍비들과 서기관들의 임무에 대한 묘사로 옮겨졌다. 교사의 임무는 무지한 자를 교육하고 학생들이 하나님의 완벽한 뜻의 복잡한 내용을 이해할 수 있도록 만드는 것이다. 이것이 미쉬나가 교사들에게 유대교 전통을 전달할 것을 권고하는 방식이다(m. Avot). 바울의 원래 본문에서 율법은 진정한 지식(여기서는 지식의 "구현"(embodiment, NRSV. 개역개정에서는 "모본"으로 번역되어 있음)의 "기본적인 형태"(morfē, 이 단어는 번역에서 종종 제외된다)도 갖고 있다. 따라서 유대 교사들에게뿐만 아니라 바울에게도 율법은 우리가 사는 세상을 이해하는 필수적인 도구다.[64]

따라서 바울의 율법 개념을 다룰 때 우리는 율법의 본질과 율법의 기

---

64   율법은 생명의 율법(nomos zōēs, 집회서 17:11), 좋은 삶에 대한 완벽한 안내서다. 율법의
      내용에 관해서는 Stuhlmacher, *Biblische Theologie I*, 258-61을 보라.

능을 구분할 필요가 있다. 율법은 선한 것이지만 바울에게 있어 그것은—개인의 종말론적인 미래에 대해서는 말할 것도 없고—개인의 삶에서 부정적인 기능을 수행할 수 있다. 율법의 성격에 대한 이런 이중적인 관점 때문에 때때로 바울의 관점에 대한 설명이 불분명해진다. 사실 하나님의 법의 상이한 기능들에 관한 바울의 신랄한 묘사를 명확히 설명하기는 어렵다.[65]

하지만 율법에 관한 바울의 가르침에는 모순이 존재하지 않는다. 바울은 율법의 내용에 의문을 제기하지 않으며 그의 서신들에서 이 점을 줄곧 지적한다. 이 점에서는 바울의 견해와 율법학자들의 가르침이 다르지 않다. "그런즉 우리가 믿음으로 말미암아 율법을 파기하느냐? 그럴 수 없느니라. 도리어 율법을 굳게 세우느니라"(롬 3:31). 바울에게 있어 하나님의 율법의 본질은 선하다. "이로 보건대 율법은 거룩하고 계명도 거룩하고 의로우며 선하도다"(롬 7:12). 바울이 율법의 다른 기능들이나 인간의 가능성에 관해 어떤 말을 하려고 하든 간에 그는 결코 율법의 본질을 공격하지 않는다. 율법은 하나님이 친히 주셨기 때문에 거룩하다. 계명들은 우리의 삶을 유지해 주기 때문에 선하다. 이 점에서 율법은 축복의 원천일 수 있다. 해석사는 바울의 율법주의 일반에 대한 혼란스러운 개념들로 가득하기 때문에 우리는 이 출발점을 주목할 필요가 있다. 바울은 잠재적인 유대인 청자들에게 영향을 주고 그들로 하여금 율법의 기능에 대한 자신의 변화된 견해를 믿도록 설득하기 위해 율법의 긍정적인 면부터 시작한다.

바울은 종종 매우 복잡한 용어인 "자랑"이라는 단어를 사용한다. 그 단어는 서구 언어에서 일반적으로 부정적인 함의를 지니지만 원래의 맥락에서는 그렇지 않다(적어도 반드시 그런 것은 아니다). 바울은 위의 사례에서처럼 선한 것, 특히 하나님의 율법에 대한 유대인들의 열심을 표현할 때 이 단어

---

65   이 두 기능에 관해서는 예컨대 Hahn, *Theologie II*, 351-52를 보라.

를 자주 사용한다. "네가 스스로를 유대인이라 부르고 율법을 의지하여 하나님에 대한 너의 관계를 자랑한다"(롬 2:17. 개역개정을 사용하지 아니함). 전형적인 유대인은 하나님의 율법을 즐거워해야 한다고 믿는다. 우리가 시편 119편에 나타난 기쁨에 찬 몇몇 표현을 상기하기만 해도 이 점을 잘 알 수 있다. "내가 주의 증거들의 도를 즐거워하였나이다"(시 119:14). 이것이 여기서 바울이 염두에 두고 있는 점이다.[66]

바울이 사용한 단어 "자랑하다"(*kauchasthai*)는 우쭐대는 것이나 기뻐하는 것을 의미한다. 현재의 문맥에서 그 단어는 명백히 하나님의 율법을 기뻐하는 것을 의미한다. 그 단어에는 기본적으로 긍정적인 색조가 있다 (갈 6:13-14에 나타난 긴장과 마찬가지로; 하나님이나 그리스도를 자랑하는 것에 관해서는 고전 1:31, 고후 5:17을 참조하라). 구약성서에서 이 단어는 죄인들의 자랑을 가리키는 부정적인 의미로도 사용된다(시 52:3/70인역은 51:3; 94:3/70인역은 93:3). 하지만 그 단어는 하나님 안에서 경건한 신자들이 가진 기쁨을 묘사하는 데 훨씬 더 많이 사용된다(시 5:11; 32:11; 89:18; 참조. 모세의 축복의 끝부분인 신 33:29; 렘 17:14). 따라서 즐거움을 뜻하는 카우케시스(*kauchēsis*)는 신적 율법의 완벽한 정수(精髓)에 대한 이스라엘의 기쁨을 가리킨다. 이 관점은 집회서를 통해서도 잘 지지된다. "그는 배운 지식을 밝히 가르칠 것이며 주님의 계약인 율법을 자랑할(*kauchēstai*) 것이다"(집회서 39:8).[67]

바울에게 있어 하나님의 법을 즐거워하는 것은 당연히 긍정적인 현상이다. 위에서 언급된 로마서 2:17에 나타난 바울의 가르침도 이런 식으로 이해되어야 한다. 바울이 유대인들이 토라를 즐거워한다고 말할 때 그는

---

66   특히 Avemarie, *Tora und Leben*, 284-85가 그렇게 생각한다.
67   일반적인 배경은 Hahn, *TBLNT II*, 1052를 보라. 그러나 그는 자랑의 부정적인 면을 강조하는 경향이 있다. 하지만 Gathercole은 바울에 대한 새 관점의 지지자들에게서 자랑은 대체로 인종적 특권으로 여겨진다고 지적한다. Gathercole, *Boasting*, 220-26.

아보다트 이스라엘에 대한 그들의 행복을 가리킨다. 유대교 신학자들은 그들의 카우케시스가 율법주의적이거나 하나님 앞에서 자기의 능력에 관한 독선적인 자랑이라고 생각하지 않았다. 제2성전기 지혜 전승의 신인협력설을 통해서 대다수 유대인은 매일의 순종으로 충분하며 토라가 그들의 삶의 빛이요 기쁨이라고 믿었다. 다시 말하지만 바로 이 지점이 바울이 반대하려고 하는 부분이다. 율법의 기능이 바뀌면 율법에 대한 사람의 태도도 변한다. 그래서 바울은 훗날 율법과 은혜 사이의 대조를 설명할 때 동일한 단어를 사용한다. 율법에 대한 기쁨이 그리스도에 대한 기쁨으로 바뀐다. 바울은 하나님의 복음을 "자랑하기"(kauchasthai)를 원했다.[68]

바울은 모세 전통의 특성, 토라 순종에 대한 권고, 그리고 이스라엘 백성 앞에 놓인 유명한 두 개의 길을 잘 알고 있었다. 첫 번째 길은 토라를 준수하는 길이고 다른 길은 배교의 길이다. 곧은 길을 따르면 삶에 복이 오지만 하나님의 말씀을 버리면 배교자에게 저주가 임한다(신 30:15-20). 바울은 결코 이 출발점에 의문을 제기하지 않지만 자신의 청자들이 하나님의 율법의 적절한 의미를 배우기를 원한다. 죄를 드러내고 죄를 통제하기 위해 율법이 필요하지만, 인간이 율법의 긍정적인 축복을 통해 구원과 하나님의 호의를 찾으려고 하기에는 너무 늦었다. 바울은 율법이 가져올 수 있는 것은 하나님의 저주뿐이라고 주장한다.

---

68 불트만 학파에서 자랑은 대개 자기 의존으로 설명되어왔다. 다음 문헌들을 보라. Käsemann, *Römer*, 95; Hübner, *Law*, 116. Dunn은 자신의 주석서에서 이에 대해 비판했다. 나는 Dunn의 결론—바울이 유대인이 "하나님이 자기 민족에게 헌신하고 그들을 다른 민족들로 따로 떼어냈음을 나타내는 표시로서의 율법을 자랑하는 것"을 공격한다—에 동의한다. Dunn, *Romans*, 185; 참조. Gathercole은 바울이 롬 3:27에서 유대인의 자랑이라는 주제를 다룰 때 "**하나님이 선택과 순종에 근거하여 이스라엘을 신원하리라는 것과 하나님이 이스라엘을 이방인들보다 먼저 그리고 이방인들에 대항하여 신원하리라는 것에 대한 확신**"을 의미했다고 말한다. Gathercole, *Boasting*, 226. 강조는 원저자의 것임.

바울의 구원론에서 율법은 기소자(prosecutor)다. 바울의 법정적 수사는 사람들을 신법의 법정에서 하나님의 재판석 앞에 서게 한다(롬 3:19). 검사가 자리에서 일어나면 아무도 자신을 변호할 수 없다. 모든 사람이 죄로 인해 하나님의 정죄 아래 살고 있다.[69]

> 우리가 알거니와 무릇 율법이 말하는 바는 율법 아래에 있는 자들에게 말하는 것이니 이는 모든 입을 막고 온 세상으로 하나님의 심판 아래에 있게 하려 함이라. 그러므로 율법의 행위로 그의 앞에 의롭다 하심을 얻을 육체가 없나니 율법으로는 죄를 깨달음이니라(롬 3:19-20).

따라서 율법에서 핵심적인 요소는 율법의 기능이다. 여기서 전형적인 유대인의 질문이 제기된다. 이 질문은 처음에는 바리새인인 바울 자신에게도 어려운 질문이었을 것이다. 선택받은 백성에게도 인간의 상태가 달랐던 적이 있는가? 좀 더 집요한 질문을 하자면 인간은 하나님의 율법을 알게 되기 전에 자유로웠는가?

바울은 끝까지 일관성을 유지한다. 그는 아담과 모세 사이의 기간에는 죄가 죄로 "여겨지지 않았다"고 말한다. 그때는 인간과 하나님 사이의 관계가 하나님의 계명이란 관점에서 평가되지 않았던 시기였다. 이 대목에서 바울의 용어를 적용하자면 우리는 사람들이 비윤리적인 행동을 저지르고 있었음에도 죄가 드러나지 않았고 "죽은" 상태였다고 말할 수 있다. 바울의 용례에서 죄는 하나님의 말씀에 대한 위반을 의미한다. 하지만 그렇다고 해서 인류의 상태나 인간의 운명이 바뀌지는 않았다. 타락 이후 영원한 죽음이 인류 전체를 지배했다. "한 사람의 범죄를 인하여 많은 사람이 죽

---

69   이 측면은 후에 이번 장의 섹션 II.4에서 자세하게 논의될 것이다.

었다"(롬 5:15). 그리고 "한 사람의 범죄로 말미암아 사망이 그 한 사람을 통하여 왕 노릇 하였다"(5:17).

바울은 이처럼 모세의 토라의 본질적인 내용을 자신의 신학에 받아들이고 그것에 대해 "긍정적인" 평가를 내린다(적어도 율법의 원래 기능 관점에서는 말이다). "율법으로는 죄를 깨달음이니라"(롬 3:20). 이 지식은 피상적이거나 학문적인 것이 아니다. 그 개념 자체가 언제나 재판과 관련이 있으므로 그것은 법정적 성격을 갖고 있다. 즉 율법을 어기면 유죄 선고로 이어진다. 율법을 어기면 벌을 받게 되므로 율법에 대한 위반은 죄로 인식된다.[70] 구약성서와 바울 서신 모두에서 하나님은 자기의 뜻을 어긴 사람들을 처벌할 것으로 기대되는데 하나님의 뜻의 본질은 사랑이다. 그래서 바울의 구원론에서 이스라엘의 주님과 부패한 인간 사이의 관계는 법정적인 색조를 지닌다. 하나님은 정의로운 행동을 요구하며 모든 개인이 공정한 취급을 받는 사회적 정의를 원한다. 구원의 성취를 전개하는 어떤 구원론적 측면도 이런 이해와 바울의 사상에 나타난 이 측면을 버리거나 무시할 수 없다.

위에서 설명된 내용은 모두 바울이 다룬 모세의 율법에 많은 요소가 있음을 의미한다. 율법의 속성에 관해 바울이 제시하는 부정적인 많은 언급을 다루기 전에 우리는 율법의 본질에 관해 그가 채택한 긍정적인 관점을 좀 더 알아볼 필요가 있다. 바울은 하나님의 완벽한 율법(*nomos*)에 대한 어떤 개선도 제안하지 않는다. 대신 그는 지혜 전승의 훌륭한 신학자들처럼 하나님의 지혜라는 관점에서 율법의 방대한 내용을 표현할 수 있는 새로운 방법을 찾으려고 노력할 뿐이다.

---

70   Winger, *By What Law?*, 15-20; 참조. Thielman, *Plight*, 99-100; Schreiner, *Law*, 65-66.

2. 창조의 지혜로서의 율법

바울에게 있어 율법이 하나님의 완벽한 말씀이자 진정한 사랑의 표현이라는 관점은 구약성서의 책들과 제2성전기에 발전된 사상들에 근거했다. 바리새파의 율법학자로서 바울은 지혜 전승을 알고 있었다. 따라서 그는 삶의 지혜로서의 율법의 실천적인 중요성을 이해했다. 바울에게도 하나님의 율법은 창조의 지혜를 나타냈다. 신학적 초점은 이제 단순히 시내산에 맞춰지지 않고 모든 것의 시작에 집중되었다. 이것이 바울이 온 세상과 모든 인간의 삶을 모세 율법의 관점에서 해석한 또 다른 이유다.[71]

위에서 언급된 모세의 책들은 하나님의 축복이나 저주로 이어지는 두 길에 관해 이야기한다. 유대의 지혜 신학은 같은 주제에 대해 좀 더 철학적으로 접근한다. 율법주의적인 신학이 좀 더 넓은 맥락 안에 놓인다. 하나님의 뜻이 시내산에서 주어진 계명들로만 구성되는 것은 아니다. 율법은 창조체계 및 신적 포고들과 동일시된다. 마르틴 헹엘이 말했듯이 신학적 개념은 토라 존재론(*Tora-ontologie*)을 통해 형성된다. 온 세상이 하나님의 율법과 일치하는 방대한 일련의 규칙들로 조직되어 있다. 모든 인간의 삶은 좀 더 일반적인 이런 법칙들의 지배를 받는다.[72]

지혜 신학에서 하나님의 창조의 힘을 반영하는 의인화된 지혜를 통해 토라가 보완된다. 학자들은 자주 잠언에서 발견되는 지혜의 시작에 대한 아름다운 묘사—지혜가 하나님의 첫 작품으로 만들어졌다—가 이러한 지혜 전승의 믿음을 표현한다고 가정한다(잠 8:22, 27, 32). 후에 집회서는 하나

---

71   나는 이것이 상당히 널리 인정된, 제2차 세계대전 후의 연구의 한 측면이라고 생각한다.
      다음 문헌들을 보라. Hengel, *Pre-Christian Paul*, 44-45; Stuhlmacher, *Biblische Theologie I*, 255-56.

72   특히 Hengel, *Judentum*, 455-56이 그렇게 생각한다.

님의 영원한 질서를 언급함으로써 창조에 관해 다음과 같이 기록한다.

> 만물은 시초부터 주님의 뜻대로 된 것이며 그것을 만드신 후 각기 제자리
> 를 정해 주셨다. 그리고 모든 피조물에게 영원한 질서를 주시고 시간이 흐
> 름에 따라 다스리신다(집회서 16:26-27).

같은 사상이 지혜문학의 다른 곳에서도 발견된다. 바룩서에서 하나님의 창
조에 기반을 두고 있는 지혜(바룩 3:32)가 모세의 율법과 동일시된다. "그것
[지혜]은 곧 하나님의 계명과 영원히 존속하는 율법을 기록한 책이다"(바
룩 4:1). 집회서 역시 이 점을 진술한다. 창조의 지혜는 하나님의 계율의 지
혜다. "지혜를 원하거든 계명을 지켜라. 주님께서 지혜를 주시리라"(집회서
1:26).

유대교 신학에서 지혜는 생명을 낳고 유지하는 존재로 묘사된다. 그
것은 구약성서에서와 마찬가지로 토라와 동일시된다. 지혜를 따르면 살고
지혜를 버리면 죽을 것이다(바룩 4:1; 집회서 15:17; 지혜서 1:12-15). 구약성서
의 권고에서 매우 중요한 두 길이 여기서는 하나님의 지혜를 듣는 것과 불
경건을 의미한다. 사안들이 판단되는 기준은 지혜인데, 바로 이로 인해 지
혜가 토라와 동일시된다. 의로운 신자는 하나님의 뜻을 따르지만 배교자는
지혜의 음성을 듣지 않는다.[73]

구원론의 맥락에서 종종 율법에 대한 지혜 전승 관점이 등장한다.
누가 하나님 앞에서 살 것인지를 묻는 것이 요점이므로 이는 어느 정도 예
상된 일이다. 불경한 자들의 삶은 그들이 신의 계명과 하나님의 창조 계획
에 순종하지 않음을 보여준다. 세상에는 기본적인 법칙들이 있는데, 몇몇

---

[73] 지혜문학에 나타난 표준적인 특징에 관해서는 Murphy, *Tree of Life*, 113-17을 보라.

초기 유대교 신학자에 따르면 그 법칙들은 창조 체계에서 유래한다. 이것이 제2성전기 문헌에서 발견되는 긴 죄 목록의 적절한 맥락이다. 불경한 자들의 경박한 삶이 사악함에 대한 자세한 기록으로 묘사된다. 이런 목록에 나타난 부정적 진술은 율법의 다른 측면들에 관한 긍정적인 관점에 근거한다.

대개 배교가 그 목록에 등장하는 첫 번째 항목인데, 배교는 우상승배에서 가장 명확하게 표현된다(지혜서 11:15; 12:24; 14:12). 여기서 지혜 신학은 배교가 선택받은 백성이 저지를 수 있는 가장 중대한 죄로 제시되는 구약성서의 율법주의를 따른다. 배교는 사람들에게 하나님의 진노를 가져오는 범죄다(출 20:3-5). 이에 더하여 지혜 문헌 저자들은 갈등으로 말미암아 인간의 삶이 종종 "유혈이 낭자한 격렬한 소동"이라고 말한다.

> 그들은 하느님을 잘못 인식하는 데 그치지 않고 더 나아가서 무지에서 오는 격렬한 싸움 속에 살면서 이와 같은 온갖 악을 평화라고 부른다.…유혈과 살육과 도둑질과 사기로 모든 것은 뒤범벅이 되고 부패와 불신과 폭동과 위증이 난무하며 선량한 백성들을 못살게 굴고 좋은 제도는 파괴되고 어디 가나 배은망덕이며 영혼들은 더럽혀지고 성행위가 난잡하고 결혼제도는 질서를 잃고 음행과 방탕이 성행한다. 이름조차 붙일 수 없는 우상들을 숭배하는 것은 모든 악의 시작이요 원인이요 마지막이다(지혜서 14:22, 25-27).

우리가 이런 죄 목록을 그저 해로운 문제들을 모아놓은 정도로 이해하면 안 된다. 그것은 실로 인간의 불경에 대한 묘사다. 첫 번째 출발점은 긍정적이다. 인간의 삶은 하나님의 선한 창조의 결과이기 때문에 삶에 대한 모든 죄는 동시에 하나님의 율법 위반이다. 이런 목록들이 구체적인 문제들에 자세히 초점을 맞추고 있기는 하지만 그 목록들은 인간의 상태를 묘사하는 예들의 집합으로 여겨져야 한다. 배교자가 하나님의 지혜를 버렸다면 그(녀)는 하나님을 버린 것이다. 그래서 그(녀)의 인생 전체가 삶을 구성하고 있는 법칙들을 어기는 무분별한 이기심을 반영한다. 이 목록들은 율법에 대한 지혜 전승 관점의 맥락에서 이해될 수 있고 의미가 있다. 인간의 삶의 선한 측면은 하나님의 율법의 측면으로 여겨질 수도 있고 따라서 그것은 인간의 삶의 부패를 평가하는 기준으로 사용될 수 있다.[74]

우리는 율법에 대한 지혜 전승의 관점으로 바울의 죄론을 반박할 수 없다. 바울에게 있어 죄는 단순히 아담 이후 세상을 다스리는 우주적 권세만이 아니다. 그것이 바울신학의 한 측면이기는 하지만 말이다. 바울은 죄에 대해 매우 자세하게 말한다. 그 개념은 지혜 전승의 토라 해석에 근거한 독특한 내용을 갖고 있다. 지혜 전승의 가르침의 보편적인 두 가지 특징이 바울 서신에서도 발견된다. 첫째, 지혜가 신적 창조와 동일시된다. 둘째, 인간의 악함은 하나님의 법령을 지속적으로 위반하는 것으로 묘사된다. 이 특징들은 로마서 1장에서 두드러지게 나타난다. 바울은 창조가 사실상 하나님을 알기 위한 토대를 형성한다고 진술한다. 그리고 하나님의 율법에 대한 인간의 지식은 본질적으로 하나님이 모든 것을 창조했다는 사실에 근거한다. "창세로부터 그의 보이지 아니하는 것들 곧 그의 영원하신 능력과 신성이 그가 만드신 만물에 분명히 보여 알려졌다"(롬 1:20). 이처럼 바울은 율법에 대한 지혜 전승의 이해로부터 시작한다. 창조의 모든 법은 하나님의 토라와 동일하다.

바울은 이어서 인간의 불경을 묘사할 때 지혜 전승의 입장을 유지

---

74 Dunn은 제2성전기 유대 문헌에 나타난 몇 가지 "악덕 목록"을 열거한다. 바울이 후에 악덕에 관해 쓸 때 그는 표준적인 목록을 사용할 필요가 없었고 단지 자신의 죄론에 나타난 원리를 적용하기만 하면 되었다. Dunn, *Romans*, 67.

한다. 그는 사람들이 창조의 지혜와 하나님을 버리고 우상에 빠졌다고 선 포한다(롬 1:23). 여기에는 그에 상응하는 결과가 따른다. 인간의 삶은 부패 해졌고 바울은 사악한 삶의 다양한 표현을 묘사하는 죄들의 목록을 열거 한다.

> 곧 모든 불의·추악·탐욕·악의가 가득한 자요, 시기·살인·분쟁·사기·악
> 독이 가득한 자요, 수군수군하는 자요, 비방하는 자요, 하나님께서 미워
> 하시는 자요, 능욕하는 자요, 교만한 자요, 자랑하는 자요, 악을 도모하는
> 자요, 부모를 거역하는 자요, 우매한 자요, 배약하는 자요, 무정한 자요, 무
> 자비한 자라(롬 1:29-31).[75]

고린도전서 역시 지혜 전승의 주제들로 시작한다. 1장의 서술 배후에서 우 리는 솔로몬의 지혜의 반향을 들을 수 있다. "하느님을 모르는 자들은 모두 태어날 때부터 어리석어서 눈에 보이는 좋은 것을 보고도 존재하시는 분 을 알아보지 못하였고, 업적을 보고도 그것을 이룩하신 분을 알아보지 못 하였다. 그래서 그들은 불이나 바람이나 빠른 공기, 또는 별의 회전, 혹은 도도하게 흐르는 물, 하늘에서 빛나는 것들을 세상을 지배하는 신들로 여 겼다"(지혜서 13:1-2). 원칙적으로는 자연신학을 통해, 즉 하나님의 창조를 관찰함으로써 하나님을 알 수 있다. 하지만 바울은 이것이 좋은 결과로 이 어지지 못했다고 말한다. 사람들은 자신을 신적 지혜에 복종시키지 않았다. "하나님의 지혜에 있어서는 이 세상이 자기 지혜로 하나님을 알지 못하므 로 하나님께서 전도의 미련한 것으로 믿는 자들을 구원하시기를 기뻐하셨

---

75 Jewett은 이 목록들의 세부사항으로 미루어볼 때 바울이 유대교 전승과 그리스-로마 윤 리로부터 파생된 단어들 및 심지어 스토아 학파의 윤리에 친숙한 특정한 용어들을 사용 하는 것처럼 보인다고 지적한다.

도다"(고전 1:21).

그러므로 바울이 그의 신적 율법 신학에서 지혜 전승의 개념과 사상을 사용했다는 것이 명백하다. 하지만 그의 구원론에서 바울은 더 이상 지혜가 구원에 이르는 길 역할을 할 수 있다고 믿지 않는다. 태초에 그리고 완벽한 세상에서는 원론적으로 하나님을 아는 것이 가능했을 것이다. 문제는 순수의 시대가 끝났다는 것이다. 현실의 인간 상태는 순수와는 정반대다. 구원을 발견하기를 원한다면 인간은 이제 하나님의 어리석음을 추구해야 한다.

3. 사랑의 핵심

바울에게 있어 율법에 대한 구약성서의 관점이 중요하다는 점은 의심할 나위가 없지만 우리는 그의 가르침에 나타난 중요한 주제는 예수의 가르침에서 직접 유래한다는 점을 잊지 말아야 한다. 바울은 토라와 하나님의 계율의 목적에 대해 쓰면서 우리가 율법의 가르침의 핵심에서 사랑의 원리를 발견할 수 있다고 진술한다. 그는 갈라디아서에서 예수를 인용하면서 이 점을 확인한다.

> 온 율법은 "네 이웃 사랑하기를 네 자신 같이 하라" 하신 한 말씀에서 이루어졌나니…(갈 5:14).

바울은 신학자들이 계명들의 본질에 대한 견고한 출발점을 갖고 있다고 확신한다. 하나님의 율법은 사람들이 남에게 유익이 되는 의로운 삶을 살기를 원한다. 율법은 범죄와 폭력을 비난하는 동시에 삶이 사랑의 원리에 근거해야 함을 보여준다. 사람들은 사회적 존재로 창조되었으며, 다른 사람들의 필요와 권리를 자신의 필요와 권리인 듯이 돌봐야 한다. 이것이 본래의 창조 원리가 실현되는 방식이다. 율법의 모든 요구는 율법의 원리로부터 나오며, 역으로 우리는 모든 사람을 사랑할 때 계명들을 성취한다. 이 둘은 서로 관련이 있으며 결코 대립적이지 않다.[76]

그렇다면 신학적인 의미에서 볼 때 자신의 이웃을 사랑하라는 명령은 바울의 지혜 전승에서 비롯된다. 그는 여전히 율법의 본질이 이 세상의 창조된 질서에서 인식될 수 있다고 믿는다. 원칙적으로 사람들은 자기가 동료 시민들로부터 어떤 행동을 요구할지를 스스로 정할 수 있다. 사람들은 보통 치열하게 자신의 권리를 보호한다. 삶이 침해되어서는 안 된다. 아마도 그래서 바울의 지혜 전승이 예수의 가르침과 쉽게 연결될 것이다. "네 이웃을 네 자신과 같이 사랑하라. 남에게 대접받고자 하는 대로 남을 대접하라." 바울이 말하는 바와 같이 율법의 "모든" 계율은 창조의 큰 지혜를 반영한다. 예수가 계명들을 증오 및 욕망의 태도와 결부시켜 해석했던 것처럼 바울 역시 하나님의 율법을 해석할 때 긴 악덕 목록을 작성할 수 있었다.

이 위대한 사랑의 원리를 채택함으로써 바울은 예수와 마찬가지로 고대의 정의 개념을 떠났다. 동등(equality)에 대한 일반적인 개념은 대개 처벌이 "유사한" 고통의 관점에서 정의되는 관행으로 나타났다. 예수는 "눈에는 눈"이라는 개념에 대해 언급했다. 보복과 복수로서의 정의는 윤리적인 원리들을 고양할 수 없다. 바울은 그의 주님을 따라 동등의 정의를 넘어서는 사랑을 가르친다. 그는 전에 갈라디아서에 나타났던 짧은 정의를 로마서에서 확장한다.[77]

---

76 문화적 개신교와 니체의 무신론적 철학에서는 사랑의 원리가 하나님의 계명과 동떨어져 있기에 이 점이 언급될 필요가 있다.
77 이 대목에서 주석서들은 종종 예수와 바울 사이의 관계에 대해 논의하기를 주저하는

피차 사랑의 빚 외에는 아무에게든지 아무 빚도 지지 말라. 남을 사랑하는 자는 율법을 다 이루었느니라. "간음하지 말라, 살인하지 말라, 도둑질하지 말라, 탐내지 말라" 한 것과 그 외에 다른 계명이 있을지라도 "네 이웃을 네 자신과 같이 사랑하라" 하신 그 말씀 가운데 다 들었느니라. 사랑은 이웃에게 악을 행하지 아니하나니 그러므로 사랑은 율법의 완성이니라 (롬 13:8-10).

바울은 사랑이 하나님의 뜻의 핵심이기 때문에 모든 계명이 사랑으로 요약된다고 믿었다. 이 출발점이 바울의 많은 서신에 나타난 그의 가르침을 규율하는 사랑의 완전한 신학으로 발전된다. 하나님 자신이 사랑이며 그는 자신이 창조한 낙원에서 이 땅에 사는 하나님의 형상들 가운데서 완벽한 삶과 조화가 실현되기를 원했다. 바울은 전통적인 악덕 목록이 사랑의 이상을 가져오는 덕목 목록으로 대체된 고린도전서에서 그런 사랑에 대한 자신의 이해를 묘사한다.

사랑은 오래 참고 사랑은 온유하며 시기하지 아니하며 사랑은 자랑하지 아니하며 교만하지 아니하며 무례히 행하지 아니하며 자기의 유익을 구하지 아니하며 성내지 아니하며 악한 것을 생각하지 아니하며 불의를 기뻐하지 아니하며 진리와 함께 기뻐하고 모든 것을 참으며 모든 것을 믿으며 모든 것을 바라며 모든 것을 견디느니라(고전 13:4-7).

데 이는 아마도 그 인용문이 레 19:18(70인역)을 따르기 때문일 것이다. 하지만 Bruce는 "바울의 윤리적 가르침은 예수의 가르침의 전통에 근거를 두고 있다"고 진술한다. Bruce, *Galatians*, 242. Dunn은 레 19장에 수록된 구절이 신약성서에서 "가장 자주" 인용되며 "따라서 특히 기독교적임에 틀림이 없고 이는 예수 자신으로부터 유래했다고 설명되는 것이 가장 좋다"고 지적한다. Dunn, *Galatians*, 291.

바울에게 있어 사랑은 첫 번째 낙원의 이미지다. 하나님의 토라는 영원하다. 개인들 사이의 완전한 공동체는 단순히 지상에서의 현재의 삶에 관한 이상이 아니다. 그것은 새 창조가 도래하는 종말론적 격변의 시기 이후에 성취되어야 할 창조의 목적이다. "사랑은 언제까지나 떨어지지 아니하되 예언도 폐하고 방언도 그치고 지식도 폐하리라. 우리는 부분적으로 알고 부분적으로 예언하니 온전한 것이 올 때에는 부분적으로 하던 것이 폐하리라"(고전 13:8-10).

따라서 바울에게 있어 사랑은 단순히 율법을 정의하는 개념이 아니다. 하나님이 사랑의 원천이기 때문에 사랑은 하나님의 핵심적인 속성을 묘사할 수 있다. 그래서 그의 선한 창조가 낙원처럼 보일 수 있었다. 율법이 인간의 삶에서 성취될 수만 있다면 말이다. 하지만 아담의 타락 이후 인간은 더 이상 이 점을 보거나 인식할 수 없다. 부패로 인해 완벽성이 망가졌다. 그래서 사랑의 개념이 종말론에 관한 묘사와 연결된다. 새 창조는 모든 것을 교정할 것이고 새 삶은 유사한 신적 사랑의 관점으로 묘사된다. "그런즉 믿음, 소망, 사랑, 이 세 가지는 항상 있을 것인데 그중의 제일은 사랑이라"(고전 13:13).[78]

하나님의 뜻이자 창조의 지혜로서의 율법은 바울에게뿐만 아니라 지혜 신학자들에게도 필연적으로 진리를 나타내기 때문에 율법은 사회정의와 "국법"의 토대여야 한다. 바울의 권위 개념은 이런 방식의 정치적·법적체계 관점에서 이해될 수 있다. 하나님 자신이 공동체에 법과 질서를 보증한다.

---

78   참조. Witherington: "달리 말하자면 사랑의 계명은 그 모든 것[즉 계명들]의 요약이자 고전 13장의 사랑의 송시가 웅변적으로 제안하는 내용이다." Witherington, *Indelible Image I*, 259.

각 사람은 위에 있는 권세들에게 복종하라. 권세는 하나님으로부터 나지 않음이 없나니 모든 권세는 다 하나님께서 정하신 바라. 그러므로 권세를 거스르는 자는 하나님의 명을 거스름이니 거스르는 자들은 심판을 자취하리라. 다스리는 자들은 선한 일에 대하여 두려움이 되지 않고 악한 일에 대하여 되나니…(롬 13:1-3).

그런 관점은 의심할 나위 없이 지혜 신학에 기반을 두고 있다. 그 결론 배후의 근거는 온 세상이 하나님의 율법(nomos)을 따라 창조되었다는 것이다. 창조의 목적은 정의와 상호 돌봄에서 성취된다. 타락한 세상에서는 (이상적인 경우) 특히 약자들과 취약계층이 정의의 보호를 받도록 보장하는 당국의 도움이 없이는 창조의 목적이 성취될 수 없다. 신학자 바울은 완전한 관리들과 정의로운 법관들에 관해 이야기하고 있지만 우리는 그가 로마의 통치 와중에서 자신의 신학을 구성하고 있음을 고려해야 한다. 자신의 높은 가치들을 쉽게 어기는 호전적인 당국도 필요할 때가 있다. 하지만 선한 일을 하는 사람들은 당국을 두려워할 필요가 없다. 통치자들은 악한 자들에게만 두려운 대상이다. 그런 당국이 없다면 공동체에 혼란과 폭력이 난무할 것이다.

율법이 신학에서 논의될 때에는 사회적 추론 관점이 아닌 다른 관점에서 이해되어야 한다. 철학자들은 바울 당시에도 사람들에게 미덕을 추구하라고 가르쳤다. 그들에게 있어 선한 삶은 평등과 의로운 행동을 추구하는 데서 발생한다. 바울은 (율)법이 사회에서 갖는 역할이 신학에서 갖는 역할과 다르다고 확신한다. 사회는 모든 사람에게 올바로 행동할 것을 권고한다. 당국은 범죄자들이 나타날 때마다 그들을 징계해야 한다. 하지만 하나님 앞에서(coram Deo)는 모든 것이 새롭게 조명된다. "선한 율법", 곧 하나님의 완벽한 계율이 죄를 실제적인 것으로 만든다. 사회에서는 율법의 본질에 대한 숙고가 충분치 않으며, 개인의 미덕에 언제나 결함이 있을 것이다. 죄인들은 사회의 당국보다 더 나은 조언자를 발견할 필요가 있다.

예수에게 그랬듯이 바울에게 있어 토라의 핵심은 사랑이다. 계명들은 "네 이웃을 사랑하라"는 한 문장으로 요약될 수 있다. 바울은 황금률을 알았고 그것을 능숙하게 사용한다. 하지만 이 해석은 한층 더 나아갈 수 있다. 바울은 자신의 율법 신학에서 지혜 전승의 율법주의를 적용했다. 사실 온 세상이 사랑의 원리에 따라 창조되었다. 그래서 인간의 삶에 대한 어떤 침해도 토라의 위반으로 여겨질 수 있다. 인간의 부패한 본성이 드러날 때 악덕 목록은 학습 도구 역할을 할 수 있다. 인간의 삶은 사랑의 원리에 기반을 두어야 하며, 이 이상을 훼손하는 것은 무엇이든 우리가 에덴동산에서 쫓겨난 이유를 확인해준다. 하지만 원리는 동일하게 유지되며 따라서 당국을 통해 수호되는 법체계가 사람들로 하여금 사회정의라는 공식적인 원리에 따라 살 것을 강제한다. 사랑은 수단이 아니라 목적이기 때문이다.

4. 죽음의 직분

율법의 기능을 다루면서 바울은 마침내 당시에 팽배하던 여러 신학적 견해들에 의문을 제기하는 결론에 도달한다. 하나님의 율법의 본질은 사랑 그 자체이고 사람들은 자신이 할 수 있는 대로 정의(justice)의 의미를 확정하려고 노력하겠지만, 이것이 율법의 기능에 관한 문제들을 해결하지는 못한다. 바울에게 있어 기본적인 기능은 율법의 본질에 관련된 것이 아니다. 거기에는 그 이상의 문제가 있다. 그리스 철학은 수백 년 동안 미덕을 정의하기 위해 노력했다. 윤리는 고대 그리스 철학의 일부였다. 제2성전기 유대교 신학은 구약의 율법(nomos)을 인생의 모든 영역에 적용하길 원하는 강력한 지혜 전승의 토대 위에 세워졌다. 바울 전의 대다수 저자는 사회가 미덕이나 규제법을 완벽하게 정의하면 사람들의 삶이 올바른 방향으로 인도될 수 있으리라고 확신했다. 문제는 지식에 관한 것으로 여겨졌다. 유대의 토라 학파나 그리스의 철학자들은 사람들이 삶의 원리에 대해 알게 되면 인간은 정의를 실천하고 행복을 발견할 수 있으리라고 생각했다.[79]

바울은 이 모든 관점을 부인한다. 로마서 7장에서 그는 이 오랜 논의에 공헌한다. 인간은 속박 상태에서 살고 있다. "내가 원하는 것은 행하지 아니한다"(롬 7:15). 선한 삶에 대한 정의만으로는 윤리의 역설을 설명할 수 없다. 대신 바울은 인간의 상태가 우리와 하나님 사이의 올바른 관계로부터 멀어진 우리의 타락에 영향을 받는다고 주장한다. 죄는 기정사실이고 그것은 사람들로 하여금 덕망 있는 삶을 살지 못하도록 방해한다. 문제는 지식에 관한 것이 아니다. 사실은 죄라는 현실 때문에 사람들은 상황이 얼마나 심각한지를 인식하려고 하지 않는다. 완벽한 정의(justice)에 대한 성찰은 사람들이 자기 자신에 대해 생각하는 것보다 도덕적으로 훨씬 더 부패했음을 증명한다.

이것이 바로 바울이 하나님의 율법은 인간을 깨우고 그들의 죄를 자각하게 한다고 썼을 때 의미한 내용이다. 인간이 계명과 마주하거나 스스로 윤리적 명령을 정의할 때 그는 동시에 자신의 부도덕한 상태를 자각하게 된다. 그래서 바울은 율법이—적어도 하나님이 보기에—생명을 낳을 수 없고 죽음만을 낳는다고 결론짓는다.[80]

79　확실히 율법의 법정적 기능은 주로 루터파 학자들을 통해 논의되어왔다. 언약적 해석을 채택하는 저자들은 다른 문제들에 초점을 맞추는 경향이 있으며 심지어 바울의 구원론에서 법정적 요소가 중요하다는 개신교의 견해에 의문을 제기하기도 한다. 언약적 해석에 대해서는 Dunn, Paul, 153을 보라. 다른 접근법을 취하는 Stuhlmacher는 바울에게 있어서는 "율법에 표현된 하나님의 뜻이 최후의 심판의 기준이 될 것이다"라고 우리에게 상기시켜준다. Stuhlmacher, Romans, 46.

80　롬 7장에 나오는 "나"의 정체성에 대한 문제는 복잡하지만 우리는 그 문제와 별개로 혹은 그 문제에 대한 한 가지 해석만을 고수하지 않고서도 율법의 기능을 설명할 수 있다.

전에 율법을 깨닫지 못했을 때에는 내가 살았더니 계명이 이르매 죄는 살아나고 나는 죽었도다. 생명에 이르게 할 그 계명이 내게 대하여 도리어 사망에 이르게 하는 것이 되었도다. 죄가 기회를 타서 계명으로 말미암아 나를 속이고 그것으로 나를 죽였는지라. 이로 보건대 율법은 거룩하고 계명도 거룩하고 의로우며 선하도다(롬 7:9-12).[81]

이 기초적인 발견이 바울에게 즉각적으로 의미한 바는 우리가 사랑의 율법을 전혀 다른 두 가지 방식으로 대할 필요가 있다는 것이다. 신의 명령은 본질적으로 사랑을 표현하며 죄를 방지하려고 하는 부정의 방법을 통해 완벽한 삶—진정한 낙원의 상태—을 묘사한다. 바울은 "사랑은 이웃에게 악을 행하지 아니한다"고 진술한다(롬 13:10). 율법은 "의로우며 선하다"(롬 7:12). 하지만 죄라는 현실 때문에 이 사랑의 율법은 사형 집행자의 과제를 수행한다. 율법은 궁극적으로 인간이 노예 상태에서 살고 있음을 증명한다. "우리가 율법은 신령한 줄 알거니와 나는 육신에 속하여 죄 아래에 팔렸도다"(7:14).[82]

내가 행하는 것을 내가 알지 못하노니 곧 내가 원하는 것은 행하지 아니하고 도리어 미워하는 것을 행함이라. 만일 내가 원하지 아니하는 그것을

"나"의 정체성에 관한 다양한 해석은 Jewett, *Romans*, 441-45를 보라.

81 나는 개인적으로 롬 7장에서 대다수의 경우 "나"를 이스라엘 전체를 지칭하는 집합적 표현으로 보면(물론 바울도 한 명의 구성원으로서 거기에 속한다) 그 제시가 논리적이라는 Moo의 견해에 동의한다. 계명이 "와서" 죽음을 가져오는 것은 롬 7:9에 묘사되어 있다. Moo, *Romans*, 430을 보라.

82 Wright가 롬 7장의 언약적 읽기를 강조하지 않고 이 구절을 좀 더 넓은 내러티브의 관점에서 해석한다는 점을 주목할 만하다. "이것은 5:20에 수록된 바와 같이 토라 아래에 있는 이스라엘의 이야기다. '율법이 들어온 것은 범죄를 더하게 하려 함이라.' 토라의 도래는 이스라엘이 아담의 죄를 재연하는 것을 촉진했다." Wright, *Paul*, 1014.

행하면 내가 이로써 율법이 선한 것을 시인하노니 이제는 그것을 행하는 자가 내가 아니요, 내 속에 거하는 죄니라. 내 속, 곧 내 육신에 선한 것이 거하지 아니하는 줄을 아노니 원함은 내게 있으나 선을 행하는 것은 없노라. 내가 원하는 바 선은 행하지 아니하고 도리어 원하지 아니하는 바 악을 행하는도다. 만일 내가 원하지 아니하는 그것을 하면 이를 행하는 자는 내가 아니요, 내 속에 거하는 죄니라. 그러므로 내가 한 법을 깨달았노니 곧 선을 행하기 원하는 나에게 악이 함께 있는 것이로다. 내 속사람으로는 하나님의 율법을 즐거워하되 내 지체 속에서 한 다른 법이 내 마음의 법과 싸워 내 지체 속에 있는 죄의 법으로 나를 사로잡는 것을 보는도다(롬 7:15-23).

한편으로 바울은 율법이 본질적으로 선하다는 개념을 거듭 진술한다. 인간은 자신의 내적 갈등이 엄연한 현실임을 받아들일 때 신의 계명들이 옳음을 인정한다. 인간이 부패했다고 해서 철학자나 신학자들이 미덕을 정의하거나 하나님의 율법을 탐구하려고 시도하지 못하는 것은 아니다. 하지만 어떤 의미에서 철학의 길은 한계가 있다. 여기서 인간의 근본적인 문제는 지식의 문제가 아니다. 적어도 좀 더 일반적인 주제에서 옳음과 그름을 정의하기란 쉬운 일이다. 사람들 대다수는 자기나 자기 가족의 권리 침해에 대해서는 쉽게 비난할 수 있다. 문제의 핵심은 사람들이 그런 행동으로 이익을 볼 수 있다고 생각할 때마다 다른 사람을 착취할 준비가 되어있는 인간의 이기심에 있다.

따라서 사랑이 하나님의 율법의 본질이라는 사실에도 불구하고 율법의 기능은 다른 관점에서 정의될 필요가 있다. 바울은 율법 자체가 사람들이 이타적으로 사랑하거나 미덕을 따라 살도록 만들지 못한다고 믿는다. 대신 바울은 율법의 핵심적인 기능이 죽음의 직분(*ministratio mortis*)이라고 진술한다. 그는 신의 율법이 부패한 인간에게 인간이 영적으로 죽어있음을 보여준다고 확신한다. 모든 위반에는 심판이 따른다. 바울은 고린도후서에서 위대한 율법 수여자인 모세를 언급함으로써 그런 직분을 묘사한다.[83]

> 돌에 써서 새긴 죽게 하는 율법 조문의 직분(*diakonia tou thanatou*)도 영광이 있어 이스라엘 자손들은 모세의 얼굴의 없어질 영광 때문에도 그 얼굴을 주목하지 못하였거든, 하물며 영의 직분은 더욱 영광이 있지 아니하겠느냐?(고후 3:7-8)

바울이 영광에 관해 말할 때 선함의 요소가 존재한다. 실제로 이것이 출애굽기 34장의 해석이다. "모세가 그 증거의 두 판을 모세의 손에 들고 시내산에서 내려오니 그 산에서 내려올 때에 모세는 자기가 여호와와 말하였음으로 말미암아 얼굴 피부에 광채가 나나 깨닫지 못하였더라"(출 34:29). 그 영광이 매우 이례적이어서 이스라엘 백성은 모세에게 접근하기를 두려워했다. 그래서 그는 수건으로 자기 얼굴을 가려야 했다(출 24:33). 바울에게 있어 신의 율법은 하나님 자신을 대표한다. 모세는 하나님을 대면하여 보았다. 따라서 모세가 썼던 수건은 새로운 해석학적 중요성을 띤다.

> 우리가 이같은 소망이 있으므로 담대히 말하노니 우리는 모세가 이스라엘 자손들에게 장차 없어질 것의 결국을 주목하지 못하게 하려고 수건을 그 얼굴에 쓴 것 같이 아니하노라. 그러나 그들의 마음이 완고하여 오늘까지도 구약을 읽을 때에 그 수건이 벗겨지지 아니하고 있으니 그 수건은 그리스도 안에서 없어질 것이라(고후 3:12-14).

---

83   Stuhlmacher, *Biblische Theologie I*, 316; Schreiner, *Paul*, 134-35.

모세의 얼굴을 가리는 수건은 먼저 율법 자체를 가린다. 바울은 이스라엘이 율법을 피상적으로 안다고 말한다. 이스라엘은 이제 율법의 영광을 보지 못한다. 여기서 우리는 바울의 율법 신학의 정점 중 하나에 도달했다. 그는 이스라엘이 율법이 지닌 죽음의 직분을 인식하지 못한다고 믿는다. 신학자들이 토라를 읽을 때 "수건이 그들의 마음을 덮고 있다." 따라서 수건은 사람들의 마음이 완고해지는 것에 대한 메타포가 된다. 타락한 백성은 하나님의 뜻을 알지 못한다. 하지만 해결책이 있다. 이어지는 구절에서 출애굽기에 대한 바울의 페쉐르가 계속된다.[84]

출애굽기에 따르면 모세가 하나님과 대화하는 동안 그의 얼굴 피부에 "광채가 나서" 그가 백성들 가운데서 머무는 동안 수건으로 얼굴을 가려야 했다. 하지만 예외적인 상황이 있었다. 모세가 산에 갈 때 그는 수건을 벗곤 했다. "그러나 모세가 여호와 앞에 들어가서 함께 말할 때에는 나오기까지 수건을 벗고 있다가…"(출 34:34). 이 구절은 바울이 주께 돌아가는 것(*epistrefein*)에 관해 말하도록 영감을 주었다.

> 오늘까지 모세의 글을 읽을 때에 수건이 그 마음을 덮었도다. 그러나 언제든지 **주께로 돌아가면 그 수건이 벗겨지리라.** 주는 영이시니 주의 영이 계신 곳에는 자유가 있느니라. 우리가 다 수건을 벗은 얼굴로 거울을 보는 것 같이 주의 영광을 보매 그와 같은 형상으로 변화하여 영광에서 영광에 이르니 곧 주의 영으로 말미암음이니라(고후 3:15-18).

---

84 수건의 기능에 대해 많은 해석이 제안되었다. Harris, *2 Corinthians*, 297-305를 보라. Harris와 마찬가지로 나는 수건이 단순히 유대인들이 "모세의 질서가 일시적이라는 것을 깨닫지 못하는 것" 혹은 그리스도를 알아보지 못하는 것을 가리킨다고 주장하고 싶지 않다. 오히려 율법의 사역에 대한 이해는 율법의 죽이는, 놀라운 힘을 인식하는 것을 의미하며 따라서 그런 인식은 그리스도의 영광에도 마음을 열게 할 것이다.

바울은 몇 가지 작은 변화를 통해 그 구절에 자신의 해석을 삽입한다. 현재 상황은 더 이상 모세가 하나님께 돌아가는 것과 유사하지 않다. 바울의 본문에서 그 구절은 이스라엘과 관련이 있다. 이 본문 간의 변화를 통해 모세는 종말론적 미래를 예언한다. 부패한 세상에서 수건이 사람들의 마음을 가리고 있으며(*epi tēn kardian*)—쉐마(*shema*)가 순종하라고 명령하듯이—사람들의 마음이 하나님께로 돌아가면 수건이 제거될 것이다.[85] 바울이 확실히 의미한 바는 율법의 힘을 알지 못했던 유대인이 회개하면 율법의 진정한 영광을 인식하지 못하도록 방해해온 수건이 제거될 것이라는 점이다. 이 단계에서 회개하는 자들은 모두 율법의 진정한 기능인 죽음의 직분(*ministratio mortis*)을 대면한다. 로마서 7장에 등장하는 병행 구절은 이 설명을 확인한다. "전에 율법을 깨닫지 못했을 때에는 내가 살았더니 계명이 이르매 죄는 살아나고 나는 죽었도다"(롬 7:9).

그렇다면 종말론적 맥락에서 지혜 전승의 악덕 목록에 새로운 역할이 부여된다. 율법의 죽음의 직분은 [죄에 대한 벌을] 선고하는 일로 표현된다. 갈라디아서 5장에서 바울은 심각한 죄 목록을 인용 또는 창조함으로써 육체의 일을 묘사한다. 그 목록 자체는 심판 공식에서 절정에 이른다. "이런 일을 하는 자들은 하나님의 나라를 유업으로 받지 못할 것이요"(갈 5:21). 충격적인 이런 단어들로 표현된 죄론은 이 세상을 창조한 전능하신 주님과 인간 사이의 관계가 필연적으로 지니는 법정적 성격을 강조한다.[86]

불의한 자가 하나님의 나라를 유업으로 받지 못할 줄을 알지 못하느냐? 미혹을 받지 말라. 음행하는 자나 우상숭배하는 자나 간음하는 자나 탐색

---

85   실제로 핀란드어 번역에는 "그들의 마음이 하나님께로 돌아가면"이라는 어구가 첨가되었다.

86   이런 구절에서는 법정적 요소가 명확하다. Stuhlmacher, *Biblische Theologie I*, 260을 보라.

하는 자나 남색하는 자나 도적이나 탐욕을 부리는 자나 술 취하는 자나 모욕하는 자나 속여 빼앗는 자들은 하나님의 나라를 유업으로 받지 못하리라(고전 6:9-10).

요컨대 바울은 신적 심판 문제를 논의하는 법정적 담화에서 율법을 사용한다. 다양한 형태의 율법은 인간들을 판단하는 일종의 기준이 된다. 바울은 창조 전체가 하나님의 완벽한 정의(justice)의 책으로 이해되는 지혜 전승의 이미지뿐만 아니라 토라 자체도 언급한다. 바울의 신학에서 율법은 죽음의 직분(*ministratio mortis*)을 담당하고 있으며 그것은 결국 죄인을 죽일 것이다. 다시금 인간의 유배 상황이 바울의 추론의 주요 동인이다. 하나님의 선한 율법은 이제 그것의 완벽한 내용과 기본적인 본질이 함의하는 기능을 수행하지 못한다. 따라서 사람들에게 정의롭게 행동하는 원리에 따라 살라고 이야기하는 것만으로는 충분치 않다. 그런 요구가 필요한 상황 자체가 인간이 희망이 없는 상태에 처해 있음을 증명한다.

추기: E. P. 샌더스와 언약적 율법주의 이론

우리는 바울의 구원론을 다룸에 있어 샌더스의 영향력 있는 언약적 율법주의 이론을 논의하지 않을 수 없다. 지난 30년간 샌더스는 방대한 분량의 연구에 영감을 제공했으며, 우리가 살펴본 바와 같이 그 연구들은 특히 바울과 율법 문제에 집중하고 있다. 그의 책 『바울과 팔레스타인 유대교』(*Paul and Palestinian Judaism*)에서 샌더스는—미쉬나와 탈무드로부터 역으로 작업해서—유대교의 구원론적 구조를 분석하고 유대교의 신학이 언약적이라고 결론짓는다. 유대 저자들과 교사들은 그들의 행위를 토대로 구원을 얻을 것으로 기대하지 않는다. 하나님만이 구원을 줄 수 있다. 따라서 율법주

의는 이 구조의 관점에서 이해되어야 한다.[87]

샌더스의 이론은 주로 사회학적이다. 그는 사회적 관계들이 구원론의 구조를 표현할 것으로 기대되는 "종교 유형"(patterns of religion)에 대해 논의한다. 그의 이론은 "들어가기"(getting in)와 "머물기"(staying in)라는 두 가지 사회학적 범주의 구분에 근거한다. 이 용어들은 한 집단에 들어가는 것과 그 집단 안에 머무는 것의 조건과 관련이 있다.

> 긍정적으로 정의된 종교 유형은 어떤 종교가 그 추종자들에게 어떻게 기능한다고 인식되는지에 대한 묘사다. "기능한다고 인식되는 것"은 추종자들이 매일 무슨 일을 하는가를 의미하는 것이 아니라 그 종교에 들어가고 거기에 머무는 방법이 어떻게 인식되는가를 의미한다. 어떤 종교가 구성원들을 받아들이고 그들의 신분을 유지하는 것을 이해하는 방식이 결국 그 종교가 "기능하는" 방식이다.…따라서 종교의 양상은 대체로 조직신학에서 "구원론"으로 분류하는 항목들과 관련이 있다.[88]

전통적인 개신교의 잘 알려진 구원론 관점에 대한 변화는 종교 유형에서 율법(nomos)의 역할과 관련이 있다. 샌더스의 언약적 율법주의 개념에 의하면 율법을 지키는 것은 하나님의 자비와 선택에 대한 반응이다. 그것은 하나님의 언약 내부에 자리를 잡는다. 그런 율법주의는 "들어가기" 위한 조건이 될 수 없다. 샌더스는 바울이 유대교를 언약적 율법주의로 이해했다고 생각했다. 그의 구원론에서 바울은 자연스럽게 구원의 토대를 변경했고 구원은 그리스도를 통해서만 올 수 있지만, 바울이 언약적 율법주의 개념 자

---

87   Sanders, *Paul*, 422 이하. 이 이론의 영향은 Westerholm, *Perspectives*, 164-94에서 논의된다.

88   Sanders, *Paul*, 17.

체를 바꾸지는 않았다.[89] 지난 수십 년간 샌더스의 이론을 분석하는 글들이 쏟아져 나왔고 현재 그의 이론만큼 열띤 논쟁의 대상이 되는 이론은 별로 없다. 우리가 이 대목에서 그 논의를 자세히 살필 수는 없지만 우리는 신약 신학 전체의 관점에서 샌더스의 해석의 일관성을 판단해야 한다.[90]

기본적인—그리고 핵심적인—문제는 샌더스 자신에게 많은 빚을 지고 있는 예수 연구의 새로운 모형이 제2성전기 유대교에 관한 샌더스의 언약적 관점과 대립하는 것으로 보인다는 점이다. 언약적 율법주의 이론은 근본적으로 예수 시대의 언약적 유대 종교가 이스라엘의 하나님과의 관계에서 위기를 경험하고 있다고 생각하지 않는다고 주장한다. 하지만 회복 종말론이라는 새 관점에 따르면 이스라엘은 여전히 유배 속에서 살고 있다. 이 관점에서 보면 이스라엘은 전혀 "머물기" 상태에 있는 것이 아니라 "들어가기"에 심각한 문제를 갖고 있다. 이를 현재 논의의 맥락에서 진술하려면 이 논증에 사용된 개념도 변화될 필요가 있다.[91]

위의 분석이 보여주었듯이 여러 고대 유대교 저자들에 따르더라도 이스라엘은 언약 안에 "머물고 있는" 상태에 살고 있지 않았다. 오히려 언약이 깨졌고 이 신학자들은 신적인 개입만이 화해와 용서와 회복을 가져올 수 있다고 확신했다. 이런 상황에서 샌더스의 범주를 적용해 보자면 언약 안에 "머물고 있는" 사람들은 아직 갱신을 경험하지 못한, 유배되고 저주받은 이스라엘 백성이다. 계속되는 유배 문제에 관한 논의는 유대의 역사에

---

89 Sanders, *Paul*, 497, 514, 552. Sanders의 이론과 그의 책에 대한 주된 비판 중 하나는 그것이 다소 시대착오적이라는 것이다. 그는 랍비 문헌을 갖고 연구했고 자신이 발견한 내용의 관점에서 제2성전기 유대교의 구원론을 해석했다. 많은 학자들은 제2성전기 유대교의 다양성 자체가 다른 그림을 제안하며 언약적 율법주의를 지지하지 않는다고 지적해왔다. 다음 문헌들을 보라. Saldarini, *JBL 98* (1979), 302; Collins, *Apocalyptic*, 359-60; Avemarie, *Tora und Leben*, 582.

90 나의 비판적 분석은 Eskola, *JSJ 28* (1997), 390-412를 보라.

91 Irons, *Justification*, 340-41도 보라.

대한 전통적인 관점—여전히 1970년대 초에 쓰인 샌더스의 분석을 통해 연구한다—이 더 이상 타당하지 않음을 보여준다.

본서의 첫 부분에서 지적되었듯이 예수는 결코 언약의 혜택을 선포하는 것으로 만족하지 않았다. 그의 연설에서 우리는 불연속성의 수사를 만난다. 종말론적 긴장은 극단적이다. 회복은 이스라엘이 하나님이 보낸 메신저들을 죽이는 마지막 환난의 시기 뒤에야 비로소 실현될 수 있다. 여기서 사회학과 종말론 사이의 관계는 샌더스의 주장과 전혀 다른 색조를 띤다.

바울은 예수와 유사한 종말론에 기반을 두고 있는 것으로 보인다. 그는 자기도 한때 가담했었던 이스라엘의 종교적 배교를 공격한다. 바울의 신학에서 이스라엘(또는 아담의 모든 자손)의 유배 상태와 회복의 해방 사이의 대조가 항상 존재한다. 이 점은 샌더스의 관점으로 바울을 해석하는 전통에 의문을 제기한다. 바울의 구원론은 현상을 유지하려는 언약적 율법주의를 찬성(샌더스와 던)하지도 않고, 은혜의 율법주의를 의도적으로 왜곡(래이새넨과 쿠울라)하지도 않는다. 바울은 성전과 유대의 율법에 대한 예수의 혹독한 비판을 채택한다.[92] 앞서 언급되었듯이 바울에게 있어 언약은 노예의 옛 언약과 대조되는 새 언약이었다. 새 언약이라는 용어 자체는 새 언약 신학을 조성하는 성찬 제정 말씀에서 유래한다.[93]

샌더스의 이론에 나타난 흥미로운 특징은 그가 초기 기독교에 대한

---

92 다음 문헌들을 보라. Sanders, *Paul*, 552, Dunn, *Law*, 194-96; Räisänen, *Paul*, 201; Kuula, *Law*, 209.

93 비록 이렇게 말했지만, 나는 이미 확립된 교리적 전제들을 바꾸려고 시도하거나 바울의 구원론 해석을 다른 교파 간의 교회 일치 논의로 확장하는 것이 불가능함을 인식하고 있다. 언약적 해석은 개혁 전통에서 인기가 있으며, 따라서 특히 영미 학자들 사이에서 넓게 채택되었다. 일반적으로 그 해석은 바울신학 탐구에 주목할 만한 몇 가지 공헌을 했다. 나는 나의 언급을 통해서 바울 사상의 해석에 대한 새로운 관점의 문을 열고 석의적 근거에 기반해 재고될 필요가 있는 몇몇 문제들에 대해 확실히 지적할 수 있기를 희망한다.

슈바이처의 묵시론적 해석에 크게 의지한다는 점이다. 위의 분석 과정에서 지적되었듯이 샌더스는 슈바이처를 참조하여 예수의 가르침에 대한 새로운 종말론적 접근을 전개한다. 그는 또한 슈바이처의 개념들을 채택해서 바울의 구원론을 참여적 종말론으로 정의한다.[94] 따라서 묵시적 신비주의가 참여 구원론의 원리들을 지배하고 나아가 바울의 견해가 율법으로부터의 자유를 주장했다는 전통적인 개신교의 이해에 대한 비판으로 이어진다. 샌더스는 그런 묵시론적 관점들을 비종말론적인 언약적 율법주의에 적용하려고 시도함에 따라 문제에 봉착한다.

III. 화해에서 십자가 신학으로

바울이 그의 서신서들에서 전개한 화해의 내러티브를 읽고 그가 사용한 용어들을 고려하면 우리는 바울의 구원론을 십자가 신학(*theologia crucis*)으로 부를 수 있다. 그리스도의 죽음 일반과 특히 그의 십자가는 바울 서신에서 핵심적인 역할을 한다. 더구나 십자가 처형은 바울에게 개인적으로 특별한 의미가 있다. 그는 종종 자기가 그리스도와 함께 십자가에 못 박혔다고 이야기한다.

　　예컨대 바울은 고린도 교인들에게 쓴 편지에서 그들에게 구원의 복음의 핵심에 대해 다음과 같이 상기시킨다. "내가 너희 중에서 예수 그리스도와 그가 십자가에 못 박히신 것 외에는 아무것도 알지 아니하기로 작정하였음이라"(고전 2:2). 십자가 처형을 당한 메시아는 제2성전기의 표준적인 유대교 가르침에서는 상상할 수 없는 개념이었다. 당시의 많은 저술에

94　　Schweitzer, *Mystik*, 110, 122-24; Sanders, *Paul*, 459.

서 메시아적 인물, 특히 왕적인 구원자는 군사적인 인물이었다. 그들은 와서 이 세상의 불의와 압제를 제거할 것으로 기대되었다. 명백히 이런 측면이 바울에게 알려져 있었지만 그는 메시아의 승리에만 집중하지 않았다. 바울은 그의 청자들에게 메시아가 고문을 당한 뒤 로마의 십자가에서 처형당했다고 가르쳤다. 혐오스러운 십자가 위의 죽음(*Mors turpissima crucis*) 말이다.[95]

우리는 자신의 신학을 구성하기 위한 바울의 선택 배후에 있는 명백한 문제들을 간과하지 말아야 한다. 그는 그리스도인들을 체포해서 지역 회당들에 있는 법정으로 끌고 갔기 때문에 오랫동안 부활 내러티브에 관해 잘 알고 있었다. 하지만 그는 회심한 뒤 하나님이 역사 안에서 행동한다고 확신하게 되었다. 회복의 복음은 역사 안에서 실제로 발생한 사건들에 깊이 뿌리를 내리고 있다. 하나님은 단순히 종교적 사색이나 인간의 추론을 통해 접근될 수 없다. 하나님이 역사 안으로 들어왔고 우리 가운데서 거닐었다. 이것이 바로 구원의 메시지가 십자가에서 하나님의 아들을 죽이는 것을 중심으로 전개되는 이유다.

1. 희생과 대속

유대교의 모든 율법 교사에게 있어 신학적인 문제들은 구약성서를 참조함으로써 정당화되어야 했다. 종말론적 진술들은 구약성서 구절들에서 도출

---

95 오리게네스에게서 유래했다고 알려진 (그리고 Hengel의 *Crucifixion*의 원제로 나타난) 이 유명한 문구는 혐오스러운 죽음이라는 그 상황을 잘 묘사한다. 플라우투스 및 다른 많은 작가는 십자가를 악한 십자가(*maxuma mala crux*)로 묘사한다. Hengel, *Crucifixion*, 7을 보라. 로마의 문헌에 나타난 모든 관련 구절에 대한 상세한 분석은 Cook, *Crucifixion*, 51 이하를 보라. 플라우투스에 관해서는 52를 보라. Samuelsson의 *Crucifixion in Antiquity*에 수록된 상세한 분석도 참조하라.

될 필요가 있었다. 제의적 속죄는 레위기의 제사법에 근거해야 했다. 성전이 존속하는 한 모든 종교적 절기와 성전의 일정들은 유대인의 생활에서 중요한 요소였다. 대다수 절기는 희생제사에 초점이 맞춰졌는데 희생제사는 주로 죄 문제를 다룬다. 성전 절기에 참여하는 것은 죄 용서에 대한 참여를 의미했기 때문에 중요하게 여겨졌다.

바울 서신에서 몇몇 구절은 속죄제물로서의 그리스도의 사역에 초점을 맞춘다. 고린도전서 15장에 등장하는, 바울 이전에 형성된 고백은 중요한 구절 중 하나인데 바울은 그것을 자신의 복음으로 묘사한다. 이 구절은 예수의 생애 마지막에 발생한 사건들에 의미를 부여하는 부활절 고백이다 (고전 15:3-4).

> 성경대로 그리스도께서 우리 죄를 위하여 죽으시고
> 장사 지낸 바 되셨다가
> 성경대로 사흘 만에 다시 살아나사….

이 짧은 고백 안에 중요한 모든 요소가 존재한다. 첫째, 그것은 부활 이야기에 기반을 두고 수난 내러티브를 간략하게 상기시킨다. 바울은 예수의 죽음, 장사지냄, 무덤에서 일어남과 사람들에게 나타남을 언급한다. 둘째, 각각의 진술들은 구약성서를 참조함으로써 정당화된다. 바울과 그의 전승 모두 하나님의 약속들에 의존한다. 이것은 구원사다. 즉 부활 사건들은 이스라엘과 인류 전체의 회복을 선포하는 더 큰 내러티브의 일부다.

바울은 이 구절에서 짧지만 독창적인 구조로 자신의 희생제사 신학을 표현한다. 상동 관계에 의하면 그리스도는(혹은 이 구절의 서두에 등장하는 *Christos*가 직역일 경우 유대교의 메시아조차) "우리의 죄를 위해"(*hyper tōn hamartiōn hēmōn*) 죽었다. 이 "위하여"(*hyper*) 공식이 제의적 담화를 수사 구조

안에 위치시킨다.[96] 거기에는 성전 예전과 연결되는 지점이 있다. 즉 죄가 용서되려면 어떤 동물이나 사람이 제물로 드려져야 한다. 예수는 속죄제물로 묘사된다. 초기의 이 상동 관계에 따르면 예수는 십자가에서 죽었을 때 자신을 희생제물로 드렸다. 그의 죽음은 성전에서 드려진, 잘 알려진 제물들과 비교될 수 있다. 사람들의 죄가 예수에게 전가되었고 속죄가 이루어졌다.

> 하나님이 죄를 알지도 못하신 이를 우리를 대신하여 죄로 삼으신 것은 우리로 하여금 그 안에서 하나님의 의가 되게 하려 하심이라(고후 5:21).

제의 내러티브는 대속적인 제물에 초점을 맞춘다. 즉 예수가 희생양과 속죄의 염소가 된다. 바울의 설명에서 이 두 이미지는 중첩된다. 하나님이 "그를 죄로 삼으셨다"(*hamartian epoiēsen*). 이 표현은 구약성서의 제의법에 기반을 두고 있다. 그것이 매일 드리는 상번제(출 29:38)인 타미드(*tamid*)이든, 성전세로 드려지는 "너희 생명을 위한 대속"(출 30:15)이든, "너희가 저지른 죄"에 대한 또 다른 종류의 속죄를 위한 "흠이 없는" 양이든 간에 일반적으로 "속죄제물의 머리 위에" 안수했다(레 4:32-35).[97] 속죄일에 드려지는 제물들에 대해서도 마찬가지다. 두 마리의 염소가 있었는데 하나는 성전을 위한 것이었고 다른 하나는 광야로 보내기 위한 것이었다.

---

96   휘페르(*hyper*)의 제의적 측면이 종종 지적된다. 예컨대 다음 문헌들을 보라. Stuhlmacher, *Biblische Theologie I*, 171; Laato, *Servant*, 185-86. Thiselton은 학문적 논의를 참조하면서 휘페르(*hyper*)가 속죄(expiation) 개념과 관련이 있다고 말한다. Thiselton, *1 Corinthians*, 1191. Ciampa와 Rosner는 이것이 사 53에 대한 암시일 수도 있다고 언급한다. *1 Corinthians*, 747.

97   Harris, *2 Corinthians*, 451-52.

아론은 여호와를 위하여 제비 뽑은 염소를 속죄제로 드리고 아사셀을 위하여 제비 뽑은 염소는 산 채로 여호와 앞에 두었다가 그것으로 속죄하고 아사셀을 위하여 광야로 보낼지니라(레 16:9-10).

하타트(ḥaṭṭā't, 70인역에서는 hamartia)로 불린 그런 제물은 대개 대속적이었다. 속죄에 대한 전통적인 기독교의 개념은 이 구절들에 근거하고 있다. 속죄 제물과 그리스도는 모두 대표 역할을 한다. 제물이 참회자를 대표하기 때문에 이 개념은 동일시를 함의한다. 이 점은 예컨대 안수를 통해 표현된다. 아론은 "그의 두 손으로 살아있는 염소의 머리에 안수하여 이스라엘 자손의 모든 불의와 그 범한 모든 죄를 아뢰고…"(레 16:21). 참회자들의 죄가 제물에게 전가되고 제물이 그들을 대신해서 죽임을 당하기 때문에 이것은 대속을 가져온다.[98]

바울이 하나님이 "육신에 죄"를 정했다고 한 말은 그리스도가 모든 참회자를 위해 속죄제물이 되었다는 뜻이다. "죄로 말미암아 자기 아들을 죄 있는 육신의 모양(likeness)으로 보내어 육신에 죄를 정하사 육신을 따르지 않고 그 영을 따라 행하는 우리에게 율법의 요구가 이루어지게 하려 하심이니라"(롬 8:3-4). 여기서 모양(likeness)은 제물과의 동일시를 의미하며 아마도 이중적인 의미를 지닐 것이다. 즉 죄 없는 희생자가 죄 있는 제물로 여겨지고 하나님이 "죄로 정한" 그리스도가 죄 있는 인간을 대체한다.[99]

---

98 속죄제에 대해서는 Stuhlmacher, *Biblische Theologie I*, 195를 보라. Stuhlmacher는 고후 5:21의 신학은 사 53장에 기초하고 따라서 하나님의 종의 사역에 초점을 맞춘다고 언급한다.

99 바울이 유사성을 의미하는지 동일성을 의미하는지 확실하지 않기 때문에 *homoiōma*라는 단어는 오랜 논쟁의 대상이었다. 예수가 죄인이 되었다고 가정하는 것은 신학적으로 일관성이 없다(신약성서 전체에서 그 반대가 강조된다). 이 논의에 관해서는 Jewett, *Romans*, 483-84를 보라. Jewett은 이 구절의 모순이 "그리스도가 죄 있는 육신의 영역에 완전히 참여"하는 데 있다고 주장한다. 제물의 역할이 고려되면 이 문제가 완화된다는

구약성서에서 속죄일에 대한 설명은 화해를 설명하는 전형적인 이야기다. 이 대목에서 속죄의 염소와 속죄제물이 등장한다. 속죄일(Yom Kippur)에 제사장들은 자신과 백성들을 위해서 제물을 드린다. 그 이야기는 두 마리의 속죄 염소에 집중하는데, 그중 한 마리는 희생제물로서 죽임을 당한다.

> [아론은] 그 두 염소를 가지고 회막 문 여호와 앞에 두고 두 염소를 위하여 제비 뽑되 한 제비는 여호와를 위하고 한 제비는 아사셀을 위하여 할지며, 아론은 여호와를 위하여 제비 뽑은 염소를 속죄제로 드리고 아사셀을 위하여 제비 뽑은 염소는 산 채로 여호와 앞에 두었다가 그것으로 속죄하고 아사셀을 위하여 광야로 보낼지니라(레 16:7-10).

죽임을 당한 염소는 이스라엘의 죄를 속한다. 피는 생명을 상징하기 때문에 여기서 특히 피가 속죄의 수단 역할을 한다. 희생제물의 피는 지성소(*debir*)의 속죄소 위에 있는 그의 보좌에 앉아 계시는 하나님 앞에 놓일 필요가 있다.

> [그는] 백성을 위한 속죄제 염소를 잡아 그 피를 가지고 휘장 안에 들어가서 그 수송아지 피로 행함 같이 그 피로 행하여 속죄소 위와 속죄소 앞에 뿌릴지니라(레 16:15).

대제사장은 지성소에 들어가서 언약궤의 "덮개" 위에 피를 뿌림으로써 속죄한다. 이 덮개(*kapporet*, 그리스어로는 *hilastērion*)는 모든 희생제사 신학의 핵

점이 주목되어야 한다.

심적인 주제가 된다.[100] 그 단어 자체는 오랫동안 영향력이 있었는데, 그것은 장소와 속죄 모두를 나타내며 심지어 제물을 의미하기도 한다.

속죄의 염소에 대한 묘사도 중요한 특징을 갖고 있다. 그 염소가 이스라엘 백성의 생명을 대표하기 때문에 여기에는 대속의 요소가 있다. 안수는 대속하는 역할을 강조한다. "아론은 그의 두 손으로 살아있는 염소의 머리에 안수하여 이스라엘 자손의 모든 불의와 그 범한 모든 죄를 아뢰고 그 죄를 염소의 머리에 둘지니라"(레 16:21). 아사셀(Azazel)이라는 이름은 다소 수수께끼다. 그것은 보내진 염소를 의미하거나(염소는 'ez이고 보내는 것은 'azal이다), "완전한 제거"('azal의 강조형)를 의미할 수도 있다. 하지만 신학적인 의미는 단순하다. "염소가 그들의 모든 불의를 지고 접근하기 어려운 땅에 이를 것이다"(레 16:22).

우리는 신약성서에서 제사장 내러티브와 속죄일 구원론이 예수의 죽음의 의미를 설명하는 구절을 종종 발견한다. 실제적인 이유로 이 대목에서 몇몇 개념을 언급하는 것이 유용하다. 히브리서는 제사 신학의 가장 발전된 묘사를 제공하는데 그것은 여러모로 바울의 설명과 유사하다. 히브리서 저자는 "첫 언약"의 성소를 언급함으로써 하늘의 지성소를 묘사한다. 지성소의 휘장 뒤에 언약궤가 있고 "그 위에 속죄소(hilastērion)를 덮는 영광의 그룹들"이 있었다(히 9:5). 예수의 죽음은 희생제사 행위로 묘사된다. "흠 없는 자기를 하나님께 드린 그리스도"(히 9:14).

더욱이 예수의 사역은 제사장의 섬김으로 묘사된다. 그는 지성소에 들어가 언약궤 위에 자기의 피를 뿌리고 죄를 속한다.

---

100 "덮다" 혹은 "속죄하다"라는 뜻의 *kipper*에서 유래했다. 따라서 후에 "속죄소"를 의미했다. *TDOT 7* (1995), 28 이하에 수록된 Lang의 면밀한 논문을 보라. 나의 분석 역시 핀란드어로 되어 있는 Laato, *Uhri*, 25-29에 수록된 핀란드어 논의에 기초한다. Thiselton, *Doctrine*, 341을 참조하라.

그리스도께서는 장래 좋은 일의 대제사장으로 오사 손으로 짓지 아니한 것, 곧 이 창조에 속하지 아니한 더 크고 온전한 장막으로 말미암아 염소와 송아지의 피로 하지 아니하고 오직 자기의 피로 영원한 속죄(*lytrōsis*)를 이루사 단번에 성소에 들어가셨느니라(히 9:11-12).

바울은 로마서 5장에서 속죄제를 언급함으로써 자신의 신학에서 속죄일(Yom Kippur)을 사용한다. "우리가 아직 죄인 되었을 때에 그리스도께서 우리를 위하여 죽으심으로 하나님께서 우리에 대한 자기의 사랑을 확증하셨느니라"(롬 5:8).[101] 그리스도가 "하나님의 진노에서" 우리를 구원할 수 있기 때문에 속죄가 이루어졌다. "우리가 그의 피로 말미암아 의롭다 하심을 받았기 때문에"(*dikaiōthentes nyn en tō haimati autou*, 롬 5:9) 죄 용서는 희생제사의 피로 성취된다. 하나님의 원수였던 우리가 "그의 아들의 죽으심으로 말미암아 하나님과 화목하게" 되었듯이 말이다(롬 5:10).[102]

바울 서신에는 바울이 성전제의에서 취한 이미지를 사용하는 구절이 있다. 로마서 3장에서 바울은 자신의 피를 지성소로 가져간 그리스도에 관해 이야기함으로써 구속을 설명한다.

[그들이] 그리스도 예수 안에 있는 속량으로 말미암아 하나님의 은혜로 값없이 의롭다 하심을 얻은 자 되었느니라. 이 예수를 하나님이 그의 피로써 믿음으로 말미암는 속죄제물(*hilastērion*; 개역개정에서는 "화목제물"로

---

101 바울의 구약성서 배경 사용이 Schreiner, *Theology*, 359-61에서 지적된다. "바울은 그리스도가 하나님의 의를 나타내는 속죄소로 제시된다고 설명한다." Thielman, *Theology*, 354를 참조하라.

102 골로새서는 화해를 가져오는 "그의 십자가의 피"에 대해 이야기하고(골 1:20) 에베소서는 "우리가 그의 피로 말미암아 속량 곧 죄 사함을 받았다"(엡 1:7)고 말한다.

번역되어 있음)로 세우셨으니…(롬 3:24-25).

많은 정보를 담고 있는 이 그리스어 문장은 난해하다. 하나님이 예수를 "공개적인 자리에" 두었고(protithēmi), 심지어 예수의 피를 통해 그를 카포레트 (kapporet, 덮개, 속죄소, 속죄제물)가 되게 했다.[103] 원래의 개념(hilastērion)은 이 어려운 표현 이면에 있는 의미들의 집합체다. 이러한 신학은 유대-기독교의 가르침에서 전형적이다. 히브리서에서 이 단어는 덮개(kapporet) 자체인 "속죄소"를 가리킨다(히 9:5). NRSV는 역동적인 번역을 제공하는데 "속죄제물"은 바울의 사유세계와 가까운 개념이다. 어떤 면에서 그리스도는 그의 피에 대한 믿음을 통한 "속죄의 장소"다. 이 구절을 해석하는 사람은 히브리서에 묘사된 장면을 마음속에 그려봐야 한다. 그리스도는 언약궤 위 속죄소에 놓인 희생제물이고 그의 피로 인해 죄 용서가 이루어진다. 그리스도의 속죄제를 믿는 사람은 누구나 하나님과 화해될 것이다.[104]

이 구절에 나타난 피의 신학적 중요성은 바울이 최후의 만찬의 의미에 대해 이야기하는 고린도전서에 등장하는 표현과 유사하다. "우리가 축복하는 바 축복의 잔은 그리스도의 피에 참여함이 아니냐?"(고전 10:16) 참여는 바울의 화해 신학의 핵심적인 부분이다. 우리는 이 주제에 대해 뒤에서 자세히 논의할 것이다.

구약성서에서 피의 역할은 매우 중요하다. 제사장들의 정결은 피를 통해 이루어졌다(출 29:20-21). 히브리서가 우리에게 상기해 주듯이 제단은 정

---

103 그 표현은 난해하지만 그리스어에서 프로티테미(protithēmi)는 장례식 전에 공개적으로 전시되는 사체를 의미할 수 있다. 하지만 여기서는 Dunn이 "희생제물의 피를 공개적으로 사용한다는 개념"이라고 지적하듯이 제의적 의미가 타당하다. Dunn, *Romans*, 170.

104 참조. Stuhlmacher: "그리스도인의 속죄소(kapporet)는 더 이상 성전의 지성소에 숨겨 있지 않고 십자가에 달린 그리스도의 형태로 모두에게 알려진다." Stuhlmacher, *Romans*, 60.

결해질 필요가 있다. "율법을 따라 거의 모든 물건이 피로써 정결하게 되나니 피흘림이 없은즉 사함이 없느니라"(히 9:22). 출애굽기에서 피는 구원의 표지였다(출 12:21-22). 바울신학에서 그리스도는 단순히 속죄제만이 아니라 부활의 날 하나님께 드려진 희생제물이기도 하다는 점에 주목할 필요가 있다. 바울은 "우리의 유월절 양, 곧 그리스도께서 희생되셨느니라"라고 기록한다(고전 5:7). 죄인들이 그리스도의 피를 믿을 때 하나님의 진노가 우리를 지나가고 새로운 낙원으로 향하는 진정한 출애굽이 시작된다.

그리스도의 죽음에 관한 바울의 신학을 다룰 때 우리는 반드시 이사야 53장을 고려해야 한다. 바울은 이 구절에서 유래한 이미지를 사용하고 있으며 그가 사용하는 원시 기독교의 전통은 유사한 신학적 주제들에 기반을 두고 있다. 여기서 하나님의 종의 역할은 동일시와 대속을 표현하는 제의적 관점에서 묘사된다.[105]

> 그는 실로 우리의 질고를 지고 우리의 슬픔을 당하였거늘 우리는 생각하기를 "그는 징벌을 받아 하나님께 맞으며 고난을 당한다" 하였노라. 그가 찔림은 우리의 허물 때문이요 그가 상함은 우리의 죄악 때문이라. 그가 징계를 받으므로 우리는 평화를 누리고[106] 그가 채찍에 맞으므로 우리는 나음을 받았도다(사 53:4-5).

하지만 이사야 53장이 징계에 관해서만 이야기하지는 않는다. 종의 고난은 성전 제물과 동일시된다. "그의 영혼을 속건제물로 드리기에 이르면 그가

---

105   바울의 사 53장 사용은 매우 자세하게 연구되어왔다. 다음 문헌들을 보라. Hofius, *Gottesknecht*, 107-27; Laato, *Servant*, 184-94.

106   비록 이 구절을 번역하기는 어렵지만 여기서 평화의 개념은 유지되어야 할 것이다. [하나님의] 종이 우리의 죄 때문에 매를 맞았기 때문에 그가 평화를 수여한다.

씨를 보게 되며…"(사 53:10a). 그는 성전 제물처럼 넘겨지고 "많은 사람의 죄"를 짊어진다(*paredothē eis thanaton*, 70인역 53:12). 바울은 또한 이사야서의 칭의 신학도 잘 활용했다. 그 본문에서 고난 받는 종은 "그들의 죄악을 친히 담당하기" 때문에 "많은 사람을 의롭게" 할 것이다(사 53:11).

바울 서신에 나타난 이사야서의 희생제사 신학이 초기 기독교사에서 바울 전에 존재했던 전통적인 구절에 등장하는데, 병행은 그리스어에서만 완벽하게 나타난다. 하지만 학자들은 그것이 유대적 배경에 기반을 두고 있다고 생각한다.[107] 따라서 우리는 제물을 드리는 것과 죽음에서 일어나는 것을 모두 이야기하는 이 미묘한 구절을 다시 살펴볼 필요가 있다.

> 예수는 우리가 범죄한 것 때문에(*hyper*) 내줌이 되고(*paredothē*)
> 또한 우리를 의롭다 하시기 위하여(*hyper*) 살아나셨느니라(*ēgerthē*).
> (롬 4:25)[108]

"우리의 범죄를 위한" 그리스도의 죽음을 표현하는 휘페르(*hyper*) 공식은 앞서 언급된 이사야서의 구절에서 유래했을 것이다. 이사야 53:12에서 하나님의 종은 사람들의 죄를 위하여 넘겨진다(*dia tas hamartias autōn paredothē*). 파라디도미(*paradidōmi*)에 기반을 둔 "내어줌"(handing over)이라는 표현은 표준적인 제의 용어다. 이 점은 대표를 나타내고 대리를 암시하는 휘페르(*hyper*)의 사용을 통해 강조된다.[109] 그리고 바울이 다음 문장에서 진술하듯이(롬 5:1) 이러한 화해의 결과는 평화다.

바울—혹은 그의 전통—은 이사야서의 용어를 사용해서 예수의 고난

---

107   에컨대 Hofius, *Gottesknecht*, 121이 그렇게 생각한다.

108   이 중요한 구절의 구조 분석은 본서 3장의 섹션 II.3을 참조하라.

109   Laato, *Servant*, 188.

과 희생제의를 결합한다. 그리스도가 사람들의 죄를 위해 넘겨졌고 포로기 예언자들의 약속들이 성취되었다. 이러한 병행에서 그리스도는 하타트(hattā't), 즉 속죄제로 묘사된다. 바로 이 점이 그리스도가 죽은 자 가운데서 살아난 것이 왜 속죄와 칭의를 이루는지를 설명해준다. 이 표현들에 병행 분사가 사용되고 있는 점으로 미루어 볼 때 그 표현들 사이에 밀접한 관련이 있음이 분명하다. 이 사상은 바울이 그리스도의 순종이 많은 사람(polloi)을 의롭게 할 것이라고 말하는 로마서 5장에서 발견되는 사상과 비슷하다(참조. 사 53:11).[110]

바울의 화해 신학은 이사야서와의 연결을 통해 유배 수사와 회복 종말론의 일부가 된다. 유명한 이사야 53장은 종이 사람들의 죄 때문에 고난을 받을 것이라고 선포한다. "그가 살아있는 자들의 땅에서 끊어짐은 마땅히 형벌 받을 내 백성의 허물 때문이라"(53:8). 바울 이전의 전승과 사도 바울 모두에게 있어 속죄와 용서는 이스라엘의 죄 사함을 의미한다. 그리스도는 "범죄자를 위하여"(사 53:12) 혹은 "우리의 범죄를 위하여"(롬 4:25) 탄원함으로써 이사야서가 전달한 기대들을 성취한다.

기본적인 내러티브가 이 구절들을 통합한다. 이스라엘의 메시아는 선택받은 백성의 타락으로 인해 고통을 당해야 한다. 그가 넘겨짐으로 인해 백성은 하나님께 돌아올 수 있게 된다. 훗날 바울이 동일한 화해의 신학을 아담의 모든 후손에게 적용할 때 그는 인간이 낙원에서 추방되었을 때 발생한 거대한 유배에 대해 말한다.

위에 언급된 병행 배후에 내러티브만 있는 것이 아니라 완전한 우주론도 존재한다. 여기서 묘사된 그림은 히브리서에서 발견되는 그림과 유사하다. 부활한 그리스도께서 하늘 성전에 들어가서 자기의 피를 지성소

---

110   사 53장에 나타난 속죄제 측면은 이후에 조사된다. 이번 장의 섹션 IV.2를 보라.

(debir)로 가져가 죄인들을 위해 속죄한다. 이것이 칭의를 가져오며 바울이 후에 언급하듯이 경건하지 않은 자를 의롭게 한다. 동일한 사상이 로마서 5장에서 반복된다. 그리스도의 사역을 통해 "이제 우리가 그의 피로 말미암아 의롭다 하심을 받았다"(롬 5:9).[111]

바울에게 있어 희생제사 신학, 대표, 대속, 속죄가 구원의 토대를 형성한다는 데는 의심의 여지가 없다. 그는 그리스도를 모든 죄인을 대표하는 희생제물로 본다. 이것이 그리스도가 다른 사람들을 위해서 죽는 대속물이 되는 이유다. 이것이 가능해진 이유는 그들의 죄가 그들의 어깨에서 벗겨져 희생제물인 그리스도께로 옮겨졌기 때문이다(이것을 "전가"라 한다). 그리스도가 자기의 피를 속죄소로 가져오기 때문에 죄인들이 그의 피에 참여하고 용서를 받게 된다. 생명의 상징으로서의 피는 하나님 앞에 나온 참회자의 생명을 나타낸다. 이것이 모든 사람의 범죄를 위한 속죄가 이루어진 방식이다. 그 후에 용서가 완전해진다.

2. 아케다(Akedah)-모델로서의 이삭

구약성서의 희생제사 신학에 나타난 가장 중요한 주제 중 하나는 이삭을 제물로 드릴 뻔했던 아케다(Akedah, 결박)다. 창세기 이야기에서 하나님은 아브라함에게 그의 외아들 이삭을 제물로 바치라고 명령한다.

> 여호와께서 이르시되 네 아들, 네 사랑하는 독자 이삭을 데리고 모리아 땅으로 가서 내가 네게 일러 준 한 산, 거기서 그를 번제로 드리라(창 22:2).

---

111   Stuhlmacher, *Romans*, 81도 같은 입장을 보인다. 참조. Schreiner: "롬 5:9-10에서 칭의와 화해는 그리스도 안에서의 하나님의 사역을 달리 묘사하는 방법들이다." Schreiner, *Theology*, 364.

창세기 이야기에 따르면 하나님은 아브라함에게 자기 아들을 주께 바치라고 요구함으로써 아브라함을 "시험하길" 원했다(창 22:1). 이런 방식으로 하나님께 대한 신실함을 시험하는 것이 현대의 독자에게는 과도해 보일 수 있지만 이 구절은 구약성서의 희생제사 신학에서 핵심적인 본문이 되었다. 이 사건에는 번제, 양, 신현 같은 몇몇 핵심적인 용어가 등장한다. 이 개념들은 훗날 성막에서 드린 제사를 묘사하는 구절에도 등장한다.[112]

> 이삭이 그 아버지 아브라함에게 말하여 이르되 "내 아버지여" 하니 그가 이르되 "내 아들아, 내가 여기 있노라." 이삭이 이르되 "불과 나무는 있거니와 번제할 어린 양은 어디 있나이까?" 아브라함이 이르되 "내 아들아, 번제할 어린 양은 하나님이 자기를 위하여 친히 준비하시리라" 하고 두 사람이 함께 나아가서…(창 22:7-8).

구약성서의 희생제사 제도의 맥락에서 보면 이삭의 희생제사는 독특한 의미를 지닌다. 그것은 하나님 자신의 희생제물을 상징한다. "하나님이 주도적으로 자신의 희생제물을 제공한다."[113] 이 본문은 두 가지 기능을 갖고 있다. 한편으로 그것은 아브라함의 충성심에 대해 말한다. "네가 네 아들, 네 독자까지도 내게 아끼지 아니하였으니 내가 이제야 네가 하나님을 경외하는 줄을 아노라"(22:12). 다른 한편으로 아브라함은 하나님이 약속을 지킬 것이고 아브라함을 위해 "어린 양을 제공할" 것이기에 하나님을 신뢰한다. 이처럼 이삭의 "결박"은 타락한 백성을 위해 스스로 희생제물과 희생제사의 속죄를 제공하는 하나님의 이야기가 된다.

---

112   이 주제는 특히 Childs, *Biblical Theology*, 325-28을 통해 성서신학에서 논의되기 시작했다.

113   Childs, *Biblical Theology*, 327.

신약성서에서 아브라함의 희생제사와 아케다는 여전히 희생제사 구원론의 일부로 유지된다. 바울은 로마서 8장에서 이 개념을 사용한다. 그 핵심적인 진술은 또 다른 묘사, 즉 로마에 사는 사람들을 위한 권고의 일부로 재등장한다. 하지만 이 맥락들 사이에 어느 정도 유사성이 있다. 박해의 위협 아래 살아가는 그리스도인들은 신앙을 위해 자신의 생명을 희생해야 할지도 모른다고 두려워했다. 바울의 대답은 이삭의 희생제사를 해석한다.

> 자기 아들을 아끼지 아니하시고 우리 모든 사람을 위하여 내주신 이가 어찌 그 아들과 함께 모든 것을 우리에게 주시지 아니하겠느냐?(롬 8:32)

바울의 구원론에서 그리스도를 내줌은 이삭의 결박 관점에서 기술된다. 하나님은 신실하며 자기의 아들도 아끼지 않는다. 그리스도는 하나님 자신에 의해 제공된 희생제물이다. 그리스도의 희생제사는 아케다처럼 평화를 가져오고 하나님과의 연합을 확립한다. 바울은 대표와 대리를 나타내는 휘페르(hyper) 공식을 사용함으로써 희생제사 용어를 강조한다.[114]

이 주제가 유대교-기독교 신학에서 일반적으로 사용되는 것으로 보인다. 유사한 전통이 히브리서에서 발견된다. 히브리서 저자는 동일한 개념을 한층 더 발전시키고 아브라함의 신앙을 부활에 대한 믿음으로 해석한다. 아브라함이 자기 아들을 기꺼이 바친 것은 하나님께서 죽음을 이길 것이라는 확신에 기초한다.

---

114   Childs는 신실성 측면을 강조한다. Childs, *Biblical Theology*, 334. 여기서 사용된 표현은 "사랑하는"이라는 단어를 제외하고 70인역 창 22:16과 거의 동일하다. Dunn은 바울이 "사랑하는 아들"은 많은 아들 중 하나일 뿐이라는 생각을 피하려고 "독자(only son)"라는 표현을 덧붙였다고 주장한다.

아브라함은 시험을 받을 때에 믿음으로 이삭을 드렸으니 그는 약속들을
받은 자로되 그 외아들을 드렸느니라. 그에게 이미 말씀하시기를 "네 자손
이라 칭할 자는 이삭으로 말미암으리라" 하셨으니 그가 하나님이 능히 이
삭을 죽은 자 가운데서 다시 살리실 줄로 생각한지라. 비유컨대 그를 죽은
자 가운데서 도로 받은 것이니라(히 11:17-19).

요한의 신학에서 이 주제는 표준적 구절인 요한복음 3:16에 나타난다. 이
구절에서 "독생자"를 준 것이 두드러진다. 초기 교회 성서신학의 구원론 묘
사에서 아케다는 이처럼 중요한 주제다. 비록 요한복음을 제외하면 별로
언급되지 않았지만, 아케다가 등장하는 구절들은 그것이 회중을 가르치는
데 중요했음을 보여준다. 바울의 저술에서 그것은 아브라함의 축복 혹은
율법의 저주에 관한 그의 가르침에 명백히 영향을 주었다.

3. 저주로서의 그리스도

십자가의 메시지는 고린도전서만의 주요한 주제가 아니다. 바울은 다른 서
신들에서도 메시아의 죽음이 어떻게 생명과 구원의 원천이 되는지를 거듭
설명한다. 그는 결코 그리스도의 죽음을 고상하게 제시하려고 시도하지 않
는다. 대신 그는 그 사건의 잔인성을 강조하고, 수치스러운 공개 처형 사건
에서 복음의 핵심을 발견한다. 예컨대 갈라디아서 3장에서 바울은 십자가
처형 행위의 기본적인 목적에 초점을 맞춘다. 그리스도의 죽음에 관해 이
야기하면서 그는 신명기 본문을 인용해서 처형된 범죄자에 대한 구약성서
의 관점을 논의한다. 나무에 달려 처형당한 자는 누구나 하나님께 저주를

받은 것이다. "나무에 달린 자마다 저주 아래에 있는 자라"(갈 3:13b).[115]

신명기에서 원래 본문은 축복과 저주에 관한 더 광범위한 가르침의 일부다. 따라서 이 주제는 기본적으로 율법주의 신학에 속한다. 토라에 따르면 하나님의 율법은 생명을 증진하고 유지한다. 하나님은 먼저 자기 백성을 선택해서 그들을 이집트의 노예 생활로부터 해방하고 그들 앞에 선과 악을 제시했다.

> 보라, 내가 오늘 생명과 복과 사망과 화를 네 앞에 두었나니 곧 내가 오늘 네게 명령하여 "네 하나님 여호와를 사랑하고 그 모든 길로 행하며 그의 명령과 규례와 계율를 지키라" 하는 것이라. 그리하면 네가 생존하며 번성할 것이요, 또 네 하나님 여호와께서 네가 가서 차지할 땅에서 네게 복을 주실 것임이니라(신 30:15-16).

하나님의 토라는 여기서 완벽한 삶의 기준이 된다. 이 계율들을 따르면 율법(*nomos*)이 낳는 좋은 열매를 통해 복을 받을 것이다. 반면에 죄를 범하면 배교자에게 하나님의 저주가 임한다. 이 때문에 조금 앞선 신명기 28장에서 축복과 저주의 목록들이 자세하게 나열된 것이다. 신명기 28장은 다음과 같은 권고의 말로 시작한다. "네가 네 하나님 여호와의 말씀을 삼가 듣고 내가 오늘 네게 명령하는 그의 모든 명령을 지켜 행하면…"(신 28:1). 율법에 따라 사는 삶은 풍요를 가져온다. "네 몸의 자녀와 네 토지의 소산과 네 짐승의 새끼와 소와 양의 새끼가 복을 받을" 것이다(신 28:4).[116]

---

115 다음 문헌들을 보라. Stuhlmacher, *Biblische Theologie I*, 298-99; Elgvin, *Themelios 22* (1997), 14-21.

116 바울은 이 대목에서 분명히 신 27-30장을 염두에 두고 있다. Scott, *JBL 112* (1993), 657-58도 같은 입장이다. Martyn은 이와 다른 입장을 취한다. 그에 따르면 하나님은 축

다른 한편으로는 저주의 신학도 관여한다. "네가 만일 네 하나님 여호 와의 말씀을 순종하지 아니하여 내가 오늘 네게 명령하는 그의 모든 명령 과 규례를 지켜 행하지 아니하면…"(신28:15). 계명을 어기면 그에 합당한 결과가 뒤따른다. "네 몸의 소생과 네 토지의 소산과 네 소와 양의 새끼가 저주를 받을" 것이다(신 28:18). 신명기 27장에서 축복과 저주에 대한 완전 한 예전이 이루어진 뒤 이러한 신학이 등장한다. 요단강을 건넌 뒤 시므온 지파 등 여섯 지파는 백성들을 축복하기 위해 세워지고, 르우벤 지파 등 여 섯 지파는 저주를 선포하기 위해 세워진다(신 27:12-13). 이 저주들은 사실 상 단축된 하나님의 계명들이다. "객이나 고아나 과부의 송사를 억울하게 하는 자는 저주를 받을 것이라"(신 27:19).[117]

이미 신명기에서 축복과 저주의 신학이 회복 종말론에 적용되었다. 이 스라엘의 궁극적 축복은 죄 용서와 하나님과의 관계의 회복을 의미할 것 이다.

내가 네게 진술한 모든 복과 저주가 네게 임하므로 네가 네 하나님 여호와 로부터 쫓겨간 모든 나라 가운데서 이 일이 마음에서 기억이 나거든 너와 네 자손이 네 하나님 여호와께로 돌아와 내가 오늘 네게 명령한 것을 온전 히 따라 마음을 다하고 뜻을 다하여 여호와의 말씀을 청종하면, 네 하나님 여호와께서 마음을 돌이키시고 너를 긍휼히 여기사 포로에서 돌아오게 하

복하고 율법은 저주한다. Martyn, *Galatians*, 325.

117 Scott은 오랫동안 학자들을 난처하게 해온, 다음과 같은 중요한 질문에 대한 답을 제시 하기 시작한다. "바울은 어떻게 신명기의 저주가 이스라엘에게 임했고 이스라엘 백성은 그 저주로부터 구원받을 필요가 있다고 생각할 수 있었는가?" Scott은 기본적인 이유가 백성들의 유배 상황에 있다고 확신한다. 그는 "바울은 명백히 기원전 587년에 시작된 하 나님의 심판이 이스라엘에 지속되고 있으며, 유대인들이 회복 때까지 유배 상태에 머물 러 있다고 생각한다"고 말한다. Scott, *JBL 112* (1993), 657.

시되 네 하나님 여호와께서 흩으신 그 모든 백성 중에서 너를 모으시리니 네 쫓겨간 자들이 하늘 가에 있을지라도 네 하나님 여호와께서 거기서 너를 모으실 것이며 거기서부터 너를 이끄실 것이라(신 30:1-4).

신약성서에서 회복 종말론은 이 모든 구절에 기반을 두고 있다. 바울에 의하면 그 저주가 이스라엘 위에 임했는데 이에 대한 증거는 백성들이 흩어져 살고 있다는 점이다. 저주는 처벌을 암시하며, 율법의 저주가 제거되기 위해서는 누군가가 고통을 당해야 한다. 따라서 바울의 사상에서 그리스도의 대속적 죽음은 구약성서의 축복과 저주의 신학 관점에서 설명된다. 가장 분명한 연결점은 범죄로 인해 처형되는 인물에게 쉽게 적용될 수 있는 저주 측면이다. 구약성서 신학에서 나무에 달린 사람의 운명은 특히 저주 개념에 의존하는데 바울은 바로 이 구절을 직접 인용한다. 그 구절은 죄수의 시신을 모독하는 측면을 암시한다.[118]

사람이 만일 죽을 죄를 범하므로 네가 그를 죽여 나무 위에 달거든 그 시체를 나무 위에 밤새도록 두지 말고 그날에 장사하여 네 하나님 여호와께서 네게 기업으로 주시는 땅을 더럽히지 말라. 나무에 달린 자는 하나님께 저주를 받았음이니라(신 21:22-23).

---

118 Wright는 이 측면에 관심을 기울이지만 그의 언약적 해석 때문에 갈 3장이 신 30장에 의존하는 것을 다르게 해석한다(Wright, *Paul*, 864-65). 그는 갈 3장을 고후 5:21처럼 해석하는데 거기서 "하나님의 언약의 신실성을 구현하는 사도라는 개념이 자연스럽고 올바른 의미로 출현한다"(p. 881). Wright는 또한 신 30장을 롬 10장과 연결하는데 거기서 예수에 대한 믿음은 "토라 자체의 진정한 성취"다(p. 1036). 따라서 그에게 있어 신 30장의 성취는 **"언약의 갱신이자 유배의 종식"**이다(p. 1164, 강조는 원저자의 것임). 아마도 이것이 Wright가 그의 기념비적인 저술에서 십자가의 신학을 거의 다루지 않는 이유일 것이다. Wright는 자신의 해석이 논쟁적이라는 것을 인정하지만 왜 언약(*diathēkē*)이 바울서신의 이 맥락에서 등장하지 않는지를 설명하지 않는다.

나무에 달린 범죄자는 하나님의 저주(히브리어 *qelala*, 그리스어 *kataraomai*) 아래 있다. 이 구절은 예수의 처형에 나타난 많은 특징을 설명해준다. 예수는 아직 살아있을 때 십자가에 못박혔다. 이 처벌은 가장 고통스러운 것이었다(다른 경우에는 시신이 나무에 달릴 수도 있었다.) 사람이 십자가에 못박히면 그 사람의 근육이 기능을 발휘하지 못하기 시작하면서 서서히 질식사하곤 했다. 때때로 죽음을 촉진시키기 위해 다리가 부러뜨려졌다. 그런 끔찍한 상황에서 다리를 부러뜨리는 것은 사실 자비의 행동이었다.[119]

시신은 종종 몇 시간 동안 십자가 위에 방치되었다. 사람들은 그 시신을 향해 조롱하고 그 위에 침을 뱉었다. 십자가에 처형된 시신들은 그 죄수들을 십자가에 매단 통치자들에게 반대하는 사람들 사이에서 자연스럽게 두려움을 일으켰다. 하지만 이스라엘에서는 한 가지 요소가 의무사항이었다. 어떤 시신도 밤새도록 십자가 위에 방치되어서는 안 되었다. 따라서 시신들은 처형된 날이 끝나기 전에 십자가에서 치워졌다.[120]

이것이 바로 바울이 그리스도가 십자가에서 저주가 되었고 심지어 하나님에 의해 저주를 받았다고 한 말의 의미다. 하나님이 확실히 그리스도를 버렸고 그를 처벌했다. 바울에게 있어서는 이 모든 것이—모순으로 보일 수도 있지만—십자가 신학의 내용이다. 그리스도는 자신의 죄나 범죄 행위 때문에 죽지 않았다. 그는 "우리 대신" 저주를 받았다. 대표와 속죄 측면이 존재한다. 바울에게 있어 그 처벌은 엄연한 현실이고 실제 죄에 대한

---

119   쿰란문서의 「성전 두루마리」에서 구약성서의 이 구절이 주해되었다. 그 구절은 "자기 민족을 배신"하거나 자기 민족에게 "악이 임하게 한" 첩자에게 적용되었다. 그는 두세 명의 증언에 근거해서 처형당하고 "그들은 그를 나무 위에 매단다." 그리고 이 구절에 따라서 그들의 시신은 "나무 위에서 밤을 넘기지 못하고" 처형 당일에 매장되는데 "이는 그들이 하나님과 사람에게 저주를 받았기 때문이다"(11QT 19.64).
120   십자가 처형 관습에 관해서는 다음 문헌들을 보라. Hengel, *Crucifixion*, 8–10; Cook, *Crucifixion*, 418–21; Samuelsson, *Crucifixion*, 296–99.

처벌이다. 이 죄들은 예수의 죄가 아니라 아담의 후손들의 죄다. 대리적인 죽음 개념이 명백하다.[121] 동일한 특징이 고린도후서 5장에서 두드러진다. "하나님이 죄를 알지도 못하신 이를 우리를 대신하여 죄로 삼으신 것은 우리로 하여금 그 안에서 하나님의 의가 되게 하려 하심이라"(고후 5:21). 여기서 바울은 그리스도와 인간 사이의 차이를 강조한다. 예수는 어떤 죄도 알지 못했지만 모든 죄가 그에게 지워진다. 이것이 바로 실제적인 죄에 대해 신적 처벌이 가해지는 방식이다.[122]

바울에게 있어 저주받은 그리스도는 저주받은 범죄자와 동일하다. 갈라디아서에서 또 다른 구약성서 본문이 저주의 요소를 설명한다. 하나님은 불의를 용납할 수 없다. "누구든지 율법 책에 기록된 대로 모든 일을 항상 행하지 아니하는 자는 저주 아래에 있는 자라"(갈 3:10). 신적 율법이 인간의 불성실을 드러내기 때문에 범법자는 하나님의 심판을 받게 된다. 그래서 바울은 "율법의 저주"가 인간의 운명을 결정짓는 핵심적인 문제라고 주장한다. 그것은 인간을 하나님으로부터 완전히 분리시킨다. 어떤 인간도 자신의 공적에 근거해서 하나님께 나아갈 수 없다. 아담의 세상은 여전히 저주 아래 있다. 설사 누군가가 하나님을 만나기를 원한다 해도 그는 하나님의 진노를 만나게 될 뿐이다. 따라서 바울은 단 하나의 해결책만이 있다고 선포한다. "그리스도께서 우리를 위하여 저주를 받은 바 되사 율법의 저주에서 우리를 속량"하셨다(갈 3:13). 구속은 십자가의 어리석음과 불명예가 어떻게 신적 처벌의 일부인지를 설명한다. 죄는 처벌받을 필요가 있다. 따라

---

121   다음 문헌들을 보라. Stuhlmacher, *Versöhnung*, 195-97; Carrol and Gree, *Death of Jesus*, 123-24; Hengel and Schwemer, *Damaskus*, 164-65.

122   Elgvin은 「성전 두루마리」에서 신 21장이 재해석된 방식에 비추어 볼 때 쿰란 공동체의 관습이 처벌의 새로운 측면을 보여준다고 주장한다. 이제 "국가적 반역 혹은 신성모독의 죄를 저지른" 사람은 십자가형을 당해야 한다. Elgvin은 제사장 계층이 이런 믿음을 가지고 있었다고 결론지었다. Elgvin, *Themelios 22* (1997), 15.

서 그리스도의 대리적 행동, 즉 그가 십자가 위에서 저주받는 범죄자이자 배교자로 나타남이 없이는 어떤 구원도 가능하지 않다.

갈라디아서 3장에는 아브라함의 축복이 나타나 있다. "모든 이방인이 너로 말미암아 복을 받으리라"(갈 3:8). 바울의 사상에 나타난 축복과 저주의 신학은 이신칭의에서 절정을 이룬다. 아브라함의 축복이 죄인들에게 값없이 주는 선물로서 주어질 것이다. "그러므로 믿음으로 말미암은 자는 믿음이 있는 아브라함과 함께 복을 받느니라"(갈 3:9). 이것이 바로 율법의 저주가 화해되고 종식되는 방식이다. 그리고 우리가 신명기 30장에 나타난 신학적 배경을 고려할 경우 이것은 유배의 종식도 의미한다. 축복과 저주라는 주제를 통해서 바울의 구원론은 다시금 흩어진 사람들에게 주어진 약속들과 연결된다. 하나님은 그의 자비로 자기 백성의 운명을 바꿀 것이다. 하나님은 죄인들을 위해 그리스도를 죄(*harmartia*)로 삼음으로써 저주를 제거할 것이다. 이것이 유배 가운데 있는 온 세상의 사람들을 서서히 모을 복음의 토대가 된다.

따라서 바울의 화해 신학은 이스라엘의 회복 신학이자 아담의 후손들에게 안도를 가져오는 신학이다. 첫째, 율법의 저주는 지속적인 유배 상태에서 살아가는 이스라엘과 관련이 있다. 둘째, 그것은 이방인들에게 확장된다. 토라를 어겼든 마음에 쓰인 율법을 어겼든 간에 그들이 창조를 더럽힌 죄가 있기 때문이다. 그래서 바울은 이 대목에서 자신의 구원론을 다시금 다음과 같이 요약한다. "하나님 앞에서 아무도 율법으로 말미암아 의롭게 되지 못할 것이 분명"하다(갈 3:11). 스스로 저주를 짊어짐으로써 속죄를 이룬 사람만이 하나님의 원수로 살아가는 사람들을 축복할 수 있다.

4. 대표, 속전, 구속

구속 내러티브는 유배와 회복의 메타내러티브에 의존한다. 우리는 앞서 특정한 구절들에 나타난 중요한 많은 측면이 이스라엘의 회복을 묘사하는 구약성서 본문에 기반을 두고 있음을 살펴보았다. 또한 동일한 신학적 목적이 구속이라는 단어 자체를 통해서 표현된다. 이사야서에서 몸값(ransom money)이라는 용어는 구속사 전체의 토대를 제공한다. 이것이 바로 하나님이 자기 백성을 용서하고 바빌로니아의 노예들을 구속하는 방식이다. 이를위해 하나님은 (여기서 바울의 용어를 사용하자면) 모든 "이방 죄인들"을 위해속죄할 것이다. 이것이 하나님이 이집트와 에티오피아를 이스라엘을 위한속전으로 주는 이유다.

> 너는 두려워하지 말라. 내가 너를 구속하였고 내가 너를 지명하여 불렀나
> 니 너는 내 것이라.…대저 나는 여호와 네 하나님이요 이스라엘의 거룩한
> 이요 네 구원자임이라. 내가 애굽을 너의 속량물로, 구스와 스바를 너를
> 대신하여 주었노라(사 43:1-3).

이집트를 속전으로 준다는 생각이 특이하게 들릴 수 있지만 이것은 몸값개념을 통해 설명될 수 있다. 하나님은 이스라엘을 되사기를 원하고 자신이 그 대가를 제공한다. 속전에 해당하는 히브리어 코페르(*koper*)도 속죄를의미하게 되었다. 따라서 제의적 속죄를 언급하지 않고서도 화해가 환기될수 있다. 한쪽이 다른 한쪽을 내포하지만 말이다. 이 속전의 대가로 하나님이 죄인을 속해야만 한다.

> 여호와께서 이같이 말씀하시되 "애굽의 소득과 구스가 무역한 것과 스바

의 장대한 남자들이 네게로 건너와서 네게 속할 것이요 그들이 너를 따를 것이라. 사슬에 매여 건너와서 네게 굴복하고 간구하기를 '하나님이 과연 네게 계시고 그 외에는 다른 하나님이 없다' 하리라" 하시니라(사 45:14).

이런 추론은 우리가 이스라엘이 타락을 통해 그리고 유배 가운데서 죄 많은 여러 민족 중 하나가 되었음을 인정할 때만 일관성이 있다. 타락한 민족들이 구속받을 때 이스라엘과 다른 민족들 사이의 장벽, 즉 민족 중심주의적 우월성이 무너질 것이다. 이스라엘은 구원을 받을 것이고 다른 민족들은 그들의 우상숭배를 다뤄야 하는 위기에 내몰릴 것이다. 그 후에 그들은 깨어나 이스라엘의 주님을 섬길 것이다. 구속은 이스라엘뿐만 아니라 이방 세계에도 유익을 준다. 이방인들이 주님을 고백하고 다른 신들을 섬기지 않을 것이다.[123]

우리는 예수가 성전에서 동일한 종말론을 선포했다고 주장할 수 있다. 예루살렘 성전은 "만민이 기도하는 집"(막 11:17)이어야 했으나 예수가 성전에 도착했을 때 그는 그곳이 그렇지 않음을 발견했다. 성전은 하나님이 민족들을 모을 수 있는 장소가 아니었다. 그 이유는 명백했다. 민족들이 아직 이스라엘을 위한 속전으로 주어지지 않았다. 이는 왜 예수조차도 이사야서의 구속 신학에 의존했는지를 설명하는 데 도움이 된다. 최종적인 화해만이 민족들을 구속하고 이스라엘을 회복할 것이다. 우리가 이사야서를 다시 읽어 보면 구속은 주의 종이 "백성의 언약"과 "이방의 빛"이 될 때 완전히 성취될 것이다(사 42:6). 이때 하나님께서 약속한 대로 하나님의 종말론적 성전이 만민이 기도하는 집이 될 것이다. 이때가 바로 하나님께서

---

123   이것은 지속되는 유배에 관한 논의에서 핵심적인 이슈다. 바울에 관해서는 위에서 언급된 Scott, *JBL 112* (1993), 657-59를 보라.

이집트를 속전으로 줄 때다. 그때 이사야서의 복음이 만민에게 선포될 것이다. "땅의 모든 끝이여, 내게로 돌이켜 구원을 받으라. 나는 하나님이라. 다른 이가 없느니라"(사 45:22). 유사한 신학이 누가복음의 서두에도 등장한다(눅 1:67-69).

바울은 그런 주제들을 채택해서 그것들을 결합한다. 위의 분석 결과를 요약하자면 우리는 바울이 로마서에서 "유대인이나 헬라인이나" 다 죄의 권세 아래 살고 있다고 선포하는 것을 볼 수 있다(롬 3:9). 그들은 유사한 상태를 공유한다. 바울은 하나님이 예수를 "희생제물"로 세웠다고 말하고(롬 3:25) 죄인들을 위해 예수를 "죄(*hamartia*)로 삼았다"고 덧붙인다(고후 5:21). 그리스도가 "죄 있는 육신의 모양으로" 나타났고 하나님은 "육신에 죄를 정했다"(롬 8:3). 모든 인간이 아담의 후손이므로 구속은 모든 인간에게 동일한 방식으로 이루어진다. 이후로는 모든 민족 간에 "차별"(*diastolē*)이 없다(롬 3:22). 바울은 이제 민족 중심주의 원리가 경감된 것에 관해 언급한다.[124] 이와 동일한 사상이 실제 성전 구역과 이방인의 뜰을 나누는 작은 담을 통해 상징되었다. 이 담(*dryfaktos*)이 유대인과 다른 사람들 사이의 상징적인 장벽 역할을 했다. 바울의 신학에서는 이 담이 무너진다.[125]

바울의 구원론에서 구속 개념은 희생제물, 피, 속죄소(*hilastērion*) 같은 속죄의 주요 메타포를 모두 포괄한다(롬 3:24-25; 참조. 히 9:11-15). 그리고 바울은 로마서에서 이사야 40-55장에 등장하는 중요한 많은 주제를 채택한다. 바울 사도에 의하면 하나님 앞에서 모든 민족의 지위는 같다. 죄가 유배 가운데 살아가는 모든 인류를 하나로 연합시키기 때문에 구원은 속전과

---

124   예컨대 Dunn, *Romans*, 167도 그렇게 생각한다.

125   그 담은 엡 2:14에서 가장 명백하게 언급된다. 요세푸스는 『유대고대사』[15.2.5]에서 "사형의 위협 아래" 출입을 금지하는 담을 언급한다. 판(slab)들도 발견되었고 그 내용이 출판되었다. Finegan, *Archeology*, 194를 보라.

구속(*apolytrōsis*)에 기반을 둔다.

바울의 신학에서 구속은 속죄에 기초한다. 구속은 그리스도의 피라는 희생제물의 힘으로 말미암아 효력이 발생하기 때문에 그것은 대표 개념을 암시한다. 하나님이 죄인들을 구속하기 위해 대리적인 종을 통해 값비싼 속전을 지급했다. 속전이 지급되자 모든 민족에게 구원이 열렸다. 바울은 이사야서의 보편주의에 의존한다. "하나님은 다만 유대인의 하나님이시냐? 또한 이방인의 하나님은 아니시냐? 진실로 이방인의 하나님도 되시느니라"(롬 3:29).

이사야 54장에서 이 구속 신학이 회복 종말론의 관점에서 아름답게 묘사된다. 구원은 흩어짐을 종식시킨다. 이스라엘은 하나님이 사랑하는 신부이자 노예 상태로부터 해방시킨 신부와 같다.

> 내가 잠시 너를 버렸으나 큰 긍휼로 너를 모을 것이요, 내가 넘치는 진노로 내 얼굴을 네게서 잠시 가렸으나 영원한 자비로 너를 긍휼히 여기리라. 네 구속자 여호와께서 말씀하셨느니라. 이는 내게 노아의 홍수와 같도다. "내가 다시는 노아의 홍수로 땅 위에 범람하지 못하게 하리라" 맹세한 것 같이 내가 네게 노하지 아니하며 너를 책망하지 아니하기로 맹세하였노니, 산들이 떠나며 언덕들은 옮겨질지라도 나의 자비는 네게서 떠나지 아니하며 나의 화평의 언약은 흔들리지 아니하리라. 너를 긍휼히 여기시는 여호와께서 말씀하셨느니라(사 54:7-10).

그리스도의 십자가에 근거한 그런 신학은 전능한 하나님의 행위에 초점을 맞추는 어떤 (유대교) 신학자의 눈에도 의심할 나위 없이 "미련"하게 보일 것이다. 고린도전서에서 바울의 십자가 신학은 하나님의 측량할 수 없는 지혜와 복음의 역설에 대한 묘사에서 절정을 이룬다.

유대인은 표적을 구하고 헬라인은 지혜를 찾으나 우리는 십자가에 못 박힌 그리스도를 전하니, 유대인에게는 거리끼는 것(*skandalon*)이요 이방인에게는 미련한 것이로되 오직 부르심을 받은 자들에게는 유대인이나 헬라인이나 그리스도는 하나님의 능력이요 하나님의 지혜니라(고전 1:22-24).

여기서 그리스인의 관점과 유대인의 관점은 일리가 있다. 그리스인들은 지혜를 원하는데 고대 철학을 연구하는 유럽 학자들도 이 점을 강조한다. 하나님은 논증의 대상으로서 이해되어야 한다. 그런 맥락에서 십자가에서 처형당한 하나님의 아들에 관한 메시지가 불합리하게 들리는 것은 당연하다. 유대인들은 "표적을 구한다." 비록 서구 학자들에게는 때때로 이 점이 보이지 않지만 이는 제2성전기 유대교에서 전형적인 현상이었다.[126] 많은 유대인은 복음이 가져오는 결과를 토대로 복음의 힘을 평가했다. 따라서 어떤 힘도 보여주지 않는 바울의 십자가 신학이 유대교 신학자들에게 참으로 불경한, 거리끼는 것(*skandalon*)이었음은 놀랄 일도 아니다. 이 단어는 다른 사람으로 하여금 그들의 신앙을 벗어나도록 유혹하는 종교적 이단을 가리킨다. 십자가는 품위 있는 신앙체계 안으로 들어오도록 용납되어서는 안 되는 모욕이다.[127]

그런 비교들은 사실상 매우 실제적이며 바울의 십자가 신학의 본질을 설명해준다. "십자가의 도가 멸망하는 자들에게는 미련한 것이요 구원

---

126   Koskenniemi, *Old Testament Miracle-Workers*를 보라.

127   훗날 유스티누스는 그의 반대자들에 관해 다음과 같이 논평했다. "그들[반대자들]은 우리의 광기는 십자가에서 처형된 사람을 세상의 창조주, 변하지 않고 영원한 하나님 다음의 위치에 둔다는 사실에 놓여 있다고 말한다." Justin, *Apology*, 1:13. 이에 관한 해석은 Hengel, *Crucifixion*, 1을 보라.

을 받는 우리에게는 하나님의 능력이라"(고전 1:18). 이스라엘의 메시아를 붙잡아 그를 나무에 못박는다는 주장은 미친 짓으로 여겨졌다. 바울은 하나님께서 이 미련한 메시지로 지혜의 가치를 뒤집었다고 주장한다. "하나님께서 이 세상의 지혜를 미련하게 하신 것이 아니냐?"(고전 1:20) 하나님의 의도는 "지혜 있는 자들을 부끄럽게" 하는 것이다(고전 1:27). 하나님은 단지 철학적 추론의 대상이 아니며 그의 존재는 힘이나 위엄으로 축소될 수 없다. 하나님의 진정한 힘은 하나님의 아들이 자신을 복종시키고 약해진 그리스도의 십자가에서 발견된다. 그는 핍박하는 자의 손에 자신을 맡긴다. "하나님의 약함이 사람의 강함보다 강하다"(고전 1:25).

본서의 2장 섹션 VIII.5에서 우리는 예수가 세례 요한의 길을 따라서 의식적으로 고난 받는 종의 역할을 담당했다고 결론지었다. 그는 자신의 죽음을 예상했고 그것이 이스라엘의 유배 상태의 타락에 대한 속죄제로 여겨질 것을 확신했다. 바울은 유사한 회복 종말론을 채택해서 구원론을 신적 지혜의 계시로 설명한다. 바울은 하나님의 독생자가 이 세상에 올 때 그가 반드시 죽음을 직면해야 한다고 확신한다. 타락한 인간은 그를 환영하지 않는다. 그는 세례 요한 이전의 예언자들과 세례 요한 자신처럼 영적인 유배 상태에서 살아가는 사람들에게 미움받고 거절당한다. 그리스도는 사람들이 분노하는 대상이 된다. 바울은 이 태도가 에덴동산 이후의 세상에서 하나님을 거역하는 부패한 인간의 본성인 "육신"의 표현이라고 믿는다. 바울 사도는 예수가 이런 죽음을 맞이할 운명이었다고 생각하는 것으로 보인다. 예수가 잡혀서 처형당하는 것은 시간문제일 뿐이었다. 그때까지 이 세상에는 하나님과 아담의 자손들 간에 화해될 수 없는 갈등이 존재했다.

하지만 그리스도는 불경건한 자들의 표적이 되는 것에 자신을 복종시킨다. 그는 두 개의 유배의 짐을 짊어질 운명인데, 첫 번째 유배는 에덴에서 비롯된 것이고, 두 번째 유배는 예루살렘에서 비롯된 것이다. 진노가 그에게 전가되기 때문에 하나님은 쫓겨난 이스라엘과 타락한 인류의 죄를 속한다. 바울에게 있어서는 이것이 이방 민족들을 이스라엘을 위한 속전으로 주는 십자가 신학이다. 아담의 세상 전체가 용서받고 회복이 분명해질 것이다. 아무것도 하나님의 계획의 미련함을 누그러뜨리지 못한다. 그것은 학식 있는 유대인들이나 종교적인 그리스인들의 종교적 요구를 만족시키지 않는다. 하지만 바울에게 있어서는 그것이 하나님과의 평화를 시작하는 메시지다. 그리하여 하나님은 한때 상실되었던 에덴동산의 화합을 회복한다.

5. 십자가에 참여하기

최근 바울 학계에서 바울의 구원론은 종종 참여주의 종말론으로 해석되어 왔다. 언약적 율법주의 이론의 맥락에서 바울의 신학이 영적 체험을 강조하고 죄와 구원, 은혜로 주어지는 칭의 같은 전통적인 (루터파) 주제의 중요성을 축소함으로써 설명된다. 이 견해에 따르면 부활한 그리스도에 참여하는 것이 새로운 믿음의 핵심을 구성하며, 신자와 그리스도가 연합된 결과에 대한 숙고는 이차적인 합리화에 지나지 않는다. 언약적 율법주의 이론의 많은 지지자는 속죄와 죄인의 칭의(*iustificatio impii*)에 관한 바울의 가르침이 무의미하고 흥미 없는 주제라고 생각한다.[128]

　새로운 접근법은 교리적 관심에 영향을 받는데 그것 자체로는 약점이라고 할 수 없다. 하지만 이것이 의미하는 바는 "참여"라는 일반적 개념이 바울 서신의 특정한 구원론적 표현들의 추상화로 이해되어왔다는 것이다.

128　이런 종류의 해석은 Sanders, *Paul*, 549에 영향을 받았다(이 문제에 관한 좀 더 자세한 취급은 이번 장의 섹션 IV.4를 보라). 언약적 율법주의의 많은 지지자가 참여주의 견해를 받아들였다.

[그런 견해에서는] 현재의 개념들이 원래 본문의 이해를 통제하기 때문에 시대착오의 위험이 발생한다. 이러한 석의적 실수를 피하려면 우리는 바울의 저술을 분석할 때 그가 의도적으로 사용한 표현들에 초점을 맞춰야 한다. 이러한 표현들의 의미는 필연적으로 그것들이 나타나는 구절과 맥락 안에서 구성되어야 한다. 우리는 신학적 개념의 수용이 해석에 영향을 주고 있는 후대의 논의에만 집중하지 않아야 한다.

신학적 의미에서 참여는 의심할 나위 없이 바울이 이해한 구원을 묘사하는 유용한 개념이다. 하지만 우리가 중요한 구절들에 사용된 용어를 평가할 때 나타나는 그림은 언약적 율법주의가 제시하는 그림과 다르다. "참여"는 석의 과정에서 사용될 자명한 범주가 아니다. 언어학상으로 이 맥락에서 가장 정확한 바울의 용어는 대개 "~을 서로 나눠갖다"(share in)로 번역되는 코이노니아(*koinōnia*, 고전 10:16; 고후 1:7)인데, 그 단어는 참여주의 종말론의 주장과는 아무 관계가 없다. 의미론적으로 "참여"와 관련이 있는 유일한 용어는 메타케인(*metechein*, 불가타역에서 "*participatio*"로 번역되었다)에서 유래한 메토코스(*metochos*)다. 하지만 그 단어는 주로 히브리서의 관련 맥락에 등장하고(예컨대 히 3:14), 바울은 이 단어를 고린도전서 10:17에서 주의 만찬의 의미를 설명할 때에만 사용한다. 바울은 대개 "*syn-*"(함께)으로 시작되는 단어를 사용하거나 심지어 그런 단어를 만들어 낸다. 예컨대 "*systauroō*"(갈 2:20), "*synthaptō*"(롬 6:4; *symfytos*, 6:5), 그리고 "*symmorfizomai*"(빌 3:10)처럼 말이다.[129]

바울이 사용한 참여적 표현의 실제 의미를 알기 위해서는 관련 용어들

---

129 이 분석에서 나는 나의 젊은 동료인 Pekka Jauhiainen에게 빚을 지고 있다. 그는 곧 출판될 그의 박사학위 논문 *Paul Crucified*에서 모든 관련 구절에 대한 상세한 분석을 제공할 것이다. 하지만 이 논의에서의 분석과 분류는 나의 것이며 나의 결론이 가질 수 있는 한계에 대해서는 그의 책임이 아니다.

이 등장하는 맥락이나 관련 구절들의 일반적인 의미를 결정짓는 담론을 살펴보아야 한다. 바울의 제시에서 적어도 네 개의 다른 담론들이 발견된다.

(1) **구원론 담론**. 위의 구절들이 보여주듯이 바울은 그리스도께 참여하는 것에 관해 말할 때 그의 십자가형과 죽음에 참여하는 것을 가장 많이 이야기했다. "내가 그리스도와 함께 십자가에 못 박혔나니 그런즉 이제는 내가 사는 것이 아니요 오직 내 안에 그리스도께서 사시는 것이라"(갈 2:20a). 예수의 죽음에 제의적 해석이 주어지는데 이에 따르면 십자가 위에서의 그의 행위는 대속적인 속죄제였다. "나를 사랑하사 나를 위하여 자기 자신을 버리신 하나님의 아들을 믿는 믿음 안에서 사는 것이라"(갈 2:20b).

바울에게 있어 구원론적 참여는 십자가에 달린 주님과의 가장 친밀하고 개인적인 관계다. 그는 생명과 죽음의 이미지를 사용해서 믿음과 구원의 정당성을 묘사한다. 이전의 인간 바울은 십자가에 못박혔다. 그는 자기가 이전의 삶의 방식과 심지어 유대인으로서의 행동에 대해 죽은 것으로 여긴다. 그의 영적 죽음은 십자가 위에서의 예수의 죽음과 관련이 있다. 따라서 그의 새 생명은 부활하신 분의 생명과 관련이 있다.

이것은 로마서 6장에 나온 세례에 대한 바울의 가르침의 메시지이기도 하다. 이 구절에 의하면 바울은 그리스도와 함께 죽었고, 그리스도와 함께 무덤에 묻혔으며, 따라서 그리스도 안에서 세례를 받았다. 그는 또한 세례가 가져오는 영적인 부활에서 부활한 그리스도와 연합한다.

무릇 그리스도 예수와 합하여 세례를 받은 우리는 그의 죽으심과 합하여 세례를 받은 줄을 알지 못하느냐? 그러므로 우리가 그의 죽으심과 합하여 세례를 받음으로 그와 함께 장사되었나니(*synetafēmen*) 이는 아버지의 영광으로 말미암아 그리스도를 죽은 자 가운데서 살리심과 같이 우리로 또한 새 생명 가운데서 행하게 하려 함이라. 만일 우리가 그의 죽으심과 같

은 모양으로 연합한(*symfytoi*) 자가 되었으면 또한 그의 부활과 같은 모양
으로 연합한 자도 되리라(롬 6:3-5).[130]

그렇다면 바울에게 있어 그리스도의 인격과 사역에 참여한다는 개념은 무
엇보다도 십자가에 초점을 맞춘다. 그것은 사망 선고 개념에 기반을 둔다.
갈라디아서 2장에서 바울의 사고는 하나님의 율법에 관한 논의로부터 그
리스도 안에서 이미 십자가에 못박힌 존재 문제로 이어진다. 부활한 그리
스도께 참여하는 것—이는 언약적 율법주의가 강조하는 주제다—은 세례
이후의 새로운 삶을 설명하는 적절한 요소이긴 하지만, 그것은 일차적으로
그리스도와 함께 죽는 것의 결과다. 바울의 저술에서 그것은 의로움을 얻
는 대속적 속죄의 결과다.[131]

(2) **선교 담론**. 그리스도와 함께 죽는다는 개념에는 그리스도와 함께
고난을 받는 것에 관한 바울의 가르침이 계속 동반된다. 고린도후서 4장에
서 바울은 복음을 선포할 때 자신의 몸에 그리스도의 죽음을 짊어진다고
진술한다.

우리가 사방으로 욱여쌈을 당하여도 싸이지 아니하며 답답한 일을 당하여
도 낙심하지 아니하며 박해를 받아도 버린 바 되지 아니하며 거꾸러뜨림
을 당하여도 망하지 아니하고 우리가 항상 예수의 죽음을 몸에 짊어짐은
예수의 생명이 또한 우리 몸에 나타나게 하려 함이라. 우리 살아있는 자가

---

130 *Symfytos*라는 단어는 성장에 대한 메타포다. 두 식물이 함께 자라면서 공통의 줄기를 공
유한다. 용어에 관해서는 Dunn, *Paul*, 484-85를 참조하라.

131 그리스도와 함께 죽고 그와 함께 다시 사는 것이 "구원의 사건"이 된 종말론적 사건이라
고 지적하는 Wedderburn을 보라. 따라서 신자는 그 종말론적 사건에 "미리" 참여한다.
Wedderburn, *Death*, 161.

항상 예수를 위하여 죽음에 넘겨짐은 예수의 생명이 또한 우리 죽을 육체에 나타나게 하려 함이라. 그런즉 사망은 우리 안에서 역사하고 생명은 너희 안에서 역사하느니라(고후 4:8-12).

바울은 사도로서 사역할 때 겪었던 고난들에 관해 이야기하면서 십자가의 이미지를 사용한다. 이는 선교 담론 또는 심지어 설교 담론으로도 불릴 수 있다. 그것은 복음 선포 사건을 다루기 때문이다. 바울은 모든 설교자가 고난과 박해를 직면해야 한다고 확신한다(고후 4:7-12). 설교자는 예수의 고난에 참여한다. 사역자들은 그들의 임무를 수행하는 과정에서 "죽음에 넘겨진다." 죽음과 (예수의) 부활이 기본적인 긴장을 형성하기 때문에 부활의 날 내러티브가 이 대목의 설명을 주도한다. 그것은 복음이 청자들 가운데 어떻게 작용하는지를 묘사한다. 사도들이 고난을 만나기 때문에 그들의 삶에서 죽음이 작용하지만 청자들은 새롭게 창조될 것이기 때문에 그들 안에서는 생명이 작용한다.[132]

이는 바울이 고린도후서 끝부분에서 자기의 사역에 대해 변호하면서 사용한 논증이기도 하다. 그는 구체적인 방식으로 죽음에 넘겨졌다. "내가 수고를 넘치도록 하고 옥에 갇히기도 더 많이 하고 매도 수없이 맞고 여러 번 죽을 뻔"하였다(고후 11:23). 그는 돌에 맞았고 고생했으며 도시의 위험과 광야의 위험을 겪었다. 이것은 명백히 바울이 그리스도의 십자가 처형과 죽음에 참여한다고 말했을 때 의미했던 바의 일부다. "크게 기뻐함으로 나의 여러 약한 것들에 대하여 자랑하리니 이는 그리스도의 능력이 내게 머

---

132 Schnabel은 심지어 다음과 같이 주장한다. "이것은 그의 고난이 예수 그리스도의 죽음의 생생한 이미지를 공개적으로 표현하는 것을 나타냄을 의미한다." Schnabel, *Early Christian Mission*, 966.

물게 하려 함이라"(고후 12:9).[133]

이 경우 그리스도의 죽음에 참여하는 것은 타락한 인간이 공동체에서 그리스도를 섬기는 사람들을 향해 적대감을 표출할 때 그것을 받아들이는 것을 의미한다. 참여는 모든 신자에게 해당한다. 고린도후서 서두에서 바울은 그 도시의 신자들에게 "우리가 받는 것 같은 고난을 너희도 견디고" 있다고 말한다(고후 1:6). 영적인 전쟁이 존재하며 바울은 상당히 호전적인 내러티브를 구축하기를 주저하지 않는다.

따라서 우리는 바울에게 있어 그리스도의 십자가형에 참여하는 것은 죄 많은 세상이 하나님의 공동체를 공격할 때 그리스도의 고난을 공유하는 것을 의미한다고 말할 수 있다. 바울—또는 바울의 전통—은 골로새서에서 이 점에 대해 다음과 같이 진술한다. "나는 이제 너희를 위하여 받는 괴로움을 기뻐하고 그리스도의 고난에서 부족한 것(개역개정에서는 "그리스도의 남은 고난"으로 번역되어 있음)을 그의 몸된 교회를 위하여 내 육체에 채우노라"(골 1:24). 그리스도의 고난을 공유하는 것은 인류의 구원을 위한 그의 사역을 공유하는 것을 의미한다. "부족한 것"의 수사적 의미는 복음이 세상 끝까지 전파되어야 하고 이 일을 완성하기까지 고통을 겪는 일이 수반된다는 것이다.[134]

빌립보서에서 바울은 마침내 자기의 내적 확신에 대한 개인적인 고백을 제시한다. 감옥에서 처형의 위협에 직면해 있는 바울은 "살든지 죽든지 내 몸에서 그리스도가 존귀하게 되게 하려 하나니 이는 내게 사는 것이 그

---

133   Riesner는 그 긴장이 상당했을 것이라고 지적한다. 바울은 로마 시민권자였기 때문에 그를 잡는 것은 위험한 일이었다(물론 그가 로마 시민이라는 사실이 회당들에 널리 알려지지 않았을 수도 있지만 말이다). Riesner, *Paul's Early Period*, 150.

134   내가 다른 곳에서 주장했듯이 나는 개인적으로 골로새서의 원저자가 바울이라고 생각한다. 하지만 이 대목에서 저자 문제는 중요하지 않다. 이 신학 사상은 고린도후서와 갈라디아서에도 등장하기 때문에 전형적인 바울의 사상이다.

리스도니 죽는 것도 유익하다"고 믿는다(빌 1:20-21). 이 믿음으로 인해 그는 다시금 자신의 소망을 정당화하는 근본적인 참여에 대해 언급한다.

> 내가 그리스도와 그 부활의 권능과 그 고난에 참여함을 알고자 하여 그의 죽으심을 본받아 어떻게 해서든지 죽은 자 가운데서 부활에 이르려 하노라(빌 3:10-11).

바울에게 있어 그리스도의 고난을 공유하는 것이 대립적인 상황에서는 순교로 이어질 수도 있었다. 그는 주님의 운명과 똑같은 운명을 맞을 용의가 있었다. 이것은 (바울이 세례를 통해 그의 죽음과 부활에 참여했던) 예수에 대한 그의 믿음을 완성시켰을 것이다.

(3) **제의 담론**. 앞서 지적되었듯이 참여 용어의 의미가 가장 잘 나타난 곳은 주의 만찬에 대한 바울의 가르침이다. 바울은 여기서 메타케인 (*metechein*)이라는 단어를 사용해서 그리스도의 몸 안에서의 연합을 묘사한다.

> 우리가 축복하는 바 축복의 잔은 그리스도의 피에 참여함(*koinōnia*)이 아니며 우리가 떼는 떡은 그리스도의 몸에 참여함이 아니냐? 떡이 하나요 많은 우리가 한 몸이니 이는 우리가 다 한 떡에 참여함(*metechomen*)이라 (고전 10:16-17).

여기서 사용된 바울의 용어는 그의 서신에서 잘 알려진 몸의 메타포에 공헌한다. 그는 고린도전서의 조금 뒤에서 세례라는 성례의 힘에 근거해서 교회를 그리스도의 몸으로 말한다. "우리가 다 한 성령으로 세례를 받아 한

몸"이 되었다(고전 12:13; 참조. 롬 12:4; 엡 4장).[135]

참여 개념은 유대교 신학에서 유래한다. "육신을 따라 난 이스라엘을 보라. 제물을 먹는 자들이 제단에 참여하는 자들(koinōnoi)이 아니냐?"(고전 10:18) 바울은 이것이 음식에 관한 문제라고 단순하게 말한다. 신자들이 희생제물을 먹을 때 그들은 그것과 하나가 된다. 따라서 메타케인(metechein)의 기본적인 이유는 모든 죄인을 위해 자신을 희생제물로 바친 분과의 진정한 연합이다. 이는 바울로 하여금 그의 실제적인 문제, 즉 공동체 내의 우상숭배에 대해 논증할 수 있도록 도움을 준다. "너희가 주의 식탁과 귀신의 식탁에 겸하여 참여하지(metechein) 못하리라"(고전 10:21). 희생제물을 먹는 사람은 그 제물이 속한 영적 세계에 참여하게 되기 때문에 신자들은 주의 만찬에 집중해야 한다. 그들은 이렇게 함으로써 "귀신의 식탁"을 가까이하지 않을 수 있다.[136]

제의 담론에서 참여 용어가 등장한다는 점은 바울에게 있어 그리스도와의 연합—특히 그의 죽음과의 연합—이 그의 피와 몸에 대한 참여를 의미함을 보여준다. "한 떡"으로 말미암아 하나가 된 기독교 공동체는 그리스도의 희생제사와 부활의 생명 모두에 참여한다. 바울의 관점의 존재론적 속성은 예루살렘 성전의 희생제사 제의에서 유래한다.

(4) **권고 담론.** 바울에게 있어 그리스도와 함께 십자가에 못박히는 것은 동시에 신자들로 하여금 자신의 부패한 육신인 사르크스(sarx)에 대항하여 믿음의 싸움을 수행하게 한다. "그리스도 예수의 사람들은 육체와 함께

---

135 참여의 다른 측면들은 특히 Schreiner, *Theology*, 308-10에 연구되어 있다.

136 Thiselton은 그것의 신학적 목적을 다음과 같이 요약한다. "그리스도, 고통과 죽음에 자신을 내어준 그의 구속 행위, 성령을 통한 그의 부활의 존재 형태에 참여하는" 것과 동시에 "하나님의 위치에 자신을 놓음으로써 우상숭배를 부추기는 악의 유혹적이고, 독단적이며, 조작적인 세력에 참여하는" 것은 불가능하다. Thiselton, *1 Corinthians*, 776.

그 정욕과 탐심을 십자가에 못 박았느니라"(갈 5:24). 그리스도의 십자가 처형에 참여하는 것에는 그것에 따르는 결과가 수반된다.

로마서 6장에서 바울은 죽은 자 가운데서 살아난 그리스도는 "결코 다시 죽지 않을 것"이라고 기록한다. 그의 죽음은 "죄에 대하여 죽은 것"이다(롬 6:10). 바울의 신학에서 이것은 하나님이 "육신에 [있는] 죄를 정[죄]한" 것을 의미한다(롬 8:3). 로마서 6장에서 그는 "우리의 옛사람이 예수와 함께 십자가에 못박혔는데" 이 영적 사실에는 목적이 있다고 진술한다. 그것은 바로 "죄의 몸이 죽게" 하는 것이다(롬 6:6). 결론은 명백하다. 바울에 따르면 영적 현실은 권고적 현실로 이어져야 한다.

> 이와 같이 너희도 너희 자신을 죄에 대하여는 죽은 자요 그리스도 예수 안에서 하나님께 대하여는 살아있는 자로 여길지어다. 그러므로 너희는 죄가 너희 죽을 몸을 지배하지 못하게 하여 몸의 사욕에 순종하지 말고 또한 너희 지체를 불의의 무기로 죄에게 내주지 말고 오직 너희 자신을 죽은 자 가운데서 다시 살아난 자 같이 하나님께 드리며 너희 지체를 의의 무기로 하나님께 드리라(롬 6:11-13).

바울은 참여 언어를 권고 담론에 적용한다. 그리스도와 함께 십자가에 못 박히는 것은 모든 신자의 새로운 삶의 기초가 되는 주춧돌이다. 따라서 신자 각각의 일상의 삶을 위한 태도를 논의할 때도 똑같은 메타포가 사용될 수 있다.

이 예들은 많은 언약적 율법주의 이론의 지지자들이 주장하는 참여주의 종말론이 바울의 참여주의 구원론을 충분히 설명하지 못한다는 점을 증명한다. 바울은 그리스도의 죽음에 참여하고 그리스도와 함께 십자가에 못박히는 것을 가르쳤다. 그의 구원론적 관점은 부활 내러티브 전체를 아우른다. 즉 그리스도인들은 그리스도와 함께 죽고, 그와 함께 장사되고, 죽음 안에서 연합하고(symfytoi), 그리스도가 새 창조의 살아 있는 믿음 가운데 그들을 부활시켰기 때문에 그들은 그리스도에게까지 성장한다. 믿음 안의 새 생명은 그리스도 안에 있는(en Christō) 생명이다. 제의적 속죄와 은혜로 말미암는 부패한 인류의 칭의가 이 그림과 분리되어서는 안 된다. 오히려 그것들은 바로 그 내러티브 안에 함축되어 있다.[137]

바울이 그리스도의 죽음에 참여하는 것은 모세의 율법으로 선고된 죽음에 대해 죽는 것을 의미한다고 담대하게 말했을 때(갈 2장) 그는 샌더스가 제안한 것처럼 "해답에서 곤경으로"(solution to plight) 논증을 하는 것이 아니다.[138] 그의 관점은 샌더스의 관점과는 판이하다. 그의 논증에서는 십자가가 중요한 위치를 차지한다. 그래서 바울은 같은 맥락에서 그리스도가 까닭 없이 죽을 수 없다고 진술한다. 하나님의 아들인 예수가 죽었고 그의 고난에는 이유가 있다. 이것이 모든 죄인이 세례를 통해 그의 죽음에 참여하는 이유다.

더욱이 참여 신학에서 제의 담론은 참여 개념의 출현을 설명한다. 유대인들은 성전의 희생제물을 먹음으로써 제단에 있는 다른 신들에 참여하는 자(koinōnoi)가 된다. 그런 제의적 개념이 바울로 하여금 존재론적 참여 용어를 사용하도록 자극한다. 신자들은 주의 식탁에 참여한다(metechein). 따라서 모든 참여 개념은 주로 그리스도의 죽음에 의존하지, 부활에 의존하

---

137 이런 넓은 관점은 Wedderburn, *Death*, 159-60을 통해 지적되었다. 언약주의적 관점을 채택하는 Dunn조차도 참여가 바울의 사상에서 구원의 유일한 형태라고 생각되어서는 안 된다고 인정한다. "그리스도의 부활의 능력이 명백하게 드러나는데 그것은 그리스도의 고난에 참여하는 것과 밀접한 관계가 있다. 구원의 과정은 그리스도의 죽음에 일치하도록 자라가는 과정이다." Dunn, *Paul*, 487.

138 Sanders의 이 용어들에 관한 논의는 이번 장의 뒤에 나오는 보충 설명을 보라. 바울이 답변하곤 했던 "곤경"에 관한 문제는 완전히 다른 근거에서 답변될 필요가 있다.

지 않는다. 하지만 이 점이 지나치게 강조되어서는 안 된다. 구별은 있지만 분리는 없다. 모든 구절에서 예수의 부활이 언급되며, 신자가 일단 제의적 용서와 희생제사의 속죄를 거치고 나면 새 생명은 예수의 부활과 심지어 그의 영적인 몸에 참여하는 것으로 묘사된다. 이런 사고의 흐름은 몸의 메타포, 즉 기독교 공동체가 그리스도의 영적인 몸을 구성한다는 가르침에서 절정을 이룬다.

비록 우리가 담론들을 구분하기는 했지만 바울의 참여 구원론에는 공통된 요인들도 많이 존재한다. 그 요인들은 담론들을 관통하는 다양한 신학적 관점들을 연결한다. 바울의 견해에 따르면 그리스도인들은 두 전선에서 전쟁을 치르고 있다. 첫째, 그들은 육신(sarx), 즉 자기의 창조주를 싫어하는 부패한 인간의 공격에 직면해야 한다. 둘째, 그들은 자신의 마음속에 있는 타락한 적―육신 혹은 자신의 몸 안에 있는 죄 많은 생각―의 위협에 직면해야 한다. 바울은 이 전쟁의 일반적인 정의를 사용하기도 한다. "그러나 그때에 육체를 따라 난 자가 성령을 따라 난 자를 박해한 것 같이 이제도 그러하도다"(갈 4:29). 그리스도를 따르는 자들이 사도의 직분(고후 4장)에 따라오는 고난들에 자신을 내주지 않으면 이 세상에서의 사명은 완전히 성취될 수 없다.

IV. 신정론의 문제를 해결하는 칭의

개신교 신학에서 칭의는 전통적으로 바울 구원론의 핵심이었다. 학자들은 종종 전적으로 칭의 신학의 관점에서 바울의 사상을 분석해왔다. 바울에 대한 "새 관점"은 언약 개념들로 초점을 옮기려고 했으며 몇몇 학자는 칭의를 일종의 합리화의 결과로서 바울 사도의 신학에 간헐적으로만 등장하는 부차적인 이슈로 여겼다.[139] 기본적인 질문은 상당히 흥미롭다. 바울은 자신과 그의 유대적 배경 사이의 관계를 어떻게 생각했는가? 바울의 믿음을 통한 칭의 개념을 정당화하는 근거가 있는가?

1. 유대교 위기의 신학에 대한 바울의 견해

샌더스 이후의 바울 연구가 칭의 담론이 루터의 고안물이라는 주장을 펼치지 않았더라면 *dik*-계열의 단어에 대한 예비 분석이 보편화되었을 것이다. 하지만 이제 우리는 기본으로 돌아갈 필요가 있다. 구약성서와 제2성전기 유대 문헌에서 디카이오쉬네(*dikaiosynē*)나 디카이오스(*dikaios*) 같은 단어들(대개 *zedaqā*를 번역한 단어다)은 토라에 순종하는 경건한 유대인에 대한 가장 중요한 정의에 속했다. 순전히 종교적인 맥락에서 이러한 법정적 용어가 사용되는 데 자극제가 된 것은 하나님의 율법과 신적 계명이었다. 의로운 유대인은 아보다트 이스라엘(*Avodat Israel*)에 따라서 살고 하나님이 준 모든 계율을 지킨다(신 30장; 지혜서 15:1-5; 집회서 24:23-30 같은 구절들을 보라). 그렇다고 해서 우리가 그 단어가―특히 신앙과 충성을 나타내는 핵심 단어인 피스티스(*pistis*)와 함께 쓰일 때―갖는 언약 관계에서의 충성이라는 함의를 무시하려는 것은 아니다.

구약성서에서 아브라함은 그에게 위대한 약속들이 주어지는 바로 그

---

139   나는 이 대목에서 몇몇 주요 자료만 언급한다. 물론 Sanders가 그 논의를 시작했다. Sanders, *Law*, 40-47을 보라. Dunn은 루터교 전통의 관점에서 여러 이슈를 대조했다(Dunn, *New Perspective*, 101-2에서 발견된다). 마지막으로 Räisänen은 바울을 당시 유대교 신학을 공정하게 다루지 않은, 일관성이 없는 사상가로 묘사했다. Räisänen, *Law*, 201. 기본적인 논쟁들에 초점을 맞추는 몇몇 논문집은 이 이슈를 명확히 밝힌다. 특히 *Paul and the Mosaic Law*(Dunn이 주최한, 이 주제에 관한 Durham-Tübingen 리서치 심포지엄)를 보라.

구절(창 15:6)에서 전형적인 "의인"으로 제시된다. 이후 대다수 성문서에서 이 단어 그룹은 거의 기본적인 의미로만 등장한다. 제2성전기 문헌에서 집회서는 의인(andres dikaioi)을 유대교 신앙의 상징적인 대표로 묘사한다(집회 9:16). 지혜문학에서 또 다른 예를 들자면 솔로몬의 지혜서는 아름다운 정의를 제공한다. "하느님을 아는 것이 의를 완전히 이루는 것이다"(지혜서 15:3). 사해문서는 제2성전기에 지도자가 "의의 교사"로 불리는 것이 큰 명예였음을 보여준다. 쿰란 공동체의 본문에서 의가 종종 매우 아름답게 표현되다 보니 학자들은 그것을 바울의 의와 비교한다. 바울의 놀라운 보편주의는 예외로 하고 말이다.[140]

따라서 회심한 바리새인 바울이 예수에 대한 자신의 믿음을 설명할 때 자기의 신학적 배경의 관점에서 의의 개념을 자세히 풀이했다고 주장하는 것은 개신교의 선입관이 아니다. 바울은 아브라함을 언급하고, 율법의 의에 대해 논의하고, 법정적인 요소들에 특별히 주의를 기울이며, 의인의 참된 특성을 정의하기 위해 상당한 노력을 기울인다. 하지만 이것이 전부가 아니다. 우리가 특정한 단어들에만 집중함으로써 바울의 관점을 이해할 수는 없다. 그의 신학과 그의 "내러티브"는 훨씬 더 넓은 관점을 갖고 있다. 바울은 자기 민족의 역사와 이스라엘이 처해 있는 상황을 아주 잘 알고 있었다. 따라서 그는 회복이 실제로는 당대의 유대인들이 보편적으로 믿었던 것처럼 500년 전에 시작된 것이 아님을 설명하는 커다란 과업을 떠안는다.

우리가 바울의 구원론 구절들을 읽어 보면 그가 회복 종말론에 몰입되어 있음이 분명해진다. 그런데 그의 신학 사상은 제2성전기 유대교 신학의 커다란 고뇌에 얼마나 깊이 뿌리를 박고 있는가? 바울 연구에서의 새 관점은 바울 사도의 유대교적 배경을 강조하는데 우리는 거기서 더 깊숙이 들

---

140   1QS XI를 보라; 다른 곳에서의 나의 분석은 Eskola, *Theodicy*, 91-92를 보라.

어갈 필요가 있을 것이다. 바울은 자기가 바리새 전통의 경건한 유대인으로서 배운 신학 개념들을 전개한다. 이 관점은 우리가 바울 서신에서 가장 익숙하게 알고 있는 신학 개념인 구속과 이신칭의를 소개하고 그것들을 설명해줄 것이다.

유대교의 위기 신학은 전적으로 이스라엘 백성의 지속되는 유배 개념에 의존한다. 우리가 앞서 보았듯이 제2성전기 저자들은 선택받은 백성—이들 중 10지파는 결코 성지로 돌아오지 못했다—이 계속 외세의 압제 아래 살아갈 수밖에 없는 상황을 이해하기 위해 노력했다. 알렉산드로스 대왕 사후 그의 후계자들 사이에 일어난 디아도코이 전쟁으로 그 땅이 황폐해졌다. 그리고 로마가 그 땅을 차지함에 따라 독립에 대한 모든 희망이 상실되었다. 몇 차례 반란이 시도되었으나 적이 너무 강해서 이 시도들은 늘 실패했다. 자존심이 강한 신학자도 이스라엘의 회복이 이미 일어났다고 진술할 수 없었다. 오히려 상황은 대대로 신학자들을 절망으로 내몰았다.[141]

많은 유대교 신학자에게 있어 구원론적 이원론이 신정론에 대한 그럴싸한 해결책이 되어왔다. 이 이원론은 현재 상태의 책임을 인간에게 돌렸다. 지혜 전승의 저자들은 대체로 부패 및 죄와 맞서는 인간의 능력에 대해 낙관적이었다. 그들은 하나님의 계명에 순종하고 그의 계율을 따르는 이들에게 구원을 유보해 두었다. 이 지점에서 언약적 율법주의는 더 이상 유대 종말론의 목적을 설명하지 못한다. 언약은 하나님의 처벌로부터 사람들을 보호할 수 없었다. 샌더스의 용어를 사용하자면 하나님의 회복된 나라에 "들어가는 것"은 언약에만 의존하지 않았다. 심지어 예수와 그의 추종자들 이전의 유대교 신학자들조차 율법의 직무가 빛의 자녀들의 공동체로

---

141   특히 J. J. Scott, *Jewish Backgrounds*, 107 이하를 보라. 바울 연구에서 그런 배경이 예컨대 다음 문헌들에서 고려되었다. J. M. Scott, *Paul*, 66-70; Beale, *Theology*, 835 이하; Wright, *Paul*, 139 이하.

들어가기 위한 표지라고 진술했다.[142]

사해문서에서 구원론적 이원론이 가장 엄격한 형태로 나타난다. 구원의 공동체는 제한되었다. 그 집단에 들어가기 위해 남성(남성에게만 가입이 허용되었다)은 맹세하고 쿰란 공동체에 의해 채택된 제사장적인 방식으로 모세 율법의 모든 계율을 따라야 했다.[143]

> 그는 모세의 율법이 선포하는 모든 내용으로 돌아가 그 언약을 지키고, 그분의 뜻을 해석하는 제사장들인 사독의 자손들과 자발적으로 이 진리를 위해 그분의 뜻을 따라 행하기로 자원하는 그들의 언약의 많은 무리에게 계시된 모든 것을 온 마음과 온 뜻을 다해 준수하겠다고 구속력 있는 맹세를 해야 한다(1QS V. 8-10).

쿰란 공동체의 언약 추종자들은 자신을 의로운 자들(*dikaioi*), 즉 하나님의 뜻을 완전하게 지키겠다는 확신을 지니고 공동체로 들어간 자들로 인식했다. 충실(fidelity)이 핵심 단어였고 첫 세대의 구성원들은 의의 교사에게 충성스러웠으며, 이후 세대의 구성원들은 그 제사장 집단의 지도자들에게 충성스러웠다. 그들은 자기들이 자신의 신실함과 율법준수를 통해 하나님의 은혜를 얻었다고 믿었다. 하지만 그들은 어느 곳에서도 어둠의 자녀들에게 하나님의 용서나 공동체를 "정결케 하는" 물이 주어질 수 있는 것으로 진술하지 않는다.

---

142 예컨대 집회서를 보라. "하느님의 용서만 믿고 방심하면 죄를 짓고 또 짓게 된다.…주님은 자비도 베푸시지만 노하시기도 하신다. 한번 노하시면 죄인들이 남아나지 못하리라"(집회 5:5-6). 신정론 문제의 이 측면이 Hengel, *Judentum*, 262, 357-58에서 지적되었다. 쿰란 공동체의 구원론에 관해서는 Garnet, *Salvation*, 115-16을 보라.

143 요세푸스는 에세네파가 그 공동체에서 "많은 맹세를 해야" 한다고 지적하는데 이는 아마도 쿰란의 관습을 가리킬 것이다. 『유대 전쟁사』 2.8.7.

바울은 유대교의 위기 신학의 장구한 전통 안에서 글을 쓰면서 유사한 주제들에 관심이 있었다. 그는 인간의 상태를 정의하고 하나님의 복음인 유앙겔리온(*euangelion*)을 그 시기의 가장 곤란한 문제들에 대한 해결책으로 제시하려고 했다. 하지만 바울은 인간의 능력을 신뢰하지 않았다. 그는 하나님의 도움이 없는 인간의 운명은 암울하며 희망이 없다고 생각했다. 바리새인 바울은 당시 유대교의 율법학자들과 달리 인간의 상태를 급진적으로 정의했다. 바울은 지혜 전승 율법주의에서의 구원론적 이원론과 달리 죄를 존재론적 관점에서 생각했고 죄가 아담의 유산이라고 주장했다. "모든 사람이 죄를 범하였기 때문에"(*pantes gar hēmarton*, 롬 3:23) "모든" 사람이 부패에 참여하는데, 이는 아담에 참여하는 것이다(롬 5:12).

로마서에서 바울은 타락 때 모든 인류가 부패해졌다고 주장한다. 창세기 1-3장에 대한 미드라쉬에서 바울은 창세 이래 사람들의 마음이 줄곧 어두워졌다고 주장한다(롬 1:18-23). 그들은 단지 피조물의 일부인 짐승(*tetrapodoi*)과 파충류(*herpetoi*; 개역개정에서는 "기어다니는 동물"로 번역되어 있음)를 경배하기 시작했다. 따라서 인간은 창조의 본래 영광(*doxa*)에 이르지 못한다(*hysterein*; 롬 3:23). 이는 바울과 유대교 신학 일반에 공통적으로 나타나는 주제다. 타락은 신적 영광을 상실하는 것으로 묘사된다(특히 「모세의 묵시」 20장을 보라).

이어서 종말론적 희망은 메시아의 날에 이 영광이 회복되는 것으로 묘사된다(「모세의 묵시」 39:2; 「에녹1서」 50.1; 「에스라4서」 7:122-125; 「바룩2서」 51:1, 3; 54:15, 21; 1 QS 4:23; 참조. 「다메섹 문서」 3:20). 이 계열의 신학에서 영광은 단순히 죄가 없는 상태를 가리킨다. 그것은 인간 안에 존재하는 "하나님의 형상"과 같은 개념이 아니다. 대신 창조 내러티브에 나타난 영광은 에덴동산의 완전한 상태인 인간의 의로움을 묘사한다. 따라서 바울 서신에서 영광이라는 단어는 타락한 인간의 본성 또는 "육신"에 대한 반대 개념으로 나타난다(롬 1:23; 6:2-4; 8:21; 고전 15:40-48).

바울은 로마서 2장에서 논증을 계속하면서 유대인들이 어떻게 죄 가운데 살면서 하나님의 진노를 겪고 있는지 묘사한다. "율법 없이 범죄한" 사람은 모두 자연스럽게 이방인인 채로 멸망할 것이다. 하지만 "율법이 있고 범죄한" 사람은 모두 율법을 통해 심판을 받을 것이다(롬 2:12). 하나님은 편파성을 보이지 않는다. 그는 "모든 사람의 비밀스러운 생각들"을 심판할 것이다(롬 2:16). 따라서 진정한 할례는 "마음의 문제"이고 진짜 유대인은 "표면적 유대인"이 아니라 "이면적 유대인"이다(롬 2:28-29). 여전히 쉐마 순종이 순수한 믿음에 대한 기준이다.

이 단락에서 바울은 유대인 역시 율법을 어겼음을 거의 눈에 띄지 않을 정도로 짧게 언급한다. "기록된 바와 같이 하나님의 이름이 너희 때문에 이방인 중에서 모독을 받는도다"(롬 2:24). 이사야 52:5에서 취한 이 인용은 그 이유를 "유배 가운데 있는 백성이 그들의 길을 고쳐서 계율들을 지키지 않기" 때문이라고 설명한다. 오히려 그들은 심지어 이방인들 가운데서 하나님의 이름을 신성모독의 대상으로 만든다. 그 백성이 부정한 음식을 먹으며(겔 4:13) 따라서 그들이 구원받는 것은 하나님의 "거룩한 이름" 때문이다. 비록 그 이름은 "이스라엘 족속이 들어간 여러 나라에서 더럽힌" 이름이지만 말이다(겔 36:21). 바울은 이 중요한 구절에서 이사야서를 인용함으로써 자기 역시 이스라엘이 여전히 유배 가운데서 산다고 믿고 있음을 보여준다. 이스라엘의 죄는 변명의 여지가 없다.[144]

바울은 이어서 로마서 3장에서 죄론에 관해 절정에 도달한다. 이방인들과 유배된 유대인들은 똑같은 상태를 공유한다. 즉 "유대인이나 헬라인

---

144   Scott은 사 52:5의 인용은 "바울이 비난하고 있는 당시 이스라엘이 이방 민족들 가운데 흩어져 유배 중임을 가정하고 있다"고 주장한다.

이나 다 죄 아래에 있다"(롬 3:9). 죄는 사람들을 지배하고 그들을 자신의 권세 아래 묶어두는 압제자다.[145] 바울의 신학에서 죄론이 확대되어 아담의 상태를 포괄하는데 이는 죄가 모든 곳에 편재함을 설명해준다.

> 그러므로 한 사람으로 말미암아 죄가 세상에 들어오고 죄로 말미암아 사망이 들어왔나니 이와 같이 모든 사람이 죄를 지었으므로 사망이 모든 사람에게 이르렀느니라. 죄가 율법 있기 전에도 세상에 있었으나 율법이 없었을 때에는 죄를 죄로 여기지 아니하였느니라. 그러나 아담으로부터 모세까지 아담의 범죄와 같은 죄를 짓지 아니한 자들까지도 사망이 왕 노릇 하였나니 아담은 오실 자의 모형이라(롬 5:12-14).

바울은 창세기에 대한 자신의 분석에 근거해서 죄와 죽음 사이의 연결을 채택한다. 타락은 영적인 죽음과 경건치 않고 사악한 삶을 초래했다. 이 예들은 회복 종말론을 위한 논거로 주어지기 때문에 바울은 여기서 두 개의 동일한 내러티브를 전개한다. 에덴동산으로부터의 추방이 예루살렘으로부터의 추방과 병행을 이룬다. 유배는 이스라엘이 타락한 결과다. 범죄에 대한 유혹이 왕정 시대에 이미 발생했기 때문이다. 결국 이스라엘이 여전히 죄의 권세 아래 살고 있다는 바울의 말이 옳다.[146]

신정론 문제가 그런 전제들을 토대로 다뤄질 수 있는가? 바울은 자

---

145 원칙적으로 이 주제는 유대교 신학에서도 발견된다. 예컨대 다음 구절들을 보라. 집회서 21:2; 27:10; 1QH 1:27; 4:29-30. 바울 연구에서 전적 타락 개념이 일반적으로 받아들여지고 있다. 다음 문헌들을 보라. Schreiner, *Theology*, 526; Witherington, *Indelible Image I*, 186. 하지만 Bultmann 학파는 이 문제에 대해 주저한다. Strecker, *Theology*, 128을 보라.

146 Stuhlmacher는 바울이 우주론이나 인간론에서 중립적으로 접근하지 않음을 우리에게 상기시킨다. "그래서 그는 가치 중립적인 우주론과 인간론을 고려하지 않는다", Stuhlmacher, *Biblische Theologie I*, 269

기가 회심하기 전에 지녔던 믿음을 여전히 가지고 있는 경건한 유대인들에게 이 논증을 전개할 수 있었는가?(이것이 좀 더 중요한 질문이다) 바울은 그럴 수 있었다. 바울은 그의 반대자들이 위기의 신학에 붙잡혀 있다고 믿는다. 표준적인 유대교의 해석이 구원론적 이원론을 강조하는 경향이 있음에도 불구하고 그들은 모두 인류의 상태에 관해 공통적인 관점을 공유한다. 바울은 대예언자들의 메시지가 진지하게 받아들여져야 한다고 주장한다. 영적인 유배는 엄연한 사실이고 구속은 하나님이 친히 주도권을 쥐고 자기의 보좌에 앉아 포로들에게 해방을 가져올 때에만 실현된다. 이 일은 다윗의 자손, 즉 자기 백성의 갱신을 위해 자기의 생명을 희생할 하나님의 종을 통해 이뤄질 것이다. 신정론 문제에 대한 답이 있으며 고통의 시간은 종식될 것이다. 이것이 바로 바울이 신정론 문제를 자세히 다루는 로마서 3장의 큰 주제다.

2. 의와 신정론의 문제

타락한 아담의 상태에 있는 이스라엘과 나머지 인류가 영적 유배 가운데 살고 있다면 우리는 의를 어떻게 정의할 수 있는가? 바울은 그의 반대자들이 주장하듯이 신학적인 궁지에 빠졌는가? 바울 사도의 말이 옳다면 이 세상에 덕 있는 사람은 존재하지 않고 누구도 하나님의 뜻대로 살지 않으며 ―말하기조차 끔찍하지만―하나님은 죄의 종이 된다. 그런 역설적인 상황이 역사에 근거한 바울 구원론의 절정으로 이어진다. 바울은 의(*dikaiosynē*)라는 단어의 기본적인 의미를 잘 활용해서 엄밀하게 논의를 전개한다. 앞서 언급되었듯이 이 단어 자체는 법정적 용어로 구성되어 있고 정의를 가리키는 의미론적 영역에 속한다. 어근 디크(*dik-*) 역시 형사상의 정의(*dikē*)를 가리킨다. 따라서 의에 대해 생각할 때 사람들은 하나님이 우주적 심판자로 등장하는 천상의 법정을 떠올리게 된다. 그리고 바울은 사람들을 바로 이 지점으로 데려가기를 원한다.[147]

구약성서의 언약의 약속들과 아담의 타락에 기반을 둔 바울의 죄론 사이에는 다소 긴장이 존재한다. 그것이 문제가 아니라면 학계에서 언약적 율법주의에 관한 어떤 고찰도 출현하지 않았을 것이다. 이스라엘에 희망이 있었는가, 아니면 이스라엘은 배교할 운명이었는가? 이 질문에 답하기는 어렵지만 우리가 회복 종말론을 신학적 논증의 시작점으로 삼으면 새로운 대답들이 발견될 수 있다. 우리는 다음과 같이 다시 질문할 필요가 있다. 이스라엘의 문제가 사람들이 하나님의 율법을 버리고 진정한 예배를 우상숭배로 바꾼 결과라면 어떻게 타락한 민족 가운데 의인들이 있을 수 있는가? 바울은 그의 청자들로 하여금 하나님의 백성이 하나님의 원수로 살고 있다는 결론을 내리게 만든다. 이스라엘은 회심하기 전의 바울과 같다. 모세의 전통에 존재하는 모든 좋은 것들에도 불구하고 현재의 상황은 희망이 없다. 바울 사도는 확실히 이 맥락에서 완벽한 의를 신정론 문제와 결부시켜 논의한다.[148]

바울과 제2성전기의 위기의 신학을 가장 밀접하게 연결하는 요인은 로마서 3장에서 그가 다룬 신정론이다. 여기서 중요한 모든 핵심 단어가 효과적으로 사용되어 그 공동체가 선포하는 최종적인 회복을 논증한다. 이스라엘이 죄 아래서 살아왔을 뿐만 아니라 바울 시대에도 여전히 죄 아래서 살고 있을 수 있는가? 바울이 로마서 3장에서 수사적 도구로 사용하는 랍비적 담론에서 서로 반대되는 치열한 가정들과 주장들이 펼쳐진다. 만일

---

147   그 용어에 대한 좀 더 자세한 논의는 이번 장의 섹션 IV.4를 보라.
148   그래서 유배 상황이라는 현실이 바울의 구원론에서 하나의 설명 요소가 된다. 나 역시
       예수에 대한 새 관점과 그것이 기초하고 있는 메타내러티브에 익숙해진 이후 유배 상황
       이라는 지점에서 나의 해석을 발전시켰다.

이스라엘이 죄에 팔렸다면 하나님은 선택받은 백성들에게 충실하지 않은 것인가? 하나님은 왜 자기 백성들을 죄로부터 보호하지 않았으며, 만일 그것이 가능하지 않다면 그는 왜 자신이 한 약속대로 그들을 용서하지 않았는가?

> 어떤 자들이 믿지 아니하였으면 어찌하리요? 그 믿지 아니함이 하나님의 미쁘심을 폐하겠느냐? 그럴 수 없느니라! "사람은 다 거짓되되 오직 하나님은 참되시다" 할지어다. 기록된 바 "주께서 주의 말씀에 의롭다 함을 얻으시고 판단 받으실 때에 이기려 하심이라" 함과 같으니라. 그러나 우리 불의가 하나님의 의를 드러나게 하면 무슨 말 하리요? 내가 사람의 말하는 대로 말하노니 진노를 내리시는 하나님이 불의하시냐?(롬 3:3-5)

이 구절에서 신정론 문제가 아주 명확하게 정의되어 있다. 첫 번째 세트의 주장들은 바울의 반대자들이 바울의 논증을 어리석게 보이도록 하려고 시도하는 것으로 가정된 말이다. 화자는 하나님을 판단받는 자리에 두며, 바울은 두 시편(시 116편과 51편)을 인용하여 답변한다. 그리고 반대자들은 하나님을 비난하는 가설적인 주장을 전개한다. 왜 하나님은 자기 백성들을 불신으로부터 보호하지 않았는가? 그리고 그 주장들은 바울이 그것들을 "사람의 생각"이라고 부를 정도로까지 점점 더 거세진다. 하나님이 죄를 허용해서 죄가 그의 계획에 속한 것이라면 죄는 구속사에서 긍정적인 힘으로 여겨져야 하지 않는가? 이 상황에서 하나님이 어떻게 심판자로 등장할 수 있는가? 도전은 분명하다. 그의 반대자들은 이 논쟁에서 바울의 입장이 옳다면 처벌이 없어야 한다고 주장한다. 요약하자면 우리가 신정론을 바울

처럼 다룬다면 하나님 자신이 기만적인 존재가 된다는 것이다.[149]

반대자들은 자기들이 그들의 논점을 증명했다고 믿는다. 물론 그들의 견해는 보편적으로 알려진 주장—완전히 부패한 세상의 창조주인 하나님은 선할 수 없다—이다. 바울의 반대자들은 이런 주장을 할 수 있지만 우리는 그들 자신에게 해답이 없음을 주목할 필요가 있다. 그들은 외세의 압제에 시달리고 있고 로마의 불경한 세력에 반대한다. 그들은 그 시대에 전형적이었던 정치적·문화적 고통을 당하고 있는 혼란스러운 상황에서 회복의 약속들과 제2성전기 예배를 이해하려고 노력했다. 그러나 그들이 바울의 메시지를 받아들이기는 쉽지 않았다. 반대자들은 하나님이 아직 회개하지 (*metanoia*) 않은 사람들에게 여전히 진노하고 있다는 바울의 논증을 쉽게 받아들일 수 없었다.[150]

바울은 어떻게 답변하는가? 그는 자신의 반대자들의 정통적인 믿음으로 시작한다. 토라 학파가 가르친 것과 마찬가지로 바울은 인간의 죄가 하나님을 성실하지 않은 존재로 만들지 않는다고 가르친다. 이스라엘은 오직 자신들의 죄 때문에 고통을 받는다. 바울은 대예언자들과 같은 취지로 그의 서신을 쓴다. 선택받은 백성은 자신들의 주님을 버렸고 더럽혀졌다. 이스라엘 백성이 여전히 죄를 짓고 있으므로 하나님의 약속이 아직 그들 가운데서 성취될 수 없다. 따라서 정통적인 유대교 신학자를 포함한 이스라엘 백성은 그들의 선조들과 똑같은 질문을 던지고 있으며 회복의 기쁨을 누리지 못한다.

149　이 구절은 Eskola, *Theodicy*, 96-101에 나타난, 바울의 구원론에 관한 나의 논증의 토대를 구성한다. 그 구절을 신정론 문제와 연결한 이전 학자들의 문헌은 다음과 같다. Dodd, *Romans*, 45; Wilckens, *Römer I*, 169.

150　바울의 수사는 전형적인 유대의 개념들을 사용한다. Stowers에 따르면 바울은 이스라엘이 언약에 불성실했다는 점을 증명하는 데 어려움을 겪지 않았다. Stowers, *CBQ 46* (1984), 715.

이는 바울이 첫 번째 문장에서 "불성실"(*apistia*; 개역개정에서는 "믿지 아니함"으로 번역됨)이라는 단어를 통해 의미하는 바를 더 발전시킨다. 몇몇 번역들은 "불신"(unbelief)이라는 단어를 사용하는데, 이 단어는 의미상으로 적절치 않다. 이 문맥에서 피스티스(*pistis*)는 하나님의 성실(faithfulness)을 가리킨다. 이와 대조적으로 아피스티아(*apistia*)는 필연적으로 이스라엘의 불성실을 지칭한다. 대립의 양상은 다음 절에 등장하는 참과 거짓 사이의 대조에서도 비슷하게 전개된다. 신정론에서는 그런 대립이 하나님을 변호한다. 하나님은 실패하지 않는다. 그는 인간의 잘못에 대해 비난받을 수 없다. 오히려 하나님의 의는 인간의 죄와 대조된다. 역사의 끝이 올 것이고, 하나님이 정의를 가져올 것이다. 그때가 오면 하나님이 죄인들을 처벌할 것이다. 하나님은 각자의 행위에 따라 보상할 것이다.[151]

이스라엘은 길을 잃었다. 바울은 선택된 백성의 상태에 관해 확신한다. 그들은 불성실하게(*apistia*) 살고 있으며 이 유배는 다윗의 자손이 회복을 가져올 때 비로소 끝날 것이다(롬 1:3). 유대교 신학자들은 하나님이 왜 계속 침묵하고 있는지 질문할 모든 권리를 가지고 있다. 이스라엘은 오랫동안 기다리고 있었고, 헌신적인 많은 율법학자는 하나님이 역사 안으로 들어와 저주를 제거해 줄 것을 기도해왔다. 그런데 바울은 하나님이 줄곧 성실했다고 선포한다. 하나님은 백성의 외침을 들었고 인내했으며 해방을 가져오기 위해 최후의 심판을 미뤄왔다.

이는 하나님께서 길이 참으시는 중에 전에 지은 죄를 간과하심으로 자기의 의로우심을 나타내려 하심이니 곧 이때에 자기의 의로우심을 나타내사

---

151 Dunn은 이 단어를 불성실(faithlessness)로 번역한다. 언약적 해석의 관점에서 그는 바울이 언약에 불성실하게 사는 것을 의미한다고 생각한다. 이 대목에서 논증에 약간의 차이는 있지만 결과는 똑같다. Dunn, *Romans*, 131-32.

자기도 의로우시며 또한 예수 믿는 자를 의롭다 하려 하심이라(롬 3:25b-26).

여기서 피스티스(*pistis*)는 더 이상 성실을 의미하지 않는다. 대신 바울이 로마서 3장 전체에서 강조해온 하나님의 성실은 이제 믿음만을 통한 구원으로 귀결된다. 바울은 믿음을 통한 칭의가 신정론 문제에 대한 답이라고 주장한다.[152] 하나님은 "길이 참으시는 중에"(*anokhē*) 이 세상의 죄인들을 처벌하는 것을 자제해왔다.[153] 물론 전에 지은 죄들이 있고 이스라엘의 역사는 이런 예들로 가득 차 있다. 불경한 지도자들은 무고한 이들을 압제해왔다. 바울은 이 지평을 확장하여 아담의 모든 후손이 죄를 지었다고 진술한다. 하나님은 이 세상의 폭군들뿐 아니라 모든 사람에 대해 인내해야만 했고 실제로 그렇게 했다. 하지만 이제 회복의 때가 도래했고 하나님은 행동하신다. 바울은 하나님의 침묵이 자비의 표지였다고 대담하게 진술한다. 하나님은 자기의 진노가 죄인들 위에 쏟아지지 않도록 했다. 우리가 이 대목에서 이사야의 용어를 빌려 말하자면 하나님은 파괴 대신 하늘로부터 의가 비처럼 내리게 했다. 가을비가 내렸고 광야가 기뻐한다.[154]

---

152   주격 소유격인 "예수의 신실함"(Jesus' faithfulness)이라기보다는 목적격 소유격인 "예수에 대한 믿음"(faith in Jesus)이다. 피스티스 크리스투(*PISTIS KHRISTOU*) 논쟁은 오랫동안 지속되어 왔는데 나는 이 대목에서는 이에 관해 간단히 언급할 수 있을 뿐이다. Eskola, *Thedicy*, 109-15를 보라. Schreiner, *Theology*, 574-76에 수록된 주요 입장에 관한 Schreiner의 요약을 참조하라. 바울은 일반적으로 목적격 소유격을 사용하며 주격 소유격은 위의 롬 3:3에서조차 다르게 나타난다. 하나님의 의를 표현할 때 바울은 관사(*hē pistis tou theou*)를 사용한다. 그런데 예수에 대한 믿음은 롬 3-4장에서만 최소 14번 사용된다.

153   참조. Gathercole은 이 용어가 "하나님이 자비롭게도 죄가 즉각적인 처벌을 받지 않도록 그의 심판을 잠시 보류하는 것을 가리킨다"고 지적한다. Gathercole, *Justification in Perspective*, 223.

154   Wilckens는 믿음을 통한 죄인들의 칭의만으로도 신정론 문제가 해결된다고 결론짓는다. Wilckens, *Römer I*, 169.

바울에게 있어서는 지혜 전승적 의미의 이원론은 없다. 하나님은 특정한 사람들만 영원한 벌을 받도록 예정하지 않았다. 상황은 좀 더 어렵다. 하나님은 모든 사람의 불순종 때문에 그들을 가두어 두었다. 아담의 모든 자손이 참된 의에 이르지 못했다.[155]

> 차별이 없느니라. 모든 사람이 죄를 범하였으매 하나님의 영광에 이르지 못하더니 그리스도 예수 안에 있는 속량으로 말미암아 하나님의 은혜로 값없이 의롭다 하심을 얻은 자 되었느니라. 이 예수를 하나님이 그의 피로써 믿음으로 말미암는 화목제물로 세우셨으니⋯(롬 3:22-25a).

이것은 회복 종말론의 절정이다. 이스라엘의 구속이 도래했다. 그리스도의 피가 "모든"(panta) 인류의 죄를 위해 흘려졌고 그는 힐라스테리온(hilastērion) 자체가 되었다. 그것이 언약궤 위에 있는 원래의 속죄소(hilastērion)이든 속죄를 가져오는 속죄제물이든 간에 말이다. 언어학적으로 두 번역이 모두 가능하며 그것들은 대체로 같은 대상을 가리킨다. 속죄소는 속죄의 장소를 강조하고 속죄제물은 같은 장소에 있는 피를 강조한다. 두 경우 모두 주요 의미는 희생제물, 속죄와 죄의 용서에 초점을 맞춘다. 이 모든 문제는 유배의 종식과 구속(apolytrōsis)의 때가 시작되었음을 나타낸다. 그리스도의 희생제물이 죄의 권세 아래서 살아온 포로들에게 해방을 가져

---

155 나는 예정 문제에서 다양한 배경의 학자들의 견해가 나뉜다는 점을 알고 있다. 기독교사 내에 존재하는 좀 더 넓은 해석적 전통들에 영향을 주는 것이 본 연구의 과제가 아니라는 점이 다시금 언급될 필요가 있다. 이 구절들에서 바울이 의심할 나위 없이 보편적 속죄를 이야기하고 있다는 점이 주목될 필요가 있다. 하나님의 관점에서 볼 때 회복을 위한 모든 준비가 되어있다. 바울은 사람들이 "주의 이름을 부를" 수 있도록 교회와 사도들이 말씀을 선포하는 것만 남았다(롬 10)고 진술한다.

온다.[156]

바울 사도와 바울 이전의 전승을 결합하는 이 중요한 구절 이면의 신학적 동기는 분명히 이사야 53장에서 유래했을 것이다. 우리는 이 대목에서 본문 간의 관계에 대해 간단히 다시 분석할 필요가 있다. 바울의 논리와 그 배경을 설명하기 위해 특별히 주의를 기울일 가치가 있는 두 구절이 존재한다. 그 구절에서 이스라엘의 회복은 백성을 대표할 종인 "어린 양"의 나타남에 의존한다. "상처를 주다", "부수다", "도살하다" 같은 강한 동사들이 어린 양과 그의 역할을 묘사한다. 고통과 죽음의 느낌이 자명하고 무덤이 언급된다(53:5-9). 틀림없이 바울 이전의 신학자들과 사도 바울 모두에게 영향을 주었을 첫 번째 특별한 사상은 희생제물 개념이다.

> 여호와께서 그에게 상함을 받게 하시기를 원하사 질고를 당하게 하셨은즉 그의 영혼을 속건제물로 드리기에 이르면 그가 씨를 보게 되며 그의 날은 길 것이요 또 그의 손으로 여호와께서 기뻐하시는 뜻을 성취하리로다(사 53:10)

그 구절에는 속죄제, 실제로는 "속건제물"(*ʾāšām*, 레 5:6-16 등)이라는 특정한 표현이 등장하는데 이 단어는 후대의 해석자들로 하여금 희생제물 개념을 사용해서 그 구절을 새롭게 설명할 수 있도록 해 주었다. 하지만 그 단어 자체는 "잘못에 대한 보상"을 가리키는 더 넓은 의미도 갖고 있다.[157] 이사

156 　바울은 이 대목에서 명백하게 이전 전승 자료들을 사용해서 *hilastērion*으로서의 그리스도와 특히 (하나님 앞에 뿌려진) 그의 피가 인류의 죄를 위한 우주적인 희생제물이 되었다고 확신한다. Stuhlmacher, *Biblische Theologie I*, 193.

157 　Childs, *Isaiah*, 418도 같은 입장이다. 그는 Janowski의 분석을 언급한다. 70인역에서 그 단어는 단순히 *hamartia*, 즉 속죄제로 표현되어 있다. 이것이 후대 그리스어 문화권의 번역에 영향을 주었다.

야 44-55장의 맥락에서 이 측면은 지평을 확장하여 모든 사람의 유배 상황을 포함한다. 따라서 이사야 53:10은 명백히 이스라엘 민족의 집단적인 해방과 어린 양의 속죄를 통해 실현된 (개인적인) 죄 용서 모두에 관해 이야기한다. 차일즈가 지적하듯이 "이사야서 본문의 요점은 하나님이 친히 주도적으로 이스라엘을 용서하는 수단으로서 종의 목숨을 받아들인다는 것이다." 이는 그 희생제물이 유배된 사람들을 위해 속죄하는 제물이라는 의미다. 그것은—포로기 예언자들이 그들의 독자들을 계속 상기시켰듯이—하나님 자신이 주도한 일이며 이는 이스라엘의 회복으로 이어진다.[158]

이사야 53:11은 칭의 담론을 도입한다. 따라서 그 구절은 바울이 자신의 칭의 구원론을 설명하는 데 크게 공헌해왔다.

> 그가 자기 영혼의 수고한 것을 보고 만족하게 여길 것이라. 나의 의로운 종이 자기 지식으로 많은 사람을 의롭게 하며 또 그들의 죄악을 친히 담당하리로다(사 53:11).

위의 본문에서 두 번째 문장이 구문론상으로 문제가 있기는 하지만 기본적인 메시지는 분명하다. 뒷 절은 그 종이 "많은 사람의 죄악"(70인역: *hamartias autōn*)을 "담당"한다고 진술한다. 따라서 "많은 사람을 의롭게 하는" 것을 이야기하는 앞 절은 대리적 죽음에 대해 말하는 새로운 해석을 낳는다.[159]

---

158 Childs는 이것이 사 53장의 주요 목적이라고 진술한다. "하나님이 그 종을 이스라엘의 화신으로 지명했을 때(사 49:3) 이스라엘의 회복을 위한 장면이 이미 정해졌다. 그를 통해 하나님이 영광을 받고 이스라엘 민족이 다시금 그에게 모일 것이다. 사 40-55장에 나타난, 이스라엘을 구속하기 위한 하나님의 계획의 드라마가 펼쳐지는 관점에서 볼 때 예언자 이사야의 메시지의 중심에 그 종의 대리적인 역할이 놓여 있으며, 그것이 제거되면 이 장들의 놀라운 신비를 풀 수 있는 석의적 열쇠가 상실된다." Childs, *Isaiah*, 418.

159 Laato, *Servant*, 149도 같은 의견을 보인다. 그는 또한 일곱 순교자의 이야기를 다루는 마카베오하 7:37에서 순교자의 대리적 죽음 개념이 발견된다는 점을 우리에게 상기시켜

이 절에서 디카이오시스(*dikaiōsis*)는 그 종/어린 양이 자신의 목숨을 유배된 백성을 위한 희생제물로 드릴 때 이뤄질 속죄를 가져온다. 이것은 로마서 3장에 나타난 바울의 논증에 완벽하게 들어맞는 주제다. 바울은 하나님이 "길이 참으시는 중에" 타락한 민족의 불의를 간과했고, 유배의 상황을 참았으며, 이사야 53장에 나와 있는 자기의 약속들을 성취했다고 진술한다. 그리스도의 피는 힐라스테리온(*hilastērion*), 즉 칭의를 가져오는 구약성서의 아삼(*ʾāšām*)이 되었다. "[이는 그가] 예수 믿는 자를 '의롭다' 하려 하심"이다(롬 3:26b)[160]

이것은 바울이 예수의 음성으로 말하는 또 하나의 구절이기도 하다. 다윗 자손의 도래는 이스라엘의 영적 유배가 종식되었음을 선포하는 표지다. 하나님이 그리스도 안에서 그의 자비를 계시했다. 많은 주석자의 눈에는 하나님이 여전히 침묵하고 있고 자기 백성의 고뇌에 무관심한 것으로 보이지만, 바울은 그들에게 하나님이 경건치 않은 자기 백성에게 내릴 최후의 처벌을 자제하고 있음도 상기시킨다. 하나님은 모든 역사를 통틀어 다윗 자손의 도래를 준비해왔다. 논리의 흐름은 이제 그 절정에 도달했다. 바울에게 있어 하나님의 길이 참으심은 하나님의 의를 계시한다. "이는 하나님께서 길이 참으시는 중에 전에 지은 죄를 간과하심으로 자기의 의로우심을 나타내려 하심이다"(롬 3:25; 참조. 롬 3:30; 4:16; 5:11; 9:30-32; 10:6; 14:23). 따라서 그리스도의 대속적 역할, 속죄의 죽음과 (유배 중에 있는) "많은 사람

준다. "그 구절에서 순교자의 죽음이 다른 사람들에게 유익으로 여겨지는데, 이 대목에서 그 희망은 야웨가 그의 죽음을 통해 백성들로부터 그의 진노를 돌이키고 그의 자비를 보이는 것(*hileōs genesthai*)으로 표현된다."

160 우리가 앞서 살펴보았던 고후 5:21의 중요한 속죄 구절 역시 비슷한 방식으로 해석되어야 한다. 이 구절에서 그리스도는 하마르티안(*hamartian*), 즉 죄가 되었을 뿐 아니라 70인역에서 이 단어를 속건 제물로 번역하는 의미에서의 속죄제가 되었다(사 53:10). 그래서 그리스도의 희생제사에서 "우리"는 "그 안에서"(*en autō*) "하나님의 의"(*dikaiosynē theou*)가 되었다. Harris, *2 Corinthians*, 452를 보라.

을 위해" 성취한 칭의에 초점을 맞추는 회복 담론은 신정론 문제를 해결한다. 하나님은 오로지 자기의 고난 받는 종, 곧 새로운 다윗 자손의 섬김을 통해 회복을 가져오기 위한 자신의 계획 때문에 침묵해왔다. 따라서 모든 적절한 구원론은 이 전제들에 바탕을 두어야 한다.

3. 갇힌 인류

우리가 바울 서신을 연구해보면 신정론 문제를 다룰 때 나타나는 전통적인 거의 모든 특징이 바울신학에 등장함을 알 수 있다. 바울은 하나님의 진노와 심판으로부터 시작한다. 인간의 상태에 대한 현실적이고 심지어 비관적이기까지 한 그의 견해는 적절한 구원론에 필요한 요소를 덧붙인다. 하지만 그것이 없었더라면 바울이 유대교의 관점을 바꾸는 그의 논증을 결코 완성하지 못했을 요소 하나가 더 존재한다. 그는 자기의 신학의 견고한 해석학적 기초 역할을 할 새로운 대조를 제시한다. 이것은 신적 강제(divine coercion)라는 개념에서 발견된다. 바울은 인간의 상태—사람들이 유배 상태에서 살고 있는 상태—에 대해 설명할 때 다소 결정론적으로 들리는 예정이라는 언어와 표현들을 사용한다.

예정은 유구한 역사가 있는 교리적 이슈다. 그 용어 자체는 그리 중요하지 않지만 이 주제는 제2성전기 유대교 신학에서 가장 중요한 주제 중하나다. 바울은 그 전통에서 특정한 전제들을 채택하지만 새로운 해법을 제시한다. 인간의 상태에 대한 급진적 관점에 이어 신적 강제에 대한 급진적 관점이 따라온다. 이어서 이 두 가지 관점은 기독론적인 구원론의 내용에 대한 토대를 제공한다.[161]

---

161   나는 바울의 구원론에 나타난 신정론이나 예정 같은 주제들을 연구할 때 이 용어를 사

바울의 관점은 유대인의 사고, 특히 지혜 전승에서 현저한 사고와 뚜렷이 대조된다. 앞서 언급되었듯이 집회서는 인간의 책임과—매우 전통적인—자유의지 개념을 강조함으로써 신정론 문제를 해결하려고 했다. 물론이것은 하나님의 선하심에 대한 위협을 다루는 표준적인 방법 중 하나다. 우리가 인간이 자유의지를 가지고 있다고 믿을 수 있는 한 인간의 불경한행위에 대해 인간이 책임을 지게 할 인류학적인 좋은 근거가 있다. 따라서집회서(와 후대의 집회서 주석가들)는 신적 심판이 하나님의 지혜로운 계율들을 어기기로 선택한 사람들에게 임할 것이라고 결론 지었다. 집회서에 따르면 어떤 면에서 하나님은 자신이 악의적으로 배교를 선택한 사람들을 예정했고 이미 그들을 심판했다.[162]

쿰란에서 이원론은 더 엄격했다. 신적 예정에 관한 그들의 견해는 빛의 자녀들과 어둠의 자녀들 간의 구분에 근거했다. 그들은 영들이 특정한사람들의 운명을 태어날 때부터 이미 예정해 놓았다고 믿었다. 하지만 실제로 구원론적 이원론은 좀처럼 일관적이지도 않고 자유의지 개념을 포기하지도 않는다. 그들은 사람들을 자기들의 종파에 들어오도록 설득하기 위해서라도 회심이 가능하다고 믿어야 했다. 동시에 빗나간 어둠의 자녀들의지옥행이 예정되어 있다는 점도 명백했다.[163]

바울은 신적 강제에 대해 이야기하지만 인간의 상태에 관한 그의 비판

용했다. 하지만 "예정"이라는 단어는 많은 의미를 함축하고 있고 오해되기 쉽기에 이문제에 대해서 점점 더 조심하게 되었다. (나의 용례에서) 이 용어는 "저자가 말하고자 하는 바를 독자들에게 쉽게 전달해주지 않는다"고 한 Westerholm의 논평은 옳다. Westerholm, *Variegated Nomism 2*, 20-21, 특히 각주 53.

162 예컨대 Hengel, *Judentum*, 255-56을 보라.

163 쿰란 문서들과 몇몇 다른 제2성전기 문헌들은 그런 예정 신학이 당시에 상당히 일반적이었음을 증명해준다. 대부분의 해결책은 이원론적이었고—특히 쿰란에서—예정과어둠의 자녀들의 운명에 관한 엄격한 관점으로 이어진다. 다음 문헌들을 보라. Osten-Sacken, *Gott und Belial*, 185-86.; Lange, *Prädestination*, 169.

적인 관점 때문에 자유의지나 이원론 같은 핵심적인 용어를 사용하지 않는다. 바울의 관점에서 볼 때 이 타락한 세상에서 죄의 권세는 완전하다. 하나님의 세계와 섭리로부터의 분리는 아담의 타락에서 시작되었다. 물론 신적 심판이 있을 터이지만 원칙적으로 그 심판은 하나님 없이 살기로 선택한 사람들에게만 해당되는 것이 아니다. 모든 인간이 하나님 앞에서 똑같기 때문에 신적 심판은 전체 인류와 관계가 있다. 그런 믿음은 예정에 대한 극단적인 견해로 불릴 수 있지만 이 경우 그 용어 자체는 이미 특정한 방식으로 사용된다. 바울 서신에는 신적 강제 개념이 묘사되는 많은 구절이 있는데 그 개념 자체는 자명하다.

> 그를 위하여 모든 것을 "잃어버렸다"(*ezēmiōthē*, 빌 3:8).
> 그러나 성경이 모든 것을 죄 아래에 "가두었다"(*synekleisen*, 갈 3:22).
> 나는 육신에 속하여 죄 아래에 "팔렸다"(*pepramenos*, 롬 7:14).

이 모든 절은 분명히 강제적이다. 바울은 하나님에 대한 모든 사람의 관계가 죄의 권세로 인해 깨졌다고 주장한다. 온 세상이 하나님의 신적 심판을 받을 운명에 처해 있다. 지혜 전승의 이원론에 존재하는 낙관적인 희망의 여지가 더 이상 존재하지 않는다. 바울의 이해에서는 "유대인이나 헬라인이나 다 죄 아래에 있고"(롬 3:9), "한 사람으로 말미암아 죄가 세상에 들어오고 죄로 말미암아 사망이 들어왔다"(롬 5:12). 투옥, 속박, 노예 상태는 인간이 현재 그 속에서 살아가는 상태를 묘사하는 단어들에 속한다.

강제를 가장 잘 묘사하는 하나의 구절이 있다면 그 구절은—몇몇 학자들이 그렇게 부르듯이—로마서의 진정한 절정일 것이다.

> 하나님이 모든 사람을 순종하지 아니하는 가운데 가두어 두심(*synekleisen*)

은 모든 사람에게 긍휼을 베풀려 하심이로다(롬 11:32).

이 본문은 하나님의 세상에서의 구속사와 인간들의 운명을 요약한다. 이 구절이 로마서에 나타난 바울신학의 요약으로 여겨질 수 있는 충분한 이유가 있다.[164] 로마서 전체에서 바울은 모든 사람이 죄 아래 살고 있으므로 그들은 유사한 상황에서 살고 있다고 주장했다. 따라서 신적 강제는 모든(*panta*) 사람과 관계가 있다. 그래서 하나님은 구속의 날까지 광야 시기, 배교한 예루살렘의 왕들의 시기, 포로기 같은 반역의 시기 내내 오랫동안 인내해왔다. 하나님은 모든 사람에게 자비를 베풀려고 하기 때문에 이 세상에 대해 인내해왔다.

바울의 구원론에서 독특한 점은 바로 이 강제성 개념이다. 몇몇 구절에서 그는 아담의 시대부터 인류는 갇힌 상태임을 강조한다. 불순종과 노예 상태는 사람들이 자신의 자유의지를 통해 선택할 수 있는 특정한 태도에 불과한 것이 아니다. 인류는 부패했고 인간의 어떤 노력도 통하지 않는 장소에 갇혀 있다. 바로 이 대목이 바울이 동시대의 바리새인들을 자극한 지점이다. 지금까지는 선택받은 백성의 우월성이 문제되지 않았다. 그런데 바울은 이제 유대교 정체성의 핵심인 불경한 이방인들로부터의 분리를 공격한다. 이것은 위대한 전통에 생긴 커다란 균열이다.

하지만 율법의 계율들을 이행할 수 있는 사람이 있는가? 왜 로마서 2장에서 바울이 그런 가능성에 대해 말하고 있는 것으로 보이는가? 바울에 대한 새 관점의 몇몇 지지자들은 바울 사도가 사실 이런 종류의 논증을 사용했기 때문에 그의 신학에 일관성이 없음이 증명되었다고 주장했다. 율법

---

164 예컨대 Dunn도 그렇게 생각한다. 그는 그 구절을 "요약의 요약"으로 부른다. Dunn, *Romans*, 695; Hübner에게는 그 구절이 "바울의 모든 칭의 논증의 절정"이다. 다음 문헌들도 보라. Hübner, *Law*, 262; Stuhlmacher, *Gerechtigkeit*, 92.

에 대한 지식과 그것을 지키는 능력은 별개라는 점에 모두가 동의한다. 하지만 바울은 전자가 실제로 후자로 이어진다고 생각했는가? 이 질문은 "의로운 이방인" 문제를 제기한다. 바울은 로마서 2:26에서 의심할 여지 없이 율법을 지키는 이방인들이 있다고 가정하는 것처럼 보인다.

> 그런즉 무할례자가 율법의 규례를 지키면(*ean oun···ta dikaiōmata tou nomou fylassē*) 그 무할례를 할례와 같이 여길 것이 아니냐?(롬 2:26)

래이새넨은 이것이 바울의 일관성 없는 생각을 드러내는 주요 논증이라고 생각한다.[165] 우선 래이새넨이 바울은 율법의 "몇몇" 계율을 지키는 것을 의미하지 않는다고 지적한 것은 옳다. 또한 바울은 성령의 지배를 받으며 새로운 생명 가운데서 율법을 지키는 이방인 그리스도인들에 대해 말하고 있는 것도 아니다. 하지만 래이새넨은 바울이 그의 수사에서 가상의 논증을 사용하고 있음을 주목하지 않는다.[166] 사실 그리스어 본문을 주의 깊게 읽어보면 이것이 본문을 이해하는 유일한 가능성임을 알 수 있다. 이 문장은 조건문의 가능적 용법이다(*ean oun*과 가정법의 결합). 그 조건적 목적은 바울의 논증을 뒷받침하고 있다.[167] 어떤 면에서 바울은 "가능한 세계"의 철학

---

165 "따라서 우리는 바울이 참으로 기독교 공동체 밖에서 율법을 이행하는 이방인에 관해 이야기하고 있음을 받아들여야 한다." Räisänen, *Law*, 105.

166 이는 Dülmen, *Theologie*, 77 이하에서 제안되었다. Räisänen은 이러한 대안을 알고 있었지만 그것을 받아들이지 않았다.

167 Bornemann-Risch, *Grammatik*, § 279를 보라. Bornemann-Risch, *Grammatik*, § 373에 수록된 예들도 참조하라. 만일 바울이 직접적인 주장을 제시하길 원했다면 그는 아마도 다른 표현을 사용했을 것이다. 그는 *ean oun*을 조건문 외에 다른 의미로는 사용하지 않는다. Thurén은 이것이 바울이 "할례라는 유대인의 독특한 상징의 중요성을 최소화하길 원하는" 대목에서의 수사적 논증임을 강조한다. 롬 2:26에서 바울은 "율법을 이행하는 가상적인 이방인"이라는 언어상의 표현을 사용함으로써 "이론적인 사례인 끝없는 문제(*quaestio infinita*)"를 제시한다. Thurén, *Derhetorizing Paul*, 108-9.

을 고안해 내고 있다. "상황이 달랐더라면" 이방인들도 율법을 지킬 수 있었을 것이라고 말하는 것이다. 언어학적으로 옳은 번역은 다음과 같다. "만일 할례받지 않은 사람이 율법의 의로운 요구들을 지킨다면 그의 무할례가 할례로 여겨지지 않겠는가?" 이러한 논증의 수사적 힘은 사람이 실제로 율법의 요구를 이행할 수 있는 가능성에 의존하지 않는다. 수사적 힘은 순종이 할례보다 앞선다는 원리에 놓여 있다. 이는 유대교 수사의 최고봉이기도 하다. 바울의 반대자들은 이 논증이 옳다고 동의해야만 한다.[168]

바울은 독자의 확신에 부합하는 논증과 용어를 사용하면서 자신의 주장을 제시한다. 바울이 이 대목에서만 수사적인 목적으로 할례에 대해 "그 무할례를 할례와 같이 여길 것이 아니냐?"라고 긍정적으로 이야기는 점으로 미루어보면 이 점이 명백하다. 이러한 질문은 바울이 독자들의 논증을 사용해서 그들을 설득하고 있다는 것을 인정할 때만 이해 가능하다. 바울은 율법이 지켜질 때 할례의 의도가 성취된다고 말하고자 한다. 우리가 로마서 2:12-29의 전체 논증을 살펴보면 바울이 그의 독자들에게 이제 하나님이 인정하는 할례는 성령의 사역의 결과인 "마음의 할례"라고 말하려고 한다는 것이 명백해진다(롬 2:29). 바울은 자신의 주장을 정당화하기 위해 우선 모든 인간이 하나님 앞에 동등하다고 주장한다. 그 추론을 위해 바울은 먼저 율법에 대한 지식의 보편성을 언급한다. 이어서 바울은 이방인뿐만 아니라 유대인도 율법을 위반한다는 점을 증명할 필요가 있다. 만일 이것이 사실이라면, 바울의 유대인 독자들은 자기들이 이제 이방인에 비해 특권적인 지위에 있지 않음을 인정해야만 할 것이다. 마지막으로 바울은 반대자들의 논증을 그들에게 불리한 방향으로 사용해서 원칙적으로 율법을 지킨 이방인이 율법을 어긴 유대인을 정죄한다는 점을 증명한다. 이상

---

168   나는 이 대목에서 Käsemann, *Römer*, 68에 동의하고 Jewett, *Romans*, 233에 반대한다.

적인 독자라면 거의 모든 사람이 율법을 지킬 수 있다고 인식하는 대신 우리 모두가 죄 아래서 살고 있으며 신적 강제가 우리를 불성실 상태에 감금했음을 인식할 것이다.

대체로 우리는 바울의 양극화된 구원론이 그의 신학 전반에 대한 진정한 해석상의 열쇠가 된다고 말할 수 있다. 갈라디아서와 로마서에서 그는 하나님 혹은 성서가 사람들을 불순종의 상태 속에 가두었다고 기록함으로써 전통적인 죄론에 변화를 가져왔다. 그런 관점은 바울이 아담의 역할에 관해 자세하게 설명하는 배후의 근거를 형성한다. 로마서 7장에 따르면 사람들은 죄 아래 "팔렸다." 갈라디아서에서 바울은 또한—지나치게 들릴 수도 있지만—성서가 그렇게 강제하는 도구 역할을 했다고 기록한다. 따라서 율법에 대한 고찰은 더는 제2성전기의 양상과 같을 수 없다. 토라의 기능은 달라질 운명에 처해 있다.

하지만 중요한 다른 측면들도 존재한다. 특히 빌립보서(빌 3:7)에 나타난 "해로 여기는" 독특한 원리의 기본적인 동기도 이 지점에 놓여 있다.[169] 이스라엘의 운명 전체(이번 장의 섹션 V를 참조하라)는 이 전제들에 영향을 받는다. 바울에게 있어서는 이스라엘의 이례적인 선택이 하나님의 구원 행위의 표지일 뿐만 아니라, 우리가 거의 이해할 수 없는 이스라엘의 거부 역시 최종적인 회복의 통로가 된다. 바울의 총체적인 구원론은 민족 중심주의적 이상주의의 표준적인 신념들을 부정하고 유대인과 이방인 간의 벽을 무너뜨린다.

이 모든 내용은 그리스도 중심의 구원론인데 이는 바울이 계속 그리스도를 경배하고 그를 높이려고 하는 지향점과 일치한다. 하나님은 자비로우시며 감금조차도 "많은 사람이 의롭다 하심을 받아 생명에 이르게" 한다

---

169   이 주제는 이번 장의 섹션 V.4에서 다뤄질 것이다.

(롬 5:18). "하나님의 은사는 그리스도 예수 우리 주 안에 있는 영생"이기 때문에(롬 6:23) 구원은 "하나님의 은혜로 값없이" 주어진다(롬 3:24). 바울의 신적 강제 묘사는 인간의 타락이 값없이 선물로 주어지는 하나님의 은혜와 대조되는 부분에서 가장 흔하게 등장한다. 신적 강제는 특정한 목적을 위해서만 필요했다. 그것은 그리스도의 대속적인 죽음을 위한 출발점 역할을 했다. 죄들이 어린 양에게 전가되고 희생제물이 처벌을 짊어진다. 이 점에서 신적 강제에 관한 바울의 관점은 완전한 구속에 대한 그의 선포와 복음이 모두에게 열려 있다는 그의 확신에 대한 배경에 불과하다. 갱신은 역사적 과정이기 때문에 우리가 구속사의 해석학적 도구를 소생시켜도 무방하다. 이것은 바울의 독자들이 사용한 원리일 뿐만 아니라 바울 자신이 사용한 원리이기도 하다.

이처럼 바울이 회복 종말론의 관점에서 신정론 문제를 다루고 그의 구원론을 전개할 때 그는 인간의 상태에 관한 비관적인 견해와 신적 강제에 대해 상당히 급진적인 견해를 드러낸다. 개혁주의 전통에서 학자들은 종종 이중 예정—하나님이 자신의 지혜로 특정한 사람들을 구원을 받도록 예정했고 최소한 몇몇 이론에 따르자면 어떤 사람들은 영벌을 받도록 예정했다—에 대해 이야기한다. 바울은 다른 해법을 제시한다.[170] 하나님은 전 인류를 불순종 속에 가두어 둔 것으로 보인다. 이는 온 세상의 영벌을 의미한다. 이것이 일시적으로는 사실이지만 그것이 영원한 사실은 아니다. 그런 신적 강제는 바울이 뜻하는 의미에서는 무조건적이지 않다. 바울에게 있어서는 어떤 인간도 최종적인 영벌의 영역에 놓여 있다고 가정될 수 없다. 오히려 그의 가르침에는 보편주의적인 요소가 존재한다. 처벌의 방향이 돌려질 수

---

170 교리 논쟁은 바뀔 수 없지만 한 가지 관찰사항이 그 논의가 진척되도록 도움을 줄지도 모른다. 좀 더 많은 학자가 속죄의 보편주의적 속성을 강조할수록 그들은—적어도 바울 신학에서—구원이 아담의 모든 자손에게 열려 있음을 좀 더 믿는 경향이 있다.

있고 감금이 종식될 수 있다.[171]

바울의 관점을 메타내러티브의 맥락에서 해석하자면 인간이 감금되었다는 그의 사상은 영적 유배 개념과 동일하다. 지혜 신학자이면서 자신의 신학을 창조로부터 시작하는 바울은 아담에게로까지 지평을 넓힌다. 신학자들이 이야기해야 할 유배는 최초의 유배, 즉 에덴동산으로부터의 추방이다. 용서는 처음부터 존재해 왔고 아브라함 자신은 은혜의 언약과 칭의에 대한 전형적인 조상이다. 하지만 언제나 악한 마음이 인간의 문제의 뿌리였다. 따라서 바울의 구원론에 따르면 불순종 상태 속에 가둬진 인류는 처음부터 회복—새 창조, 부활, 최종적인 낙원의 회복—을 기다려왔다.

4. 이신칭의

바울에 관한 새 관점 지지자들은 칭의 문제에 관해 논쟁을 벌인다. 새 관점에서 첫 번째 논의는 주로 "율법의 행위"의 속성에 대한 것이다. 샌더스 이후로 몇몇 학자들은 칭의가 믿음으로 말미암는 의(*dikaiosynē ek pisteōs*)를 정당화하기 위한 적절한 "곤경"이 고안되기 오래전에 알려진 "해답"의 일부일 뿐이라고 주장했기 때문에 바울신학에서 칭의의 중요성에 곧 의문이 제기되었다. 따라서 학계에서 여전히 성행하고 있는 논의에 관해 언급하지 않고서는 그 이슈를 다루기가 쉽지 않다.[172]

171　하지만 학자들은 좀처럼 이중 예정에 대해 말하지 않는다. 하지만 이 문제는 롬 8장에서 제기된다. Cranfield는 그 견해를 지지하는 것으로 보이지만(Cranfield, *Romans*, 432) Dunn은 주저한다(Dunn, *Romans*, 485). Röhser는 아우구스티누스의 "긍정적" 예정을 채택하며(Röhser, *Prädestination*, 97) Schreiner, *Theology*, 343도 마찬가지다. 하지만 Wright는 보편주의적인 견해로 이동한다. Wright, *Paul*, 914-15("선택의 재정의").

172　학계의 논쟁은 긴 역사를 갖고 있다. 첫 번째 단계에서 (1) Dunn이 표준적인 견해가 너무 "루터적"이라고 주장했다. 이어서 (2) 그 문제가 Durham-Tübingen 리서치 심포지엄에서 논의되었고 그 결과물이 두꺼운 논문집으로 출판되었다. 미국에서 (3) 유사한 논

하지만 분석은 표준적인 석의 개념에서 시작해야 한다. 의(영어로는 righteousness, 그리스어로는 *dikaiosynē*)라는 단어의 뜻이 영어권에서는 다소 혼란스럽다. 의와 칭의(영어로는 justification, 그리스어로는 *dikaioō*)가 원어인 그리스어에서는 의미상으로 서로 연결되어 있지만 영어에서는 연결되어 있지 않기 때문이다. 그리스어에서 이 단어들은 같은 어근 *dik*-를 갖고 있고 같은 의미 영역에 속한다. 그 단어는 인간의 본성을 설명할 때 가장 많이 사용된다. 의로운(righteous) 사람은 사랑의 원리를 따라 창조 세계의 유익을 위해 살아가는 올바른(upright) 사람일 것으로 기대된다. 우리가 의의 반대 —다른 사람에게 어떤 피해를 주든 간에 자신의 이익만을 위하는 탐욕스러운 착취와 이기적인 관심—를 상상해 보면 의를 이해할 수 있다. 그런데 바울의 가르침에서 이 정의가 하나님의 의(*dikaiosynē theou*)라는 다른 용어와 구별될 필요가 있다. 그 표현은 구약성서에서 유래하며 자체의 역사를 갖고 있다.

구약성서에서 하나님의 의는 하나님의 본성이나 신적 속성 혹은 천상의 심판자로서의 그의 직분만을 가리키는 것이 아니다. 그 표현은 하나님의 구원하는 행위가 묘사될 때 등장한다(신 33:21; 삼상 12:7; 시 103:6).[173] 그런 구절들에서 하나님은 이스라엘의 구원을 위해 행동한다. 예컨대 이사야서는 "시온은 정의(justice)로 구속함을 받고 그 돌아온 자들은 공의(righteousness)로 구속함을 받으리라"고 약속한다(사 1:27; 참조. 시 89:16). 바

문집이 *Justification and Variegated Nomism*이라는 제목으로 출판되었다. 그리고 후에 (4) Campbell이 새로운 칭의 이론을 제안했는데 그 이론에서는 개신교의 표준적인 해석이 구원에 관한 "계약적인" 견해로 묘사된다(그의 저서 *Deliverance of God*에서 이 내용이 다뤄졌는데 그 내용에 관해서는 보충 설명에서 논의될 것이다). 그런 배경은 바울의 칭의 이해를 정의하고자 하는 어떤 시도든 간에 맥락 안에 놓일 필요가 있음을 보여준다.

173 원래의 개념이 특히 다음 문헌들을 통해서 현대의 논의에 도입되었다. Käsemann, *Exegetische Versuche 2*, 192; Stuhlmacher, *Gerechtigkeit Gottes*, 142 이하. 최근의 분석은 Irons, *Righteousness*, 131-56을 보라.

올 연구에서 이 특정한 표현이 중요한 이유는 사도 바울이 하나님의 의 (*dikaiosynē theou*)와 다른 용어들을 엄격하게 구분하기 때문이다. 이 표현이 등장하는 핵심적인 구절 중 하나가 로마서 3장에서 발견된다.[174]

> 이제는 율법 외에 하나님의 한 의가 나타났으니 율법과 선지자들에게 증거를 받은 것이라. 곧 예수 그리스도를 믿음으로 말미암아 모든 믿는 자에게 미치는 하나님의 의니 차별이 없느니라(롬 3:21-22).

하나님이 "율법 없이"(*chōris nomou*, 개역개정에서는 "율법 외에") 자기의 의를 공개 혹은 나타냈다(*pefanerōtai*). 바울의 말은 이제는 율법 없이 특별한 "상태"에서 의를 얻는 것이 가능하다는 뜻이다. 인간이 율법이 정한 처벌에 대한 어떤 두려움도 없이 하나님께 다가갈 수 있게 되었다. 이제 하나님이 완벽한 의가 선물로 주어질 수 있도록 자기의 구원하는 행동을 나타냈다. 그것은 그리스도를 통해, 그리고 믿음을 통해(*dia pisteōs*) 온다. 그래서 바울신학에서 의(*dikaiosynē*)에 관한 주된 내용은 믿음을 통한(*ek pisteōs*) 의인데, 이에 대한 더 좋은 번역은 아마도 믿음으로 말미암는 칭의(이신칭의)일 것이다. 중요한 전치사들을 영어로 적절하게 번역하기는 어렵지만 첫 번째 전치사(*dia*)는 수단적인 의미가 있고 두 번째 전치사(*ek*)는 믿음 안에서 그리스도 안에 참여하는 것을 묘사한다. 그 의미는 부활한 그리스도께 존재론적으로 참여하는 것을 나타내는 또 다른 표현인 "그리스도 안에"(*en Christō*)란 의미

---

174   Campbell로 인해(그의 이론에 관해서는 보충 설명을 보라) 최근에 이 견해는 바울 구원론의 중심에 놓였다. Campbell, *Deliverance*, 698-99. 그는 하나님의 의가 의에 대한 바울의 다른 개념들과 상충한다고 보았다. 하지만 이는 바울의 칭의 이해에 대한 전통적인 설명 방식은 아니다.

와 가깝다. 이 관계가 믿음 안에서 실현될 때 죄인이 의롭게 된다.[175]

바울 학계에서 칭의 주제는 처음에는 바울에게 독특한 것으로 의심을 받았지만 학자들이 차츰 그것이 구약성서의 배경과 연결되었다는 것을 알 아차리기 시작했다. 앞서 언급된 바와 같이 후대에 이 점이 잊혔고 칭의는 주로 개신교의 해석사에서 유래한 것으로 여겨졌다. 오늘날 우리는 바울이 하나님의 의에 관한 이사야서의 예언을 잘 사용했음을 알 수 있다. (위에서 다뤄진) 유명한 이사야 53장 외에 다른 측면들이 고려될 필요가 있다. 예수 자신이 의의 선물이 하나님에게서 오고 하늘로부터 "비처럼" 내려질 것을 말하는 구절—"하늘이여, 위로부터 공의를 뿌리며…"(사 45:8)—을 사용했 기 때문에 이 전통은 예수로부터 바울에게 새로운 다리를 놓을 것이다. 이 점에서 칭의 신학은 이스라엘의 갱신이 하나님의 선물—참회자들은 이 하 나님의 선물에 자유롭게 의지한다—에 기초한 회복 종말론에 근거를 두고 있다. 의의 비가 내리면 의의 싹이 돋는다.

이사야 45장을 읽어보면 유배된 백성을 향한 그의 설교가 칭의 담론 을 회복의 소망과 연결한다는 점이 드러난다. "내게로 돌이켜 구원을 받으 라"(사 45:22). 이는 구원이 고백과 연결되는 익숙한 구절이다. "내게 모든 무릎이 꿇겠고 모든 혀가 맹세하리라"(사 45:23). 본문에는 의라는 단어가 계속 등장한다. "내게 대한 어떤 자의 말에 '공의($z^e daqo\bar{o}t$)와 힘은 여호와 께만 있나니…'"(사 45:24). 독특한 진술을 통해 본문은 (이 점을 번역에서 보여 주기가 어렵기는 하지만) 칭의가 여전히 중요한 문제임을 강조한다. "이스라 엘 자손은 다 여호와로 말미암아 의롭다 함을 얻고($zidd^e q\bar{u}$) 자랑하리라"(사 45:25). 이사야서를 읽는 유대교 신학자들은 회복 종말론이 하나님으로부

---

175 다음 문헌들을 보라. Stuhlmacher, *Biblische Theologie I*, 335-40; Kim, *New Perspective*, 152-53; Irons, *Righteousness*, 323.

터 선물로 오는 의에 소망을 두고 있음을 알 수 있었다. 이 용어는 70인역 (*dikaiōthēsontai*)을 통해 확인되며 따라서 바울과 그의 독자들은 그것을 완벽하게 이해할 수 있었다.[176]

바울에게 있어 이것은 하나님께서 율법 없이 주는 최종적인 갱신이자 칭의다. 회복의 갱신은 하나님 나라에서 쫓겨난, 배교한 죄인들에게 주어진 구원(*sōtēria*)이다. 그 개념이 바울의 구원론 일반의 맥락에서 읽히면 바울은 아보다트 이스라엘(*Avodat Israel*) 없이 주어지는 칭의에 관해 이야기하고 있는 것처럼 보인다. 불순종한 자들이 그들의 하나님께로 "돌아갈" 때 그들에게 은혜가 주어지기 때문에 순종은 아보다트 이스라엘과 아무런 관계가 없다. 바울은 다시금 바리새파 혹은 에세네파의 교사들과 반목한다. 이 신학자들에게 있어 토라 없는 의란 존재하지 않았다. 예컨대 쿰란에서 입에 발린 말로 은혜를 언급할 수는 있었지만 정결케 하는 물은 자신을 율법과 의의 교사의 가르침에 복종시키는 자들에게만 주어졌다. 바울은 이사야서를 따라서 칭의가 진정한 회복을 가져온다는 새로운 비전을 제시한다. 그것은 하나님 자신의 아들의 희생에 근거하며 그 아들이 부활하여 왕으로 즉위함으로써 시작된 희년을 통해 확인된다.

로마서 서두에서 하박국 2장을 인용한 유명한 본문이 바울의 이신칭의 제시를 마무리한다. 이 구절은 하나님의 의가 신학에서 결정적인 역할을 하는 또 다른 본문이다.

---

176   바울에 대한 새 관점의 지지자들이 "칭의"를 구원에 관한 바울의 개인적이고 다소 일관성이 없는 견해라고 생각하는 경향이 있기 때문에 그 용어의 구약성서 배경을 인식하는 것이 매우 중요하다. 핀란드어권의 논의를 보자면 Kuula는 칭의가 바울의 추론에서 중요하지 않은 여담이라고 주장한다. 그는 바울이 "뒤에서부터 생각한다"는 Sanders와 Räisänen의 주장을 채택하고, 바울이 자기가 새롭게 이해한 그리스도 안에서의 구원이라는 "해답"을 위한 증거를 발견하기 위해 칭의 개념을 전개할 수밖에 없었다고 진술한다.

내가 복음을 부끄러워하지 아니하노니 이 복음은 모든 믿는 자에게 구원을 주시는 하나님의 능력이 됨이라. 먼저는 유대인에게요 그리고 헬라인에게로다. 복음에는 하나님의 의가 나타나서 믿음으로 믿음에 이르게 하나니 기록된 바 "오직 의인은 믿음으로 말미암아 살리라" 함과 같으니라 (롬 1:16-17).

이 대목에서 간단한 의미론적 분석이 필요하다. 중간 부분의 내용은 명백히 첫 진술에 의존한다. 하나님의 의(*dikaiosynē theou*)가 "복음에 나타났다." 로마서의 서두는 하나님의 아들, 즉 다윗의 자손이자 영광의 나라에서 주님으로 높여진 하나님의 아들의 복음에 관해 이야기하고 있다. 여기서 바울은 틀림없이 하나님의 구원하는 의가 이 복음을 통해서 나온다고 확신한다. 바울이 하나님께서 역사의 한가운데서 자신의 구원하는 행위를 "나타낸다"(*apokalyptō*)라는 표현을 쓰는 것으로 미루어 볼 때 우리는 바울의 사고 이면에서 암시된 내러티브가 작동하고 있다고 생각할 수 있다. 바울이 사용하는 성서의 증거가 이를 뒷받침한다. 바울은 하박국 2장이 바로 이 형태의 구원에 관해 이야기하고 있다고 믿었기 때문이다. "의인은 믿음으로 말미암아 살리라"(*o de dikaios ek pisteōs zēsetai*). 바울이 하박국서를 사용했다는 점이—비록 특정한 한 단어 때문이기는 하지만—이 문제를 위에서 다뤄진 위기의 신학과 연결한다. 하박국서는 이스라엘 역사에 나타난 신정론의 문제를 다루는 데 있어 매우 중요한 본문이다.[177]

이 인용문에 대한 해석에서 특히 어려운 점은 그 구약성서 구절에서 예언자가 온 민족이 부패해진 상황에서 신실성을 요구한다는 것이다. 히브

---

177   위 인용문에 관한 상세한 분석은 Eskola, *Theodicy and Predestination*, 101-7을 보라. 여러 버전의 해석이 있지만 그것들은 대개 70인역 본문에 대한 해석에 의존한다.

리어 원문에 대한 이러한 이해는 하박국서에 대한 쿰란의 페쉐르에서도 확인된다. 그 주석에서, 하박국에서 언급된 "믿음/신실함"은 예루살렘 성전이 부패해진 상황에서 의의 교사에 대한 충성으로 해석된다(1QpHab VIII,1-3).

바울 당시에 존재하던 독법이 또 다른 재해석을 제공했기 때문에 70인역은 여기서 별로 도움이 되지 않는다. "의인은 **나의** 신실함으로 말미암아 살리라." 나할 헤베르 본문만이 히브리어 원문을 문자대로 번역하는 것으로 보인다. "의인은 **그의** 신실함으로 말미암아 살리라"(8HevXIIgr 17.29-30).[178]

바울은 원문 표현의 적절한 번역을 찾으면서—심지어 이것이 잘 알려진 70인역의 번역에 반하는 것이라고 해도—그 구절을 자신의 목적을 위해 사용했다. 신실성 측면이 버려지기는 했지만 그의 번역은 받아들일 만하다. 하나님의 의가 복음에서 나타날 때 하박국은 신자의 모델이 된다. 하나님은 자기 백성의 부르짖음에 응답한다. 의는 선물이고 그들의 하나님께 돌아간 부패한 백성은 믿음을 통해 의롭게 된다. 피스티스(*pistis*)에 해당하는 히브리어가 구약성서에서 발견되는데 거기서 의인의 운명이 논의된다. 바울에게 있어 하나님의 의는 그리스도 안에 나타난 하나님의 구원하는 행동이며 그리스도의 죽음과 부활 후에는 사람들이 믿음만을 통해 의롭게 된다. 율법학자 바울에게는 구약성서에 나타난, 이 메시지에 대한 성서적 증거를 찾는 것이 중요했다. 마침내 바울은 복음이 "구원을 주시는 하나님의 능력"임을 증명하는 단어를 찾아냈다. 따라서 하박국서는 이신칭의에 대한 주요 증거 중 하나가 된다.[179]

---

178 따라서 우리는 바울이 언어학적으로는 올바르지만 70인역과는 다른 자신의 해석을 제공했다고 결론짓는다. 하지만 그의 번역은 히브리어 원문을 잘 반영하고 있으므로 받아들일 만하다고 여겨졌을 것이다.

179 논거는 다를 수 있지만 이것이 여러 학자의 결론이다. Michel, *Römer (1987)*, 86-90;

이 구절들에 이어서 바울의 칭의 신학에 대한 가장 좋은 예가 등장한다. 로마서 4장에서 바울은 아브라함을 자신의 칭의 개념에 대한 주요 증인으로 제시한다.

> 만일 아브라함이 행위로써 의롭다 하심을 받았으면 자랑할 것이 있으려니와 하나님 앞에서는 없느니라. 성경이 무엇을 말하느냐? "아브라함이 하나님을 믿으매 그것이 그에게 의로 여겨진 바 되었느니라"(롬 4:2-3; 참조, 갈 3:6).

이러한 설명 뒤에는 중요한 전제들이 있다. 유대인의 신앙의 정체성 전체가 이 족장과 성패를 같이 하기 때문에 바울은 반드시 아브라함에 관해 다뤄야 했다. 바울은 이스라엘 민족을 만들어 낸 바로 그 약속 자체를 사용할 수도 있었다. 율법학자 바울은 다시금 특정한 본문들과 특정한 단어들을 사용해서 논증을 전개한다. 바울은 마치 성구 사전을 사용하듯이 피스티스(*pistis*)나 관련 동사가 디카이오쉬네(*dikaiosynē*)와 연결된 구절들을 찾는다. 바울의 독법에 따르면 아브라함은 믿음의 사람이다. 그는 하나님을 믿으며 이 믿음이 의로 여겨진다. 따라서 이신칭의는 아브라함 자신에게 뿌리를 두고 있는 교리다.[180]

Stuhlmacher, *Romans*, 28-29.

180 칭의의 성격에 관해 Wright와 Piper 사이에 유명한 논쟁이 있다. Piper는 Wright가 구원을 주는 믿음과 칭의를 분리한다고 비난하면서 대신 (표준적인 개신교의 견해인) 전가(imputation)를 제안한다(그의 *Future of Justification*, 95-97[『칭의 논쟁』, 부흥과개혁사 역간]에 수록되었다). 그에 대한 응답으로 Wright는 *Justification*(『톰 라이트, 칭의를 말하다』, 에클레시아북스 역간)을 저술해서 자신의 언약적 설명이 법정적 견해를 버린 것이 아니라고 진술했다. 하지만 그는 그 개념들 사이에 분명한 선을 그었다. "요점은 '칭의'라는 단어가 그 자체로 어떤 사람이 은혜를 통해 불신, 우상숭배, 죄로부터 믿음, 진정한 예배, 삶의 갱신으로 자동으로 이동하는 과정이나 사건을 나타내지 않는다는 것이다." Wright, *Paul: Fresh Perspectives*, 121(『톰 라이트의 바울』, 죠이선교회 역간). 그는

하지만 바울에게 있어 이 개념은 시작에 불과했다. 약속과 믿음(*pistis*)은 아브라함을 선택한 사건의 초석이기 때문에 그것들은 행위, 율법의 상세한 계율, 점차 아보다트 이스라엘(*Avodat Israel*)로 알려진 전체 섬김에 선행해야만 했다. 유대의 해석학에서는 유래에 관한 논증이 중요했는데, 바울은 갈라디아서에서 이를 문자 그대로 사용한다. "하나님께서 미리 정하신 언약을 사백삼십 년 후에 생긴 율법이 폐기하지 못하고 그 약속을 헛되게 하지 못하리라"(갈 3:17). 아브라함을 부른 것은 은혜의 행동이었다. 사람들이 부패한 상태에서 살고있기 때문에 칭의는 이전의 상황에서뿐만 아니라 새로운 상황에서도 진정한 갱신이어야만 한다. 이 대목에서 바울의 행위(*erga*) 신학이 가장 심오하게 표현된다. 하나님 자신이 타락한 백성에게 접근할 때 어떤 순종이나 섬김도 불필요하다. 하나님은 과거에 그랬던 것처럼 친히 갱신된 백성을 창조할 것이다. 필요한 것은 약속과 믿음(*pistis*) 뿐이다. 회복의 하나님이 죄인들에게 다가간다. "일을 아니할지라도 경건하지 아니한 자를 의롭다 하시는 이를 믿는 자에게는 그의 믿음을 의로 여기신다(*logizomai*)"(롬 4:5).

추론 전체가 불경한 자와 관련이 있다. 여기서 사용된 어휘는 독자에게 법정을 연상시킨다. 법정적 담론에서 범죄 또는 바른 행실 및 비난받을 거리가 없는 상태로 여겨지는 것(*logizomai*)이 선고를 결정함에 있어 중요한 문제다. 이 사실은 바울의 주장의 역설적인 성격—믿음을 통해 범법자가 무죄로 여겨진다—을 강조한다. 이 대목에서 유배의 수사가 바울의 사고

바울이 "부름"이라는 단어를 사용한다고 말하고 다음과 같이 논의를 이어나간다. "비록 그리스도인들이 수 세기 동안 '칭의'라는 단어를 오용해 왔지만 바울은 그 단어를 '부름' 후에 즉각적으로 일어난 어떤 것을 가리키는 데 사용한다. '하나님이 부르신 그들을 또한 의롭다 하셨다'(로마서 8:30). 달리 말하자면 복음을 듣고 믿음으로 응답하는 사람은 그때 하나님에 의해 그들이 하나님의 백성이라고 선언된다"(p. 121-22). Wright는 명백히 롬 4장에 나타난 칭의에 대한 개신교의 이해와 이견을 보인다.

에 영향을 주고 있다는 점이 여실히 드러난다. 모든 인간은 불순종 속에 가두어졌는데 이스라엘은 약속의 땅과 하나님 앞에서 쫓겨났을 때 이 교훈을 배웠다. 이제 사람들 가운데 어떤 차이도 존재하지 않는다. 듣는 자들은 이 점을 인식하고 약속과 믿음(*pistis*)을 추구해야 한다. 경건치 않은 자를 의롭다고 하는 존재는 하나님이며 이것이 유일하게 가능한 의다.[181]

바울은 아브라함에 관한 이 구절이 유대교 신학에서 신실성에 대한 주요 증거 본문임을 분명히 알고 있었다. 집회서에서는 "위대한 시조" 아브라함이 토라 순종의 가장 좋은 예였다. "그는 지극히 높으신 분의 율법을 지키고 그분과 계약을 맺었다. 자기 살에 그 계약의 표시를 새기었고 시련을 당했을 때에도 그는 충실하였다"(집회 44:20). 마카베오상에서 우리는 바울의 본문에 정면으로 대조되는 구절을 발견한다. "아브라함은 시련을 받고도 믿음을 지켜서 의로운 사람이란 인정을 받지 않았느냐?"(마카베오상 2:52) 쿰란 문서에서 아브라함은 하나님의 계명을 지켰기 때문에 하나님의 친구로 묘사되었다(CD III.2). 바울이 이 중요한 구절을 취해서 아브라함을 은혜의 나라의 시조로 제시했을 때 그는 제2성전기의 현재 상황에 도

---

181   Wright가 "우리는 이신칭의에 대한 믿음을 통해서 믿음으로 말미암아 의롭게 되는 것이 아니다"라고 한 말은 너무 거슬린다. Wright, *Justification in Perspective*, 261. Gathercole은 바울의 견해에서 하나님의 "의롭다 하는" 행동은 **인식**의 행동이라기보다는 창조에 가깝다"고 논평함으로써 이견을 완화한다. 그리고 그는 "그것은 하나님이 우리의 새로운 정체성에 대해 인식하는 것이라기 보다는 그것을 결정하는 것이다"라고 덧붙인다. Gathercole, *Justification in Perspective*, 229. 후자의 견해는 Stuhlmacher의 루터파 해석과 가깝다. "dass **Rechtfertigung ein von Gott gewirkter schöpferisher Rechtsakt ist**"(칭의는 하나님의 창조적이고 법정적인 행동이다). Stuhlmacher, *Biblische Theologie I*, 334. 이 논쟁은 교의학 분야에서의 **호의**(favor)와 **선물**(gift) 논의와 유사한 것처럼 보인다. 개신교 신학에서 칭의는 종종 하나님의 **호의**(전가)의 관점에서 정의되는데, 학자들은 이것이 **선물**(사람의 마음속에 있는 믿음의 내용으로서의 그리스도 자신)로부터 분리되어야 하는지 혹은 법정적 행동 **후에** 하나님이 주는 모든 좋은 것들(하나님의 선물들)로부터 분리되어야 하는지에 관해 논쟁한다. 하지만 Wright는 먼저 믿음(믿음은 언약 안으로 들어가는 것을 의미한다)을 강조하고 이어서 칭의를 법정적인(선언적인) 행동으로 정의한다. Wright, *Justification*, 213.

전한 것이었다. 그의 논지는 분명하다. 아브라함의 믿음은 여전히 이스라엘에 만연해 있는 영적 유배에 대한 해답이다. 오직 믿음만이 의로 여겨질 수 있다.[182]

하지만 바울이 사용한 논증이 특정한 단어들에만 의존한 것은 아니다. 로마서 4장 끝부분에서 바울은 아브라함의 믿음과 부활에 대한 후대의 믿음 간에 놀라운 유사성이 있다고 주장한다. 아브라함은 그의 자손들에 관한 약속을 받았지만 그 약속은 실제로 실현될 가능성이 별로 없는 약속처럼 보였다. 네크로스(*nekros*)라는 어근을 사용한 단어가 "죽은"으로 번역되는 데서 볼 수 있듯이 약속을 받았을 당시 나이가 많았던 아브라함의 몸은 이미 "죽은 것 같았다"(롬 4:19). 그럼에도 아브라함은 "죽은 자를 살리시며 없는 것을 있는 것으로 부르시는 이"인 하나님을 믿었다(롬 4:17). 따라서 그에게 의로 여겨진 믿음은 생명을 주고 사람을 살리는(*zōopoieō*) 하나님께 대한 믿음이었다. 이제 논리의 고리가 완성된다. 즉 아브라함은 부활을 믿었다. 그래서 바울은 그 약속이 "아브라함만 위한 것"이 아니라는 진술로 마무리한다.

> "그에게 의로 여겨졌다" 기록된 것은 아브라함만 위한 것이 아니요, 의로 여기심을 받을 우리도 위함이니 곧 예수 우리 주를 죽은 자 가운데서 살리신 이를 믿는 자니라(롬 4:23-24).

바울이 이보다 더 나아갈 수는 없었다. 로마서 4장의 이 단락에서 바울은 그의 청자들에게 먼저 아브라함의 유산은 약속과 믿음(*pistis*)에서 발견될 수

---

182 Sanders가 생각하듯이(Sanders, *Paul*, 331) 집회서와 다른 예들이 제2성전기 유대교의 언약적 율법주의를 대표하는 문서로 여겨져야 한다고 하더라도, 바울은 그것을 인정하지 않는 것처럼 보인다.

있음을 상기시킨다. 모든 율법학자에게 받아들여진 기본적인 용어가 유대인의 믿음과 부여된 의를 통합한다.[183] 하지만 그는 이어서 아브라함의 믿음이 주로 죽은 자 가운데서의 부활에 대한 믿음이었음을 보여주었다. 회복은 새로운 생명의 창조를 통해 성취된다. 하나님의 아들의 부활을 믿는 바울은 아브라함의 믿음을 공유했다. 따라서 아브라함은 단지 이신칭의에 대한 증인만이 아니다. 그는 그리스도를 죽은 자 가운데서 일으켜 새로워지고 구속된 "선택된 백성"을 창조하기 시작한 하나님을 믿는 모든 이들의 시조이기도 하다.

우리가 바울이 구약성서 본문과 하늘로부터 내리는 종말의 "의의 비"에 관한 예수의 가르침 모두에 기반을 두는, 그처럼 일관성이 있고 철저한 칭의를 제시한다는 점을 고려하면 이러한 견해들이 바울의 구원론에서 특별한 위치를 차지하지 않았다는 가정은 옳지 않을 것이다. 슈바이처와 데이비스의 사상에서 유래하여 샌더스와 캠벨에게 영향을 준 대안적인 설명은 참여를 강조한다.[184] 이 해석은 바울이 기본적으로 참여주의 종말론을 증진한다고 주장한다(참조. 슈바이처의 "일관된 종말론"). 이는 바울의 구원론이

---

183   위에 언급된 Wright와 Piper 사이의 논쟁을 고려할 때 우리는 루터파 신학에 나타난, 칭의에 관한 최근의 좀 더 일반적인 논의를 사용해서 또 다른 해결책을 제시할 수 있다. 표준적인 루터파 교의학에서 **호의**와 **선물**은 모두 칭의에 속한다. 우리를 위해 십자가 처형을 당하고 부활한 그리스도는 우리의 의로 여겨지는 선물이자 동시에 믿음을 만들어내는 선물이기 때문에 호의와 선물이 분리되어서는 안 된다. 개념상의 구별은 있지만 그것들은 같은 범주에 속한다. 이 견해는 학자들로 하여금 칭의라는 단어에 관해 좀 더 넓은 의미를 취하도록 촉구한다. 어쩌면 Wright가 비루터파 용어를 사용하여 비슷한 결론을 추구하는지도 모른다. 그에게 있어 그리스도의 희생은 보편적 구속을 위한 기반이자 살아있는 믿음의 초점이며, 칭의는 (말하자면) 거기서 그리스도의 사역이 우리에게 칭의를 얻어주는 하나님의 법적 행동이다. 동시에 Wright가 묘사하듯이 하나님의 행동은 죄인을 새롭게 창조하는 선물로 기능한다. Wright, *Justification*, 21-26, 212-13. 동일한 문제를 해결하는, "변혁적 의"를 지지하는 논증을 제시하는 Schreiner를 참조하라. Schreiner, *Theology*, 360-61.

184   다음 문헌들도 그렇게 생각한다. Schweitzer, *Mystik*, 110-11, 122-23; Davies, *Paul*, 99-102; Sanders, *Paul*, 549; Campbell, *Deliverance*, 66, 934.

다소 신비한 의미에서 부활한 그리스도께 신자들이 참여하는 것에 초점을 맞출 것이라는 의미다.

바울은 확실히 참여주의자이기도 하다. 이 점에는 의문의 여지가 없다. 그의 서신들에서(예컨대 고후 5:17) "그리스도 안에"(en Christō)라는 이례적인 존재론적 언어가 명백하게 발견되는데 이 표현은 "함께"(syn, 롬 6:8)나 "너희 안에 계신 그리스도"(Christos en hymin, 롬 8:10; 참조. 갈 2:20)를 사용하는 표현들을 통해 뒷받침된다. 바울에게 있어 신자와 그들의 주님 사이의 관계는 존재론적이며 어떤 의미에서는(우리가 그 단어를 유대 신비주의에서 사용하는 의미로 이해할 경우) 신비롭다. 이 특별한 관계는 "손으로 짓지 아니한 성전" 뿐만 아니라 그리스도의 몸의 물리적 메타포 모두를 반영한다. 더욱이 바울은 신자들이 그리스도의 고난에 참여하는 것에 관해 이야기한다(이번 장의 섹션 III.5를 보라). 바울의 신학에서 참여는 은혜로 말미암는 칭의의 결과를 묘사한다. 바울은 어떤 구절에서도 인간의 상태를 법정에서 다루는 것과 참여를 대조시키지 않는다.[185]

따라서 칭의는 바울 구원론의 핵심에 속하며 바울의 사상을 (개신교에서) 잘못 해석한 결과가 아니다. 제2성전기 유대교 신학의 난제들을 다루고 회복 종말론의 관점에서 위기의 신학을 설명하려고 하는 바울은 순수한 믿음의 핵심적 이슈인 적절한 의에 초점을 맞췄다. 자신의 구원론을 설명할 때 바울은 하나님의 의(dikaiosynē theou)와 인간의 의를 대립시킨다. 인간의 의에 결함이 있기 때문에 하나님의 의가 경건치 않은 자를 위한 하나님의 구원하는 행위가 된다. 칭의는 그리스도의 희생, 즉 속죄를 이루고 갱

---

185 예컨대 Campbell은 바울이 그리스도의 고난에 참여하는 것에 관해서도 말한다고 지적하지만, 그는 원래 롬 1-4장이 바울의 것이 아닌 구원론을 반영한다고 말했기 때문에(아래의 보충 설명을 보라) Sanders의 주장을 따라 칭의에 관한 표준적인 개신교 견해에 결함이 있다고 주장한다. Campbell, *Deliverance*, 66.

신을 가능케 하는 완벽한 희생에 기반을 둔다. 동시에 그것은 신정론 문제, 즉 이스라엘 민족이 대대로 직면한 정치적 참사 내내 하나님이 침묵함으로써 말미암는 고통을 해결한다. 적어도 영적인 의미에서는 유배가 계속되었지만 하나님은 침묵하지 않았다. 그는 약속을 지켰고, 의가 선물이 되고 믿음으로 말미암는 칭의가 부패한 세상에 궁극적인 해방을 가져올 수 있도록 자기의 아들을 보냈다.

추기: 새 관점과 칭의 이론

앞에서 논의된 내용에 더하여 칭의에 관한 최근의 몇몇 견해를 언급할 필요가 있다. 새 관점이 칭의가 바울의 구원론에서 가장 중요한 이슈라는 전통적인 입장에 변화를 가져오기 시작했다는 점은 바울 학계에서 잘 알려져 있다. 위에서 언급된 바와 같이 샌더스는 바울의 해석에 나타난 "곤경"과 "해답"에 관한 논의를 시작했다. (그리스도와 그의 부활을 믿는 이들에게는) 처음부터 해답이 있었기 때문에 적절한 곤경을 만들어내서 그리스도가 자신의 백성을 그 곤경으로부터 구원하게끔 할 필요가 있었다는 그의 주장은 많은 논란을 자아냈다. 율법의 멍에는 부정적으로 여겨져야만 했기 때문에 여기서 곤경은 부분적으로는 율법의 행위와 관련이 있었다. 샌더스와 그의 추종자들에 따르면 바울이 제2성전기 유대인들은 자신의 노력으로 완벽한 의를 이룰 수 없다고 보았기 때문에 칭의 문제도 다뤄져야 했다. 후에 래이 새넨은 바울이 자기의 새로운 관점을 정당화하기 위해 "2차적인 합리화"를 할 수밖에 없었고 따라서 유대교의 언약적 율법주의에 나타난 은혜의 구원론을 왜곡했다고 주장했다.[186]

---

186   이러한 논의는 충분히 잘 알려져 있으므로 내가 이 대목에서 자세하게 반복할 필요

많은 연구를 통해 제2성전기 유대교의 성격이 좀 더 명확해졌기 때문에 그 논의는 이제 새로운 빛에 비추어 고찰될 수 있다. 유대교 신학이 단순히 언약적 율법주의란 관점에서만 설명될 수 없다는 점이 분명해졌다(언약적 율법주의에 관한 위의 보충 설명을 참조하라). 사두개인들의 신앙 체계를 제외하고 유대교 집단 대다수는 이스라엘의(그리고 이스라엘 사람들의) 의에 본질적으로 뭔가 결함이 있다고 믿었다. 이 견해는 예수에 대한 새 관점을 통해 확인되었다. 유배의 종식 여부에 관한 의견이 분분했지만 회복이 실제로 시작되었다고 생각하는 유대교 집단은 거의 없었다.[187] 대예언자들이 이해한 의미에서의 의는 완벽하지 않았다.(실상은 완벽에 근접하지도 않았다). 샌더스가 사용하는 용어에서 "곤경"은 이스라엘의 유배 상황이었다(하지만 샌더스의 용어는 결함이 있는 것으로 판명되었으며 현재 상황에서는 잊혀야 할 것이다). 바울은 이제 하나님의 최종적인 희년이 시작되었으므로 회복의 복음이 은혜로 말미암는 칭의를 제공한다고 선포하기 때문에 여기에는 이해될 만한 필요와 완벽한 해법이 있는 셈이다.[188]

샌더스의 이론을 발전시킨 이론들은 이 설명으로 말미암아 제기된 문제들에 대해 완전히 새로운 해결책을 제시한다. 캠벨은 『하나님의 구원』(*The Deliverance of God*, 2009)에서 개신교 혹은 심지어 "루터파"의 해석 전통

는 없다. 다음 문헌들을 보라. Sanders, *Paul*, 442-47; Westerholm, *Perspectives*, 159-63; Räisänen, *Paul*, 232-33; Eskola, *Theodicy*, 267-86에 나타난 나의 분석.

187 전에 언급된 문헌들 외에 Neusner, *Exile and Return*을 보라. Neusner는 "순환적 유배 견해"(아래에 언급된 Scott을 보라)를 가지고 있다. 이는 바빌로니아로부터의 첫 번째 귀환에서 회복이 일어나지 않았음이 명백하기 때문에 유대교 집단들이 기대를 미래로 미뤄두는 경향이 있었다는 뜻이다. 그들은 또한 종종 자기들이 유배 상황에서 살고 있다고 믿었다. 그런 견해를 바울 연구에 적용한 사례는 Scott, *JBL 112* (1993), 649를 보라.

188 샌더스의 용어에서 곤경은 유대교 신학자들과 바울 모두에게 있어 선택받은 백성이 하나님의 진노 아래 살고 있음을 증명하는 유배 상황이다. 물론 제2성전기 유대교 신학에서 이 문제에 대한 특정한 이원론적 해법이 있었지만 원칙적으로 바울 자신의 해법은 대예언자들의 기대와 완벽히 일치한다.

이 언약적 율법주의가 출현할 때까지 학계를 지배했던 "칭의 이론"을 만들어냈다고 주장했다. 칭의 이론은 처벌이 그리스도께로 향하기 전까지는 죄인들이 하나님의 진노 아래 있다고 주장한다. 죄인들이 이 메시지를 들을 때 그들은 믿음으로 향하고 구원을 얻는다. 캠벨에게 있어 이는 인간의 결정에 근거한 자발적이고 합리적인 칭의 버전이다. 그래서 그는 이것을 계약적인 칭의로 부른다.[189]

캠벨은 "루터의" 관점이 "법정적으로 보복하는 하나님" 개념을 내포하며 바울 서신에 나타나는 디카이오(*dikaio*)를 포함하는 단어들의 법정적인 성격에 초점을 맞춘다고 평가한다.[190] 이는 캠벨의 설명에 내포된 기본적인 전제가 하나님 개념과 관련이 있음을 의미한다. 캠벨에게 있어 하나님은 심판자가 아니다. 따라서 구원은 보복/속죄의 관점에서 이해되어서는 안 된다. 캠벨의 관점에서 명백한 문제는 그리스어에서 디카이오를 포함하는 단어들에 법정적인 의미가 있다는 점이다. 이 단어는 바울이 고안해낸 것이 아니고 루터파 신도들이 만든 것도 아니다. 바울의 신학을 적절하게 해석하려면 우리는 "정의로운/정의/심판자/칭의"의 의미론적 측면들을 고려해야 한다. 더욱이 캠벨의 관점은 칭의에 관한 바울의 견해에 대한 이해를 바꿀 뿐 아니라 초기 기독교 구원론 전체에도 변경을 가한다. 그리스도가 인류의 죄를 위한 희생제물로 여겨져야 하며 인간의 부패가 보복 자

---

189 Campbell, *Deliverance*, 5-18을 보라. Campbell은 하나님의 진노가 제2성전기에 일관된 개념이 아니었다는 것과 바울이 그것을 채택하지 않았다는 것을 증명할 수 있어야 할 것이다. Campbell의 이론은 그의 책의 초반부에 나오는 세부내용부터 유배가 지속되고 있다는 개념과 뚜렷한 대조를 이룬다는 점이 명백하다.

190 Campbell, *Deliverance*, 16. Campbell에게 있어 디카이오(*dikaio*)를 포함하는 단어들은 법정적이며 따라서 바울의 견해가 아니다. 그런 견해는 단순한 의미론을 소홀히 하며 바울이 디카이오(*dikaio*)를 포함하는 단어들을 롬 1-4장에서만 사용할 것이라고 잘못 암시한다. 그 단어의 사용에 관해서는 Westerholm, *Perspectives*, 261-96을 보라.

체를 요구하는가?[191]

오류가 있는 개신교의 해석이라고 여겨지는 칭의 이론은 캠벨의 용어를 빌리자면 "주의설"(voluntarism) 구원론과 "계약적" 구원 개념을 만든다.[192] 왜 그런가? 캠벨은 자기의 주장을 증명하기 위해 로마서를 완전히 새롭게 해석한다. 그의 핵심적인 주장에 따르면 로마서 1-4장은 거짓된 교사인 바울의 반대자들의 견해를 묘사하는 수사적 장치다. 로마서 1-4장에 나타난 "보복적인"(계약적인) 견해는 뒤의 로마서 5-8장에 나타난 바울 자신의 묵시적이고 "무조건적인" 견해와 대조된다.[193]

캠벨의 이론에는 몇 가지 어려운 문제들이 있다. 첫째, 그 이론은 바울의 견해에서 하나님이 "보복적인" 존재가 아니라고 말하는 순간에 문제에 봉착한다. 캠벨은 아마도 하나님이 모든 인간을 그들의 죄에 대해 즉각적으로 심판하려고 하지 않는다는 것과 기독교의 선포가 하나님의 심판 개념으로 사람들을 위협해서는 안 된다는 것을 의미했을 것이다. 하지만 캠벨이 실제로 한 일은 하나님의 심판과 그리스도의 속죄 모두에 의문을 제기하는 결과를 가져왔다. 이 전제들로부터 하나님이 다시 심판자로 등장하고

---

191 Campbell은 "실제" 바울은 하나님의 구원 행위를 가리키는 용어인 "하나님의 의"라는 표현만 사용한다고 주장한다. Stuhlmacher도 그런 설명을 제공하지만, 우리가 위에서 살펴본 것처럼 그 표현은 하나님께만 독특하며 일반적인 법정적 담론과는 다르다. Campbell, *Deliverance*, 699를 보라. 그 용어들은 배타적인 것으로 여겨지지 않아야 한다.

192 Campbell, *Deliverance*, 26-27.

193 이는 Campbell의 이론에서 가장 중요한 주장이지만 애석하게도 다른 어떤 논증을 통해서도 오류임을 입증할 수 없는 논증이다. 그 주장은 순환적이며 Campbell 자신의 주장을 통해서만 지지된다. Campbell, *Deliverance*, 314 이하. 바울은 롬 1-4장에서 자기 반대자들의 논증을 언급하지만 이 언급들은 그 본문에서 쉽게 탐지된다. 바울은 어떤 사람을 "너"라고 지칭하고 그를 "표면적 유대인"으로 묘사한다. 하지만 롬 1-4장 전체를 미지의 "교사"의 설명으로 보면 그 본문을 이해할 수 없게 된다. 우리가 그 "교사"가 칭의 이론을 채택해서 먼저 바울의 오류를 공격하고 이어서 바울을 "표면적 유대인"으로 취급한다고 생각해야 하는가? 그럴 가능성은 희박하다. 게다가 바울은 자신의 반대자들을 롬 6:1, 7:1, 7:7, 9:6, 9:14 등에서도 언급한다. 롬 1-4장에 나타난 그의 신학과 롬 5-8장에 나타난 그의 신학 사이에는 변화가 없다.

그 이야기가 하나님의 심판을 가리키는 캠벨의 "묵시론적" 견해로 넘어가는 논리적 연결 고리가 존재하지 않는다. 세대들의 충돌로 인해 연속성 주제가 문제가 되는 묵시론적 종말론에 언약적 관점을 적용하기란 매우 어려운 일인데, 캠벨은 이 대목에서 명확한 설명을 제시하지 않는다.

캠벨이 규정하는 정의에 존재하는 두 번째 난점은 개신교 해석자 중 아무도 그의 정의에 동의하지 않을 것이라는 점이다. 그의 이론에 대한 최초의 몇몇 논평가들조차 캠벨의 비판에는 대상이 없다는 점을 지적했다. 주의설, 계약적 칭의 견해는 완전한 자유의지 개념이 자발적인 의사 결정과 결합할 때에만 가능할 것이다. 하지만 이는 루터파의 견해와 상반되며 칼빈주의 교파에도 매우 낯선 개념이다. 캠벨의 견해가 몇몇 복음주의 집단의 입장과 일치할 수도 있지만 그런 집단이 바울의 구원론에 대해 신학적으로 다뤘을 가능성은 별로 없을 것이다.[194] 따라서 우리는 캠벨이 율법주의적이고 신인협력적인 바울 이해에 대해 반대한 점은 옳지만 실제로는 그가 결함이 있는 논증을 사용한다고 결론지을 수 있을 것이다.

캠벨의 저술을 좀 더 자세히 읽어보면 그가 사실은 전통적인 루터파의 몇몇 개념들을 거부한 것이 아니라 그것들을 회복했다는 점이 드러난다. 그는 바울의 묵시론적 세계관을 강조하며, 자신이 제시한 모든 비판에도 불구하고 법정적인 심판의 메타포들이 바울 구원론의 핵심에 속한다고 지적한다. 하나님의 진노가 나타난다는 묵시론적 개념은 칭의를 올바로 이해

---

194 혹자는 Campbell의 비판 이면에 완전히 다른 배경이 있지 않을까 궁금하게 생각한다. Campbell 자신이 바울이 반대하고 있다고 생각되는 "교사"의 견해는 "중생한 그리스도인들에 대한 현대의 설명—특히 TV 복음 전도자들의 설명—과 대체로 유사하다"고 진술한다. Campbell, *Deliverance*, 546. 자유의지에 따른 주의설의 견해에 루터파의 요소가 없음은 말할 필요도 없는데 Campbell은 개념을 혼동한다. 학자들은 전적 타락과 자유의지 개념이 서로 반대라는 데 동의해야 한다.

하기 위한 터를 닦는다.[195] 이는 캠벨이 실제로는 하나님의 진노가 칭의 개념에 중요하다는 견해를 반대하지 않는다는 점을 보여준다. 그가 거부하고자 한 것은 주의설이었다. 이렇게 진술함으로써 캠벨은 사실상 전적인 부패와 인간의 노예 상태에 대한 바울의 견해를 회복하고자 했던 루터의 결론을 따른다. 또한 캠벨의 설명에서 율법(과 율법의 행위)은 구원을 가져오는 복음과 엄격하게 분리된다. 따라서 캠벨이 자기 책의 끝부분에서 경건하지 않은 자의 칭의에 관한 "루터의" 견해를 받아들이라고 주장하는 것이 전혀 놀랍지 않다.[196] 물론 이는 하나님의 보복 개념이 캠벨의 설명에서도 여전히 중요한 역할을 하고 있음을 암시한다.

캠벨은 아타나시오스주의(구원을 하늘로부터 무조건 주어지는 하나님의 단독 사역으로 본다)를 아리우스주의(신학을 인간의 관점으로 설명한다)와 비교하는 엄격한 교리적 가정들로 논의를 시작하면서 바울의 구원론 해석에 중요한 요소를 들여왔다.[197] 캠벨은 바울의 사상을 자유의지에 관한 거대한 논의 관점에서 평가하려고 노력했다. 하지만 그는 루터와 에라스무스 사이의 논쟁 및 그것이 개신교 진영에서 어떻게 발전되어 왔는지에 그다지 주의를 기울이지 않는다.[198] 그럼에도 불구하고 우리는 캠벨이 이 문제들을 다루기

---

195   Campbell, *Deliverance*, 929.

196   Campbell, *Deliverance*, 934. Campbell은 롬 1-4장의 사상의 흐름은 주의설 견해로서 인간의 가능성에 근거하는 반면 롬 5-8장에서는 대안적인 바울이 "비관적인" 인간론을 채택한다고 주장한다. *Deliverance*, 64-66을 보라. 이 주장에는 본질적으로 문제가 있는 요소가 있다. 앞선 분석이 보여주듯이 롬 1-4장에서 바울은 이방인이 어떻게 죄 아래에서 살고 있는지 보여주고 이어서 이스라엘의 상황을 드러내기 때문이다(그리고 "모든 사람이 죄를 범했다"는 롬 3:23에서 그의 견해가 강조된다). Matlock, *JSNT 34* (2011), 120.

197   Campbell, *ExpT 123* (2012), 385를 보라.

198   이것은 에라스무스에 대항하여 쓰인, 어렵고 다소 복잡한 저서인 루터의 유명한 『의지의 속박에 관하여』(*On the Bondage of the Will*)의 중요한 이슈다. 하지만 이 논쟁에서 요점은 명확하다. 에라스무스는 자유의지와 신인협력적 구원론을 가르치는 반면 루터는 인간의 전적 타락을 강조한다. 이는 예정에 관해서는 많은 견해가 있을 수 있음에도 불구하고 구원은 오직 그리스도의 사역, 그의 죽음과 부활에 근거한다는 한 가지는 확실하다

위해 노력한다는 점을 인정해야 한다. 구원에 있어 모든 것이 하나님의 선물이라면 죄인에게는 어떤 역할이 있을 수 있는가? 캠벨은 누군가 개인의 믿음에 중요성을 귀속시키면 그리스도의 구속 사역의 독특성이 즉시 위험에 빠질 것이라고 결론짓는다. 우리는 캠벨이 이 논의를 바울 연구에 끌어들이려고 시도한 것을 비난할 수 없다. 하지만 그의 해법은 그다지 설득력이 있어 보이지 않는다. 주석가들이 지적했듯이 개인의 인격이 지워짐으로써 칼뱅 후의 많은 전통에서 이미 검증된 두 가지 대안적인 견해가 대두되었다. 만일 인간이 단순한 대상일 뿐이라면 하나님은 (1) (그가 모든 사람을 구원하지 않기 때문에) 누군가를 선택하거나 혹은 (2) 결국은 모두를 구원할 것이다. 비록 보편주의의 열매가 지금은 관찰될 수 없지만 말이다.[199] 캠벨이 자신의 결론을 이 두 방향 중 어느 한쪽으로 전개하지 않았다는 점은 확실하다.

그렇다면 바울은 죄인의 구원에 관해 어떻게 생각하는가? 바울에게는 회심하라는 요구가 문제가 되지 않는 것 같다. 그는 인간이 이미 자기들의 죄 가운데서 죽었음을 알고 있다. 모든 인간은 아담 안에서 죽는다. 그러므로 그리스도 안에 있는 하나님의 사역만이 구원을 가져올 수 있다. 하지만 그 사건은 결코 심리학적으로 분석되지 않는다. 언제나 회개하라(*metanoia*)는 요구가 있지만 회개는 결코 구원을 가져오는 행위로 여겨지지 않는다. 개신교 전통에 따르면 죄인으로 하여금 "주의 이름을 부를" 수 있게 만드

는 점을 의미한다. 오직 그리스도(*Solus Christus*)! Campbell은 유사한 개념을 사용하지 않았으며 그 결과 논의가 다소 불분명해졌다.

199 나는 이 점에 대해 Nijay Gupta에게 빚을 지고 있다. Gupta, *RRT 17* (2010), 248-55도 보라. 학자들은 주의설이나 예정 구원론이라는 두 가지 대안만을 제시하려는 유혹을 받는다. 하지만 그런 관점은 현재 상황을 그대로 보여주지 못한다. 중요한 교회들의 전통들은 대체로 제3의 길을 따른다. 그 전통들에서 믿음만을 통한 "경건하지 않은 자의 칭의"는 바울의 신학에서처럼 "믿음"을 "행위"로 보지 않으며 오히려 그 반대다.

는 것은 복음 자체, 하나님의 주도권이다. 로마 가톨릭 전통에서 이것을 가
능케 만드는 요인은 하나님의 "은혜"이다. 따라서 신단독설(monergistic view
신인협력설의 반대 개념)이 확인된다. 칼뱅주의자들은 하나님의 선택을 강조
하기 때문에 그들의 견해는 대체로 위의 견해와 다르다. 하지만 이는 [하나
님의] 단독 행동이라는 측면을 한층 더 강조한다. 이 해석사를 고려할 때
우리는 "믿음" 혹은 "믿음으로 말미암는 칭의"가 무조건적인 은혜와 반대
되는 인간의 노력이나 신인협력적 행위로 여겨져야 한다고 주장할 필요가
없다.[200] 따라서 캠벨이 적절한 바울의 관점은 참여적이며 변혁적이라고 주
장할 때 사실은 그가 루터파의 결론과 매우 유사한 결론을 내리고 있는 셈
이다. 그리고 그의 관점은 라이트의 관점과 마찬가지로 언약적이지만, 묵시
론적인 요소는 사실상 캠벨을 언약적 율법주의로부터 멀어지게 한다. 회복
종말론이 라이트로 하여금 그가 처음에 채택했던 샌더스의 해석으로부터
멀어지게 하듯이 말이다.[201]

우리의 향후 논의에서 유배와 회복이라는 메타내러티브는 유용한 관
점이 된다. 바울이 인간의 부패에 관해 이야기할 때 그는 인류 전체가—유
대인이나 이방인 모두 마찬가지로—죄의 권세와 하나님의 진노 아래 있다
고 진술한다. 그런 영적 유배는 속죄를 이루었고 은혜로 말미암는 칭의의
원천이 된 그리스도 안에서만 종식될 수 있다. 죄인들이 회개하고 하나님

---

200   Wright도 이에 대해 논의한다. 그는 믿음만 고려하지만 말이다(우리가 앞서 보았듯이
       그는 믿음을 칭의 개념으로부터 분리한다). 믿음이 구원의 근거가 된다면 "믿음"이 "행
       위"가 되는가? Wright는 바울에게 있어 그것은 불가능하다고 진술한다. 구원은 "순전히
       은혜의 행위"이기 때문이다. 따라서 "하나님은 아브라함부터 현재까지 그리고 이후에도
       사람들 안에 이 믿음을 불러일으킨다." Wright, *Justification*, 210.
201   Campbell이 궁극적으로 언약적 율법주의가 계약적이라고 얼마나 명확하게 결론을 내릴
       지는 두고 볼 일이다. 특히 우리가 그것이 바울의 견해이기도 하다고 생각할 경우에 말
       이다. 그는 Sanders의 이론이 **"칭의 이론도 그것에 복속하는"** 주장을 채택한다고 말한다.
       Campbell, *Deliverance*, 115, 강조는 원저자의 것임.

께 돌아오면 하나님이 세례에서 그들의 죄를 씻고 그들을 자녀로 입양하여 성령으로 충만하게 하며 그들을 종말론적 성전의 살아있는 돌로 만들 것이다. 이것은 계약적인 구원이 아니라 무조건적인 구원이다.

V. 디카이오쉬네 테우(dikaiosynē theou)에서 이스라엘의 지위

회복 신학은 이스라엘과 관련이 있으며 따라서 바울은 하나님의 구속사에서 진정한 이스라엘의 성격뿐만 아니라 이스라엘의 역할도 설명하기를 원한다. 이것은 하나님 자신의 백성에 관한 문제다. 예수는 유대인의 메시아다. 바울은 자신의 사역을 구약성서의 약속들의 성취로 본다. 바울의 모든 신학은 사실상 이스라엘에 관한 것이라고 말할 수 있을 정도로 이스라엘에 관한 문제는 바울 서신에서 매우 중요한 위치를 차지한다. 이스라엘은 바울의 의제에서 하부항목이 아니며 다소 이례적인 로마서 9-11장이 로마서에서 본론을 벗어난 여담도 아니다. 오히려 바울에게 있어 구원은 이스라엘의 회복을 의미한다. 그래서 그는 항상 "유대인 먼저"(롬 2:10)라고 말한다. 바울은 전에 세례 요한과 예수가 직면한 것과 똑같은 역설적인 상황에 직면해야 했다. 선택된 백성이 메시아나 모든 사람에게 갱신의 메시지를 전달하는 복음을 받아들이지 않았다. 따라서 "누가 하나님의 약속의 진정한 상속자들이 아닌가?"라는 새로운 질문이 제기되었다.

1. 옛 이스라엘과 새 이스라엘

학자들이 종종 로마서 9-11장의 내용을 그 서신의 나머지 부분과 별도로 평가해온 것은 놀라운 일이 아니다. 로마서는 전통적으로 교리적인 저술로 읽혀 왔으며 그 점에서 바울이 칭의와 성화에 관한 문제를 다루고 난 다음 이스라엘 민족에 관한 문제로 넘어가는 것으로 보인다. 하지만 로마서 전체의 맥락을 고려하면 이것은 잘못된 결론이다.

바울은 이미 로마서 2장에서 누가 올바른 유대인인지 정의하려고 하며 마음의 할례에 관해 이야기한다. 3장에서 그는 유대인과 이방인 사이의 관계에 대해 논의한다. 4장은 아브라함의 상속자들에 초점을 맞추며, 이어지는 장들에서 바울은 타락한 인류의 현재 상황에서 율법이 가지고 있는 "죽음의 직분"과 이스라엘 간의 관계라는 시급한 질문을 다룬다. 이는 바울에게 있어 참된 이스라엘의 성격에 관한 문제가 구원과 진정한 의에 관한 문제들과 동일하다는 것을 증명한다.[202]

하나님의 의(*dikaiosynē theou*)에서 이스라엘의 지위에 관한 설명을 발견하려면 우리는 로마서 9-11장을 살펴볼 필요가 있다.[203] 우선, 바울은 결코 신성한 역사에 의문을 제기하지 않는다. 이스라엘은 족장들과 메시아를 지니고 있다. 그 백성에게는 언약과 토라와 예배가 있다. 그리고 무엇보다도 이스라엘에게는 양자 됨이 있다. 즉 그들은 하나님의 자녀다(참조. 시 103:13). 이것이 바로 회복의 때에 종말론적 입양이 일어나야 하는 이유다(다음 문헌들에서 기대된 바와 같이 말이다. 「희년서」 1:23-25; 「레위의 유언」 18:8-11; 「유다의 유언」 24:3). 하지만 아브라함이 약속과 믿음(*pistis*)의 아버지인 것처럼 바울에게 있어 참된 이스라엘은 약속의 자손들로 구성된다. 여기에 민족 중심적인 우선권은 존재하지 않으며 이스라엘의 끔찍한 역사는 그 점을

---

202   로마서의 구조는 지난 수십 년간 논의되고 있다. 논문 모음집 *Romans Debate*, 245 이하에 수록된 Dunn의 논문을 보라. 로마서가 하나의 서신이라는 방향으로 합의가 이뤄지는 것으로 보이며 Dunn도 그렇게 주장한다(p. 427-29). 나의 해석 배후의 논증은 Eskola, *Theodicy*, 150-51을 보라.

203   이 대목에서는 이번 장의 섹션 I.1에서 다뤄진 남은 자 신학에서 발전된 몇몇 개념의 전개가 논의될 것이다.

의심할 나위 없이 증명한다. 단순한 입발림은 진정한 신앙의 표지가 아니었다. 이 대목에서 바울은 모세와 다른 예언자들의 예를 따른다.

따라서 로마서 9장은 "누가 진정한 하나님의 자녀인가?", "종말론적 입양의 모습은 어떠한가?" 같은 질문들에 대한 대답으로 읽힐 수 있다. "이스라엘에게서 난 그들이 다 이스라엘"인 것은 아니다(롬 9:6).[204] 이것은 남은 자 신학의 결과다. 사도 바울에 의하면 "약속의 자녀"(롬 9:8)만 자녀로 여겨지며 그 민족의 역사에서 언제나 그런 자녀들이 존재해 왔다. 수 세기 동안 아무것도 변하지 않았다. 그런 믿음을 지지하는 몇몇 성서 구절이 있다. 바울은 다시금 구약성서로 돌아간다. 이 논쟁에서 사용될 첫 번째 논거는 이삭의 선택이다. "아브라함의 씨가 다 그의 자녀"인 것은 아니다(롬 9:7). 이제 "육신의 자녀"(tekna tēs sarkos)가 "약속의 자녀"(tekna tēs epangelias)와 대조된다. 사람은 하나님의 은혜를 통해서만 자녀가 될 수 있다(롬 9:8). 그러고 나서 바울은 사라(롬 9:9)와 야곱(롬 9:13; 말 1:4-7에서 에서는 원수가 되어 하나님을 섬기기를 거부한다)의 이야기로 진행한다. 역사적 이스라엘은 언제나 나뉘었다.[205]

바울은 이어서 은혜로 말미암은 선택을 다룬다. 이 구절은 종종 거센 논쟁을 불러 일으켰는데 이 대목에서 우리는 바울이 제시하는 내용 중 요점만을 살펴볼 것이다. 이제 바울은 하나님께서 자신이 원하는 모든 이에게 자비롭고 따라서 죄인들을 용서하기로 작정한다는 점을 강조한다.

---

204 Wright는 롬 9-11장에서 바울이 이스라엘의 불신앙을 12번 넘게 언급한다는 점을 상기시킨다. Wright, *Paul*, 1161을 보라. 입양에 관해서는 Scott, *Adoption as Sons*, 248-50을 보라.

205 이는 대예언자 시대 이후 유대교 신학의 견해였다. 우리가 본서의 서론에서 지속되는 유배에 대해 논의했을 때 모종의 구원론적 이원론이 제2성전기의 대다수 신학 학파들을 지배했음이 명백해졌다. Jewett은 이 구절의 "대조하는 맥락"에 등장하는 육신(*sarx*)은 갈 4:21-31에서처럼 부정적인 의미를 지니고 있음을 지적한다. Jewett, *Romans*, 576.

그런즉 우리가 무슨 말을 하리요? 하나님께 불의가 있느냐? 그럴 수 없느
니라. 모세에게 이르시되 "내가 긍휼히 여길 자를 긍휼히 여기고 불쌍히
여길 자를 불쌍히 여기리라" 하셨으니 그런즉 원하는 자로 말미암음도 아
니요 달음박질하는 자로 말미암음도 아니요 오직 긍휼히 여기시는 하나님
으로 말미암음이니라(롬 9:14-16).

바울은 그가 사용할 수 있는 가장 엄격한 유대교의 논리와 수사를 사용
한다. 그는 하나님의 자비, 즉 은혜로 말미암은 선택을 증언하는 구약성서
구절들을 연이어 제시한다. 누가 하나님을 비난하려고 할 수 있는가? 하나
님께서 자신이 원하는 이들을 선택한 것이 부당한 처사였는가? 하나님이
잘못된 결정을 하는가? 주님은 모세에게 "나는 은혜 베풀 자에게 은혜를
베푼다"고 말했다(출 33:19). 바울의 논점은 단순하다. 하나님은 은혜롭고 자
비로우며 이스라엘의 이해 여부와 상관없이 그의 선택은 언제나 선하다.

바로 이 때문에 바로에 대한 용서가 하나님의 자비를 선포하는 것
이다. 바울의 논증은 유대교적인 색채가 강해서 독자들은 종종 그의 추론
에서 요점을 파악하지 못한다. 바로는 모든 악의 상징으로 사용되기 쉽지
만 여기서 바울은 바로를 "세운" 일이 하나님의 마음을 드러낸다고 말한다.

성경이 바로에게 이르시되 "내가 이 일을 위하여 너를 세웠으니 곧 너로
말미암아 내 능력을 보이고 내 이름이 온 땅에 전파되게 하려 함이라" 하
셨으니(롬 9:17).

이 문장에서 "세움"이라는 단어는 "누군가의 목숨을 구함"과 용서함을 나
타내는 원어를 번역한 것이다. "이것이 내가 너를 살려 둔 이유다"(출 9:16.
개역개정을 사용하지 아니함). 하나님은 전염병으로 이집트를 완전히 멸망시

키지는 않았다. 바울은 "구원함"과 "남겨둠"을 의미하는 단어를 "세움"과 "~에 둠"(eksēgeira)이라는 단어로 번역한다. 이것은 신학적 해석을 덧붙인 것이다. 바로가 구원받았을 때 그는 중요한 위치에 세워졌다(합 1:6; 슥 11:16). 강퍅해진 바로를 파멸시킬 수 있음에도 그를 구원한 하나님의 행동에서 그분의 전능하심이 나타난다. 여기서 결론은 명확하다. 적어도 바울에게는 말이다. 그 사건 이후로 하나님은 온 세상에 능력이 있고 자비로운 주님으로 선포되어야 한다. 따라서 출애굽기에서 유래한 그 구절은 하나님의 은혜로우심의 표지다. "그런즉 하나님께서 하고자 하시는 자를 긍휼히 여기시고, 하고자 하시는 자를 완악하게 하시느니라"(롬 9:18).[206]

따라서 바울의 추론에서 바로는 두 가지 역할을 한다. 마음이 굳어지게 함(sklērynō)을 나타내는 단어는 사람을 무정하고 무관심하게 만드는 것을 의미한다. 바로에게 먼저 이 일이 일어났다. 이 일에도 불구하고 하나님은 그에게 은혜로웠다. 이상하게 들릴 수 있지만 이것이 바로가 용서받은 완악한 배교자, 달리 말하자면 경건치 않은 자의 칭의에 대한 예가 되는 방식이다. 그 구절은 몇몇 학자가 생각하는 것처럼 하나님이 사람들의 마음을 굳어지게 한다고 가르치는 것이 아니라 구속사를 알려준다. 특정한 한 가지 사건에서 바로는 하나님의 백성의 해방에 기여하는 역할을 했다. 이로써 하나님은 회복의 하나님으로 증명되고 그의 이름이 온 세상에 선포된다.[207]

바울이 바로를 당시의 이스라엘과 비교하기 때문에 그 예는 다소 신랄

---

206   Michel, *Römer* (1978), 309도 동일한 견해를 표명했다. 하지만 언약적 해석은 "이스라엘에 대한 하나님의 언약적 자비"만을 본다. Dunn, *Romans*, 554. 이러한 해석은 요지를 놓친다. 바울은 다른 몇몇 예를 다룰 때(예컨대 그릇들) 종종 동일한 대조를 반복한다.

207   이 구절에서 예정 신학을 발견하고자 하는 경향으로 인해 간단한 석의 작업을 소홀히 하는 학자들이 있다. 그 구절은 바로의 구원에 관해 이야기한다.

하다. 굳어진 이스라엘 백성의 마음은 바울에게 바로를 떠올리도록 했다. 바울의 유대인 형제들이 그리스도를 받아들이지 않았을 때 그들은 바로와 마찬가지로 하나님의 원수가 되었다. 하지만 여전히 희망이 있으며, 이것이 바로 바울이 설교하는 원래의 목적이었을 것이다. 바로가 구원을 받았듯이 이스라엘 역시 구원을 받을 것이다. 하나님의 이름이 온 세상에 선포되고 나면 말이다. 바울은 로마서 11장에서 자연스럽게 이 결론을 내린다.

마지막 논증은 바울의 설명 배후에 함의된 논쟁으로 이어진다. 인간과 관련해서 창조된 이 세상에는 두 종류의 그릇이 있다. 이들이 완전히 분리 된 그릇은 아닐 수도 있지만 말이다. 바울은 하나님의 자비로운 성향을 증 명하는 자비의 대상/그릇에 관해 이야기하기 시작한다. 복음은 육신의 자 녀를 약속의 자녀로 만든다. 비슷한 방식으로 그릇을 사용한 메타포는 동 일한 변화를 강조한다.

> 만일 하나님이 그의 진노를 보이시고 그의 능력을 알게 하고자 하사 멸하 기로 준비된 진노의 그릇을 오래 참으심으로 관용하시고 또한 영광 받기 로 예비하신 바 긍휼의 그릇에 대하여 그 영광의 풍성함을 알게 하고자 하 셨을지라도 무슨 말을 하리요?(롬 9:22-23)

바울은 자신이 3장에서 다뤘던 구원론으로 돌아가 다시금 굳어진 마음을 갖고 살아가는 사람들로 향한다. 하나님은 그의 반대자들인 "진노의 그릇" 을 "참았다."[208] 하나님은 죄인들을 멸하기를 원하지 않았다. 그들이 이방

---

208 이 구절의 요지는 하나님이 (다시금) 그의 인내로(참조. 롬 3:25) 진노의 그릇들을 멸망 시키지 않고 살려두었다는 것이다. 그는 당연히 아담의 모든 후손을 의미한다. 그런 해 석은 Stuhlmacher, *Romans*, 150을 보라. 하지만 반대의 해석이 채택될 경우 바로의 경우 처럼 진노의 대상은 준이원론적인(semi-dualistic) 방식으로 단지 하나님의 반대자 역할 을 할 것이다. 따라서 Moo는 다음과 같이 결론짓는다. "하나님은 자신과 긍정적인 관계

인이든, 바로든, 배교한 왕이든, 추방된 이스라엘이든 상관없이 말이다. 의심할 여지 없이 모든 사람이 진노의 그릇으로 여겨져야 하고 신의 심판석을 직면해야 한다. 첫 번째 논증은 진노의 그릇이 마지막 때에 멸하기로(eis apōleian) 준비되었다고 주장한다. 하지만 회복의 복음은 이 모든 것을 변화시킨다. 두 번째 논증에 따르면 하나님의 자비는 막다른 상황으로 보이는 이 난국을 넘어선다. 회복의 복음은 그것이 선포되는 곳마다 긍휼의 그릇을 만들어낸다. 진노의 그릇이 긍휼의 그릇이 된다. 그들은 예수의 추종자들의 사명을 위해 준비되기 때문에 부활과 영광을 보도록 예정된다(참조. 롬 8:29).[209]

이제 논증이 완성되었다. 하나님은 그가 원하는 대로 진정한 이스라엘을 창조하며 자비를 베풀기를 원한다. 하나님은 특정한 개인들을 택하는 것이 아니라 모두에게 자비를 베풀기로 작정한다. 그는 심지어 전제군주인 바로에 대해서도 자비로울 수 있고 진노의 그릇들에 대해서도 자비로울 수 있다. 이것이 바로 회복의 본질이다. 그것은 경건치 않은 자들을 의롭다 하는 것이다. 그렇다면 이것은 누구와 관련이 있는가? 바울은 로마서 9:24에서 "심지어 우리 곧 유대인 중에서뿐 아니라 이방인 중에서도 부르신 자"라고 말한다(개역개정에는 "심지어"라는 단어는 표시되지 않았음). 바울은 이어서 예수가 선포한 내용을 그의 청자들에게 재해석해준다. 모든 사람이 각자 회개해야 한다. 죄와 구원에 관해서는 차별(diastolē)이 없다(위에서 논의된 롬 3:22을 참조하라). 이는 바울이 다음 장에서도 강조하는 내용이다. "유대인이

에 있지 않은 사람들과 함께 일함으로써 자신의 속성과 능력을 더 크게 나타낸다." Moo, *Romans*, 606.

209 여기서 핵심적인 관찰은 (Moo가 위의 각주에서 가정했듯이) 진노의 그릇과 자비의 그릇 사이에 이원론이 존재하지 않는다는 것이다. 대신 바울은 주의 은혜로운 행위로 말미암아 진노의 그릇이 자비의 그릇으로 바뀐다고 선포한다.

나 헬라인이나 차별이 없음이라. 한 분이신 주께서 모든 사람의 주가 되사 그를 부르는 모든 사람에게 부요하시도다"(롬 10:12). 하나님의 백성 안에는 오로지 하나님의 자비로 구원받아 약속의 자녀에 속한 한 부류의 사람들만 존재한다. 언제나 하나의 진정한 이스라엘이 존재해 왔으며 그들은 마음을 완악하게 하지 않고 주님의 음성을 청종한 사람들이다.

따라서 바울은 모든 세대에 걸쳐 진정한 이스라엘은 남은 자뿐이었다고 진술한다. 이는 그의 논증에서 도출된 논리적인 결론이며, 유대의 교사들은 그 결론에 동의하지 않기가 어려웠을 것이다. 구약성서는 역사의 모든 시기에서 사람들은 반역적이었으며 남은 자들만이 구속사를 이어왔다고 증언한다. 바빌로니아에서 돌아온 사람은 소수에 불과했고 귀환 뒤에도 수백 년이 지나서야 다윗의 자손의 시대가 도래했다. 이제 회복이 현실이 되었지만 이 새로운 공동체의 복음에 나타난 하나님의 음성을 듣는 사람은 소수에 지나지 않는다.

이어서 바울은 호세아서와 이사야서를 사용해서 하나님이 인류의 구원을 바란다는 점을 확인한다. "내가 내 백성 아닌 자를 '내 백성이라' 부르리라"(롬 9:25). 하나님은 자신이 원하는 자들에게 자비를 베풀며 인류 전체를 용서하길 원한다. 이를 위해 하나님은 복음이 모든 민족 가운데 선포되게 하는데 심지어 거기서도 남은 자들만 구원을 받을 것이다. 이스라엘에 대해서도 마찬가지다. 이는 이사야서에서 취한 다른 구절을 통해서도 확인된다.[210]

---

[210] 이 구절은 초점을 하나님 "자신의 백성"에서 다른 민족들로 전환하기 때문에 매우 바울다운 인용문이다. Michel, *Römer* (1978), 316. 바울의 관점에서 그 구절은 선교에 공헌하며 예루살렘으로의 "민족들의 종말론적 순례", 즉 예언자들이 선포했던 보편적 회복을 선포한다(이번 장의 섹션 V.4를 보라). Scott은 다음과 같이 결론짓는다. "이 구약성서 구절들이 원래는 유배 후의 이스라엘의 회복을 고대했지만, 바울은 그 구절들을 하나님의 백성과 자녀가 된 유대인과 이방인들에게 적용한다." Scott, *Paul*, 133.

또 이사야가 이스라엘에 관하여 외치되 "이스라엘 자손들의 수가 비록 바다의 모래 같을지라도 남은 자만 구원을 받으리니…"(롬 9:27).

우리가 "남은 자"(hypoleimma)라는 핵심 단어로 돌아오면 바울이 이전에 천명한 원리—오직 이면적 유대인이 유대인이다(롬 2:29)—를 증명하기 위해 이 표현을 사용했음이 좀 더 분명해진다.[211] 따라서 기독교 초기 20년 동안 예루살렘에서 발생한 모든 일은 하나님의 말씀이 옳음을 증명한다. 배교한 이스라엘은 하나님을 환영하지 않았고 회복을 소홀히 했으며 하나님의 아들을 거절했다. 사람들 대다수는 여전히 하나님의 원수로서 영적 유배 가운데 살아간다. 하지만 바울은 진정한 이스라엘은 하나님이 교회(ekklēsia) 안으로 불러낸(kaleō) 남은 자들 안에 살아있다고 진술한다. 그는 계속해서 이 상황이 우리에게 예언자 엘리야를 상기시킨다고 말한다(엘리야는 당시 교회 공동체에서 이미 잘 알려진 본보기였다). 이스라엘은 예언자들을 죽였고 이제 바울의 생명을 앗아가려고 한다(바울 자신이 회심 전에 그리스도인들에게 그렇게 했듯이 말이다). 하지만 하나님께서 엘리야 시대에 남은 자가 존재하게 했던 것처럼 "이와 같이 지금도 은혜로 택하심을 따라 남은 자가 있다"(롬 11:5).

바울은 로마서 9-11장에서 이스라엘의 역할을 정의하면서 대예언자들의 선포에 의지한다. 선택받은 백성은 모든 약속을 보유하고 있었지만 길을 잃었다.[212] 우리가 이스라엘 백성의 상태를 고려하면 역사적 심판은

---

211   이번 장의 섹션 I.1의 분석 및 다음과 같이 말하는 Wright를 보라. "이스라엘은 단순히 하나님이 예전에 약속했던 사람들의 예이기만 한 것이 아니다. 바울에게 있어 이스라엘은 그들의 경전에 있어서와 마찬가지로 하나님이 예나 지금이나 그들을 통해 세상을 축복하려고 하는 백성이다." Wright, *Paul*, 1186.

212   나는 롬 9-11장이 신 30장에 근거하고 있다는 Wright의 말에 전적으로 동의한다. 특히 롬 10:5-13이 그 구절에 근거하고 있지만 9-11장에 나타난 신학 전체가 유사한 사상을 반영한다. "이것은 모두 신 30장—**언약의 갱신과 유배의 종식**—의 성취에 관한 것이다." Wright, *Paul*, 1164(강조는 원저자의 것임).

무시될 수 없는 사실이다. 바울의 견해에 따르면 이스라엘은 진노의 그릇들로 구성되어 있다. 전에 예수가 그랬던 것처럼 바울은 그의 청자들에게 곧 하나님의 심판이 임할 것이라고 경고한다. 하지만 회복의 복음은 부패한 인간 가운데서도 작동한다. 하나님은 침묵하지 않았고 그리스도 안에서 행동했다. 예수가 유례없는 희생제사를 드린 후 구원은 현실이 되었고, 언제나 하나님의 음성을 인식해온 남은 자들은 구원받은 공동체를 이루었다. 유대인이나 그리스인이나 이처럼 새로워진 사람들은 아브라함의 믿음을 공유하며 아브라함 언약의 진정한 구성원으로 여겨진다.

2. 하나님의 의에 복종함

앞서 지적된 것처럼 자기 의나 자신의 힘으로 의를 이루는 것의 문제는 최근 바울 연구에서 가장 논란이 되는 이슈 중 하나다. 물론 개신교 전통에서는 언제나 하나님으로부터 선물로 주어진 의가 인간의 자기 의와 대조되어 왔다는 것은 사실이다. 하지만 이것이 바울에게 생소한 개념인가? 새 관점의 주장들은 바울 자신의 본문들에 부합하는가? 샌더스가 바울에게 있어 ─그리고 율법주의에 있어서도─그리스도의 사역의 수위성이 가장 중요하다고 주장했을 때 그는 중요한 개념에 직면했다. 그것은 물론 개신교 신학자들에게 새로운 개념이 아니지만 그는 바울이 윤리(불트만의 전통에 속하는 마르부르크의 신칸트학파 후계자들)나 모종의 신비주의(슈바이처 후의 흐름)에 초점을 맞춘 것이 아니라 구원론에 집중했음을 올바로 강조했다.

샌더스와 새 관점의 문제는 그들이 구약성서 본문과 제2성전기 유대교 신학에 근거를 두고 있는 바울의 다른 전제들에 충분한 주의를 기울이

지 않는다는 것이다.[213] 이 학자들은 좀처럼 죄와 그에 따른 결과에 관해 이야기하지 않는다. 위기의 신학에 신정론 문제가 만연하기 때문에 유배 신학에서 언약이 문제가 되었다는 사실에도 불구하고 이 이론에서 언약 개념은 문제가 없는 것으로 묘사한다. 물론 바울의 신학 구성 전체가 그리스도가 이스라엘의 최종적인 회복을 시작하는 약속된 다윗의 자손으로 여겨진다는 사실에 근거한다는 점을 강조하는 것이 중요하다. 그러나 그렇다고 해서 바울에게 있어 이신칭의에 대한 적절한 "유대교적" 근거가 없지는 않았다.

자기 의라는 용어는 루터가 만들어낸 말이 아니다. 그것은 수여된 의와 대조하여 사람들 "자신의" 의에 관해 이야기한 바울에게서 유래한다. 이러한 설명은 여러모로 로마서 전체의 핵심적인 결론들을 담고 있는 로마서 10장의 중심적인 구절에서 발견된다.

> 내가 증언하노니 그들이 하나님께 열심이 있으나 올바른 지식을 따른 것이 아니니라. 하나님의 의를 모르고 자기 의를 세우려고 힘써 하나님의 의에 복종하지 아니하였느니라(롬 10:2-3).

"하나님께 대한 열심"은 바울의 표준적인 용어에 속한다. 그는 유대교 신학자들이 하나님의 율법에 대해 이 열심(zēlos)이 있었음을 잘 알고 있었다. 바

213　나는 다른 곳에서 Sanders의 이론에 모호성이 존재한다는 것을 지적했다. 그는 먼저 율법주의가 항상 언약 개념 아래 존재하기 때문에 유대교 신앙은 율법주의적인 특성을 가질 수 없다고 진술한다. 그리고 나서 그는 뒤에서 유대교 신학에서 "올바른 관점에는" 은혜와 행위가 존재한다고 결론짓는다(Paul, 427). 그는 명백히 신인협력설을 의미한다. 그래서 그는 유대교가 율법주의라고 비난하는 학자들을 비판한다. 이론으로서의 언약적 율법주의는 유대교 신앙을 "거의 기독교적인" 오직 믿음에만 기초한(sola fide) 종교라기보다는 신인협력적 형태의 종교로 묘사한다. Eskola, Theodicy, 236.

울은 회심 전에 제2성전기 신앙의 열심을 따라 그의 선조들의 믿음을 옹호
했다(빌 3:6). 따라서 바울은 심지어 하나님과 적대적인 상태에서도 하나님
의 명예를 지킬 수 있다고 말한다. 이것이 바로 그리스도를 십자가에 못박
은 자들이 했던 일이고, 그리스도를 고백하는 자들의 처형에 찬성했던 바
울이 했던 일이다. 하지만 이제 모든 것이 변했다. 그리스도 안에서 하나님
의 의(*dikaiosynē theou*)가 계시된 이후로는 오직 하늘에서 오는 하나님의 의
만이 회복을 가져올 수 있다.[214]

로마서 10장 본문은 매우 인상적이고 정곡을 찌르기 때문에 바울에 대
한 새 관점의 지지자들은 이 본문을 종종 율법의 의라는 문제로부터 완전
히 분리시켰다.[215] 하지만 바울의 본문에 그런 제한이 가해져서는 안 된다.
바울이 바로 앞의 구절인 로마서 9:32에서 행위에 관해 이야기한 점으로
미루어 볼 때 여기서 그가 가리키는 의는 필연적으로 행위에 근거한 의다.
이는 빌립보서 3장에 수록된 병행 구절을 통해서도 확인된다. "내가 가진
의는 율법에서 난 것이 아니요 오직 그리스도를 믿음으로 말미암은 것이니
곧 믿음으로 하나님께로부터 난 의라"(빌 3:9). 바울 서신에 나타난 대조는
언제나 (행위에 의한) 자신의 의와 믿음으로 말미암는 칭의 사이의 대조다.

바울의 추론에서 주요 논거는 그리스도의 복음을 들은 그의 동료 유대
인들이 하나님의 의에 "복종하지" 않았다(*ouk hypetagēsan*)는 것이다. 이는 그
들이 하나님의 회복 방법을 받아들이지 않았다는 뜻이다. 정확하게 말하자
면 바울은 결코 당대의 유대교가 의식적으로 자기 의의 종교였다고 주장하
지 않는다. 바울에 대한 새 관점에서 논의된 내용은 다소 불분명하고 초점

---

214   지혜 신학과 정통 쿰란 언약 저자들뿐만 아니라 마카비 가문의 경건과 열심당의 열정에
       있어 열심은 중요한 순종의 표현이었다. 바울 역시 이 전통을 물려받았다(집회 45:23-
       24도 참조하라). Hengel, *Zealots*, 149-50; Garnet, *Salvation*, 59-60.
215   Dunn은 그의 언약적 해석에서 그런 입장을 취한다. Dunn, *Romans*, 587-88.

이 결여되어 있다. 바울은 유배 상태에서 살아가는 유대인들에게는 그들이 고수하는 율법 준수 외에 다른 희망이 없다고 진술한다. 흥미롭게도 바울은 이 대목에서 유대교 신학자들의 "무지"를 강조한다. 그들은 올바른 의가 무엇을 의미하는지 "알지 못한다." 영적 무지 개념이 의도적인 자기 의의 개념을 완화한다는 것은 의심할 나위가 없지만 그렇다고 해서 바울의 비난의 심각성이 약화되지는 않는다. 하나님께 복종하지 않은 자들은 그분께 신실하지 않다. 그 상황은 예수가 사역하던 시대의 상황과 유사하다. 즉 그리스도를 버리는 것은 하나님을 버리는 것을 의미한다.[216]

로마서 10장에 나타난 다음 결론은 이러한 관점에서 읽혀야 한다. "그리스도는 모든 믿는 자에게 의를 이루기 위하여 율법의 마침이 되시니라"(롬 10:4). 그리스도는 율법을 버린다는 의미에서가 아니라 율법을 통해 성취될 수 있는 의의 궁극적 상태라는 의미에서 율법의 마침(telos)이다.[217] 바울의 요약은 일종의 긴 논쟁에서의 맺음말이다. 이것이 우리가 바울 서신에서 발견할 수 있는 회복 종말론의 가장 이례적인 부분이 이 수사의 절정에 등장하는 이유이기도 하다. 사도 바울은 신명기 30장의 재해석을 제공함으로써 구속사에서 회복의 복음이 언제나 직접 하나님으로부터 나오는, 창조하는 갱신의 말씀에 의존한다는 것을 증명한다. "네 마음에 (그리스도를 아래로 데려오기 위해) '누가 하늘에 올라가겠느냐?' 하지 말라"(롬 10:6, 개

---

216 바울에 대한 새 관점은 이 점에서 사실상 본문에 나와 있지 않은 문제들을 해결하려고 노력하면서 19세기 개신교의 이분법을 고수한다. Westerholm, *Perspectives*, 329는 좀 더 균형 잡힌 해석을 추구한다.

217 텔로스(*telos*)라는 단어는 다양하게 이해될 수 있다. 바울 구원론의 맥락에서 그 단어는 단순히 율법의 목적이나 종착지를 의미하는 것이 아니라 바울이 그의 긴 논증에서 반박한 "율법에 따른 의"의 종식이다. 나는 나의 로마서 주석이 핀란드어로 쓰였기 때문에 대체로 그것을 언급하지 않는 편이지만 그 주석에 다른 해석들이 논의되어 있기 때문에 이 대목에서는 예외로 그것을 언급한다. Eskola, *Roomalaiskirje*, 258-59. 여기서 나는 Michel, *Römer* (1978), 326-27과 Stuhlmacher, *Romans*, 155-56에 의존한다.

역개정을 사용하지 아니함). 죄악된 백성에게 하나님의 저주가 임하는 것을 묘사한 신명기 30장이 민족들 가운데 흩어진 백성에게 구속을 수여할 좋은 소식에 대한 성서의 증거 역할을 한다. 도래할 갱신에서는 "말씀이 네게 가까워 네 입에 있으며 네 마음에 있다"(롬 10:8). 신명기 30장에서는 유배 신학의 맥락이 명백하게 나타난다.[218]

> 네 쫓겨간 자들이 하늘 가에 있을지라도 네 하나님 여호와께서 거기서 너를 모으실 것이며 거기서부터 너를 이끄실 것이라.…네 하나님 여호와께서 네 마음과 네 자손의 마음에 할례를 베푸사 너로 마음을 다하며 뜻을 다하여 네 하나님 여호와를 사랑하게 하사 너로 생명을 얻게 하실 것이며…내가 오늘 네게 명령한 이 명령은 네게 어려운 것도 아니요 먼 것도 아니라. 하늘에 있는 것이 아니니 네가 이르기를 "누가 우리를 위하여 하늘에 올라가 그의 명령을 우리에게로 가지고 와서 우리에게 들려 행하게 하랴?" 할 것이 아니요… 오직 그 말씀이 네게 매우 가까워서 네 입에 있으며 네 마음에 있은즉 네가 이를 행할 수 있느니라(신 30:4-14)

바울에게 있어 이 구약성서 구절을 이해하는 방법은 한 가지뿐이다. 그리스도가 율법(*nomos*)의 끝/목적(*telos*)이기 때문에 그것은 새로운 고백, 율법을 성취하는 새로운 계명이어야 한다. 그것은 바울이 전에 사용한 것과 똑같

---

218 Wright의 입장에서 볼 때 신 30장이 롬 10장에서 이용되고 있다는 사실은 바울이 기독교 복음의 핵심을 회복 종말론의 성취로 이해하고 있었다는 것을 증명한다. Wright에 따르면 *telos*는 "메시아가 토라의 끝이요, 목적이요, 종착지"임을 의미한다. Wright, *Paul*, 1172. 나도 그 의견에 동의하지만 이에 더하여 자기 의를 세우려고(롬 10:3) 하는 자들이 왜 잘못된 것인지 설명하기 위해서는 심도 있는 읽기가 필요함을 덧붙이고 싶다. Wright가 말했듯이 여기서 바울은 아브라함의 소명부터 "목적지"까지 "이스라엘의 토라 이야기를 하고 있는 것"이 분명하다. 하지만 바울은 자기 의에 왜 결함이 있는지도 설명한다. 신 28-30장에 나온 저주는 실제적이다.

은 대조이지만 이스라엘의 회복을 선포하는 중요한 성서 구절의 형태로 표현되었다. 율법으로부터 오는 의, 즉 신명기 30장이 요구하는 순종이 가까이 온 말씀, 즉 온 세상에 선포되는 회복의 복음과 대조된다.[219] 바울에게 있어 그것은 "우리가 전파하는 믿음의 말씀"(롬 10:8)이다. 바울은 신자가 "주의 이름"을 부를 때 그들의 입술 위에 있는 주 예수(*Kyrios Iēsous*)라는 고백을 언급한다(롬 10:9-13). 하늘에서 오는 이 "믿음의 말씀"에 복종하기를 거부하는 자는 누구든지 저주 아래 머무른다. 따라서 여기서도 이신칭의 개념이 나타난다. 그리스도는 부패하여 궁지에 처해 있는 사람들을 새롭게 만드는 완벽한 의다.

이 대목에서 한 가지 중요한 구별이 이뤄질 필요가 있다. 바울이 율법의 행위를 통해서 의를 얻을 수 있다고 주장할 때 그는 누가 실제로 의를 이뤘음을 함의하지 않는다. 그는 수사적 목적을 위해 신학적 이상주의를 사용한다. 모든 서기관은 율법이 선하다는 데 동의할 것이다. 이는 바울이 로마서 7장에서 사용하는 논증이기도 하다. 바울과 그의 반대자 모두 하나님의 계명을 완벽하게 준수하면 완벽한 의를 얻는다는 견해를 공유한다. 그런데 이제 바울은 새로운 계시를 가르친다. 하나님의 구원 행위가 율법 없이 계시되었다. 그래서 그리스도는 율법의 마침이고 율법의 요구에 관한 선포는 이제 필요치 않다. 필요한 것은 복종뿐이다.

그런데 바울이 왜 이 문제에 관해 논증해야만 했는가? 언약적 율법주의 이론이 옳다면 대다수 청자는 적어도 추론의 원리 차원에서는 바울에게 동의했을 것이다. 여기서는 익숙한 답변이 제안되었을 것이다. 그런데 이전

---

219   우리가 예상할 수 있듯이 Wright는 언약적 해석을 강조한다. "메시아를 통해서 예언들이 성취되었고 언약이 재확립되었고 유배가 종식되었다." Wright, *Paul*, 1172. 이 설명의 문제는 그것이 유대의 언약주의(그리고 언약적 율법주의)와의 분명한 연속성을 유지하지만, 냉엄한 불연속성을 표현하려고 하는 바울의 분명한 목적을 고려하지 않는다는 것이다.

에 예수가 그랬듯이 바울은 아보다트 이스라엘(*Avodat Israel*), 즉 규범적 토라 준수 전체에 의문을 제기한다. 그는 성전과 성전의 희생제사의 능력에 의문을 제기했다. 그는 할례와 정결 규정의 중요성에 의문을 제기했다. 옛 언약 안에서 하나님을 찾겠다고 주장하는 것은 옳지 않았다. 바울의 이 신학적 결론은 전통적 믿음의 역설적인 대조에 근거한다. 그는 이스라엘을 고통으로 이끈 영적 죽음이 아담의 타락 이래로 세상을 종으로 삼고 있는 권세와 같다고 진술한다. 따라서 이상적인 상황에서는 두 가지 종류의 의—자신의 의와 믿음으로 말미암아 하나님께로부터 온 의—만 존재한다.[220]

지금까지의 결론들을 요약하면서 우리는 바울 당시의 유대인들이 왜 그가 주장하듯이 하나님의 의에 자신을 복종시키지 않았는지 질문해볼 수 있다. 로마서 전체에 비추어 볼 때 바울의 답변은 그 백성이 처한 유배 상태를 가리킨다. 바울 당시의 유대인들은 예수 시대의 사람들과 마찬가지로 하나님의 아들을 알아보지 못하고 그를 거부한다. 바울에게 있어 이것은 영적 죽음의 상징이다. 이 거부는 유대인 대다수가 여전히 하나님의 원수로 살아가고 있음을 보여주는 충분한 증거다. 그렇다면 이는 바울 당시의 유대인들이 자기 의에 빠져 있었거나 심지어 인간의 가능성에 관해 독선적이었음을 의미하는가? 바울은 이런 태도들을 다루지 않는다. 바울은 선한 토라의 본질을 죄 가운데 죽은 세상에 새 생명을 가져오는 하나님의 의(*dikaiosynē theou*)와 대조함으로써 "자기의" 의에 대한 그의 이해를 제시한다. 유배 상태가 율법으로부터 인간의 모든 가능성을 빼앗았기 때문에 율법의 행위는 막다른 골목에 다다랐다. 이 대조의 맥락에서 모든 순종은 개인의 의도와 태도 여하를 막론하고 "자기의" 의가 된다.

하지만 율법의 행위는 어떠한가? 특히 우리는 위에서 바울신학의 배

---

220   좀 더 자세한 논의는 Eskola, *Theodicy*, 239–41을 보라.

경인, 철저하게 유대교적인 율법주의적 섬김 개념에 관해 논의했다. 하지만 이것은 아직 바울의 구원론에 있어 율법의 행위의 지위를 밝히지 않는다. 바울이 앞에서 논의된 이스라엘의 의라는 주제를 전개하는 로마서 9장에서 그것에 관한 설명이 발견된다.

> 의의 법을 따라간(*diōkōn nomon dikaiosynēs*) 이스라엘은 율법에 이르지 못하였으니 어찌 그러하냐? 이는 그들이 믿음을 의지하지 않고 행위를 의지함이라(*hoti ouk ek pisteōs alla hōs eks ergōn*)(롬 9:31-32).

여기서 기본적인 긴장은 피스티스(*pistis*)와 에르가(*erga*), 즉 믿음과 행위라는 개념 사이에 존재한다. 이 구절은 짧지만—특히 바로 전 섹션들에서 이루어진 분석을 감안한다면—바울 사상을 이해하는 데 있어 중요한 해석의 열쇠다. 바울은 율법을 보호하려는 이스라엘의 열심이 진지했음을 인정한다. 바울 자신이 로마의 압제와 박해의 때에 토라를 보호하기 위해 자기들이 할 수 있는 모든 것을 하는 집단의 일원이었다. 하지만 경건한 유대인들이 하나님의 구원 계획에 자신들을 복종시키지 않았기 때문에 그런 열심은 결함이 있는 것으로 판명되었다. 바울은 의의 법(*nomos dikaiosynē*)라는 해석적 표현을 사용해서 율법 자체가 의를 목표로 함을 강조한다.[221]

본문에 따르면 이스라엘은 이 의를 결코 성취하지 못했다. 바울은 이 대목에서 아마도 언어유희를 사용하고 있을 것이다. 사실 이스라엘은 의를 성취하지 못했던 것처럼 율법의 본질을 성취하지도 못했다(여기서 "이르다"[성공하다]라는 단어는 스포츠에서 종종 사용되는 단어로서 목표를 성취하는 것을

221　그 용어에 관한 학문적 논의가 다음 문헌들에 제시되었다. Martin, *Law*, 135-38; Badenas, *Law*, 194-95.

가리킨다). 하지만 동시에 바울은 이스라엘이 "율법과 예언자들", 즉 하나님의 약속에도 신실하지 않았음을 의미한다. 이스라엘은 율법 자체가 그리스도를 가리키고 있음을 결코 이해하지 못했다. 이것이 바울이 보기에 의의 법은 믿음 안에서 그리고 믿음을 통해서만 달성될 수 있는 이유다.[222]

바울은 이처럼 긴 논증을 사용해서 마침내 율법의 의에 대한 그의 비판의 요점에 이른다. 믿음으로 말미암는 칭의 외의 다른 모든 의는 "믿음으로부터 온" 것이 아니기(*ouk ek pisteōs*) 때문에 "행위로부터 온" 것이다. 이전 섹션에서 지적된 것처럼 그리스도로 말미암지 않는 모든 의는 인간의 상태에 의존하기 때문에 무익하다. 이스라엘은 "마치 의가 행위에 근거하는 것처럼" 의를 얻으려고 애썼다. 이것이 이 대목에 나타난 바울의 수사적 진술의 절정이다.

바울이 여기서 사용하는 "마치 ~인 것처럼"(*hōs*)이라는 단어는 사소해 보이지만 우리가 생각하는 것보다 훨씬 더 중요하다. 많은 학자가 이 표현에 그다지 주목하지 않았는데 이는 아마도 그들이 이 단어를 더 깊은 의미가 없는 관용구로 생각했기 때문일 것이다. 몇몇 저자는 그 단어가 "의에 다소간의 행위가 개입하기라도 하는 것처럼"—우리는 의에 어떤 행위도 개입하지 않는다는 것을 알지만 말이다—의를 얻으려고 하는 이스라엘의 잘못된 노력을 강조한다고 주장했다. 케제만은 "환상"(illusion)이라는 표현을 사용한다. 하지만 바울의 수사적 논증의 관점에서 볼 때 이 표현은 그 이상의 의미가 있고 매우 중요하다. 바울은 다른 곳에서 유사한 단어를 사용하는데 그것은 "마치" 어떤 이슈가 논의의 대상인 주제에 영향을 주는 "것처럼" 표현할 때 사용된다(고후 2:17).[223]

---

222   이 점에서 나는 "믿는 모든 사람은 이제 참으로 토라를 지키는 사람들로 표시된다"는 Wright의 논평에 동의한다. Wright, *Paul*, 1036.

223   Käsemann, *Römer*, 266.

이 구절은 바울의 구원론에 대한 해석들을 나누는 중대한 분기점이다. 적어도 처음에는 이 구절이 샌더스의 주장—바울에 따르면 유대교의 근본적인 문제는 그것이 믿음에 근거한 것이 아니다—을 옹호하는 것처럼 보인다. 샌더스는 다음과 같이 말했다. "요약하자면 **바울이 유대교가 옳지 않다고 생각하는 것은 그것이 기독교가 아니라는 점이다**."[224] 이것은 의심할 여지 없이 학문적 논의의 절정에 해당하지만 그것은 바울의 해석 문제를 해결하기보다는 완전히 다른 방향을 추구하는 두 가지 설명의 지류들을 보여준다. 언약적 율법주의자들은—우리가 이 대목에서 그 표현을 사용해도 된다면—바울이 그의 신학에서 역으로 추론했고 그의 추론에서 기독론이 중요한 역할을 한다고 생각한다. 이런 사고는 필연적으로 바울이 언약적 율법주의에 문제가 있다고 생각하지 않았다는 결론으로 이어진다. 몇몇 학자는 심지어 바울의 의도가 제2성전기의 특정한 집단들 사이에서 폐기되었던 올바른 언약적 율법주의를 회복하는 것이었다고 주장한다.

우리가 앞서 지적했듯이 이 관점에는 몇 가지 난제가 있다. 첫째, 이 이론은 왜 바울이 애초에 율법의 행위에 대해 비판하는지를 설명하지 못한다. 바울과 율법에 관한 가장 중요한 질문들이 답변되지 않고 남겨진다. 둘째, 제안된 몇몇 해답들은 언약주의적 해석의 완전한 귀류법(*reductio ad absurdum*)을 제공한다. 래이새넨은 만일 샌더스가 옳다면 유대교의 믿음에 관한 바울의 해석에 일관성이 없어진다고 결론지었다.[225] 셋째, 샌더스 자신이 예수에 관한 자신의 이전 견해와 모순되는 견해를 갖고 있는 것으로 보

---

224 Sanders, *Paul*, 552(강조는 원저자의 것임). Räisänen은 다음과 같이 덧붙인다. "악의 뿌리는 기독론의 실패에 놓여 있다." Räisänen, *Paul*, 176.

225 Räisänen, *Paul*, 201. Westerholm, *Perspectives*, 164-77에 수록된 "일관성의 '도깨비'"라는 장을 보라. 그 문제에 관해서 쓴 저술이 많이 있는데 그중에서 가장 중요한 것은 Van Spanje, *Inconsistency in Paul?*이다.

인다. 『예수와 유대교』(*Jesus and Judaism*)에서 그는 "예수가 왜 너무 위험한 인물로 여겨져 죽임당해야 했는가?"라는 중요한 질문을 제기한다. 만일 예수가 그저 적절한 언약적 율법주의를 선포하는 자였다면—그리고 바울이 훗날 예수의 계획을 그대로 이어받았다면—어떤 유대 지도자도 예수를 십자가에 처형하라는 압박을 받지 않았을 것이다. 하지만 만일 예수가 종교적 부패에 대해 신랄하게 비판해서 죽임을 당했다면 그는 분명히 유대교에 뭔가 근본적으로 잘못된 점이 있다고 생각해서 그렇게 행동했을 것이다. 그리고 만일 바울이 이러한 종말론적 구원론의 어떤 부분이라도 이해했다면 샌더스의 도발적인 진술은 정당성이 없다. 그런데도 샌더스의 해석은 언약적 율법주의 해석 지지자들 사이에서 명맥을 유지하고 있다.

위에서 묘사된 문제들을 해결하기 위한 시도들이 있었다. 그중에서 가장 보편적인 주장 중 하나는 바울이 사실은 이스라엘의 자기 민족 중심적인 정체성 혹은 인종적인 우월감에 대해 비판하고자 했다는 것이다.[226] 롱네커는 "바울은 무엇이 잘못이라고 보았는가?"라는 질문에 대해 답하면서 다음과 같이 진술한다. 바울에 따르면 "이스라엘은 의가 자기 민족의 소유물로서 그들의 것이고 그들만의 것(*idian*)이라고 생각했다. 그들은 언약을 민족적 혈통을 따라 정의했고 그럼으로써 다른 민족을 배제했다."[227] 이 해석에서 받아들일 만한 점은 바울이 확실히 유대인의 정체성에 늘 존재해 왔던 민족적 수위성에 의문을 제기할 필요가 있다는 것이다. 이 해석은 또한 유대의 종교 관습 행위를 유대인들에게만 해당하는 "의"의 한 형태로 다루는 것처럼 보인다. 하지만 이 측면들이 해석을 참으로 변화시키지는 않는다. 이 입장을 취하는 롱네커 등에게는 "유대교의 잘못된 점"이 단

---

226 예컨대 Dunn, *New Perspective*, 205가 그렇게 생각한다. 그 논의에 관해서는 Westerholm, *Perspectives*, 250-52를 보라.

227 Longenecker, *Eschatology*, 218-19.

지 태도의 문제로 보이는 것 같다. 하지만 그렇지 않다. 바울의 가장 강력한 신학적 공격이 단지 인간의 내면, 완벽한 언약에 대한 자부심을 향할 리가 없다.

물론 이에 관한 또 다른 견해도 있다. 회복 종말론에 초점을 맞추는 이 해석은 바울의 논증에서 기독론이 중요한 역할을 하고 있음을 강조하지만—바울은 부활 사건 이후에는 전과는 다른 어떤 내용이라도 진술할 수 있었다—거기서 더 나아간다. 바울은 기독론을 출발점으로 삼았지만 "유대교의 잘못된 점"이 무엇인지 잘 알고 있었다. 그것은 바로 유배 상황이다. 바울은 예수가 선포했던 내용, 즉 에덴으로부터의 추방과 이스라엘로부터의 추방이라는 두 개의 유배가 선택받은 백성의 상황을 바꾸었다고 가르친다. 유배 상황으로 인해 이스라엘 위에 하나님의 진노가 임한다. 따라서 그 백성의 순종적인 경건조차 충분치 않다. 섬김이 "마치 의가 행위에 기반하고 있는 것처럼(*hōs eks ergōn*)" 행해졌다.[228]

바울에게 있어 유배된 백성은 두 가지 면에서 노예들이다. 그들은 쫓겨나서 아직 약속의 땅으로 돌아가도록 허락되지 않은 노예들이다. 그리고 그들은 행위를 토대로 그들에게 끊임없이 죽음을 선고하는 율법의 노예들이다. 바울에게 있어 그 노예들이 성취한 업적들은 단지 행위일 뿐이다. 그들이 자유인의 삶과 행위를 모방할지라도 그것들은 속박된 상태에서 행해진다. 따라서 부인할 수 없이 종종 존재하는 민족 중심주의적인 자부심은

---

228 흥미롭게도 Wright는 롬 9:32을 설명할 때 경계선에 서 있다. 그는 바울에게 있어 율법은 하나님이 아브라함에게 한 약속과 "하나의 전 세계적인 가족의 창조에 나타난" 이 약속의 성취 사이에 "견고한 바위"를 세운다고 지적한다. Wright는 언약적 율법주의의 한 형태를 받아들이지만 그는 바울에게 있어 인간의 상태는 단순하지 않음을 인정한다. 이스라엘의 핵심적인 문제는 "백성 안에" 또는 "그들의 아담과 같은 상태 안에" 있다. Wright, *Paul*, 1178. 그는 바울 해석에서 유배가 지속되고 있다는 개념을 적용하기 때문에 이스라엘의 문제가 단순히 태도에 관한 것만이 아님을 인정한다.

질병이 아니라 증상일 뿐이다. 문제는 사람들의 태도에 있는 것이 아니다. 바울은 유대인들의 마음이 올바른 곳에 있지 않기 때문에 그들이 하나님의 의에 복종하지 않는다고 확신한다. 그래서 그들은 여전히 하나님의 진노의 대상이다.

이는 바울이 율법의 행위를 아주 엄격하게 해석한다는 것을 증명한다. 종교적인 문제에 있어서는 인간의 어떤 행위도 자기 의의 영역에 머무른다. 바울이 젊은 시절에 율법에 따라 그리스도인들을 핍박했을 때 의심할 나위 없이 그의 동기가 순수했던 것처럼, 사람의 동기가 순수하다고 해도 모든 것은 마치 의가 행위에 기반한 "것처럼" 행해진다. 바울에게 있어 신학은 인간의 상태, 종교적 부패, 하나님을 향한 적대감 그리고 하나님의 진노의 긴급성을 다루는 것이다. 따라서 민족으로서의 이스라엘은 하나님의 의(*dikaiosynē theou*)를 얻지 못하고 약속과 믿음(*pistis*) 바깥에 놓였다.

유사한 원리가 칭의에 관한 바울의 가르침에 영향을 준다. 하나님의 의는 바울이 구약성서를 사용하는 유대교 신학자로서 정당화할 수 있는 용어로 판명되었다. 인간의 상태에 관한 그의 견해는 여러 증거 본문에 기초한다. (하나님에 대한 유대인의 섬김에 나타난 사람의 행동과 마찬가지로) 율법의 행위에 대한 그의 이해가 구원론의 관점에서 해석되면 그것이 쉽게 이해될 수 있다. 따라서 우리는 바울이 가능한 두 종류의 의—행위의 의와 믿음의 의—에 대해서만 말했고 이것이 그의 동료 유대인을 향한 메시지였다고 결론지을 수 있다.

요컨대 바울은 유대인들이 하나님으로부터 오직 은혜를 통해서만(*sola gratia*) 오는 의에 복종하지 않았다고 가르친다. 그는 바리새파와 당시의 다른 분파 내에 있는 그의 이전 동료들이 진지하며 하나님과 하나님의 토라를 향한 열심을 갖고 있음을 인정한다. 그들은 자신들이 자기 목숨을 다해 주를 변호한다고 믿는다. 바울 역시 회심 전에는 그렇게 했다. 하지만 그들이 하나님의 아들—그를 통해서 "육신에" 죄가 정죄되었다—을 반대하기 때문에 이 진지한 언약주의자들은 믿음으로 말미암는 의에서 절정에 이르는 하나님의 회복의 복음에서 떨어져 나간다. 그들은 유배 가운데 있는 모든 사람의 치명적인 죄였던 하나님을 향한 적대감을 지속적으로 보인다. 그들이 좋은 의도로 완벽한 순종을 추구하는 것마저도 "마치 의가 행위에 기반하는 것처럼" 행해진다. 아담의 그림자는 길게 드리어져 있으며 계속 그들을 구속하고 있다.

3. "해로 여기는 것"의 원리

하나님의 의(*dikaiosynē theou*)에서 이스라엘의 지위는 더 이상 인간의 노력에 의존하지 않는 신적 행위로서 하나님 자신으로부터 오는 진정한 회복의 관점에서 정의되어야 한다. 바울신학에서 이는 이스라엘의 종교적 섬김과 구원하는 의 모두에 대한 새로운 이해로 귀결된다. 더욱이 바울의 구원론적 관점은 그의 사상을 지배하는 더 큰 해석학적 원리로 이끈다. 바울 사도는 하나님에 관한 한 모든 사람이 똑같은 상황에 직면한다고 확신한다. 인간들 사이에는 종교적이든 윤리적이든 아무런 구분(*diastolē*)도 존재하지 않는다. 모든 아담의 후손은 영원한 형벌 아래 놓여 있고 하나님이 약속의 언약을 주지 않았더라면 누구도 여기서 벗어날 수 없다. 아브라함 이래 하나님은 오로지 믿음에 근거하여 은혜로 말미암는 의를 제공했다. 이것이 바로 신적 계시의 다른 모든 측면이 "하나님의 의", 즉 하늘에서 비처럼 내려오는 의의 관점에서 해석되어야 하는 이유다. 바울의 중요한 해석 원리에 따르면 토라나 아보다트 이스라엘(*Avodat Israel*)과 관련된 모든 것은 부수적인 것으로 여겨져야 한다. 유대교의 전통에서는 이 요소들이 매우 중요한 반면 바울은 그것들을 신뢰하지 말라고 권고한다.

이 출발점은 표준적인 유대교 신앙에 역설적인 해석을 가져온다. 바울은 "자랑"을 거절하고 율법의 행위를 부정적으로 본다. 그는 순종적인 삶의 모든 이득을 경시하고 그의 개인적인 성공조차 해로 여긴다. 그런 해석은 역설적 대조로 불릴 수 있을 것이다. 바울은 처음부터 이전의 이해를 완전히 뒤집는다. 그는 사람들이 유대교에서 대체로 적절하다고 생각하는 이슈들을 다루기 시작한다. 하지만 바울에게 있어서는 심지어 미덕조차 하나님의 원수 역할을 할 수 있다. 그리고 바울 자신이 알고 있듯이 하나님의 율법을 열심히 변호하는 것이 하나님 자신을 대적하여 싸우는 것이 될 수도 있다.

바울 서신에서 대조적인 해석이 그의 신학의 성격을 규정하는 중요한 세 구절이 있다. 이 중 첫 번째 구절에서 바울은 자신이 과거에 지녔던 민족 중심주의적인 믿음과 정체성을 버리는 것에 관해 이야기한다. 바울은 올바른 칭의 이해가 선택받은 백성과 이방인 간의 모든 구별을 제거한다고 진술한다. 물론 이것은 받아들이기 어려운 요구다. 바울은 그의 독자들—그리고 그의 반대자들—이 자신의 민족적 정체성을 상대화시킬 것을 기대한다. 바울은 집요하다. 그는 결코 유대교 구원론의 핵심인 아브라함의 믿음을 거부하지 않는다. 하지만 그는 그것을 은혜를 통한 신적 칭의를 선포하는 회복 종말론의 관점에서 해석한다.

우리는 본래 유대인이요 이방 죄인이 아니로되 사람이 의롭게 되는 것은 율법의 행위로 말미암음이 아니요 오직 예수 그리스도를 믿음으로 말미암는 줄 알므로 우리도 그리스도 예수를 믿나니 이는 우리가 율법의 행위로써가 아니고 그리스도를 믿음으로써 의롭다 함을 얻으려 함이라. 율법의 행위로써는 의롭다 함을 얻을 육체가 없느니라(갈 2:15-16)

구원론적 이원론에 관해 두 가지 다른 해석이 존재한다. 전통적인 견해는 이 구절에서 제시된 바와 같이 선택받은 백성은 하나님과 언약의 관계에 있는 반면 이방인들은 "죄인들"이라고 진술했다. 바울은 "우리는 선천적으로(*fysei*) 유대인"이라고 기록한다. 이는 바울의 반대자들이 의심할 여지 없이 받아들였던 주장이다. 다른 민족들은 우상을 섬기고 있다고 가정되었다. 하나님의 진노를 피할 수 있는 유일한 방법은 유대교로 개종하는 것이었다.[229]

하지만 바울은 이와 반대로 주장하면서 그런 민족 중심주의적인 수위성을 평가할 수 있는 적절한 방법을 제시한다. 옛 언약은 종말론적 구원의 매개체로 의도된 적이 없다. 영적 유배는 오직 그리스도 안에서만 종식되기 때문에 해방을 발견하는 유일한 길은 은혜의 언약이다. 이것이 바로 헌신적인 바리새파 유대인인 바울이 자신의 과거를 부정하고 예수를 믿어야만 했던 이유다. 이 개념은 "의롭다 함을 얻으려 함이라(*hina*)"(갈 2:16)를 통해 설명된다. 그렇다면 우리가 여기서 바울의 논증이 민족 중심주의적인 이상 자체에 초점을 맞추지 않고 율법의 행위에 초점을 맞춘다는 점을 주목할 필요가 있다. 그는 사람들의 율법주의적인 섬김이 그들로 하여금 구원에 이르도록 도움을 주지 못한다고 지적한다.[230] 어떤 면에서 그는 훗날(로마서에서) 유대인들이 하나님의 의에 복종하지 않는다고 주장하기 위한 터를 닦고 있다. 바울은 이미 이곳에서 복종이라는 언어를 사용해서 유배의 길이 막다른 길이라는 것을 "우리가 알므로(*eidotes*)" 회복의 복음이 우리

---

229   이 구절에 민족 중심주의적 원리가 가장 강력하게 드러나 있다. 다음 문헌들을 참조하라. Longenecker, *Galatians*, 83; Betz, *Galatians*, 115.

230   Tyson은 이 구절이 자기가 "율법주의적인 섬김"으로 부르는 것에 바울 사도가 어떻게 의문을 제기하는지를 완벽하게 보여준다고 지적한다. Tyson, *JBL 92* (1973), 426.

를 자유롭게 만들 수 "있도록" "우리도" 그리스도를 믿는다고 진술한다.[231]

이렇게 해서 바울의 신학에 "해로 여기는" 원리가 들어온다. 그 표현 자체는 다른 구절에서 취해진 것이지만(아래의 설명을 보라) 그것은 바울의 생각을 잘 표현한다. 대조가 이뤄질 필요가 있다. 복종이 필요하다. 어떤 의미에서 이것은 회심을 의미하지만, 거기에는 더 큰 의미가 있다. 우리가 예수의 계획을 완벽하게 이해하면 하나님에 대한 이스라엘의 섬김의 내용 전체를 재해석할 필요가 있다. 느헤미야 9장에 수록된 민족적 고백과 마찬가지로 참회자는 자신을 기도하고 있는 자의 자리에 둘 필요가 있다. "여기에 모인 우리는 지금까지 노예입니다. 주께 불순종하고 주를 거역하고 주의 율법을 등지고 주의 예언자들을 죽인 자들은 "우리"입니다"(참조. 느 9:26). 따라서 유배 상황에서 삶의 방향을 제시했던 순종적인 쉐마 신앙조차 이제는 "해"로 여겨져야 한다.

"해로 여기다"라는 어구를 포함하고 있는 구절인 다음 구절은 빌립보서 3장에 등장한다. 여기서 바울은 먼저 자신의 인생의 단계들을 묘사하고 유대인으로서 자신의 배경을 평가한다. 바울의 교육은 이례적이었고 하나님에 대한 그의 열심도 탁월했으며 처음에는 이 요소들로 인해 유대인 공동체에서 그에게 중요한 지위가 부여되었다. 하지만 바울이 그리스도의 추종자들을 박해했기 때문에 이 모든 것이 그에게 저주임이 판명되었다(참조. 고전 15:9; 갈 1:13-14). 그 문맥 자체가 이 구절과 위에서 다뤄진 갈라디아서 구절 사이에 유사성이 있음을 보여준다. 바울에게는 반대자들이 있었는데 빌립보서의 경우에 그들은 바울의 회중을 방문해서 율법주의적인 메시지

---

231   Sanders조차도 바울은 회심 전에 율법에 열심을 보였고 이것이 유대인들을 이방 민족들로부터 구별시키는 요소라고 생각했다고 인정한다. Sanders, *Paul*, 499. 그래서 Sanders에게는 바울이 그리스도 안에서 해답을 발견한 후에야 그의 구원론을 급진적으로 만들었다고 가정할 필요가 있었다. 이것은 그다지 논리정연한 해석이 아니다. 이러한 열심은 아마도 이전부터 급진적이었을 것이다.

를 선포하는 설교자들이었다.

> 만일 누구든지 다른 이가 육체를 신뢰할 것이 있는 줄로 생각하면 나는 더욱 그러하리니 나는 팔 일 만에 할례를 받고, 이스라엘 족속이요, 베냐민 지파요, 히브리인 중의 히브리인이요, 율법으로는 바리새인이요 열심으로는 교회를 박해하고 율법의 의로는 흠이 없는 자라(빌 3:4-6).

바울의 수사는 우리를 놀라게 한다. 그는 대체로 아무도 율법을 성취할 수 없다고 진술함에도 이 대목에서는 자신이 "율법의 의로는 흠이 없다"고 주장한다. 이 말은 교리적으로 문제가 있을 수 있다. 하지만 수사적인 관점에서는 그 진술이 다르게 해석될 수 있다. 인간적인 관점과 제2성전기 유대교 지혜 전승의 관점에서는 (벤 시라나 쿰란 공동체의 언약자들과 같이) 정통적인 삶을 살았던 바울 역시 그의 소망을 그리스도에게 두어야 했다. 바울은 결코 사악하지 않았지만 그 자신의 의는 충분치 않았다. 그의 눈이 열렸고 그는 자신이 영적 유배 상태에서 살고 있었음을 인식했다.

바울은 우리가 이번 장의 섹션 I.2에서 살펴보았던 측면인 유대교의 아보다트 이스라엘에 의문을 제기하는 데 해석학적 토대를 두고 자신의 이례적인 구원론을 전개한다. 그는 할례와 민족 중심주의적인 수위성에 관해서뿐만 아니라 사실은 토라를 위한 열심에 관해서도 이야기한다. 바울은 이제 유대교의 해석학에 일치하지 않는 해석 원리를 사용한다. 그는 유대인들의 사상에서는 순종적이라고 여겨졌을 가치들에 의문을 제기하고 그것을 뒤집으며 해로 여긴다. 그는 완벽한 것에 도달하기 위해 좋은 것을 거부한다. 빌립보서 3장에서 핵심적인 구절은 다음과 같다. "그러나 무엇이든지 내게 유익하던 것을 내가 그리스도를 위하여 다 해(*zēmian*)로 여긴다"(빌 3:7).

바울은 그렇게 많은 것을 해로 여기는 근거를 제시하면서 자신의 구원론의 기독론적 근거를 강조한다. 해는 문자적으로는 야기된 "피해"를 가리킨다. 바울은 자신의 신학적 확신뿐만 아니라 개인적 경험에도 근거해서 종교적 열심이 진정한 갱신으로 이끌지 못했기 때문에 자기가 길을 잃었다고 믿는다. 종교적 열심이 그를 회복의 주님에게서 멀어지게 만들었기 때문에 그 열심이 그에게 피해를 주었다. 이 구절에 나타난 대조는 매우 냉엄하다. 진정한 의는 다른 방향에서 오기 때문에(빌 3:8) 그리스도가 "모든 것", 즉 유대교의 경건을 해(*ezēmiōthē*)로 **만들었다**. 이 구절에 나타난 바울의 설명은 로마서 11:32에 나타난 설명과 더불어 그의 구원론에 대한 가장 명확한 표현이다.

그리고 분석 과정에서 여러 번 인용된 전통적인 공식에서와 마찬가지로 칭의는 그리스도가 죽은 자들 가운데서 부활하여 하늘의 보좌에 종말론적으로 즉위한 결과다. 바울이 채택하는 전통은 그리스도가 "우리가 범죄한 것 때문에 내줌이 되고 또한 우리를 의롭다 하시기 위하여 살아나셨다"(롬 4:25)고 진술한다. 빌립보서에서 바울은 그리스도의 부활의 능력을 알고 그에게서 오는 의를 받기를 원한다(빌 3:10). 바울은 다시금 그리스도를 얻기 "위하여(*hina*)"라는 어구를 사용한다(빌 3:8). 그리스도가 왔기 때문에 열심이 있는 유대인(바울) 역시 구원을 얻기 위해서는 그분을 믿어야 했다. 이 점이 유사한 표현을 통해 다시 한번 강조된다. 바울은 자기가 그 안에서 "발견될 수 있도록"(빌 3:9) 그리스도 안에 있는 의를 추구한다.

따라서 바울의 구원론에서 "해로 여기는 것"은 회복 종말론의 핵심을 구현하는 해석의 원리다. 그것은 학자들로 하여금 바울 해석의 난제들을 풀도록 도움을 주는 열쇠다. 바울은 유배 상태를 강조하면서 죄인들—그들이 유대인이든 이방인이든 간에—이 그리스도의 복음을 만나면 자신의 인생 전체를 재평가할 필요가 있다고 선포한다. 하나님의 아들은 하나님이 인류의 과거의 죄를 속죄하고 타락한 인류—다른 모든 민족을 포함한다—를 자신과 화해시키기 위해 이 세상에 자신의 종으로 보낸 분이다. 그리스도가 종말론적으로 즉위한 이후 유대인 개인들에게는 회개하고 회심하는 것 외에는 달리 할 일이 아무것도 남지 않았다. 사람들은 하나님의 의에 자신을 복종시켜야 하며, 작은 개인적 성취들 역시 배교의 죄로 인해 더럽혀졌기 때문에 우리는 그것들을 해로 일축해야 한다. 천상의 하나님의 의(*dikaiosynē theou*)는 죄인들을 새롭게 하고 성령으로 새 성전을 채움으로써 죄인들을 재창조한다.

4. 회복 종말론: 온 이스라엘이 구원을 받을 것이다

마지막으로 우리는 로마서 9-11장에 나타난 바울의 추론 결과에 초점을 맞출 필요가 있다. 그는 종말론적 미래와 이스라엘의 구원에 관한 결론을 도출한다. 이스라엘의 굳어진 마음은 바로의 굳어진 마음과 마찬가지로 하나의 신비(*mystērion*)다. 아마도 하나님이 자신의 백성에게 그것을 그다지 명확하게 계시하지 않았을 수도 있지만 바울은 그것을 구속사의 일반적인 양상의 맥락에서 본다. 수건이 대다수 유대인의 시야를 가렸지만(참조. 고후 4:3) 바울은 이 모든 것이 인류를 구원하려는 하나님의 소망에 공헌한다고 믿는다.

> 형제들아, 너희가 스스로 지혜 있다 하면서 이 신비를 너희가 모르기를 내가 원하지 아니하노니 이 신비는 이방인의 충만한 수가 들어오기까지 이스라엘의 더러는 우둔하게 된 것이라. 그리하여 온 이스라엘이 구원을 받으리라. 기록된 바 "구원자가 시온에서 오사 야곱에게서 경건하지 않은 것을 돌이키시겠고(축출하시겠고)…"(롬 11:25-26).

이 구절은 이스라엘의 종말론적 운명과, 어느 정도 먼 미래 시점의 이스라엘 민족—또는 유대교 추종자—전체로 이해되는 "온 이스라엘"의 회심 가능성에 관해 추측하는 많은 문헌을 양산했다. 이 짧은 종합화 작업에서 그런 견해들이 자세히 다뤄질 수는 없다. 바울 사상의 기본적인 성격을 강조하는 이 구절에 대해 우리가 새롭게 해석할 필요가 있다고 말하는 것으로 충분하다. 이는 그 구절에 등장하는 많은 핵심적인 표현들에 대한 새로운 설명을 암시한다.

스콧에 따르면 이 대목에서 바울의 사상과 용어의 신학적 배경은 이스라엘의 회복이다. 우선, 이 구절에는 이방인의 수와 같이 예언서들을 직간접적으로 가리키는 용어들이 있다. 독자들의 관심을 사로잡는 중요한 용어인 "온 이스라엘"은 "이스라엘의 열두 지파 체제에 비추어 해석되어야 한다." 스콧은 구약성서에 나타난 이 용어의 사용을 조사한 후 그 용어는 대개 이스라엘 일반(예컨대 출 18:5; 신 27:9)이나 혹은 통일 왕국(삼하 8:15; 왕상 4:1)을 가리킨다고 지적한다. 그 단어는 유배에도 불구하고 이스라엘에 남아 있던 연합체나(대상 9:1) 이스라엘의 열두 지파 모두로부터 선별된 사람(삼하 10:17; 왕상 8:65)을 가리키기도 한다.[232]

이스라엘은 민족들 가운데로 흩어졌고 회복은 이 움직임을 돌이킬 것으로 기대된다. 창세기 10장에서 "민족들"(*ethnē*)을 식별하고 그들의 수를 세는 민족 목록(Table of the Nations)과 그것을 재해석하는 구약성서의 다른 구절들(대상 1장; 종말론적 전쟁을 묘사하는 겔 38-39장; 그리고 특히 희년서 8-9장)은 특별한 지위를 가진다.[233] 이미 신명기 30장에서 이스라엘의 귀환은 바

---

232 Scott, *Restoration*, 500-5. 그는 다음과 같이 결론짓는다. "이곳에서처럼 '온 이스라엘'이 이스라엘에 대한 미래의 소망에 적용될 경우 우리는 그 용어를 열두 지파 모두를 포함하는 민족 전체의 회복을 강하게 암시하는 용어로 보아야 한다"(p. 525).

233 Scott, *Paul*, 5-15.

빌로니아로부터의 귀환보다 좀 더 일반적으로 묘사된다. "네 하나님 여호와께서 흩으신 그 모든 백성 중에서 너를 모으시리니…"(신 30:3). 이 두 측면을 종합하면 우리는 바울이 말한 이방인의 "충만한 수"는 알려진 세계의 민족들, 즉 민족 목록에 언급된 민족들을 의미한다고 믿을 수 있다. 따라서 바울의 희망은 "민족들이 시온으로 가는 종말론적 순례"에 초점을 맞춘다.[234] 이방인들의 "수"는 사실은 민족들의 충만한 수(plērōma)다. 이미 로마서 11:12에서 바울은 결국 구원을 얻을 유대인들의 충만한 수(plērōma)를 언급했다. 하나님 나라가 분명하게 드러남에 따라 그 신비도 점차 밝혀질 것이다. 열두 지파들의 회복에서 요지는 예언자적 보편주의다. 그 회복은 이방인 모두를 포함할 것이다. 이사야서에 대한 재해석은 「솔로몬의 시편」 17장에 제시된 것과 유사하다.

> 그는 예루살렘을 처음처럼 정결하게 하고 거룩하게 만들 것이다. 민족들
> 이 땅끝에서 와서 그의 영광을 볼 것이고, [그들이] 쫓겨났던 예루살렘의
> 자녀들을 선물로 데려와 주의 영광을 볼 것이다(「솔로몬의 시편」 17:30-
> 31).

그렇다면 바울에게 있어서 "온 이스라엘"이라는 표현은 회복의 최종적인 완성을 가리킨다. 지금까지의 귀환은 불완전하고 남은 자들만을 포함한다. 좋은 소식이 디아스포라 유대인들뿐만 아니라 민족들에게 전파됨에 따라 회복의 복음이 "모든" 민족 가운데 흩어져있는 지파들을 모을 것이다.[235] 따라서 결국 예수가 시온에 돌아올 때 구원(sōtēria)이 완성될 것이다. 구원

---

234   Scott, *Restoration*, 525. 민족 목록은 Scott, *Paul*, 72를 보라.
235   "유배로부터의 부분적인 귀환 및 소위 '포로 후 시기'의 회복 시도의 실패와 달리 종말론
       적 회복은 완전하고 포괄적일 것이다." Scott, *Paul*, 72.

자가 시온에서 나와서 구원 공동체를 모을 것이다. "열두 지파('온 이스라엘') 의 구원은 시온에서 나오는 해방과 더불어 유대 종말론의 가장 중요한 관심 중 하나인 이스라엘의 회복을 반영한다. 이스라엘의 회복은 포로기 이후 구약성서와 초기 유대교 문헌에서 반복적으로 언급된다."[236]

바울은 하나님의 의(*dikaiosynē theou*)에서의 이스라엘의 지위를 설명할 때 회복 종말론을 이사야서의 남은 자 신학과 연결한다. 여기서 유배의 수사 원리들이 매우 현저하게 드러난다. 하나님의 진노가 부패한 그 민족을 덮었고 그 백성이 모든 참상을 겪는 동안 하나님은 줄곧 침묵하는 것처럼 보인다. 바울에게 있어 진노의 그릇들은 구원의 소망을 거의 잃은 채 신적 심판을 기다리고 있었다. 하지만 그리스도가 왔을 때 모든 것이 변했다. 그의 즉위는 회복이 시작되었음을 증명한다. 하나님이 진정한 이스라엘, 즉 최종적인 구원에 이르게 될 남은 자들을 모은다. 열두 지파들이 모이는 것과 더불어 이방인의 충만한 수(*plērōma*)도 모일 것이다. 바울은 포로기 예언자들의 종말론을 따라서 이방 민족들의 종말론적 순례가 구속사를 완성한다고 선포한다. 하나님은 모든 인류에게 갱신을 가져오기 위해 "모든 사람을 불순종 가운데 가두어 두었다." 그때 회심한 유대인과 이방인 그리스도인들이 함께 시온에서 오는 구원자를 맞이할 것이다. 회복의 신비가 드러났고 에덴은 새롭게 창조될 것이다.

---

236   Scott, *Restoration*, 525.

VI. 바울 서신에 나타난 즉위 기독론

바울 서신은 초기 기독론 연구를 통해 우리에게 익숙하다. 바울 이전 전승으로 보이는 중요한 전통적인 고백과 찬송들이 바울 서신에서 다수 발견된다. 바울은 한편으로는 공동체의 가르침과 자기가 사역하기 전에 복음에 공헌했던 "기둥들"(pillars)의 전승에 의존한다. 다른 한편으로 그는 전통을 새로운 방식으로 적용하고 구속사를 기독론 관점에서 능숙하게 제시한다. 따라서 예수의 의미에 관한 바울의 가르침을 분석할 때 우리는 먼저 바울과 그가 사용한 전승들 사이의 관계를 평가하고 나서 그가 그리스도의 사역에 관해 가르칠 때 사용하는 내러티브 표현들을 검토할 필요가 있다.

1. 그리스도와 고백

바울은 그의 신학에서 이러한 고백적 진술들을 채택하거나 변화시키면서 겸손하게 자신을 새로운 나라를 전하는 사람 중 한 명으로 제시한다. 그는 고백적인 자료, 설교 공식, 찬송과 기도를 사용한다. 이 요소들이 이례적인 부활 고백(고전 15:3-4), 빌립보서의 비움(kenosis) 찬가(빌 2:6-11), 로마서의 기독론적 서론(롬 1:3-4)을 구성한다. 바울의 기독론은 바울 자신이 지어낸 산물이 아니며 그는 좀처럼 구약성서에 근거하여 새로운 공식을 만들어내지 않는다. 대신 그는 초기 회중들의 보편적인 신학을 전달한다. 바울이 그렇게 하는 이유는 그 공동체의 종교적 정체성이 기독론적 고백에 근거하기 때문이다.

　바울의 기독론 이해는 그의 복음(euangelion) 개념에 근거한다. 그리고 우리가 초기 교회의 가르침을 분석할 때 언급한 바와 같이 로마서의 서론은 이 복음이 고정된 공식의 제시를 통해 쉽게 묘사될 수 있음을 보여준다. "복음"이라는 단어는 바울 시대에 의미 없는 기술적인 용어(*terminus technicus*)가 아니었다. 바울은 빠르게 회복 실현의 상징이 된 이 용어를 채택함으로써 의도적으로 예수의 회복 종말론을 이어간다. "평화를 공포하며 복된 좋은 소식을 가져오는…자의 산을 넘는 발이 어찌 그리 아름다운가?" 바울 역시 시온에 구원을 공포하며 시온을 향하여 이르기를 "네 하나님이 통치하신다[네 하나님이 이제 왕이다]"고 말하는 자들에게 합류한다(사 52:7). 바울은 예수의 부활에 대한 증인으로서 "주님이 시온으로 돌아오는 것"을 보았다고 믿는다.[237]

그리고 로마서 서론에서 복음의 내용은 그리스도가 "능력으로" 주님이 된 종말론적 즉위의 관점에서 묘사된다. 다윗의 씨가 마침내 높임을 받았다. 따라서 바울은 그의 승귀 기독론에서 예수가 부활하여 하늘의 왕좌에 앉은 주 그리스도(*Kyrios Christos*)라는 초기 교회의 고백을 채택하여 전달한다. 바울에게 있어 기독론에 바탕을 둔 이 복음은 "하나님의 능력"이다(롬 1:16). 이제 인류의 다양한 유배자들이 화해되었기 때문에 어떤 구별이나 분열도 남아 있지 않다. 하나님은 온 세상에서 자신의 창조물의 잃어버린 구성원들을 모은다.[238]

바울에게 있어 이 메시지는 신앙의 규칙(*regula fidei*), 즉 "우리가 전파하는 믿음의 말씀"(롬 10:8)이 되었다. 이 말씀(*rēma*)은 예수가 죽은 자 가운데서 살아났다(그리고 주님으로서 하늘의 보좌에 즉위했다)라는, 단순하지만 효과적인 내용을 지니고 있다. 사람들이 이 메시지를 듣고 받아들일 때 그들은 주 예수(*Kyrios Iēous*)라는 고백을 함으로써 자신의 신앙을 고백한다(10:9). 그

---

237 Stuhlmacher, *Biblische Theologie I*, 315도 그렇게 생각한다. 구약성서에 나타난 그 모티프는 Hengel, *Studies*, 175 이하를 보라.

238 "기름 부음을 받은 자"로서의 주(*Christos*)의 특별한 용례는 Chester, *Messiah*, 382-84를 보라.

런 메시지는 공동체에 충분한 설교자가 존재할 때에만 나올 수 있다. 바울은 로마서 10장의 끝부분에서 설교자의 필요성을 강조한다. 바울의 논증은 이스라엘의 회복을 시작할 신적 즉위에 관한 중요한 구절인 이사야 52:7을 새롭게 인용하는 것으로 마무리된다(롬 10:15).[239]

바울은 그의 기독론에서 자기 이전의 초기 교회에서 가르쳤던 모든 내러티브를 사용한다. 다윗의 후손이 천상에 즉위하는 이야기는 그의 서신들에 완벽하게 보존되어 있는데, 위에서 언급된 로마서 서론이 그런 구절에 대한 가장 좋은 예다. 바울은 높아지신 그리스도가 하나님의 우편에 앉음으로써 시편 110편을 통해서 생겨난 기대들도 성취한다고 묘사한다(롬 8:34). 그리고 바울에게 있어 예수는 죽음의 권세를 정복하는 생명의 왕이다(고전 15:26; 롬 5:17). 바울은 속죄에 초점을 맞추는 구절들에서 예수를 고난 받는 주의 종, 사람들의 죄를 위해 자신을 희생하는, 하나님이 택한 제물로 묘사한다(고후 5:21). 그는 도살당한 유월절 어린 양이다(고전 5:7). 바울은 우주의 대제사장으로서 예수의 역할을 잘 알고 있다. 그는 그리스도가 자신의 제사장직을 맡아서 사람들의 죄를 속한다고 묘사한다(롬 3:25; 4:25). 다른 한편으로 많은 구절에서 종말론적 즉위가 제시된다. 예수는 장차 올 진노로부터 자기 백성을 구원하는 하늘의 재판관이다(살전 1:10). 하지만 예수는 또한 최후의 심판의 날이 도래할 때 모든 사람을 자신에게로 모을 것이다(고후 5:10).[240]

바울의 기독론에 접근하는 또 다른 방법은 신학적 주제들을 탐구하는

---

239 참조. Stuhlmacher, *Romans*, 156. 원래 신 30:14에서 유래했지만 여기서 새로운 표현을 형성하는 레마(*rēma*)는 Jewett이 지적했듯이 하나님의 말씀(*logos tou Theou*) 혹은 그리스도의 말씀(*logos tou Christou*) 같이 로고스(*logos*)가 된다. Jewett, *Romans*, 629. 신 30장과 회복 종말론 간의 연결에 대한 바울의 해석은 Wright, *Paul*, 1171-74를 보라.

240 구약성서의 YHWH 본문에 대한 바울의 기독론적 독법은 Bauckham, *Jesus*, 186-91을 보라.

것이다. 바울에게 있어 예수는 영원에 기원을 둔 선재하는 하나님의 아들이다(고전 2:7). 그리스도는 "하나님의 본체"다(빌 2:6). 그는 창조에 참여했고(고전 8:6; 골 1:16) 이스라엘의 역사를 주관했다. "[그들이] 다 같은 신령한 음료를 마셨으니 이는 그들을 따르는 신령한 반석으로부터 마셨으매 그 반석은 곧 그리스도시라"(고전 10:4). 바울은 하나님의 아들의 성육신이 이 세상에 생명을 가져왔다고 말한다.[241]

> 우리 주 예수 그리스도의 은혜를 너희가 알거니와 부요하신 이로서 너희를 위하여 가난하게 되심은 그의 가난함으로 말미암아 너희를 부요하게 하려 하심이라(고후 8:9).[242]

바울의 기독론에는 "보내는" 모티프도 있다. 하나님은 자기 아들을 이 세상에 보낸다. 그 아들은 한 여성에게서 태어난다. 성육신한 하나님의 아들은 율법 아래 놓인 죄인들을 구원할 것이고 이는 종말론적 입양으로 귀결될 것이다. "때가 차매 하나님이 그 아들을 보내사 여자에게서 나게 하시고 율법 아래에 나게 하신 것은 율법 아래에 있는 자들을 속량하시고 우리로 아들의 명분을 얻게 하려 하심이라"(갈 4:4-5). 빌립보서 2장에 수록된 찬가에서 영원하신 하나님의 비움(kenōsis)은 그리스도인들의 겸손에 대한 모범이다(빌 2:6-11). 하나님은 자기 아들을 세상에 보냈고 그 아들은 순종하여 종이 되었다. 창조 신학은 아담의 유형론으로 마무리된다. 바울은 부활을

---

241 바울 서신에 나타난 선재 기독론은 특히 Hurtado, *Lord Jesus Christ*, 118-26에서 논의된다.

242 Hurtado, *Lord Jesus Christ*, 123에 따르면 바울 서신에서 이 구절은 "상기시켜주는 말"에 불과하지만, 예수의 우주적 사명의 깊은 내용을 얼핏 보여주기도 한다. Harris, *2 Corinthians*, 580도 보라.

새로운 창조의 시작으로 설명하면서 아담과 그리스도를 비교한다. "그러나 이제 그리스도께서 죽은 자 가운데서 다시 살아나사 잠자는 자들의 첫 열매가 되셨도다. 사망이 한 사람으로 말미암았으니 죽은 자의 부활도 한 사람으로 말미암는도다"(고전 15:20-21).[243]

아담 유형론은 구약성서의 용어들에 의존한다. 인간이 하나님의 형상으로 창조되었다는 관점은 아담의 후손들이 그의 형상을 지니고 있다는 추론을 정당화시켜준다(창 5:3). 바울은 이 전승에 의존해서 땅의 영역을 하늘의 영역으로부터 구분한다. "우리가 흙에 속한 자의 형상을 입은 것 같이 또한 하늘에 속한 이의 형상을 입으리라"(고전 15:49). 바울에게 있어 부활한 그리스도는 새로운 창조와 새롭게 된 인류의 첫 열매다. 하나님의 아들로서의 그는 창조의 일부가 아니며 그 점에서는 아담과 비교될 수 없다. 대신 그는 새로운 아담, 새로운 실재의 첫 열매다.

바울 기독론의 일반적인 특징들은 초기 교회 신학의 특징들과 유사하다. 유대인 기독교 공동체에서나 로마 제국 내에 있는 바울의 교회에서 기독론의 가장 중요한 표현들은 고백, 기독론 공식, 찬송들이다. 이것들은 유배된 백성들에게 주어진 약속들을 성취하는 다윗의 자손으로서의 예수에 초점을 맞춘다. 그는 사람들에게 가해진 처벌을 중지시키고 새로운 왕국의 지파들을 모은다. 그는 자신이 희생제물이 되어서 저주받은 사람들을 구속하고, 속죄하고, 제사장 직무를 수행함으로써 죄인들에게 의를 부여한다. 예수는 "하나님 우편"에 있는 영광의 보좌로 높여지고 그 보좌에서 세상의 영원한 왕으로서 다스린다. 바울의 기독론은 가장 심오한 의미에서 교회(*ekklēsia*)의 가르침을 회복한다.

---

243   그 내러티브의 배경은 다음 문헌들을 보라. Witherington, *Narrative Thought World*, 141-
       45; *Indellible Image I*, 202.

2. 바울과 부활하신 분

바울의 기독론은 그의 개인적인 경험과 분리될 수 없다. 몇몇 구절에서 바울 사도는 자기가 어떻게 회심했는지 묘사한다. 그는 자기가 부활한 주님으로부터 직접 위임을 받았다는 점과 당대의 유명한 인물 중에서 바로 자기가 예수의 부활의 증인에 속한다는 특별한 측면에 관해 말한다. 바울은 갈라디아서에서 부활하신 분이 계시(*apokalypsis*) 가운데 자기에게 복음을 주었다고 주장한다. "이는 내가 사람에게서 받은 것도 아니요 배운 것도 아니요 오직 예수 그리스도의 계시로 말미암은 것이라"(갈 1:12).[244]

바울의 생애에서 다메섹 도상 체험의 중요성은 아무리 강조해도 지나침이 없다. 사도행전에 묘사된(행 9:3; 22:6; 26:13) 그 체험은 기본적으로 우리가 갈라디아서 1장을 통해 알고 있는 내용을 되풀이한다. 그 사건은 예수가 참으로 부활했다는 바울의 이해에 있어 매우 중요한 요소였다. 바리새인 바울은 결코 자신의 환상이 단지 소생한 인간의 계시일 뿐이라고 이해할 수 없었다. 그는 자기가 보좌에 앉은 주님의 계시(*apokalypsis*)를 목격했다고 선포한다.[245] 이것이 바로 이 환상이 그의 삶을 바꾼 힘을 갖고 있었던 이유다. 이 사건 이후 바울에게 있어 복음(*euangelion*)은 무엇보다도 그리스도의 영광의 복음이다. "'어두운 데에 빛이 비치라' 말씀하셨던 그 하나님께서 예수 그리스도의 얼굴에 있는 하나님의 영광을 아는 빛을 우리 마음에 비추셨느니라"(고후 4:6). 바울은 하늘 영광의 자리로 높임 받은 그리스도를 개인적으로 만났다. 그는 하나님이 예수를 그가 현재 하늘에서 누리고 있는 특별한 지위에 등극시켰음을 이해했다. 이를 근거로 바울은 그

---

244   Stuhlmacher, *Biblische Theologie I*, 247.

245   Riesner, *Paul's Early Period*, 236-37.

의 서신들에서 자기가 평범한 사람으로부터 사명을 받은 것이 아니라고 거듭 진술한다. 그리스도의 계시로 말미암아 그는 새로운 현실을 납득했다. 이것이 바로 바울에게 있어 복음이 영광의 주님의 계시에 근거하는 이유다. 이 그리스도는 그리스도인들, 즉 바울이 박해하고 회당의 법정에서 사형에 처한 이들이 고백하는 분이다.[246]

바울의 개인사는 그 사도가 고통 받는 그리스도를 어떻게 이해하는지를 좀 더 자세히 설명한다. 특히 바울은 환난의 시기를 안다. 그는 세례 요한을 박해했던 사람들을 개인적으로 알고 예수를 처형한 사람들도 안다. 그리고 바울의 개인사에도 뒤틀린 요소가 있다. 그는 그리스도인을 죽인 자들에 속한다. "내가 이전에 유대교에 있을 때에 행한 일을 너희가 들었거니와 [나는] 하나님의 교회를 심히 박해하여 멸하고…"(갈 1:13).[247] 회중이 그에 대해 의심하는 것은 당연했기 때문에 그 소문은 그의 사역에 방해가 되었다. "우리를 박해하던 자가 전에 멸하려던 그 믿음을 지금 전한다"(갈 1:23). 다른 서신들에서도 그는 거의 용납될 수 없는 자신의 죄―자기가 그리스도를 고백하는 자들을 박해했던 일―를 계속 언급한다(빌 3:6; 고전 15:9). 사도행전에서도 똑같은 모습이 제시된다. "사울이 교회를 잔멸할새 각 집에 들어가 남녀를 끌어다가 옥에 넘기니라"(행 8:3).

그러므로 바울에게 있어 사도의 사명은 그리스도께 일치하는 것이었다. 우리가 앞서 "십자가에 못 박힌 바울"이라는 주제를 다룰 때 살펴보았듯이 예수의 십자가 처형에서 하나님과 이 세상이 만난다.[248]

우리가 항상 예수의 죽음을 몸에 짊어짐은 예수의 생명이 또한 우리 몸에

---

246   Kim, *Origin*, 5-13을 참조하라.
247   Hengel, *Pre-Christian Paul*, 63-67.
248   이번 장의 섹션 III.5를 보라.

나타나게 하려 함이라. 우리 살아있는 자가 항상 예수를 위하여 죽음에 넘겨짐은 예수의 생명이 또한 우리 죽을 육체에 나타나게 하려 함이라(고후 4:10-11).

바울 사도가 자기 몸에 "예수의 죽음"을 짊어지고 있다고 주장하는 것은 과장된 표현으로 들릴 수도 있지만 이 문장의 목적은 명확하다. 바울에게 있어 이 세상은 복음 전파에 맞서 싸우고 있기 때문에 끝까지 하나님의 원수다. 어떤 면에서는 복음이 강도의 소굴 한가운데 놓인다. 유배 상황은 하나님에 대한 반대를 암시하며 따라서 바울 역시 이 세상으로부터 오는 공격을 받아들여야만 한다. 그리고 그는 자신이 공격자 중 한 명이었음을 알고 있다. 그는 자기가 경험하는 일들 속에서 회심 전에 자신이 했던 일을 발견한다. 복음은 세례 요한과 예수 그리고 스데반과 야고보 등 많은 이들을 죽였던 고통의 시기 동안에 민족들에게 전해지기 시작할 것이다.

바울은 그의 서신서들에서 종종 자기가 로마 제국의 여러 곳을 여행한 경험을 묘사한다. 그는 거짓 교사들에 대항하여 자신을 방어할 때 자기가 겪어야만 했던 고난들을 끄집어내기로 작정한다. 이 대목에서 앞서 다뤄진 구절들 외에 우리가 많은 고난 목록을 되풀이하는 것이 유용하다.

그들이 그리스도의 일꾼이냐? 정신없는 말을 하거니와 나는 더욱 그러하도다. 내가 수고를 넘치도록 하고 옥에 갇히기도 더 많이 하고 매도 수없이 맞고 여러 번 죽을 뻔하였으니, 유대인들에게 사십에서 하나 감한 매를 다섯 번 맞았으며 세 번 태장으로 맞고 한 번 돌로 맞고 세 번 파선하고 일 주야를 깊은 바다에서 지냈으며 여러 번 여행하면서 강의 위험과 강도의 위험과 동족의 위험과 이방인의 위험과 시내의 위험과 광야의 위험과 바다의 위험과 거짓 형제 중의 위험을 당하고, 또 수고하며 애쓰고 여러 번 자지 못하고 주리며 목마르고 여러 번 굶고 춥고 헐벗었노라(고후 11:23-27).

이 고난들은 올바른 사도의 진정한 표지다. 바울은 회심 후 이 극명한 반대와 폭력을 가하던 입장에서 그것을 당하는 입장으로 바뀌었다. 이제 그는 예수가 당해야 했던 것과 동일한 박해와 조롱을 견딘다. 제자는 자신의 주님보다 더 나은 운명을 기대할 수 없다.

바울에게 있어 고난은 그의 사역의 일부였다. 그는 "우리가 이 직분이 비방을 받지 않게 하려고" 매우 겸손하게 사역하기를 원했다. 종은 "많이 견디는 것과 환난과 궁핍과 고난과 매 맞음과 갇힘과 난동과 수고로움과 자지 못함과 먹지 못함"을 견딜 필요가 있었다(고후 6:3-5). 이 개념들은 환난의 종말론에서 도출된 것으로 보인다. 바울은 인간의 분노에 자신을 굴복시킴으로써 그리스도의 고통에 참여하고 아직 부족한 것을 채운다. 그는 큰 그림을 갖고서 의식적으로 이렇게 행했다. 이는 환난의 종말론의 일부다. 골로새서에서 그는 이 모든 폭력에 직면할 때 자신이 사실은 그리스도의 재림을 재촉하고 있다고 진술한다(골 1:24).

그래서 바울은 하나님이 약함을 통해 일한다고 가르친다. 그리스도의 능력은 정치적 권력이나 사회에서의 성공에 놓여 있지 않다. 그것은 십자가와 사람들을 변화시키는 메시지에서만 발견된다. 그러므로 바울은 하나님 나라는 죄인에게 선포되는 복음에 관한 것이라는 사실에 대해 기뻐한다. 그의 모든 사명은 기독론을 통해 형성된다. "나에게 이르시기를 '내 은혜가 네게 족하도다. 이는 내 능력이 약한 데서 온전하여짐이라' 하신지라. 그러므로 도리어 크게 기뻐함으로 나의 여러 약한 것들에 대하여 자랑하리니 이는 그리스도의 능력이 내게 머물게 하려 함이라"(고후 12:9).

그러므로 그리스도의 중요성과 자신의 사명에 대한 바울의 이해는 그의 경험들과 얽혀 있다. 바울은 자신이 "예언자들을 죽이는" 유배 가운데 있는 백성의 일부임을 인정했다. 그는 환난이 지속되도록 돕고 있었고 그의 열심은 하나님을 대적하고 있었다. 따라서 바울은 유배된 백성 가운데서 역사하는 하나님의 구원 사역에 대한 완벽한 예다. 하나님은 자신의 원수로 살아가는 이들을 찾는 일을 계속한다. 바울은 보좌에 앉은 주의 환상을 보고 나서 그리스도가 이스라엘의 위기에 대한 해답임을 이해한다. 하나님은 자신의 백성을 회복하고 모든 민족에게 화해의 좋은 소식을 선포하기 위해 이 세상에 왔다. 바울은 결정적인 때(*kairos*)가 왔고 갱신의 날이 임했음을 이해했다.

3. 왕적 통치의 기독론

바울은 더 나아가 회복이 시작될 때 신적 즉위가 일어나야 한다는 개념을 채택했다. 그가 이해한 예수의 부활은 한 사람이 하늘의 영역으로 부활했다는 것만이 아니다. 대신 바울 이전의 기독교 공동체들과 마찬가지로 그는 예수의 부활이 다윗의 평화의 왕국을 시작하는 즉위의 행동이라고 믿는다.

바울 서신의 다양한 퀴리오스(*kyrios*) 진술문에서 하나님의 왕위 기독론이 나타난다. 그는 구약성서 구절들을 전용한다. 바울은 원래 하나님 자신의 출현에 관해 이야기하는 표현들을 사용해서 예수의 사역을 묘사한다. 그런 종말론적 구절들이 데살로니가전서에서 발견된다. 거기서 바울은 주님이 임할 때 신자들이 완벽할 수 있도록 하나님께서 그들을 거룩하게 하시기를 기도한다(살전 3:13). 여기서 참조한 구약성서는 스가랴서다.

나의 하나님 여호와(*kyrios*)께서	우리 주(*kyrios*) 예수께서 그의
임하실 것이요 모든 거룩한 자들	모든 성도와 함께 강림하실 때에
이 주와 함께 하리라(슥 14:5b).	(살전 3:13)

바울 서신에서 구약성서의 많은 YHWH 본문들이 예수께 적용된다. 예컨대 스가랴서에 의하면 퀴리오스(*kyrios*)가 그의 모든 성도와 함께 예루살렘에 임할 때 주의 날이 드러날 것이다.[249] 바울은 이때가 파루시아, 즉 예수가 그의 성도들과 함께 돌아오고 최후의 심판이 일어나는 때를 의미한다고 해석한다. 더욱이 예수에 대한 믿음이 올바른 이스라엘의 믿음을 성취하듯이, 사람들이 자기 백성을 구원하기 위해 하늘로부터 도래하기를 기다리는 대상은 바로 예수다. 바울에게 있어 예수의 행동은 하나님의 행동이다. 마찬가지로 데살로니가전서 4장에서 바울은 시편 47편을 참조해서 나팔이 울릴 때 주님이 어떻게 돌아올 것인지를 묘사한다.

주께서…
하나님의 나팔 소리로 친히 하늘로부터 강림하시리니
(살전 4:16).

하나님께서 즐거운 함성 중에 올라가심이여,
여호와께서 나팔 소리 중에 올라가시도다(시 47:5).

---

[249] Bauckham은 유사한 의도가 명확한 여러 구절을 나열하고 "YHWH가 예수로 여겨지는" 본문들에서 "일신론적 주장"도 나타난다고 결론지었다. Bauckham, *Jesus*, 193. 그러므로 고기독론적인 요소가 분명히 존재한다.

시편 47편에서 장엄한 하나님, "온 땅의 큰 왕"(2절)이 그의 성전에 들어갈 때 노래와 나팔소리가 울려 퍼진다. 그가 앞으로 나아갈 때 그는 온 세상의 통치자로 나타난다. "하나님이 뭇 백성을 다스리시며 하나님이 그의 거룩한 보좌에 앉으셨도다"(시 47:8). 바울에게 이것은 주가 돌아오는 날의 이미지다. 주의 날이 임할 때 그리스도가 하늘에서 내려와 하나님과 온 세상의 통치자로 등장할 것이다.

이스라엘의 주와 예수 그리스도가 동일시되기 때문에 바울은 주 예수(*Kyrios Iēsous*)라는 초기 고백을 "주(여호와)의 이름을 부르는 것"으로 해석한다. 요엘서에 등장하는 또 하나의 회복 약속에서 다음과 같이 예언된다. "누구든지 여호와의 이름을 부르는 자는 구원을 얻을 것이다"(욜 2:32[70인역에서는 3:5]; 롬 10:13). 요엘서는 진노의 날 직전에 임하는 종말론적 구원에 관해 예언하는데, 그 구원은 성령이 돌아와 회복을 가져오는 것을 통해 실현될 것이다. "남은 자 중에 나 여호와의 부름을 받을 자가 있을 것임이니라"(욜 2:32b[70인역에서는 3:5b]). 따라서 "주(여호와)의 이름을 부르는 것"이 회심의 표지다.[250]

주 예수(*Kyrios Iēsous*)라는 고백을 고려하자면 여기에 등장하는 이름은 "모든 이름 위에 뛰어난 이름"이다. 구약성서에서 하나님의 이름에 관한 언급은 하나님 자신에 관한 언급이다. 이것이 바로 신학적 추론이 마무리되는 방식이다. 이스라엘이 회개하고 하나님께 돌아올 때 하나님은 그 백성의 왕이 된다. 이것이 바로 바울이 이 대목에서 의미한 바다. 참회한 죄인들이 "주"라는 그리스도의 이름을 부를 때 그들은 진정한 신정 체제로 돌아가 그리스도를 그 백성의 즉위한 왕으로 모신다. 바울에게 있어 예수는 이스라엘의 주님이며 예수에 대한 신앙은 모세 신앙과 종말론적 구원 모두

---

250   Stuhlmacher, *Romans*, 158-59.

를 성취한다.

고린도전서에는 바울이 하나님과 그리스도, 아버지와 아들을 병행시키는 특별한 구절이 있다. 고기의 정결과 우상숭배에 관한 문제가 해결될 필요가 있는 대목에서 바울은 거짓 신들은 참되신 한 분 하나님에 비해 사소하다고 주장한다. 여기서 바울은 또 다른 고백적 진술을 인용하는데 그 진술은 유대교의 쉐마(shema)를 대담하게 재해석한다. 구약성서의 신앙은 "나는 여호와 네 하나님이라"는 한 가지 요구에 초점을 맞췄다. 바울이 우상을 비판할 때 "나 외에는 다른 신들을 네게 두지 말지니라"(신 5:7)라는 진술이 중요했을 것이다. 바울은 새로운 공식에서 주 예수(Kyrios Iēsous)에 대한 고백과 쉐마 진술을 결합한다.

> 그러나 우리에게는 한 하나님 곧 아버지가 계시니
> 만물이 그에게서 났고 우리도 그를 위하여 있고
> 또한 한 주 예수 그리스도께서 계시니
> 만물이 그로 말미암고 우리도 그로 말미암아 있느니라
> (고전 8:6)

원래의 고백에 이제 새로운 의미가 부여된다. 한 하나님이 한 주 예수 그리스도와 함께 다스린다. 주님께 대한 믿음은 동시에 예수에 대한 믿음을 의미한다. 표준적인 유일신 신앙에서 이위일체적(binitarian) 고백이 나오는데 여기에 상호 배제나 긴장 관계는 존재하지 않는다.[251] 창조의 이 측면은 흥미롭다. 그리스도는 첫 열매였고 모든 것이 그를 통해 창조되었다. 이것이

---

251 Hengel and Schwemer, *Damaskus*, 430을 보라. 그들은 이 고백이 유대교 전통과 구약성서에 기초한 유대인 기독교 공동체가 있었던 안디옥에 분명히 알려져 있었을 것이라고 강조한다.

구원의 공동체가 창조되는 방식이다. 새로운 왕국은 예수를 주로 고백하는 사람들로 구성된다. 하나님께 대한 헌신은 예수께 대한 헌신과 동일하다.[252]

바울은 그리스도에 대한 유사한 관점으로 로마서에서 다음과 같이 외친다. "조상들도 그들의 것이요 육신으로 하면 그리스도가 그들에게서 나셨으니 그는 만물 위에 계셔서 세세에 찬양을 받으실 하나님이시니라. 아멘!"(롬 9:5) 논란의 대상이 되어왔던 이 구절은 우리가 위에서 살펴본 고린도전서 8장과 유사한 동일시를 담고 있다. 따라서 이 절의 끝부분이 단지 성부 하나님에 대한 찬양만이라고 설명될 필요가 없다.[253]

바울 서신에는 많은 논의를 일으킨 주제인 삼위일체 관련 구절들도 존재한다. 바울은 구원론에 관한 중요한 여러 구절에서 성부, 성자, 성령이 협력하는 것으로 묘사한다. 예수가 하늘의 권좌에 즉위하는 것은 성결의 영(성령에 대한 구약성서의 표현)을 통해서다(롬 1:4). 하나님 역시 성령을 통해 예수를 죽은 자 가운데서 살아나게 했다. 이것이 바로 성령이 신자들의 부활을 확증하는 날인(捺印)인 이유다(롬 8:11).

바울에게 있어 성령은 하나님의 영이다. 그렇다면 우리는 성령은 독립적으로 일하면서 이 세상에서 구속사가 진척되도록 도와주는 신적 위격이라고 결론지을 수 있다. 성부 하나님의 마음을 아는 존재는 성령뿐이다. "이와 같이 하나님의 일도 하나님의 영 외에는 아무도 알지 못하느니라"(고전 2:11). 성령은 또한 아들의 영이기도 하다. "하나님이 그 아들의 영을 우리 마음 가운데 보냈다"(갈 4:6). 고린도후서에서 바울은 한 문장에서 모든

---

252 이는 기독론에 대한 Hurtado의 기념비적인 저술 *Lord Jesus Christ*, 124-25, 153의 주요 결론 중 하나다. Bauckham, *Jesus*, 141도 참조하라.

253 번역본들 사이에서도 해석이 다르다. 예컨대 NRSV는 "만물 위에 계시고 영원히 축복을 받으실 하나님이시라"("who is over all, God blessed forever")고 번역한다. 이 문제에 대한 자세한 논의는 Jewett, *Romans*, 566-69를 보라. 분사 *ōn*이 "그분이 참으로 누구인지"를 가리킨다는 그의 지적도 옳다. 따라서 언어학적 논증은 NIV 번역에 무게를 실어준다.

위격을 언급한다. "주는 영이시니 주의 영이 계신 곳에는 자유가 있느니라"(고후 3:17). 이 문맥에서 주는 모세의 하나님이면서 동시에 영화롭게 된 그리스도이고 따라서 성령은 하나님의 영이자 그리스도의 영이다.

바울은 구약성서의 가르침을 해석하면서 성령이 이 세상에서 성부 하나님의 일을 수행함으로써 행동한다는 것을 보여준다. 성령은 복음에 대한 증인이고(롬 8:16), 신자들을 위해 기도하며(롬 8:26), 은사를 나눠준다(고전 12:11). 그리고 성령은 복음 선포를 확실히 하고자 영적 은사를 나눠준다. "은사는 여러 가지나 성령은 같고 직분은 여러 가지나 주는 같으며 또 사역은 여러 가지나 모든 것을 모든 사람 가운데서 이루시는 하나님은 같다"(고전 12:4-6). 바울에게 있어 구원의 때는 일반적으로 성령을 통한 갱신의 때다. 여기서 그는 유대교의 묵시적 가르침과 초기 교회의 전통을 모두 받아들인다. 이스라엘의 회복은 하나님이 갱신된 그의 공동체에 성령을 보낼 때 실현된다. 이것이 바울이 그 회중 자체가 하나님의 성전이고 성령의 성전이라고 가르치는 이유다. 이것이 또한 공동체를 창조하고 사람들이 구원을 받도록 하는 존재가 삼위일체 하나님인 이유다. "우리를 너희와 함께 그리스도 안에서 굳건하게 하시고 우리에게 기름을 부으신 이는 하나님이시니, 그가 또한 우리에게 인치시고 보증으로 우리 마음에 성령을 주셨느니라"(고후 1:21-22).

요약하자면 바울은 한편으로는 초기 교회가 가르친 승귀 기독론을 고수하고 다른 한편으로는 그것을 재해석한다. 전통적으로 구원을 주는 믿음에 초점을 맞추던 상황에 변화가 생겼고 신정 체제의 역학이 다른 관점에서 해석되어야 한다는 것을 바울도 안다. 즉위 기독론은 하나님의 왕위가 이스라엘에서 회복되었음을 증명한다. 유배가 끝나고 신적 즉위가 진정한 희년을 가져온다. 아버지의 우편 영광의 보좌에 앉은 그리스도께 대한 믿음은 하나님에 대한 이스라엘의 믿음이다.

4. 낮아짐과 높아짐

즉위라는 의미에서의 부활 기독론 외에 바울은 케노시스(*kenōsis*) 신학에도 초점을 맞춘다. 그것은 하늘의 권좌로 이어지는 과정인 예수의 낮아짐과 높아짐의 내러티브에 근거한다. 이는 부활에 관한 바울의 사상이 단지 높아짐 개념을 통해서만 인도된 것이 아님을 의미한다. 대신 그것은 수난 내러티브 전체와 부활 메시지로 구성된다. 그래서 그 신학의 양상에 희생제사의 속죄 기독론이 존재한다. 성육신한 그리스도는 고난 받는 종의 역할을 맡아서 해방을 가져오고 마침내 하늘의 권좌로 높여진다.

이는 성전 예전에서 기원하고 성전의 상징들을 사용하는, 예수의 죽음에 대한 제의적 해석이 높아짐 개념으로부터 분리되지 않았음을 의미한다. 초기 교회의 기독론에 관한 논의에서 언급되었듯이 제의 이미지는 예수의 우주적 역할에 대한 제사장적 해석을 낳았다. 예수는 부활하여 하늘의 대제사장으로서 행동했다. 따라서 그의 부활은 예수가 하나님 앞에 제물을 가져가는 희생제사를 수행한 것으로 이해될 수 있으며 또한 제물의 피가 뿌려지는 보좌 위로 높여진 것으로 이해될 수도 있다. 이것이 바로 제사장 내러티브와 즉위 신학이 합쳐지는 방식이다.

본서의 분석에서 몇 차례 언급된 로마서 4:25은 바울 서신에서 매우 중요한 구절 중 하나다. "예수는 우리가 범죄한 것 때문에 내줌이 되었다." 죽은 자 가운데서 누군가를 일으킨 것이 대속적 제물을 토대로 의를 획득한다. 제의 모티프는 그 신학이 계속 부활에 초점을 맞추게 한다. 하지만 이 구절에서 함의된 내러티브가 낮아짐과 높아짐에 관한 이야기라는 점이 중요하다. 그러므로 그 내러티브는 공식처럼 짧지는 않다. 대신 낮아짐과 높아짐의 패턴은 구원에 관한 거대한 우주적인 이야기를 묘사한다. 더욱이 로마서 5장에서 바울은 예수의 희생제사를 처음 언급한다. "우리가 그의 피로 말미암아 의롭다 하심을 받았으니…"(롬 5:9). 이 희생제사가 예수의 생명을 통해 구원을 확보한다. "곧 우리가 원수 되었을 때에 그의 아들의 죽으심으로 말미암아 하나님과 화목하게 되었은즉 화목하게 된 자로서는 더욱 그의 살아나심으로 말미암아 구원을 받을 것이니라"(5:10).

속죄와 높아짐은 고린도후서의 아름다운 구절에서도 함께 나타나는데 이 구절은 아마도 이전의 찬송 자료에 의존할 것이다. 하지만 그 구조 자체가 더 이상 특정한 리듬을 따르지 않기 때문에 그런 배경은 단지 암시(allusion)일 뿐이다.

> 한 사람이 모든 사람을 대신하여 죽었은즉
> 모든 사람이 죽은 것이라.
> 그가 모든 사람을 대신하여 죽으심은
> 살아있는 자들로 하여금 다시는 그들 자신을 위하여 살지 않고
> 오직 그들을 대신하여 죽었다가 다시 살아나신 이를 위하여 살게 하려 함이라(고후 5:14-15).

그리스도가 대속적 역할을 맡는 이 구절에서 제의적 대표 개념이 명백하게 나타난다. 로마서 4:25과 마찬가지로 예수의 죽음과 부활 모두가 속죄를 이룬다. 따라서 이 구절에는 제사장의 역할도 나타난다.

그런 특징들의 결합은 빌립보서에 수록된 찬가에서 가장 명시적으로 표현된다(빌 2:6-11). 낮아짐과 높아짐 모티프가 예수가 지닌 하늘의 권세에 대한 대담한 표현들을 위한 토대를 닦는다. 그 구절은 바울의 사상을 매우 잘 표현해주기 때문에 우리는 이 대목에서 이 찬송을 새로운 관점에서 다

룰 것이다.[254] 이 찬송은 케노시스(*kenōsis*), 즉 불가사의한 "비움"에서 시작하는데 그 이야기는 예수의 처형에 관한 묘사를 거쳐 부활을 통한 즉위에서 절정에 이른다.[255]

> 그는 근본 하나님의 본체시나
>
> 하나님과 동등됨을 취할 것으로 여기지 아니하시고
>
> 오히려 자기를 비워 종의 형체를 가지사
>
> 사람들과 같이 되셨고
>
> 사람의 모양으로 나타나사
>
> 자기를 낮추시고
>
> 죽기까지 복종하셨으니 곧 십자가에 죽으심이라.
>
> > 이러므로 하나님이 그를 지극히 높여
> >
> > 모든 이름 위에 뛰어난 이름을 주사
> >
> > 하늘에 있는 자들과 땅에 있는 자들과 땅 아래에 있는 자들로
> >
> > 모든 무릎을 예수의 이름에 꿇게 하시고
>
> 모든 입으로
>
> 예수 그리스도를 주라 시인하여
>
> 하나님 아버지께 영광을 돌리게 하셨느니라
>
> (빌 2:6-11).

---

254 이 찬송이 바울 자신의 목적을 반영하기 때문에 이 대목에서 그 찬송을 다룰 필요가 있다. 바울 사도에게 중요한 낮아짐과 높아짐의 패턴은 아마도 이 찬양 공식에서 가장 잘 표현될 것이다. 본서 3장의 섹션 II.2를 보라. 이는 선재 기독론과 고기독론의 이른 연대를 지지하는 표준적인 구절이다. Hengel, *Studies*, 380을 보라. "선재하는 존재이자 하나님과 같은 존재인 그는 자기의 신적 존재 형태를 '움켜쥐어야 할 것'으로 여기지 않고 자기를 비워 인간이 되어서 십자가에서 수치스럽게 종처럼 죽는다."

255 특히 Martin, *Carmen Christi*, 211-15를 보라.

앞서 언급되었듯이 이 찬송은 고기독론을 표현한다. 이 점은 세 가지 핵심 용어가 그리스도의 독특한 지위를 강조하는 시작 부분부터 분명해진다. 그는 하나님의 본체(morfē theou)와 하나님과 동등됨(isa theō)을 지니고 있으며, 비움(ekenōsen)은 이 두 특질을 상실하는 것을 의미한다.[256] 우리는 그 구절을 다시 다루고 있기 때문에 구조에 관한 문제들에 초점을 맞출 필요가 있다. 이렇게 초점을 맞추면 우리는 과정을 표현하는 측면들을 발견할 수 있을 것이다. 이 대목에서 구조 자체가 여러 면에서 어의상의 의미에 영향을 주기 때문에 빌립보서의 찬송은 이런 분석을 하기에 최적이다. "하나님의 본체"는 "종의 형체(homoiōma)"와 병행하는데 엄격하게 말하자면 이는 대조되는 개념이다. "본체/형체"(form)에 해당하는 단어는 어떤 대상의 본질을 가리킨다. 그리스도는 비우기 전에 진정한 하나님이었던 것처럼 비움을 통해 진정한 종이 된다. 그는 하나님과 같았던(isa theō) 상태에 머무르지 않고 오히려 인간과 같은 상태가 되었다.[257]

케노시스(kenōsis)는 이 구절에서 가장 어려운 용어다. 그리스도가 자신을 비운다(heauton ekenōsen)는 것은 무슨 의미인가? 이것은 단지 그의 인성을 가리키는가? 아니면 우리가 복종 개념을 고려해야 하는가? 언어상의 대조 요소는 "종의 형체"다. 비움은 노예 상태로 귀결된다. 이 짧은 구절 전체를 읽을 때 이 측면이 중요하다. 이 찬송에서 종과 주님 사이의 대조는 케노시스가 노예 상태를 가리키는 것으로 이해되는 것이 가장 적절함을 암시

---

256 Gieschen은 바울이 "성육신 전 천사 형태의 그리스도"가 "천사 형태의 인간으로서 하늘에 존재하는 가시적인 하나님의 모습"이 된 것으로 이해했다고 지적한다. Gieschen, *Angelmorphic Christology*, 329. 이 해석이 천사적인 인물들의 측면을 지나치게 강조하지 않기 때문에 나는 이 해석에 동의할 수 있다.

257 매우 중요한 용어를 통해 고기독론이 명백하게 나타난다. Hurtado, *Lord Jesus Christ*, 121-22. Dunn은 이에 반대한다. 그에 따르면 그 찬송은 불순종한 아담을 그리스도와 대조하며 인간 예수의 자기희생에 관해 말한다. Dunn, *Paul*, 281-88.

한다.

속죄 개념은 특히 8절에 명백하게 나타난다. 그리스도가 자신을 낮추었을(*tapeinoō*) 때 한 일은 이미 구약성서에 잘 나타나 있다. 레위기 23:29에서 이 단어는 속죄일(Yom Kippur)을 제대로 맞이하기 위해 금식함으로써 자신을 낮추는 것을 의미한다. 찬송의 저자는 이 이미지를 사용해서 그리스도가 죽음의 자리에 나아가기까지 고난 받는 종의 사명을 어떻게 짊어졌는지를 묘사했다. 이것이 바로 종말론적 속죄의 날이 실현되는 방식이다. 동일한 단어가 고난 받는 종의 사명을 정의할 때 등장한다(사 53:8 70인역).[258] 전환점(*dio*, 빌 2:9)은 명확하고 대관식에 대한 묘사가 시작된다. 여기서 높아짐(*hyperhypsō*), 즉위, 권세를 잡은 이에게 새로운 이름을 부여하는 것, 궁정의 무릎 꿇기 등의 개념은 모두 그리스도의 비범한 왕권을 표현한다. 순종과 충성의 맹세가 낭송되고 이것은 이제 주 예수(*Kyrios Iēsou*)라고 말하는 회중의 고백이 된다(11절).[259]

낮아짐과 높아짐의 기독론은 유배된 자들에게 해방을 가져온다는 의미에서 다윗 가문의 인물의 사명을 잘 표현한다. 그 차별화된 양상은 먼저 고난 받는 종의 대속적인 행위가 없이는 화해가 불가능함을 선포한다. 그의 순종은 그의 즉위에서 절정에 도달했다. 부활 때 다윗의 자손에게 하늘의 왕권이 주어졌고 이 땅의 신앙 공동체뿐만 아니라 천상의 모든 존재가 그를 예배한다. 그 찬송의 저자에게 있어, 그리고 의심할 나위 없이 바울에

---

258   사 52-53장 그리고 심지어 45장과의 분명한 유사성은 Bauckham, *Jesus*, 43을 보라.

259   다음과 같은 Gieschen의 말 역시 옳다. "바울이 그리스도를 천상의 인간으로 이해한 것은 근본적으로 겔 1:26-28에 근거하고 있다는 결론은 그가 그리스도를 명시적으로 영광과 동일시한다는 사실(고후 3:18; 4:6; 고전 2:8; 엡 1:17)을 통해 지지된다." Gieschen, *Angelmorphic Christology*, 331. 그런 지위는 그 찬송에서도 명백하다. 다음과 같이 말하는 Bauckham을 참조하라. "그리스도가 독특한 신적 주권에 참여하도록 높아진 것은 그가 독특한 신적 정체성에 포함되었음을 보여준다." Bauckham, *Jesus*, 45. "이름"에 관해서는 Witherington, *Narrative Thought World*, 183을 보라.

게 있어 이는 유배된 자들의 미래의 회심을 예언한 이사야서의 성취를 의미한다.

> 땅의 모든 끝이여, 내게로 돌이켜 구원을 받으라. 나는 하나님이라. 다른 이가 없느니라. 내가 나를 두고 맹세하기를 내 입에서 공의로운 말이 나갔은즉 돌아오지 아니하나니 "내게 모든 무릎이 꿇겠고 모든 혀가 맹세하리라" 하였노라(사 45:22-23).

바울에게 있어서는 이처럼 굴욕과 높아짐의 패턴이 그리스도의 사역을 가장 잘 표현한다. 그는 예수의 우주적 사명을 압축한 형태로 제시할 수 있는 그 내러티브를 좋아한다. 비록 바울이 이전의 자료들과 받아들여진 고백 및 찬송을 계속 사용하기는 하지만 이것은 확실히 바울 자신의 기독론이다. 이는 또한 보편 구원론의 근거이기도 하다. 이제 모든 장애물이 없어졌기 때문에 이방 민족들의 순례가 시작될 수 있다. 바울에게 있어 기독론은 언제나 선교 사역으로 이어진다. 그가 이렇게 하는 근거는 부활한 주님이 그를 복음의 사도로 불렀다는 사실에 기초한다.

　　이 분석의 결과를 요약하자면, 예상된 바와 같이 바울의 기독론은 그가 새로운 공동체에서 배운 가르침에 의존한다. 초기 교회의 기독론 공식이 초기 선포의 핵심을 구성했고, 예전의 발전과 고백 공식 그리고 찬송의 형성을 이끌었다. 바울은 자신의 사역에서 이 사명을 계속하면서 새로운 땅에 회복의 메시지를 전한다. 그 역시 사람들이 하나님 우편으로 높여진, 부활한 그리스도를 고백할 때 종말론적 구원이 현실화한다고 확신한다. 바울은 새로운 다윗 자손의 종(doulos)이다. 그는 이방 민족 중에 믿음의 순종을 만들어내기 위해 속죄와 칭의를 설교한다. 그의 메시지는 줄곧 기독론적이며 따라서 그것은 예수에 대한 그의 이해를 떠나서는 평가될 수 없다. 더욱이 그것은 처음부터 개인적이었다. 바울 자신이 부활한 존재의 계시를 보았다.[260] 그는 증인이다. 그리고 그는 구원의 나라를 다스리기 위해 권좌에 즉위한 하늘의 왕으로부터 위임을 받았다.

VII. 새로운 이스라엘을 모으는 것

어떤 면에서는 사명이 바울을 규정한다. 바울이 다른 신학적 주제들을 토대로 회복 종말론을 사용하는 추가적인 증거들이 없다고 할지라도 모든 민족에게 복음을 전하는 것에 관한 그의 개념이 회복 종말론이라는 이슈를 표면화시켰을 것이다. 이제 우리는 다른 모든 요소에 익숙해졌기 때문에 이 핵심적인 주제에 초점을 맞추는 것이 훨씬 더 중요하다. 그리스도의 종 (doulos)으로서 바울의 모든 경력은 이스라엘의 최종적인 갱신에 대한 선포와 관련이 있다. 그는 사람들을 모으는 하나님을 믿는다. 그는 잃어버린 지파들에게 구원의 말씀을 전하기 위해 여러 마을과 도시를 돌아다닌다. 그는 언제나 제일 먼저 회당에 들어가 사역을 시작하고 그곳에서 며칠을 지내며 그리스도 안에 있는 구원을 꼼꼼하게 논증한다. 그는 그러고 난 후에야 이방인들에게로 나아간다. 그는 포로기의 대예언자들을 통해 약속된 이방 민족들의 순례가 실현될 수 있도록 종말론적 성전을 세우는 일을 시작했다. 바울에게 있어 선교의 사역은 무엇보다도 새로운 성전에서 행해진 사역이다.

---

260   신학이 관여되어야 한다는 Chester의 언급은 옳다. 바울은 종종 계시를 언급함에도 명백히 이전의 전승을 사용하며 그것을 "높아진 초월적 인물로서의 그리스도 전승에 적용"하여 자신의 기독론을 만들어낸다. Chester, *Messiah*, 395. 나는 인물들뿐 아니라 여러 인물이 나름의 역할을 하는 내러티브도 중요했다는 점을 덧붙이고자 한다.

1. 새로운 성전에서의 사역

바울의 구원론에 나타난 새로운 지평은 자신의 선교 사역에 대한 그의 전제들에 관한 우리의 이해를 바꾼다. 그는 이스라엘을 모으는 것을 최우선 순위로 생각했기 때문에 그를 단순히 이방인에 대한 사도로 묘사하는 것이 완전히 옳지는 않다. 그는 서신들에서 자신이 비유대인 민족들 가운데서 선교 사역을 하도록 부름을 받았다고 진술했다(갈 2:9). 하지만 그의 사고에서 구원은 언제나 "유대인에게 먼저" 주어진다(롬 1:16). 그는 흩어진 유대인들을 하나씩 새로운 나라(*basileia*)로 데려오기 위해 노력함으로써 모으기의 원리를 문자적으로 이행한다. 하지만 그의 관점은 보편주의적이다. 바울은 다윗의 자손이 민족들의 빛임을 이해한다. 이스라엘이 갱신되듯이 다른 민족들 역시 구원의 공동체로 향하는 순례를 시작할 것이다.

예수가 전에 그랬던 것처럼 바울은 주님이 산 돌로 이루어진 새로운 성전을 지을 것이라고 믿는다. 새로운 몸은 성령의 성전으로 불릴 것이다. "너희 몸은 너희가 하나님께로부터 받은 바 너희 가운데 계신 성령의 전인 줄을 알지 못하느냐? 너희는 너희 자신의 것이 아니라 값으로 산 것이 되었으니…"(고전 6:19-20). 이 구절에서 고린도에 있는 공동체는 하나님의 종말론적 성전이다. 이것이 바울 구원론의 토대이며 따라서 그의 권고의 말은 동일한 출발점을 지닌다. 신자들은 자신의 것이 아니고 그 성전에 속한다.

바울에게는 성전 이미지가 매우 중요하기 때문에 그는 로마서의 끝부분에서 자신의 소명과 사명을 묘사할 때 성전 메타포를 사용하고 그것에 확장된 이미지를 부여한다. 사도들에게 그 성전을 짓는 일이 맡겨졌기 때문에 바울은 자신의 과제를 하나님을 기리는 제사장의 직무에 참여하는 것이라고 묘사할 수 있다.

그러나 내가 너희로 다시 생각나게 하려고 하나님께서 내게 주신 은혜로 말미암아 더욱 담대히 대략 너희에게 썼노니, 이 은혜는 곧 나로 이방인을 위하여 그리스도 예수의 일꾼이 되어 하나님의 복음의 제사장 직분을 하게 하사 이방인을 제물로 드리는 것이 성령 안에서 거룩하게 되어 받으실 만하게 하려 하심이라(롬 15:15-16).

이 구절에서 핵심용어는 일, 제사장 직분, 제물, 거룩해짐이다. 바울은 그리스도인들이 성전에서 하나님을 섬긴다는 개념을 발전시켰다.[261] 바울 사도가 제사장 역할을 한다는 개념이 메타포라는 점은 사실이다. 하지만 이 메타포의 사용을 정당화시키는 근거는 종말론적이다. 이 주제는 새로운 문맥에서 사용될 수 있다. 그리스도의 일꾼은 대제사장으로부터 친히 위임받은 제사장으로서 제사장의 직무를 수행한다. 구원 공동체인 신자들은 희생제물(또는 서원 제물)처럼 주께 드려진다.[262] 새로운 메타포는 첫 번째 메타포를 완성한다. 지상의 제사장들은 하나님께 제물을 가져올 때 자신의 삶 속에서 일어난 하나님의 선한 일들에 감사했다. 이와 유사하게 바울은 종말론적 회복에 감사하며 하나님의 능력 있는 복음을 찬양하는 제물로서 구원받은 신자들을 하나님 앞에 데려온다. 예수의 선포와의 연결이 이보다 더 명확할 수는 없다.

또한 바울의 선교적 관점에는 삼위일체적인 토대가 있다. 바울이 선교

---

261 이 짧은 구절에 관한 연구에서 핀란드의 신약학 교수인 J. Thurén은 로마서 전체에서 유사한 개념들이 조금씩 다른 맥락(예컨대 롬 12:1의 제물[thysia])에서 등장한다고 지적한다. 이방인들의 순종(hypakoē ethnōn)을 가져오기 위해 그리스도의 일꾼(leitourgos Christou)이 된 바울은 롬 1:1-5에 나타나는 믿음의 순종(hypakoē pisteōs)을 가져오기 위한 그리스도의 종(doulos Christou)과 유사하다. Thurén, *Hedningarnas offerliturgi*, 20-22.

262 바울이 여기서 사용하는 단어인 제물(prosfora)은 70인역에 등장하는 희생제물이나 서원 제물에 해당하는 용어다. Jewett, *Romans*, 907; 참조. Hengel and Schwemer, *Damaskus*, 158.

사역의 기본적인 동기를 규정하기 시작할 때 그는 삼위일체적인 표현을 사용한다. 이 점은 위에서 사용된 인용문에서 발견된다. 바울은 당시에 알려진 세계 곳곳을 여행하면서 자신을 "그리스도 예수의 일꾼"으로 선언한다. 그는 "하나님의 복음의 제사장 직분"을 수행하고, 모인 공동체는 마침내 "성령 안에서 거룩하게" 된다. 이는 바울이 자신의 선교 사역의 기반을 구원론에 두고 있음을 증명한다. 이 구절에 구속사의 패턴이 나타나 있으므로 바울의 사상 이면에 놓인 내러티브가 발견될 수 있다. 하나님이 제시한 구원에서 유배의 현실은 긴 역사를 지니고 있는데, 이제 하나님은 예수의 부활 후 구원의 나라에 사람들을 데려오기 위해 역사 속에서 지속적으로 활동한다.

하지만 하나님의 첫 번째 나라인 이스라엘은 어떻게 되는가? 우리는 이미 바울이 하나님이 남겨 둔 자들에 관해 이야기하고 있음을 살펴보았다. 바울 당시에도 남은 자는 여전히 존재했다. 하지만 그 선택받은 백성에게 미래에 대한 희망이 있는가? 바울은 이스라엘의 운명이 이방 민족들과 밀접하게 관련되어 있다고 주장한다. 이스라엘의 완고함은 신비이지만 다른 관점에서 보자면 그것은 유배의 관점에서 이해될 수 있다. 백성의 유배 상태는 여전히 대다수 개인이 주께 나아오는 것을 방해한다. 하지만 미래에는 상황이 호전될 것이라는 암시가 있다.

바울은 이스라엘의 타락이 다른 민족들에게 유익했다고 상당히 논리적으로 결론짓는다. 따라서 이스라엘의 마음이 완고해진 것이 보편적 선교에 기여했다. 이스라엘이 "부딪힐 돌에 부딪혔다"(롬 9:32)는 것은 사실이다. 이스라엘은 "순종하지 아니하고 거슬러 말하는 백성"이었다(롬 10:21). 이스라엘은 하나님으로부터 파송된 예언자들을 죽였고 주의 제단들을 헐어버렸다(롬 11:3). 이스라엘 백성은 실족했고(*ptaiō*) 구원의 영역 바깥으로 넘어질(*piptō*) 위기에 처했다. "그러므로 내가 말하노니 그들이 넘어지기까지 실족하였느냐?"(롬 11:11) 넘어진 백성의 구성원들은 "믿지 아니하므로 꺾이고"(롬 11:20) 약속의 이스라엘인 참된 감람 나무로부터 잘린(롬 11:17) 마른 가지들이었다.[263] 하지만 종말론적 요점은 분명하다. 이스라엘이 온 땅에 흩어져 있기 때문에 복음이 온 세상에 선포될 것이다.

하지만 바울의 구원론에는 유대인들이 훗날 그리스도께 대한 순수한 믿음을 시기하고 하나님께로 돌아온다는 독창적인 개념이 있다. 하나님을 향한 열심에 새로운 동기가 생긴다.[264] 이스라엘이 하나님께서 이방인들에게 자비를 베풀었다는 것을 이해하면 그들은 회복의 복음을 시기하게 될 것이다. "그들의 넘어짐이 세상의 풍성함이 되며 그들의 실패가 이방인의 풍성함이 되거든 하물며 그들의 충만함이리요!"(롬 11:12) 하지만 구원의 기본 원리는 변하지 않는다. 바울은 은혜로 말미암는 선택에 관해 이야기한다. "그런즉 이와 같이 지금도 은혜로 택하심을 따라(은혜로 말미암는 선택에 따라, *kata eklogēn kharitos*) 남은 자가 있느니라"(롬 11:5). 바울 구원론의 맥락에서 은혜로 말미암는 이 선택은 이제 율법과 별도로 나타난 하나님의 구원하는 의로 해석될 수 있다(롬 3:21; 참조. 롬 11:6). 그것은 구원을 제공하는 하나님의 능력인 믿음으로 말미암는 칭의다(롬 1:16).[265]

---

263   이는 가혹하게 들릴 수 있지만 학자들이 지적했듯이 사실은 유사한 사상이 표준적인 유대교 신앙이었다. 참조. Westerholm, *Mosaic Law*, 221-22: "남은 자 신학—이 신학에서는 역사의 특정한 시점들에서 대다수 유대인은 믿음이 없고 심판을 받게 된다고 선포되고 '마지막 날'에 하나님께로 극적으로 돌아가기 전 생존자들의 공동체는 사실상 이스라엘의 소수에게 제한된다—은 바울이 만들어낸 것이 아니다."

264   Dunn이 지적하듯이 「스불론의 유언」 9:8의 이 반전은 독특하다. 하나님은 "이스라엘의 유익을 위해 그들을 (거절하는 것이 아니라) 질책한다." Dunn, *Romans*, 653-54. Scott, *Paul*, 132.

265   Dinkler, *JR 36* (1956), 115도 보라. 그는 롬 11:6에서 바울이 "행위"를 하나님의 "부르심"과 대조시킨다고 지적한다. Wagner는 넓은 개요에 집중하는데, 그 개요에 따르면 로마서는 그리스도의 사명을 하나님의 선택받은 백성인 이스라엘과 관련시키는 기독론적 진술로 시작한다(롬1:1-4). 롬 1:16-17에서 이 진술은 구원론적으로 해석된다. 모든 믿는 자에게 구원이 주어지는데 먼저 유대인에게 주어지고 그리스인에게도 주어진다. 롬

그러므로 바울은 이스라엘의 구원에 관해 낙관적이다. 몇몇 학자가 바울이 유대인에게 적대적인 태도를 취한다고 주장해온 점을 고려하면 이 세부내용은 매우 중요하다. 로마서에 나타난 내용은 그런 주장과는 정반대다. 바울은 이방 민족들을 통해서 오는 복이 지난 모든 복을 능가할 것이라고 기대한다. "그들을 버리는 것이 세상의 화목이 되거든 그 받아들이는 것이 죽은 자 가운데서 살아나는 것이 아니면 무엇이리요!"(롬 11:15) 앞의 분석에서 언급되었듯이 "온 이스라엘"이라는 표현에 다른 의미가 있기는 하지만 바울에 따르면 이스라엘의 미래는 낙관적이다. 이스라엘은 그들의 구원자를 발견할 것이고 회복의 날이 완성될 것이다.[266]

바울은 복음에 대한 제사장 직무에서 하나님의 종말론적 성전을 짓는 자 역할을 감당한다. 그의 의도는 이스라엘의 잃어버린 지파들을 모으는 것이다. 하지만 이 일을 행함에 있어 바울은 자기에게 특별한 사명이 주어졌다고 확신한다. 그것은 이방인들에게 좋은 소식을 전하는 개인적인 과제다. 그는 이방 민족들의 종말론적 순례가 시작될 수 있도록 힘써야 한다. 새로운 성전은 모든 인간으로 구성된 돌들로 지어질 것이다. 이스라엘이 마음이 완고해져서 그리스도께 접근하지 못하는 것은 신비다. 하지만 이는 일시적이다. 장래에는 모든 약속과 메타포와 이미지를 받은 선택받은 백성이, 하나님의 새로운 성전이 인간의 손으로 지어진 것이 아니라 예수 그리스도 자신으로 말미암아 지어진 종말론적 성전임을 깨달을 것이다.

9-11장에서 "그리스도께 뿌리를 두고 있는 칭의가 역사적 측면을 가지고 있음"이 분명하다. Wagner, *Eschatology*, 99.

266   참조. Scott, *Paul*, 133: "회복의 궁극적 목적은 이스라엘과 민족들이 시온에서 함께 주를 예배하는 것이다."

2. 이방인의 사도 바울

바울이 자신을 하나님께 부름을 받은 사도로 제시하는 것은 결코 사소한 세부사항이 아니다. 그는 자신의 거의 모든 서신을 이 소명에 대한 언급으로 시작한다. 그는 예수 그리스도로부터 권위를 부여받았고 따라서 그의 사명은 열두 사도들의 사명에 못지않게 중요하다. 중요한 유일한 차이는 바울이 대개 자신을 이방 민족들의 사도로 제시한다는 것이다. 이는 첫째, 다른 사도들은―우리가 복음서들에서 보았듯이―주로 유대인들을 위한 사도였음을 의미한다. 둘째, 우리는 바울이 이방인의 구원에 관한 특별한 비전을 갖고 있었다고 결론지을 수 있다. 앞서 언급되었듯이 바울을 임명한 최고의 권위는 그리스도의 환상이었다.

> 사람들에게서 난 것도 아니요(*ouk ap'*) 사람으로 말미암은 것도 아니요(*oude di'*) 오직 예수 그리스도와 그를 죽은 자 가운데서 살리신 하나님 아버지로 말미암아 사도 된 바울은…(갈 1:1).

로마서에서 바울은 자신을 그리스도의 "종"으로 제시한다. "예수 그리스도의 종(*doulos*) 바울은 사도로 부르심을 받아 하나님의 복음을 위하여 택정함을 입었다"(롬 1:1). 고린도전서에서 그는 "하나님의 뜻을 따라 그리스도 예수의 사도로 부르심을 받았다"(고전 1:1). 하늘 환상이 바울의 정체성에 그토록 중요한 역할을 한 이유는 그가 기독교 공동체의 최악의 원수 중 한 명이었기 때문이다. "나는 사도 중에 가장 작은 자라. 나는 하나님의 교회를 박해하였으므로 사도라 칭함 받기를 감당하지 못할 자니라"(고전 15:9).[267]

---

267   Hengel and Schwemer, *Damaskus*, 157-58을 보라.

다른 사도들은 이방인 선교에 있어 바울의 역할을 인정했다. 갈라디아서에서 그는 "그들은 내가 무할례자에게 복음 전함을 맡은 것이 베드로가 할례자에게 맡음과 같은 것을 보았고" 다른 사도들이 "우리는 이방인에게로, 그들은 할례자에게로 가야"한다고 동의했다고 쓴다(갈 2:7-9). 이 두 그룹의 사도들 모두 하나님이 잃어버린 자들을 자신의 새로운 나라로 모을 것이라고 믿었다. 하지만 바울은 자신의 사명을 지지하기 위해 좀 더 넓은 보편주의적 관점을 치열하게 유지했을 것이다.[268]

바울은 자신을 이방 민족들의 사도로 규정할 때 몇몇 규칙을 깨고 중요한 경계를 허문다. 앞서 논의된 민족 중심주의적 수위성은 이제 문젯거리가 되었다. 구별(*diastolē*) 자체가 불가능해진다(롬 3:22). 바울의 보편주의에서 하나님은 모든 민족의 주님이다. 구약성서 전체에서 발견되는 보편주의적 견해들이 고려되면 이는 불쾌한 주장이 아니었지만 제2성전기의 현실과 디아스포라 유대교의 맥락에서 이는 명백히 어려운 문제가 되었다. 그렇다면 바울은 왜 이방인들에게 집중했는가? 바울의 정체성에 대한 영감은 그의 구원론에서 발견될 수 있다. 다양한 주제가 결합해서 선교학을 정당화한다. 타락한 이스라엘이 여전히 죄의 무게 아래 살고있기 때문에 이스라엘의 상태는 다른 민족들의 상태와 같은 수준으로 악화되었다. 유대인은 이방인을 "죄인들"(*ethnē hamartōloi*, 갈 2:15)로 부르지만 이는 변경되어야 한다.[269]

---

268 바울과 다른 사도들 사이의 관계에 관해서는 Hengel and Schwemer, *Damaskus*, 216-17을 보라.

269 유대인들에게 있어 이방인들은 단순히 도덕적으로 죄인일 뿐만이 아니라(물론 그것이 한 요인이었음이 틀림없지만) 제의적 부정 때문에도 죄인이었다. 오염을 피하기 위한 여러 규칙이 있었는데 이 규칙들은 잘 알려졌다. 그런 주장은 이스라엘 자체가 거룩한 백성으로 여겨졌음을 의미한다. 그런데 바울의 논리에서는 이 모든 것이 변했고 유배 가운데 있는 이스라엘은 더 이상 거룩하지 않다. 이는 제의적 부정이 성소를 더럽히면 성전의 역할이 손상됨을 의미한다. 따라서 종말론적 성전만이 구원의 장소가 될 수 있다.

이 지점에서 우리는 다시 유배의 수사로 돌아간다. 바울은 죄 (*hamartia*)가 이방 민족들뿐 아니라 현재의 이스라엘도 규정한다고 확신한다. 이것이 온 인류를 새롭게 하는 구원이 모두에게 동일한 이유다(롬 3:20-26). 이 주장이 터무니없는 것처럼 들릴 수도 있지만 바울은 사실 대예언자들의 본문을 언급한다. 예컨대 이사야서는 다음과 같이 크게 외친다. "슬프다, 범죄한 나라(*ethnos hamartōlon*)요 허물 진 백성이요"(사 1:4, 70인역). 그리고 예레미야서는 다음과 같이 말한다. "무릇 모든 민족은 할례를 받지 못하였고 이스라엘은 마음에 할례를 받지 못하였느니라"(렘 9:26b).[270] 따라서 바울이 유배 상황의 맥락에서 보편적으로 받아들여진 "죄인"에 대한 정의를 사용할 때 그의 주장은 역설로 가득 차 있다.

바울은 이방 민족들이 이스라엘을 위한 속전으로 주어진다는 유배 전승을 채택한다. 하나님은 죄 많은 이방 민족들을 용서하듯이 타락한 이스라엘도 용서할 수 있다. 구속에는 큰 대가가 따르지만 우리 인간은 그 결과를 거의 이해할 수 없다. 하나님은 아담 안에서 죽은, 타락한 인류를 용서한다. 나는 심지어 속전 신학이 바울로 하여금 죄가 어떻게 부패시키는지를 보도록 이끌었다고 주장하고 싶다. 그런 맥락에서 아담의 타락과 죄 (*hamartia*)에 대한 급진적인 견해가 논리정연하게 작동한다. 그 결과는 선교로 이어진다. 하나님의 복음, 온 세상의 희년으로 이어지는 신적 즉위에 관한 좋은 소식이 온 세상에 선포될 필요가 있다. 바울은 부활한 그리스도가 자신을 이방인 가운데서 사역하도록 권한을 부여했다고 확신한다.

이 대목에서 우리는 이전의 논점을 반복하고 그것을 토대로 논의를

---

270 바울이 이스라엘의 죄에 관해서 이야기할 때 그는 "유대인 신자들이 참이라고 알고 있는 것에 정면으로 충돌할 뿐만 아니라 구약성서 및 유대의 전통에도 모순된다. 우리가 보았듯이 이스라엘은 일관되게 이방 민족들의 죄악된 관습을 답습했을 뿐 아니라 악을 행함에 있어 이방 민족들을 능가하는 것으로 그려진다." Scott, *Paul*, 131. 같은 책 67도 참조하라.

발전시킬 필요가 있다. 바울은 그의 보편적인 비전에도 불구하고 회복의 첫 번째 원리, 즉 그리스도가 유대인들을 위해 왔다는 사실에 결코 의문을 제기하지 않는다. "그리스도께서 하나님의 진실하심을 위하여 할례의 추종자가 되셨으니 이는 조상들에게 주신 약속들을 견고하게 하시고…"(롬 15:8). 이어서 바울이 예언자들을 통해 주어진 약속들을 언급할 때 구원의 비전은 역사적 경계를 초월한다. 구원은 아담의 모든 자손을 위한 것이었다. 율법학자인 바울에게 있어 이방 민족들의 구원은 신의 말씀에 기록되어 있었다.

> 이방인들도 그 긍휼하심으로 말미암아 하나님께 영광을 돌리게 하려 하심이라. 기록된 바 "그러므로 내가 열방 중에서 주께 감사하고 주의 이름을 찬송하리로다" 함과 같으니라. 또 이르되 "열방들아, 주의 백성과 함께 즐거워하라" 하였으며 또 "모든 열방들아, 주를 찬양하며 모든 백성들아, 그를 찬송하라" 하였느니라(롬 15:9-11).

왕적 기독론과 부활 기독론은 모두 새로운 나라가 보편적인 나라임을 강조한다. 다윗의 자손은 세상의 구속사에서 독특한 지위를 지닐 것이다. 이사야서가 말하듯이 "이새의 뿌리, 곧 열방을 다스리기 위하여 일어나시는 이가 있으리니 열방이 그에게 소망을 둘" 것이다(롬 15:12). 이방인의 구원 사상은 바울을 통해 고안된 것이 아니었고 특별히 기독교적인 것도 아니었다. 오히려 그것은 제2성전기 유대교의 종말론에서 흔한 주제였다.

따라서 다윗 기독론은 유대인 선교와 이방인 선교 모두를 위한 공통분모 중 하나다. 신학적 의미에서 다윗의 집과 그의 왕조에 관한 이야기(삼하 7장)는 선교의 모든 측면을 포괄한다. 구원은 종말론적 성전 건축에 관한 것이다. 그 성전은 회복의 선도자가 될 다윗의 자손을 통해 지어질 것이다. 성전은 "만민이 기도하는 집"이 될 것이다(사 56:7). 따라서 "모으시는" 하나님은 "여호와와 연합한 이방인"이 "나의 성산으로" 인도될 것이라고 말한다(사 56:6-7). 바울은 자신의 보편주의에서 바로 이런 종말론을 적용한다. 바울에게 있어 그가 세우는 교회(*ekklēsia*)는 이방인들 역시 하나님께 기도하도록 부름을 받는 새로운 성전이다. 이 성전에서 이새의 뿌리인 그리스도는 "이방의 빛"(사 49:6; 42:6)인 구원자이며 "여호와의 전의 산이 모든 작은 산꼭대기에 굳게 설" 것이고 "만방이 그리로 모여들 것이다"(사 2:2).

이처럼 바울의 보편주의 선교론은 포로기 예언서들의 보편주의적인 견해들에 근거한다. 이 견해는 이사야서에서 현저하게 나타나지만 여러 시편에서도 잘 입증된다. 이스라엘을 위한 속전으로 주어진 이방 민족들이 선택받은 백성과 마찬가지로 그리스도의 피로 속죄를 받았다. 바울은 회복의 복음이 모두에게 속한다고 확신한다. 그리스도는 이방 민족 출신의 신자들로 이루어진 종말론적 성전을 자신에게로 모은다. 따라서 첫 번째 낙원인 에덴에서 쫓겨나 지금은 영적 유배 상태에 살고있는 모든 이에게 좋은 소식이 전해져야 한다.

3. 세례와 구원

세례에 관한 바울의 신학에서 구원론에 대한 그의 견해가 좀 더 발견된다. 바울 사도는 우리가 예수의 이름으로 세례를 받음으로써만 그리스도인이 될 수 있다고 생각한다. 바울은 세례에 관해 이야기할 때 종종 그리스도께 대한 참여를 강조한다. 그는 옷 입는 것을 언급하는 메타포를 사용하지만 그 메타포에는 그 이상의 내용이 있다. 우리는 바울이 자신의 견해를 존재론적 용어로도 표현하지 않았다고 생각할 이유가 없다.

누구든지 그리스도와 합하기 위하여 세례를 받은 자는 그리스도로 옷 입었느니라. 너희는 유대인이나 헬라인이나 종이나 자유인이나 남자나 여자나 다 그리스도 예수 안에서 하나이니라(갈 3:27-28).

세례에 관한 매우 논리적이고 자연스러운 첫 번째 측면은 씻음이다. 죄가 씻겨질 필요가 있는 오물과 동일시되는 것은 쉽게 이해된다. 의식으로서의 세례의 근거는 명확하다. 하지만 바울은 단순히 회개와 정화의 영역에만 머물지 않는다. 대신 그는 세례 요한이 지녔던 견해, 즉 성령의 세례가 필요하다는 입장을 취한다. 바울은 씻음이 정화하고 죄 용서를 가져오지만 더 나아가 그것은 성령 안에서 신자를 그리스도와 연합시킨다고 주장한다. 세례 요한이 말했듯이 메시아가 성령으로 세례를 줄 때 그는 죄인들을 영적 죽음의 영역으로부터 새로운 입양과 하나님께 참여하는 자리로 나아가게 만든다.[271]

몸은 하나인데 많은 지체가 있고 몸의 지체가 많으나 한 몸임과 같이 그리스도도 그러하니라. 우리가 유대인이나 헬라인이나 종이나 자유인이나 다 한 성령으로 세례를 받아 한 몸이 되었고 또 다 한 성령을 마시게 하셨느니라(고전 12:12-13).

우리는 세례에 관한 바울의 견해에 대해 상당히 잘 안다. 그는 세례 의식과 연결될 수 있는 고백들을 사용하기도 했고 몇몇 흥미로운 구절에서 세례의 의미를 설명하기도 했다. 이 중 가장 심오한 내용은 로마서 6장에서 발견되

---

271 Hengel and Schwemer는 갈 3:26-28이 바울이 그의 기독교 전승 대부분을 배웠던 장소인 안디옥 공동체에서 사용되던 세례 공식을 소개한다고 주장한다. Hengel and Schwemer, *Damaskus*, 440-41.

는데 그 구절은 "[너희는] 세례를 받은 우리가…하는 줄 알지 못하느냐?"
라는 말로 시작하고 이어서 이렇게 말한다.

> 그리스도 예수 안으로 세례를 받았고…
>
> 그의 죽음 안으로 세례를 받았고…
>
> 세례를 받음으로 그와 함께 장사되었고…
>
> 그리스도가 죽은 자 가운데서 다시 살림을 받은 것과 같이…
>
> 우리 또한 새 생명 가운데서 행하게 하려 함이라(롬 6:3-4. 개역개정을 사
> 용하지 아니함)

이 구절의 구조는 그것이 고린도전서 15장에 나타나는 부활 신앙고백 위에
기반하고 있음을 보여준다(참조. 빌 3:9-10; 골 2:12).[272] 그리스도의 죽음, 장
사, 부활이 형성하는 뼈대 위에 세례의 신학적 의미가 구축된다. 바울은 능
숙한 수사 장치를 사용한다. 그는 참회자들이 암기한 고백들을 사용해서
자신의 독자들에게 세례의 의미에 관해 상기시킴으로써 그 사건의 의미를
심화시킨다.

이 구절은 몇 가지 중요한 특징을 지니고 있다. 첫째, 바울은 죽음을 언
급하면서 신자들이 그리스도와 함께 죽었다고 말한다. 그의 인간학은 이
런 결론을 뒷받침한다. 바울은 "아담 안에서 모든 사람이 죽었다"고 믿는다
(고전 15:22). 세례에서 신자들은 그리스도의 죽음을 공유하기 때문에 이 죽
음이 영적 현실이 된다. 예수가 인류의 죄를 위해 죽었을 때 그는 대표로서
죽은 것이다. 그의 대속적 죽음은 이제 하나님께 나아와 그리스도의 이름
을 부르는 자들에게 적용된다. 이는 바울이 종종 언급하는 또 다른 특징, 즉

---

272   Michel, *Römer* (1978), 205가 이미 이렇게 주장했다.

죄의 권세이자 거의 인격화된 권세로서의 죽음이 효력을 상실했음을 보여 준다. 그 죽음이 한 사람의 죽음을 통해 정복되었다(롬 5:17).

이 죽음은 십자가 상의 그리스도의 죽음과 마찬가지로 실제적인 것으로 여겨져야 한다. 예수 그리스도가 매장되었고 그와 함께 인류의 모든 희망도 매장되었다. 신자들의 영적 죽음에 대해서도 마찬가지다. 그들의 죽음은 실제적이고 그들은 그리스도의 무덤을 공유한다. 성서의 표현대로 그들은 "함께 장사되었다." 심판이 작동했다. 이 상황에서 새 생명은 하나님의 위대한 기적일 수밖에 없다. 그리스도가 죽은 자 가운데서 일으킴을 받은 것처럼 신자들도 그들의 영적 무덤으로부터 일으킴을 받는다(세례를 받는 사람이 물 아래로 잠겼다가 일으킴을 받는 침례를 통해 상징된다). 하나님은 예수의 부활을 통해 믿음과 새 생명을 창조한다. 이것은 죽음으로부터 살아나는 것이다. "만일 우리가 그의 죽으심과 같은 모양으로 연합한 자가 되었으면 또한 그의 부활과 같은 모양으로 연합한 자도 되리라"(롬 6:5).

세례에서 죄인들에게 주어지는 성령은 입양의 영이다. 이는 우리의 영과 더불어 "우리가 하나님의 자녀인 것을 증언하는" 성령이다. 하나님은 **"아바"**(*Abba*)가 되고 예수의 원래 사명이 성취된다(롬 8:14-16). 이것이 바울의 서신들에서 입양(*hyiothesia*)이 세례나 구원이라는 주제에서 일관성 있는 자리를 차지하는 방식이다. 그리고 성령론의 원리가 참여 개념을 설명한다. 신자들은 "그리스도 안에"(*en Christō*) 있다. 바울은 회심자들이 단순히 그리스도를 따르거나 그와 동행하는 것이 아니라고 말한다. 이 대목에서의 신학은 본질상 존재론적이다. 참여를 통한 그리스도와의 본질적인 연합이 있는데 이는 신화(神化, deification)가 아니라 참여(participation)다. 바울은 세례를 받은 신자가 "그리스도 안에" 살며 또한 역으로 그리스도가 성령을 통해 신자의 마음속에 산다고 가르친다(골 3:3; 엡 3:17).

만일 너희 속에 하나님의 영이 거하시면 너희가 육신에 있지 아니하고 영에 있나니 누구든지 그리스도의 영이 없으면 그리스도의 사람이 아니라. 또 그리스도께서 너희 안에 계시면 몸은 죄로 말미암아 죽은 것이나 영은 의로 말미암아 살아있는 것이니라(롬 8:9-10).

바울은 사람이 부활한 분에 대한 믿음 안에서 살 때 부활의 능력이 새 창조로 이어질 씨를 만든다고 믿는다. "그런즉 누구든지 그리스도 안에 있으면 새로운 피조물이라. 이전 것은 지나갔으니 보라, 새것이 되었도다"(고후 5:17). 앞서 언급되었듯이 바울에게 이것은 매우 개인적인 경험이었다. "그런즉 이제는 내가 사는 것이 아니요 오직 내 안에 그리스도께서 사시는 것이라"(갈 2:20). 따라서 세례에서 주어진 입양(*hyiothesia*)의 영은 미래의 소망도 준다. 그것은 개인적 부활, 몸의 부활에 대한 보증이다(롬 8:11).

　마지막 날 [하나님이] 성령을 나눠줄 것을 묘사하는 성령론과 결합한 바울의 세례 신학은 회복 종말론의 일부다. 하지만 한 가지 측면이 더 언급될 필요가 있다. 초기 기독교 공동체에서 잃어버린 자들의 갱신과 유죄 판결을 받은 이들에 대한 용서는 충만한 종말론적 기쁨(*agalliasis*)을 탄생시킨다. 예컨대 사도행전 2:46(그리고 히 1:9; 유 24)에 나타나는 이 용어는 회중 가운데서, 특히 주의 만찬에 참여할 때 경험되는 자유의 즐거운 속성을 가리킨다. 회복의 실재는 하나님의 자비에 대해 기뻐하게 만든다.[273]

　기쁨(*agalliasis*)의 신학에 대한 성서의 배경은 이사야 42장에 나타난다. "여호와께 새 노래로 노래하며 땅끝에서부터 찬송하라"(사 42:10 70인역).[274]

273　이것은 Hengel의 초기 기독교 찬송 연구의 핵심적인 특징이다. Hengel, *Between Jesus and Paul*을 보라.

274　이 대목에서 나는 Hengel과 마찬가지로 내용을 의미한다. 예컨대 히 1:9에 나타나는 이 단어 자체는 구원자의 기쁨의 역할을 규정하는 시 45:8에서 유래한다. 이 단어

이사야 42장에서 이 노래는 먼저 이스라엘을 회복하고 이어서 인류의 구원자가 될 "이방의 빛"을 향해 불렀다. 이 노래는 바빌로니아로부터 해방된 것을 기뻐하는(여기서도 *agalliasis*가 사용된다) 사람들이 부른 노래다(사 51:11).[275] 바울 서신에서 "새 노래"는 특히 부활한 그리스도에 대한 새 노래, 찬송 또는 고백적 진술이다. "너희가 모일 때에 각각 찬송시도 있으며 가르치는 말씀도 있으며 계시도 있으며 방언도 있으며 통역함도 있나니…"(고전 14:26). 여기서 찬송은 회중을 "세우기" 위해 하나님을 예배하는 성령의 열매로 묘사된다. 그것은 가르침 및 계시와 동등한 위치를 갖는다. 골로새서에 나타나는 노래들도 동일한 기능을 수행한다. "그리스도의 말씀이 너희 속에 풍성히 거하여 모든 지혜로 피차 가르치며 권고하고 시와 찬송과 신령한 노래를 부르며 감사하는 마음으로 하나님을 찬양하라"(골 3:16). 새 노래들은 명백히 초기 예전에서 특별한 위치를 차지했다. 그래서 신약성서는 그런 공식의 예들로 가득하다(예컨대 롬 1:3-4; 빌 2:6-11; 그리고 좀 더 짧은 많은 본문).

바울에게 있어 참회자들이 세례를 통해 참여하는 그리스도의 종말론적 교회(*ekklēsia*)는 갱신된 이들이 성령 안에서 아바 아버지께 기도하는 입양(*hyiothesia*)의 장소다. 그것은 그리스도의 희생을 기뻐하는 공동체이며 사람들이 주님께 새 노래를 부를 때 구원의 기쁨(바울 서신에서는 "*chara*"로 표현된다)이 그들의 마음을 채운다. 따라서 세례는 바울의 회복 신학에서 핵심적인 요소로서 죄를 씻는 것과 그리스도와의 존재론적 관계를 드러내는 것

는 성전에서 경험되는 기쁨이나 회복에 대한 기쁨을 지칭하는 시편에서 흔히 사용된다(118:15[70인역 117:15]에도 나타난다).

275 비록 바울이 이 단어를 사용하지는 않았지만 그가 쓴 것으로 인정되는 서신들에서 기쁨이 17번 등장한다. 바울에게 있어 하나님 나라는 "성령 안에 있는 의와 평강과 희락이다"(롬 14:17).

모두를 상징한다.

4. 종말론과 새로운 세상의 창조

우리가 잠시 종말론의 주요 원리들을 살펴보면 예수의 부활에 대한 믿음에는 확실히 미래의 사건들에 대한 그림에 영향을 주는 특정한 함의들이 있다. 수난 내러티브와 부활에 대한 믿음은 모두 구원사에서 중요한 순간(*kairos*)을 대표한다. 하지만 동시에 진노의 날이 아직 도래하지 않았다는 것도 분명하다. 따라서 초기 기독교 신학자들과 바울은 중간기를 상정할 필요가 있었다. 이 시기는 좋은 소식이 이방 민족들에게 선포되는 때다. 누가복음을 연구하는 학자들은 이 시기를 교회 시대로 불렀다. 바울의 종말론은 한편으로는 뭔가 새로운 것이 이미 시작되었지만 다른 한편으로는 세상(*kosmos*)과 하나님 사이의 긴장이 여전히 높은 중간기 개념을 통해 형성된다.

바울은 자신의 종말론에서 예수의 가르침을 훌륭한 묵시 신학자의 방식으로 해석한다. 그는 예수 자신이 사용하던 특정한 주제 대다수를 사용한다. 바울 서신의 본문에서 우리는 나선형적 종말론 관점이라 부를 수 있는 것을 발견한다. 환난의 시기의 많은 결과가 여전히 존재했다. 복음 선포자들은 끊임없이 위험에 처해 있었고 몇몇 사도들은 순교자로서 죽을 터였다. 반기독교 정서가 거세짐에 따라 반대 세력이 한층 더 사나워졌으며 바울은 유배 가운데 있는 세상에 대한 최후의 심판이 올 것이라고 끊임없이 선포했다. 하나님은 인내하는 가운데 사람들을 처벌하지 않았고 세상에 그의 복음의 말씀인 하나님의 의(*dikaiosynē theou*)를 보냈다. 그러나 하나님은 의로우며 죄인들에게 그들의 행위에 따라 보응할 것이다. 따라서 바울에게는 초기 기독교의 다섯 번째 기독론 내러티브가 중요하다. 심판의 날 인자가 재림할 때 모든 사람이 그리스도의 보좌 앞으로 모일 것이다.

그러나 바울은 그중에서 가장 위대한 내러티브인 에덴의 회복을 주장한다. 바울은 자신의 종말론에서 새 창조와 그리스도와 함께하는 영생 모두를 설명한다. 한편으로 이는 그의 부활 신학의 일부이며 또 다른 한편으로 그것은 구원론의 최종 목표가 된다. 타락한 세상은 불 가운데 탈 것이고 첫 창조의 목적이 성취되는 새 창조로 대체될 것이다.[276]

바울의 초기 서신들에서는 종말이 임박했다는 정서가 강하다. 데살로니가전서에서 그는 "우상을 버리고 하나님께로 돌아와서…죽은 자들 가운데서 다시 살리신 그의 아들이 하늘로부터 강림하실 것을 기다리기" 시작하는 신자들에게 문안한다. 그분은 "장래의 노하심에서 우리를 건지시는 예수"다(살전 1:9-10). 세상은 아직 변화되지 않았다. 인류는 하나님의 원수로 살아가고 있고 하나님의 진노가 죄인들에게 확실히 임할 것이다(롬 1:18).[277]

두 나라 사이의 적대감으로 인해 예수의 추종자들은 필연적으로 고난에 직면한다. 첫째, 신자들은 계속 시험을 당한다. "너희는 믿음 안에 있는가, 너희 자신을 시험하고 너희 자신을 확증하라. 예수 그리스도께서 너희 안에 계신 줄을 너희가 스스로 알지 못하느냐? 그렇지 않으면 너희는 버림받은 자니라"(고후 13:5). 대개 이 시험은 그리스도의 백성을 계속 위협하는 환난(*thlipsis*)의 결과다(살전 3:3; 고후 1:4). 그것은 대개 "곤고나 박해나 기근이나 적신이나 위험이나 칼"을 통해서 온다(롬 8:35). 이 구절에서 참조한 구약성서 본문의 분위기는 황량하다. "우리가 종일 주를 위하여 죽임을 당하게 되며 도살당할 양 같이 여김을 받았나이다"(롬 8:36). 여기서 묘사되고

---

276   예컨대 Alexander, *Eden*, 64-65를 보라.

277   Schreiner, *Theology*, 536.

있는 인물은 이리 가운데 양처럼 보내진 사도들이다. 바울은 특히 복음을 위해 일하는 사람들은 이런 고난에 직면할 수밖에 없을 것으로 확신한다(고후 6:4-5).[278]

바울은 확실히 예수의 종말론적 묵시 사건들이 머잖은 미래에 일어날 것으로 예상했던 것으로 보인다. 데살로니가후서가 바울 자신의 글이든 바울 전승의 재해석이든 간에 복음서들에서 발견되는 종말론의 양상이 여기서도 반복된다(살후 1:5-2:11).

- "반역"이 있을 것이다(배교, *apostasia*).
- 불법의 사람이 나타난다.
- 대적은 자기가 하나님이라고 선언한다.
- 그는 사탄의 능력과 표적과 거짓 기적 가운데 온다.
- 이는 강력한 현혹이다.
- 주 예수가 자기의 능력의 천사들과 함께 이글거리는 불꽃 가운데 하늘로부터 나타난다.
- 영원한 멸망의 처벌이 있다.
- 예수가 자기 입의 기운으로 그 적을 파괴할 것이다.

바울에게 있어서는 불법의 신비(개역개정에서는 비밀)가 이미 활동 중이다(살후 2:7). 두 나라는 나란히 성장한다. 종말론의 나선은 끝까지 계속 진행된다. 막는 요소—그것이 지난 수백 년 동안 제안되어 온 많은 대안 중 무

---

278   "유대의 맥락 안에 있는 바울에게 있어 고난 자체는 신자들이 시대들 사이에서 약속과 성취 사이, 옛 세상에 대한 선고와 최종적인 악의 소멸 사이에 붙잡혀 살아가고 있다는 증거다. 따라서 바울은 '아직은 아니다'라는 기독교의 핵심 개념에서 '환난'이라는 유대교의 주제를 되풀이한다." Wright, *Paul*, 1117.

엇이든 간에—가 있지만 일단 그것이 제거되면 미혹의 시기가 도래할 것이다. 이는 예수의 가르침을 상기시킨다. "불법이 성하므로 많은 사람의 사랑이 식어지리라"(마 24:12). 하나님 나라를 흉내 내는 적그리스도가 등장할 것이다. 적그리스도의 공동체는 종교의 특징들을 가질 테지만 하나님의 모든 계율에 반하는 행동들로 가득한 폭력을 통해 인도될 것이다.

하지만 그리스도인들에게 미래는 영광스러울 것이다. 바울은 부활에서 종말론적 소망을 선포한다. 주의 만찬조차도 "그가 오실 때까지" 그리스도의 죽음을 선포했다(고전 11:26). 바울은 두 개의 시민권 중 하늘의 영역에 있는 나라가 더 중요하다고 믿었다. "그러나 우리의 시민권은 하늘에 있는지라. [우리는] 거기로부터 구원하는 자, 곧 주 예수 그리스도를 기다리노니…"(빌 3:20). 그리스도의 재림이 마지막 증거가 될 것이다. "주께서 호령과 천사장의 소리와 하나님의 나팔 소리로 친히 하늘로부터 강림하시리니 그리스도 안에서 죽은 자들이 먼저 일어나리라"(살전 4:16; 참조. 막 13:26-27).

이 믿음이야말로 그리스도인이 가지는 소망의 토대다. 그것은 몸의 구속을 통해 실현될 개인적 구원에 대한 보증이다. 바울은 "주 예수를 다시 살리신 이가 예수와 함께 우리도 다시 살리사 너희와 함께 그 앞에 서게 하실 줄을 아노라"(고후 4:14)라고 쓴다. 미래의 변화에 대한 그의 견해는 구체적이다. 바울은 "우리가 다 잠잘 것이 아니요 마지막 나팔에 순식간에 홀연히 다 변화되리니"(고전 15:51)라고 쓴다. 바울에게 있어 죽음에 대한 승리는 하나님의 가장 큰 선물이다. 복음은 단지 이 땅의 삶에 대해서만 좋은 소식인 것이 아니며 예수 그리스도는 완벽한 갱신을 위해서 왔다. "만일 그리스도 안에서 우리가 바라는 것이 다만 이 세상의 삶뿐이면 모든 사람 가운데 우리가 더욱 불쌍한 자이리라"(고전 15:19). 그리스도인의 소망은 맏아들이 자기 백성을 죽음에서 일으킬 것을 기대한다.

그런 소망은 바울 서신에 나타난, 부활에 관한 가장 어려운 구절 중 하나를 설명하는 데 도움을 준다. "하나님이 미리 아신 자들을 또한 그 아들의 형상을 본받게 하기 위하여 미리 정하셨으니 이는 그로 많은 형제 중에서 맏아들이 되게 하려 하심이니라"(롬 8:29).[279] 따라서 종말론이 의미심장한 이 강력한 구절에 관한 해석 문제들을 풀어준다. "미리 정한"(proōrizein)이라는 단어는 원죄 전 예정이나 원죄 후 예정 같은 교리적 개념과는 아무런 관계가 없다. 오히려 이 표현은 구원 받은 모든 사람과 관련된 부활 종말론이다. 바울은 예수를 믿고 자녀로 입양된 신자들이(바울은 세례에서 이 일이 일어났다고 확신한다) 하나님의 명령을 통해 "그 아들의 형상을 본받게 하기 위하여"(symmorfous tēs eikonos hyiou autou) 미리 정해졌다고 주장한다. 이 세상의 고난이나 박해가 하나님이 미리 정한 결정을 취소할 수 없기 때문에(롬 8:18, 35) 신자들은 두려워할 것이 없다. 그리스도의 백성의 부활은 확실하다.[280]

바울은 로마서 8:29에서 부활을 묘사하면서 그리스도를 아담과 비교한다. 그는 인간이 모종의 형상을 따라 만들어졌다고 생각하는 특징이 있다. 아담의 자손은 아담을 닮았으며 "흙에 속한 자의 형상"을 입고 있다(고전 15:49; 참조. 창 5:3). 그리스도는 새로운 아담이자 새 창조의 첫 열매가 된, 성육신한 하나님의 아들이다(참조. 고전 15:23). 따라서 장차 올 부활의 때에 신자들은 "하늘에 속한 이의 형상"을 입을 것이다(고전 15:49). 그것은 변화된 인간의 새로운 형상이다.

---

279   이 구절의 해석은 구조에 대한 해석자의 평가에 의존한다. 예정부터 성화까지 다섯 개의 점진적인 단계를 언급하는 학자들(예컨대 Cranfield, *Romans*, 432; Fitzmyer, *Romans*, 525–26)은 이중 예정에 관해 이야기하는 경향이 있다(Fitzmyer보다는 Cranfield가 더 그렇다). Eskola, *Theodicy*, 173–75를 보라.

280   내가 이해하기로는 이 구절은 부름부터 부활까지의 구조를 따른다. 여기서 결정된 것은 개인의 몸의 부활뿐이며 바울은 이 점을 가급적 명확하게 진술한다. Eskola, *Theodicy*, 174–77.

마지막으로, 종말론의 체계에서 진노의 날이 임한다. 나선형적인 종말론의 관점은 하나님의 심판이 십자가 위의 그리스도에게 임한다고 믿는다. 그리고 나서 진노의 날이 도래한다. "다만 네 고집과 회개하지 아니한 마음을 따라 진노의 날 곧 하나님의 의로우신 심판이 나타나는 그날에 임할 진노를 네게 쌓는도다"(롬 2:5). 예수의 사역에서의 동기와 마찬가지로 앞에 놓여 있는 불가피한 우주적인 심판이 바울의 사역의 기본적인 동기다. 하나님은 진실하고 공정하다. 그는 "각 사람에게 그 행한 대로 보응할" 것이다(롬 2:6). 하나님은 인내하는 가운데 심판의 날의 도래를 미뤘지만 공의로운 창조자로서의 하나님의 본질 때문에 마지막 심판이 불가피하다.[281] 사실 그리스도가 심판의 행위에 참여하는 것은 바울 종말론의 특징이다.

> 이는 우리가 다 반드시 그리스도의 심판대 앞에 나타나게 되어 각각 선악 간에 그 몸으로 행한 것을 따라 받으려 함이라(고후 5:10).

바울은 이 대목에서도 예수의 가르침과 제2성전기 묵시 전승을 따른다. 하나님은 타락한 세상에 대해 자신의 행위에 책임을 지게 할 터인데 이때 하나님의 심판의 대리자는 아들이다(참조. 마 25:31-32). 신적 심판의 중요한 특징이자 후대의 많은 주석가들이 제기했던 이데올로기적 비난들에 대한 답변은 심판이 정의로울 것이라는 점이다. 이 세상의 유일한 주님이자 창조자인 하나님의 거룩한 행동은 독단적이지 않다. 삶에 대한 평가는 분명히 법정적이지만 거기에는 완벽한 동기가 있다. 창조를 망친 것이 처벌될 행위들이다. 바울이 말하듯이 "아무도 변명하지 못한다." 방어할 수단이 없다. 이것이 바로 진노의 날(*dies irae*)의 가공할 속성이다. "각 사람의 공적

---

281   Stuhlmacher, *Biblische Theologie I*, 326-27.

이 나타날 터인데 그날이 공적을 밝히리니 이는 불로 나타내고 그 불이 각 사람의 공적이 어떠한 것을 시험할 것임이라"(고전 3:13; 참조. 4:5).[282]

어떤 의미에서는 그리스도의 심판석이 인류의 전체 역사에서 많은 철학자와 저자를 통해 표현되어온 인류의 원대한 꿈을 실현한다. 즉 완벽한 정의가 가능해진다. 제2성전기 유대교 신학자들을 괴롭혔고 후대의 많은 세속 사상가로 하여금 하나님을 맹렬히 공격하도록 부추겼던 신정론 문제는 다음과 같은 한 가지 집요한 질문을 제기해왔다. "이렇게 폭력적인 세상에 어떻게 선한 창조주가 존재할 수 있는가?" 심판의 날은 사랑과 진리가 드러나는 날이다. 모든 심판기준, 바울이 그의 서신서들에서 제시한 세부내용과 원리들은 에덴동산의 이상을 표현한다.

그렇다면 바울에게 있어 종말론은 에덴의 회복이다. 그는 원래의 동산 성전이 이제 부패했고 새롭게 창조될 필요가 있다는 방대한 메타내러티브를 채택했다. 바울은 그의 종교 생활에서 상당히 목표지향적이다. 그는 "푯대를 향하여 달려간다"(빌 3:14). 피조물 자체가 "썩어짐의 종노릇 한 데서 해방"될 것이고(롬 8:21) "영광"이 "우리에게 나타날" 것이다(롬 8:18). 바울은 자신을 환상 중에 "셋째 하늘에 이끌려" "낙원으로 이끌려 가서 말로 표현할 수 없는 말을 들은" 사람(고후 12:2-4)으로 제시한다. 그리고 이 낙원은 신자들이 이미 시민권을 보유하고 있는, 하늘에 있는 "나라"(*politeuma en ouranois*)다.

종말론에 관한 바울의 가르침을 요약하자면, 우리는 바울이 그의 선행자들과 마찬가지로 이스라엘의 유배가 계속되고 있음을 믿는다고 말할 수 있다. 이에 더하여 우리는 회복이 계속된다는 점에 대해서도 말할 필요가 있다. 바울은 배교 상태에 있는 세상(*kosmos*)과 구원의 공동체인 하나님 나

---

282   Schreiner, *Theology*, 852.

라가 나란히 발전하는 것을 묘사한다. 선택받은 백성의 남은 자가 모일 것이고 이방인들의 순례가 시작될 것이다. 다윗의 후손이 손으로 짓지 않은 종말론적인 성전을 지을 것이다. 하지만 바울의 나선형적인 종말론 관점은 세상(*kosmos*)의 부패 역시 심화될 것임을 암시한다. 영적 유배가 끝났지만 환난의 시기는 완전히 종식되지 않았다. 복음은 사람들을 죽음의 상태에서 불러내 부활의 생명으로 나아가게 한다. 하지만 이 세상은 진노의 날 전까지는 새로워지지 않을 것이다. 이것이 사실이라면 새로운 질문이 생겨난다. 그렇다면 결국 바울에게 있어 회복은 무엇을 의미하는가? 바울 사도는 몸의 부활을 통한 새 창조를 선포한다. 이스라엘의 회복이 진행 중이고 마지막 날까지 부분적인 회복에 그칠 것이기 때문에 창조세계 전체의 최종적인 갱신은 미래에 놓여 있다. 그것은 에덴동산 성전의 회복에서 드러날 것이다. 회복은 인간 전체와 관련이 있으며 세상(*kosmos*)의 부패는 모든 것이 새롭게 창조될 때에만 종식될 것이다.

제5장

유대적 기독교

Ⅰ. 유대교적 기독교와 회복 종말론

새로운 종말론 전망은 성서신학 연구에 실제 도움을 준다. 그 전망은 초기 기독교 신학이 탄생할 때 유대교적 기독교가 수행했던 특별한 역할을 다시 인식하게 한다. 히브리서나 베드로전후서, 그리고 계시록 등의 작성 연대를 정확하게 정할 수는 없으나 그 문서들 모두 놀랄 정도로 통일된 초기 기독교 전승에 서 있다는 것은 분명하다. 이 문서들은 영적 성전에 관해 말하고, 마지막 해방의 날까지 억압받는 영적 제사장 직분에 있는 사람들을 위로한다. 비록 환난의 여파가 여전히 남아 있지만, 신앙인들에게 이스라엘의 유배는 이미 끝났다. 그들은 다윗의 아들, 곧 구원의 전달자가 통치하는 새로운 왕국에 산다.[1]

1. *히브리서: 하늘 성전의 창조

히브리서는 유대교적 종말론과 예수의 가르침 모두에 깊이 뿌리박고 있다. 이 서신은 새 성전, 속죄, 안식일, 희년, 다윗 후손의 즉위, 부활, 새 창조 등의 주제를 통해 회복과 해방을 해석한다.[2] 히브리서 저자는 청중의 이해가

---

[1] 나는 "유대교적 기독교"의 문제를 다수의 20세기 학자들과 다른 전망에서 바라본다. 한편으로는 Hengel이 특별히 보여준 대로 유대 지역 자체가 이미 예수가 태어나기 전에 그리스화되어 있었다. 다른 한편으로 바울은 매우 "유대교적인" 신학자로 평가받아야 한다. 초기 기독교 신학의 전개에 관한 Baur의 상(像)은 더는 유지될 수 없다.

* 특별한 언급이 없는 한 히브리서 본문은 번역자가 그리스어에서 사역한 것이다.

[2] 히브리서는 회복 종말론의 관점에서 많이 연구되지 않았다. 이 서신에서 신자들이 하나님의 자녀로 입양되었음을 표현하는 특징적인 구절과 이 서신이 메타내러티브를 선택하고 사용한다는 것을 고려하면, 이 상황은 놀라운 일이다. 그래도 다음 같은 세부사항들

깊어지기를 바라는 선생처럼 행동한다. 그는 대제사장과 희생제의에 관해 말한다. 지상 성전과 하늘 성전 사이의 차이는 여전히 중요하지만, 둘은 거의 하나로 합쳐진다. 히브리서 저자는 그리스도가 구원의 성전을 세우기 위해 왔다고 확신한다. 성전을 세우는 것은 역사 가운데 이스라엘의 회복을 시작하는 방식이다.

저자는 머리말에서 서신에서 제시할 복음이 하나님의 의도를 계시하고 있다고 독자에게 알린다. "이 마지막 때에는 아들을 통해서 우리에게 말씀하십니다. 하나님은 아들을 만물의 상속자로 앉히셨고, 또 아들을 통해 세상을 만드셨습니다"(히 1:2).

> 아들은 그분의 영광의 광채이며, 그분의 본체를 정확하게 보여주시고, 그분의 능력의 말씀으로 모든 것을 붙드십니다. 죄를 깨끗하게 하는 일을 하신 후에 높은 곳에 계신 위대한 분의 오른편에 앉으셨습니다. 그분은 천사들보다 뛰어난 이름을 상속받으셨고, 그만큼 그분은 그들보다 더 뛰어난 분입니다(히 1:3-4).

저자는 처음부터 예수가 부활을 통해 왕으로 즉위한 후에 어떻게 새로운 영적 성전이 곧바로 만들어졌는지를 묘사한다. 예수는 하나님 본체의 "정확한 형상"인 하나님의 아들로서 완전한 희생제사와 성소를 가지고 온다. 그리스도의 희생제사와 하늘의 즉위는 창조, 회복, 그리고 새로운 희망을 정당하게 만든다.[3]

성전은 히브리서에서 중요한 주제다. 저자는 성전 관례에 아주 친숙한

은 언급되었다. Alexander, *Eden,* 70-73, 90-94; Beale, *Theology,* 특별히 727-40을 보라.

3   히브리서의 기독론을 보려면 Lane, *Hebrews,* cxxxix-cxliii; Lindars, Hebrews, 58-101.

사람이다. 그는 회복된 공동체가 어떻게 첫 번째 성전의 기능을 완성하는지 설명하기 위해 예루살렘 성전을 종말론적 성전과 대조한다. 바울 서신이 말하는 바와 같이 "옛 언약"에 따르는 제사는 그 규정을 따르는 사람을 완전케 하지 못하는 아보다트 이스라엘(*Avodat Israel*), 곧 이스라엘의 신앙 "행위"일 뿐이다. 저자는 옛 제사를 상징이라고 부른다. 그것은 특정한 기능을 수행하는데, 이전에 그것에 헌신하는 이들은 생각하지 못한 기능이다.

> 이것은 지금 시대를 상징합니다. 예물과 제물을 드리지만, 그것이 예배하는 사람의 양심을 완전하게 해 주지 못합니다. 단지 먹는 것과 마시는 것과 여러 씻는 것들이며, 일이 바로잡힐 때까지 육체에 부여된 규정들일 뿐입니다(히 9:9-10).

그 상징은 그저 약속이었다. 그러나 그리스도는 그저 상징이 아니다. 저자에 따르면 그리스도는 완전한 대제사장(*arkhiereus*)이기 때문이다. 히브리서는 이런 생각을 여러 방식으로 표현한다. 3장은 과거에 하나님의 신뢰를 얻었던 모세와 예수를 비교한다. 예수는 더 큰 분이다. 그분은 "하나님의 온 집안[성전]에 신실했던" 모세와 같이 하늘의 참된 실재에 신실하기 때문이다(3:2). 그러나 예수는 "모세보다 더 영광을 받을 만하다." 예수는 실제로 창조자이기 때문이다. "이는 집보다는 그 집을 지은 사람이 더 큰 명예를 얻는 것과 같습니다." 그리스도는 종이 아니다. 저자는 그분이 새 성전을 지을 분이라고 말한다.[4]

> 그리스도는 그분 집안(*oikos*)에 아들로서 신실하셨습니다. 만약 우리가 그

---

4   예수와 모세에 대해서는 Ellingworth, *Hebrews*, 200-4를 보라.

희망을 확신하고 자랑한다면 우리가 바로 그 집안입니다(히 3:6).

히브리서는 사람의 손으로 짓지 않은 성전을 건축하는 종말론적 임무를 수행하는 제사장 같은 메시아에게 초점을 맞춘다. 이 성전은 이 메시아를 믿는 사람들로 구성된다. 여기서 돌은 언급되지 않는다. 새 성전은 믿는 사람들의 공동체이고, 그 믿는 사람들은 그리스도의 성전에서 제사장이다. 새로운 상황이 되었고 신자들은 이전의 대제사장처럼 하나님께 접근할 수 있는 권한을 갖는다. "그러므로 형제자매 여러분, 우리는 예수의 피로 성소에 들어갈 수 있다고(*eisodon tōn hagiōn*) 확신합니다"(10:19). 새 성전은 "사람의 손으로 만든"(9:24) 것이 아니다. 그것은 손으로 만들지 않은 종말론적 성소다. 히브리서에서도 그리스도 이후로 육에 "장막을 치고 거하시는" 하나님에 관한 생각이 있다. "그리스도는 이미 이루어진 좋은 것들을 주관하는 대제사장으로서 손으로 짓지 않은 더 크고 완전한 장막을 통해 오셨습니다. 이 장막은 창조물에 속한 것이 아닙니다. 그분은 염소나 송아지의 피가 아니라 그분 자신의 피로써 한번 성소에 들어가셔서 영원한 구원을 이루셨습니다"(9:11-12).[5]

히브리서에서 성전은 두 가지 다른 의미의 메타포 역할을 한다. 저자는 구약 전승에 따라 하나님의 실제 성전은 하늘에 있다(참고. 시 11:4; 103:19; 또는 유대교 신비주의인 「레위의 유언」 3:4)고 암시한다. 후기 유대교의 파르고드(*pargod*, 휘장을 뜻하는 아람어) 신비주의, 곧 "휘장"에 관한 신학적 관조에서 하나님의 하늘 궁전은 성전으로 이해된다. 이러한 개념 사이에는 분명히 유사한 점이 있다.[6] 예루살렘의 성전 휘장은 그 뒤에 있는 지상의 지

---

5   Beale, *Temple*, 375-76을 보라. 저자는 여기서 명백히 그리스도의 부활한 몸을 가리킨다.
6   배경에 관해서는 Hofius, *Der Vorhang*, 4-20; Eskola, *Throne*, 68-69를 보라.

성소를 숨기면서(9:3, *katapetasma*) 하늘에 있는 초월적인 성소를 가리킨다.

> 우리가 가진 소망은 확실하고 든든한 영혼의 닻과 같으며 휘장 안으로 들어가게 해 줍니다. 예수께서는 우리를 위하여 선구자로서 앞서 그곳에 들어가셨고 멜기세덱이 된 것과 같은 절차에 따라 영원히 대제사장이 되셨습니다(6:19-20).

그러므로 하나님의 실제 성전(곧 하늘의 성전)에서 하늘의 천사들은 영광의 보좌 앞에서 그분을 경배하면서 찬양한다. 따라서 히브리서 저자가 천상의 넓은 방을 제사장 직분이 분명히 드러나는 성소로서 묘사하는 것은 논리적이다.

> 위에서 한 말의 요점은 우리에게는 그러한 대제사장이 계신다는 것입니다. 그분은 하늘에 있는 존엄하신 분의 보좌 오른편에 앉으셨습니다. 그분은 성소(*tōn hagiōn*)와 참된 장막(*tēs skēnēs tēs alēthinēs*)에서 섬기시는 분이십니다. 그 장막은 사람이 아니라 주님이 세우신 것입니다(히 8:1-2).

이 단락에 따르면 하나님이 직접 만든 성전은 하늘에 있다. 그곳은 그리스도가 대제사장으로서 올라간 곳이다. 이 외에도 저자는 온 세계의 축소판(microcosm)으로서 성전이라는 개념을 사용하기도 한다. 히브리서 저자에게 예루살렘에 있는 지상 성전 자체는 첫 번째 공간, 곧 "거룩한" 곳이다. 이런 구도에서는 명백히 성전 뜰이 온 세상으로 확장된다. 휘장은 여기서 이 세상과 초월적인 것 사이의 경계를 나타내기 때문에 여전히 중요하다. 그리스도는 경계를 넘어갔고, 이제는 참(*alēthinos*) 장막이라고 불릴만한 성소(*skēnē*)에 들어갔다. 따라서 휘장 뒤에는 하늘의 지성소, 곧 하나님이 머무는

왕의 방 자체가 있다.[7]

옛 언약에서 하나님은 성전에서 그를 만날 수 있다고 약속했기 때문에 이전에는 바깥쪽 첫 번째 방을 통해 하나님에게 접근하였다. 이 방은 하나님이 머무는 곳이다. "인간이 손으로 만든" 이 건물이 온전하게 남아 있는 한 제사장은 바깥방에서 성전 규례에 따라 일하고, 거룩한 곳인 지성소는 여전히 거룩함을 유지한다. 그러나 큰 휘장은 열릴 수도 없고 사람들은 하나님을 볼 수도 없다. 특별한 허가를 받지 않고, 또 피로 드리는 희생제사 없이 중앙 방으로 들어가는 사람은 죽임을 당할 것이다. "이런 상황을 통해 성령께서는 첫 번째 장막이 서 있는 한 지극히 거룩한 곳으로 가는 길이 아직 드러나지 않았다는 것을 보여주십니다."(9:8). 그러므로 하나님의 종말론적 성전이 세워질 때는 변화가 생길 것이다. 첫 번째 장막은 회복이 시작될 때 존속할 수 없다.[8]

히브리서 저자는 그리스도가 멜기세덱의 계열에 따른 대제사장이기 때문에 데비르(debir, 솔로몬 성전의 지성소에서 가장 안쪽 부분)에 들어갈 수 있다고 말한다. 그러나 땅의 성전은 단지 하늘 성소를 본뜬 것이기 때문에, 그는 지상 성전에서는 그렇게 하지 않을 것이다. 그리스도는 하늘에 있는 영원한 성전에 있는 영광의 보좌 앞에서 속죄할 것이다.

> 그리스도는 참된 성소를 본 떠 만든 곳으로 들어가신 것이 아니라 하늘 그 곳에 들어가셨습니다. 이제 그분은 하나님 앞에서 우리를 위하여 나타나 계십니다(9:24).

---

7   이 표현은 시간적이라기보다는 공간적이다. "저자는 하늘 성소와 참된 장막이라는 용어를 하나님의 우편에 있는 장소를 가리키는 공간적 표현으로 사용한다." Lane, *Hebrews*, 206; Ellingworth, *Hebrews*, 402도 참조하라.

8   Ellingworth, *Hebrews*, 438-39를 참조하라.

기독론적으로 히브리서는 거의 시편 110편의 주석으로 읽힐 수 있다. 이것은 사소한 것이 아니다. 우리는 이미 이 시편이 초기 기독론을 구축할 때 가장 중심이 되는 구약의 본문임을 보았다. 이 서신의 시작은 이 본문을 언급하면서 예수의 종말론적인 즉위를 묘사한다.[9]

> 하나님이 어느 천사에게 "내가 네 원수를 네 발의 발판으로 만들 때까지 내 오른편에 앉아 있어라"고 하신 적이 있습니까?(1:13)

나아가 서신의 주요 주제인 그리스도의 대제사장 직분도 같은 시편에 신학적으로 근거해 있다는 점도 중요하다(5:6). 이 성서 본문들은 예수의 사역이 예수의 부활에서 분명하게 나타나는 것을 보여준다. 저자에 따르면 부활은 그 시편이 언급하는 예수의 높아짐이다. "예수께서는 우리를 위하여 선구자로서 앞서 그곳에 들어가셨고 멜기세덱이 된 것과 같은 절차에 따라 영원히 대제사장이 되셨습니다"(6:20). 이후 새로운 제사장직은 다른 각도에서 제시된다(7:1-28).

> 그러나 멜기세덱과 같이 다른 제사장이 생겨나셨으니 이 일이 더 분명해졌습니다. 그분은 혈통에 따른 율법 규정이 아니라 불멸하는 생명의 능력에 따라 제사장이 되셨습니다. "너는 멜기세덱의 계보를 따르는 영원한 제사장이다"라고 성경이 증언합니다(7:15-17).

---

9   시 110편은 히브리서 저자에게 매우 중요해서 히브리서는 그 시편의 미드라쉬라고 불렸다. Lindars는 히브리서의 구조는 그러한 결론을 지지하지 않는다고 정당하게 지적했다. Lindars, *Hebrews*, 26. 그러나 Witherington은 우리에게 1:13부터 계속해서 "저자가 시 110:1을 암시하면서 하나님의 우편에 아들이 올라갔음을 축하하고 있다"는 것을 상기시킨다. Witherington, *Letters and Homilies*, 62.

시편 110편을 통해 저자는 즉위와 대제사장이 주재하는 희생제사 주제를 하나로 묶을 수 있었다. 이미 우리가 본 많은 초기 기독교 고백들과 같이 부활한 분은 영광의 보좌에 올라 "하나님의 우편에" 오른 다윗의 아들이다. 그러나 그리스도가 높아지는 것은 시편 110편이 보여주는 대로(히 8:1) 제사장 임무 또한 수행하는 것이다. 그리스도는 마지막 심판 날까지 메시아적 왕으로 다스리는 새로운 멜기세덱이 된다. 시편에 언급된 대로 그때는 적을 최종적으로 굴복시키는 일이 일어나는 순간이다(10:12-13). 서신의 마지막 부분에 가면 하나님의 우편에 오른, 십자가형을 받은 주님은 신앙의 온전한 대상이자 참된 근거 그리고 믿음을 완전하게 하는 분으로 제시된다 (12:2).

히브리서의 기독론은 우리에게 바울 서신의 기독론을 떠오르게 한다. 예수는 이스라엘에서 하나님의 왕권을 완성한다. 왕적 기독론의 전망에서 유배와 회복의 수수께끼는 풀린다. 이스라엘의 희망은 예루살렘 성전에 있지 않다. 그것은 성전 제사의 회복에 달려 있지도 않다. 대신 지상 성전은 하나님의 계획에서 그 역할을 다한 "첫 번째 공간"으로 남아 있다. 지상 성전은 파괴될 것이다. 살아있는 제사장들이 있는 메시아의 성전이 지상 성전을 대체할 때 지상 성전은 다시는 기억되지 않을 것이다. 새로운 공동체는 하나님 자신이 머무는 새 창조의 정원-성전(the garden-temple)이다. 성령이 신자들의 가슴에 살기 때문에 새 성전은 **쉐키나**(*Shekinah*, 신의 임재)로 가득 찬다.[10]

히브리서는 유대교 신비주의와 깊게 관련되어 있다. 히브리서 저자는 해방의 시간이 다윗 자손의 종말론적인 즉위 이후에 시작된다고 말한다.

---

10   Hengel은 히브리서에서 시 110편의 쓰임을 자세히 조사했다. Hengel, *Studies*, 151-71. 그는 또한 그것을 바울 배후의 전승과 흥미롭게 비교하였다.

예수가 부활하여 하나님의 "우편"으로 올려질 때 그는 평화의 왕국의 통치
자로 찬양받는다. 신앙인들은 예수를 믿는다. 예수는 이전에 하나님 한 분
께만 드려야 했던 찬양과 경배를 받기에 합당하다. 그리스도는 영광의 보
좌에서 이스라엘의 왕으로 다스린다.

또 히브리서는 부활 기독론과 대속 사이를 흥미롭게 연결한다. 새로운
멜기세덱인 그리스도는 하늘 성전에서 제사장으로 섬긴다. 그는 거대한 휘
장을 통해(6:19) 하늘로 들어간다(9:24). 그리스도는 하늘의 데비르("*debir*",
지성소)에서 시은좌(*hilastērion*, 9:5, 속죄판으로도 불린다. 은혜가 베풀어지는 자리를
뜻한다—역자 주)를 마주하고, 거기서 인류를 대속한다. 그는 "영원한 영을
통해 하나님께 흠 없는 자신을 드리신 그리스도"다(9:14).[11]

> 그분은 염소나 송아지의 피가 아니라 그분 자신의 피로써 한 번 성소에 들
> 어가셔서 영원한 구원을 이루셨습니다(9:12).

속죄일(Yom kippur, 레 16:15) 이야기에 대한 페쉐르(pesher)에서 저자는 어떻
게 성전 제사가 그리스도의 제사장 직분을 가르치는지 설명한다. 희생제사
는 하나님에게 나아가려고 할 때 꼭 필요한 조건(*sine qua non*)이다. 오로지
피만이 죄를 씻고, 거룩함과 부정함 사이의 긴장을 해소할 수 있다.

> 율법에 따르면 거의 모든 것이 피로 정결하게 됩니다. 그리고 피를 흘리는
> 일이 없으면 죄가 용서되지 않습니다. 하늘에 있는 것들을 본뜬 것들은 이

---

11 히브리서 신학에서 멜기세덱이라는 인물에 관해서는 Witherington, *Letters and Homilies*,
227-30을 보라. "이 대제사장적 언어에서 놀라운 점은 멜기세덱이라는 개념을 가지고
저자가 그리스도의 지상 사역과 천상 사역을 연결한다는 점이다. 그리스도는 땅에서 희
생제의를 드렸고, 다음에는 피를 가지고 하늘 성소로 간다. 이후 이 지속하는 근거 위에
우리를 위해 중재하고 죄 용서를 선포한다"(230).

런 방식으로 정결하게 될 필요가 있습니다. 그러나 하늘에 있는 것들은 이보다 더 나은 제물로 해야 합니다(9:22-23).

언약궤를 덮는 판은 "시은좌"로 묘사된다. 이것은 희생제사를 통해 화해가 이루어지는 장소이기 때문이다. 이곳은 은혜의 자리다. 유대교 신학에서는 시은좌가 순교자의 죽음의 의의를 설명하기 위해 메타포적 의미로 사용되었다(「마카베오 4서」 17:22). 히브리서에서 이 메타포는 다르게 사용된다. 예수 자신이 속죄를 바라는 죄인들의 시은좌가 된다. 또한 히브리서의 이미지에서는 그 양이 보좌에 앉아 용서를 수여한다(4:16).

나아가 12장에는 그 공동체를 통해서 도달할 수 있는 동산-성전에 관한 아름다운 묘사가 있다.

> 그러나 여러분이 나아간 곳은 시온산이고 살아계신 하나님의 도시인 하늘의 예루살렘입니다. 그곳은 수많은 천사의 축제 자리이며 하늘에 등록된 장자들의 모임이고 모든 사람을 심판하시는 하나님이 계신 곳이며 완전하게 된 의인들의 영들이 있고 새 언약의 중재자이신 예수가 계신 곳이고 아벨의 피보다 더 좋은 말씀을 하는 뿌려진 피가 있는 곳입니다(12:22-24).

히브리서 저자는 하나님의 에덴을 시온 산으로 묘사하는 유대교 신비주의의 전통 속에서 글을 쓴다. 하늘의 예루살렘은 하나님의 도시다. 그곳은 실재 전체가 새로운 낙원으로 드러나는 곳이고, 하나님의 이름을 영원히 찬양하면서 그분을 섬기는 천상의 존재들과 더불어 하나님이 자신의 백성과 함께 머무는 곳이다. 이 동산은 하나님의 맏아들인 새 아담이 기초를 놓은 모임이며, 맏아들의 모임이고, 마침내 신자들이 완전하게 되는 모임이

된다. 이 단락과 계시록 사이의 유사성은 참으로 놀랍다.[12]

그 공동체의 수장은 희생제물이자 희생제사를 수행하는 제사장으로 묘사되는 예수인데, 히브리서에서 이것은 매우 자연스럽다. 그는 새 언약의 중재자다. 이곳에서 유배 시기에 관한 언급이 있는 것은 명백하다. 언약은 관계에 관한 것이다. 이스라엘(혹은 이스라엘과 유다)이 그들의 하나님과 맺은 관계는 그 백성의 역사에 암운을 드리웠던 두 개의 주요한 위기 속에서 깨져버렸다. 새 언약이 필요해졌다. 이것은 다음과 같은 요소들, 곧 중재자와 언약의 피 같은 것들을 필요로 했다. 이 본문에 나타난 또 다른 특징은 보편주의를 선호한다는 것이다. 예수의 희생제사는 땅에서 "울부짖는"(창 4:10) 첫 번째 순교자 아벨의 피를 뛰어넘는다. 첫 번째 희생자의 피가 정의와 화해를 요청하듯이 마지막 희생제물은 모든 인류의 타락을 대속한다. 확실히 예수의 새로운 언약은 아담의 후손인 모든 인류에게 영향을 미친다.[13]

언약 개념 자체가 고정된 실체가 아니라 관계를 가리키기 때문에, 어떤 언약이든 언약을 유지하는 요체는 언약의 당사자들이—대개 선언된 수칙인—요구사항을 따르는 것이다. 히브리서 8장은 언약의 본질을 자세히 설명한다. 히브리서 저자는 예레미야 31장을 언급하면서 이렇게 말한다.

> 주님께서 말씀하십니다. "주의하거라. 그때가 온다. 내가 이스라엘 집안과 유다 집안과 더불어 새로운 언약을 맺을 것이다." 주님께서 말씀하십니다. "이 언약은 내가 이집트 땅에서 그들의 조상들의 손을 잡아 인도하던 때에 맺은 언약과 같지 않다. 그들이 나의 언약 안에 머물지 않으니 나도 그

---

12   성전과 거룩한 산 사이의 관계에 관해서는 Barker, *Gate of Heaven*, 64; Alexander, *Eden*, 46을 보라. Beale, *Theology*, 321도 참조하라.

13   Lane, *Hebrews*, 472-74.

들을 내버려 두었다"(히 8:8-9).

구약성서에서 첫 번째 언약의 고백 대상은 "애굽 땅에서 우리를 구원한"
주님이었다. 우리가 앞서 살펴보았듯 이 고백은 유배 시기가 신학적 지평
을 변경하였을 때 전개되었다(렘 16:14-15).[14] 시내산 언약을 지키는 것은 이
스라엘이 전심을 다한 섬김, 곧 아보다트 이스라엘(*Avodat Israel*)을 의미한다.
히브리서 저자는 이 언약의 내용 자체가 약한 것이 아니라고 생각한다. 옛
언약은 그것이 깨졌기 때문에 낡은 것이 되었다. 이것이 8장 마지막에 나온
결론이기도 하다. "'새로운 것'이라고 부르셨으니 이전 것은 낡은 것이 되
게 하셨습니다. 낡고 오래된 것은 곧 사라집니다"(8:13). 그래서 히브리서는
유대의 역사와 단절된다는 강력한 느낌을 준다.[15]
　　특히 우리가 히브리서에 나타난 끊임없는 환난의 위협을 고려할 때 불
연속성 측면이 강조된다. 성서에서 인용한 예가 이 맥락에 나온다. "마치
광야에서 시험을 받을 때 반역한 것처럼 너희의 마음을 완고하게 하지 말
아라"(3:8). 종말론적인 안식과 희년은 곧 온다(4:9). 신앙인들은 안식의 날
이 올 때 "그들의 수고를 그칠 것이다"(4:10). 그러나 배교는 하나님의 분노
아래에 놓이게 한다(4:3). 기독교 공동체는 환난의 시기, 곧 "고난을 받으면
서 험한 싸움"을 하며 "모욕과 박해"를 거치면서도 여전히 살아가야 한다.
아브라함부터 예언자들에 이르기까지 모범적인 신앙인들의 삶은 다음과

14　본서의 1장 I.1을 보라.

15　Lane은 히 8:8에서 저자가 렘 31장을 사용하고 있는 것에 근거하여 "불연속성이 강조
　　된다"고 말한다. Lane, *Hebrews*, cxxxiii. Lindars는 히브리서 전체에서 저자가 배교의 결
　　과를 보여준다고 말한다. Lindars, *Hebrews*, 68. 과시적 수사학과 권고하는 훈계의 성격
　　은 모두 유사한 관점을 표현한다(Witherington, *Letters and Homilies*, 43-46). 곧 새로운
　　복음을 저버리는 행위는 유배의 상황 및 하나님의 분노와 함께 사는 결과로 이어질 것
　　이다.

같은 사실을 보여준다. 곧 끔찍한 박해는 모든 세대에 걸쳐 참된 신앙인들이 겪을 운명이다. 오로지 남은 자만이 구원을 받을 것이고 고난을 통해 구원될 것이다.

그러므로 히브리서가 회복의 날을 새 언약이라고 부르는 것이 놀라운 일이 아니다. 히브리서에 따르면 그 언약은 "더 좋은 언약"이고 "이전 것보다 더 뛰어난 일"을 한다. 이에 더해 새 언약은 언약의 하나님이 그의 백성 가운데 거하는 새로운 공동체, 동산-성전, 에덴이다. 더 나은 언약은 신적인 대속, 곧 성령 안에서 거듭남을 약속하는 종말론적 회복에 근거를 둔다.[16]

히브리서에 따르면 그리스도는 자신을 희생제물로 드린 후에 영원한 대제사장으로 하나님의 하늘 성전에 들어 올려진 다윗 가문의 왕이다. 종말론적 즉위를 한 후 그는 진정한 희년의 시대, 곧 평화와 화해의 시대를 시작한다. 그는 자신에게 오는 뉘우치는 사람을 회복하는 성전 건축자다. 새로운 공동체는 새 창조의 공동체이며 하나님이 자기 백성들 사이에 머무는 진정한 동산-성전이다. 이 성소에서 신앙인들은 주를 영광스럽게 하고, 또 영광의 보좌에 앉은 하나님의 우편에 좌정한 왕 같은 하나님의 아들을 찬양하면서 파괴의 시대가 끝나는 것을 축하한다.

2. *야고보서: 희년을 축하하는 공동체

야고보서는 그 서신의 고유한 유대교적 기독교의 성격과 개인 구원의 강조를 둘러싸고 언제나 열띤 신학적 논쟁을 불러왔다. 루터교 학자가 아닌 학

---

16   우리가 이미 보았듯이 히브리서는 바울 서신과 이 부분을 공유한다. 바울 역시 언약이라는 말을 쓰면서 그것을 "새" 언약이라고 부른다.

*   특별한 언급이 없는 한 야고보서 본문은 변역자가 그리스어에서 사역한 것이다.

자들도 야고보서의 칭의 신학을 주의 깊게 관찰해왔는데, 왜냐하면 그것은 손쉽게 정리되지 않기 때문이다. 그러나 새로운 전망에서 보면 야고보서는 예수 메시지의 중심 생각에 근거를 둔 일관성 있는 교훈적 설교로 볼 수 있다.[17]

야고보서의 내용과 목적에 미심쩍은 면이 있지만, 야고보서는 회복 종말론을 보여주는 대표적인 서신이다. 야고보서는 "흩어져있는 열두 지파"에게 발송되었다. 그리고 그 서신은 살면서 "시험에 직면한" 신앙인들에게 용기를 북돋우며 시작한다. 야고보서 저자는 미천한 사람들이 높아지고 부자들이 "낮아지는" 종말론적 희년을 말한다(야 1:9).[18]

야고보서에서 구원하는 믿음의 기본 성격은 신약성서의 다른 서신과 유사한 방식으로 규정된다. 새로운 지파 공동체는 하나님이 이루는 새 창조의 산물이다. "그분은 그분의 뜻을 이루시려고 우리를 진리의 말씀으로 낳으셨습니다. 그리하여 우리는 그분이 지은 피조물 중 첫 번째 열매가 되었습니다"(1:18). 구원은 하나님의 약속에 근거를 두고, 진리의 말씀을 선포하는 것으로 전달되고, 하나님의 자비가 좋은 열매를 맺게 한다.

야고보서에 따르면 믿음은 주님(*Kyrios*)이신 예수 그리스도를 믿는 것이다. "우리는 영광의 우리 주 예수 그리스도를 믿는 믿음이 있습니다"(*ekhete tēn pistin tou kyriou hēmōn Iēsou Christou tēs doxēs*, 2:1). 그러므로 신앙의 대상은 바울 서신의 대상과 같다. 나아가 예수는 영광(*doxa*)의 주로 묘사된다. 이것은 야고보 모임에 참여하는 사람들이 예수가 부활을 통해 하늘

---

17   많은 독자는 야고보서가 이신칭의를 제시하지 않기에 루터가 이 주제에 관해 부정적인 견해를 가지고 있다는 것을 안다. 야고보서 저자는 이신칭의에 반대하는 것으로 보인다. 이러한 특징 때문에 야고보서는 신약성서 서신들 가운데 수수께끼처럼 되었다. 루터의 견해에 관해서는 Maier, *Jakobusbrief*, 10-11을 보라.

18   Laato는 심지어 야고보서가 1장부터 새로운 탄생에 초점을 맞추는 하나님의 종말론적 창조를 말한다고 우리를 일깨운다. Laato, *Jakobus*, 91.

의 권위자로 높아졌다는 종말론적 믿음을 선택했다는 것을 의미한다. 즉위 이후 예수는 새로운 나라의 주로서 그의 보좌에 앉는다. 이와 같이 우리는 야고보서에서도 초기 기독론의 주요한 요소들을 발견할 수 있다.[19]

이 관점에서 보면 야고보서가 묘사하는 공동체가 이미 진짜 희년을 맞은 사람들의 공동체인 것은 놀랍지 않다. "하나님은 세상에서 가난한 사람들을 택하셔서 믿음의 부자가 되게 하시고, 그들이 그분을 사랑하는 사람들에게 약속하신 왕국의 상속자가 되게 하시지 않으셨습니까?"(2:5) 이 공동체는 하나님이 미천한 사람들을 높이고 빚이 청산되어, 죄가 씻겨 나간 공동체다. 야고보서 저자는 예수의 말을 공동체의 상황에 맞게 적용한다. 또한 그는 복음서 전승의 도움을 받아 아주 직설적인 방식으로 반대 상황도 제시한다.[20]

> 이제 들으시오! 부자 여러분, 여러분은 닥쳐올 비참함을 생각하며 울고 통곡하십시오. 여러분의 재물은 썩어버렸고 여러분의 옷은 좀먹었습니다. 여러분의 금과 은은 녹슬었고 그 녹이 여러분을 보여주는 증거가 되고 마치 불과 같이 여러분의 살을 먹어치울 것입니다. 여러분은 마지막 날에도 부를 쌓기만 했습니다. 보시오! 여러분의 밭에서 곡식을 벤 일꾼들의 삯, 여러분들이 가로챈 그 삯이 소리를 지릅니다. 곡식을 거둔 사람들의 아우성이 전능하신 주님의 귀에 들어갔습니다(약 5:1-4).

부자들은 영적 유배 상태에 있는 사람들이다. 그들은 "땅에서 쾌락을 위해 살았으며 사치"(5:5)하고 있다. 또 그들은 하나님의 말씀과 그 말씀을 전

19　　Marshall, *Theology*, 634(『신약성서 신학』, CH북스 역간).
20　　Beale은 이렇게 쓴다. "하나님의 백성은 마지막 때에 마지막 육체의 부활이 있기도 전에 새 창조에 참여하기 시작한다." Beale, *Theology*, 322.

한 사람들을 반대한다. "살육이 일어나는 날에 여러분의 마음이 기름지도록 하였습니다"(5:5). 이 유배 상태를 알리는 수사학이 사용된 마지막 논증은 시련의 시기를 겪던 예수의 운명에 초점을 맞춘다. "여러분은 올바른 사람을 정죄하고 죽였습니다. 그러나 그는 대항하지 않았습니다"(5:6). 이 세대는 예언자들을 여전히 죽이는 세대다. 몇 절 후에 저자는 독자들에게 "참고 견딘 모범"으로 예언자들을 제시하며 교훈한다(5:10). 예수의 추종자들은 그들의 선배들보다 더 쉬운 길을 찾으리라고 기대해서는 안 되기 때문이다.[21]

그렇지만 야고보서에는 긍정적인 내용이 부정적인 내용보다 훨씬 많다. 예수의 즉위는 최종적인 희년을 시작한다. 그러므로 이 신앙인들은 용서의 시대를 사는 것이다. 하나님은 가난한 자를 선택하시면서 그 나라의 상속자들에게 황금률을 지키라고 가르친다. "만약 여러분이 성경에 따라 '네 이웃을 네 몸같이 사랑하라'는 으뜸가는 법을 지킨다면 잘하고 있는 것입니다. 그러나 만약 여러분이 사람을 차별하면 여러분은 죄를 짓는 것이고, 율법이 여러분을 범법자로 판정할 것입니다"(2:8-9). 회개한다고 하는 사람들이 공동체에 가입하고서도 여전히 하나님의 원수처럼 사는 것은 불가능하다.[22]

바로 여기서 칭의와 관련한 논쟁을 해결할 방안을 찾을 수 있다. 야고보서는 선언한다. "이같이 행하지 않는다면 그 믿음은 그 자체만으로는 죽은 것입니다"(2:17). 자신의 이전 삶의 방식에 머물면서 자신의 의지와 이기

---

21   고난을 받는 의인 여러 명이 야고보서에서 다양한 형태로 등장한다. 우선 저자뿐 아니라 독자들은 환난의 시기를 살고 있다. 예수 역시 그의 백성을 해방하기 위해 고난을 받는 종이다. Martin, *James*, xciii-xcviii. 또 Marshall, *Theology*, 630-31을 보라.

22   Martin은 야고보서에는 종말론 모티프가 있다고 언급한다. "모든 것을 '질서대로' 자리 잡게 하는 창조주-하나님에 대한 믿음." Martin, *James*, xcii, 67.

심에 따라 사는 사람들은 여전히 영적 유배 상태에 사는 것이다. 그런 사람들은 구원에 이르는 길을 발견하지 못하고 이스라엘의 회복에 참여하지 못한다. 야고보서는 여기서 아보다트 이스라엘 *Avodat Israel*)에 근거한 구원을 묘사하는 것이 아니라 기독교인의 순종을 묘사한다. 저자는 칭의가 행위 없이 지속할 수 없다고 강조한다. 그것은 영적으로 죽었다는 표지이기 때문이다. 심지어 의심할 여지 없이 언약을 받은 족장인 아브라함이라도 행함이 없는 상태에 놓인 것이 아니었다. "(아브라함의) 믿음은 그의 행함과 함께 일"하기(*pistis synērgei*) 때문이다(2:22).[23]

야고보는 이 문제에 관해 바울을 논박하지 않는다. 도리어 바울 서신 내에는 야고보서의 신학과 완벽히 병행되는 신학이 있다.[24]

> 형제들아, 너희가 자유를 위하여 부르심을 입었으나 그러나 그 자유로 육체의 기회를 삼지 말고 오직 사랑으로 서로 종노릇 하라. 온 율법은 "네 이웃 사랑하기를 네 자신 같이 하라" 하신 한 말씀에서 이루어졌나니(갈 5:13-14).

야고보는 "반율법주의", 곧 율법의 가르침을 배척하고 저버리는 것의 위험을 우려한다. 야고보서의 표현 중 일부는 로마서 배후에서 벌어졌던 특정

---

23   신인협력설(synergism)을 둘러싼 유명한 논쟁에 관해서 우리는 다음과 같은 사실을 인식할 필요가 있다. 곧 야고보서가 말하는 것은 "믿음이 함께 일한다"(*pistis synergei*)는 것이지, 구원을 위해 인간과 하나님이 협력한다는 것이 아니다. 믿음은 언제나 존재하고, 누군가의 행함에 능동적으로 함께 한다. 이것이 칭의의 결과다. 또 Maier, *Jakobusbrief*, 60을 보라.

24   믿음과 행함에 관한 문제를 두고 벌어진 논쟁을 보려면 Martin, *James*, 82-84에 소개된 부가 설명을 보라. Laato는 이 주제에 관해 짧은 단행본을 썼다. 그는 종말론 및 구원론의 출발점을 고려하면서 야고보와 바울이 죄와 구원에 관해 유사하게 말한다고 지적한다. Laato, *Jakobus*, 49 이하. 또 Isaak, *Theology*, 202-5를 보라.

한 논쟁 가운데 바울이 받았던 의심을 반영한다. 어떤 신학자들은 바울이 하나님의 율법에 반하여 살면서 자유를 누렸다고 가정한다. 바울 자신이 그러한 가정을 언급한다. "선을 이루기 위하여 악을 행하자"(롬 3:8). 바울은 자신의 서신, 특별히 로마서에서 자신을 고발하는 사람들에게 위에서 인용한 것과 같이 대답한다. 바울에게도 기독교인의 순종은 야고보의 것과 같이 엄격하다.

야고보와 바울 모두 완고한 율법주의를 받아들이지 않는다. 그들은 모두 율법주의와 반율법주의를 반대한다. 그들은 그리스도의 파루시아를 기다리는 신앙인들의 종말론적 의식 속에서 살았다(약 5:7). 의의 날은 가까이 왔다. "심판주가 문 밖에 서 계시니라"(5:9). 그리하여 신앙으로 인내하는 것이 구원을 이룬다. 이것이 서로를 돌보는 근본 동기다. "여러분이 알아야 하는 것은 죄인을 미혹된 길에서 돌아서게 하는 사람은 그의 영혼을 사망에서 구원한다는 것입니다"(5:20). 나아가 야고보는 죄를 묘사할 때 예수 및 바울과 같이 말한다. 죄의 우선적 출처는 예수가 산상 수훈에서 정교하게 말했듯 정욕이다(4:1). 바울도 여러 본문에서 바로 이 정욕을 주요 표적으로 삼았다(롬 6:12). 야고보(4:16)와 바울 모두 교만과 자랑을 조심하라고 그리스도인에게 경고한다.

회복 종말론의 전망에서 읽으면 야고보서는 히브리서를 제외하고는 예수의 말을 상호본문적으로 읽은 가장 본래적인 글이라 할 수 있다. 종말론적 회복은 그리스도가 영광의 보좌에 등극했을 때 시작한다. 그는 구원의 공동체를 위한 진정한 희생제물이고 모든 죄는 그의 피로써 용서를 받는다. 이 첫 번째 사건이 하나님이 미천한 사람을 들어 올리시고 "가난한 자를 선택하시는" 최종적인 희년을 시작하게 한다. 이제껏 우리가 살펴본 야고보서의 본문에서 하나님의 능력은 약함을 통해 드러난다. 마지막으로, 야고보서 자체가 종말론적 선교 활동을 증언한다. 야고보서의 말씀은 흩어져 사는 사람들을 향한다. 하나님의 복음은 모든 나라에 선포될 것이고 영원한 죽음에서 사람들을 구원할 것이다.

3. 베드로전서: 하늘의 제사장직

베드로 서신들은 다른 서신보다 다소 일찍 기록되었다. 그러나 의심할 바없이 유대교적 기독교 전승에 속한다. 베드로전서의 마지막 부분에 언급된대로 베드로의 서신들은 로마나 바빌로니아에서 작성된 것이다. 베드로 서신들, 특별히 전서의 경우 바울 전승을 충실히 따른다. 베드로전서는 아마도 소아시아에서 회람되었을 것이다. 이곳은 바울의 이전 사역지였다. 회중은 박해를 받지만, 그들이 가진 희망은 강하다. 베드로전서의 시작 부분에는 기독교 신앙에 관한 작은 교리문답이 나온다.

> 그의 많으신 긍휼대로 예수 그리스도를 죽은 자 가운데서 부활하게 하심으로 말미암아 우리를 거듭나게 하사 산 소망이 있게 하시며 썩지 않고 더럽지 않고 쇠하지 아니하는 유업을 잇게 하시나니 곧 너희를 위하여 하늘에 간직하신 것이라. 너희는 말세에 나타내기로 예비하신 구원을 얻기 위하여 믿음으로 말미암아 하나님의 능력으로 보호하심을 받았느니라(벧전 1:3-5).

위의 본문에서 회복 종말론은 새 창조의 관점에서 표현되었다. 새 창조는 "거듭남"을 살아있는 소망으로 계속해서 바꾼다. 신앙인들은 환난이 끝날 때 확실히 드러날 썩지 않을 실재를 고대한다.[25] 종말론적 구원이 마지막

---

25   Beale, *Theology*, 325-26.

날에 "계시될" 구속의 복음에 근거를 두기 때문에, 종말론적 성전 주제가 이 서신에 분명하게 나타난다. 새로운 성소가 지어질 필요가 있다. 저자에 따르면 공동체는 하나님의 집이고 신자들은 거룩한 제사장들이다. 복음서를 제외하고는 신약 전체에서 베드로전서가 가장 명확하게 구원을 주는 성전 이미지를 다룬다.[26]

> 사람에게는 버린 바가 되었으나 하나님께는 택하심을 입은 보배로운 산 돌이신 예수께 나아가 너희도 산 돌 같이 신령한 집으로 세워지고 예수 그리스도로 말미암아 하나님이 기쁘게 받으실 신령한 제사를 드릴 거룩한 제사장이 될지니라(벧전 2:4-5).

베드로전서 저자는 영적 성전 개념의 기초를 설명하기 위해 구약성서를 사용한다. 인용하는 구약의 증거 본문들은 바울의 것과 유사하다(롬 9:33). 첫 번째 구약 본문은 이사야 28장이다. "보라, 내가 택한 보배로운 모퉁잇돌을 시온에 두노니 그를 믿는 자는 부끄러움을 당하지 아니하리라 하였으니." 이것은 베드로전서 2:6에서 인용되었다. 종말론적 성전은 흔들리지 않는 모퉁잇돌인 메시아에 근거한다. 타락한 이스라엘은 시 118:22이 예언한 대로(참조. 마 21:42) 이 돌을 배척한다. 그러나 이 배척받은 돌(새로운 성전)은 구원의 공동체에서 머릿돌이 된다(벧전 2:7). 이는 바울이 자기 서신에서 구약성서를 인용하면서 한 생각과 같다. 그 돌은 많은 이들을 걸려 넘어지게 하는 걸림돌이 된다. 이사야서에 따르면 이 문제의 돌은 하나님 자신

---

26 "그들이 유월절 어린 양, 곧 새롭고 더 큰 출애굽을 달성하기 위해 죽임을 당한 그리스도의 성취로 구속을 받았다고 선언하면서(벧전 1:18-19), 또 그들에게 단단히 마음을 먹고 거룩하여지라고 요청하면서(1:13-16) 베드로전서는 이사야가 말한 것과 같은 유배에서 귀환하는 본문을 선포한다." Hamilton, *God's Glory*, 524.

이다. "그가 성소가 되시리라. 그러나 이스라엘의 두 집에는 걸림돌과 걸려 넘어지는 반석이 되실 것이며 예루살렘 주민에게는 함정과 올무가 되시리니"(사 8:14).[27]

초기 교회의 기독론에서 시편 118편은 처음부터 하나님을 걸려 넘어지게 하는 걸림돌로 보는 이사야의 생각과 연결되었다. 버림받은 왕인 메시아는 종말론적 성전의 머릿돌이 될 것이다. 베드로전서에서도 그리스도 자신이 "살아있는 돌"이다(2:4). 또 성전(*hierateuma hagion*) 자체가 역시 살아있는 돌들(*lithoi zōntes*)인 신앙인들로 구성될 것이다(2:5). 종말론적 성전에서 회중 구성원들은 제사장이고 거룩한 나라다(*ethnos hagion*). 그들은 하나님과 더불어 살고, 그들 가운데 하나님이 머문다.[28]

> 그러나 너희는 택하신 족속이요 왕 같은 제사장들이요 거룩한 나라요 그의 소유가 된 백성이니 이는 너희를 어두운 데서 불러 내어 그의 기이한 빛에 들어가게 하신 이의 아름다운 덕을 선포하게 하려 하심이라. 너희가 전에는 백성이 아니더니 이제는 하나님의 백성이요, 전에는 긍휼을 얻지 못하였더니 이제는 긍휼을 얻은 자니라(벧전 2:9-10).

이 성서 본문은 유배 생활을 하는 이스라엘이 사면을 받았고 한 번 더 하나님의 거룩한 백성이 될 수 있다는 믿음을 확인한다. 호세아서를 인용한 본문에서(1:6-10) 우리는 처벌의 심각성을 떠올린다. 그러나 희망은 있고, 곧

---

27   Beale, *Temple*, 332를 보라.

28   Witherington은 이렇게 주석했다. "그러나 사실 우리는 하나의 메타포가 아니라 돌과 집이라는 두 개의 메타포를 갖고 있다. 후자는 하나님의 집을 가리킨다. 그것은 살아있는 돌들로 구성되고 가장 중요한 돌은 그리스도 자신이다." Witherington, *Indelible Image I*, 351-52.

회복될 것이다. 하나님이 사면할 때 그는 값진 머릿돌을 보낼 것이며, 회개한 백성은 거룩한 제사장으로 섬기도록 거룩하게 될 것이다.

초기 기독교에서 널리 읽히던 유대교적 기독교인이 작성한 이 서신이 명백하게 회복 종말론을 사용하고 있다는 것은 별로 놀랍지 않다. 베드로 서신 전체에서 유배와 회복의 메타내러티브가 채택된다. 저자는 로마 제국 전역에서 부상하는 공동체가 하나님의 종말론적인 성전이자 다윗의 아들이 세우는 성소라고 믿었다. 그 성전은 살아있는 돌들로 구성된다. 그리스도는 새로운 성전의 대제사장으로 묘사되고, 하늘에서 그가 하는 사역을 통해 화해가 이루어진다. 영적인 유배는 끝났고 신앙인들은 살아있는 희망으로 태어난다. 기대하던 부활은 그리스도께 속한 모든 사람들을 새롭게 하고 하나님이 머무시는 최종적인 성전, 곧 다시 창조되는 에덴동산으로 그들을 데리고 간다.

II. 요한복음과 요한 신학

요한복음은 회복 종말론이 신약성서 전반에서 중요하다는 이론에 잘 들어맞는다. 성전 이미지가 바울 서신에 나타난 것 이상으로 요한복음의 중요한 요소이며 두드러지게 전개된다. 나는 구술자가 요한복음에서 한 역할에 초점을 두기 때문에 요한복음의 역사와 전승 사이의 관계를 깊이 다루지는 않을 것이다. 그렇지만 우리가 이야기를 분석하면서 발견하는 사항들은 학자들이 초기 기독교의 전승사에서 요한복음의 자리를 더 정확하게 잡도록 돕는다.

1. 영적 유배 생활은 끝이 났다.

요한복음의 기본적인 이야기와 다른 복음서의 이야기는 같은 종말론적 패턴에 근거해 있다. 이 관점에서 보면 네 번째 복음서와 공관복음은 다르지 않다. 이 이야기는 세례자 요한과 더불어 시작한다. 요한은 종말론적 갱신을 시작하려는 어린 양의 선구자다. 그러나 다른 복음서 저자들과 달리 요한복음의 저자는 세례자 요한을 엘리야라고 부르지 않고 다음과 같은 표현을 사용한다. "(나는) 광야에서 외치는 자의 소리"다. 그의 임무는 주의 길을 준비하는 것이다(요 1:23).[29] 요한복음에서 이 표현은 유배당한 사람들이 약속의 땅으로 돌아오는 길을 언급하기도 한다. 그날은 유배의 고통이 끝나는 날이다. 요한복음이 특별히 강조하는 것은 세례자 요한이 "그 빛을 증거"(1:7)한다는 것이다. 이것은 요한복음에 이사야서의 여러 주제가 있음을 알려준다.

요한복음에는 갈릴리 가나에서 예수가 첫 번째 기적을 일으키고 이후 성전에서 시위하는 장면이 뒤따라 나오는데, 이에 관해서는 여러 추측이 있었다. 이러한 사건 배치는 다른 복음서와 큰 차이가 나지만 이 배치는 아주 의도적이다. 저자 요한은 이야기를 개괄적으로 설명하면서 예수의 메시지를 요약해서 독자들에게 분명히 보여주기를 원한다. 예수 사역의 시작과 성전에서 벌인 절정의 사건은 모두 같은 메시지를 선포한다.[30] 가나에서

---

29 요한이 엘리야임을 부인한 것에 너무 큰 비중을 두고 생각할 필요는 없다. 그것은 요한이 일부 유대인이 가정하거나, 혹은 심지어 되살아난 바로 그 엘리야라는 기대를 거절한 것일 뿐이다. 그의 역할은 요한복음과 공관복음에서 모두 동일하다.

30 Coloe는 예수가 성전에서 시위하는 이야기가 요한복음에서 이렇게 일찍 나오는 이유는 "이 단락이 독자들에게 새로운 '성전'으로 요한의 예수를 해석하도록 분명한 해석학적 열쇠를 주고 또 요한의 상징과 오해라는 문학 기법을 사용한 이후의 장면들을 위한 범례를 제공하기 위해서"라고 말한다. Coloe, *Temple Symbolism*, 84.

행한 첫 번째 기적 이야기는 예수 사역의 핵심을 드러낸다. 차가운 돌 항아리(정결법을 참조하라), 곧 차가운 의례주의를 위해 쓰이던 항아리에 성령의 갱신(이것은 포도주로 상징된다)이 부어진다(요 2:6). 이 기적은 예수의 일련의 "표적 중 첫 번째 표적"(*arkhē tōn sēmeiōn*)이다. 표적은 요한복음에서 중요하다. 왜냐하면, 그것은 믿음의 근거로서 작용할 뿐 아니라 새로운 실재, 곧 회복의 시작을 알리는 표지이기 때문이다.[31]

예수의 성전 시위 이야기는 공관복음 전승을 따른다. 한 가지 다른 점은 공관복음에서는 복음서 저자들이 구약을 인용하지만, 요한복음에서는 예수가 직접 다음과 같이 연설한다는 것이다. "내 아버지의 집으로 장사하는 집을 만들지 말라"(요 2:16). 마가복음이나 다른 복음서에서보다 여기서 요한복음의 초점이 상업 행위에 있는 것으로 생각해야 할까? 반드시 그럴 이유가 없다. 환전상들은 의심할 바 없이 상인들에 상응한다. 그러나 공관복음 전승에 비추어 읽으면 예수의 행동의 해석학적 근거는 돈보다는 다른 것과 관련되어 있다.

예수가 성전에서 양을 몰아내고 돈을 쏟아버렸을 때 그는 분명히 제사제도를 공격한 것이다. 요한복음에 따르면 그 이야기는 이스라엘의 유배 상황을 보여주려 한 것이다. 회개하지 않는 죄인들이 희생제사를 위해 성전세를 거둔다면 그들은 바로 헛된 일을 하는 상인들인 셈이다. 스가랴가 예언한 대로 구원의 날이 오면 "만군의 주의 성전 안에 다시는 상인들이 없을 것이다"(슥 14:21, 새번역*).[32] 성전 사건 이후에 예수가 유대교 전통주의자

---

31   Theielman, *Theology*, 162-63. 학자들은 요한복음에 하나의 응근 "표적의 책"이 있고, 이 책은 요 11장에서 절정에 이른다고 말한다. 이것은 긴 수난 이야기 바로 앞에 나온다. Witherington, *Indelible Image* I, 579-86. 요한복음 배후에 있는 자료 문제에 관해서는 Isaak, *Theology*, 156-57을 보라.

32   Kerr, *Temple*, 80-81. Kerr는 요한이 의도적으로 슥 14장을 암시하는 단어를 사용한다고 말한다.

와 벌인 논쟁이 뒤따라온다.

> 이에 유대인들이 대답하여 예수께 말하기를 "네가 이런 일을 행하니 무슨
> 표적을 우리에게 보이겠느냐?" 예수께서 대답하여 이르시되 "너희가 이
> 성전을 헐라. 내가 사흘 동안에 일으키리라." 유대인들이 이르되 "이 성전
> 은 사십육 년 동안에 지었거늘 네가 사흘 동안에 일으키겠느냐?" 하더라.
> 그러나 예수는 성전된 자기 육체를 가리켜 말씀하신 것이라(요 2:18-21).

이 본문에는 새 성전 주제가 아주 분명히 드러나고, 따라서 현재 성전에 대
한 반대도 극명해진다. 예수는 그 성전을 파괴할 사람들은 사실 유대인 자
신들일 것이라고 말한다. "'유대인'에게 한 예수의 말, 곧 **그들이** 성전을 파
괴하고 **그가** 그것을 세울 때가 올 것이라는 말이 그의 행동을 해석한다"(강
조는 원저자의 것임).[33] 이 중요한 본문에서 헤롯 성전은 첫 번째 솔로몬 성전
과 동일시되고 같은 운명을 맞는다. 예전에 유대인들이 하나님을 저버릴
때 솔로몬 성전이 파괴되었듯이 그들이 하나님의 아들을 배척하면 그들의
성전도 파괴될 것이다. 구원을 주는 종말론적 성전은 예수가 "사흘 동안"
세우는 성전이 될 것이다. 그 성전은 부활과 부활을 믿는 믿음의 성전이 될
것이다. 요한은 특별히 "예수는 성전된 자기 육체를 가리켜 말씀하신 것이
라"고 덧붙이는데, 여기에 주목할 필요가 있다. 이같이 예수는 직접 자신을

---

*　개역개정은 슥 14:21을 "그날에는 만군의 여호와의 전에 가나안 사람이 다시 있지 아니
　하리라"라고 번역하나 개역개정의 '가나안 사람'을 공동번역과 새번역은 각각 '장사꾼'
　혹은 '상인'으로 번역한다. Eskola는 이곳의 의미를 '상인'으로 여긴다. 해당 히브리어는
　'가나안 사람'과 '상인' 둘 다 의미할 수 있다 - 역자 주.

33　Coloe, *Temple Symbolism*, 215. Kerr의 다음 글도 참조하라. 예수의 말을 해석하는 Kerr는
　강력한 시위 후에 한 그 말들이 씁쓸한 아이러니를 표현한다고 말한다. 그 말은 이런 뜻
　이다. "너희가 시작한 일을 끝내라!" 그것은 성전을 파괴하는 것이다. Kerr, *Temple*, 101.

가리켜 성전이라고 한다.[34]

우리가 메타내러티브에 담긴 뜻을 분석하면 이스라엘의 영적 유배가 요한복음의 여러 본문에서 강조된다는 것이 확연히 드러난다. 요한복음에 나타난 예수의 가르침의 초점과 공관복음의 것은 유사하다. 이스라엘은 죄 가운데 살기에 하나님이 주시는 구원을 얻지 못한다. 눈에 띄는 여러 대표자는 영적인 무지를 보여주는 예로 등장한다. 니고데모는 그들 중 첫 번째 사람이다. "너는 이스라엘의 선생이면서 이런 것도 알지 못하느냐?"(3:10) 성령의 때가 이제 막 시작하고 유대인들의 종말에 대한 기대가 완성될 것인데 예수는 그때, 곧 카이로스(kairos)가 지금 도달했다고 선언하면서 위로부터 태어난 사람만이 하나님 나라를 볼 수 있을 것으로 말한다(3:3).[35]

유대교 율법학자들은 베데스다에서 치료된 사람과 그 사건이 하나님의 구원 역사에서 얼마나 놀랄만한 중요성을 띠는지 이해하지 못한다(5:16). 유대인 선생들은 예수의 권위를 두고 논쟁을 벌이고 하나님이 하시는 일을 인식하는 데는 실패한다. "또한 나를 보내신 아버지께서 친히 나를 위하여 증언하셨느니라. 너희는 아무 때에도 그 음성을 듣지 못하였고 그 형상을 보지 못하였으며 그 말씀이 너희 속에 거하지 아니하니 이는 그가 보내신 이를 믿지 아니함이라"(5:37-38). 그들은 예수가 이스라엘의 참 메시아인 것을 알아보지 못한다. "그리스도께서 오실 때에는 어디서 오시는지 아는 자가 없으리라 하는지라"(7:27).

유사한 태도가 아브라함을 두고 벌어진 8장 토론에서도 나온다. "너희가 아브라함의 자손이면 아브라함이 행한 일들을 할 것이거늘…"(8:39).

---

34   Beale, *Theology*, 633.

35   "겔 36:25-27을 떠올리게 하는 용어를 사용하면서 니고데모가 물과 성령으로 태어날 필요가 있다고 예수가 말하는 요 3장에는 '유배로부터의 귀환' 주제가 흐르고 있다." Hamilton, *Theology*, 410.

타락한 이스라엘은 아브라함의 믿음에 따라 살지 않는다. 대신 이스라엘은 폭력의 전통을 유지해왔다. 그래서 환난의 날은 불가피하다. "지금 하나님께 들은 진리를 너희에게 말한 사람인 나를 죽이려 하는도다. 아브라함은 이렇게 하지 아니하였느니라"(8:40). 요한복음에서 예수의 적대자들은 자신의 조상들처럼 하나님의 메신저를 박해하고 예언자들을 죽인다.[36]

공관복음의 벨리알의 자녀 주제도 요한복음에 병행이 있다. 요한복음에서 예수의 적대자들은 예수가 귀신의 하수인이라고 생각한다. "지금 네가 귀신 들린 줄을 아노라"(8:52). 예수는 이 고발에 대해 날카로운 유배의 수사학으로 답한다.[37]

> 너희는 너희 아비 마귀에게서 났으니 너희 아비의 욕심대로 너희도 행하고자 하느니라. 그는 처음부터 살인한 자요 진리가 그 속에 없으므로 진리에 서지 못하고 거짓을 말할 때마다 제 것으로 말하나니 이는 그가 거짓말쟁이요 거짓의 아비가 되었음이라. 내가 진리를 말하므로 너희가 나를 믿지 아니하는도다(8:44-45).

이 논의는 다음과 같은 것을 증명한다. 요한의 이야기에서 이스라엘은 유배 생활을 하고 있다. 이스라엘은 살아계신 하나님을 저버리고, 하나님의 적대자, 곧 사탄의 뜻을 섬긴다. 이것이 이스라엘이 하나님께서 자신에게 보낸 예언자들을 여전히 죽이는 이유다. 사탄은 살인자고 거짓의 아비다.

---

36   Schreiner, *Theology*, 518; Hamilton, *Theology*, 411.

37   Alexander는 이 신학적 주제를 넓은 문맥과 연결한다. "가인과 셋의 계보 사이의 대조는 놀랍다. 여기서 우리는 자기 행동에 따라 인간이 불의한 '뱀의 후손' 혹은 의로운 '여자의 후손'에 속하는지를 파악할 수 있다는 사상과 만난다." 요한복음에서 이 특징은 두드러진다. 그리고 이는 요일 3:10-12에서도 반복된다. Alexander, *Eden*, 107-8.

요한에게 불신앙은 이스라엘이 길을 잃었다는 증거이며, 예언자들의 경고는 사실로 드러난 셈이다.

> 이렇게 많은 표적을 그들 앞에서 행하셨으나 그를 믿지 아니하니 이는 선지자 이사야의 말씀을 이루려 하심이라. 이르되 "주여, 우리에게서 들은 바를 누가 믿었으며 주의 팔이 누구에게 나타났나이까?" 하였더라'(12:37-38).

이사야서를 인용한 본문은 추방당한 사람들에게 선포될 복음을 묘사한다.[38] 그들은 고난 받는 종이 나타날 수밖에 없는 이유다. 신앙을 버린 사람들은 하나님의 종이 보여주는 어떤 것에도 관심이 없다. 따라서 그 종은 경멸 받고 배척 받을 것이다. 요한은 이 장면에서 이사야서의 다른 본문(사 6:9-10)을 인용하며 강조한다. 이것은 오로지 하나님이 하신 일이라는 전망에서만 이해될 수 있다. "주님께서 그들의 눈을 멀게 하"신다. 이 본문에는 바울의 것과 유사한 어조가 있다. 요한은 이스라엘이 영적인 유배 생활을 한다고 생각한다. 하나님은 그들을 위해 아들을 보내셨다. 그러나 구원은 쉽게 얻을 수 없다. "그들은 하나님의 영광보다도 사람의 영광을 더 사랑하였"기 때문이다(12:43). 그러나 보고 이해하는 사람은 새 성전으로 인도될 것이다.

---

38   구약성서의 배경은 요한복음에서 유배 현실을 반영하는 요소들이 발견됨을 보여준다. Evans는 선한 목자 주제와 참 포도나무 강화(15장) 모두 회복 신학의 요소를 담고 있다고 덧붙인다. Evans, *Word and Glory*, 28-39.

2. 육에 장막을 치신 영원한 말씀

요한의 신학적 전망은 폭넓다. 요한복음 서언에서 예수의 사역은 온 우주적인 소명(vocation)의 차원에서 해석된다. 창조 주제가 복음서의 시작을 주도한다. 요한의 기독론은 서언의 아름다운 찬송에서 분명하게 표현된다. 이곳에서 예수는 창조의 말씀으로 묘사된다. 핵심 단어인 "시작"(arkhē)이 창세기와 요한을 묶는다.

> 태초에 말씀이 계시니라.
> 이 말씀이 하나님과 함께 계셨으니
> 이 말씀은 곧 하나님이시니라(theos ēn ho logos).
> 그가 태초에 하나님과 함께 계셨고 만물이 그로 말미암아 지은 바 되었으니 지은 것이 하나도 그가 없이는 된 것이 없느니라(1:1-3).

예수를 창조를 수행한 분으로 묘사하는 것은 초기 유대교적 기독교에서 전형적이다. 예수가 첫 번째 창조에 참여한 것은 부활을 통해 새로운 창조를 하기 위한 근거를 마련한다. 골로새서에서 이 사상은 요한복음의 이곳에서만큼이나 아름답게 표현되었다. "그는 보이지 아니하는 하나님의 형상이시요 모든 피조물보다 먼저 나신 이시니, 만물이 그에게서 창조되되 하늘과 땅에서 보이는 것들과 보이지 않는 것들과 혹은 왕권들이나 주권들이나 통치자들이나 권세들이나 만물이 다 그로 말미암고 그를 위하여 창조되었고…"(골 1:15-16. 참조. 고전 8:6; 히 1:2-3).

요한복음의 기독론은 성육신을 중심으로 전개된다. 세상을 지을 때 도왔던 신적 지혜인 말씀이 육이 되었다. 몇몇 학자는 1:14-18에서 출애굽기의 목소리가 들린다고 말한다. 먼저 "은혜와 진리"라는 표현은 학자들에게

서언 배후에 출애굽기 33-34장의 신의 현현 이야기가 깔려 있다는 제안을 하게 한다.[39]

> 말씀이 육신이 되어 우리 가운데 거하시매
> 우리가 그의 영광을 보니
> 아버지의 독생자의 영광이요 은혜와 진리가 충만하더라(1:14).

그러나 이 구절에는 출애굽기 본문 이상이 있다. 우리가 앞에서 언급했듯이 하나님이 그의 성전에 "머무는" 것을 표현하는 단어가 실제 성전 자체를 가리키는 단어로 바뀌었다. 70인역 출애굽기 25:8-9은 이런 해석을 뒷받침한다. 따라서 요한은 의도적으로 하나님이 성전에서 그의 백성 가운데 "장막을 친다"(kataskēnoō)는 구약의 용어를 사용한다.[40]

앞서 말한 대로 요한은 최종 회복 시에 예수를 진정한 성전으로 묘사할 때 70인역을 사용한다. "말씀이 육신이 되어 우리 가운데(eskenosen) 거하시매…"(1:14). 요한은 하나님이 성전에서 자기 백성 가운데 "장막을 친다"(kataskēnoō)고 언급된 곳의 구약 용어를 사용한다. 유사한 용어가 나오는 다른 구약 본문이 있다. 에스겔서에서 종말론적 새 성전은 하나님이 다시 머무는 장소다. "인자야, 이는 내 보좌의 처소, 내 발을 두는 처소, 내가 이스라엘 족속 가운데에 영원히 있을 곳이라"(겔 43:7a). 중요한 것은 "이스라엘 족속이 다시는 내 거룩한 이름을 더럽히지 아니할 것"(겔 43:7b)이라는 점이다.

요한복음에 따르면 성육신한 말씀인 예수는 자신의 인격으로 지상 성

---

39   Evans, *Word and Glory*, 79-80; Kerr, *Temple*, 117-19. Kerr는 출 34:6이 여기서 특별히 중요하다고 말한다.

40   Kerr, *Temple*, 122.

전이 된다. 한(Hahn)은 이렇게 말한다 "요한복음은 예수의 몸을 새로운 장막, 곧 신이 땅에 임하는 새로운 장소로 묘사한다."[41] 이 성전(예수)이 나타난 것이 새 창조와 유배당한 백성의 회복이 시작되었음을 알린다. 유사한 가르침이 요한복음 1:51의 벧엘 이야기에 나온다. 앞서 우리가 공관복음 자료의 맥락에서 그 짧은 가르침을 연구할 때 우리는 나다나엘을 향한 예수의 대답이 참 벧엘의 장소를 알려 준다고 지적했다. 인자는 이 세상에서 하나님이 임재하는 장소가 된다.[42]

보내심(*apostellō*)은 요한복음에서 중요한 주제다. 그것은 구원론적 목적을 띤다(3:18). 이 세상에 보냄을 받은 말씀은 하나님이다(*theos ēn ho logos*). 이후 이 생각은 더욱 강조된다. "아무도 하나님을 본 사람은 없다. 오로지 외아들 하나님, 곧 아버지의 품 안에 있는 분이 하나님을 알려주었다."(1:18, 개역개정을 사용하지 아니함). 이 강력한 표현은 바로 "외아들"이 사실 "아버지의 품속에 있는" "독생하신 하나님"(*monogenēs theos*)이라고 주장한다.[43] 모노게네스(*monogenēs*)라는 용어는 다소 복잡하다. 14절에서 그것은 "한 분이며 유일한"(*ginomai*) 아들을 뜻하고 그는 아버지에게서 받은 영광을 소유한다. 이와 유사하게 18절에서 "한 분이며 유일한" 존재는 "인간이 하나님을 볼 수 없도록 하는 장벽을 깨고, 하나님을 알려준다."[44] 3:16에서 그 단어는 하나님이 "외아들(*monogenēs*)을 주었다"고 했을 때 다시 나온다. 예수는 로고스이자 영원한 토라의 화신(化身)이며, 그러므로 하나님이다. 이것이 예수를 묘사하는 완전한 용어가 모노게네스(*monogenēs*)인 이유다.

---

41   Hahn, *Letter & Spirit 1* (2005), 128.

42   2장 II.5를 보라. 이 내용에 관해서는 Coloe, *Temple Symbolism*, 215를 보라.

43   가장 오래된 사본에서 검증된 독법에 따르면 "독생하신 하나님"이 아니라 그냥 하나님 (*theos*)이다. Michaels, *John*, 91-92; Carson, *John*, 128 이하를 보라.

44   Carson, *John*, 134.

"외아들"이라는 용어가 왜 희생제의적 신학과 연결되어 있는가? 그것은 이것이 아케다(Akedah, "묶다"라는 뜻으로 유대교 전승에서 아브라함이 이삭을 "묶은" 것을 뜻한다―역자 주) 이야기와 매우 잘 어울리기 때문이다. 하나님은 희생제물을 선택해서 속죄를 위해 그를 죽음에 내어준다. 그리하여 요한복음에서 하나님의 사역과 희생적 사랑은 종말론적 구원의 토대다. "그를 믿는 사람마다 멸망하지 않"을 것이다(3:16b). 이것이 이타적 사랑이 복음서의 핵심에 놓인 이유 중 하나다.

예수의 신성을 믿는 믿음은 도마의 고백에서 절정에 이른다. "나의 주님, 나의 하나님!"(20:28) 예수를 이스라엘의 메시아로 알고 있는 사람은 그가 회중의 주님이며 하나님인 것도 안다.[45] 그러므로 요한복음의 고기독론은 특징적으로 두 곳에 초점을 둔다. 첫째, 성육신 사상에 근거를 둔다. 둘째, 성육신한 아들이 육에 "장막을 친" 하나님이라는 것을 강조한다. 예수는 하나님이 임하는 장소가 된다. 공관복음에는 이러한 실재가 상당 부분 가려져 있으나 요한은 그것을 공개한다. 물론 다른 복음서에 나오는 유사한 고백(보통은 베드로의 고백)을 통해서도 이러한 측면들을 만날 수 있기는 하다.

20세기에 케제만은 요한이 예수의 영광을 너무나 많이 강조한 나머지 요한복음이 성찰 없는 가현설이라는 의미에서 "소박한 가현설"(naive docetism)이 되었다고 주장했다.[46] 후기 불트만주의 계통에 속하는 슈트레커(Strecker)도 요한이 반(反)가현설주의를 주장한다고 말하면서도 대체로 이 견해를 수용한다.[47] 그러나 같은 학파에 속한 다른 학자인 슈넬레(Schnelle)

---

45   Matera, *Theology*, 287.

46   Räisänen은 아직도 그 견해를 지지한다. Räisänen, *Rise*, 219.

47   Strecker, *Theology*, 482. "그의 작품(요한복음)은 반가현설주의적인 생각뿐만 아니라 가현설주의 방향으로 흐르는 관점도 품고 있다."

는 성육신을 강조하고 반가현설주의 방향으로 나아간다.[48] 이후 학자들은 대개 가현설적인 해석을 거절한다. 서언의 기독론에서 로고스는 육이 되고 성육신의 실재는 의문을 품을 이유가 없기 때문이다. 요한의 이야기는 확장된 수난 이야기라고 불려왔는데, 이것만으로도 저자가 예수의 고난이 실제로 일어난 일이라고 생각했음이 명확하다. 십자가의 신학은 바울에서와 같이 아주 분명하다(1:29, 36; 3:16; 6:51). 고기독론이 예수를 묘사하는 복음서 전체에 스며들어 있지만, 요한의 신학은 전혀 가현설적이지 않다. 대신 요한복음은 여러 곳에서 부활을 믿으라고 강조한다. 그러니 요한복음에서 예수의 이야기를 다루는 방식은 도리어 교의적인데, 곧 예수의 생애의 각 단계가 마지막 결과, 곧 부활의 맥락에서 설명되기 때문이다.[49]

우리가 연구한 메타내러티브의 관점에서 요한복음서를 해석하면 반가현설주의의 견해를 지지할 수 있다. 예수는 그를 반기지 않는 세상에서 육이 되었다. 환난의 시간은 견디기 어렵다. 세례자 요한, 예수 그리고 그의 제자들 모두 모든 시대에 걸쳐 핍박을 받는다. 회복은 오로지 격심한 고통을 겪고 난 후에야 시작된다. 여기에 가현설이란 있지 않다. 비록 저자 요한이 그의 신학에서 고난 받는 종이라는 주제를 변형하고 발전시키기는 하지만 요한은 고난 받는 종이라는 인물상(像)을 선택한다.

복음서 전반에 걸쳐 예수는 "세상에 생명을 주는"(6:33) 아들이다. 하나님은 예수가 죄인들에게 "영생"을 줄 수 있도록 "모든 백성을 다스리는 권세"를 주었다(17:2). 요한은 하나님의 아들이 새 공동체의 주님이 되는 현실 속에서 산다. 이것이 그가 독자들에게 인류 역사에서 가장 위대한 비밀,

---

48   "성육신은 피조물 됨에, 그리고 모든 존재의 역사적 존재 됨에 예수 그리스도가 완전히 참여했다는 것을 확언한다. 그러므로 하나님 자신이 완전히 인간 존재에 종속된 것이다." Schnelle, *Theology*, 674.

49   Hurtado, *Lord Jesus*, 394-95; 참조. Hengel, *The Johannine Question*, 16, 61.

곧 말씀이 육체가 되었다는 비밀을 가르치는 이유다. 또 이것이 그가 이 세상에서 성육신한 신적 존재의 사역을 설명할 수 있는 방식이다. 예수는 한 인격을 지닌 하나님이자 인간이다. 이것은 요한의 신학이 어떻게 근원적으로 구원 역사의 패턴에 의존해 있는지 보여준다. 회복은 *pistis*(믿음)를 통하여 현실이 된다. "아들을 믿는 사람은 심판을 받지 않는다"(3:18). 예수는 계속해서 사람들에게 묻는다. "네가 인자를 믿느냐?"(9:35) 그리고 마침내 마르다는 모범적으로 고백하는 사람이 된다. "주여, 그러하외다. 주는 그리스도시요 세상에 오시는 하나님의 아들이신 줄 내가 믿나이다"(11:27).

요한복음에서 성전의 이미지는 특별히 강하다. 요한복음이 보여주기를 바라는 메시아는 다윗의 아들, 특별히 성전을 짓는 다윗의 아들이다. 이 성전은 손으로 만들지 않은 성전이고 이것은 공관복음에서보다 더 분명히 드러난다. 하나님의 아들, 영원한 말씀 자체가 육 안에 "장막을 친다." 종말론적 성전은 그의 인격에서 구현된다. 그러므로 신자들은 그에게 참여하여 성전의 일부가 된다.

3. 환난의 시대에서 새 성전으로

요한복음의 환난 개념은 공관복음에서와 마찬가지로 중요하다. 우리는 앞서 세례자 요한의 역할을 언급했다. 이 외에도 요한복음에서 예수의 가르침이 품고 있는 종말론적인 분위기는 1장의 "로기아 자료"(the Logia-source)에 있는 "말씀이 세상에 파송되는 것"을 떠오르게 한다. 요한복음에서는 심지어—최소한 영적인 차원에서라도—양들이 늑대들에게 파송된다. 예수가 자신의 사명을 설명할 때 폭력과 미움은 되풀이하여 일어난다. 예수는 제자들과 함께 압박을 받고, 또 강렬한 반대에 맞부딪히며 일한다.

세상이 너희를 미워하면 너희보다 먼저 나를 미워한 줄을 알라. 너희가 세
상에 속하였으면 세상이 자기의 것을 사랑할 것이나 너희는 세상에 속한
자가 아니요 도리어 내가 너희를 세상에서 택하였기 때문에 세상이 너희
를 미워하느니라(15:18-19).

사도들이 이 적대적인 "세상"(*kosmos*) 한가운데서 복음을 선포하면 박해는
피할 수 없다.[50] 이스라엘마저도 하나님의 대언자들을 박해하였다. 이것이
이스라엘이 "세상"을 대표하는 이유다. 세상은 인간의 현실에 있는 불경건
한 권세다. 이것이 처음부터 요한이 가지고 있었던 확신이다. "자기 땅에
오매 자기 백성이 영접하지 아니하였다"(1:11). 요한복음에는 박해라는 단
어도 직접 나온다.[51]

내가 너희에게 "종이 주인보다 더 크지 못하다" 한 말을 기억하라. 사람들
이 나를 박해(*diōkō*)하였은즉 너희도 박해할 것이요, 내 말을 지켰은즉 너
희 말도 지킬 것이라. 그러나 사람들이 내 이름으로 말미암아 이 모든 일
을 너희에게 하리니 이는 나를 보내신 이를 알지 못함이라(15:20-21).

여기서 언급된 미움과 폭력은 위대한 예언자들이 활동하던 시기에도 관찰
되던 것과 같은 현상이다. 사실 이스라엘은 자신의 하나님을 미워한다. 따
라서 이스라엘은 하나님을 향한 적대감의 결과로 여전히 고통을 당한다.
"나를 미워하는 자는 또 내 아버지를 미워하느니라"(15:23). 예수는 이유 없
는 분노와 맞닥뜨렸을 때 고난을 받으면서 하나님께 울부짖는 시편 69편을

---

50   Schreiner, *Theology*, 516을 참조하라.
51   Carson, *John*, 525.

언급한다(시 69:4). "그러나 이는 그들의 율법에 기록된 바 '그들이 이유 없이 나를 미워하였다' 한 말을 응하게 하려 함이라"(15:25).[52]

예수의 제자에게는 이때가 고난의 때가 될 것이다. 예수가 전하는 위로의 말은 로기아 자료(the Logia source)에 나타난 것들을 떠오르게 한다. "내가 진실로 진실로 너희에게 이르노니 너희는 곡하고 애통하겠으나 세상은 기뻐하리라. 너희는 근심하겠으나 너희 근심이 도리어 기쁨이 되리라"(16:20). 그러나 고통의 시기는 비교적 짧을 것이다. 이 본문이 나오고 바로 다음에 예수는 해산의 고통을 겪는 여인이 어떻게 평안을 경험할지를 묘사한다. 새로운 것이 태어나려고 한다는 것이다. 그 순간이 오면 기쁨이 이전에 있을 수 있는 모든 고통을 넘어설 것이다. 요한의 신학은 박해 받는 회중들을 위로하는 바울신학을 떠오르게 한다.

요한복음에 따르면 예수의 모든 제자는 예수가 겪었던 것과 비슷한 종말론적 미움을 경험할 것이다. 새 성전은 적대적인 배교자들에 둘러싸인다. 이것이 예수가 그의 "대제사장의 기도"에서 남은 자들을 위해 기도하는 이유다. "내가 비옵는 것은 그들을 세상에서 데려가시기를 위함이 아니요, 다만 악한 자(ek tou ponērou, 개역개정은 "악")에 빠지지 않게 보전하시기를 위함이니이다"(17:15). 기도의 이유는 메시아의 사역을 반대하는 "악한 자"만이 아니라 악한(ponēros) 세대로부터도 그들을 보전하기 위함이었다. 요한에게 있어 회복은 불가피하게 일어날 것이고, 속죄도 분명히 드러날 것이다. 대제사장으로서 예수는 제자들을 거룩하게 해 달라고 기도하면서 자신의 성전을 섬겼다. "그들을 진리로 거룩하게 하옵소서. 아버지의 말씀은 진리니이다"(17:17). 종말론적 회복이 있을 때, 하나님이 직접 그에게 속한 사람들

---

52   Schnelle는 교의적 의미로 요한의 "이원론적 경향"을 언급하는데, 이것은 잘못된 것이다. 적대자들의 반대는 환난의 맥락에서 비롯된 것이기 때문에 이원론적 경향은 역사적 차원의 것이다. Schnelle, *Theology*, 683을 보라.

을 모든 더러움에서 깨끗하게 하실 것이다. 이것은 오로지 그리스도의 사역에 근거한 것이다. "또 그들을 위하여 내가 나를 거룩하게 하오니 이는 그들도 진리로 거룩함을 얻게 하려 함이니이다"(17:19). 일부 번역본은 예수가 "나를 거룩하게 하오니"라고 말한 것을 "나를 희생제물로 드리니"로 바꾼다. 왜냐하면 이것이 여기서 이 단어를 사용한 신학적 동기이기 때문이다.[53]

유배와 회복의 메타내러티브 전망에서 읽으면 요한복음과 공관복음은 크게 다르지 않다. 요한의 신학도 다윗의 아들이 성육신하신 하나님의 아들로 계시되는, 같은 내러티브에 근거를 둔다. 그는 포로기를 끝내고 회복을 시작한다. 성전 비판과 새로운 구원의 성전을 선포하는 것은 유사한 배경에 근거를 둔 것이다. 이처럼 요한의 구원론은 잘 알려진 토대에 기초하고 있다.

4. 요한1서의 심층 구조에 나타난 회복 종말론

요한1서를 회복 종말론의 전망에서 설명하는 연구는 흔하지 않다. 그러나 구조를 분석하고 면밀하게 읽으면 우리는 이 서신의 주요 작성 동기가 회복 종말론이라는 것을 알게 된다. 이 서신의 심층 구조에 초점을 맞추거나, 요한1서 신학에 나타난 신학적 모티브나 주제들을 샅샅이 조사하는 것이 가능하다. 이 서신의 심층 구조는 이원론적 대조로 가득 차 있다. 곧 어둠과 빛, 거짓과 진실, 미움과 사랑, 세상과 형제애, 악마와 하나님의 아들 등등

---

53 요한복음은 유대인이 처한 유배 상황을 너무나 명백하게 보여준다. 하여 그것이 요한의 반유대주의적 경향을 의미하는지를 두고 논쟁이 일어났다. 이 논쟁에 대해서는 Schreiner, *Theology*, 518-19를 보라. 메타내러티브의 전망에서 읽으면 이스라엘의 죄에 대한 고발이 전혀 반유대주의적이 아님을 알게 된다. 그 고발들은 이스라엘의 회복이 오기를 원하는 것이다.

이다. 그러나 이 서신은 이러한 대조에만 의존하여 전개되지 않는다. 이러한 대조에 더해 서신의 가르침 배후에서 작동하는 메타내러티브와 숨겨진 작은 이야기들이 구체적인 표현을 조정한다.

이 서신은 보통 가현설(docetism)을 따르는 이단에 대항하여 기독교의 신앙고백을 변증하는 서신으로 해석되었다. 이 목적은 서신에 분명히 드러난다. 첫째, 요한은 (형제자매 사랑으로 표현되는) 공동체의 연합과 위협적인 이단을 제어하는 데 초점을 맞춘다. 이 서신은 이 두 생각을 발전시키면서 죄의 역할과 그리스도 안에서는 진정한 죄가 없게 되는 것을 논의한다. 그러나 이러한 신학을 형성한 기본적인 동기는 더 넓은 이야기 사상 세계에 있다. 이원론적 대조나 암시된 이야기들 모두 오랜 영적인 유배 이후 찾아오는 이스라엘의 갱신이라는 사상에 근거한다.[54]

이와 같은 배경을 알려주는 첫 번째 표지는 이 세상과 하나님의 분노 사이에 존재하는 강한 대조다. 이 세상은 죄 속에 살아가고, 그러한 유배 생활을 하는 사람들은 이 세상을 "사랑"한다(2:15). 이들은 "미혹의 영"에 의해 고통을 받는다(4:6). "거짓 예언자들"이 그들을 인도하고(4:1), 그들은 "죽음에 이르는 죄"(5:16)를 짓는다. 어둠 속에 사는 사람들은 하나님이 그의 대적자들을 없애실 때 "사라져 버릴" 저주 받은 세상에 속해 있다(2:17). 필요한 것은 유배 생활 이후에 느헤미야가 말했던 것과 같이 공동체가 죄를 자백하는 것이다. "만일 우리가 우리 죄를 자백하면 그는 미쁘시고 의로우사 우리 죄를 사하시며 우리를 모든 불의에서 깨끗하게 하실 것이요"(1:9). 이것은 이방인 선교 중에 만날 사람들에게만 해당하는 자백이 아니다. 도리어 유배가 계속되기 때문에 모든 유대인에게 있어 결정적인

---

54   가현설 문제에 관해서는 Hengel, *The Johannine Question*, 57-63을 보라. 이 서신의 목적이 무엇인지에 관해서는 Thielman, *Theology*, 536-41을 보라.

문제다.[55] 요한1서의 핵심이 예수가 그리스도임을 인식하는 것이라는 데 주목하면, 이 사실이 명확해진다. "예수께서 그리스도이심을 믿는 자마다 하나님께로부터 난 자니 또한 낳으신 이를 사랑하는 자마다 그에게서 난 자를 사랑하느니라"(5:1). 오직 이런 고백만이 그리스도인의 삶, 곧 "우리가 이미 죽음에서 생명으로 옮겨갔다"(3:14)에 근거를 둔 삶으로 인도한다. 요한1서 저자인 유대교적-기독교인에게 영적인 죽음이란 예수 그리스도를 알아볼 능력이 없는 이스라엘의 유배 상태를 뜻한다.

저자는 또 환난의 시대를 다음과 같이 생각한다.[56] 저자는 세상에서 일어나는 미움을 가인과 아벨 때부터 지속되어온 가족 사이의 싸움에서 기원한 것으로 생각한다(3:12). "그 형제를 미워하는 자마다 살인하는 자니 살인하는 자마다 영생이 그 속에 거하지 아니하는 것을 너희가 아는 바라"(3:15). 반대로 우리는 예수 그리스도의 삶을 통해 사랑을 배울 수 있다. "그가 우리를 위하여 목숨을 버리셨으니 우리가 이로써 사랑을 알고 우리도 형제들을 위하여 목숨을 버리는 것이 마땅하니라"(3:16). 예수는 환난의 희생자가 되었고, 그리하여 사람들의 죄를 위한 희생제물도 되었다. 이것이 화해를 가져온다. 저자는 모든 죄에서 우리를 깨끗하게 하는 예수의 피에 관해 반복해서 말한다. 이 유대-기독교적 속죄 신학의 특징은 아케다(*Akedah*) 모티프 사용을 통해 분명해진다. 하나님은 그의 "유일한 아들"을 "우리의 죄를 위한 대속 제물"로 보냈다(4:9-10).[57]

---

55   Hamilton은 요한이 배교자들을 거짓말쟁이들로 묘사한다고 설명한다. Hamilton, *God's Glory*, 532.

56   환난의 해석을 강조하면서 방대한 신약신학을 쓴 Beale은 공관복음의 예들을 언급하지만 어떤 이유에서인지 요한복음을 다루지는 않는다. 그러나 요한1서에서 그는 환난을 전제하는 종말론의 명백한 표지들에 주목한다. Beale, *Theology*, 203-4.

57   Thielman은 장로 요한이 그리스도의 피를 언급하면서 속죄일 제의에서 가져온 구약의 이미지를 사용한다고 말한다. 예수의 희생적인 죽음과 대속적 속죄 신학은 "모든 죄에서" 회개하는 사람을 "깨끗하게 한다"(*katharizei*). Thielman, *Theology*, 536-41.

죄에서 해방되는 것은 하나님의 희년을 표현하는 또 다른 방식이다. 그리스도가 창조한 사랑은 단순한 감정만은 아니다. 그 사랑은 다른 사람의 범죄로 고통 받는 이들을 위해 행동하는 사랑이다. "형제자매의 궁핍함을 본" 사람은 "행동과 진실함으로 사랑"해야 한다(3:17-18). 여전히 자기의 형제자매를 미워하는 사람은 "거짓말쟁이다"(4:20).

요한1서의 기독론은 풍부하다. 예수는 "높아지신 그리스도"다. 그는 하늘에 좌정하고, 아버지 앞에서 변호자로 섬기는(1:3) "의로우신 예수 그리스도시다"(2:1; 참조. 롬 8:34). 그는 이 세상의 구원자(*sōtēr*)이고(4:14) 바로 그 "아들"이며 바로 그 "이름"이다(3:23). 그는 성육신한 그리스도이고(4:2, 불가타역: *in care venisse*), 최종적으로는 하나님 자신이다. "그는 참 하나님이시요 영생이시라"(5:20). 곧 "이 영생은 아버지와 함께 계시다가 우리에게 나타내신 바 된 이시니라"(1:2)

예수 그리스도의 희생제사와 속죄 선언과 부활한 구세주에 대한 믿음은 화해를 가져오고, 이 화해에 근거한 최종적인 회복은 종말론적으로 자녀로 입양되는 때이기도 하다. 그리스도를 믿는 사람들은 "하나님으로부터 났다"(3:9). "보라, 아버지께서 어떠한 사랑을 우리에게 베푸사 하나님의 자녀라 일컬음을 받게 하셨는가"(3:1). 새로운 자녀를 알려주는 표시는 하나님이 그의 자녀들에게 준 성령이다(3:24). 성령은 예수가 그리스도라고 고백하고, 구원을 증언한다(4:2). 성령은 진리이기 때문이다(5:6).

그러므로 요한1서는 회복 종말론을 가장 아름답게 표현한다. 예수 자신과 초기 유대적-기독교 교회의 선포가 빚은 모티프가 요한1서의 사상 세계에 깊이 스며있다. 저자는 솜씨 좋게 유배 상황과 구원받은 공동체를 대조한다. 그는 죄 속에 사는 세계가 회복을 가져오는 분, 곧 그리스도를 알아채지 못하다고 선언한다. 그는 하나님의 자녀로 선택받는 것이 어떻게 구원의 표시이며 그리스도 안에서 시작된 진정한 희년의 이유인지를 많은 시간을 들여 묘사한다. 이것이 그가 회복의 목표를 가르치면서 자기 사역을 마무리하는 이유다. "이로써 사랑이 우리에게 온전히 이루어진 것은 우리로 심판 날에 담대함을 가지게 하려 함이니 주께서 그러하심과 같이 우리도 이 세상에서 그러하니라"(4:17). 요한1서는 고통과 가족 사이의 다툼을 속죄와 용서와 형제 자매애로 대체한다.

III. 요한계시록의 성전, 창조, 새 예루살렘

요한계시록은 묵시문학의 전형적인 모든 특징을 띤다. 요한계시록의 저자는 환상을 보았고, 하늘로 들려간다. 신적인 모든 비밀의 한 장면마다 그에게 계시된다. 세계의 역사가 어떻게 흘러갈지 밝혀졌고 그는 새로운 지식을 받아 인류의 미래를 예언한다. 이런 배경 설정은 전통적이다. 하늘에는 성전이 있고 우주 성소 중앙에는 하나님의 보좌가 있다. 하늘의 여러 천군이 그 보좌 주위에 모였고, 환상을 보는 요한은 보통 인간에게는 감추어진 그 장소를 응시하는 것을 허락받았다. 이 책이 유대적 성격을 띤다는 점은 구약의 가르침과 예언자들의 환상을 계속 반복적으로 언급하는 것을 통해 확인할 수 있다.[58]

---

58 회복 종말론의 관점에서 계시록을 연구한 여러 학자가 있지만, 그중에서 Alexander, *Eden* 과 Dumbrell, *The End of the Beginning*(두 연구 모두 새 성전에 초점을 맞춘다)을 보라. Beale의 요한계시록 주석은 그의 이전 연구를 따른다.

1.이스라엘 지파를 위한 해방

요한계시록은 주목할 만한 기독교 메르카바(*merkabah*, "전차"를 뜻함) 신비주의의 사례다. 그 신비주의에서 "전차"(chariot)는 영광의 보좌를 상징한다. 세계의 역사는 하나님의 하늘 궁전과 신적인 전능함의 관점에서 조망된다. 따라서 계시록의 모든 장면은 초월적인 지성소에 있는 하나님의 영광의 보좌를 중심으로 전개된다. 계시록의 근본적인 목적은 하나님의 정의를 보여주는 것이다. 곧 주님이 이 세상의 유일한 지배자이고 그가 최종적 목적, 곧 모두에게 정의를 실현하는 종말론적 절정에 이를 때까지 세계 역사를 이끌고 나간다는 것이다. 신정론의 문제는 요한계시록에서 더 이상 뜨거운 이슈가 아니다. 왜냐하면 하나님이 억압받는 사람들의 울부짖는 소리를 들었기 때문이다. 그는 자신의 보좌로 다가가는 죄인들을 내치지 않는다. 영적인 유배는 실제 현실이지만 영원의 관점에서 보면 그것은 더 이상 문제가 되지 않는다. 계시록 저자는 바울처럼 하나님이 인내하는 가운데 인간의 불신앙을 참았고, 이제 유다 지파의 사자(獅子)가 전한 복음을 온 세상에 선포하게 하여 흩어져있는 배교자들을 어린 양의 왕국으로 모은다고 말한다.

이스라엘의 회복과 지파(*fylai*)들을 부르는 것이(5:9) 명확히 계시록에 언급된다. 7장에 나온 거대한 회복 이야기에는 십사만 사천 명이 "모든 지파에서 나와 도장을 받는다"(특별한 언급이 없는 한 요한계시록의 본문은 역자의 사역이다).

> 도장을 받은 사람은 유다 지파에서 일만 이천 명,
>
> 르우벤 지파에서 일만 이천 명,
>
> 갓 지파에서 일만 이천 명…(계 7:5-8).

이 목록은 아셀, 납달리, 므나세, 시므온, 레위, 잇사갈, 스불론, 요셉, 베냐민 지파 등 모든 지파를 언급한다. 요한 계시록 저자는 이사야서를 언급하면서 포로로 잡혀간 사람들이 받은 약속이 어떻게 성취되는지를 보여준다. "그들은 다시는 굶주리지 않고, 다시는 목마르지 않을 것입니다. 해도, 어떤 타는 듯한 열기도 그들 위에 내리쬐지 못할 것입니다"(계 7:16. 참조. 사 49:10).[59] 에스겔서에 약속된 다윗의 후손인 "보좌 가운데에" 있는 양이 그들의 목자가 될 것이고 "그는 그들을 생명의 샘물로 인도할 것이다. 그리고 하나님은 그들의 눈에서 모든 눈물을 닦아줄 것이다"(계 7:17. 참조. 사 25:8; 겔 34:23, 개역개정을 사용하지 아니함).[60]

하나님 나라의 역사 이야기는 단지 하나님의 승리를 묘사하는 것에 그치지 않는다. 예수가 그랬던 것과 같이 세상은 구원의 공동체를 미워할 것이다. 그러므로 요한계시록에는 여전히 환난의 요소가 두드러진다. 요한 자신이 "환난(thipsis)에 동참한 사람"(1:9)이다. "이 (구원의 공동체의) 아이러니한 통치의 실행은 하늘로 높여지기 전 자신의 천상의 권력을 얻기 위해 고난과 죽음을 견딤으로써 땅에서는 감추어진 왕권을 드러낸 그리스도의 모델을 따른다."[61] 요한계시록 저자는 최종적인 갱신에 관한 자신의 견해를 "이미-그러나 아직 아님"이라는 관점에 근거를 둔다. 예수의 생애와 같이

---

59 왜 유다 지파가 맨 처음 언급되었을까? Beale은 이렇게 말한다. "겔 37:15-19은 회복의 시대에는 모든 '이스라엘의 지파'가 '유다 지파'로 병합되고, 유다 지파가 그 지파들을 대표하는 수장이 되리라고 주장하면서 창 49:8을 발전시킨다." Beale, *Revelation*, 417(『NIGTC 요한계시록 상하』, 새물결플러스 역간). 그러므로 유다의 우선성은 "유다 지파에서 나온 메시아적 왕의 우선성을 강조한다."

60 Simojoki는 장래에 있을 이스라엘의 회복과 유대인의 회심에 관한 생각은 19세기에서나 요한계시록 해석사에서 새로운 것이 아니라고 지적한다. 그것은 "영국인들의 사상과 문학에서 강력한 전통"이었다. 그의 분석과 사례에 관해서는 Simojoki, *Apocalypse Interpreted*, 92-93을 보라.

61 Beale, *Theology*, 208.

이제 공동체도 새 에덴이 평화를 가지고 오기 전에 고난을 받아야만 한다. (시간적인 또는 지역적인) 유배뿐 아니라 아직도 이 세상에 편만한 유배를 만드는 조건도 끝나야 한다.

그러나 회복을 보여주는 아주 분명한 몇몇 표시가 있다. 예루살렘 성전은 다윗의 새로운 성전으로 대체될 것이다. 그 사자는 자신을 희생하여 새로운 공동체를 모을 살해당한 어린 양이기도 하다. 그리스도를 믿는 사람들은 영적인 성전에 살면서 도래할 완전한 성전을 기대하도록 허락받은 제사장들이 된다.

> 우리를 사랑하시고 자신의 피로 우리 죄로부터 해방하여 주시고 우리를 왕국으로, 또 그분의 아버지이신 하나님을 섬기는 제사장으로 만드셨습니다. 그분에게 영광과 권력이 영원하기를 빕니다. 아멘!(계 1:5-6)

이 주제는 요한계시록에서 이후에도 반복된다. 그리스도는 살해를 당하고, 그의 피로 "모든 부족과 각종 언어를 쓰는 사람들과 백성들과 나라 가운데서 값을 치르고 사람들을 사서 하나님께 드렸다"(5:9). 그러므로 변화가 찾아왔다. "(그리스도는) 그들을 우리 하나님의 왕국과 제사장이 되도록 하셨고, 그들은 땅에서 왕처럼 다스릴 것입니다."(5:10)[62] 이런 이미지들이 겹친다. 현재 믿고 있는 것과 하늘의 실재는 동시에 참된 것이다. 이것이 영적 제사장직에 관한 생각이 하늘 예배 및 천군의 제의란 맥락 속에 있는 이유다. 땅에서 환난을 피한 사람들은 하늘 성전에 올라가 그곳에서 그들의 주를 예배한다. "그리하여 그들이 하나님의 보좌 앞에 있으면서 그분의 성전에서 밤낮을 가리지 않고 그분을 섬기고 있습니다. 보좌에 앉으신 분은

---

62   Alexander, *Eden*, 123-27을 보라.

그들 위에 장막을 치고 머무십니다"(7:15).

　　계시록의 큰 주제 중 하나는 새 언약을 세우는 것이다. 요한계시록 저
자 이전의 많은 저자가 첫 번째 언약이 유배 기간에 훼손된 것으로 보았
고, 따라서 예언자들은 하나님이 온전하게 회복이 이루어질 새로운 언약을
줄 것이라고 기대했다. "하늘에서 내려오는 새 예루살렘은 새 언약의 실현
이다. 요한계시록 21:3에서 레위기 26:11-12을 사용하는 것을 보아 그 두
본문 사이의 연결이 확실하다는 것을 알 수 있다. 신부, 곧 새 예루살렘은
시내산 언약의 의제와 예레미야의 희망이 서로 만나는 곳이다."[63]

> 또 나는 남편을 위해 단장한 신부와 같은 거룩한 도시 새 예루살렘이 하나
> 님으로부터 하늘에서 내려오는 것을 보았습니다. 나는 보좌로부터 울리는
> 소리를 들었습니다. "아, 하나님은 그분이 머무시는 곳을 사람들과 함께
> 두신다! 그분이 그들과 함께 머무시고, 그들은 그분의 백성이 된다. 하나
> 님이 친히 그들과 함께 계신다"(계 21:2-3).

만약 옛 언약에 의문이 없다면 이러한 재해석 자체가 필요 없다. 따라서 이
본문에 회복 신학이 전제되어 있다고 볼 수 있다. "시내산 언약과 민족주의
는 같이 가는 것이기 때문에 유배가 임박했다는 위기가 있기 전에는 새 언
약 사상이 일어나지 않았다."[64] 저자는 레위기 26장을 사용하여 "나는 그들
가운데 내 거처를 둘 것이다"라고 했는데, 그는 이렇게 제2성전기 회복 종
말론을 형성한 성전 신학을 사용했다. 그러므로 첫 출애굽의 결과를 기뻐
한 원래 언약과 요한계시록의 하늘에서 내려오는 하나님의 도시는 하나님

63　　Dumbrell, *The End of the Beginning*, 78.

64　　Dumbrell, *ibid.*

이 최종적으로 흩어진 백성들을 모으는 곳이 될 것이다.[65]

그러므로 요한계시록의 우주적 이야기는 전체적으로 유배와 회복이라는 메타내러티브에 근거한다. 이스라엘의 유배 상황을 묘사하는 이미지들은 그것과 관련된 구약 예언서 본문에서 왔다. 배교한 이스라엘은 디아스포라 상태에서 살지만, 하나님은 희년을 선사하고 땅의 네 끝에서 지파들을 모을 것이다. 화해가 일어나고 어린 양은 악의 권세에서 사람들을 구속한다. 바로 그렇기에 그는 회복의 실행자가 된다.

2. 다윗의 뿌리의 왕위 등극

요한계시록의 기독론은 매우 전통적이다. 저자는 이스라엘의 메시아로 온 다윗의 자손에게 초점을 맞춘다. 요한계시록에 따르면 예수는 "유다 지파의 사자"이고 "다윗의 뿌리"(5:5)다. 새로운 다윗의 왕권은 그가 하늘의 보좌에 등극할 때 시작된다. 이 보좌는 환상을 보는 저자가 하늘에서 본 것이다. "나는 곧 성령에 휩싸였습니다. 하늘에 보좌가 놓여 있고 그 보좌 위에 그분이 앉아 계셨습니다! 거기에 앉은 분은 벽옥과 홍옥 같아 보이셨고, 보좌 주변에는 에메랄드 같은 무지개가 펼쳐있었습니다"(4:2-3). 이 보좌는 그리스도와 그의 아버지에게 속한 것이다. 모든 신자는 그 앞으로 인도된다.

내가 승리하고 난 후에 내 아버지와 함께 그분의 보좌에 앉은 것처럼 승리

---

65 Bauckham은 회복의 요소들을 "종말론적 출애굽"이라고 불렀다. 왜냐하면 많은 이미지와 증거 본문이 첫 번째 출애굽을 묘사하는 본문에 주의를 기울이기 때문이다. Bauckham, *Revelation*, 70을 보라. 계 12:14의 독수리의 날개는 인상적인 이미지다. 그것은 어떻게 이스라엘이 포로에서 벗어날지를 보여준다(사 40:31). Hamilton, *God's Glory*, 548을 보라.

하는 사람에게는 내가 나의 보좌에 나와 함께 앉게 해 주겠습니다(3:21).

보좌에 앉은 그리스도는 요한계시록의 처음부터 환상 속의 권위자로 등장한다. 그는 "죽은 사람들로부터 살아나신 첫 열매이시며 땅의 왕들을 다스리는 분"(1:5)으로 믿을 만한 증인이다. 다른 묵시문학과 같이 메시아는 하늘의 보좌에 앉는다. 그러나 요한계시록의 묘사에는 특별한 것이 있다. 그 보좌는 영광의 보좌이고 예수는 하나님과 더불어 찬양을 받는다.[66] "또 나는 하늘과 땅과 땅 밑과 바다 위에 있는 창조물과 그것들 안에 있는 모든 것이 이렇게 말하는 것을 들었습니다. '보좌에 앉으신 분과 어린 양에게 찬송과 존경과 영광과 권력이 영원무궁합니다!'"(5:13) 회복 종말론에서 일반적으로 그러하듯 부활은 요한계시록에서 두 가지 역할을 한다. 한편으로 부활은 생명의 왕자가 즉위하는 행위이고, 다른 한편으로 그것은 희년의 시작과 평화의 왕국의 출범에 앞서 일어나는 즉위다. "세상의 나라가 우리 주님과 그분이 세우신 그리스도의 것이 되었다. 그분이 영원토록 다스리실 것이다"(11:15).

그 왕은 또한 다니엘서에 나타난 인자, 곧 죄로 인해 고통 받는 백성들을 해방해 줄 왕적인 메시아다.[67]

촛대 사이에 인자 같은 분이 계셨습니다. 그분은 발까지 내려오는 옷을 입고 가슴에 금띠를 띠고 계셨습니다. 그분의 머리와 머리털은 양털같이, 또

---

66 Bauckham, *Revelation*, 54-63을 보라. "계시록에는 유일신 예배 문제가 분명히 나타나기 때문에 이 문제를 무시하고 요한계시록의 예수를 향한 예배를 묘사할 수 없다. 예수를 향한 예배는 한 분 하나님을 예배해야 한다는 유일신 예배에 예수도 포함되었다는 것으로 이해해야 한다"(60쪽).

67 Marshall, *Theology*, 551.

눈같이 하얗고 그분의 눈은 불꽃 같았고 그분의 발은 풀무 불에 정련한 놋쇠 같았고 그분의 목소리는 큰물 소리 같았습니다. 그분은 오른손에 일곱 별을 쥐고 그분의 입에서는 좌우에 날이 선 칼이 나오고 그분의 얼굴은 강렬히 빛나는 해와 같았습니다(계 1:13-16).

저자는 이사야서의 종말론을 통해 다니엘서의 환상을 해석한다. 입에 칼을 가진 주의 종이 역사에 개입한다. "[그분이] 내 입을 날카로운 칼 같이 만드셨다"(사 49:2). 바로 그 종이 ("야곱의 지파들을 높이기 위해") 그의 칼로 이스라엘을 구원하고, "이스라엘의 남은 자들을 회복하며", 이방 나라들의 빛이 될 것이다. "내가 또 너를 이방의 빛으로 삼아 나의 구원을 베풀어서 땅끝까지 이르게 하리라"(사 49:6). 신약의 다른 부분에서 광범위하게 사용된 그 본문이 요한계시록 내러티브의 핵심에 놓인다.

앞서 언급한 대로 다윗의 아들은 어린 양이다. 성전 신학에서 공통된 이 메타포는 거의 히브리서와 같이 요한계시록에서도 반복된다. "또 나는 그 보좌와 네 생물과 장로들 가운데 살해당한 것과 같은 어린 양이 서 있는 것을 보았습니다"(5:6). 천군들은 유배된 사람들의 생명을 위해 자신을 드린 어린 양을 찬양한다.

살해당한 어린 양은 권력과 부유함과 지혜와 힘과 존경과 영광과 찬양을 받기에 적합한 분이십니다(5:12).

마지막으로 요한계시록에서 인자는 종말론적 심판을 실행하는 다윗 계통의 메시아다. "그분의 입에서 날카로운 칼이 나왔습니다. 그분은 이 칼로 나라들을 치시려는 것입니다. 그분은 직접 쇠지팡이로 그들을 다스리실 것입니다. 그분은 전능하신 하나님의 불붙는 듯한 진노로 포도주 틀을 밟아버리십니다"(19:15). 요한계시록에서 그리스도의 하늘 왕권은 그가 하나님의 원수들을 상대로 승리를 거둔다는 것을 뜻한다. "그분의 옷과 그분의 넓적다리에는 '왕들의 왕, 군주들의 군주'라는 이름이 새겨져있습니다"(19:16).[68]

이렇게 아주 짧게 요한계시록의 기독론을 개관해도 요한계시록의 환상이 초기 기독교 전승으로 내려온 주요 내러티브를 반복하고 있는 것이 드러난다. 요한계시록에서 예수는 왕으로 등극하는 다윗의 자손이고 그의 왕권은 부활에서 분명하게 나타난다. 그는 죽음을 정복했고, 따라서 이제 생명의 왕이다. 또한 그리스도는 어린 양으로서 희생제사를 통해 대속하였고 하늘의 성전으로 자기 피를 가지고 간다. 그는 마지막 날, 곧 하나님의 진노의 날과 하늘의 책이 열리는 날까지 다스릴 영광의 보좌에 좌정하도록 높아진다. 그 후에 요한계시록에서 왕으로 등극한 그리스도는 하늘의 법정에서 하나님 아버지도 앉아있는 보좌에 앉는다.

3. 정원-성전(the garden-temple)을 다시 세우기

요한계시록은 잘 짜인 묵시문학의 방식대로 하늘 성전에 초점을 맞추는 동시에 하나님의 보좌에도 집중한다. 요한계시록 내러티브에서 영광의 보좌는 반복적으로 언급된다(계 4:2; 5:11; 7:9, 15; 11:16; 19:4; 20:11). 요한계시록은 일관성 있게 영광의 보좌를 시각적으로 묘사하는데, 그 보좌는 언약궤의 거룩한 이미지와 하늘의 메르카바(*merkabah*)와 종말론적 심판대가 하나로 합쳐진 것이다. 왕이신 하나님이 주관하는 하늘의 법정은 동시에 성전이기

---

68   "셋째, 심판하는 그리스도의 역할은 하나님 나라 통치의 특성을 구별하고 드러내는 한 부분이다." Isaak, *Theology*, 181.

도 하다. 에덴과 같이 하나님이 머무는 특별한 장소가 성전이듯 말이다.[69]

보좌는 매우 구체적으로 언약궤로 불린다.

> 하늘에 있는 하나님의 성전이 열리고 그 성전 안에 언약궤가 보였습니다. 그때 번개와 큰 소리와 천둥과 지진이 일어나고, 큰 우박이 내렸습니다(계 11:19).

저자는 시편의 익숙한 이미지를 사용하여 하나님이 머무는 곳을 묘사한다. 그는 언약궤의 원형인 보좌를 본다. 요한계시록에서 하늘에 있는 지성소는 인간을 위해 화해가 획득되는 곳이다. 나아가 이곳이 하나님의 천상 통치의 중심지다.

요한은 요한계시록 11장에서 에스겔의 역할을 부여받고, 성전 건물을 측량하라는 명령을 받는다. "나는 지팡이 같은 측량자를 받았는데 이렇게 말하는 소리를 들었습니다. '일어나서 하나님의 성전과 제단과 예배하는 사람들을 재어보시오. 성전 뜰은 제쳐두고 그것을 재지 마시오. 그곳은 이방인들에게 허락된 곳이오. 그들은 거룩한 도시를 마흔두 달 동안 짓밟을 것이오'"(11:1-2; 참조. 겔 40-43장). 이 본문에서 성전 파괴는 명확히 언급된다. 하나님의 보이지 않는 성전은 보존될 것이지만 이방 나라들이 거룩한 곳을 "짓밟을" 것이다. 그러나 요한계시록 저자의 환상 속에서 이방 나라들의 권력은 바깥 뜰로 제한된다. 이방인들은 땅에 남은 자들을 짓밟을 수 있도록 허락되었지만, 그 이상은 안 된다. 진짜 성전은 그대로 남을 것이

---

69   Alexander는 다음과 같이 말한다. "하나님의 보좌에 관한 언급은 계시록의 주요 주제인 그의 왕권에 주의를 기울이도록 한다. 요한은 마지막 환상에서 하나님의 보좌를 강조함으로써 새 예루살렘의 창조가 땅 위에 있는 만물을 다스리는 하나님의 절대적인 권위를 강화한다는 것을 보여준다." Alexander, *Eden*, 75.

고 하나님의 적대자들은 그곳에 닿지 못한다.[70]

요한계시록 저자는 다윗 가문의 메시아가 새 성전을 세운다는 예수의 가르침을 잘 활용한다. 신앙인들은 손으로 만들지 않은 종말론적 성전에서 제사장 같이 살아갈 것이다. 또 마지막 때가 오면 그들은 새로 창조된 동산-성전으로 옮겨갈 것이다. 그 전에 구원의 공동체는 영광의 보좌 앞에 열리는 하늘의 제의에 참여한다. "그리하여 그들은 하나님의 보좌 앞에 있으면서 그분의 전에서 밤낮을 가리지 않고 그분을 섬기고 있소. 보좌에 앉으신 분은 그들 위에 장막을 치고 머무실 것이오"(7:15; 참조. 사 4:5).

하나님 앞에서 행하는 이곳의 제의는 쿰란에서 발견된 「안식일 희생 제사의 찬양집」(the Songs of the Sabbath Sacrifice, 이 제의 찬양집은 안식일에 사용하도록 작성된 것이다—역자 주)을 생각나게 한다. 그 노래들은 제사장의 헌신과 성전 신비주의를 표현한다. 땅에서 모이는 회중의 의무는 하나님을 찬양하는 것이다. 예루살렘 성전에서 왔을 수도 있는 이 쿰란의 찬양들은 성전 제사를 진행하는 중에 제사장 계급에 어떤 관습들이 있었는지를 보여줄 수도 있다. 그 찬양이 안식일에 불릴 때—우리가 그 찬양들의 성격을 고려한다면—찬양하는 사람들은 하늘에 있는 그의 거룩한 보좌, 곧 메르카바에 앉은 이스라엘의 왕에게 초점을 맞춘다. 그 찬양 가운데 케루빔이 하나님을 다음과 같이 찬양하는 노래가 있다. "그들은 케루빔의 빛나는 하늘 위에 있는/ 메르카바-보좌의 형상을 찬양합니다/ 또 그들은 그분의 영광의 자리

---

70   Aune, *Revelation*, 604, 630을 보라. 측량한다는 것은 보존과 보호의 메타포다. Beale은 이렇게 말한다. "계시록 11장에서 측량하는 것은 하나님의 현존을 뜻한다. 이것은 역사가 완성되기 전에 하나님이 땅에 사는 성전 공동체와 함께한다는 것을 보증한다. 믿음이 없으면 하나님의 현존도 있을 수 없으므로, 하나님 백성의 믿음은 하나님의 현존을 통해 지탱될 것이다." Beale, *Revelation*, 559. 이어서 그는 하나님의 현존은 "기독교 공동체의 수립"으로 시작한다고 말한다.

아래에 있는/ 빛의 하늘의 찬란함을 찬양합니다"(4Q405, 22.8).[71]

요한계시록에는 유사한 하늘의 예전이 거듭 나온다. 11장에 가장 인상적인 예가 있다.

> 하나님 앞에서 자기 보좌에 앉아있던 스물네 명의 장로가 그분의 발 앞에 엎드려 하나님께 이렇게 말하며 경배하였습니다. "감사합니다! 주님, 전능하신 하나님, 지금도 계시고 전에도 계신 분! 주님의 권능을 잡으시고 나라를 다스리십니다. 세상 나라들이 분노하지만 주님의 진노가 그들에게 닥칩니다. 죽은 사람들이 심판을 받을 때가 왔습니다. 주님의 종인 예언자들과 거룩한 사람들, 그리고 작은 사람이나 큰 사람 가릴 것 없이 주님의 이름을 두려워하는 사람들에게 상을 주십니다. 그러나 주님은 땅을 파멸한 사람들을 파멸하십니다"(계 11:16-18).

이곳은 동산 자체가 성전의 역할을 하기에, 어떤 건물도 필요하지 않을 것이다. 그곳은 "유리 바다"로 둘러싸여 있다. 구원받은 사람들은 "(하나님을) 증언하는 거룩한 장막 성전" 바로 앞 그곳에서 어린 양의 노래를 부른다 (15:2-5). 나아가 그곳에는 하나님의 보좌에서 흘러나온 "생명을 주는 물이 흐르는 강"과 "강 양편"에 서 있는 생명 나무가 있다(22:1-2). 그 구원의 장소는 하나님이 그의 백성 가운데 거하는 참된 에덴이다. "나는 도시 안에서 성전을 보지 못했습니다. 전능하신 주 하나님과 어린 양이 바로 그 도시의 성전이기 때문입니다"(21:22). 창조된 빛도 여기서는 필요가 없다. 왜냐하면 "이방 나라의 빛"인 다윗의 자손이 빛을 주기 때문이다. "그 도시는 그곳을

---

71   나는 Halperin의 번역을 따랐다. Halperin, *Chariot*, 52. 이 본문에는 하늘 성전의 요소들이 명백히 나타난다.

비추는 해와 달도 더는 필요가 없습니다. 하나님의 영광이 그곳을 비추고 어린 양이 그 도시의 등불이기 때문입니다"(21:23).[72]

요한계시록의 마지막 장들은 알렉산더가 불렀듯이 "두 도시의 이야기"를 담고 있다. 새 예루살렘은 디아스포라의 도시이자 유배 상황의 상징인 바빌론과 대조된다. "세마포를 입고 있는 신부의 모습과 바빌론에 대한 묘사는 날카롭게 대조된다. 바빌론은 '거대하고 음탕한 존재'다."[73] 새 예루살렘의 신실함과 바빌론의 불신실함이 극명하게 대조된다. 이곳에서 유배와 회복의 메타내러티브가 요한계시록의 구원론을 지배하고 있다는 또 다른 증거를 발견할 수 있다. 곧 구원은 바빌론의 종살이에서 해방되는 것을 의미한다.

요한계시록이 끝날 때 메타내러티브는 완성에 도달한다. 하나님의 구원 역사는 유배가 종식되는 이야기, 사실상 에덴에서 추방된 거대한 유배가 끝나는 이야기다. 같은 패턴이 역사를 통해 반복된다. 창조세계 혹은 그것을 대표하는 이스라엘은 반복해서 (하나님에게서) 추방된다. 이것은 하나님 자신이 직접 나서서 타락한 세계의 상황을 바꿀 때라야 에덴으로 돌아가는 것이 가능하다고 인류에게 가르친다. 그리고 하나님은 그렇게 했다. 분노와 환난의 시대에 하나님은 자기 백성들의 울부짖음에 응답한다. 그는 어린 양의 피를 통해 죄를 용서한다. 그 후에 그는 어린 양이 새로운 왕국의 왕위에 등극하도록 한다. 각 지파에게 새로운 희망이 주어진다. 요한계시록에서 주님은 모으시는 하나님이다. 그는 모든 나라에서 아담의 후손들을 모아 새롭게 창조한다. "복이 있습니다! 생명나무 열매를 얻을 권리와

---

72   Beale, *Temple*, 365-69. "결론적으로 새 창조와 새 예루살렘은 다른 것이 아니라 하나님의 장막, 곧 21장 전반에 걸쳐 묘사된 하나님이 특별히 현존하시는 참된 성전이다"(368). Barker, *Gate of Heaven*, 87-88을 참조하라.

73   Alexander, *Eden*, 177.

문을 통과하여 그 도시에 들어가기 위해 자기 예복을 빠는 사람!"(계 22:14)

제6장

결론: 메타내러티브에서
신학으로

우리가 선택한 전망에서 내러티브 신학을 다루면서 이 연구와 지금까지 발견한 결과들을 평가하면 몇 가지 본질적인 특징이 두드러진다. 우리가 사용한 접근법은 조직신학에서 다루는 주제를 탐구하거나 개별 신약성서 저자의 핵심적인 특징들을 모두 다루려고 노력하는 대신 신학적 사유를 형성하는 메타내러티브에 집중하는 것이다. "예수에 관한 새 관점"에서 빌려온 생각에 기초하고 있고, 메이어(Meyer)에서 라이트(Wright)와 그의 동료들이 제시한 가설은 유배와 회복이라는 메타내러티브가 예수와 사도들과 신약 저자들 모두에게 특별히 중요하다고 주장한다. 이 책의 목적은 신약성서 신학 연구에 이러한 가설이 주는 유익을 설명하고, 이 가설을 검증하고 평가하는 것이었다.

이 연구는 신약성서 신학이 회복 종말론에 크게 의존했다는 것을 보여주었다. 예수의 가르침에서 시작해 보자. 예수는 유배 이전 대예언서에서 발전한 수사학을 선택한다. 그는 명백하게 이 수사학을 통해 자신이 활동하던 시기에 믿음에서 떠난 이들을 비판한다. 예수에게 유배는 아직 끝난 것이 아니다. 그의 주요 메시지는 해방이 일어난다는 좋은 소식, 곧 유앙겔리온(*euangelion*)이다. 결정적인 시간(*kairos*)이 이미 왔다. 이스라엘의 회복은 다윗의 후손이 자신을 새 종말론적 성전—이 성전은 새롭게 된 신자들로 구성된다—으로 세우면서 시작하였다. 이 메타내러티브는 학자들이 이제는 회복 종말론의 다른 측면들을 표현하는 것으로 밝혀진, 난해한 여러 본문들을 설명하도록 도움을 준다. 그러기에 이 메타내러티브에는 문제 해결을 위해 추론하게 하는 장점이 있다. 무엇보다도 예수가 건물 성전에 반대한 이유가 기존 이해와는 다르게 드러난다. 사람들이 유배 상황에 놓여 있다는 예수의 주장은 현재 성전에서 드리는 제사를 무용지물로 만드는 것이었다. 그곳은 여전히 강도들의 소굴일 뿐이다.

덧붙여 복음서 전승은 종말론을 강조하는 맥락에서 이해할 때 아주 분명하게 설명될 수 있다. 예수에게 세례자 요한과 더불어 시작하는 시기는 환난의 때다. 이 시기는 이스라엘이 여전히 그의 예언자들을 죽이는 동족상잔의 시기다. 이것은 인자가 고통을 받아야만 한다는 것을 의미한다. 예수와 그의 초기 사도들은 화해가 속죄를 통해 온다는 것을 예언서를 통해 배웠다. 고난 받는 종은 이스라엘에 평화를 가져오기 위해 자신을 희생제물로 바쳐야 한다. 이후 예수의 부활은 하나님이 왕이 되고 그의 희년, 곧 은혜의 해와 종살이하는 사람들을 해방하는 해를 시작하는 마지막 때의 즉위가 된다. 이것 이후에야 종말에 승리하는 사건이 일어나고 하늘의 왕이 그의 권능을 가지고 돌아온다.

부활 이후 공동체는 이러한 관점을 도입한다. 예수의 추종자들이 발전시킨 초기 기독론은 예수를 그리스도이자 평화의 나라의 새로운 왕으로 소개한다. 그는 자신을 따르는 사람들에게 회복의 열매를 선사한다. 바울 서신에서 바울은 대예언자들이 전해 준 약속의 성취에 근거하여 새로운 시대(aeon)가 도래했다고 선포한다. 바울에게 새로운 공동체는 성령이 돌아온 그리스도의 성전이다. 은혜로 의롭게 된다는 것은 하나님이 지난 500년 넘게 계속 침묵한 듯 보이는 문제를 해결한다. 왜냐하면, 이제 하나님이 인간들의 죄를 씻어낼 비를 보내주셨기 때문이다. 이제 우리는 몇 가지 이론적인 결과를 더 요약한 후에 이 주제로 다시 돌아올 것이다.

이 모든 것은 메이어-샌더스-라이트의 전제, 곧 "유배와 회복"이라는 메타내러티브가 예수 선교의 내용과 전체 신약성서 신학을 형성해 갔다면서 그 담론의 중요성을 강조한 그들의 주장이 옳았다는 것을 보여준다. 제2성전기 기독교 이전의 다양한 유대인 그룹들이 "지속되는 유배"라는 수사학을 얼마나 광범위하고 다르게 채택했는지는 분명 의견을 달리할 수 있는 문제다. 그러나 많은 그룹은 유배가 아직 끝나지 않았다고 생각했다. 다만 사두개인들 같은 종교적 엘리트들은 아마도 그렇게 생각하지 않았을 것이다. 다른 관점에서 생각해 보면 마지막 회복이 이미 시작되었다는 믿음은 매우 희귀하였다. 로마의 지배 아래 산다는 것은 그러한 이상주의를 불가능하게 했다. 이 관점에서도 예수와 그의 제자들의 메시지를 이해할 수 있다.

이 외에도 분석해 보면 예수에 관한 새 관점이 좀처럼 신약성서 신학 해석에 더 광범위하게 적용되지 않았다는 것을 알 수 있다. 영국, 캐나다 그리고 미국에서 주요하게 발전한 최근 연구는 성서신학에 혁신적인 제안을 했다. 그러나 제2성전기 유대교의 사상 세계를 설명하는 데는 다소 결함이 있다. 최근 이론은 우리 연구가 시도하는 것과 같이 독일에서 "신" 튀빙겐 학파가 개발한 종교사 접근 방법이 발견한 결과에 따라 보충되고 때로는 수정되어야 할 필요가 있다. 그러므로 이 책의 결론은—이 분야에서 몇 명의 학자를 거명하자면—젊은 세대인 아베마리(Avemarie), 리스너(Riesner), 오드나(Ådna)뿐만 아니라 미헬(Michel), 헹엘(Hengel), 슈툴마허(Stuhlmacher), 베츠(Betz), 호피우스(Hofius), 슈베메르(Schwemer)가 수행한 연구를 통해 보충하면 유배와 회복의 메타내러티브는 신약성서 신학 해석에서 더욱 열매를 맺게 되리라는 것이다. 최근 학계의 세 번째 영향력은 주로 북아메리카의 학자들에게서 왔다. 몇 명을 거명하자면 스콧(Scott), 에반스(Evans), 비일(Beale), 페린(Perrin), 피트리(Pitre), 한(Hahn), 슈라이너(Schreiner) 등의 연구는 신약성서 신학의 재구성을 돕는 중요한 발견을 하였다(그리고 이 운동은 보컴[Bauckham], 브라이언[Bryan], 알렉산더[Alexander], 바버[Barber] 등 새로운 지지자를 얻고 있다).

이 책이 활용한 것처럼 그렇게 시각을 조정하면 첫째, 예수의 메시지를 제2성전기 유대교의 맥락에서 좀 더 정확하게 해석할 수 있다. 둘째, 예수의 가르침과 초기 기독교의 구원론 사이의 간격을 메울 수 있다. 셋째, 이 점은 새 관점을 유럽식으로 받아들여서 얻은 주요한 공헌 가운데 하나라고 말할 수 있는데, 그렇게 시각을 조정하면 우리는 신약성서의 서신들이 얼마나 예수의 메시지에 깊이 뿌리 박고 있는지를 이해할 수 있다. 바울 서신과 히브리서 그리고 계시록에 이르기까지 회복 종말론에 기초하고 있다. 그 서신들은 살아있는 돌로 지어진 새 성전, 곧 성령으로 충만한 구원의 성전이 탄생했다고 선언한다.

서론에서 언급한 대로 일부 학자는 내러티브 접근 방식이 역사적 예수와 초기 기독론 연구에서 본문 뒤에 있는 역사적 과정을 너무 일차원적으로 만들 수 있다고 추정한다. 그들은 이 방법을 택한 학자들이 신약성서의 최종본에 초점을 맞추는 바람에 자료를 형성한 역사적 과정을 무시한다고 염려한다. 나는 역사 읽기에 관한 내러티브 관점을 실제로 사람들이 면밀하게 관찰하면 그러한 비판은 바뀌게 된다고 생각한다. 내러티브 신학이 구성적이라는 것은 사실이다. 그것은 재구성에 관심이 있다. 물론 이것이 초기 기독교인들의 사상 세계를 설명하기를 원하는 신약성서 신학의 목적이다(혹은 목적이어야 한다). 그러나 이 이론은 여기서 끝나는 것이 아니다. 이런 재구성의 도움을 받아 학자들은 어떤 이야기 혹은 전승이 전체 그림을 지지하는지를 평가하기 위해 일관성의 원칙(the principle of coherence)을 사용할 수 있다.

다시 말해서 (내가 첫 번째 탐구의 대표자들이라고 간주하는 예수 세미나는 제외하고 샌더스에서 라이트나 피트리 혹은 슈툴마허에서 리스너나 오드나 같은) 예수에 관한 새 관점 지지자들은 일관성의 원칙을 사용하여 보통 진정성 있는 것으로 평가받는 본문에 초점을 맞추어 복음서 전승을 연구할 수 있었다. 둘째, 위에서 언급한 일관성의 원칙을 사용해서 이제 복음서 전승의 더 많은 부분을 예수의 원래 회복 종말론 사역의 관점으로 쉽게 해석할 수 있다.

셋째, 예수의 예루살렘 입성 이야기에서 호산나 찬양과 같은 편집 구문 혹은 해석 자료의 경우 원래 전승과 그것의 신학적 수용 상의 관계를 설명할 수 있다. 복음서 전승을 이같이 다루는 것이 결코 역사학적 과정 접근에 일차원적이라거나 무감각하다고 여겨질 수 없다.

우리가 부활 이후 초기 교회의 가르침으로 돌아가서 교회의 관점을 좀 더 깊이 논의해 보면 다음과 같은 점이 명백해진다. 첫째, 부활 기독론은 의도적으로 예수의 높아짐을 종말론적 즉위로 묘사한다. 다윗의 아들이 하늘의 권좌에 등극하는 것은 시편 110편의 약속을 성취하는 것 이상을 의미한다. 이것은 마지막 날에 있는 신적인 즉위인데, 이때 하나님 자신이 오고, 이스라엘의 갱신이 명백해지는 희년이 시작한다. 둘째, 초기 찬송 전승을 연구하면 초기 기독론은 회당의 전승과 제의, 그리고 아미다(*Amidah*, 아미다는 쉐모네 에스레라고도 불리는데 유대교 의식에서 중심부에 놓인 기도다—역자 주)에 나타난 신학에서 자라온 것이 입증된다. 예수가 온 것은 이스라엘의 회복을 가져올 것으로 고대하던 다윗 가문의 메시아의 도래로 묘사된다.

이런 관점에서 보면 신학 사상을 조형하는 이 메타내러티브는 서로 관계없는 것들로 이루어진 광범위한 신학 운동 가운데 속한 하나의 좁은 부문에 불과한 것이 아니다. 이 연구는 초기 기독교인들과 예수 추종자들의 사상 세계가 이 주요한 메타내러티브에 일관성 있게 연관된 생각들의 광범위한 연결망에 근거하고 있다는 것을 명백히 보여주었다. 이 내러티브의 구조를 알면 독자들은 이전에는 서로 독립되어 있거나 분리된 요소로 보이던 여러 신학적 주제들을 묶어서 이해하는 데 도움을 받는다. 몇몇 학자는 신학 사상의 구문론(a syntax of theological thought)에 관해서 말해왔다. 이것 또한 지나치게 기계적으로 처리되지 않는다면 유용한 도구가 될 수 있다. 고대에 무엇인가를 쓰고 말한다는 것은 본질적으로 모두 내러티브에 관한 것이다. 그러므로 처음부터 메타내러티브에 집중하는 것이 도움이 된다.

본서의 분석은 유배와 회복이라는 거대한 이야기가 신학 사상에 영향을 끼쳤고 독자들이 신약성서 연구 분야의 신학적 문제들을 설명하는 데 도움을 주었음을 증명했다. 또 우리의 분석은 구원에 관한 다른 해결책들뿐만 아니라 제2성전기 율법주의의 본질적 특징과 율법에 관한 바울의 개념을 조명해 준다. 나아가 이 연구는 칭의의 본질을 잘 해명해 주고, 종말론적 성전을 묘사하는 것을 해석할 때에도 매우 유용하다. 분명히 이 메타내러티브는 초기 기독론을 설명할 때 도움이 될 만한 길을 열어준다.

성서신학에는 통일성을 만들어내는 요소가 많이 있다. 그중 하나가 다른 모든 것들을 압도하는데, 구약이나 신약성서 모두에서 하나님에 대한 결정적인 묘사는 그의 하늘 보좌를 중심으로 전개된다. 보좌는 특별히 종말론 전승에서 서로 깊이 관련된 내러티브에서 사용되는 주제다. 성전에서 보좌는 언약궤로서 제의의 중심이다. 케루빔은 보이지 않는 보좌를 손으로 붙잡고 그것을 자기 날개로 보호한다. 이 보좌는 하나님의 왕권을 상징하며 언약궤 위에 뿌려진 속죄의 피를 통해 죄를 용서한다. 대예언서의 종말론에서도 영광의 보좌는 그 역할을 유지한다. 예언자들은 하나님께서 이스라엘의 왕이 되어 유배된 백성에게 희년을 여는 마지막 때의 즉위를 고대한다. 신약성서의 기독론은 예수가 부활을 통해 왕위에 등극한다는 것에 근거를 둔다. 이 이미지들이 서로 합쳐진다. 하늘의 대제사장으로서 예수는 하늘 성전으로 자신의 피를 가지고 간다. 속죄 제사를 마친 후 그는 하나님의 오른편에 있는 영광의 보좌에 앉는다. 이것이 새 언약에서 신이 통치하는 쉐마(Shema) 신앙이 유지되는 방식이다. 곧 예수 그리스도께 대한 믿음이 이스라엘의 왕으로 다스리는 하나님에 대한 믿음을 확립한다.

특별히 이 메타내러티브는 바울의 사고를 해석하는 데 필수 불가결한 도구임이 입증되었다. 이 분석 결과 예수에 관한 새 관점과 회복 종말론을 수정하기 위해 신(新)튀빙엔 학파의 발견을 사용하는 것만으로는 불충분하다는 것이 분명해졌다. 예수와 바울의 관계를 재고하고, 바울이 구상한 그의 구원론을 구축한 전제를 재해석하는 것이 훨씬 더 중요하다. 이미 스콧이나 라이트 같은 학자가 좋은 선행 연구를 하였지만 나는 그 연구들이 아직 충분하다고 생각하지 않는다. 바울에 관한 그의 기념비적인 저서에서 라이트 자신이 내린 결론 같이 이제까지 제시된 여러 주장은 이 이론을 충분히 활용한 것으로 보이지 않는다. 예수의 유배의 수사학에서 두드러지는 비연속성의 측면은 라이트의 언약주의적 바울 읽기에서 찾아볼 수 없다(아래의 논의를 참조하라). 더 많은 연구가 필요하고, 나는 내 연구가 바울과 그의 회복 신학의 선배들 사이에 놓여 있는 밀접한 연관성을 드러내는 데 공헌하기를 바란다.

우선 바울은 거시적인 관점에서 자신의 종말론을 스케치한다. 그는 시대들(aeons)에 관해 말하고, 이스라엘의 역사를 언약과 하나님의 행동이 결정적인 역할을 하는 하나님의 역사로 다룬다. 아담 이후 모든 인류가 그랬던 것처럼 이스라엘은 타락했고 따라서 하나님의 특별한 행동만이 구원을 줄 수 있다. 바울은 이 구원을 회복 종말론으로 묘사한다. 하나님은 새로운 다윗인 그의 아들을 보내 백성들을 위해 속죄하도록 하였다. 이것이 구원의 복음을 구속, 즉위, 클레시스(klēsis, 부름받음), 칭의, 믿음 등 예언자들이 발전시킨 회복의 담론을 바울이 사용하여 표현한 이유이다.

칭의에 관한 바울의 원대한 시각은 이사야 40-55장을 근거로 하며, 특별히 이사야 53장에 초점을 둔다. 유배 상황은 이스라엘을 향한 하나님의 진노를 분명히 보여주고 따라서 그것은 고난 받는 종, 곧 하나님의 어린 양이 와서 백성의 죄를 대속하기 전에는 제거될 수 없다. 이 희생제의가 구속(apolytrōsis)을 가져오고 죄인들이 의롭게 되는 데에 근거를 제공한다. 따라서 그리스도의 피는 죄인들이 의롭다고 간주하는 시은좌(속죄소, hilastērion)가 된다. 하나님은 침묵하고만 있지 않으셨고, 바울은 메시아가 이스라엘의 회복을 시작하는 상황에서 불경건한 사람들을 의롭다고 선언하면서 신정론의 문제를 해결한다.

또 바울에게 구원의 공동체는 인간의 손으로 만들지 않은 종말론적 성전이다. 그곳은 하나님의 성령이 거주하시는 성소다. 신자들은 제사장의 지위를 얻고 그들의 대제사장과 함께 그들의 죄를 위하여 단 한 번 치러지는 희생제의에 참여면서 제사장적 만찬, 곧 그리스도의 몸과 피에 참석한다. 언약에 쓰이는 용어는 예수의 사역이 하나님의 신실함을 계시하는 새 언약적 의미에서만 나타난다.

이 연구는 예수에 관한 새 관점이 발견한 것들을 바울 서신 해석에도 적용할 때 (바울에 관한 새 관점이 발전시켜 놓은) 많은 논쟁적인 문제에 해답을 찾을 수 있다는 것을 보여주었다. 바울이 율법의 행위, 곧 본래 믿는 사람 누구나 본질적인 가치로 여겼던 선한 이스라엘의 행위(the good *Avodat Israel*)를 공격한 이유가 있다. 유배 상황에서 종교적 제의는 결함이 있는 것이고 따라서 신의 주도권, 곧 하나님의 구원의 행동만이 죄인들을 도울 수 있다. 따라서 우리는 바울에 관한 새 관점이 칭의뿐만 아니라 율법의 행위에 관해서도 성급한 해석을 했다는 결론을 내릴 수 있다.

회복 종말론은 바울의 구원론에도 스며들었고 다른 신학 주제에서도 마찬가지다. 그는 제2성전기 유대교에서 전형적인 거대한 논쟁의 관점에서 칭의를 정의한다. 유대교 신학자들은 별문제가 되지 않는 언약적 율법주의에 매달리기보다는 이스라엘이 끊임없이 압제자들의 수중에 있는 상황을 두고 고심했다. 유배기 신학은 신정론의 형태로 나타난다. 곧 유배기 신학은 "하나님은 왜 그분의 백성을 돕지 않으시는가?"라고 묻는다. 바울은 유대인 신앙의 핵심을 다루면서 이렇게 대답한다. 하나님은 신실한 분이다. 그는 신적인 인내를 보여주시면서 마지막 심판을 연기하였다. 이스라엘의 갱신은 하나님의 아들이 인류의 죄를 위해 희생제물로 넘겨질 때 올 것이다. 이것이 믿음으로 의롭게 됨, 곧 하나님의 조건 없는 은혜가 신정론의 문제를 해결하고 이스라엘의 회복을 시작하는 이유다.

바울에 따르면 대다수 유대인은 자신들이 곤란한 상황에 놓여 있다는 것을 알아챘다. 그들은 하나님의 아들을 영접하지 않았기 때문에 계속해서 불신앙의 길을 걸어가고 있는 셈이다. 그들은 하나님의 의, 곧 갱신을 가져오는 하나님의 구원하시는 행위에 순종하지 않았다. 이것이 이 역사의 국면에서 남은 자들만이 구원받는 이유다. 그러나 하나님의 근본적인 목적은 열두 지파(곧 모든 이스라엘)를 회복하고, 이방 민족들이 하나님 나라로 종말론적 순례를 시작하는 것이다.

그러나 언약적 율법주의 해석을 고수하는 학자들에게 믿음으로 의롭게 된다는 것은 여전히 어려운 주제다. 많은 학자가 바울의 용어와 사고에서 법정적 성격을 경시한다. 언약주의자들은 이른바 법정적 해석이 초래하는 개인적인 접근법보다 집단적 구원을 강조한다. 그러나 이것은 바울 서신에 나타난 명백한 주석적 데이터에 어긋난다. *dik*을 어간으로 하는 전체 단어그룹은 법정적 맥락을 보여주며, 따라서 바울의 구원론에서 이 측면을 무시하는 것은 그의 사유를 적절하게 다루는 것이 아니다. 한편 이 새로운 내러티브 관점은 왜 법정적 이미지가 회복 종말론에 나타나는지를 설명할 수 있다. 유배는 처벌을 뜻한다. 하나님의 분노가 백성 위에 머물러 있다. 그리스도가 죄인들을 위한 희생제물이 될 때 그 처벌이 그에게 임한다. 그러므로 백성, 곧 진노의 그릇은 용서받을 필요가 있었고, (500년 전에 예언자들이 약속한) 칭의는 그들이 고소당했음을 암시한다. 이 견해는 바울이 주님과 맺는 새로운 관계가 존재론적이고 성령을 통하여 예수에게 참여하는 것을 의미한다고 말할 때 비로소 완성된다. 곧 법정적 측면과 존재론적인 두 가지 측면을 서로 반대되는 것으로 보아서는 안 된다.

이런 요소들은 내러티브 독법과 샌더스를 따르는 바울에 관한 새 관점 학파 사이에 존재하는 차이가 드러나도록 한다. 우리가 이미 위에서 간략하게 언급했듯이 언약적 율법주의는 본질에서 제2성전기의 유대교 신학과의 연속성을 강조하는 경향이 있다. 그러므로 동시대 많은 바울 학자들이 선택한 언약주의적 해석은 필연적으로 구원뿐만 아니라 율법에 관한 바울의 관점을 유대교의 언약적 율법주의와 조화되는 방향에서 설명하려고 한다. 이것은 문제를 일으킨다. 그러한 긍정적인 연속성이 전제될 때 왜 바울이 계속해서 그의 적대자들을 공격하고 있는지 설명하기가 어렵다. 일부 학자는 바울이 자신의 서신에서 유대교를 왜곡된 이미지로 그리는 일관성 없는 사상가라고 주장한다. 그러한 결론은 그 이론의 귀류(reductio ad absurdum. 귀류법은 "어떤 주장에 대해 그 함의하는 내용을 따라가다 보면 이치에 닿지 않는 내용 또는 결론에 이르게 된다는 것을 보여서 그 주장이 잘못된 것임을 보이는 것"이다. 언약주의적 해석은 바울이 제2성전기 유대교 신학과 연속성이 있다고 주장하는데 그렇다면 바울이 왜 당시 유대교에 대해 비판적이었는지가 쉽게 설명이 안 된다. 따라서 일부 학자들은 바울이 서신에서 유대교를 왜곡한다고 주장한다. 그래야 바울이 자신의 유대교 적대자들에게 한 비판이 성립하기 때문이다—역자 주)다. 이 새로운 내러티브 독법은 비연속성에 초점을 맞춘다. 바울은 긍정적인 사두개인들의 언약적 율법주의든 아니면 일반적인 "이스라엘의 행위"든 율법을 통한 의로움을 공격하고, 저주받은 백성을 위해 유일하게 가능한 회복 종말론, 곧 그리스도가 획득한 의로움을 통해 율법을 통한 의로움에 반대한다.

학자들 사이에 여전히 의견이 일치하지 않고 있으며 앞으로도 이 문제는 계속 논쟁거리가 될 것이다. 회복 종말론의 렌즈로 바울의 신학을 해석하면 바울의 구원론과 관련된 여러 논쟁적 문제들이 설명된다 해도 학자들이 완강하게 동의하지 않으려는 주제가 바로 이 주제다. 표면으로 드러나는 신학적 주제들은 매우 중요하다 보니 해석자들은 그들의 신앙고백이나 교파에 따라 해석의 방향을 잡는다. 루터교 신학은 특별히 칭의론, 곧 그들의 교리와 바울신학의 해석에 영향을 미치는 "칭의론" 때문에 유독 표적이 되었다. 그러나 이것은 해결할 수 없는 문제가 아니다. 회복 신학의 지평은 신앙고백적 믿음과 교리가 충돌하는 주제에 관해서도 다른 배경에 있는 학자들이 바울 해석에서 새로운 해석을 찾아내라고 도전한다. 나는 개인적으로 영향력 있는 메타내러티브에 대한 이 연구가 이에 공헌하고 학자들이 다음 단계로 나가도록 도움을 주기를 바란다.

이미 위에서 언급했지만, 메타내러티브를 연구하여 얻을 수 있는 예상하지 못한 덤은 예수와 바울 사이의 관계를 새롭게 바라볼 수 있는 전망을 얻은 것이다. 바울은 대다수 특정한 주제에서 아주 분명하게 예수의 사역을 따르고 있다. 이를 입증해 줄 짧은 목록을 재빠르게 다음과 같이 제시할 수 있다. (1) 때가 참, (2) 복음, (3) 환난, (4) 고난, (5) 대속적 희생제사, (6) 죽은 자들로부터의 부활, (7) 영광의 보좌에 등극함, (8) 회복의 실현, (9) 열두 지파를 모으고 이방인들에게 선교함, (10) 파루시아, (11) 마지막 심판, (12) 최종적인 에덴의 회복.

마지막으로 유대교적 기독교에 서 있는 서신서들도 이 방향을 따른다. 히브리서는 그리스도의 제사장 직무와 종말론적 성전을 세우는 데 집중한다. 이 서신은 메타내러티브의 관점에서 아직 많이 연구되지 않았지만 모든 신약성서 문헌 중에 가장 분명한 예로 꼽을 수 있다. 학자들은 하늘의 제사장직 측면에만 주목했지만, 베드로전서도 유배와 회복의 메타내러티브를 반영한다. 요한복음과 특히 그 구술자의 신학(theology of narrator)이 회복 종말론의 다른 측면을 강조하고 있다는 점은 다소 놀라울 수 있다. 나아가 요한1서 역시 유사한 신학에 기초하고 있다고 증명할 수 있다. 다음으로 야고보서는 앞으로 올 희년을 선언하는 종말론의 완벽한 예를 보여준다. 마지막으로 계시록에서 유배와 회복의 이야기는 우주적 무대로 옮겨지는데, 그곳에서 시적인 서술이 에덴의 회복을 선포한다.

전체적으로 유배와 회복의 메타내러티브 가설은 유용한 것으로 증명되었다. 20여 년 동안 그것은 역사적 예수 연구를 풍성하게 하였다. 이 연구경향은 아직도 발전 중이고 계속해서 새로운 발견을 한다. 이러한 발견은 예수와 부활 이후 회중 사이에 존재한다고 가정된 틈을 새롭게 메우면서 초기 기독론 연구에 많은 성과를 냈다. 바울신학 역시 새로운 전망에서 조망될 수 있었다. 신약성서의 통일성과 다양성의 문제는 성서학의 가장 어려운 주제이지만, 내러티브 분석은 내러티브의 요소들이 이전과는 매우 다른 해법들을 발전시킬 수 있다고 보여준다. 실로 이 메타내러티브에 근거하여 신약신학을 쓰는 것은 가능하다. 그 연구결과는 설명력을 갖고, 새로운 통찰을 가져온다.

참고 문헌

A. 자료, 본문

Allegro. J.H. (ed.), *Qumran Cave 4: I (4Q158.4Q186)*. DJD 5. Oxford: Clarendon. 1968.

Baillet, M. (ed.), *Qumran Grotte 4: III (4Q482.4Q520)*. DJD 7. Oxford: Clarendon. 1982.

Barthélemy, D./Milik, J.T. (eds.), *Qumrâan Cave 1*. DJD 1. Oxford: Clarendon. 1955.

Biblia Hebraica Stuttgartensia, Ediderunt K. Elliger et W. Rudolph. Textum Masoreticum curavit H.P. Rüger. Masoram elaboravit G.E. Weil. Stuttgart: Deutsche Bibelgesellschaft. 1977.

Biblia sacra iuxta vulgatam versionem, Recensuit et brevi apparatu instruxit Robertus Weber osb. Tomus II. Stuttgart: Württembergische Bibelanstalt. 1969.

Charlesworth, James H. (ed.), *The Old Testament Pseudepigrapha. Volume 1. Apocalyptic Literature and Testaments*. New York: Doubleday. 1983.

_____. *The Old Testament Pseudepigrapha. Volume 2. Expansions of the "Old Testament" and Legends, Wisdom and Philosophical Literature, Prayers, Psalms, and Odes, Fragments of Lost Judeo-Hellenistic Works*. New York: Doubleday. 1985.

Fischer, J.A., *Die Apostolischen Väter. Griechisch und Deutsch*. 9., durchgesehene Auflage. München: Kösel. 1986.

Geffcken, J., *Die Oracula Sibyllina*. GCS 8. Leipzig: Hinrichs. 1902.

Hennecke, E./Schneemelcher, W. (eds.), *New Testament Apocrypha I-II*. Philadelphia: Westmister. 1963.

Holm-Nielsen, S., *Hodayot: Psalms from Qumran*. AThD 2. Aarhus: Universitetsforlaget. 1960.

Jonge, M. de (ed.), *Testamenta XII Patriarcharum. Edited According to Cambridge University Library MS Ff I.24 fol. 203a.262b. With Short Notes*. PVTG 1. Leiden: Brill. 1964.

Kurfess, A., *Sibyllinische Weissagungen*. Berlin: Heimeran. 1951.

Neusner, J., *The Mishnah. A New Translation*. New Haven/London: Yale University Press. 1988.

Maier, J., *The Temple Scroll. An Introduction, Translation & Commentary*. JSOTS 34. Sheffield: JSOT Press. 1985.

Martinez, F.C., *The Dead Sea Scrolls Translated. The Qumran Texts in English*. English translation W.G.E. Watson. Leiden: Brill. 1994

Novum Testamentum Graece. Post Eberhard et Erwin Nestle communiter ediderunt B. Aland, K. Aland, J. Karavidopoulos, C.M. Martini, B.M. Metzger. 27. revidierte Auflage. Stuttgart: Deutsche Bibelgesellschaft. 1993.

Newsom, C., *Songs of the Sabbath Sacrifice. A Critical Edition*. Harvard Semitic Studies. Atlanta: Scholars Press. 1985.

Qimron, E./Strugnell, J. (eds.), *Qumran cave 4. V. Miqsat maʿaśe ha-torah*. DJD X. Oxford: Clarendon. 1994.

Rahlfs, A. (ed.), *Septuaginta id est Vetus Testamentum graece iuxta LXX interpretes*. 2 vols. Stuttgart: Deutsche Bibelgesellschaft. 1979.

Sanders, J.A. (ed.), *The Psalms Scroll of Qumrân Cave 11 (11QPsa)*. DJD 4. Oxford: Clarendon. 1965.

Smend, R., *Die Weisheit des Jesus Sirach: Hebräisch und Deutsch*. Berlin: Reimers. 1906.

Thackeray, H.St.J., *Josephus. The Jewish War*. LCL. Cambridge, Mass./London: Harvard University Press. Repr. 1989.

Thackeray, H.St.J./Marcus, R./Wikgren, A./Feldman, L.H., *Josephus. Jewish Antiquities*. LCL. Cambridge, Mass./London: Harvard University Press. Repr. 1991.

Tov, E. (ed.), *The Greek Minor Prophets Scroll from Nahal Hever (8HevXIIgr)*. DJD 8. Oxford: Clarendon. 1990.

Vaux, R. de/Milik, J.T. (eds.), *Qumrân Grotte 4: II. Tefillin, Mezuzot et Targums (4Q128.4Q157)*. DJD 6. Oxford: Clarendon. 1977.

Vermes, G., *The Dead Sea Scrolls in English*. Revised and Extended Fourth Edition. Sheffield: Sheffield Academic Press. 1995.

Violet, B., *Die Esra-Apokalypse (IV. Esra)*. GCS 18. Leipzig: Hinrichs. 1910.

Whiston, W., *The Works of Josephus. Complete and Unabridged*. New Updated Edition. Peabody, Mass.: Hendrickson. 1987.

B. 보조 자료

Aland, K./Werner, H., *Computer-Konkordanz: Zum Novum Testamentum Graece von Nestle-Aland, 26. Aufl. und zum Greek New Testament 3rd Edition*. Herausgegeben vom Institut für Neutestamentliche Textforschung und vom Rechenzentrum der Universität Münster, unter besonderer Mitwirkung von H. Bachmann, W.A. Slaby. Berlin/New York: de Gruyter. 1980.

Balz, H./Schneider, G. (eds.), *Exegetisches Wörterbuch zum Neuen Testament*. 3 vols. Stuttgart: Kohlhammer. 1980/1981/1983.

Bauer, Walter, *Griechisch.deutsches Wörterbuch*. 6., völlig neu bearbeitete Auflage. Hrsg. K. Aland und B. Aland. Berlin/New York: de Gruyter. 1988.

Bauer, Walter, *A Greek.English Lexicon of the New Testament adn Other Early Christian Literature*. Second edition. Edited and revised by W.F. Arndt, F.W. Gingrich, and F.W. Danker. Chicago/London: Chicago University Press. 1979.

Blass, F./Debrunner, A./Rehkopf, F., *Grammatik des neutestamentlichen Griechisch*. 15. durchgesehene Auflage. Göttingen: Vandenhoeck & Ruprecht. 1979.

Botterweck, G.J./Ringgren, H. (eds.), *Theologisches Wörterbuch zum Alten Testament*. Stuttgart: Kohlhammer. 1970ff.

Brown, F./Driver, S.R./Briggs, C.A./Gesenius, W., *The New Hebrew and English Lexicon*. Peabody, Mass.: Hendrickson. 1979.

Fitzmyer, J.A., *The Dead Sea Scrolls: Major Publications and Tools for Study*. SBLSBS 8. Missoula: Scholars. 1975.

Hatch, E./Redpath, H.A., *A Concordance to the Septuagint and other Greek Versions to the Old Testament (Including the Apocryphal Books)*. 2 vols. Oxford: Clarendon. 1897/Grand Rapids: Baker 1987.

Kittel, G./Fiedrich, G. (eds.), *Theologisches Wörterbuch zum Neuen Testament*. 10 vols. Stuttgart: Kohlhammer. 1933-79.

Kuhn, K.G., (ed.) *Konkordanz zu den Qumrantexten*. Göttingen: Vandenhoeck & Ruprecht. 1960.

Koehler, L./Baumgartner, W., *Hebräisches und Aramäisches Lexicon zum Alten Testament*. Dritte Auflage. 2. vols. Leiden: Brill. 1967/1974.

Koehler, L./Baumgartner, W., *The Hebrew and Aramaic Lexicon of the Old Testament I.II*. Rev. by W. Baumgartner and J.J. Stamm. Leiden: Brill. 1994/1995.

Liddell, H.G./Scott R., *A Greek-English Lexicon*. Revised and Augmented throughout by H.S. Jones. With a Supplement. New (ninth) edition. Reprinted. Oxford. 1973.

Reicke, B./Rost. L. (eds.), *Biblisch-historisches Handwörterbuch*. 4 vols. Göttingen: Vandenhoeck & Ruprecht. 1962-79.

Roth, C./Wigoder, G. (eds. in chief), *Encyclopaedia Judaica* 1-16. Jerusalem: Keter. 1971-.

Stemberger, G., *Der Talmud. Einführung - Texte - Erläuterungen*. München: Beck. 1982.

Strack, H.L./Billerbeck, P., *Kommentar zum Neuen Testament aus Talmud und Midrasch*. 1-6. München: Beck. [6]1986.

C. 일반 참고 문헌

Acroyd, Peter R., *Exile and Restoration: A Study of Hebrew Thought of the Sixth Century BC*. The Old Testament Library. Philadelphia: Westminster. 1968.

Albright, W.F., and Mann, C.S., *Matthew: A New Translation with Introduction and Commentary*. AncB 26. New York: Doubleday. 1971.

Alexander, T. Desmond, *From Eden to the New Jerusalem: An Introduction to Biblical Theology*. Grand Rapids: Kregel. 2008.

Allen, Leslie C., "The Old Testament Background of (pro)horizein in the New Testament." NTS 17 (1971) 104-8.

Allison, Dale C.Jr., "Jesus and the Covenant: A Response to E.P. Sanders." *JSNT* 29 (1987) 57-78.

_____. *Jesus of Nazareth: Millenarian Prophet*. Minneapolis: Fortress. 1998.

_____. *Constructing Jesus: Memory, Imagination, and History*. Grand Rapids: Baker. 2010.

Anderson, G.A., "Sacrifice and Sacrificial Offerings." *ABD V* (1992) 87-886.

Aune, David E., *Revelation 1-15, 6-16*. WBC 52a, 52b. Nashville: Nelson. 1998.

Auvinen, Ville, *Jesus' Teaching on Prayer*. Åbo: Åbo Akademi University Press. 2003.

Avemarie, Friedrich, *Tora und Leben. Untersuchungen zur Heilsbedeutung der Tora in der frühen rabbinischen Literatur*. TSAJ 55. Tübingen: Mohr Siebeck. 1996.

_____. *Neues Testament und frührabbinisches Judentum: Gesammelte Aufsätze*. Hrsg. J Frey und A. Standhartinger. WUNT 316. Tübingen: Mohr Siebeck. 2013.

Avemarie, F./Lichtenberger, H. (eds.), *Auferstehung—Resurrection: Fourth Durham-Tübingen Research Symposium. Resurrection, Transfiguration, and Exaltation in Old Testament, Ancient Judaism, and Early Christianity*. WUNT 135. Tübingen: Mohr Siebeck. 2001.

Back, Sven-Olav, "Jesus and the Sabbath."—*Handbook for the Study of the Historical Jesus 3: The Historical Jesus*. 2597-633. Eds. T. Holmén and S.E. Porter. Leiden: Brill. 2011.

Badenas, Robert, *Christ the End of the Law. Romans 10.4. in Pauline Perspective*. JSNTS 10. Trowbridge: JSOT Press. 1985.

Bailey, Kenneth E., *Finding the Lost: Cultural Keys to Luke 15*. Concordia Scholarship Today. St. Louis: Concordia. 1992.

_____. *Jacob and the Prodigal: A Study of the Parable of the Prodigal Son in the Light of the Saga of Jacob*. Downers Grove: InterVarsity. 2003.

Bal, Mieke, *Narratology: Introduction to the Theory of Narrative*. Toronto: University of Toronto Press. 1997.

Barber, Michael P., *The Historical Jesus and Cultic Restoration Eschatology: The New Temple, the New Priesthood and the New Cult*. Diss. Fuller, 2010. http://udini. proquest.com/view/the-historical-jesus-and-cultic-god. Cop.

29.11.2013.

Barker, Margaret, *The Gate of Heaven: The History and Symbolism of the Temple in Jerusalem*. Sheffield: Sheffield Phoenix Press. 2008.

Bauckham, Richard J., "Jesus' Demonstration in the Temple."—*Law and Religion*. 72-89. Ed. B. Lindars. Cambridge: Clarke. 1988. .

_____. *The Theology of the Book of Revelation*. New Testament Theology (Cambridge Series), General Editor J.D.G. Dunn. Cambridge: Cambridge University Press. 1993.

_____. "The Restoration of Israel in Luke-Acts."—*Restoration: Old Testament, Jewish, and Christian Perspectives*. 435-87. Ed. Scott, James M. JSJS 72. Leiden: Brill. 2001.

_____. *Jesus and the Eyewitnesses: The Gospels as Eyewitness Testimony*. Grand Rapids: Eerdmans. 2006.

_____. *Jesus and the God of Israel: God Crucified and Other Studies on the New Testament's Christology of Divine Identity*. Grand Rapids: Eerdmans. 2008.

Beale, G.K., *The Book of Revelation: A Commentary on the Greek Text*. NIGTC. Grand Rapids: Eerdmans. 1999.

_____. *The Temple and the Church's Mission: A Biblical Theology of the Dwelling Place of God*. NSBT. Downer's Grove: IVP. 2004.

_____. "The Descent of the Eschatological Temple in the Form of the Spirit at Pentecost." *TyndB 56* (2005) 63-83.

_____. *A New Testament Biblical Theology: The Unfolding of the Old Testament in the New*. Grand Rapids: Baker. 2011.

Beasley-Murray, George R., *Jesus and the Kingdom of God*. Grand Rapids: Eerdmans. 1986.

Becker, Jürgen, *Untersuchungen zur Entstehungsgeschichte der Testamente der zwölf Patriarchen*. Arbeiten zur Geschichte des Antiken Judentums und des Urchristentums 8. Leiden: Brill. 1970.

_____. *Paulus. Der Apostel der Völker*. Zweite, durchgesehene Auflage. Tübingen: Mohr. 1989.

_____. *Die Auferstehung Jesu Christi nach dem Neuen Testament: Ostererfahrung und Osterverständnis im Urchristentum*. Tübingen: Mohr Siebeck. 2007.

Beker, J. Chr., *Paul the Apostle*. Edinburgh. 1980.

_____. Paul's Theology: Consistent or Inconsistent? *NTS 34* (1988) 364-77.

_____. "The Faithfulness of God and the Priority of Israel in Paul's Letter to the Romans." In: *The Romans Debate*. Revised and Expanded Edition. Ed. K.P. Donfried. Peabody, Massachusetts. 327–32. 1991.

Bergsma, John S., *The Jubilee from Leviticus to Qumran: A History of Interpretation*. VT.S. 115. Leiden: Brill. 2007.

Betz, Hans D., *Galatians*. A Commentary on Paul's Letter to the Churches in Galatia. Hermeneia. Philadelphia: Fortress. 1979.

_____. "Hellenism." *ABD III* (1992) 127–35.

_____. "Jesus and the Purity of the Temple (Mark 11:15.18): A Comparative Religion Approach." *JBL 116* (1997) 455–72.

Betz, Otto, *Was wissen wir von Jesus*. Stuttgart: Kreuz-Verlag. 1967.

_____. *Jesus Der Messias Israels. Aufsätze zur biblischen Theologie*. WUNT 42. Tübingen: Mohr Siebeck. 1987.

_____. "Jesus and the Temple Scroll." *Jesus and the Dead Sea Scrolls*. 75–103. Ed. J.H. Charlesworth. Anchor Bible Reference Library. New York: Doubleday. 1992.

Blomberg, Craig L., *Interpreting the Parables*. Leicester: Apollos. 1990.

Bock, Darrell L., *Blasphemy and Exaltation in Judaism and the Final Examination of Jesus. A Philological-Historical Study of the Key Jewish Themes Impacting Mark 14:61-64*. WUNT 2. Reihe 106. Tübingen: Mohr Siebeck. 1998.

_____. "What Did Jesus Do that Got Him into Trouble? Jesus in the Continuum of Early Judaism—Early Christianity."—*Jesus in Continuum*. 171–210. Ed. T. Holmén. WUNT 289. Tübingen: Mohr Siebeck. 2012.

Bockmuehl, Markus, *This Jesus: Martyr, Lord, Messiah*. Downer's Grove: IVP. 1994.

Bovon, Francois, *Luke 1: A Commentary*. Hermeneia. Transl. C.M. Thomas. Minneapolis: Fortress. 2002.

Boyarin, Daniel, *Dying for God: Martyrdom and the Making of Christianity and Judaism*. Figurae: reading medieval culture. Stanford: Stanford University Press. 1999.

Brandon, Samuel G.F., *Jesus and the Zealots: A Study of the Political Factor in Primitive Christianity*. Manchester: Manchester University Press. 1967.

Branscomb, B. Harvie, *The Gospel of Mark*. The Moffatt New Testament Commentary. London: Hodder and Stoughton. 1952.

Brettler, Marc Zvi, *God is King: Understanding an Israelite Metaphor*. JSOTS 76.

Sheffield: JSOT Press. 1989.

Brooke, George J., "Miqdash Adam, Eden, and the Qumran Community."—
*Gemeinde ohne Tempel: Community without Temple. Zur Substituierung und
Transformation der Jerusalemer Tempels und seines Kults im Alten Testament,
antiken Judentum und frühen Christentum.* 285–302. Hrsg. B. Ego, A.
Lange und P. Pilhofer. WUNT 118. Tübingen: Mohr Siebeck. 1999.

Bruce, F.F., *The Epistle to the Hebrews.* NICNT. Grand Rapids: Eerdmans. 1964.

_____. *The Epistle to the Galatians: A Commentary on the Greek Text.* NIGTC.
Grand Rapids: Eerdmans. 1982. .

_____. *The Book of the Acts.* Revised Edition. NICNT. Grand Rapids: Eerdmans.
1988.

Bryan, Steven M., *Jesus and Israel's Traditions of Judgement and Restoration.* SNTS.
MS 117. Cambridge: Cambridge University Press. 2002.

_____. "Jesus and Israel's Eschatological Constitution."—*Handbook for the Study
of the Historical Jesus 3: The Historical Jesus.* 2835–53. Ed. T. Holmén and
S.E. Porter. Leiden: Brill. 2011.

Bultmann, Rudolf, *Die Geschichte der synoptischen Tradition.* 9. Auflage. FRLANT
29. Göttingen: Vandenhoeck & Ruprecht. 1979.

_____. *Theologie des Neuen Testaments.* UTB 630. 8., durchgesehene, um Vorwort
und Nachträge wesentlich erweiterete Auflage, hrsg. O. Merk. Tübingen:
Mohr Siebeck. 1980.

_____. *Theology of the New Testament. Vols. 1-2.* ET K. Grobel. London: SCM.
1983.

Burger, Chr., *Jesus als Davidssohn. Eine traditionsgeschichtliche Untersuchung.*
FRLANT 98. Göttingen: Vandenhoeck & Ruprecht. 1970.

Böttrich, Christfried, "'Ihr seid der Temple Gottes': Tempelmetaphorik und
Gemeinde bei Paulus."—*Gemeinde ohne Tempel: Community without
Temple. Zur Substituierung und Transformation der Jerusalemer Tempels und
seines Kults im Alten Testament, antiken Judentum und frühen Christentum.*
411–25. Hrsg. B. Ego, A. Lange und P. Pilhofer. WUNT 118. Tübingen:
Mohr Siebeck. 1999.

Caird, George, *New Testament Theology.* Completed and Edited by L.D. Hurst.
Oxford: Clarendon. 1995.

Campbell, Douglas A., *The Deliverance of God: An Apocalyptic Rereading of*

Justification in Paul. Grand Rapids: Eerdmans. 2009.

———. "An Apocalyptic Rereading of 'Justification' in Paul: Or, an overview of the argument of Douglas Campbell's *The Deliverance of God*—by Douglas Campbell." *ExpT 123* (2012), 382–93.

Carr, David: "Narrative and the Real World: An Argument for Continuity."— *History and Theory: Contemporary Readings*. 137–52. Eds. B. Fay, P. Pomper, and R.T. Vann. Oxford: Blackwell. 1998.

Carroll, Robert P., "Israel, History of, Post-Monarchic Period." *ABD III* (1992) 567–76.

Carroll, Robert P./Green, Joel B. (eds.), *The Death of Jesus in Early Christianity*. With R.E. Van Voorst, J. Marcus, and D. Senior. Peabody: Hendrickson. 1995.

Carson, D.A., *The Gospel According to John*. Grand Rapids: Eerdmans. 1991.

Casey, P. Maurice, *From Jewish Prophet to Gentile God: The Origins and Development of New Testament Christology*. Cambridge: Clarke. 1991.

Catchpole, David R., "The 'triumphal' entry."—*Jesus and the Politics of His Day*. Ed. E. Bammel and D.F.D. Moule. Cambridge: Cambridge University Press. 1984.

———. *Jesus People. The Historical Jesus and the Beginnings of Community*. Grand Rapids: Baker. 2006.

Chance, J. Bradley, *Jerusalem, the Temple, and the New Age in Luke-Acts*. Macon: Mercer University Press. 1988.

Chatman, Seymour. *Story and Discourse. Narrative Structure in Fiction and Film*. Ithaca and London: Cornell University Press. 1978.

Chester, Andrew, *Messiah and Exaltation: Jewish Messianic and Visionary Traditions and New Testament Christology*. WUNT 207. Tübingen: Mohr Siebeck. 2007.

———. "High Christology—Whence, When and Why?" *Early Christianity 2* (2011) 22–50.

Childs, Brevard S., *The Book of Exodus: A Critical, Theological Commentary*. OTL. Philadelphia: Westminster. 1974.

———. *Biblical Theology of the Old and New Testaments. Theological Reflection on the Christian Bible*. London: SCM. 1992.

———. *Isaiah*. OTL. Louisville: Westminster. 2001.

Chilton, Bruce, *The Temple of Jesus. His Sacrificial Program Within a Cultural History of Sacrifice*. University Park: The Pennsylvania State University Press. 1992.

_____. "Purity."—*Dictionary of New Testament Background* (2000) 874-82.

Ciampa, Roy E., and Rosner, Brian S., *The First Letter to the Corinthians*. PNTC. Grand Rapids: Eerdmans. 2010.

Clements, Ronald E., *God and Temple*. Oxford: Blackwell. 1965.

Colapietro, V.M./Olschewsky, Th.M. (eds.), *Peirce's Doctrine of Signs: Theory, Applications, and Connections*. Approaches to Semiotics 123. Berlin and New York: Mouton de Gruyter. 1996.

Collins, John J., Apocalyptic literature.—*Early Judaism and its Modern Interpreters*. 345-70. Ed. R.A. Kraft and G.W.E. Nickelsburg. The Bible and Its Modern Interpreters 2. Atlanta: Scholars Press. 1986.

_____. *Apocalyptic Imagination*. An Introduction to the Jewish Matrix of Christianity. New York: Crossroad. 1992.

_____. Dead Sea Scrolls. *ABD II* (1992) 85-101.

_____. Early Jewish Apocalypticism. *ABD I* (1992) 282-88.

_____. *Daniel: A Commentary of the Book of Daniel*. Hermeneia. Minneapolis: Fortress. 1993.

_____. *The Scepter and the Star: The Messiahs of the Dead Sea Scrolls and Other Ancient Literature*. The Anchor Bible Reference Library. New York: Doubleday. 1995.

Coloe, Mary L., *God Dwells With Us: Temple Symbolism in the Fourth Gospel*. Collegeville: Liturgical Press. 2001.

Congar, Yves, *Le mystère du temple: Ou l'Économie de la présence de Dieu à sa créature, de la Genèse à l'Apocalypse*. Paris: Les Editions du Cerf. 1958.

Cook, John Granger, *Crucifixion in the Mediterranean World*. WUNT 327. Tübingen: Mohr Siebeck. 2014.

Corbett, Joey, "New Synagogue Excavations." *BAR 37* (2011) 52-59.

Cranfield, C.E.B., *The Epistle to the Romans*. Volume I (With corrections). ICC. Edinburgh: Clark. 1982.

Crenshaw, James L., "Theodicy." *ABD VI* (1992) 444-47.

Crossan, John Dominic, *The Historical Jesus: The Life of a Mediterranean Jewish Peasant*. San Francisco: Harper. 1991.

_____. *Who Killed Jesus? Exposing the Roots of Anti-Semitism in the Gospel Story of the Death of Jesus*. San Francisco: HarperCollins. 1995.

Cullmann, Oscar, *Heil als Geschichte. Heilsgeschichtliche Existenz im Neuen Testament*. Tübingen: Mohr Siebeck. 1965.

_____. *Die ersten christlichen Glaubensbekenntnisse*. Theologische Studien 15. Zürich: Zollikon. Zweite Auflage. 1949.

_____. *Die Christologie des Neuen Testaments*. 2. Auflage. Tübingen: Mohr Siebeck. 1958.

Davids, Peter H., "The Gospels and Jewish Tradition: Twenty years after Gerhardsson." —*Gospel Perspectives I: Studies on History and Tradition in the Four Gospels*. 75-99. Ed. R.T. France and D. Wenham. Sheffield: JSOT. 1983.

Davies, William D., *Paul and Rabbinic Judaism. Some Rabbinic Elements in Pauline Theology*. London 1948.

Davies, William D./Allison, Dale C., *The Gospel According to Saint Matthew II*. CEC. Edinburgh: Clark. 1991.

Deely, John, *Basics of Semiotics*. Bloomington: Indiana University Press. 1990.

Deledalle, G., *Charles S. Peirce's Philosophy of Signs. Essays in Comparative Semiotics*. Advances in Semiotics. Bloomington and Indianapolis: Indiana University Press. 2000.

Dempster, Stephen G., *Dominion and Dynasty: A Theology of the Hebrew Bible*. NSBT 15. Downers Grove: Inter Varsity Press. 2003.

Dinkler, Erich, "The Historical and the Eschatological Israel in Romans chapters 9-11: A Contribution to the Problem of Predestination and Individual Responsibility." *JR 36* (1956) 109-27.

Dodd, Charles H., *The Epistle of Paul to the Romans*. MNTC. London: Hodder and Stoughton. 1947.

Duff, Paul B., "The March of the Divine Warrior and the Advent of the Greco-Roman King: Mark's Account of Jesus' Entry Into Jerusalem." *JBL 111* (1992) 55-71.

Duling, Dennis C., "The Promises to David and Their Entrance into Christianity—Nailing Down a Likely Hypothesis." *NTS 19* (1973) 55-77.

Dumbrell, William J., *The End of the Beginning: Revelation 21-22 and the Old Testament*. Eugene: Wipf and Stock. 2001.

Dunn, James D.G., *Unity and Diversity in the New Testament. An Inquiry into the Character of Earliest Christianity.* Trowbridge: SCM. 1977. .

_____. *Romans 1-8, 9-16.* Word Biblical Commentary 38a, 38b. Dallas: Word Books. 1988.

_____. *Jesus, Paul, and the Law.* Studies in Mark and Galatians. Louisville, Kentucky: Westminster/ John Knox Press. 1990.

_____. *The Partings of the Ways. Between Christianity and Judaism and their Significance for the Character of Christianity.* London: SCM / Philadelphia: TPI. 1991.

_____. "The Formal and Theological Coherence of Romans."—*The Romans Debate.* 245-50. Revised and Expanded Edition. Ed. K.P. Donfried. Peabody, Mass.: Hendrickson. 1991.

_____. "Jesus, Table-Fellowship, and Qumran"—*Jesus and the Dead Sea Scrolls.* 254-72. Anchor Bible Reference Library. Ed. J.H. Charlesworth. New York: Doubleday. 1992.

_____. *The Epistle to the Galatians.* Black. Peabody: Hendrickson. 1993.

_____. *The Theology of Paul the Apostle.* Grand Rapids: Eerdmans. 1998.

_____. *The New Perspective on Paul: Revised Edition.* Grand Rapids: Eerdmans. 2005.

_____. *New Testament Theology: An Introduction.* Library of Biblical Theology. Nashville: Abingdon. 2009.

Dulmen, Andrea van, *Die Theologie des Gesetzes bei Paulus.* SBM 5. Stuttgart: Katholisches Bibelwerk. 1968.

Elbogen, Ismar, *Jewish Liturgy: A Comprehensive History.* Transl. R.P. Scheindlin. Philadelphia: Jewish Publication Society. 1993.

Elgvin, Torleif, "The Messiah Who Was Cursed on the Tree." *Themelios 22* (1997) 14-21.

Ellingworth, Paul, *The Epistle to the Hebrews: A Commentary on the Greek Text.* NIGTC. Grand Rapids: Eerdmans. 1993.

Eskenazi, Tamara C., "From Exile and Restoration to Exile and Reconstruction."— *Exile and Restoration Revisited: Essays on the Babylonian and Persian Periods in Memory of Peter R. Ackroyd.* 78-93. Ed. by Knoppers, Gary N. and Grabbe, Lester L., with Fulton, Deidre. Library of Second Temple Studies 73. London: Continuum. 2009.

Eskola, Timo, *Messias ja Jumalan Poika. Traditiokriittinen tutkimus kristologisesta jaksosta Room. 1:3,4. [Messiah and Son of God. A Tradition-Critical Study of the Christological Clauses in Romans 1:3,4.* English Summary.] SESJ 56. Helsinki: Suomen eksegeettinen seura. 1992.

_____. *Uuden testamentin hermeneutiikka.* Helsinki: Yliopistopaino. 1995.

_____. "Paul, Predestination and 'Covenantal Nomism.' Re-assessing Paul and Palestinian Judaism." *JSJ* 28 (1997) 390-412.

_____. *Theodicy and Predestination in Pauline Soteriology.* Wissenschaftliche Untersuchungen zum Neuen Testament, 2. Reihe 100. Tübingen: Mohr Siebeck. 1998.

_____. *Messiah and the Throne. Jewish Merkabah Mysticism and Early Christian Exaltation Discourse.* Wissenschaftliche Untersuchungen zum Neuen Testament, 2. Reihe 142. Tübingen: Mohr Siebeck. 2001.

_____. *Evankeliumi Paavalin mukaan: Roomalaiskirje kaikelle kansalle.* Kauniainen: Perussanoma. 2003.

_____. *Kielen vallankumous. Kielellinen käänne ja teologian postmodernismit.* Suomalaisen teologisen kirjallisuusseuran julkaisuja 258. Helsinki: STKS. 2008.

_____. *Evil Gods and Reckless Saviours: Adaptation and Appropriation in Late Twentieth Century Jesus-novels.* Eugene: Pickwick. 2011.

_____. *Beyond Biblical Theology: Sacralized Culturalism in Heikki Räiäanen's Hermeneutics.* BINS 123. Leiden: Brill. 2013.

Esler, Philip, *New Testament Theology: Communion and Community.* Minneapolis: Fortress. 2005.

Evans, Craig, A., "Jesus' Action in the Temple and Evidence of Corruption in the First-Century Temple." *SBL Seminar Papers: Annual Meeting 1989.* 522-39. SBLSP 28. Atlanta: Scholars Press. 1989.

_____. "Jesus and the 'Cave of Robbers': Toward a Jewish Context for the Temple Action." *BBR* (1993) 93-110.

_____. *Word and Glory: on the Exegetical and Theological Background of John's Prologue.* SJNTS 89. Sheffield: JSOT Press. 1993.

_____. "From 'House of Prayer' to 'Cave of Robbers': Jesus' Prophetic Criticism of the Temple Establishment."—*The Quest for Context and Meaning: Studies in Biblical Intertextuality in Honor of James A Sanders.* 417-42.

Leiden: Brill. 1997.

_____. "The Twelve Thrones of Israel. Scripture and Politics in Luke 22:24-30."—*Jesus in Context. Temple, Purity, and Restoration*. 455-79. Eds. B. Chilton, C.A. Evans. AGAJU 39. Leiden/New York/Köln: Brill. 1997.

_____. "Aspects of Exile and Restoration in the Proclamation of Jesus and the Gospels."—*Exile: Old Testament, Jewish, and Christian Conceptions*. 299-328. Ed. Scott, James M. JSJS 56. Leiden: Brill. 1997.

_____. "Jesus and the Continuing Exile of Israel."—Newman, Carey C., (ed.) *Jesus and the Restoration of Israel: A Critical Assessment of N.T. Wright's Jesus and the Victory of God*." 77-100. Downers Grove: InverVarsity (Paternoster). 1999.

_____. *Mark 8:27-16:20*. Word Biblical Commentary 34b. Nashville: Thomas Nelson. 2001.

_____. "Assessing Progress in the Third Quest of the Historical Jesus." *Journal for the Study of the Historical Jesus 4* (2006) 35-54.

_____. "Prophet, Sage, Healer, Messiah, and Martyr: Types and Identities of Jesus."—*Handbook for the Study of the Historical Jesus 2: The Study of Jesus*. 1217-43. Ed. T. Holmen and S.E. Porter. Leiden: Brill. 2011.

Exile: Old Testament, Jewish, and Christian Conceptions. Ed. Scott, James M. JSJS 56. Leiden: Brill. 1997.

Exile and Restoration Revisited: Essays on the Babylonian and Persian Periods in Memory of Peter R. Ackroyd. Ed. by Knoppers, Gary N. and Grabbe, Lester L., with Fulton, Deidre. Library of Second Temple Studies 73. London: Continuum. 2009.

Feld, Helmut, *Das Verständnis des Abendmahls*. Erträge der Forschung 50. Darmstadt: Wissenschaftliche Buchgesellschaft. 1976.

Finegan, Jack, *The Archeology of the New Testament: The Life of Jesus and the Beginning of the Early Church*. Revised Edition. Princeton: Princeton University. 1992.

Fitzmyer, Joseph A., *The Gospel According to Luke I-IX. Introduction, Translation and Notes*. AncB 28. New York: Doubleday. 1981.

_____. *The Gospel According to Luke X-XXIV. Introduction, Translation and Notes*. AncB 28A. New York: Doubleday. 1985.

_____. *Romans. A New Translation with Introduction and Commentary*. AncB 33.

New York: Doubleday. 1993.

_____. *The Semitic Background of the New Testament. Combined Edition of Essays on the Semitic Background of the New Testament and A Wandering Aramena: Collected Aramaic Essays*. The Biblical Resource Series. Grand Rapids: Eerdmans. 1997.

_____. *The Acts of the Apostles: A New Translation with Introduction and Commentary*. AncB 31. New York: Doubleday. 1998.

Fletcher-Louis, Crispin H.T., *Luke-Acts: Angels, Christology and Soteriology*. WUNT 2. Reihe 94. Tübingen: Mohr Siebeck. 1997.

_____. "Jesus as the High Priestly Messiah: Part 2." *JSHJ* 5 (2007) 57-79.

Flynn, Shawn W., *YHWH is King: the Development of Divine Kingship in Ancient Israel*. VTS 159. Leiden: Brill. 2014.

Foster, Raymond S., *The Restoration of Israel: A Study in Exile and Return*. London: Darton, Longman & Todd. 1970.

France, Richard T., "The Worship of Jesus: A Neglected Factor in Christological Debate?"—*Christ the Lord*. 17-36. FS D. Guthrie, ed. H.H. Rowdon. Leicester: Inter-Varsity. 1982.

_____. *The Gospel of Mark*. NIGTC. Grand Rapids: Eerdmans. 2002.

Frey, Jörg, "Zum Problem der Aufgabe und Durchführung einer Theologie des Neuen Testaments."—*Aufgabe und Durchführung einer Theologie des Neuen Testaments*. 3-53. Eds. C. Breytenbach and J. Frey. WUNT 205. Tübingen: Mohr Siebeck. 2007.

Freyne, Sean, *Jesus, A Jewish Galilean: A New Reading of the Jesus-story*. London: T&T Clark/Continuum. 2004.

Friedrich, Gerhard, "*euangelizomai ktl.*" *TDNT II* (1964) 707-37.

Gathercole, Simon J., *Where Is Boasting? Early Jewish Soteriology and Paul's Response in Romans 1-5*. Grand Rapids: Eerdmans. 2002.

_____. "The Doctrine of Justification in Paul and Beyond: Some Proposals."—*Justification in Perspective: Historical Developments and Contemporary Challenges*. 219-42. Ed. B.L. McCormack. Grand Rapids: Baker. 2006.

Garnet, Paul, *Salvation and Atonement in the Qumran Scrolls*. WUNT 2. Reihe 3. Tübingen: Mohr Siebeck. 1977.

_____. "Jesus and the Exilic Soteriology."—*Studia Biblica 1978 II. Papers on the Gospels. Sixth International Congress on Biblical Studies: Oxford 3-7 April*

1978. 111-14. Ed. E.A. Livingstone. JTNTS,S. 2. Sheffield: JSOT Press. 1980.

_____. "The Parable of the Sower: How the Multitudes Understood It."—*Spirit Within Structure. Essays in Honor of George Johnston on the Occasion of His Seventieth Birthday*. 39-54. Ed. E.J. Furcha. Pittsburgh Theological Monographs 3. Allison Park: Pickwick Publications. 1983.

Gaventa, Beverly R., and Hays, Richard B., *Seeking the Identity of Jesus: A Pilgrimage*. Grand Rapids: Eerdmans. 2008.

Gärtner, Bertil, *The Temple and the Community in Qumran and in the New Testament*. SNTS 1. Cambridge: Cambridge University Press. 1965.

Gemeinde ohne Tempel: Community without Temple: Zur Substituierung und Transformation des Jerusalemer Tempels und seines Kults im Alten Testament, antiken Judentum und frühen Christentum. Eds. B. Ego, A. Lange und P. Pilhofer. Tübingen: Mohr Siebeck. 1999.

Gerhardsson, Birger, "Liknelsen om fyrahanda sädesåker och dess uttydning." *SEÅ 31* (1966) *80-113*. [printed also in *"Hör Israel!" Om Jesus och den gamla bekännelsen*. 12-45. Lund: LiberLäromedel. 1979.]

_____. *The Testing of God's Son (Matt 4;1-11 & par): An Analysis of an Early Christian Midrash*. CBNT 2:1. Lund: Gleerup. 1966.

Gese, Hartmut, *Vom Sinai zum Zion: Alttestamentliche Beiträge zur biblischen Theologie*. BevTh 64. Munchen: Kaiser. 1990.

Gieschen, Charles A., *Angelomorphic Christology: Antecedents and Early Evidence*. AGAJU 42. Leiden, Boston, Köln: Brill. 1998.

Gnilka, Joachim, *Theologie des Neuen Testaments*. Herders theologischer Kommentar zum Neuen Testament. Suppl. 5. Freiburgim Breisgau: Herder. 1994.

Goldstein, Jonathan A., *II Maccabees: A New Translation with Introduction and Commentary*. AncB 41a. New York: Doubleday. 1984.

Gorman, Michael J., *Apostle of the Crucified Lord: A Theological Introduction to Paul and His Letters*. Grand Rapids: Eerdmans. 2004.

Grabbe, Lester L./Knoppers, Gary N., "Introduction."—*Exile and Restoration Revisited: Essays on the Babylonian and Persian Periods in Memory of Peter R. Ackroyd*. 1-30. Ed. by Knoppers, Gary N. and Grabbe, Lester L., with Fulton, Deidre. Library of Second Temple Studies 73. London:

Continuum. 2009.

Gupta, Nijay K., "Douglas Campbell's Startling Alternative to Traditional Paradigms of Pauline Soteriology." *RRT 17* (2010) 248-55

Günther, W./Krienke, H., "Remnant."—*The New International Dictionary of New Testament Theology 3*. 247-53. Ed. C. Brown. Grand Rapids: Zondervan. 1986.

Haacker, Klaus, *Neutestamentliche Wissenschaft. Eine Einführung in Fragestellungen und Methoden*. TVG, Wuppertal. 1981.

Hadidian, Dikran Y., "The Meaning of *epiousios* and the Codices Sergii." *NTS 5* (1958. 9) 75-81.

Hagner, Donald A., *Hebrews*. NIBC 14. Peabody: Hendrickson. 1990.

_____. *Matthew 1-13*. WBC 33a. Dallas: Word Books. 1995.

_____. *Matthew 14-28*. WBC 33b. Dallas: Word Books. 1995.

Hahn, Ferdinand, *Christologische Hoheitstitel: Ihre Geschichte im frühen Christentum*. FRLANT 83. Göttingen: Vandenhoeck & Ruprecht. 1963.

_____. "Das Gesetzesverständnis im Römer- und Galaterbrief." *ZNW 67* (1976) 29-63.

_____. "Ruhm." *TBLNT II* (^{2}1979) 1051-53.

_____. *Theologie des Neuen Testaments. Band 1-2. Bd. 1: Die Vielfalt des Neuen Testaments. Bd. 2: Die Einheit des Neuen Testaments*. Tübingen: Mohr Siebeck. 2011.

Hahn, H.-Chr., "ergon." *TBLNT II* (21979) 1386-90.

Hahn, Scott W., "Worship in the Word: Toward a Liturgical Hermeneutic." *Letter & Spirit 1* (2005) 101-36.

_____. "Christ, Kingdom and Creation in Luke-Acts."—*Creazione e salvezza nella Bibbia*. 167-90. *Roma: Pontifica Universita della Santa Croce*. 2008.

Halperin, D.J., *The Faces of the Chariot. Early Jewish Responses to Ezekiel's Vision*. TSAJ 16. Tübingen: Mohr Siebeck. 1988.

Halpern-Amaru, Betsy, "Exile and return in Jubilees."—*Exile: Old Testament, Jewish, and Christian Conceptions*. 127-44. Ed. Scott, James M. JSJS 56. Leiden: Brill. 1997.

Hamilton, James M., *God's Glory in Salvation Through Judgment: A Biblical Theology*. Wheaton: Crossway. 2010.

Hanson, P.D., "Rebellion in Heaven, Azazel, and Euhemeristic Heroes in 1 Enoch

6- 11". *JBL 96* (1977) 195-233.

Harrington, Hannah K., *The Impurity System of Qumran and the Rabbis: Biblical Foundations*. SBLDS 143. Atlanta: Scholars Press. 1993.

Harris, Murray J., *The Second Epistle to the Corinthians. A Commentary on the Greek Text*. NIGTC. Grand Rapids: Eerdmans. 2005.

Harvey, Anthony E., *Jesus and the Constraints of History*. Philadelphia: Westminster. 1982.

Hauerwas, Stanley, *Matthew*. Brazos Theological Commentary on the Bible. Grand Rapids: Brazos. 2006.

Hays, Richard B., "Three Dramatic Roles: The Law in Romans 3-4."— *Paul and the Mosaic Law*. 151-64. Ed. J.D.G. Dunn. The Third Durham-Tübingen Research Symposium on Earliest Christianity and Judaism. (Durham, September, 1994). WUNT 89. Tübingen: Mohr Siebeck. 1996.

Hengel, Martin, *War Jesus Revolutionär?* Calwer Hefte 110. Stuttgart: Calwer. 1970.

_____. *Der Sohn Gottes. Die Entstehung der Christologie und die jüdisch-hellenistische Religionsgeschichte*. Tübingen: Mohr Siebeck. 1975.

_____. *Crucifixion: In the ancient world and the folly of the message of the cross*. Philadelphia: Fortress. 1977.

_____. Qumran und der Hellenismus.—*Qumrân. Sa piété, sa théologie et son milieu*. Ed. M. Delcor. BEThL XLVI. Paris-Gembloux: Duculot/Leuven University Press. 1978.

_____. *Zur urchristlichen Geschichtsschreibung*. Stuttgart: Calwer. 1979.

_____. *Studies in the Gospel of Mark*. ET J. Bowden. London: SCM. 1985.

_____. *Judentum und Hellenismus*. 3., durchgesehene Auflage. WUNT 10. Tübingen: Mohr Siebeck. 1988.

_____. *The Zealots. Investigations into the Jewish Freedom Movement in the Period from Herod I until 70 A.D.* ET D. Smith. Edinburgh: Clark. 1989.

_____. *The Johannine Question*. London: SCM. 1989.

_____. "Psalm 110 und die Erhöhung des Auferstandenen zur rechten Gottes."—*Anfänge der Christologie*. FS F. Hahn. Hrsg. Breytenbach und Paulsen. Göttingen: Vandenhoeck & Ruprecht. 43-73. 1991.

_____. "Der vorchristliche Paulus."—*Paulus und das antike Judentum*. Hrsg. M. Hengel, U. Heckel. Tübingen-Durham-Symposium im Gedenken an den 50. Todestag Adolf Schlatters (19. Mai 1938). Tübingen: Mohr Siebeck.

177-293. 1991.

_____. *The Pre-Christian Paul.* London: SCM. 1991.

_____. *Studies in Early Christology.* Edinburgh: Clark. 1995.

Hengel, Martin/Schwemer, Anna Maria, *Paulus zwischen Damaskus und Antiochien: Die unbekannte Jahre des Apostels.* WUNT 108. Tübingen: Mohr Siebeck. 1998.

Hengel, Martin/Schwemer, Anna Maria, *Jesus und das Judentum: Geschichte des frühen Christentums I.* Tübingen: Mohr Siebeck. 2007.

Hengel, Martin/Schwemer, Anna Maria (hrsg.), *Königsherrschaft Gottes und himmlischer Kult im Judentum, Urchristentum und in der hellenistischen Welt.* WUNT 55. Tübingen: Mohr Siebeck. 1991.

Herzog, William R. II, *Jesus, Justice, and the Reign of God: A Ministry of Liberation.* Louisville: Westminster John Knox. 2000.

Hoehner, Harold, W., *Herod Antipas.* Grand Rapids: Zondervan. 1980.

Hofius, Otfried, *Der Vorhang vor dem Thron Gottes.* WUNT 14. Tübingen: Mohr Siebeck. 1972.

_____. *Der Christushymnus Philipper 2,6-11. Untersuchungen zu Gestalt und Aussage eines urchristlichen Psalms.* WUNT 17. Tübingen: Mohr Siebeck. 1976.

_____. *Paulusstudien.* WUNT 51. Tübingen: Mohr Siebeck. 1989.

_____. "Das vierte Gottesknechtslied in den Briefen des Neuen Testamentes."— *Der leidende Gottesknecht: Jesaja 53 und seine Wirkungsgeschichte.* 107-27. Hrsg. B. Janowski und P. Stuhlmacher. FAT 14. Tübingen: Mohr Siebeck. 1996.

Hogeterp, Albert L.A., *Paul and God's Temple: A Historical Interpretation of Cultic Imagery in the Corinthian Correspondence.* Biblical Tools and Studies 2. Leuven: Peeters. 2006.

Hollenbach, Paul W., "John the Baptist." *ABD III* (1992) 887-99.

Holmén, Tom, *Jesus and Jewish Covenant Thinking.* BIS 55. Leiden: Brill. 2001.

_____. "Jesus and the Purity Pradigm"—*Handbook for the Study of the Historical Jesus 3: The Historical Jesus.* 2709-44. Eds. T. Holmén and S.E. Porter. Leiden: Brill. 2011.

Horsley, Richard, A., *Jesus and the Spiral of Violence: Popular Jewish Resistance in Roman Palestine.* Minneapolis: Fortress. 1993.

Hurtado, Larry W., New Testament Christology: A Critique of Bousset's Influence. *TS 40* (1979) 306-17.

_____. *One God, one Lord: early Christian devotion and ancient Jewish monotheism.* London: SCM. 1988.

_____. *Lord Jesus Christ: Devotion to Jesus in Earliest Christianity.* Grand Rapids: Eerdmans. 2003.

Hübner, Hans, *Law in Paul's Thought.* Edinburgh: Clark. 1984.

Irons, Charles Lee, *The Righteousness of God: A Lexical Examination of the Covenant-Faithfulness Interpretation.* WUNT 2. Reihe 386. Tübingen: Mohr Siebeck. 2015.

Isaak, Jon M., *New Testament Theology: Extending the Table.* Eugene: Cascade. 2011.

Jeremias, Joachim, *Jesus als Weltvollender.* Beiträge zur Förderung christlicher Theologie 33:4. Gütersloh: Bertelsmann. 1930.

_____. *Jerusalem in the Time of Jesus. An Investigation into Economic and Social Conditions during the New Testament Period.* Philadelphia: Fortress. 1989.

_____. *New Testament Theology.* London: SCM. 1987.

_____. *The Parables of Jesus.* Revised Edition. London: SCM. 1989.

_____. *The Eucharistic Words of Jesus.* London: SCM. 1987.

Jesus, Paul and the People of God: A Theological Dialogue with N.T. Wright. Eds. N. Perrin and R.B. Hays. Downer's Grove: InterVarsity Press. 2011.

Jesus & the Restoration of Israel. A Critical Assessment of N.T. Wright's Jesus and the Victory of God. Ed. C.C. Newman. Downer's Grove: InterVarsity Press. 1999.

Jewett, Robert, "The Redaction and Use of an Early Christian Confession in Romans 1:3-4".—*The Living Text.* 99-122. FS E.W. Saunders. Eds. D.E. Groh and R. Jewett. Lanham/New York: University Press of America. 1985.

_____. *Romans: A Commentary.* Hermeneia. Minneapolis: Fortress. 2007.

Juel, Donald, *Messiah and Temple: The Trial of Jesus in the Gospel of Mark.* SBLDS 31. Missoula: SBL/Scholar's Press. 1977.

Kaiser, W.C., "ᶜabôdâ." *Theological Wordbook of the Old Testament 2.* 640-41. Eds. R.L. Harris, G.L. Archer, B.K. Waltke. Chicago: Moody. 1980.

Käsemann, Ernst, *Exegetische Versuche und Besinnungen II.* Göttingen: Vandenhoeck & Ruprecht. 1964.

_____. *An die Römer.* HNT 8a. Tübingen: Mohr Siebeck. 1973.

Keen, Ralph, *Exile and Restoration in Jewish Thought: An Essay in Interpretation*. Continuum Studies in Jewish Thought. London: Continuum. 2009.

Kerr, Alan R., *The Temple of Jesus' Body: The Temple Theme in the Gospel of John*. JSNTS 220. London: Sheffield Academic Press. 2002.

Key Events in the Life of the Historical Jesus: A Collaborative Exploration of Context and Coherence. Eds. Darrel L. Bock and Robert L. Webb. WUNT 247. Tübingen: Mohr Siebeck. 2009.

Kim, Seyoon, *The 'Son of Man' as the Son of God*. WUNT 30. Tübingen: Mohr Siebeck. 1983.

_____. *The Origin of Paul's Gospel*. WUNT 2. Reihe 4. Tübingen: Mohr Siebeck. 1984

_____. *Paul and the New Perspective: Second Thoughts on the Origin of Paul's Gospel*. Grand Rapids: Eerdmans. 2002.

Kinman, Brent, "Jesus' Royal Entry into Jerusalem."—*Key Events in the Life of the Historical Jesus: A Collaborative Exploration of Context and Coherence*. 383-427. Eds. Darrel L. Bock and Robert L. Webb. WUNT 247. Tübingen: Mohr Siebeck. 2009.

Kirk, J.R. Daniel, "Time for Figs, Temple Destruction, and Houses of Prayer in Mark 11:12-25." *CBQ 74* (2012) 509-27.

Klein, Ralph W., *Israel in Exile: A Theological Interpretation*. Overtures to Biblical Theology. Philadelphia: Fortress. 1979.

Knibb, Michael A., *The Qumran Community*. Cambridge Commentaries on Writings of the Jewish and Christian World 200 BC to AD 200, 2. Cambridge: Cambridge University Press. 1987.

Koskenniemi, Erkki, *Apollonios von Tyana in der neutestamentlichen Exegese*. WUNT 2. Reihe 61. Tübingen: Mohr Siebeck. 1994.

_____. *Old Testament Miracle-Workers in Early Judaism*. WUNT 2. Reihe 206. Tübingen: Mohr Siebeck. 2005.

Kramer, Werner, *Christos Kyrios Gottessohn*. AThANT 44. Zürich: Zwingli. 1963.

Kreitzer, Larry J., *Jesus and God in Paul's Eschatology*. JSNTS 19. Worcester: Sheffield Academic Press. 1987.

Kreplin, Matthias, "The Self-Understanding of Jesus."—*Handbook for the Study of the Historical Jesus 3: The Historical Jesus*. 2473-516. Ed. T. Holmén and S.E. Porter. Leiden: Brill. 2011.

Kugel, James L., *A Walk through Jubilees: Studies in the* Book of Jubilees *and the World of its Creation*. JSJS 156. Leiden: Brill. 2012.

Kuhn, Heinz-Wolfgang, "Did Jesus Stay at Bethsaida? Arguments from Ancient Texts and Archaeology for Bethsaida and Et-Tell."—*Handbook for the Study of the Historical Jesus 4: The Historical Jesus*. 2972-3021. Ed. T. Holmén and S.E. Porter. Leiden: Brill. 2011.

Kuhn, Karl G., "The Lord's Supper and the Communal Meal at Qumran."—*The Scrolls and the New Testament*. Ed. K. Stendahl. With a new Introduction by J.H. Charlesworth. New York: Crossroad. 65-93. 1992.

Kuula, Kari, *The Law the Covenant and God's Plan: Volume 1. Paul's Polemical Treatment of the Law in Galatians*. Helsinki: FES/Vandenhoeck & Ruprecht. 1999.

Kümmel, Werner G., *The New Testament. The History of the Investigation of its Problems*. London: SCM. 1978.

Königsherrschaft Gottes und himmlischer Kult im Judentum, Urchristentum und in der hellenistischen Welt. Hrsg. Martin Hengel und Anna Maria Schwemer. WUNT 55. Tübingen: Mohr Siebeck. 1991.

Laato, Antti, *The Servant of YHWH and Cyrus: A Reinterpretation of the Exilic Messianic Programme in Isaiah 40-55*. CB.OT 35. Lund: Almqvist & Wiksell. 1992.

_____. *A Star is Rising. The Historical Development of the Old Testament Royal Ideology and the Rise of the Jewish Messianic Expectations*. University of South Florida International Studies in Formative Christianity and Judaism 5. Atlanta: Scholars Press. 1997.

_____. *Uhri ja anteeksiantamus: Sovitus Vanhassa testamentissa, juutalaisuudessa ja Uudessa testamentissa*. Iustitia 16. Helsinki: Suomen teologinen instituutti. 2002.

_____. *Who Is the Servant of the Lord? Jewish and Christian Interpretations on Isaiah 53 from Antiquity to the Middle Ages*. Studies in Rewritten Bible 4. Winona Lake: Eisenbrauns/Åbo Akademi University. 2012.

Laato, Timo, *Rechtfertigung bei Jakobus: Ein Vergleich mit Paulus*. Saarijärvi: Gummerus. 2003.

Lane, William L., *Hebrews 1-8*. WBC 47a. Dallas: Word. 1991.

_____. *Hebrews 9-13*. WBC 47b. Dallas: Word. 1991.

Lang, B., "kipper" (etc.). *TDOT 7* (1995) 288-303.

Lange, Armin, *Weisheit & Prädestination. Weisheitliche Urordnung & Prädestination in den Textfunden von Qumran.* StTDJ 18. Leiden: Brill. 1995.

Levenson, Jon D., "The Temple and the World." *JR 64* (1984) 275-98.

_____. *Resurrection and the Restoration of Israel: The Ultimate Victory of the God of Life.* New Haven: Yale University Press. 2006.

Lindars, Barnabas, *The Theology of the Letter to the Hebrews.* New Testament Theology. Cambridge: Cambridge Univesity Press. 1991.

Linnemann, Eta, "Tradition und Interpretation in Röm. 1, 3f." *EvT 31* (1971) 264-75.

Loffreda, Stanislao, "Machaerus." *ABD IV* (1992) 457-58.

Lohmeyer, Ernst, *Probleme paulinischer Theologie.* Stuttgart: Kohlhammer. (n.d.)

Longenecker, Bruce W., *Eschatology and the Covenant: A Comparison of 4 Ezra and Romans 1-11.* Sheffield: Sheffield Academic Press. 1991.

Longenecker, Richard N., *Galatians.* Word Biblical Commentary 41. Dallas, Texas: Word Books. 1990.

Losie, Lynn A., "Triumphal Entry." *Dictionary of Jesus and the Gospels.* 854-59. Eds. J.B. Green, S. McKnight, I.H. Marshall. Downers Grove: IVP. 1992.

Maier, Gerhard, *Jakobusbrief.* In: Maier, G., and Holland, M., Jakobusbrief, Judasbrief. Bibelkommentar 23. Neuhausen-Stuttgart: Hänssler. 1988.

Maier, Johann, *The Temple Scroll: An Introduction, Translation & Commentary.* JSOTS 34. Sheffield: JSOT Press. 1985.

Marböck, J., *Weisheit im Wandel. Untersuchungen zur Weisheitstheologie bei Ben Sira.* BBB 37. Bonn: Hanstein. 1971.

Marcus, Joel, "Mark, 9,11-13: As It Has Been Written." *ZNW 80* (1989) 42-63.

_____. *The Way of the Lord: Christological Exegesis of the Old Testament in the Gospel of Mark.* Edinburgh: Clark. 1993.

_____. "Identity and Ambiguity in Markan Christology."—*Seeking the Identity of Jesus: A Pilgrimage.* 133-47. Eds. B.R. Gaventa and R.B. Hayes. Grand Rapids: Eerdmans. 2008.

Marshall, I. Howard, *The Gospel of Luke: A Commentary on the Greek Text.* NIGTC. Grand Rapids: Eerdmans. 1986.

_____. *New Testament Theology: Many Witnesses, One Gospel.* Downers Grove: IVP. 2004.

_____. "The Last Supper."—*Key Events in the Life of the Historical Jesus: A Collaborative Exploration of Context and Coherence*. 481-588. Eds. Darrel L. Bock and Robert L. Webb. WUNT 247. Tübingen: Mohr Siebeck. 2009.

Martin, Brice L., *Christ and the Law in Paul*. NT.S. 62. Leiden: Brill, 1989.

Martin, Ralph P., *Carmen Christi: Philippians II.5-11 in Recent Interpretation and in the Getting of Early Christian Worship*. SNTSM 4. Cambridge: Cambridge University Press. 1967.

_____. *2 Corinthians*. WBC 40. Waco: Word books. 1986.

_____. *James*. WBC 48. Waco: Word books. 1988.

Martyn, J. Louis, *Galatians: A New Translation with Introduction and Commentary*. AncB 33A. New York: Doubleday. 1997.

Matera, Frank J., *New Testament Theology: Exploring Diversity and Unity*. Lousiville: John Knox. 2007.

Matlock, R. Barry, "Zeal for Paul but Not According to Knowledge: Douglas Campbell's War on 'Justification Theory'." *JSNT 34* (2011) 116-49.

McKnight, Scot, *A New Vision for Israel: The Teachings of Jesus in National Context*. Grand Rapids: Eerdmans. 1999.

Meier, John P., *A Marginal Jew: Rethinking the Historiacal Jesus. Vol. 2, Mentor, Message, and Miracles*. AncBibRefLib. New York: Doubleday. 1994.

_____. "Jesus, the Twelve and the Restoration of Israel."—*Restoration: Old Testament, Jewish, and Christian Perspectives*. 365-404. Ed. J.M. Scott. Leiden: Brill. 2001

Merkel, Helmut, "Die Gottesherrschaft in der Verkündigung Jesu."—*Königsherrschaft Gottes*, 119-62.

Meyer, Ben F., *The Aims of Jesus*. Princeton Theological Monograph Series 48. Eugene: Pickwick. 2002.

Michaels, J. Ramsay, *The Gospel of John*. Grand Rapids: Eerdmans. 2010.

Michel, Otto, *Der Brief an die Römer*. KEK IV. 10. Auflage. Göttingen: Vandenhoeck & Ruprecht. 1955.

_____. *Der Brief an die Römer*. KEK IV. 14. Auflage. 5., bearb. Aufl. dieser Auslegung. Göttingen: Vandenhoeck & Ruprecht. 1978.

Moo, Douglas J., *The Epistle to the Romans*. NICNT. Grand Rapids: Eerdmans. 1996.

Moore, Anne, *Moving Beyond Symbol and Myth: Understanding the Kingship of God of the Hebrew Bible Through Metaphor*. StBL 99. New York: Lang. 2009.

Moore, Ernest, "BIAZW, ARPAZW and Cognates in Josephus." *NTS 21* (1976) 519-43.

Mundle, Wilhelm, "epiousios."—*The New International Dictionary of New Testament Theology 1*. 251-52. Ed. C. Brown. Grand Rapids: Zondervan. 1986.

Murphy, Roland E., *The Tree of Life. An Exploration of Biblical Wisdom Literature*. AncB Reference Library. New York: Doubleday. 1990.

Myllykoski, Matti, *Die letzten Tage Jesu: Markus und Johannes, ihre Traditionen und die historische Frage*. Band I. AASF.B.256. Helsinki: Suomalainen Tiedeakatemia. 1991.

Neufeld, Vernon H., *The Earliest Christian Confessions*. NTTS 5. Leiden: Brill. 1963.

Neusner, Jacob, "Money-Changers in the Temple: The Mishnah's Explanation." *NTS 35* (1989) 289-90.

_____. *Self-Fulfilling Prophecy: Exile and Return in the History of Judaism*. Boston: Beacon. 1987.

Newman, Carey C., (ed.) *Jesus and the Restoration of Israel: A Critical Assessment of N.T. Wright's Jesus and the Victory of God*." Downers Grove: InverVarsity (Paternoster). 1999.

Nickelsburg, Georg W.E., *Jewish Literature Between the Bible and the Mishnah. A Historical and Literary Introduction*. London: SCM. 1981.

Nolland, John, *Luke 1-9:20*. WBC. Dallas: Word Books. 1989.

_____. *The Gospel of Matthew*. NIGTC. Grand Rapids: Eerdmans. 2005.

Notley, R. Steven, "The Kingdom of Heaven Forcefully Advances."—*The Interpretation of Scripture in Early Judaism and Christianity: Studies in Language and Tradition*. Ed. C.A. Evans. 279.311. London: T&T Clark. 2000.

Oakman, Douglas E., "Cursing Fig Trees and Robbers' Dens: Pronouncement Stories Within Social-Systemic Perspective Mark 11:12-25 and Parallels." *Semeia 64* (1993) 253-72.

O'Brien, Peter T., *The Epistle to the Philippians: A Commentary on the Greek Text*. NIGTC 2. Grand Rapids: Eerdmans. 1991.

Ollilainen, Vesa, *Jesus and the Parable of the Prodigal Son*. Åbo: Åbo Akademi. 2008.

Osten-Sacken, Peter von der, *Gott und Belial. Traditionsgeschichtliche Untersuchungen zum Dualismus in den Texten aus Qumran.* StUNT 6. Göttingen: Vandenhoeck & Ruprecht. 1969.

Paesler, Kurt, *Das Tempelwort Jesu: Die Traditionen von Tempelzerstörung und Tempelerneuerung im Neuen Testament.* FRLANT 184. Göttingen: Vandenhoeck & Ruprecht. 1999.

Pao, David W., *Acts and the Isaianic New Exodus.* WUNT 2. Reihe, 130. Tübingen: Mohr Siebeck. 2000.

Peirce, Charles S., *Collected Papers of Charles Sanders Peirce.* (CP). 1-6 ed. C. Hartshorne, P. Weiss. 7-8 ed. A.W. Burks. Cambridge: Harvard University Press. 1931-58.

_____. *Writings of Charles S. Peirce. A Chronological Edition. Volume I 1857-66.* Eds. H. Fisch et. al. Bloomington: Indiana University Press. 1982.

_____. *The Essential Peirce. Selected Philosophical Writings. Volume 1 (1867-93).* Ed. N Houser et. al. Bloomington and Indianapolis: Indiana University Press. 1992.

_____. *The Essential Peirce. Selected Philosophical Writings. Volume 2 (1893-913).* Ed. N Houser et. al. Bloomington and Indianapolis: Indiana University Press. 1998.

Perrin, Nicholas, *Jesus The Temple.* SPCK. Grand Rapids, Baker. 2010.

_____. "Jesus' Eschatology and Kingdom Ethics: Ever the Twain Shall Meet."— *Jesus, Paul and the People of God: A Theological Dialogue with N.T. Wright.* 92-112. Eds. N. Perrin and R.B. Hays. Downer's Grove: IVP. 2011.

Perrin, Norman, *Jesus and the Language of the Kingdom: Symbol and Metaphor in New Testament Interpretation.* NTL. London: SCM. 1976.

Pervo, Richard I., *Acts: A Commentary.* Hermeneia. Minneapolis: Fortress. 2009.

Piper, John, *The Future of Justification: A Response to N.T. Wright.* Wheaton: Crossway. 2007.

Pitre, Brant, *Jesus, the Tribulation, and the End of the Exile: Restoration Eschatology and the origin of the Atonement.* Grand Rapids: Baker. 2005.

_____. "The 'Ransom for Many,' the New Exodus, and the End of the Exile: Redemption as the Restoration of All Israel (Mark 10:35-45)." *Letter & Spirit 1* (2005) 47.

_____. "Jesus, the New Temple, and the New priesthood." *Letter & Spirit 4*

(2008) 41-68.

_____. *Jesus and the Jewish Roots of the Eucharist: Unlocking the Secrets of the Last Supper*. New York: Doubleday. 2011.

Ravens, David, *Luke and the Restoration of Israel*. JSNTS 119. Sheffield: Sheffield Academic Press. 1995.

Restoration: Old Testament, Jewish, and Christian Perspectives. Ed. James M. Scott. JSJS 72. Leiden: Brill. 2001.

Resurrection in the New Testament: Festschrift J. Lambrecht. Eds. R. Bieringer, V. Koperski, and B. Lataire. BEtL 165. Leuven: Leuven University Press. 2002.

Reventlow, Henning G., *History of Biblical Interpretation 4: From the Enlightenment to the Twentieth Century*. Transl. L.G. Perdue. Resources for Biblical Study. Atlanta: SBL. 2010.

Riesner, Rainer, *Paul's Early Period: Chronology, Mission Strategy, Theology*. Grand Rapids: Eerdmans. 1998.

Rimmon-Kenan, Shlomith, *Narrative Fiction: Contemporary Poetics*. London: Routledge. 1997.

Ringgren, Helmer, *The Faith of Qumran: Theology of the Dead Sea Scrolls*. Expanded Edition with a New Introduction by J.H. Charlesworth. New York: Crossroad. 1995.

Rowe, C. Kavin, *Early Narrative Christology: The Lord in the Gospel of Luke*. Grand Rapids: Baker. 2006.

Runnalls, Donna, "The King as Temple Builder: A Messianic Typology."—*Spirit Within Structure. Essays in Honor of George Johnston on the Occasion of His Seventieth Birthday*. 15-37. Ed. E.J. Furcha. Pittsburgh Theological Monographs 3. Allison Park: Pickwick Publications. 1983.

Räisänen, Heikki, *Paul and the Law*. Philadelphia: Fortress. 1986.

_____. *Paul and the Law*. 2nd Edition, revised and enlarged. WUNT 29. Tübingen: Mohr Siebeck. 1987.

_____. *The Rise of Christian Beliefs: The Thought World of Early Christians*. Minneapolis: Fortress. 2010.

Röhser, Günter, *Prädestination und Verstockung. Untersuchungen zur frühjüdischen, paulinischen und johanneischen Theologie*. TANZ 14. Tübingen: Francke. 1994.

Saldarini, A.J., "E.P. Sanders, Paul and Palestinian Judaism." (Review). *JBL 98*

(1979) 299-303.

Samuelsson, Gunnar, *Crucifixion in Antiquity: An Inquiry into the Background of the New Testament Terminology of Crucifixion*. Skrifter utgivna vid Institutionen för litteratur, idéhistoria och religion 36. Gothenburg: University of Gothenburg. 2010.

Sanders, E.P., *Paul and Palestinian Judaism*. Philadelphia: Fortress. 1977.

_____. *Jesus and Judaism*. Philadelphia: Fortress. 1985.

_____. *Paul, the Law, and the Jewish People*. Second printing. Minneapolis: Fortress. 1989.

_____. *Judaism: Practice and Belief 63 BCE-66 CE*. London: SCM / Philadelphia: Trinity Press International. 1992.

Schmithals, Walter, *The Theology of the First Christians*. Louisville: Westminster John Knox. 1997.

Schnabel, Eckhard J., *Law and Wisdom from Ben Sira to Paul. A Tradition Historical Enquiry into the Relation of Law, Wisdom, and Ethics*. WUNT 2. Reihe 16. Tübingen: Mohr Siebeck. 1985.

_____. *Jesus and the Twelve. Early Christian Mission Vol. 1*. Downer's Grove: InterVarsity Press. 2004.

_____. *Paul and the Early Church. Early Christian Mission Vol. 2*. Downer's Grove: InterVarsity Press. 2004.

Schnelle, Udo, *Theology of the New Testament*. Trans. M.E. Boring. Grand Rapids: Baker. 2009.

Schoeps, Hans-Joachim, *Paulus. Die Theologie des Apostels im Lichte der jüdischen Religionsgeschichte*. Tübingen: Mohr Siebeck. 1959.

Scholem, Gershom G., *Major Trends in Jewish Mysticism*. First Schocken Paperback Edition. Reprinted from the Third Revised Edition. New York. 1961.

Schreiner, Thomas R., *The Law and its Fulfillment. A Pauline Theology of Law*. Grand Rapids: Baker. 1993.

_____. *Paul: Apostle of God's Glory in Christ. A Pauline Theology*. Downers Grove: IVP Academic. 2001.

_____. *New Testament Theology: Magnifying God in Christ*. Grand Rapids: Baker. 2008.

Schrenk, Gottlob, "biazomai, biastees." *TDNT 1* (1964) 609-14.

Schröter, Jens, *Das Abendmahl: frühchristliche Deutungen und Impulse für die*

Gegenwart. StB 210. Stuttgart: Verlag Katholisches Bibelwerk. 2006.

Schürer, Emil, *The History of the Jewish People in the Age of Jesus Christ (175 B.C.-A. D. 135)*. I-III. Revised and edited by G. Vermes, F. Millar and M. Black. Edinburgh: T&T Clark. 1987.

Schweitzer, Albert, *Paul and His Interpreters. A Critical History*. New York: Macmillan. 1951.

_____. *Die Mystik des Apostels Paulus*. Tübingen: Mohr Siebeck. 21954.

_____. *The Quest of the Historical Jesus: A Critical Study of Its Progress from Reimarus to Wrede*. Baltimore: Johns Hopkins. 1998.

Schweizer, Eduard, "Rom. 1, 3f. und der Gegensatz von Fleisch und Geist vor und bei Paulus." *EvTh 15* (1955) 563-71.

Scobie, Charles H.H., *John the Baptist*. London: SCM. 1964.

_____. *The Ways of Our God: An Approach to Biblical Theology*. Grand Rapids: Eerdmans. 2003.

Scott, James M., *Adoption as Sons of God: An Exegetical Investigation into the Background of hyiothesia in the Pauline Corpus*. WUNT 2. Reihe 48. Tübingen: Mohr Siebeck. 1992.

_____. "Paul's use of Deuteronomic Tradition." *JBL 112* (1993) 645-65.

_____. *Paul and the Nations: The Old Testament and Jewish Background of Paul's Mission to the Nations with Special Reference to the Destination of Galatians*. WUNT 84. Tübingen: Mohr Siebeck. 1995.

_____. "Exile and the self-understanding of diaspora Jews in the Greco-Roman period."—*Exile: Old Testament, Jewish, and Christian Conceptions*. 173-218. Ed. J.M. Scott. JSJS 56. Leiden: Brill. 1997.

_____. *Restoration: Old Testament, Jewish, and Christian Perspectives*. Ed. J.M. Scott. JSJS 72. Leiden: Brill. 2001.

Scott, J. Julius Jr., "Crisis and Reaction: Roots of Diversity in Intertestamental Judaism." *EQ 64* (1992) 197-212.

_____. *Jewish Backgrounds of the New Testament*. Grand Rapids: Baker. 1995.

_____. *New Testament Theology: A New Study of the Thematic Structure of the New Testament*. Fearn/Ross-shire: Mentor. 2008.

Seeberg, Alfred, *Der Katechismus der Urchristenheit*. TB 26. München: Kaiser. 1966.

Selden, R./Widdowson, P./Brooker, P., *A Reader's Guide to Contemporary Literary Theory*. Fourth Edition. London et al.: Prentice Hall/ Harvester

Wheatsheaf. 1997.

Simojoki, Anssi, *Apocalypse Interpreted: The Types of Interpretation of the Book of Revelation in Finland 1944-1995, From the Second World War to the Post-Cold War World*. Åbo: Åbo Akademi University Press. 1997.

Skehan, Patrick W./Di Lella, Alexander A., *The Wisdom of Ben Sira*. AncB 39. New York: Doubleday. 1987.

Snell, D.C., "Taxes and taxation." *ABD VI* (1992) 338-40.

Snodgrass, Klyne R., *The Parable of the Wicked Tenants: An Inquiry into Parable Interpretation*. WUNT 27. Tübingen: Mohr Siebeck. 1983.

_____. *Stories with Intent: A Comprehensive Guide to the Parables of Jesus*. Grand Rapids: Eerdmans. 2008.

_____. "The Temple Incident."—*Key Events in the Life of the Historical Jesus: A Collabrative Exploration of Context and Coherence*. 429-80. Ed. D.L. Bock and R.L. Webb. Tübingen: Mohr Siebeck. 2009.

Spanje, T.E. van, *Inconsistency in Paul? A Critique of the Work of Heikki Räisänen*. WUNT 2 Reihe 110. Tübingen: Mohr Siebeck. 1999.

Sternberg, Meir, *The Poetics of Biblical Narrative: Ideological Literature and the Drama of Reading*. Bloomington: University of Indiana Press. 1987.

Stickert, Fred, *Philip's City: From Bethsaida to Julias*. Collegeville: Glazier. 2011.

Still, Todd D. (ed.), *Jesus and Paul Reconnected: Fresh Pathways into an Old Debate*. Grand Rapids: Eerdmans. 2007.

Stowers, S.K., "Paul's Dialogue with a Fellow Jew in Romans 3:1-9." *CBQ 46* (1984) 707-22.

Strecker, Georg, *Theology of the New Testament*. German Edition by Friedrich Wilhelm Horn. Translated by M. Eugene Boring. Westminster: John Knox. 2000.

Stuckenbruck, Loren T., *Angel Veneration and Christology. A Study in Early Judaism and in the Christologoy of the Apocalypse of John*. WUNT 2. Reihe 70. Tübingen: Mohr Siebeck. 1995.

Stuhlmacher, Peter, *Gerechtigkeit Gottes bei Paulus*. FRLANT 87. Göttingen: Vandenhoeck & Ruprecht. 1965.

_____. *Das paulinische Evangelium. I Vorgeschichte*. FRLANT 95. Göttingen: Vandenhoeck & Ruprecht. 1968.

_____. "Das paulinische Evangelium."—*Das Evangelium und die Evangelien:*

Vorträge vom Tübinger Symposium 1982. 157–82. Hrsg. P. Stuhlmacher.
Tübingen: Mohr Siebeck. 1983.

_____. *Der Brief and die Römer.* NTD 6. Göttingen: Vandenhoeck & Ruprecht.
1989.

_____. *Biblische Theologie des Neuen Testaments.* Band 1. Göttingen: Vandenhoeck
& Ruprecht. 1992.

_____. *Paul's Letter to the Romans: A Commentary.* Edinburgh: Clark. 1994.

_____. "Jes 53 in den Evangelien und in der Apostelgeschichte."—*Der leidende
Gottesknecht: Jesaja 53 und seine Wirkungsgeschichte.* 93–105. Hrsg. B.
Janowski und P. Stuhlmacher. FAT 14. Tübingen: Mohr Siebeck. 1996.

Sweet, J.P.M., "A House Not Made with Hands."—*Templum Amicitiae: Essays
on the Second Temple presented to Ernst Bammel.* 368–90. Ed. William
Horbury. JSNTS 48. Sheffield: JSOT Press. 1991.

Tan, Kim Huat, *The Zion Traditions and the Aims of Jesus.* MSSNTS 91.
Cambridge: Cambridge University press. 1997.

_____. "The Shema and Early Christianity." *TyndB 59* (2008) 181–206.

_____. "Jesus and the Shema."—*Handbook for the Study of the Historical Jesus
3: The Historical Jesus.* 2678–707. Ed. T. Holmen and S.E. Porter. Leiden:
Brill. 2011.

Taylor, Joan E., *The Immerser: John the Baptist within Second Temple Judaism.*
Grand Rapids: Eerdmans. 1997.

Telford, William R., *The Barren Temple and the Withered Tree: A redaction-
critical analysis of the Cursing of the Fig-Tree pericope in Mark's Gospel and
its relation to the Cleansing of the Temple tradition.* JSNTS 1. Sheffield:
University of Sheffield. 1980.

Theissen, Gerd, *The Religion of The Earliest Churches: Creating a Symbolic World.*
Translated by John Bowden. Minneapolis: Fortress. 1999.

Thielman, Frank, *From Plight to Solution. A Jewish Framework for Understanding
Paul's View of the Law in Galatians and Romans.* NT.S 61. Leiden: Brill.
1989.

_____. *Paul and the Law. A Contextual Approach.* Downers Growe: IVP. 1994.

_____. *Theology of the New Testament: A Canonical and Synthetic Approach.*
Grand Rapids: Zondervan. 2005.

Thiselton, Anthony C., "Semantics and New Testament Interpretation."—*New*

Testament Interpretation. Essays on Principles and Methods. 75-104. Ed. I.H. Marshall. Exeter: Paternoster. 1979.

_____. The Hermeneutics of Doctrine. Grand Rapids: Eerdmans. 2007.

_____. The First Epistle to the Corinthians. A Commentary on the Greek Text. NIGTC. Grand Rapids: Eerdmans. 2000.

Thurén, Jukka, Hedningarnas offerliturgi. MESJ 18. Helsinki: Missiologian ja ekumeniikan seura. 1970.

Thurén, Lauri, Derhetorizing Paul: A Dynamic Perspective on Pauline Theology and the Law. WUNT 124. Tübingen: Mohr Siebeck. 2000.

Tyson, J.B., "Works of the Law in Galatians." JBL 92 (1973) 423-31.

VanderKam, James C., The Dead Sea Scrolls Today. Grand Rapids: Eerdmans/ SPCK. 1994.

_____. "Messianism in the Scrolls."—The Community of the Renewed Covenant. The Notre Dame Symposium on the Dead Sea Scrolls. 211-34. Ed. by E. Ulrich and J. VanderKam. CJAS 10. Notre Dame: University of Notre Dame Press. 1994.

_____. From Revelation to Canon. Studies in the Hebrew Bible and Second Temple Literature. JSJ supplements 62. Leiden: Brill. 2000.

Wagner, G., "The Future of Israel: Reflections on Romans 9-11."—Eschatology and the New Testament. Essays in Honor of G.R. Beasley-Murray. Ed. W. Hulitt Gloer. Peabody, Massachusetts: Hendrickson. 77-112. 1988.

Watson, Francis, Gospel Writing: A Canonical Perspective. Grand Rapids: Eerdmans. 2013.

Webb, Robert L., John the Baptizer and Prophet: A Socio-Historical Study. JSNTS 62. Sheffield: Sheffield Academic Press. 1991.

Wedderburn, Alexander J.M., The Death of Jesus: Some Reflections on Jesus-Tradition and Paul. WUNT 299. Tübingen: Mohr Siebeck. 2013.

Weinfeld, Moshe, Deuteronomy 1-11: A New Translation with Introduction and Commentary. AncB 5. New York: Doubleday. 1991.

Wenham, David, The Parables of Jesus. The Jesus Library. Downers Grove: InterVarsity. 1989.

Westerholm, Stephen, Israel's Law and the Church's Faith. Paul and his Recent Interpreters. Grand Rapids: Eerdmans. 1988.

_____. "Paul and the Law in Romans 9-11."—Paul and the Mosaic Law. 215-37.

Ed. J.D.G. Dunn. The Third Durham-Tübingen Research Symposium on Earliest Christianity and Judaism. (Durham, September, 1994). WUNT 89. Tübingen: Mohr Siebeck. 1996.

_____. *Perspectives Old and New on Paul: The Lutheran Paul and His Critics*. Grand Rapids: Eerdmans. 2004.

_____. "The 'New Perspective' at Twenty-Five."—*Justification and Variegated Nomism II: The Paradoxes of Paul*. 1-38. Eds. D.A. Carson, P.T. O'Brien, and M.A. Seifrid. Tübingen: Mohr Siebeck. 2004.

White, Hayden: "The Historical Text as Literary Artifact."—*History and Theory: Contemporary Readings*. 15-33. Eds. B. Fay, P. Pomper, and R.T. Vann. Oxford: Blackwell. 1998.

Wilckens, Ulrich, *Die Missionsreden der Apostelgeschichte. Form- und Traditions-geschichtliche Untersuchungen*. WMANT 5. Neukirchen: Neukirchener. 1961.

_____. *Der Brief an die Römer. 1. Teilband. Röm 1-5*. 2., verbesserte Auflage. EKK VI/1. Neukirchen—Vluyn: Benziger/Neukirchener. 1987.

_____. Der Brief an die Römer. 2. Teilband. Röm 6-11. 2., verbesserte Auflage. EKK VI/2. Neukirchen . Vluyn: Benziger/Neukirchener. 1987.

_____. *Theologie des Neuen Testaments*. Band 1-2. Neukirchen-Vluyn: Neukirchener. 2002-9.

Winger, Michael, *By What Law? The Meaning of* Nomos *in the Letters of Paul*. SBL.DS. 128. Atlanta: Scholars. 1992.

Wink, Walter, *John the Baptist in Gospel Tradition*. SNTSMS 7. Cambridge: Cambridge University Press. 1968.

Witherington (III), Ben, *The Christology of Jesus*. Minneapolis: Fortress. 1990.

_____. *Paul's Narrative Thought World. The Tapestry of Tragedy and Triumph*. Louisville: Westminster/John Knox. 1994.

_____. *The Jesus-Quest: The Third Search for the Jew of Nazareth*. Carlisle: Paternoster. 1995.

_____. *Letters and Homilies for Jewish Christians: A Socio-Rhetorical Commentary on Hebrews, James, and Jude*. Downers Grove: IVP Academic. 2007.

_____. *The Indelible Image: The Theological and Ethical Thought World of the New Testament. Volume One: The Individual Witnesses*. Downers Grove: IVP Academic. 2009.

_____. *The Indelible Image: The Theological and Ethical Thought World of the New Testament. Volume Two: The Collective Witness*. Downers Grove: IVP Academic. 2010.

_____. *The Acts of the Apostles: A Socio-Rhetorical Commentary*. Grand Rapids: Eerdmans. 1998.

Wright, Benjamin G. III, "Jewish Ritual Baths—Interpreting the Digs and the Texts: Some Issues in the Social History of Second Temple Judaism."—*Archaeology of Israel: Constructing the Past, Interpreting the Present*. 190-214. Eds. N.A. Silberman and S. Small. JSOTS 237. Sheffield: Sheffield Academic Press. 1997.

Wright, N. Thomas, *The Climax of the Covenant. Christ and Law in Pauline Theology*. Edinburgh: Clark. 1991.

_____. *The New Testament and the People of God*. Christian Origins and the Question of God 1. Minneapolis: Fortress. 1997 Minneapolis: Fortress. 1992.

_____. *Jesus and the Victory of God*. Christian Origins and the Question of God 2. Minneapolis: Fortress. 1997.

_____. *The Resurrection of the Son of God*. Christian Origins and the Question of God 3. Minneapolis: Fortress. 2003.

_____. *Paul: Fresh Perspectives*. London: SPCK. 2005.

_____. "New Perspectives on Paul."—*Justification in Perspective: Historical Developments and Contemporary Challenges*. 243-64. Ed. B.L. McCormack. Grand Rapids: Baker. 2006.

_____. *Justification: God's Plan and Paul's Vision*. Downers Grove: IVP. 2009.

_____. *Paul and the Faithfulness of God*. Christian Origins and the Question of God 4. Minneapolis: Fortress. 2013.

Yadin, Yigael, *The Message of the Scrolls*. With a new Introduction by J.H. Charlesworth. New York: Crossroad. 1992.

Yamasaki, Gary, *John the Baptist in Life and Death: Audience-Oriented Criticism of Matthew's Narrative*. JSNTS 167. Sheffield: Sheffield Academic Press. 1998.

Zuck, Roy/Bock, Darrell, *A Biblical Theology of the New Testament*. Chicago: Moody. 1994.

Ådna, Jostein, "Jesus' Symbolic Act in the Temple (Mark 11:15-17): The Replacement of the Sacrificial Cult by his Atoning Death."—*Gemeinde ohne Tempel. Community without Temple. Zur Substituierung und Transformation der Jerusalemer Tempels und seines Kults im Alten Testament, antiken Judentum und frühen Christentum.* 461-76. Hrsg. B. Ego, A. Lange und P. Pilhofer. WUNT 118. Tübingen: Mohr Siebeck. 1999.

_____. *Jerusalemer Tempel und Tempelmarkt im 1. Jahrhundert n. Chr.* Abhandlungen des Deutschen Palastina-Vereins 25. Wiesbaden: Harrassowitz Verlag. 1999.

_____. *Jesu Stellung zum Tempel. Die Tempelaktion und das Templewort als Ausdruck seiner messianischen Sendung.* WUNT 2. Reiche 119. Tübingen: Mohr Siebeck. 2000.

_____. "Jesus and the Temple."—*Handbook for the Study of the Historical Jesus 3: The Historical Jesus.* 2635-75. Eds. T. Holmén and S.E. Porter. Leiden: Brill. 2011.

1. 구약성서

2. 유대 문헌

A. 외경

토비트

솔로몬의 지혜서

집회서

바룩

마카베오상

마카베오하

마카베오4서

B. 위경

모세의 묵시

요셉과 아스낫

모세의 승천/모세의 유언

이삭의 유언

4. 초기 기독교 문헌

폴리카르포스
2:1 395

신약성서의 내러티브 신학

유배와 회복의 메타 내러티브 탐구

Copyright ⓒ 새물결플러스 2021

1쇄 발행 2021년 9월 24일

지은이	티모 에스콜라
옮긴이	박찬웅·권영주·김학철
펴낸이	김요한
펴낸곳	새물결플러스

편 집	왕희광 정인철 노재현 한바울 정혜인
	이형일 나유영 노동래 최호연
디자인	박인미 황진주 김은경
마케팅	박성민 이원혁
총 무	김명화 이성순
영 상	최정호 곽상원
아카데미	차상희

홈페이지	www.holywaveplus.com
이메일	hwpbooks@hwpbooks.com
출판등록	2008년 8월 21일 제2008-24호
주 소	(우) 04118 서울시 마포구 마포대로19길 33
전 화	02) 2652-3161
팩 스	02) 2652-3191

ISBN 979-11-6129-213-7 93230

책값은 뒤표지에 있습니다.